北大通选课《中西文化比较》指定教参之一
北大外院科研立项项目"中西文化比较"项目成果

中西文化比较导论

Introduction to the Comparison between Chinese and Western Cultures

辜正坤 著

图书在版编目(CIP)数据

中西文化比较导论/辜正坤著.—北京:北京大学出版社,2007.9
(21世纪课程规划教材)
ISBN 978-7-301-12276-1

Ⅰ.中… Ⅱ.辜… Ⅲ.比较文化—中国、西方国家—高等学校—教材
Ⅳ.G04

中国版本图书馆 CIP 数据核字(2007)第 080637 号

书 名:	中西文化比较导论
著作责任者:	辜正坤 著
责任编辑:	刘 强
标准书号:	ISBN 978-7-301-12276-1/G·2107
出版发行:	北京大学出版社
地 址:	北京市海淀区成府路 205 号 100871
网 址:	http://www.pup.cn
电子邮箱:	编辑部 pupwaiwen@pup.cn 总编室 zpup@pup.cn
电 话:	邮购部 62752015 发行部 62750672 编辑部 62755217 出版部 62754962
印 刷 者:	天津和萱印刷有限公司
经 销 者:	新华书店
	730 毫米×980 毫米 16 开本 24.75 印张 476 千字
	2007 年 9 月第 1 版 2024 年 1 月第 11 次印刷
定 价:	68.00 元

未经许可,不得以任何方式复制或抄袭本书之部分或全部内容。
版权所有,侵权必究 举报电话:010-62752024
电子邮箱:fd@pup.cn

目 录

前言	(1)
中西文化比较概论	(1)
人类文化演变九大律与中西文化比较	(22)
1. 第一定律:生态环境横向决定律	(22)
2. 第二定律:语言、文字纵向诱导暗示律	(27)
3. 第三定律:科技、工具、媒介横向催变律	(31)
4. 第四定律:物(食)欲原动力律	(32)
5. 第五定律:情(性)欲原动力律	(32)
6. 第六定律:权欲原动力律	(33)
7. 第七定律:审美递增、递减律	(36)
8. 第八定律:阴阳二极对立转化律	(37)
9. 第九定律:万物五相(五行、五向)选择律	(41)
10. 中国的过度西化风溯源	(41)
11. 皇帝承包论答疑	(45)
12. 如何看书做学问	(48)
中西文化演进七大律	(52)
1. 中西文化互根律	(52)
2. 中西文化互构律	(53)
3. 中西文化互补律	(53)
4. 中西文化互抗律	(54)
5. 中西文化互彰律	(55)
6. 中西文化互证律	(56)
7. 中西文化阴阳循环互进论	(56)
中西哲学文化比较	(58)
1. 什么叫哲学	(58)
2. 中西人生哲学比较	(61)
2.1 哲学在20世纪的命运及其必要性	(61)

2.2 中国哲学:安宁快乐的人生哲学 (63)
  2.3 西方哲学:死亡和痛苦的哲学 (65)
  2.4 快乐人生哲学的实际用途 (66)
3. 中西哲学源流性质比较 (69)
  3.1 西方哲学与科学同源 (69)
  3.2 中国哲学与道德伦理同源 (71)
  3.3 中西哲学三大块 (72)
  3.4 气功学为什么不容易使人相信 (73)
  3.5 《易经》是堪称中国科学的顶峰,也是中国科学的模式化 (73)
4. 中西哲学中的天人关系论 (74)
  4.1 中国哲学里的天人合一论 (74)
  4.2 西方哲学里的天人相分论 (77)
5. 中西哲学中的心物关系论比较 (80)
  5.1 中国哲学里的心物关系论 (80)
  5.2 西方哲学里的心物关系论 (82)
  5.3 我在心物问题上的观点 (85)
    5.3.1 精神是特殊形态的物质;物质是特殊形态的精神 (85)
    5.3.2 西方:征服外部自然;中国:征服内心自然 (86)
    5.3.3 不懂得中国的气功就难以真正懂得中国的古代哲学 (87)
    5.3.4 西方有没有唯心主义? (89)
6. 中西哲学中的真理观 (92)
  6.1 中国人的真理观 (92)
  6.2 西方人的真理观 (94)
  6.3 我的真理观:万理万教相贯同源互补论 (96)
7. 翻译和翻译学是哲学研究或普通学术研究的工具性学科或领先学科 (98)

中西语言文字与中西文化走向 (100)

1. 中西语言文字比较与中西文化的走向关系 (100)
  1.1 决定文化的历时纵向因素:语言与文字 (100)
    1.1.1 挑战索绪尔:语言文字既是任意的也是必然的 (100)
  1.2 语言文字衍变二极对立双向互进互退律 (106)
  1.3 语言文字衍化的最优模式论 (110)

  1.4 语言文字衍变二极对立双向互进互退律与汉语言
     文字的关系 (112)
  1.5 根据语言文字的必然性原理推测思想发展史及文化走向 (113)
    1.5.1 毕升与德国谷登堡发明活字印刷术与文字
       文化的关系 (114)
    1.5.2 从中西语文代词的使用看中西方人价值观 (114)
    1.5.3 从称谓等看中西方人文化价值观与思维模式 (115)
2. 中西语文的基本差别与文化效应 (117)
  2.1 中西语文语音差别及文化效应 (117)
    2.1.1 中西一元韵式与多元韵式产生的语文依据 (118)
  2.2 中西语文语形差别及文化效应 (119)
  2.3 中西语文语义差别及文化效应 (126)
  2.4 中西语文语法差别及文化效应 (127)
3. 中西语文的其他文化功能 (131)
  3.1 中西语文的模塑功能——中西方人思维模式差别 (131)
  3.2 中西语文差别与中西哲学模式的关系 (133)
  3.3 中西语文差别与中西文学差别 (134)
  3.4 中西语文差别与中西艺术 (135)
  3.5 中西语文差别与中西科学的关系 (136)
  3.6 中西语文差别与中西学术研究 (140)
  3.7 中西语文的建筑景观型投射 (143)
  3.8 五四白话文运动反思及教育战略思考 (145)
  3.9 语文教学与中华民族的命运 (147)
4. 就中西语言文字与文化的关系问题答中央电视台观众问 (149)

中西文化价值定位与全球文化建构方略 (155)
1. 什么叫文化 (156)
2. 文化是否有优劣之分及比较方法 (156)
3. 什么是文化的核心概念 (157)
4. 中西文化核心概念比较 (158)
5. 中国文化价值在世界整体文化价值中的应有地位 (160)
6. 文化的普遍价值与特殊价值 (161)
  6.1 什么叫文化的普遍性 (161)
  6.2 什么叫文化的特殊性 (162)
  6.3 文化价值的普遍性与特殊性个案比较研究 (162)

    6.3.1 百年误区:拉帮结派竞争型民主价值观是不是
      一种普遍价值观 (162)
    6.3.2 百年误区:科举考试竞争型分权价值观是不是
      一种普遍价值观 (164)
    6.3.3 文化特殊性价值观转换为普遍价值观的
      根本前提 (166)
  7. 文化特殊性价值与国际接轨问题 (167)
  8. 近代中西文明冲突的内在原因探源 (167)
  9. 全球文化建构方略 (168)
   9.1 倡导创立全球文化多元——阴阳互补系统论 (168)
   9.2 倡导德性文化为表率,智性文化为动力 (169)
   9.3 和而不同,贵在存异 (169)
   9.4 全世界要从生态文化的角度出发倡导保护中国
     传统文化 (169)
   9.5 振兴阴性文化,节制阳性文化 (170)
  10. 中西文化的出路:中西文化拼合互补论 (170)

良药与毒药——中西文化比较 (181)

  1. 中西翻译大潮与西化一千年 (182)
  2. 作为良药的东方文化与作为毒药的西方文化 (184)
  3. 唯一能够胜任教化别人的民族 (187)
  4. 善良是自律得以自由驰翔的羽翼 (190)
  5. 语言文字与价值观所面临的毁灭性吞并 (191)
  6. 全民族英语热潮的误导 (192)
  7. 流行百年的胡适之(通俗)处方 (193)
  8. 阴差阳错生鲁迅 (193)
  9. 中国正被烙上泰坦尼克号 (194)
  10. 面对野蛮,教化的限度如何 (196)
  11. 与狮身人面像的遥相呼应 (197)
  12. 在神不知鬼不觉中杀人如麻的可口可乐 (197)
  13. 白石桥之梦被棺材式建筑所毁灭后的愤怒与灵思 (198)
  14. 网络也为世界编织了天罗地网的噩梦 (200)
  15. 铁镣绳索与子曰诗云 (200)
  16. 遥遥领先于西方现代民制的中国古代的"现代化"民主 (201)

中西智慧观与中西文化走向 (205)
  1. 从《智慧书》论到中国文化大启蒙 (205)
  2. 三大中西智慧奇书比较略论 (212)

中西文化比较看未来中国发展战略 (215)

第一部分 从中西文明比较看中国的崛起 (215)
  1. 中西文明的三大差别 (215)
  2. 中国文明在新世纪面对重新崛起的机遇 (216)
  3. 中国人如何面对这种机遇 (217)
  4. 国际和国内发展战略回顾 (218)
     4.1 国际发展战略回顾 (218)
     4.2 中国发展战略回顾 (220)
  5. 关于过去经济赶超战略的反思 (220)
  6. 关于传统社会主义轻重工业发展布局的反思 (223)
  7. 现代西方流行经济学的弊端指略 (224)

第二部分 中西文化比较与中国文化战略回应 (225)
  1. 承继发挥传统文化的优越性是领先世界文化的前提 (225)
  2. 什么叫文化及其核心概念 (226)
  3. 中西文化核心概念比较 (227)
  4. 文化子战略:学会颠倒西方的文化逻辑在中国知识分子心中的负面影响 (228)
     4.1 原有的西式命题:"中国人只有在读完了西方书的前提下,才可能来创建自己的思想体系" (228)
     4.2 原有西式问题:中国古代为什么迟迟不能产生资本主义(韦伯命题)
         现有颠倒问题:中国古代为什么能够成功地抵制资本主义? (229)
     4.3 原有的西式命题:人生而自由,但却无往不在枷锁之中(卢梭) (230)

第三部分 中西文化比较背景下的教育战略 (231)
  1. 教育目的多元互补系统论设计战略 (232)
  2. 教育的根本目的和最高目的设计战略 (232)
  3. 狼群教育观与羊群教育观的整合战略 (234)
  4. 白话文运动与中国的语文教育变革战略 (236)

第四部分　人权战略与中国军事工业发展的关系　(238)

中西美术与美学比较　(239)
中西文学原理比较　(254)
比较文学学科定位与元—泛比较文学论　(276)
  1. 比较文学学科定位探源　(276)
     1.1　比较文学学科正名的重要性　(276)
     1.2　传统比较文学与传统比较语言学在学理上遥相呼应　(276)
     1.3　Littérature Comparée 本不该翻译成"比较文学"　(279)
     1.4　法国比较文学学派已不是核心的比较文学学派　(280)
     1.5　元比较文学—亚比较文学—泛比较文学　(282)
        1.5.1　元比较文学主要特征　(283)
        1.5.2　亚比较文学主要特征　(286)
        1.5.3　泛比较文学主要特征　(286)
     1.6　对国际比较文学研究的批评　(288)
     1.7　中西比较文学应该是21世纪世界比较文学研究的重心　(289)

从莎士比亚研究看中西文化比较　(290)
中西翻译大潮与西化一千年　(295)
外来术语翻译与中国学术问题　(307)
  1. 博弈论——何以当了冠军就必须去下棋　(307)
  2. 蒲鲁东：哲学并不贫困，贫困的是人　(309)
  3. 悲剧：属于中国还是西方　(311)
  4. 中国人何以失掉了人格　(312)
  5. "元"、"玄"辨义——中西术语二"元"错位　(313)
  6. 史诗未必真诗　(315)
  7. 主客颠倒说异化　(315)
  8. 语言何曾转向？　(316)
  9. 产品不等于"对象"　(317)
  10. 意识形态与思想潮流　(317)
  11. 再现表现与写实写情　(318)
  12. 存在主义不等于人道主义　(319)
  13. 明白清楚须借条分缕析　(320)

汉语殖民化问题(学术洋包装与商品洋包装) (322)
电脑与人类文化 (324)
电脑信息与哲学问题 (326)
网络与中西社会与文化 (328)
全球网络通用语问题与中国文化的未来 (338)
信息高速公路与人类大文化发展新走向 (342)
 1. 信息高速公路与汉语文化发展问题 (343)
 2. 信息高速公路与翻译问题 (343)
 3. 信息高速公路与伦理问题 (344)
 4. 信息高速公路与经济问题 (345)
 5. 高速公路与文学、美学问题 (345)
 6. 信息高速公路与教育问题 (346)

从古希腊奥林匹克运动会起源看中西文化精神 (347)
 1. 文化现象或神话现象研究与文化精神总结之间的关系 (347)
 2. 21世纪中国学术研究的必要学术背景与归宿 (348)
 3. 古希腊奥林匹克运动会简介 (349)
 4. 古希腊奥林匹克竞技会的起源 (350)
 5. 古希腊先祖提坦神家族的自我相残、相吃史 (353)
 6. 古希腊先祖提坦神家族的乱伦历史传统 (355)
 7. 从奥林匹克竞技会起源的神话看西方文化的基本特征 (356)
  7.1 由古希腊神话谈到中国神话 (356)
  7.2 从中国神话看其显示的基本的文化特征 (361)
  7.3 中西文化精神的主流区别：文斗还是武斗？ (363)
  7.4 中国近两千年来的主体社会是知识分子精英官僚社会 (364)
  7.5 中西方神祇产生法则及中西对待强弱者的态度 (365)
  7.6 奥林匹克运动会与经济发展因素及其悖论 (366)
  7.7 真正美好正确的体育运动目的及理念是什么？ (366)
  7.8 回归正确的体育锻炼理念：中国传统的动静兼练和身心兼练 (368)
 8. 中国国民对即将举办的奥林匹克运动会应持什么态度 (369)

辜正坤老师访谈录：中学与西学之间 (371)

前　言

《中西文化比较导论》编前记略

我对中西文化比较研究的兴趣是从1968年开始的,近40年了,从未间断过。尽管我在这方面花的工夫最多,但却很少正式发表这方面的文章。我很喜欢无休无止地看书、思考、看书、思考。我一直认为,作为一种思想性较强的著作,最理想的做法是研究、思考至少30年,在50岁或年龄更大一点的时候再著书立说。并且要尽量写得精炼一点,千万不要像西方人那样动辄写成多卷本庞然大物,让读者看得头昏眼花。人类的精力和时间都是有限的,当代社会的作者把书越写越长,无疑是在缩短人类的寿命,至少也是在极力使人类变得无知。因为每个领域的书的厚度增加,意味着你猎取其他领域知识的机会相对减少。当然,如果按我的想法去做,则当今中国的许多学者就无法成为专家教授,因为评职称的需要,追求名利的需要,驱使着许多学者急功近利,巴不得每天出一本书。这就使粗制滥造成为必不可免的伴随现象。当然,我不是反对一切长书。书也有不得不写很长者,例如历史书,往往要求各类史料尽可能准确完备。无论怎样善于剪裁,基本的史料总不能不保留。

1995年,我为北大本科生开了一门全校性选修课"中西文化比较"。因为题目太大,涉及学科太多,料想来选课的人也不会踊跃。结果却出乎意料,一连几个学期,几乎总是满坑满谷的人;有不少同学席地而坐,附近教室的椅子都被同学们搬得七零八落,搞得管教室的工人来找我诉苦;连不少外国留学生也来听,单是1999年的留学生就有76名选过这门课。2001年作为通选课,由教师自己负责登记选课学生的报名工作,我在当天只在指定地点坐了约一个小时,便有700多名学生选这门课,而配给我的教室只能坐250人。于是只能以抽签等方式决定选课名单。一位叫李曼的女士(现北大网络学院教师)告诉我,当年他们选上这门课的同学是要请客的。这些情况透露出的信息是:由于20世纪的中国一直处于多重的社会转型状况,中国大学生的忧国忧民的整体素质远高于同期的西方大学生,我想这是这门课受到欢迎的主要原因。北大的学生们想要了解在这个问题上究竟有些什么观点,究竟有些什么答案,或许也想把他们的思考和我的思考作一番对照与印证。要知道这是近代中国100多年来一直争论不休的话题。而就在我写这篇序言的时候,我正在美国瓦西塔大学国际文化研究中心讲学。我在这里遇到的情况刚好相反。我提出的第一个讲课题目就是"中西文化比较"。然而学校的有关方面却并不对此课题感兴趣,学生们也没有显示出希望我讲授此课的欲望,他们只是要求我讲中国道家的学说以及气功理论。也许在他们看来,比较意味着鉴别,而中西文化孰优孰劣,似乎是个早就争论清楚了的问题,无需比较了。该大学的人文学科部主席汤姆·格利尔教授告诉我,瓦西塔大学曾经有一个学生居然不知道世界上有中国!在这个学生的心目中,所谓世界,就是美国加上欧洲!中国的知识分子曾经在五四期间多么沉重地抨击过中国人的自大狂——居然自诩为普天下的中央之国!却不知道此病是无论世界上哪一个国家都曾经出现过的心理状况。这不是病,这是一个民族在必要的时期的心理需求。阿Q精神并非是中国人独有的所谓劣根性,它是整个人类的心理结构的必要成分。你可以说它在不合宜的时期是一种人所共有的通病,也可以说它在本质上是人类自身的一种自我肯定的伟大精神!过分宣扬这种精神是错误的,但缺乏这种精神的民族则是注定要灭亡的。正是出于这样一种潜在的情绪,中西文化比较这门课实际上在这个特定的历史转折时期充当了一种新的大启蒙工作:五四是一场启蒙,意在让中国人看清西方文化的优越性;现在这门课的目的之一,则是要让国人看清中国文化的真正的优越性!

这样一门课中得出的若干结论性的东西是绝不可能产生在五四的,因为只有在稍微远离历史事件的时期才可能更加清楚地看清那些事件本身的轮廓,历史的发展本身自会勾勒出答案的雏形。当年争论不休的许多观点,在近百年后的今天看来,终于昭然若揭了。

但是我必须提醒读者的是,这本书只是演讲集,与我现在正在写作的比较系统的《中西文化比较》专著是不同的。这只是我在课余应某些同学、某些单位或机构的邀请而作的有关中西文化比较的演讲。通常我在作这些演讲时,只有一两页提纲,而后来却收到一些听众根据录音整理出的书面记录,这使某些朋友和我产生先出一个演讲录的念头。因为演讲的优点是通俗易懂,尽管某些提法或许由于临场发挥的原因而有失严谨,引证的资料也因为要照顾听众的情绪不可能繁琐,但却要比正式的文章更便于直接靠近主题。由于是在若干个地方作的演讲,难免有为了阐述某个问题而不得不重复某些观点或论据的地方,这点要请读者谅解。有些东西在几个地方都讲过,便做了一些综合。例如《中西语言文字与中西文化走向》曾相继在北大、清华、北外及中央电视台讲过,因此,很难只以在某一个地方讲的为依据,便根据当时的记忆,作了个别调整。同时,演讲后还有提问与解答,但我一时却无法收集到录音,录音者可能认为演讲本身才是重点,便把答疑的部分省去了。其实答疑是很有意思的一部分。中央电视台在录制节目的时候,由于时间关系,删掉了我的演讲的三分之二内容,但是对于场上的答疑内容,却总想尽量保留。当然最后也只是保留了一部分。所以各场演讲的答疑部分只能付诸阙如,等以后找到某些听众的录音材料时再予以弥补。

演讲中的许多观点其实在"文革"时期便已经产生,并和许多朋友争论过,当时零碎地记在笔记本上或积淀在心中。因此它们绝不是一时冲动或随便地临时发挥的产物。当然更具体更系统的论证还有待于我的专著。这本演讲集只是不同程度地陈述了我30年来的某些基本观点。这是需要在此说明的。

最后要说明的是,此书名叫《中西文化比较导论》,主要是指书的主体内容而没有强调其形式即演讲辑录。其中有若干篇是已经在刊物上发表过的文章,因为与书的主题相关,可以互相印证、补充,所以也一并收在这里。关于翻译方面的文章也有好几篇。但作者用力最多、篇幅最长的《翻译标准多元互补论》并未收入,因为曾转载过该文的书刊已经不少了(在我的另一本专著《中西诗比较鉴赏与翻译理论》中收录了全文),这里就不便再选了。但是,就中西比较文化和比较文学研究者而言,翻译理论具有头等重要的意义。它相当于一种工具性学科,就像逻辑学相对于一切理论科学那么重要。可惜当代学者在这方面往往对翻译理论重视不够,这是很遗憾的。关于这一点我在为《译学大词典》写的序言中已经讨论过了。

辜正坤

2001年9月23日于

美国瓦西塔大学国际文化研究中心

2006年修订于北大畅春园

中西文化比较概论①

今天这个讲座,我想应该是概括性的,因此我想把关于中西文化比较最关键的地方,做一个粗线条的介绍,让大家对中西文化的比较有一个大致的看法。

要讲中西文化,首先就得讲讲关于文化的定义。那什么是文化呢?关于文化的概念,有人统计过,至少不下于180多种。今天不可能去一一探讨它们。根据我的理解,我所使用的文化概念跟别人使用的有所不同。我认为,文化可以分为广义的文化和狭义的文化,我今天要用的这个文化在定义上主要是广义的文化,我给它下的定义是:人和环境互动而产生的精神、物质成果的总和。这个总和中可以包括生活方式、价值观、知识、技术成果,以及一切经过人的改造和理解而别具人文特色的物质对象。这样一来,文化就是一个包罗万象的东西。请大家顺着我的思路来理解文化的概念,那么就容易明白我是如何来作中西文化的宏观比较的。

第二点,讲到文化我还要谈谈文化是受哪些因素驱动的,有没有一些因素导致文化的总的方向受到制约呢?当然有的。有各式各样的因素,这些因素构成一个因素系统。从纯理论上看,这些因素可能是无穷的,但是我们可以从无穷的因素中压缩提取出一些主要的因素。我把它们概括成九大因素。这九大因素分为物理的、生理的、心理的、哲理的四组因素,也就是:(1)生态环境横向决定律;(2)语言、文字纵向诱导暗示律;(3)科技、工具、媒介横向催变律;(4)物(食)欲原动力律;(5)情(性)欲原动力律;(6)权欲原动力律;(7)审美递增、递减律;(8)阴阳二极对立转化律;(9)万物五相(五行、五向)选择律。一共有这么九大因素。它们会导致文化在不同的层面上发展。我今天不可能把每一个方面每一个因素都进行阐述,我只能侧重其中的一点,或者两点,以之作为一个汇通点,把其他的层面连贯起来讲。比方说我可以从地理环境入手来展开这个话题,然后再把它横向地拉开,引入其他层面。

其次,我还要提出一个万物自协调理论观点。万物都是具有自协调、自组织特性的。万事万物中的任何事物,只要被赋予一个简单的力以后,不管它在什么位置上,都会和周围的事物产生一种关系。这就如一杯水,如果你把它泼到地上,它就会依据一种力的作用向四面八方渗透,或者是遇到一种阻碍暂时停顿下来,或者是

---

① 本文经修订后曾载《北大讲座》第一辑,北京大学出版社,2002年1月。

突破阻碍继续渗透。总之,在最后你会发现它是一种不规则的形状,这个形状就是和周围的事物相关、互动而构成的一种形状。这个形状很类似于文化的形状。人类的文化是可以自我协调、自我组织、自我规范、自我节律、自我适应的。它在诸多互动、互构的因素网络中一定要找到一种最好的存在方式。这个观念和生态学的观念是相通的。任何一个东西,它的任何一个因素被改变后,就往往发生一系列的相应改变。任何一个东西被放到一个环境里去以后,就会和周围的环境产生一种协调的关系。这说明了什么呢?这说明了没有一种文化不是合理的,这也说明了没有一个文化不是好的。就某具体文化自身适应其周围的相关条件而言,它肯定是最好的。换一种角度来说,如果文化换一个环境,它的渗透方式也就会发生改变;发生改变以后,它也是最好的,至少相对于它所依存的环境,它是好的。这也是文化相对主义的一种变相说法。当然,说所有的文化相对于其所处环境条件来说是好的,并不意味着所有的文化都一样好。如果加以比较,则在不同的层面上,各类文化是有高下优劣之分的,不是绝对一样好。

那么,中国文化是怎样自己加以协调的呢?西方文化又是怎样自我协调的呢?就是说它们找到了怎样的一种形状或者模式使它们各自处于一种最好的状态呢?这正好是要讲中西文化比较之前要说清楚的。

我们先简单介绍一下中国文化是怎样自己协调的。要讲清楚这一点,就必然会讲到中国文化所产生的地理环境。地理环境中最关键的因素则又是它的气候条件和资源条件。尤其是气候条件,可以说一切生命都依赖它。在特定的时期和条件下,不仅生命的发展程度依赖它,和生命相关的一切行为和现象,例如文化现象,也往往依赖它。当地球的气候发生比较大的变化的时候,相应的文化也就会相应发生一种比较大的变化。举例来说,根据诸多专家、学者的研究,大约距今一万年前,地球的第四冰期到达了尾声,地球表面温度开始慢慢地上升。到了距今五千年前后,地表的温度普遍转暖。这么一种气候产生了什么样的文化效应呢?各种各样的研究表明,世界各个地方的文化,都基本上适应这种条件而作出了相应的反应和变化。这个反应、变化的结果,就是在温带,在亚热带,例如北纬35度到40度这个地带,首先发展出了人类早期最辉煌的文化,例如地中海文化,包括古埃及文化、古巴比伦文化、古印度文化、古中国文化,以及古希腊文化等等。也就是说,到五千年前后,人类到此为止最辉煌的文化差不多都在那个时候相继产生。这不能以偶然性来解释它。实际情况是,只要我们所在的地球给出了生命、生活、文化所必需的基本的相关条件,各种相关因素一旦不同程度地汇集到一起,就会产生互动、互构活动,产生种种协调、适应、组织现象,促成种种演化,于是文化、文明就在这样一个条件下繁衍生发开来了。大体上说来,五千年前后的文化,在这个纬度上发展得最辉煌。这首先是和它所处的气候条件相关的。

说到中国,情形就更是这样。我们经常讲华夏五千年文化,确实是有历史依据的。中国古代文化也确实是在那个时候忽然间发展得最快且极为辉煌。中国的文化那时候为什么发展得快且极为辉煌呢?竺可桢先生曾经把中国五千年的气候波动画了一个曲线图,学者们认为这个图是相当客观的测定。依据相应的气候的变化,人们就可以找到相对的文化的缩影。种种研究表明,一旦一个地方突然变得很冷的时候,就会发现这里也往往容易发生改朝换代的情形,也往往同时伴随着大饥荒,频繁的干旱或水灾等等。而当文化比较辉煌的时候,往往都是在气温比较高的时候。这不是一种偶然现象,而是经常是这样的。例如当商朝要灭亡的时候,气温就突然降低了。唐朝兴旺发达的时候,气温就总是比较高,并且持续了很长一段时间。根据气温会发现,不管是政治还是经济,都会同时发生和气温相应的波动现象,这是非常有趣的。有人会觉得非常奇怪,事实上这是没有什么奇怪的,这是彻底的唯物主义。因为一种物质条件的变动有可能导致相关的物质现象的变动。这是很简单的道理。就中国的情形而言,什么时候容易出乱子呢?显然首先是人们没有粮食吃的时候。粮食的生产和气温关系特别密切。尤其在气温过低时,粮食的生产比较困难。因为气温一低,农作物就长不好,会相伴有很多的灾害,战争也往往会随之发生。同时,北方的少数民族迫于相类的恶劣的气候条件而不得不开拓更大的生存空间,这时也就会容易趁着当时中国内部苦于天灾人祸的时机攻打中原,并且常常得手,对中国社会产生颠覆性影响。因此,古代中国文化在若干方面的起伏状态都是必然的,并且往往呈一种循环态势。这就颇类似白昼和黑夜,日和月的循环现象。当然,人类文化和自然现象毕竟是不同的,因为人类文化有一个自我累积并抵制淘汰的内在特性。但是总的说来,地球——甚而至于整个宇宙——它本身的发展就是循环的,因此人类的文化从宏观的走势来看,当人类自身对环境条件的干预能力较弱的时候,其早期发展也就必然具有循环性。如果只是以几十年为周期来看,这种循环现象可能不容易发现,但是像中国这么长的未曾中断过的以千年计的历史过程,就很容易让人们发现这样一种发展模式。所以中国的文化就是依据地理环境、气候条件及相关的种种历史因素相应地不断发展、演化,一直到现代。这样来解释中国文化的有机构成原理,就比较简单明了。当然,还可以用其他的许多观点来作出不同程度的解释,这里我们就不展开讨论它们了。

更进一步地具体来说,究竟在什么样的气候条件下,中国的文化会发展得和西方的不一样呢?是什么东西使它们发展得不一样了呢?首先我们还是从气候差别来看这个问题。中国的最北方是很冷的,所以不太适合于粮食生产,也相应影响了文化的发展。中国古代的南方按理气温高,应该适合文化的发展了。但也不尽然。因为古代南方的气候不是现在这样的。最关键的是,当时南方的土地非常贫瘠,排灌系统落后,其土壤跟现在不一样,根本不适合农作物生长。根据专家的研究,从远古的时代起,中国北方的西伯利亚的寒流不断地向南方移动,在经过蒙古大沙漠的时候,风力把细沙卷了起来,夹裹着飞扬,但是当到了中国的黄河中下游一带时,由于风力不支,慢慢地沙尘又降了下来,经过长期的一个过程,就在中原一带形成了约莫150多米厚的土壤层,这层土壤是非常肥沃的。此外,如果此以喜马拉雅山为界,在此以西和以东的气候是完全不一样的。以东的中国的气候比较湿润,雨量充沛,因此在这一片肥沃的土地上就更加适合于农耕。这样一种环境气候条件就产生了中国古代社会中占支配地位的农耕生产方式,它是自然产生的。它的这种生产方式和西方很多国家的生产方式是非常不一样的。农耕使得中国人可以长期地居住在同一个地方,这叫安居乐业。而游牧民族就不行,当一个地方的草被牲畜吃完了以后,就必须再换一个地方。这种生存条件导致一种流动的生活形态,因此西方古代社会在相当的程度上往往趋向于流动的生活方式。其中的关键原因,在于西方的地理气候条件不是很适合农耕,比如地中海一带,就非常贫瘠,地中海本身也很贫瘠。但是为什么它这种条件同样能产生非常辉煌的文化呢?这是因为它的地理气候条件提供了另一种发展潜力。比如说,地中海的航路、航海业就非常的发达。航路的发达使得商业逐渐地兴盛起来。有了船,就可以四通八达。因此地中海周围的文化也是非常发达的,比如古希腊、古罗马、古埃及等等都在这一带。反观中国,既然可以安居在一个地方,就少受迁徙流离之苦,而这种长时期地居住在同一个地方的条件便使得中国的家族发展得很快,所以中国的家族往往都是非常大的,尤其是在中原一带。百姓,百姓,一个姓就是一大家族,其实岂止一百个姓?一旦安居乐业以后,居安而不思流动,就容易促使静态的文化模式发展起来。所以中国的文化就其整体相对于西方文化而言,更趋向于是一种静态的文化,而西方文化则更趋向于是一种动态的文化。这样一来,中国文化中与静态特点相关的一切就更容易得到鼓励而蓬勃发展起来。而西方文化中与动态特点相关的一切则更容易得到鼓励和发展。有人常说,中国的宗法制、家长制为什么这么严重呢?严重二字具有一种贬义。其实这不是严不严重的问题,因为这种文化就是在这样一个条件下发展起来的,是为了适应周围的环境而产生的结果;只有这样,它才能获得最佳的文化果实。如果相反,它就绝难有后来积累而成的辉煌文化成果,很可能整个国家跟欧洲一样,至今四分五裂。这就从一个方面解释了中国文化是如何具有自协调性的。西方的地理环境、气候促成的流动性的文化,促使西方人的家庭观念相对薄弱,促使他们的个人主义,自由主义等价值观念发展得非常充分。这种自由主义得力于也有利于商业的发展,这也就是西方商业之所以很发达的原因之一。这正是西方文化自协调的重要表现。所以中西方文化都是依据具体的先天的自然条件及后天的人性因素而互动互构发展起来的。不同的客观条件模塑了不同的文化形态,这也是东西方文化不同的重要原因,也是我们进行中西文化比较的关键因素之一。当然,顺便提一句,我们这里谈环境谈得较多,但绝不是说环境就决定了一切。环境有宏观环境和微观环境的区别。环境如果改变了,其影响力相应改变。就微观环境而言,它的横向性决定因素多一些,纵向性因素相对少一些。实际上决定文化发展的因素还有很多,我们在前边已经提到过了。这里因为以环境因素作为主要讲话契机,自然就要谈得多一些。

从地理环境我们可以追踪到一些文化发展的线索,当然不完全对应得那么紧密。现在我们进而谈谈中国在这种环境制约条件下会有些什么独特的文化现象。首先,如果这种条件下的民族安居乐业,老是相对久远地住在同一个地方,它的家族就容易繁衍起来,一代又一代连锁式地滋生,因为它所栖息的土地可以不断再生所需要的生存资料。结果这个家族的人就会越来越多,人口数量越来越庞大,其相应的家族纽带也越来越繁复体系化,人际关系网越来越大,在这种条件下,谁来处理人际关系呢?或者说,谁来当首领比较合适呢?在大多数的情况下,如果没有外来的部落、家族强行挤入的话,既然大家祖祖辈辈都住在这儿,论起来实际上就都是一家子,只不过慢慢地由于年代久远了,相互之间的亲戚关系、血缘关系不是那么明显,但归根结底还是一家人。既然是一家人,在一家人当中的矛盾该怎么处理?你不可能借外来人处理,邦有邦规,族有族规,自家的事情只能自家处理。那么听谁的,听来听去肯定只好听父母的、听年长者的话。这是自然而然的。因此尊老及相应而来的祭祖现象必然要在中国文化中产生。也就是说,所谓的家族观念,所谓的宗法制这些东西,它一定就要这么自然而然地形成。这种形成方式孳生了中国式国家的形成方式。这若干的家族不断地繁衍,繁衍成越来越大的家,家大到最后就变成了国了,所以叫家国,家国。国和家,家和国都是在一个规模上的变化,这样就可以明白,为什么中国的家国主义,是这么明显,这么根深蒂固。我不是在暗示家国主义就一定是坏的,恰恰相反,中国传统社会的家国主义就其所处时代的自律形式而言,是一种先进的社会机制。它非常符合它自身的生存条件。它和中国古代的农耕文化模式是完全呼应的。进而言之,中国社会中的与此相应的伦理、政治、经济、艺术、哲学,种种制度、思想也跟随着以相似的模式发展起来。比方从伦理方面来说,既然大家都是一家子,就不应该争斗。不是说中国人不会去争斗,因为人的天性中存在着一种争强好胜的权欲,但是争斗的程度是有差别的,至少为适应这种具体的人际关系,就会产生出一种理论来,压抑这种争斗的思想,例如和为贵的思想。什么叫和为贵?就是在求同存异的基础上,重视和睦共处。因为既然都是一家人,为什么要把矛盾激化到打打杀杀呢?显然和睦、和谐、相互间的体谅这类品德是非常宝贵的。历史地看,和为贵、爱好和平这种思想,必然在华夏文明,尤其在中原一带这种文化当中产生出来。它不是从外国注入的。诚然,人生来就有权欲,就有征服欲,但也不是毫无解决办法。通过一定的环境、条件,人的先天的权欲会慢慢地激发出另外一种和它相生相克的控制欲以及相应的关系,慢慢地把人性中某些过强的权欲、征服欲加以削减,使之被约束到一个比较能够被接受的程度。一种中庸形态的德行准则逐渐成形。单单这一点就很容易把中华民族和大多数的西方民族区别开来了。

  如果说中国人生活在这个地方容易把天下太平作为一种理想追求的话,那么在西方世界情况就不一定了。西方世界的社会生活动态感强。虽然在一定的历史时期它的农耕特点也是很重要的,但是游牧业确实比中国要发达得多。游牧业的特点就是老动来动去。放牧的时候,一个地方的草吃完了,不可能马上长出来,你就得不断地迁移。加上地中海一代的商业特别发达,假如你去经商,漂洋过海,显然不可能把一家老小都跟着迁走。这样的条件,促成对个人行为的自决能力的强化。很多人的冒险的精神容易被激发出来,被熏陶出来。海上的贸易,面对大海,可以启示人思考自然力的狂暴,引起人征服自然力的雄心壮志。当然,这种自立、自决行为方式和冒险精神也会从另一个方面激发人与人之间的矛盾。人们乐于争夺各种生存资源如土地等,乐于争夺一些要害地点,如港湾、航路等等。英雄精神、骑士精神容易得到鼓励,于是发生战争的机会就特别多。所以西方民族的个人主义(individualism)很突出。很多人问个人主义、好战性这样的价值观为什么会在西方特别明显呢?中国人当然也有这种东西,可是是受到压抑的,而西方民族那个东西非常鲜明。为什么?生存状态使然。有人说西方人好战成性,可能夸张了一点,但是西方人好战的心理确实比中国人要强。就是号称爱好和平的伊丽莎白女王对于自己的臣民到海上去抢别人的船只,她都要表扬嘉奖的。她的将军在海上打劫了别国的商船凯旋归来,她是要分赃的。这类海盗行为她并不认为不好。在中国,你要那样去做的话,大家都要谴责你。那是不对的,是去抢劫别人。但是,西方人觉得那是一种英雄行为。所以两个民族由于各自的生存空间条件陶冶出了不同的民族性格和价值取向。当然,近几百年来,西方人也不断地试图压抑这种情绪,可是时起时伏,还只是压抑到了一定的限度。民族深层心理结构几千年来被客观的自然条件经过几千年来的陶冶、模式化、定型化,演变成一种民族性格,这是不可能一下就改正过来的。

  我们还可以进而提出一个问题:儒家的思想为什么会在中国而不是在西方产生?因为儒家那一套思想,比方说扎根于周礼的那一套思想,诸如君君、臣臣、父父、子子这一整套东西之所以会在中国文化中起那么大的作用,也是在相当的程度上由于上面提到的诸多地理环境原因所致。整个家族生活在一起,都是一家子,自然条件导致的生理、心理模式理所当然会对如何处理人际关系产生水到渠成的定势作用。在一个家庭中父母最该受尊重,似乎是不言而喻的事情。从大一点的角度而言,其实皇帝在政治功能上有的时候就像家庭里的长辈。现在很多人把这叫做什么呢？家长制。言外之意是家长制一定是不好的。其实我们都已经看到，家长主义在古代中国中一定要产生，才可能产生最佳的传统社会文化结构。国就是一个大家，那些父辈祖辈的，就是应该称为长。在一个家庭的所有成员中，相对而言，在处理各种争端的时候，父母能产生公心的可能性最大，因为说到底，其他成员都是自己的孩子。偏袒行为有时可能会有，但总体来说，还是会比较公正的。而父母之外的其他成员由于自己就处于利害得失之中，难以不偏不倚。当然后来的皇帝不必一定是家庭中的长辈，但是这种家庭传统要求皇帝总是像长辈那样把下面的百姓看成是自己的子民，要求皇帝要以相应的德行去处理错综复杂的亲戚关系。换句话说，家庭中对父母的孝敬心必然推而广之地应用于邦国范围内对帝王的忠心。家庭中父母对子女的爱心，也必然推而广之地被要求应用于邦国范围内，成为天子对臣下及庶民百姓的关爱与宽恕。所以我们就明白了何以儒家的整个一套政治理念会以孝为中心概念，主张以孝治天下。因为一个人只有首先在家庭里面学会尊重自己的父母，才有可能在社会上推己及人地去尊重别的一些长辈、别的一些领导人物；比如说皇上，对他要忠心耿耿。当然对他的忠也不是说一定要愚忠。反过来说，皇帝就像一家之主，如果自己的行为不足以以身作则，就难以被看作一个称职的皇帝。对于臣下，他要学会宽宏大量，要学会宽恕臣下。忠和恕两者总是相辅相成的。在领导与被领导之间有一种基于仁、义、礼、智、信的理解与默契。这一套东西在现代人眼中看来不一定是对的，但是在那个时代必然产生这样一套政治思想，而且只有这样，它才能最佳地符合它的条件，解决它所面对的种种社会问题。所以儒家思想必然要在中国产生。

西方的地理环境及种种社会关系导致个人主义的兴起，导致家庭、家族纽带关系功能的相对松弛。既然要以个人、以自己为中心，当然就不可能以家庭中的某一成员，例如父母，为中心，也就不会产生强有力的孝敬观念。而孝敬观念恰好是儒家政治伦理思想的中心概念之一。这样一来，儒家思想体系就难以在西方社会中产生了。

我们再来说一下历史形态，什么叫历史形态？西方学者，比如说马克思，认为人类社会可以分为原始社会、奴隶社会、封建社会、资本主义社会、社会主义社会这么五种形态，或者说至少这五种形态。那么是不是每一个社会必然是依次地按照上面提到的顺序经过这些形态呢？我认为不一定。

当然马克思最初也没有系统地论证说五种形态必须一一经过，绝对不能跳越。可是后来在俄国人那里就把这个思想搞得僵化了，认为好像非要每一步都走到。实际上后来的发展证明是可以跳越的，有些形态可以不经过。在顺序上可以打乱。当然在世界历史上，许多国家不同程度地存在过这五种形态，这是对的。但是我要提的问题是：什么是奴隶社会？中国有没有奴隶社会？中国近数十年的历史教科书,无一例外地认定中国存在奴隶社会,比如商、周,都被定义为典型的奴隶社会。要回答这个问题,我们先要弄清什么叫奴隶社会?这首先要看什么叫奴隶。如果一个人失掉了人身自由,完全依附于另一个人,而且他生产出的东西都全部归于他的主人,那他就是奴隶。但是一旦认真研究中国古代社会,人们就会发现中国的情况好像并没有西式的奴隶社会。封建社会倒勉强可以找一个周朝来贴上标签,像奴隶社会这样的社会就不容易找到了。不是说一个社会中只要有了奴隶就是奴隶社会,而要看奴隶的数量在整个社会成员中的比例及具体受奴役的程度。我们看看西方奴隶社会,例如古希腊、古罗马的奴隶社会。那种奴隶社会是比较典型的奴隶社会。因为那种社会中奴隶的数量很多很多,多到什么程度呢?也就是奴隶与自由民的比例相差很大。所谓自由民,就是有选举权的公民,和奴隶的比例大概是1比5,有时还可能是1比10以上。所以在古希腊、古罗马的一些城邦中,自由民只有几万人,而奴隶有几十万人,连亚里士多德这样的学者,据说都有三到十几个奴隶,所以那种奴隶社会、奴隶制才是真正的奴隶社会、奴隶制。而中国的古代社会,你仔细查查,发现虽然不同程度地有过奴隶现象,但是其数量还远远不足以构成一个真正的奴隶社会。

  这样一来,我们就会问,那为什么呢?为什么西方的社会,尤其是古希腊罗马的社会容易产生奴隶制,而中国的社会就不容易呢?或者说它的程度比较低呢?这很值得探讨。当然下面的话只是我个人的看法。其实根据上面我刚才讲过的话,你们自己就可以回答这个问题。为什么?因为奴隶虽然来源于多种渠道,比如说来源于借了人家的钱没法还而卖身成为奴隶,但这一类奴隶数量相对要少得多,大多数的奴隶主要都来源于战俘。一次战争后,巨量的士兵被俘虏过来了。俘虏过来你怎么办?如果是关在监狱里面你还要喂他的饭呢,同时也没有那么多监狱呀。那怎么办呢?几十万,几十万的人,应当怎么样处理呢?让他劳动,强制他劳动,并且剥夺他的劳动成果,于是这些战俘就成了奴隶。古希腊、罗马的贵族们在发战争横财时,分得的战俘,也算一笔财富。打仗有功的士兵也可以捞到点这类财产,这是一种会说话的财产,比现代机器人还好使。由此就可以推论,如果一个社会的奴隶制特别发达,就意味着它那个地方战争特别频繁;反过来说,如果一个地方在古代社会中异族战争频繁的话,也就最容易产生奴隶制。因此,古希腊、古罗马所处的地中海一带,一定是经常发生战争的。事实上也如此。这种频繁的战争产生大量的战俘,这些战俘怎样处理?就变成了奴隶。所以古希腊、古罗马的奴隶社会可以说必然要产生,就它当时的那种地理条件、民族因素及相关的历史原因,必然要产生这么一种奴隶社会。而在中国你就发现这种条件不但不是那么充分,反倒有一种内在的**抗奴隶机制**。尤其在中原一带,既然民族主体都是华夏民族,都在这个地方劳作,都是一家子。你如果编不出名正言顺的借口,仗就打不起来。师出无名,必有败军之虞。师出有名了,也得是所谓仁义之师才行。打了胜仗的一方,也不好意思叫战俘永远作为奴隶,因为说到底还是自己人,有血缘关系在里面。在战场对阵时,父子朋友各为其主的现象很多。所以在大多数的场合,多半是呼吁败方弃暗投明,或者将这些农民遣散回乡,种地去了。当然,例外情况也有,比如据说白起坑降卒40万,就被历代史家所谴责,人神共愤,可见残暴的行为总是受到中国传统伦理规范的抵制。所以在中国推行像西方奴隶制那类非人道的制度不容易获得认同,故而像西方社会那么完整的奴隶社会也就不容易产生。反过来也可以说,中华民族之所以是个爱好和平的民族,也是上述地理环境、民族因素及相关的历史条件促成的。如果商、周不是奴隶社会,那么它们是什么社会呢?商朝的历史形态还待进一步研究,但是周朝是典型的封建社会,则是无疑的。现代教科书将两周断定为奴隶社会,我认为是很不妥当的。至于秦汉以来,尤其是隋唐以来的两千多年的社会被断定为封建社会,也是欠妥的。这么漫长的历史阶段仅以封建二字定性,是武断的,不科学的。关于这点,我已经在另外的讲座中讲过,这里不重复了。

接下来我们再讲一个大家经常讨论过的,从五四以来就不断在讨论的问题,即中国有无科学的问题。有人说中国没有科学。有人说中国没有科学但是有技术。怎样解答这个问题?实际上要从方方面面回答清楚这个问题,得专门开一个讲座才行。我只能用不多的话阐明它。首先,你如果说中国有没有科学,你就得说什么叫科学,然后才能说它有没有。这样一来,我们就得先为科学正名。有的人容易把科学等同于真理,科学实际上不等同于真理。科学主要是一种方法和一种组织严密的概念系统。它的方法是实证的方法,是条分缕析的方法,是逻辑性很强的理论框架。它把一套概念有机地组织架构成一个系统,然后再按部就班地一步一步推导出必然结论。因此客观上它有助于我们去发现真理,去最大程度地接近真理,但它本身还不能说是就完全等同于真理。按照这种理解,那么,不仅中国古代有科学,实际上世界上没有一个民族没有科学,因为没有一个民族它不知道用实证的东西去发现什么东西,没有一个民族不知道说话或写作一定要有逻辑,要有条理。区别只在于各民族的科学形式和发达程度是不一样的。如果简单地说成是没有科学,那是不对的。如果我们再换一种说法,说在中国古代,西式科学,或西式理论科学不那么发达,这就比较合乎情理了。

但是事情并没有完。许多人容易把科学和技术等同起来,这也是不对的。科学趋向于理论性,技术趋向于实践性。科学不等于技术。与西方社会相比,技术在古代中国是非常发达的。至少在16世纪以前,中国的技术是领先于世界的。16世纪以后西方的技术才日新月异地发展起来。按照英国科学家李约瑟的统计,西方的科学技术成就差不多85%以上来源于中国。这使人感到很奇怪。中国的科学理论好像不是特别发达,可是技术却那么发达,这似乎产生了一种悖论,就是科学和技术似乎在某种程度上可以脱节,产生一种技术发达而科学相对落后的状态。西方传统的主流观点总认为是科学理论指导技术实践,科学理论先于或高于技术。而中国古代的科技发展恰恰是对这种观点的挑战。我认为,科学理论和技术的关系是互根、互构、互补、互彰阴阳循环互进的。在一些情况下,理论超前;在另一些情况下,技术超前。科学并不永远指导技术,技术也不可能总是超前于理论。二者相辅相成,互相促进。中国古代社会的技术尽管从大体来说较之现代技术要原始、简单一些,但它的基本原理在那个地方。它提供了最初的思想、最初的设计,提供了后来进行加工的基础,因此它是最重要的。比如说手枪、手榴弹、地雷、火焰喷射器、机关枪、大炮、火箭,这些东西在中国早就有了,而现代武器跟当时中国发展出来的相比,其基本原理区别不大,只不过现代西方科学家们做得更精巧一些。

  由此引出新的问题:为什么中国人的技术搞到那个程度却不进一步发展它?为什么中国人技术上那么发达,理论却没有跟上去?西方人即使阐述一个最简单的技术原理,也往往用整本整本的书来论证,而中国人往往几句话就完了,这是为什么呢?关于这一点,我们可以从若干个角度来解释它,但我不妨只就文化发展九因素的中的一个因素,比方说第二个因素,语言、文字诱导暗示因素来做解释。中国的汉语言文字是综合性的,图象感很强,它虽然已经不完全是象形字而主要是形声字了,可是在早期它是图画文字演变而来的,至今残存着相当多的象形特点,因此它就容易在我们的大脑当中熏陶出一种象形定势思维,理解事物时就容易侧重从形象方面去了解它,从宏观整体方面把握一个事物。而西方印欧语系语言文字则是非常精细的一种语文。学过英语的就知道英语有性、数、格,有主语、宾语、状语、定语这一连串的东西。你学拉丁语,光是一大堆语法规则就念得你焦头烂额。它的语法非常发达。所以西方人的教育很注重语法教育。西方的16世纪前后建立的注重拉丁语教学的小学、中学就叫 grammar school,直译就是语法学校或文法学校的意思。西方的儿童从小就学习这类语言,注重学习语法,培养一种条分缕析的思维能力。孩子一出生,父母就老教给他这个是单数,那个是复数,这是名词,那是动词。此外还有数、形、量、代,一大套分类。须知科学理论就往往是一种分类的条分缕析的理论体系,一种概念体系。西方的科学理论体系在形态上实际上就很类似臻于精密的语法系统。或者换一种说法,它的语法体系里面内涵着科学推量的基本成分,它的形式逻辑实际上就是语言成分里已经包含的那种东西,所以西方人只要强化语法训练,由于日积月累的熏陶,就有助于为科学推理能力的建立打下基础。由此可见,印欧语形式很容易诱导暗示出西方式的理论科学形式,并使之得到进一步的繁衍。而中国的语言文字,则语法形态比较隐晦。在马建中的《马氏文通》出现之前,中国数千年来可以说没有一本语法书。马建中的语法是拿了拉丁语法来套汉语语法的,把汉语强行地拉入印欧语系的语法体系里。中国人不注重语法教育,所以条分缕析的概念应用不像西方人那么系统。可是人们立刻会问:中国人没有语法是怎么交流思想的呢?这个问题本身就预设了一个前提,似乎人类要思考,就非得有西方式的语法才行似的。实际上,事物发展往往有自我协调、自我完善的趋势。当出现某种缺陷的时候,就往往会产生另一种优势来加以弥补。汉语言文字自身当然有语法规律,可是由于它的语文要素中的直接表意功能非常强大,远远超过印欧语系语言文字,它就无须强调语法功能。单从它的文字来看,其图像特点强,写一个"门"字,那个字就像一道门,写一个"山"字,那个字就像一座山,使你不借助语法系统直接就可以一下明白它要表达的含意,岂不十分省时、省事?西方印欧语系语文却缺乏这个直接表意功能。它的文字都是符号化的,弯弯曲曲的,你必须把它们一个个死记住,记住它那个跟所表达的实物已经割断了联系的符号形式及其含义,用语言学术语来说,就是它的能指与所指之间看起来缺乏有机联系。所以它在表意上非走弯路不可。印欧语系语文的直接表意功能有了缺陷,这一缺陷恰恰要由它的发达的语法系统来弥补。所以西方人的表意系统需要一个庞大的语法系统来加以界定,使每个字词的含意被抽象性的符号定位,被繁琐的语法规则所制约住。你看一个英语单词通常是绝不可能一目了然的,必须把它的含意死死记住。因此你学英语时,你得积累一万单词左右,才能真正无大障碍地阅读英文原版书报。但是中国字你不需要记住一万字,记住三四千汉字就可以读书看报了。所以汉语言文字之所以不强调语法系统,是因为它有这方面的优势。所以五四时期某些学者抱怨汉语言文字文法不精密,试图通过硬译的笨办法输入新的表达方式来改造汉语的想法,今天看起来是站不住脚的。

　　回到关于科学技术的讨论上来,我们就会发现,既然汉语言文字的直接表意功能强大,那么,不言而喻,对于具体的东西,中国人的形象思维能力就会相对强些,因此在特别需要形象思维的领域,例如写诗、填词方面,势必非常发达。而技术性的东西往往实践性强,与现实生活联系紧密,也是很需要想象力的,因此中国人在这些方面容易超前做出来。所以西方人,例如李约瑟,就感到很奇怪:中国古代的科学理论好像没有上去,而技术上却莫名其妙地颇为发达。实际情形是,技术需要非常生动的想象力,某个东西该怎么制造,技术发明人往往趋向于先把那个东西在大脑中构想出来,因此才容易付诸实践。而古代中国人的形象思维能力强,所以擅长于技术制作。技术的超前一定程度上得益于汉字直接表意上的超前。汉字的直接表意功能可以经常潜移默化地暗示我们不断地跟客观现实相结合,发展发明一些非常实用的东西,而对抽象的纯粹符号类的理论思考,因为与现实生活有距离,容易受到忽略,由此导致中国人在这方面技术超前,理论滞后。这就从一个侧面解释了为什么中国古代的西式理论科学比较薄弱这个难题。

当然上述情形后来还发生了变化,由于白话文运动的兴起,中国人渐渐地也开始学语法这一整套东西了,因此现在的中国人实际上兼有了两种磨练思维能力的语言功能:语法思维和语象思维。因为现代汉语的整个语法体系现在学生也懂了,虽然不需要这套语法,中国人是照样可以理解他人、表达自己的。李白、杜甫、屈原……他们根本就不懂语法的。但是你不能说他写的东西不合语法。他们还是语言大师呢!

还有一个很重要的东西值得一提,这就是:中西方的语言和文字相互间的关系是不一样的。换句话说,西方的语言可以规范文字,中国的文字可以规范语言。西方印欧语系语言注重语音变化,但声音语言不是那么容易把握,容易发生流变。一旦流变,它的拼写就必须要跟上去,它的文字要服从语言本身的变迁,因此变化的机会比较多。这就使得文字跟着语言走,结果就是语言在规范文字。而中国呢,它就倒过来了,文字在规范语言。从秦始皇统一文字以来,中国有许多民族,说着各式各样的语言,它们的发音是各式各样的,但是文字始终是统一的,因此它乱不了,因为语言必须以书面文字为准。你到南方去,很多地方话你听不懂,例如广东话、上海话,你听不懂它,但是写出来大家都明白,因为它服从于文字。用文字整肃语言,结果使文字成为中国社会强有力的统一因子。它使得中国文化几千年来得以长治久安地存在下来,没有被中断。而在西方,差不多每一个国家的文化都被彻底地毁灭过。古希腊文化、古罗马文化,都经历过这样的命运。而中国呢,五千年文化一根线下来,它就不中断,非常的稳定,所以许多学者们都感到疑惑,老问:这是怎么一回事呢?为什么西方文化那么容易就中断了,而中国文化却具有一种超稳定的结构呢?这个超稳定的结构也同样得益于中国文字的这种超稳定结构。你现在看四书五经那些书,会发现很多字你到现在都可以认识。这是很奇怪的,几千年了,你都可以认识它。可是西方的像印欧语系的文字,不说几千年,三四百年前的你看着就相当吃力了。例如莎士比亚的著作,今天不将它的拼写现代化,很多人要看懂是非常吃力的。四五百年、七八百年前的,像古英语、中古英语这些,你基本上就看不懂。不要说你看不懂,就是英国人自己都看不懂,因为它拼写的变化太大了。它的文字是跟着语言走的,语言不断地变,文字拼写就跟着变,结果变出了很多种语言。因此,如果欧洲有一个统一的文字的话,它会成为一个非常大的像中国一样大的国家。反过来说,如果中国没有统一的文字,例如没有汉字的话,它今天肯定也是四分五裂的,分成了各式各样的小国家。这种现象之所以没有出现,就因为文字起到了一个非常强有力的凝聚作用。

另外,从思维模式方面来看,中国人的思维模式跟西方人的思维模式是不一样的。之所以不一样,也是跟语言文字分不开的。中国人的思维是立体型的,而西方人的思维是流线型的。流线型思维跟流线型文字一样,弯弯曲曲的,一环扣一环。

那中国思维为什么是立体性的呢？你一看到汉字就知道中国人的思维模式了。一个汉字,它的笔画是四通八达的。各个方面都可以伸展,横的、竖的。因此这就可以诱导思维不要单向发展,而要多向发展。这样一来,就容易全面。所以中国人想事情总是事先把各种东西都预见到,给自己留下很多的退路,说话也总是留有余地,不会把什么事都说死。但是西方式的思维不是这样,它是二元对立型的,不是A就是非A。这就是所谓真理只有一个,二者必居其一。这些话语结构,现在中国人也喜欢用,这都是向西方人学的。实际上中国人的传统思维不是这样。《易经·系辞》就说"天下一致而百虑,同归而殊途"。它有同归处,也有百虑,有各式各样的差异。但是西方人往往趋向于把事物对立起来考虑。中国人则不光考虑对立性,也考虑合的一面,考虑合二而一的一面,谓之阴阳互补的思维模式。阴阳太极图中的所谓阴阳鱼,一黑,一白,你感到奇怪吗？实际上不奇怪。它是中国人思维模式的图示化。我们思考起来就是这样的。你看这两个阴阳鱼互相交织在一块,它们不是静止的,而是动态的。要知道其中之妙,你得把它们旋转起来。在旋转起来的每一瞬间,你会发现它们既是阴又是阳,既是阳,又是阴,不断地变化。中国人看待事物的时候也是这样的,他是以流变的观点来看。顺便说说,这个阴阳鱼其实并非像许多学者相信的那样是什么陈抟老祖画的。陈抟老祖固然也可以画,但是没有他来作画,这个阴阳鱼太极图也是可以自己在一定的条件下产生的。你如果把八卦阴爻、阳爻符号——一个长横,两个短横那种符号——按照64卦的顺序排列起来,构成一个圆的形式,然后想法固定在什么支架上让这个圆图旋转起来,当旋转的速度达到每秒24转时,就会产生一非常完整的阴阳鱼。因此这个阴阳鱼不是乱画出来的,它是在一定的条件下事物运动形式的反映。也可以认为这种太极模式是宇宙一切运动形式的概括式缩影,是爱因斯坦一生呕心沥血极力想要找到的统一场模式。这种太极图跟涡流形状很相似。有人发现大脑的脑电波的运行也跟这个太极图很相似。如果你到高空观察地球上大气涡流的旋转形式,或遥远的星云的旋转形式,例如银河系的旋转形式,或者说宇宙最初处于浑沌状态时候的星云旋转形式,它们很可能跟太极图的构成模式是相呼应的。因此远古中国人的智慧是和事物、和宇宙那种生发模型有种暗合因素的。带着这样一种眼光,你就可以用比较开阔的眼光来观照中国文化究竟是怎么一回事。而且,只有当你弄清楚了中国文化是怎么一回事之后,你才能真正了解西方文化是怎么一回事。你如果不彻底了解一种文化,你就无法彻底了解另外一种文化。因为有比较才有鉴别。当你有了一个参照系统,或者说参照框的时候,别的东西才能看清楚。你首先要么精通西方文化,要么精通中国文化,然后把其中一个作为参考座标,借以了解对立面,这样来了解对立面,往往可以获得两种文化的真髓。

中国人的思维模式不单单是阴阳互补型,它还同时是内向型。而西方人的思维则外向型的东西多一些。中国人看问题的时候往往是由远到近,而西方人则往往是由近到远。我们容易从宏观入手进入微观,比方我这个讲座中西文化比较,就是很大一个框框,先说大框框,叫做提纲挈领,然后慢慢地一步步深入,进入比较具体的分析、比较。西方人就不一定,他可能由一个很小的点出发,然后由此扩张出来,以点成面。比如海德格尔从一个大家都认为不怎么起眼的 Being(一译"在"或"存在",我译作"能在")入手,一步一步,剥茧抽丝式地挖掘这个概念的各个层面的哲学含意,最后延伸到探索哲学上本体论的一些最重大的命题和人生哲学问题。所以中国人容易从整体的观点来看个别的东西,整体的先把握住,再来看个别的;西方人容易从个别的东西出发,推而广之,到认识整体。中国人的思维模式中往往有直观成分,一眼就把握住了某种事物的本质性特点,一语中的。有些真理性的东西,他那个直观一下就告诉他该怎么认识,他几句就把它说了出来。而西方人不是,他是理智的成分强,他要慢慢推论。如果没有实证的东西,没有一整套的推理过程,他是不承认、不认可某种结论的。

所以中国人的思维模式综合性强,而西方人更倾向于分析性。我们再把这种思维模式推论到其他领域,比如用来解释哲学,又会怎么样呢?很多人都知道中国哲学体系中有天人合一的思想,问题是为什么中国人会有天人合一的思想?天和人是一个整体,自然界和人是一个整体。这个天有很多解释,有的说是上帝,有的人认为是上天,有的说是无处不在的一种最高原则,宇宙运行的最高原理等等、等等,各式各样的解释。这样来解释天,也不仅仅是中国人,别的国家的学者也能有这样的解释。问题是为什么中国人特别容易产生天人合一这种思想?其实,只要了解中国文化衍生的具体环境,就知道这类思想必然要由中国人来发扬光大。我们无须引证其他论据,光是从汉字的构成就可以明白这一点。汉字本身有它的图画性质。汉字实际上就是外部世界事物的一种缩影,因此它还保留着与外部世界的联系,就像婴儿生下来时那个脐带还没给割断似的。你看到这种字的时候,它老是把你拖向客观世界,使你感到自己是自然界的一部分,感到人本身与它及它所表征的自然界是同体的。所以单单是文字本身的特殊的直接表意功能就会诱导、暗示中国人生出天人合一的思想。当然,除了这个因素之外,还有别的因素,不赘。

反过来,西方人就容易产生天人二分的思想。天人二分含天人对立、相争的思想。这仍然可以从他们所处的地理环境条件来加以解释。他的生存条件那么恶劣,就必须与这种恶劣条件斗争,进而征服它们,征服大海,征服自然。因此西方一定要产生哥伦布式的冒险人物,向远方开拓。那种斗天斗地的思想,一定要产生,这都是和西方民族整个生存条件息息相关的。因此,自然和他们的关系是对立的,不是战胜自然,就是成为自然的奴隶。在这种情况下,天人二分的哲学思想一定要占上风。

我们再看另外一个哲学观念。比方说心物一体论,这是中国哲学的概念。它指的是心理的东西和物质的东西是一个整体。又叫一体两用,也可以说一体两面。强调心和物不能完全截然分开,有时候一个心灵的东西也可以是物质的东西。比如意识,究竟它是物质的、还是完全非物质的、完全彻底地空的、无的?古代中国人不把它说死,不把它说成是彻底的无、彻底的空、彻底的非物质。中国人觉得心和物是一个整体,只不过它存在的状态有差别。而西方人就往往要二者分开,一定要分出要么是心,要么是物,二者必居其一。西方人一定要想说清在心物关系中哪一个是第一性,哪一个是第二性,这个问题没解决他就不往下说。他认为这是哲学的最高命题。这些命题至少在这几百年来争论得非常厉害。但是在中国比较清醒的学者眼中,这类争论有时是没有什么意义的,因为心和物本来就是阴阳互转互根,互为主次的。由此可见,有些思想非在西方人的头脑中产生不可,而有些思想则又非在中国人的头脑中产生不可。

西方的哲学也不是简单地光是理论,它和什么是同源的呢?它和科学、技术这些东西是同源的。它讲究物性,就是物理特性,跟物理科学是同源的。由于强调对客观世界的研究与征服,它要试图找到一种改造自然界的答案,因此它的哲学也是围绕这些问题来进行研究,所以哲学和科学技术这些东西是同步的。而中国人不是这样,中国人的哲学主要不是和科学同源,而是和另外一种东西——德性,即人伦道德同源,或者说是和性理科学同源。我所谓的性理科学,就是研究人性和人体功能本身的科学。为什么中国人把人性这个东西看得这么重要呢?因为中国人既然认定自己所在的地方已经是一个大一统天下,叫中国,叫中央之国,全世界最理想、最好的地方。百姓之族长期聚集在这个地方安居乐业,要安、要乐,首先是不要出乱子,如果天下不太平了,就绝对无法安乐。天下要保持长治久安,就要求中国人的个人素质要好,减少争斗心。说来说去,就落实到如何处理好人际关系的问题。既然大家都是一家子,就要强调每一个人的道德修养,提倡忍让精神。这样一来,一整套的道德规范研究就成了非常重要的一环,没有这个,人口如此众多的这一大家族如何能生活得安宁?所以中国人的哲学往往和性理,或称德性,或伦理观念这些东西紧密相关。孔子的一整套学说实际上主要是伦理学。当然里边有哲学思想,但他的哲学往往跟伦理学融为一体,成为一种德性德性规范本身的研究。

此外,道家也有自己的一套科学。他那套科学跟西式科学不大一样,他是把人体作为一个实验工具。西方人的科学是拿人体外部的仪器去观察自然,拿一个物体研究另外一个物体,而中国人把自己的身体作为一个仪器,来研究自然,包括内部自然和外部自然。所以我们知道汉语中有体察、体会、体验、体证、体认这些词汇,它们都和身体相关。因为道家认定人的身体就是个实验仪器,它里面可以安鼎设炉、炼丹、炼药。修道者要静坐,要不断体会人的身体怎么跟自身内部和外部世界打通。因此像《黄帝内经》、《周易参同契》这一整套东西,是另一种高深的既有理论性又有实践性的学问。这门学问中的经络学说非常典型、非常发达,它是靠体证证出来的,所以它实际上也是一种实证的东西,也是一种科学的东西,是一种阴性的科学、中国特色的科学。这种科学是西方人到现在为止还闹不清楚的,因为西方人觉得只能够拿外部的一个仪器去实证、去观察,没想到人体本身也可以是一个实验仪器。这些道理,不但西方人闹不明白,许多中国人自己也闹不明白,常常糊里糊涂地把它们当作与西式科学完全对立的东西加以抛弃。世界是复杂的,事物是多元发展的,认识是有多种途径的,我们对传统遗产的继承也应该在新的时代格局中有新的理解与开拓,株守西式理念所带来的恶果到今天已经是显而易见的了。

下面再谈谈经济问题。中西经济思想、经济制度也有若干关键性的区别值得讨论。例如社会主义的思想是谁创造出来的?当然有人不假思索就说是马克思、恩格斯,其实社会主义是很古老的思想,但古今社会主义有区别。根据西方学者的专门研究,说世界上至少有许多种社会主义。1892年法国《费加罗报》罗列了600多种社会主义。英国学者丹·格利菲斯的专著《何为社会主义》(1924)仔细定义了263种社会主义。马克思主义者认为,其中最好的社会主义是马克思主义的科学社会主义。多种社会主义不管怎样不同,在若干层面上是相通的。不论你采用什么具体的经济体制,是不是社会主义,先要看产生的实际效果;也就是邓小平同志说的,不管是白猫、黑猫,抓到老鼠就是好猫。这样就须界定社会主义的最基本的特点是什么?它要取得的实际效果是什么?按我的理解,就是全体社会成员走共同富裕的道路,成员之间贫富悬殊不大,社会成员实际得到的权利比较均等。如果一种体制造成一部分社会成员特别富有,一部分社会成员特别贫穷,那么从本质上说,就有违社会主义的基本原理了。这种思想,不妨称之为广义上的社会主义。当然,这种广义社会主义有一个较大的缺陷,就是,如果没有一种相应的刺激社会成员生产积极性的竞争机制,它的社会生产效率就会递减,最终使社会主义的优越性被贫穷状态所抵消。不过这是另外一个课题,这里不做进一步探讨。那么,广义上的社会主义是在西方盛行呢?还是在中国盛行呢?如果你已经明白了前面我讲的一整套东西的话,你就会明白,实际上社会主义思想,不借助于西方人,在中国它也一定要产生,而且遥遥领先于西方思想界而产生。它不但产生了,作为一种体制,它还不同程度地被实践过。例如周朝的井田制所取得的实际效果就与社会主义试图达到的理想在一定的层面上相通。所谓井田,它的田地排列形式像一个"井"字,中间那一块地是公田,周围还有份量相当的八块私田,八块私田都是分给八户人家来种,基本上是平分土地的形式。各家各户有自己的自留地,但是也有公家的公有地。这种土地分配形式与现在的家庭联产承包制颇相近,至少在实际的经济效果上是相近的。这不是某种程度上的社会主义吗?孔子非常崇拜井田制。春秋以后,礼崩乐坏,井田制逐渐被废除,孔子为之痛心疾首,认为一定要恢复这种制度。所以,孔子在一定的程度上,也是主张社会主义的。孔子说过:"丘也,闻有国有家者,不患寡而患不均,不患贫而患不安;盖均无贫,和无寡,安无倾。"(见《论语·李氏第十六》)孔子主要强调均贫富,宁可日子过得穷一点(寡),也不能有太大的贫富悬殊(不均)。憧憬一种使少有所养、老有所终、互相关怀爱护的集体富裕社会。后来到了西汉的王莽,还搞了一次社会主义革命。当然他搞的社会主义与现在的社会主义是有区别的。王莽还想重新恢复孔子特别推崇的井田制。王莽虽是皇亲国戚,但小时候受排斥打击,有过种种困顿的遭遇,对民间疾苦颇有了解。他发现当时的豪强地主兼并土地,已经成风,造成贫者无立锥之地的严重状态,发誓要把这种贫富不均的现象消除掉。所以后来他当政之后,便主张将土地收归国有,然后拿来平分。平分之后搞成井田制那种形式。所以他推行的,实际上也是一种朴素的社会主义。当然有的历史学家认为,他这是逆历史潮流而动,不可能成功。想单枪匹马地从上自下地依靠皇权而和整个大地主阶级为敌,岂能成功?他缺的就是马克思这一套阶级斗争学说,所以折腾了十几年,最终失败了。

综上所述,社会主义的思想,在中国古代体制中和中国古代思想家(例如儒家)的体系中,早就有了某种程度的表现,不是说一定要在西方才能产生。这一来,我们就可以解释为什么五四前后,尽管有那么多西方思想涌进中国,而中国人最终还是选择了社会主义。中国人为什么容易认同这种理念?如果没有历史上这个根子在这个地方,就很难真正地完全接受马克思主义。为什么马克思主义会在中国生根、开花、结果,它是有它的历史原因的。因为马克思提出的那些理想,很多暗合了儒家思想中的某些东西。当然它们不等同,但很多是相通的,容易引起中国知识界的共鸣。再加上在五四那个时代,西方社会经过两次世界大战搞得一塌糊涂,它所奉行的社会体制也就显得捉襟见肘。只有这一套社会主义理想,还没有经过大量实践,即使它有弊端,那么弊端也还没有暴露出来,所以它作为一种理想的东西,就很容易被接受。加上它跟传统的某些东西是相呼应的,所以中国知识分子容易认同它。

同样的道理,为什么西方资本主义会那么发达,社会主义不够发达?资本主义发达,因为其所处的地理环境促成了商业的繁荣,它那四通八达的航路和战天斗地的征服精神与特立独行的个人主义价值观容易使它往商业方向、往资本主义方向发展。当然,中国也不是说就没有资本主义。商朝为什么叫商朝?不就是因为殷商的遗民在经商方面很突出吗?中国的商业在一定程度上发展得也还是不错的。但是中国的环境条件与社会现实规定了它不可能完全让商业没有任何限制地发展。传统中国主张重农抑商。它抑制商业、抑制资本主义。抑制,不是说不让资本主义存在,而是不让它成为主流体制。所以资本主义这种形态,或者说市场经济发展的模式,实际上在中国真的古已有之,只不过程度不同而已。

我们再讨论一下经济方面贫富悬殊这个问题,就会发现中国传统社会中的平等的程度要高于西方社会。西方社会要么是特别的穷,要么是特别的富。这跟西方民族的的思维模式也暗合,即他们往往倾向于二元对立思维模式,要么是A,要么是非A。轮廓非常鲜明,对照非常鲜明。而中国人奉行的思维模式是阴阳互转互补的模式。你现在富有,但是可能以后就不富有了,这种贫富转换是存在的,甚至是一种规律性的东西。为什么会产生这种转化?为什么一个社会成员现在非常富有,过一代两代就不是那么富有了?这里面有诸多的因素。首先是中国人均等思想,尤其是对均田思想,对均贫富思想的那种青睐。既然华夏各族都是一家人,自然在理论上、至少在道义上希望所有的人走共同富裕的道路。因此集体主义一定会上升而个人主义就不会像在西方那样受到推崇了。但是,这还不是唯一的解释,还有一些法律上的或者一些约定俗成的风俗习惯可以解释这一点。比方有一种法律规定叫做长子继承制。长子继承制在西方颇盛行,它的存在加剧并确保有钱的人越来越有钱,没钱的人越来越没钱这种状态。如果实行长子继承制,长子就容易积累有很多家财。比如八口之家,一家之主临终时把家产都给谁了?都给最大的了,老二、老三、老四、老五、老六都没有。然后老大的长子又再继承下去,所以他那一家族的财产可以不断积累。于是造成有钱的越来越有钱,没钱的越来越穷。而在中国,一般只有在皇权的继承问题上才推行这个制度。皇权不用这个制度不行。如果皇子皇孙自由竞争,岂不你争我夺,国无宁日?所以皇权继承取长子继承法,是一种弥合争端的好办法。但是传统中国人有能力不把一种制度一杆子插到底,在老百姓中就不提倡沿袭长子继承制。既然都是一家子,按照不患寡而患不均的价值观,家中的财产就应该均分,老大、老二、老三,基本上比较公平地各得一份家产,这有点像在实行家庭社会主义。所以一个家族再有钱,就算是百万富翁,如果你生出20个儿子来,那20等分,每份就没多少了,连续分上几代人,完了,最有钱的到最后都变得没有钱了。梁漱溟先生研究过这个问题,他的结论是:在传统中国,有钱的家庭要世世代代都有钱,根本办不到,它延续不了几个时代。今天繁荣,过一段它又变成穷的了。所以在中国社会中,自古穷通贱贵,有一种循环。这种现象,通过文学作品的描写渲染,几成共识。因此上述这些东西造成中国社会的经济形态与西方的差异很大,这是我们通过比较才鉴别出来的。

政治方面我也再讲几句。政治方面,中国的传统政治制度是宗法式的,家长式的,因为它认定它要统治的并非蛮夷之族,而是家里人,是自己人,因此它要强调什么是很清楚的。它肯定不主张、也不敢主张拿武力来统治人民,而是试图用德的方法来统治,强调德治。但是有了德治,它讲不讲法?有法,它叫王法。所以中国传统社会以德治为主,以王法(法治)为辅。这是中国政治制度很重要的一个方面。

德治又从何开始？从皇帝开始。皇帝首先得是一个好皇帝,有一整套的东西,从小就有博学的师傅教他。四书五经,他必须读得烂熟。德治强调,只有一个德高望重的人才可能是一个好的统治者。同理,下面的官员,也都得通通去念国家认为可以陶冶出好的人品的那种书,比如四书五经。这一套书涉及仁、义、礼、智、信各个方面,但核心是如何修齐治平,如何提高个人的道德休养,成为一个高尚的人。只有在理论上和实践上都成了一个合格的好人,才能够参与管理社会。中国传统社会是先强调这一套东西,然后才有相辅助的各种具体法令。而西方不是这样,古代的西方虽然也有宗法制,但更多宗教内容,再加上较为完密的法律。稍后的西方社会则主要是力制加上法制。所谓力治无非是靠警察呀、法庭呀这一整套非常严峻的东西来强制执行。但是在近代的西方,则又主要是以法制为主,然后再辅以力制。不服从的话,有监狱在那个地方,有警察,有法院,整个这一套体制。因此它是以法制为主,以力制为辅;而中国古代是以德治为主,法制为辅。

  政治方面最敏感的题目是民主问题。这两大形态的社会,西方社会和中国社会,今天都在谈论民主。谈论的结果是,许多学者认为中国社会以前没有民主,好像全是专制,好像只有西方社会才存在民主。其实根本不是那么一回事儿。实际情况是,中国的民主是另外一种民主。这就牵涉到要说清民主到底是什么,得从概念上探讨一下什么是民主？照我看来,民主的真髓,归根结底,还是权利分配的问题。就是说,每个人有多大的机遇从社会现存的权利总和中获得自己想获得的一份权利。或者说,应该用什么机制来使大家分享权利(包括发言权)的方式比较公正？古代中国为了解决这个问题而摸索了两三千年,终于找到一个方法,什么办法？考！用严格的方式来进行考查、考核！因为学者们研究过来、研究过去,发现无论多么有德行的英明的天子,要永远都能准确无误地遴选出贤才,是不可能的。权力更不能靠皇帝想当然地给谁就给谁,怎么办？只有连皇帝都无法干预的考试才是相对说来比较公正的形式！于是发展出一个科举制,用科举制来考,考的人合乎条件,就可以当官,白屋可以出公卿。你就是一个讨饭的,你考上了都可以做状元,甚至可以当宰相。所以从唐宪宗到唐懿宗的133个宰相中,有104个宰相是进士。进士的文化水平有多高？相当于博士。西方学者常常把"进士"翻译成Imperial Doctor(帝国博士),实际上进士比博士水平还要高一点。104个博士来管理国家事务,你说唐朝的文化为什么会那么发达,会走在全世界的前面？这道理非常明显,这么高文化水平的人在领导这个国家,怎么会不发达呢？这些进士辅助皇帝,和皇帝分享权力。一大批知识分子精英从社会的不同层面代表了不同的声音进入国家执政集团,与皇帝一起共同讨论如何治理国家。皇帝个人的看法,也常常被他们以委婉的方式否决,相应的监察制度、监察官员,各类谏官、拾遗之类,整合起来,构成一种以皇帝为首以知识分子精英为主体的统治集团,各类方针政策,常常要经过朝廷大臣的公开辩论,才能最终定夺。这种讨论有时不限于朝廷官员,普通人有妙计妙策也可以上书。地方官员或学者有时还可以进京与宰相(总理)为首的朝廷官员就某一国策进行面对面的平起平坐的辩论。比如至今尤存的厚厚的一本《盐铁论》就生动地记载了地方学者(贤良、文人)等与朝廷的财政大臣在皇帝面前就盐铁应该官营(国有)还是私营(私有)进行面对面地唇枪舌剑的大辩论。这不是民主,是什么?人们习惯于说皇帝专制。皇帝有时在某些方面确实专制。但是在国家大事上,皇帝一个人专什么制?没有一个权力集团帮他出主意、想办法、鉴定可行不可行,他什么都做不了。所以关键是这个由知识分子精英构成的权力集团。这些人都是主要靠考试才当上官的。当然有人会说,科举考试有作弊的现象。试问天下有哪一种考核制度没有作弊的现象?考试会作弊,一点不考,任人唯亲,拉帮结派只推选自己信得过的人上台,反倒不是作弊了?笑话。实际上古代科举考试是很严格的,比今天的考试制度要严格得多。所有的考生如果品行不端,只要有人检举,立刻取消考试资格。清朝若干朝代的科举考试还禁止八旗子弟参加考试,以防作弊。凡作弊者,有牵涉的官员往往有杀头之虞,其余考生,亦往往连坐、充军、流放、抄家,不一而足。考卷实行弥封制,今天叫密封制。考生做的卷子要专门雇人全部用朱笔重抄一遍,姓名也全部弥封,以防考官认识考生或考生笔迹。这种防范措施,往往连皇帝都难以开后门。如果仍有不良现象,那是必不可免的例外,不能说这种考试形式本身是坏的。这种文官考试制度被介绍到了西方,使西方人大开眼界。传到伏尔泰那里,伏尔泰佩服得简直五体投地:原来中国人早在一千多年前就产生了这样先进的文官制,居然是不靠上帝的恩惠而是靠人自己的理性来管理人的社会。他发现西方人都是靠打打杀杀,你拉一帮,我拉一派。今天把他推上去,明天把他拉下来,靠缺乏真正公正地遴选考核行政官员的机制。所以现代西方不断地在学古代中国的这种文官考试制度,但是直到今天还没有完全学到手。对科举制要辩证地看,例如它考试的内容,就有偏废,对科学技术方面的考试比较薄弱。但是具体内容可以根据不同的时代要求进行改进,把它本身全盘否定,是不对的。在五四的时候,出于某种政治原因,暂时废除,情有可原,但后来人应该把它合理的成分吸收出来,加以改革利用。比如我们现在的公务员考试,在某种程度上与科举考试就有相似的地方。当然,我觉得还做得不够。拿科举跟西方的选举相比,哪种形式的实际民主含量高,很值得探讨。西方民主主要是靠所谓的选举来实现。但选举哪赶得上科举公正?科举是严格的考试,选举就是拉帮派,就是这一派那一派,各派把自己觉得好的人推上政治舞台,没有客观准则。其实你只要设身处地地想一想,就会发现,但凡你推举一个人,往往是推举和你利益相关的人,你说哪一个人最厉害、最称职,没有一个非常客观的考核你怎么知道?你只能凭印象。入大学靠推荐选拔之所以行不通,最终走上今天的比较严格的考试制度,就是同样的道理。西式选举制的作用的实质是各个利益集团在利害权衡上的摩擦交锋,最后达到一种权益制约作用,普通老百姓实际上根本无缘挤入权力集团。当然这种制度客观上也能产生一种权力制约的效果,但是它跟中国的这种科举式民主比起来,显然是落后于中国的这种民主形式的。所以这种民主形式,可以说是中国的古代的知识分子精英民主制。而西方的民主制是通过选举而来的党派式竞选民主制。

中西文化的方方面面还有很多东西可以进行有趣的比较,比如宗教的比较、艺术的比较、文学的比较、建筑的比较、风土人情的比较、音乐、体育等等的比较,这些我都在"中西文化比较"课程中进行了讲解,今天时间有限就这样结尾吧。

最后,有关中西文化比较的规律性的东西,我概括为中西文化互根、互构、互补、互彰、互抗、互证阴阳循环互进论。我以此题目写过一篇文章,已经发表了。有兴趣还可以参看。

谢谢大家。

人类文化演变九大律与中西文化比较[①]

被访谈人：辜正坤（北京大学英语系教授，博导）
访谈人：傅丽　李璐（北大学生）
时　间：2000年7月16日下午
地　点：北大中关园

傅：辜老师，我们受出版社的委托对北大、清华的学者做学者访谈录。我们都知道您在对中西文化的比较研究方面有很深的造诣，您能谈一下决定中西文化差异的最基本的因素是什么吗？您认为这些因素是怎样决定和影响着文化的发展的？

辜：其实我在几年前开"中西文化比较"这门课时，一开始就强调了这个问题。要解决中西文化差异的问题，首先要了解有关人类文化演进的一些基本规律。把这些基本规律了解清楚了之后，再深入分析、比较认识中西文化的差异就容易多了。记得当时我把人类文化演进的规律归纳为九大类，但事实上，这些规律不止九类。既然你提出了这个问题，我就想把这九大规律再简述一下。这九大律又可以从物理、生理、心理和哲理这四个方面来说明。

1. 第一定律：生态环境横向决定律

从物理方面看，也就是从自然条件方面来看，影响人类文化发展的第一因素是生态环境，也可以说是地理环境。环境又可以进一步被确定为一些更为具体的因素，例如：气候、资源、地形、地理位置等等。这些因素作为一个因素系统在相当大的程度上影响文化的发展方向或发展模式。但是我还得补充一下，从人类文化发展的整体来看，这种环境影响还是横向的多一些。所谓横向，是指它在历史发展的特定阶段影响很大，但从总的、纵向的历史发展来看，它所起的作用又是逐渐减小的。也就是说，它与历史发展的时间进程是成反比的。越往古代方向追溯，环境的

[①] 这是一篇访谈录。原载《北大访谈录》，文池编，中国社会科学出版社，2001年。收入本书时作者作了订正。

影响就越大;越往近代、现代、当代方向,它的影响就越小。但影响因素虽然减少,也不是没有了,只能说其程度在总方向上来说大体上是递减的。

为什么我要提出横向影响这种概念呢?因为在环境影响这个问题上存在着某些争论;曾经有一段时间,中外学术界都有人批判所谓环境决定论。地理环境对人类文化的发展有多大影响,古今中外有很多专家、学者发表过各种看法。有的人认为环境的影响压倒一切,有的人认为作用不太重要,有的人则走中间路线,说环境与人为作用是互动、互相影响的。对于各种看法,我们这里没有太多时间去评述了,我只能说一下我个人的有别于前人的观点。我认为:首先,不宜笼统地说环境是否具有决定性影响还是没有决定性影响,而是应具体情况具体分析,也就是说,在某些历史阶段,环境具备决定性影响,在另一些阶段,环境不具备决定性影响;换句话说,环境影响并非从古到今都一样,它是一个相对于不同历史阶段的动态过程。同时,我还使用环境横向决定性影响和环境纵向递减影响这一类新术语来界定我的观点,强调环境的影响从总的纵向发展而言,是呈递减趋势的。如果要我举一些具体的例子来加以说明,我就不得不提到中西文化是怎样由于各自所处的环境而产生的,并且必然要把中西文化加以比较。

中国文化与西方文化相比是有差别的,这一点大家都知道;但是差别究竟有多大,这就有争论,知道的人就很少。有的认为差别不是我们想象的那么大,因为我们毕竟都是人类,具有人类所具有的那种共性。这种观点再往前推一下,有人就可能觉得这些差别是微不足道的,这算一派。这一派有这样一种思路,认为既然中西文化差异不大,就意味着许多价值观是可以全球通用的,乃至于认为所有人的价值观都是可以融合、统一起来的,甚至认为存在 universal(放之四海而皆准的)那种价值观。另外一种相反的观点则认为中西文化的差别非常大,大到认为这两种文化从根本上看就不是一样的。这样,两种文化在价值观等方面也就有相应大的差别,差别究竟大到什么程度呢?这就因各家不同的解释而不同了。我个人的研究认为,它们的差异是很大的,很难如上边的那一派思想家们所想象的那样融合、统一起来。很多人都在指望中西文化的有机融合,但实际上融合过程一旦发生,常常不是平等的融合,而往往是一种文化把另一种文化整个儿吞没。因为二者的性质很不一样,甚至是对抗性的,似乎具有你死我活的特点,所谓融合就多半衍化为兼并过程,其中一种文化的性质很快占上风,把另一种彻底压倒。占了上风的这种文化当然也可以以自己的方式发展起来,但是原来的那种文化就可能被瓦解了、消灭了。许多知识分子认为,中国一百多年来就一直面临着这样一种两难的选择:如果选择不与西方文化融合,最终势必被西方文化强行吞灭;若选择与西方文化互补融合,则又很可能发展到西方文化把中国文化软性吞没。如果我们想避免这种结局该怎么办呢?我认为,中国学者首要的工作,就是要彻底分析清楚:究竟中西文化的差异在什么地方？有没有优劣之分？如果有，是哪些方面？这些优劣因素又是以什么样的方式存在的？这些问题解决了，我们才能来讨论中西两种文化哪些地方是可以融合的，哪些地方是不可以融合的，哪些地方是融合与否兼半的。当然，我今天不可能在这有限的采访时间里全部回答这些问题。我的《中西文化比较》这门课就是解答这些问题的。

首先让我从地理环境的影响这一点入手来解答中西文化的生发问题。

先说中国的环境。从地图上一眼我们就可以看出，中国的环境与西方的环境是明显不同的。哪一点不同呢？中国的东部是大海，古代由于交通不发达，面对太平洋，无法穿越。虽然也有郑和下西洋一类的事件，但那都是偶尔的情况。实际情况是，中国人很少或者说通常是无法和大洋彼岸的人产生交往的。何况古代中国人对大洋彼岸的情况了解甚少。所以，东方这条路基本上就已经堵死了。再看北部，是蒙古，是大沙漠，那些地方在古代被称为野蛮的部落。这些部落迫于其生存环境的恶劣，总是垂涎于中国，总想踏灭中国，构成对黄河中下游被称为中原的这个地带的人的威胁。虽然中原人和他们有一定程度的交往，但他们的文化水平远远低于中原文化。再往北就是西伯利亚，冰天雪地，人烟稀少，没有发展的前途，因而北方这条路也几乎就被堵死了。西部也不行，因为那里大部分是高原或高山，也有大沙漠，没办法通过。好不容易产生了"丝绸之路"，那简直就只是一个细缝，可以苟延残喘似地透过一点东西气息，但远不足于使双方呼吸通畅，所以也无法真正地产生较大规模的交流。剩下的就只有南部了，但古代南方民族的文化也是远远低于当时被称为中原的地区的文化水平的，因而南方民族常常被称为"南蛮"。此外，应该注意的是，古时南方的土地还不适于耕种，《禹贡》中把全国土地分为九等，南方的土地是最差的，北方的土地是最好的，虽然后来北方的气候开始恶化，而南方的气候变得有利于农业生产了，但那是后来的事情。在较早的时候，由于北方的气候条件、土壤肥沃程度要高于南方，所以，文化就在气候、环境适宜的北方发展起来了，尤其是黄河中下游一带。这里各种动植物都容易发展，连树木的叶子都是很肥大的，因为气候潮湿，水分充足。只有在北方这种独特的环境里，中国文化才容易发展起来。再往南，就是南部海洋，热带高温，更没有出路，也没有可以借鉴的文明程度高的民族，所以往南方借鉴、发展的路也几乎被堵死了。一言以蔽之，古代中国只能在这种几乎封闭起来的空间里发展自己。好在当时的中国许多地区，尤其是中原一带土地肥沃，适合农耕，农业于是很发达。农业是向自然要粮食的，只要土地不流失，气候不恶劣，就可以长出庄稼来，就可以提供较好的生存条件。只要不存在意外的天灾人祸，耕种者就可以永远留在那个地方，就可以安居乐业。环境把人安定在了那里。于是，久而久之，中国人深层心理结构中那种流动的感觉就不强烈，中国人不像西方人那样习惯于跑来跑去。他们渴望安宁，渴望天下太平。

所以天下太平的思想一直是中国人(包括统治阶级和被统治阶级)的主流思想。因而文化的方方面面也就适应于这种环境及其有关条件渐渐衍生,最后发展出了一种独特的适应于这种环境的文化。

具体说来,社会、文化是怎么适应环境而繁衍的呢?举例来说,首先,这种宜于安居乐业的环境孕育了特别发达的家庭形式。因为既然安居乐业了,人们就会祖祖辈辈生存在这个地方,子生孙、孙生子,一代代繁衍下去,因而家族就不会轻易瓦解,往往以种姓存在,甚至整个村、郡或县全是一家人,因而以"家"和"族"形式建构的人际网络颇为盘根错节。进而,父母及长辈的权威也就最适于在这种社会形态下建立起来,并孕育出"孝"这种极重要的维系家族乃至皇权的权威思想观念。溯其因,这都是由于保护性农耕环境赐予了中国人安居乐业的这种生存状态,这种状态必然要孕育并强化"孝"的观念,且进一步催生出儒家"以孝治天下"的伦理政治纲领。或者反过来说,比之于西方,中国当时的生存状态就不可能产生像古希腊社会那样由上层公民和若干对抗性的利益集团共同推举统治者的所谓民主制度,而只能是推举受人尊崇的德高望重的长辈成为理所当然的领袖,就如一家之主变成了一国之主。因此,中国传统社会中的家族观念、家长制、尊老尚贤、家天下乃至慎终追远、祭祀祖宗的一整套宗法观念和体制都不是某个人主观提出来的,而是环境与人之间的长期交相互动、逐步适应、逐步孳生改进而慢慢成形的,是不得不然的。从另一个角度看,这也是合理的,是中国当初的社会与文化结构取向所能做出的最佳选择。

反之,我们看一下西方,为什么它的宗族观念就没有那么强烈呢?也是因为它的环境。首先,西方的地理环境在古代就不适于农耕,当然它也有农业生产,但它的土地总体上很不肥沃,西方文化源泉的主要诞生地地中海一带是很贫瘠的。播下十五斤种子下去,收获时可能三十斤都不到。不像在中原一带,随手把种子丢下去,收获的粮食就很可观。所以,在这种土地资源条件下,西方人若不远走他乡,就无法生存。同时西方人也有远走的条件。虽然庄稼长不好,但是可以长草,大片的平原上长满了草,这就适于游牧,因而游牧业发达。除此之外,还有一个条件,即有地中海这种内海,虽然不产什么东西,可是作为航路却很方便,等于不花钱地拥有数不清的交通要道。不像中国内陆崇山峻岭或丘陵起伏,交通终是不便。地中海周围有很多国家,只要有船,彼此交往起来就很方便,可以进行海上的贸易。所以商业也就相对发达了。商业与游牧二者的流动性都是很强的,是开放性的,而且它们都面向大海;大海作为一种博大狂放的自然力,也激起他们一种挑战的心理和启示:必须与大自然博斗,征服大自然。因而西方人的生存感也很强,是强悍的民族,要战天斗地,与大自然作斗争,无法与自然融合。而中华民族是要与自然融为一体的,因为吃的、穿的、用的,很多都是自然——土地给的,对其抱有深厚的情感。而西方人由于流动性强,父幼别处、妻离子散是司空见惯的现象。因此,客观条件不会鼓励他们像中国人那样强调父母兄弟之间的那种亲情关系,而是注重个人独立的生存能力。所以,我们说,西方地中海沿岸这种环境使其产生的文化必然向流动性和开放性发展,人际关系也必然不会像中国这样是铁板一块,而是必然强调individualism(个人主义)。追根溯源,首先所处的地理环境诸种因素为文化发展奠定了基础。

五千年来,中国的文化之所以没有中断,我们要感谢中国的这种环境提供了天然的保护屏障。这种屏障虽然一方面造成了闭关自守,但另一方面也使我们保存了文化。放眼看中国之外的(尤其是西方的)文化,就会发现它们几乎没有不被中断过的,古巴比伦、古埃及、古希腊、古罗马、印度、波斯、日耳曼等都曾经被彻底征服甚至完全毁灭,例如古希腊被罗马征服,罗马又被日耳曼人攻占,反来复去,西方民族的这种战争性格也是由于其所处环境塑造成的。一个民族要生存,就必须应对环境的挑战,因而造成了他们性格中的坚忍或残忍特点,同时导致其与各民族之间长期互相斗争不断,这种历史过程渐渐塑造构成了西方人的性格倾向:斗争、斗争,绝不后退。因此在西方社会中有四种最重要的道德价值观(cardinal virtues),其中第一种就是勇敢(此外还有节制、正义和谨慎)。西方人多半认同"勇敢是最珍贵的东西"这种价值观。反过来说,在中国文化中,最重要的主流道德价值观是仁、义、礼、智、信这五种道德价值观。至少,"勇敢"不是中国人最赞扬的东西。在道家的学说里,恰恰相反,认为"勇于敢则杀"。好勇斗狠者多半没有好下场。那么,什么东西最受赞扬呢?礼让。比如,一个小孩要出外玩耍,家长就会告诫他:"出去不要与别人打架,要懂礼。"总是不希望自己的孩子和别人的孩子打架,希望他们从小就学会知书识礼。这种风气反映在更大的层面上,是一整套道德行为规范,是义务与利的规章,谓之礼。古代中国人主张人人讲礼,推行以礼治天下的政策,使整个国家成为礼仪之邦。但西方就不是这样,若自己孩子打输了,可能一家人都不高兴。有时家长还会在孩子后面鼓劲,说:"打!打!"再弱小也得拼。这种特点深深地植根于西方人的民族性格中,这是环境赋予他的。而在中国之所以讲究仁义道德,仁者爱人,这是因为有利于安居乐业的农耕生产模式导致生活在周围环境中的左邻右舍几乎都是自己的亲人,只能用爱心来维系。所以,这些道德规范都不是强加的,而是环境所赋予的,自然生成的。有人误以为这一切都是孔子提倡的一套学说造成的或强加的,这是不对的。孔子述而不作,主要是宣传、阐发古代的礼教思想(如周礼),并不是自己创建了一套儒家学说。《论语》一书也不是孔子自己写的,而是他的门徒根据他的言论整理出来的,基本上都是古代思想(尤其是礼教思想)的具体表述。其大框架没有超越过古代的伦理思想框架。而古代的这些道德规范不用说是几千年来古代中国人不断适应其所处环境而不断完善发展起来的。

以上所讲,就是在五六千年前(根据现代的考古研究,还可以再早一点,七千五百年以前),中国和西方因其环境而造成的文化上的差异。这就是第一个规律,叫做环境横向决定律。

2. 第二定律:语言、文字纵向诱导暗示律

环境作为一种横向决定因素,奠定了文化的基础,但这个基础如何生发衍化,还有赖于其他因素的作用。在文化各方面的发展形成过程中,还有别的非常重要的有决定性意义的东西,它在文化的衍化方向方面起进一步的定型作用,它是一种纵向的诱导因素。它就是语言文字。语言文字与文化的互构作用是文化发展的第二个规律:语言文字纵向诱导暗示律。为什么我把这一规律叫做"纵向诱导暗示律"呢?大家知道,文化中最伟大的成就是人的语言文字。别的因素消逝、消灭的可能性较大,但语言文字相对说来,存活期较久,也就是说,在一般情况下,只要人存在,它也就会一直存在;它具有稳定的特征,其基本模式(如语法规则和文字等)可以上千年甚至数千年不发生根本的变化,因而对人类文化也具有相应稳定的长期的影响,所以我把它叫做纵向的影响因素。那么它如何具体产生影响呢?这个问题要回答清楚,需要举很多例子,这里不太方便,我在《互构语言学纲要》[①]等文章中已经讲过了,可参考。我这里只是强调说,这种影响有一个突出的特点,这就是它具有很强的暗示性,它是不知不觉地、潜移默化地暗示人类如何行动,如何思考,如何建构自己的文化。最初的语言文字一旦产生,就会自发地把人类文化的发展向某一个方向诱导。当然最初的语言、文字的产生也和自然环境及人类自身的生理条件紧密相关。例如它一定要依赖人类的生理条件,比方说生理器官如唇、齿、舌、喉咙、声带等等,以便找到可以表达含意又比较容易发出来的声音。这种声音怎么发出的呢?一般说来,要看怎么发音最省力人类就怎么发,比如"啊"这个音,张开嘴呼出气振动声带就发出来了。若将嘴唇反复合上、张开,就成了"妈妈"这种声音。有的人总问为什么各民族语言不同但"妈妈"这个发音和含义却差不多?追究起来,我认为以我创立的互构语言学原理就能解释清楚这个原因。首先,这是和人的生理要求相关的。人要生存,生下来就得吃东西。婴儿生下来虽然什么都不懂,但知道要吃奶,这是一种本能。可是他要吃的东西并不总是马上就能到达他嘴里,于是他就要发出一种呼吁加以催促,暗含意思是"快给我送吃的来!"婴儿还不能熟练地运用他的发音器官,只能发出极简单的声音,这一类的声音不外就是"啊"之类,张开嘴呼气振动声带就行。这一声音的产生是有实践基础的,因为婴儿天生

---

① 载《北京大学学报》(英语语言文学专刊)1993年第1期,第35—45页。

就会哭泣,哭的声音多半是"啊"音,所以,婴儿最初往往以"啊"音来表意比较省力、方便,饿了就哭"啊!啊!"但是这个音是本能音,和哭的功能联系最多,要更能表达"吃奶"这个意思,就要分析婴儿吃奶的实际动作,婴儿吃奶的动作无非是上下翕动两片嘴唇,利用舌头卷裹奶头来实现,因此,除了以"啊"音来表达"我饿了""要吃奶"的意思外,还辅之以两片嘴唇的上下张合(此动作来源于吃奶练习)来加强这个意思,于是,"妈妈"(有时是爸爸)这个声音,就势所必然地发出来了。很多人都以为婴儿是在叫具有"母亲"意义的"妈妈",实际上不是,他只是在表示他饿了而已。在甲骨文中母亲的"母"字中那两点,显示的是两个乳房,所以"母"在婴儿的眼中,就相当于可吃的能充饥的东西——奶。由于喂他奶的这个人和他关系最密切,因而理所当然地,"妈妈"这个声音就存在下来了,逐渐固定地成了指称母亲的声音符号。所以你看,声音与其含义之间是不是有一种必然的联系?

傅:是啊,的确是这样,看起来语言的产生的确不是偶然的。

辜:同样的道理,假如一个人摔到水里去了,马上就要没命了,他就会叫救命。但如果他严格按照这个声音来发"救命"这个词,人家就听不清楚,他就不得不在后面加一个声音"啊",并延长其效果,就成了"救命啊——",这样人们才能听得见,才会来救他。所以"啊"这个声音具有强化含义的作用。用这个道理来解释诗歌中的许多感叹型句子,也是这样的。我把发"啊"这种口型大的音称为"阳性音",口型小的称为"阴性音"。它们具备不同的表义功能。我曾写过一篇文章,叫《人类语言音义同构现象与人类文化发展模式》[①],来阐述这种人类的声音与含义有必然联系的观点。我反对西方的主流语言学家例如索绪尔等人认为语言的音义关系是完全任意的,根本没有必然联系的观点。按照我说的语言的这种音义结构,我们就可以看出,语言从产生的时刻起就不知不觉地逐渐形成了一种模式,这个模式反过来又会影响人的思维。我们在思维时总会不知不觉地以语言(有时以形象)想问题,虽然没说出口,但是却有一种语言流动,我们的思维实际上就是我们的语言。同时,一种语言的一个句子产生了,就会激发出另一句子,连环激发。所以一个人在不知不觉想问题时,实际上是一个句子钩挂另一个句子。有时,一个问题你想了很多,但实际上不是你在想问题,而是问题在"想"你!让你不知不觉地朝着一个方向走,忽然恍然大悟了,"哦",原来问题是这样的。

李:原来还不是自己想出来的?

辜:对,有时不是你自己想出来的,所以语言会反构你的思想。有时你的主意识很强,反复琢磨使用哪个词,哪个句子,那是你在想语言;但有时你沉入到沉思中

---

① 见《北京大学学报》(哲学社会科学学报)1995年第6期,第87—95页。

去了,随着意识流飘呀飘的,那其实是语言在想你了。所以你看语言的影响有多大,它已经不知不觉地控制了你的思维模式了。语言既然有可能反构你的思想,那么你的行为也相应地就会受到控制,因为无论什么人要做什么,必然是先想好了再去做,在想的过程中就会受到语言的影响。这是双向的。主意识思考时是你在控制语言,副意识(无意识、潜意识、阿赖耶识之类)思考时就是语言在不知不觉地跳出来思考你。比如走在路上,你不知不觉地哼出句歌词来。连你自己都会吃惊,"我怎么突然唱这首歌了呢?"原来,有时是因为你的耳朵无意中捕捉到了路边的某人的歌声,熟悉的歌声激发出了你的无意识中积累的歌唱信息,这些信息未经主意识的允许,便由你情不自禁地表达出来,所以你自己反倒感到吃惊:怎么自己无缘无故地哼起来了。此类例子很多。弗洛伊德也谈论过此类现象。总之,我的意思,这个观点推而广之,即可看出,语言与文化也是这种关系,简而言之,语言反构文化,文化也反构语言。

只谈语言是不够的,我们还要谈到文字。文字与自然的联系容易被识别,因为最初的文字大都是图画文字、象形文字。其产生的机理与声音语言一样,也是由于当时环境的因素造成。基本上是刺激与反应的结果,人类最初的创造能力是很有限的。比如,要表达"老虎"这个概念,原始人不知道怎么办,只能画一个图,这个图一看就像老虎。开始画得比较复杂,比较逼真,甚至连毛都画上,画多了以后就不用那么复杂了,只画个头,人家也知道那是老虎,于是后来就不断简化,但其基本的象形字的特征还存在。因而,文字尤其是汉字,在表达人与自然的关系方面是很密切的。文字只不过是自然界的一种缩影而已,一种简化形式。同时,文字也会影响人的思维。人们总是看这些书这些文字,看得多了,外部世界和书中的文字激发的意义图像交织起来,就会影响人的思维,进而影响人的行为。

象形文字是怎么影响中国人的呢?这种象形文字很简单,一看到"门"这个字就会想到门,一看到"山"就会想起山,因而中国人就容易把问题想得很具体,形象思维特点很突出。虽然现代的汉字主要是形声字,象形特点已不像古代那么鲜明,但还是残留着相当的象形特点。这种文字的形状具有很强的暗示性,容易让使用这种文字的人思考时很具体很直观,综合性很强,而不是像西方印欧语系的民族那样想得很抽象,或片面。这使中国人的思维具有整体性、具体性、直观性的特点。所以,也就能解释为什么中国人的形象思维能力相对强而抽象思维能力相对较差了。因此,中国文化中的很多东西都是很具体的、讲究实用的,甚至包括哲学。

这也涉及文字和科学的关系,现在学术界多年来总在讨论这样一个问题:为什么西方有科学,而中国没有科学?我认为这个问题首先就是个陷阱。并不是中国有没有科学,而是应该先界定清楚,所谓科学指的是何种科学?假如说科学指的是真理性的东西,那么有哪一个民族没有真理性的东西——科学呢?实际上,我们只能说在古代中国不多见西方那种条分缕析的重逻辑和概念系统的科学。我们也不能说中国完全没有那种西式科学,只能说相对地说来要弱一些。我这么说,是否意味着我们还有另外一种科学呢?是的,我们也有另外一种科学,这种科学与西式科学是有区别的。我把科学归为两类:把**中国式的这种科学叫做阴科学,西方式的那种科学叫做阳科学**。因此,客观地说,我们不应该说中国没有科学,而只能说中国较少西方式的那种科学。

阳科学的特点是把事物进行归类,从一个点演绎出一个体系出来,具有很强的逻辑性;阳科学讲究实证性,注意通过重复外部的实验来证明论点。当然中国也讲究实证,只是实证的方式和手段不同。中国的易经、阴阳八卦这一套从前被人看作是封建迷信的东西,其实,它们也是很讲究实证的。甲骨文中有许多有关卜辞的记录,哪一次卜的是什么事,结果是什么,后来是验证了,还是没有验证,都要在甲骨上详细记录下来,供以后的占卜参考。神农尝百草的"尝"不是实证是什么呢?即便是炼丹,有的道士终其一生地炼,试验了不知千次万次,他也是讲究实证的。不过我重点强调的是,中国古代科学更多阴科学特点,它可以实实在在地被称为科学,它不但是科学,而且是比西式科学还要微妙和高深的科学。这种科学可以中医作为代表。中国医学体系是庞大的,我简要地从中国的气功这方面来说明一下。它不像西方科学那样只注重物与物的关系,用外物作实验仪器来验证某种东西,而是注重人与物的关系,**把人的本身当作实验仪器来体证、体验、体会、体察某种规律性的现象**。例如练气功时,练功者就必须感受到自己体内的气的运行,因为人体内确确实实有"气"这种东西。我们通过一定程度的练习,确实是能感受到它的。气显然不是血液,但它也可以像血液一样,有自己的运行轨迹或通道。气按照一定轨道在身体里运行,只是气的这种运行目前无法用外物构成的仪器来观测到,只能靠人体自身的感受来加以验证,所以体察到气的只能是练功者自己,别人是看不见的。这种东西很微妙,用解剖学之类知识根本无法解释。中国的《内经》就讲究气血的循环。《黄帝内经》是很古老的书了,其中讲到的有关气的原理,这至少是四千年前中国古人的知识。在那个时候,中国人就已经发现了血液循环,但他们认为血液循环这类发现还都是"小玩意儿"。16世纪,西方人才发现了血液循环,认为了不起,誉为比哥伦布发现新大陆还伟大。但中国人早就知道这种东西,认为和它比起来,还有一种更玄妙的东西,这就是气沿着经络按时辰运行的种种规律。中国古人将这种看不见、摸不着的气的运行规律通过不知多少千次万次的实验体证,终于整理记录下来,形成了一整套哲理,它不仅指导医学,也可以指导其他的许多学科。所以《内经》不仅是一部医学著作,还是一部哲学著作。它讲的是天人感应,是人体气场和宇宙能量场的互动关系,也是整个人和整个宇宙的互动互构关系,它把整个宇宙都考虑了进来,具有整体观。它揭示的原理几乎在哪个领域都可以应用。这种科学不同于西式科学。因为它的实验工具、验证方式、验证的主体和客体是很不同于西式科学的。这些东西,我在有关的讲座和文章中已经具体论述,这里不展开讲了。此外,中国的其他著作比如《老子》等,也都有这种整体性的特点。溯其原因,因为中国的文字就是这样的。汉字都是方四正的,它的偏旁部首伸向上下左右、四面八方,它强有力地暗示这种文字的使用者看问题须全面、综合,各个方面都要考虑到。转而看西方的文字(主要是印欧语系的文字),它们几乎都是流线型的、单向的。容易联想成线性的东西,容易诱导暗示这种文字的使用者把各种事物现象罗列贯串起来。尤其是印欧语系的语法系统容易诱导他们形成分门别类的思维模式。所以中国式的阴科学和西方式的阳科学的产生与发展都分别和它们所息息相关的语言文字有着千丝万缕的联系。因此,只从这一点,我们就可以看出,中西的文化的差异从根本上来说,是很大的。

3. 第三定律:科技、工具、媒介横向催变律

第三个规律是科学技术和工具媒介的横向催变律。人类的文化会因为科学工具的发展而产生变化甚至很大的变化。这一点不算什么新发现。但如何论述这个问题,仍然不是一个简单的课题。对于西方文化来说,情况特别明显。工业革命一产生,尤其是机器制造业的发达,使生产力一下上了一个大台阶。中国也是一样,比如养蚕技术,农耕轮作技术等,其意义并不下于机器制造业的诞生。一种新技术一旦引入,就会使社会文化在很短的时间内发生突然变化。又如国际互联网的产生,使普通人的生活发生了很大变化,现在很多人(尤其是西方人)甚至都不用笔写信了,他们习惯在电脑上写。一些知名的外国学者写的字就跟小学生写的一样,这不奇怪,因为他们很少练写字,老用电脑输入,当然写不好了。这就是科技的催变作用,它强有力地改变着人们的文化习俗。不过科学工具的影响力有其特殊性,在早期社会并非那么强大,而是不断发展的,一直到现代社会,影响才极其强大。一本科普书,有时连总统都要出来说一些鼓励的话。例如1995年,我们翻译比尔·盖茨的《未来之路》时,全世界有好多国家都在同时翻译,引起了国家领导人的重视。我们这个时代已经不知不觉地成了科技的俘虏。科技究竟会把人类引向何方,我们还不能明确地知道,也可能是天堂,也可能是毁灭。例如如果只考虑国际互联网络的负面作用,我们甚至可以推测,人类也许找到了一种很好的自我灭亡的方式,因为以往的原子弹无法完全彻底地消灭人类,但如果到了全世界的人都和网络连在一起时,那真是为某种可能的破坏性力量—"网"打尽人类提供了最方便的平台!当然,我这只是一种极端的揣测。我想暗示的是,科学技术的催变力量是如此之强,简直使人类感到恐怖。这需要人类运用理性来评估和解决,使它能以一种平和

的、可以由人类控制的形式发展,而不能任其自由发展,不加防范,否则科技这把利弊兼有的双刃剑很有可能是人类的"掘墓人"!

4. 第四定律:物(食)欲原动力律

刚才谈到的三个定律都是物理、物质性的,现在从人的生理方面来看看别的因素是怎样影响文化的。生理方面的因素最值得强调的是三个欲望,我称之为食欲原动力、情欲原动力和权欲原动力。食欲原动力是指人生下来要受食欲的驱动。人要生存下去,就必须吃东西,因而与"吃"相联系的一系列学科就发展起来了。首先是经济学,经济学的内核最初主要是解决人类食欲问题的科学,后来慢慢扩大其功能。农业、商业、工业、金融等等,其实都和食欲及其生发开来的物欲的满足紧密联系。它最核心的内容其实就是金钱问题。这一以食欲动力为核心动力而起连锁驱动作用的定律可以看作第四定律。它构成马克思主义学说的一个极为重要的核心内容。马克思教导说,经济是社会、文化发展的基础,经济基础一旦发生了变化,社会的其他方面(即以经济为基础的整个上层建筑)就会发生相应变化,这种变化有时是较为温和的改良,有时是暴力革命。经济基础与上层建筑之间的矛盾常常以阶级斗争的方式表现出来。阶级的划分在马克思主义的学说中主要与经济地位相联系,当然随之而来的政治地位也是经济划分的依据,不过,经济地位显得更为基本。人类先要生存下来,才能谈到其余的一切活动,因此,食欲原动力确实应该是最根本的原动力之一。它的作用越往古代越大,越往未来,越有可能减弱其功能。在当代世界,由于经济问题而引发的矛盾依然是主要矛盾,有人以为,例如美国的亨廷顿就认为,在未来世界中,文化冲突将成为主要的冲突。这种断言虽有一定的道理,但是我认为,在近 50 年内,世界冲突的主要根源将仍然是经济原动力导致。文化冲突会到来,并且逐步强化,但当代社会冲突的深层原因目前仍然是经济原因。只有当经济因素退居次要作用的时候,较为纯粹的文化冲突才会成为主要形式。如何才能使经济因素退居次要作用呢? 这有待世界经济发展的程度,当世界上穷国的生存问题(温饱问题)能够得到初步解决的时候,纯粹的文化冲突就会到来了。而现在也存在文化冲突的种种条件,但它们都可能还原为某种形式的经济冲突。

5. 第五定律:情(性)欲原动力律

第五定律为情欲原动力律。1988 年,我在一篇叫做《三欲原动力论与人类文化的发展》中把人类的资源(财富)划分成三大资源(财富):食欲资源、情欲资源、权欲资源。其中的情欲资源不容易懂。其实,它主要指的是男女两性互为资源的资源。在日常生活中,人的情绪和行为与"性"的关系是非常密切的。在一般情况下,没有"性",人类就无法繁衍下去,由此产生出了各种"性"文化。这只是人类这样,动物不会因为"爱"而产生这么多与之相关的东西。人居然因为"情"而产生出各种文化,例如艺术、音乐、舞蹈、诗歌、小说、戏剧等,很多都是与"情爱"紧密相关的,即便建筑、体育运动这些文化现象,也往往间接地受到情欲方面的有力驱动。所以情欲是人类文化的极为重要的一方面。但是人们往往在解释问题时忘记了这一点,比如说解释经济现象,总认为人们的经济活动似乎仅仅是为了钱,实际上并不完全是这样。比如许多大学生选择工作单位,并不是仅仅为了钱,他们往往还会考虑到能否实现与自己的情欲要求有关的因素。如果一个公司里美女云集,就会吸引许多许多的有才华的男子来工作,尽管报酬不多;还会吸引许多商机和顾客,这都是人所共知而又人人讳言的事实。又比如工厂里提高工人的积极性时,为什么要男女搭配起来?也是这个原因。有两性共在的场合,人们的劳动积极性明显提高。情欲丰富了人类的生活状态,在某些时候可能是人类最重要的一个世界。在这一点上,人们总会提到弗洛伊德的有关性欲的理论。弗洛伊德确实在这方面在西方文化中做出了大胆得惊人的贡献,但他的学说其实并非是全新的。在意识——无意识问题上,在梦的解析问题上,在性欲作为文化发展动力的问题上,甚至在恋母情结和恋父情结这些问题上,我们都可以在东方文化,尤其是佛学体系中找到相似的、甚至更深刻的探讨与描述。对此,我在80年代末曾加以阐述。另一方面,西方有些学者认为他的学说在一定的意义上是马克思主义的补充。这说明他的理论具有不可小视的地位。弗洛伊德理论的局限性在于过分夸大了性本能冲动的作用,把它无限地推广应用到一切领域。其实,有的领域更适合于用食欲原动力律加以解释,有的领域则又更适合于用权欲原动力律解释,总是用性欲原动力(Libido)去解释,有时虽能搭一点边,却未免牵强附会。

6. 第六定律:权欲原动力律

第六定律是权欲原动力律。这一定律主要属于心理方面。人类文化的内在驱动力往往是靠以上的三大欲望。其中的权欲是很重要的。有时具有主导性的作用。我说的权欲并非只是想做官才是权欲,而是指的一种权势欲、一种控制欲、一种希望比别人优越的欲望。人生下来就有权欲。权欲强有力地推动人类文化的发展。恩格斯在《反杜林论》中曾提到"贪欲与权势欲是历史发展的杠杆"这样的观点。与权欲相关的方面生发开来产生出一整套的政治、军事文化体系。有些领域横跨两个或三个定律。如竞争性强的体育,其实也与权欲有关。体育若只为健身,与食欲原动力律相关;体育若发展为一种审美的东西,如传统武术套路,与情欲原动力更相关;体育若成了一种赢得个人或集体荣誉的东西,则主要与权欲原动力相关。还有一点我要提出的是,(可能大多人不想说),就是追求知识实际上也是与人的权欲相关的。为什么呢？大家知道,就像培根说的:Knowledge is power(知识就是力量)！掌握知识据称是为了了解、征服、控制外部世界、战胜自然,使人类的成功的机遇增大。但同时,掌握知识也是为了控制别人或人类自身。在现当代社会中,知识不只是一种信息资源,它是财富和权力的象征。谁拥有知识,谁就获得了权利、名誉的潜在必然性。但是这种权欲往往被追求知识这种看来显得高尚的行为掩盖了,说到底它其实还是一种权欲。它的客观作用是使人类不断地去刷新知识,使人类文化日新月异的发展。这也能解释为什么西方的科技知识会更发达。因为西方人的权欲相对于东方人来说要更强一些,西方人更好勇斗狠一些,他们总想去征服别人,别的民族,别的国家,因此必然不断地要求技术日臻完善,尤其是武器日益精良,信息日益准确。这一来,也就势所必然地注重科技知识的积累与更新,持续地促进科学技术的发展。所以,他们的科学知识归根结蒂,也是为其权欲服务的。和许多民族一样,西方人最初也借助于巫术、魔法之类的东西,后来发现随着时代的发展和各种社会物质条件的改变,这些玩意儿似乎不太灵便了,就更侧重于发展物质性的武器。中国在这方面的很多技术都被他们拿去用了。西方的很多武器都能在中国找到雏形。例如火药的制作,步枪、机枪、大炮、地雷、手榴弹,甚至火焰喷射器等等,其最初的原理和制造技术,都是中国人搞出来的。人们会问:中国人为什么在这方面有这个条件,却没有进一步发展起来？原因有多种。首先,就如我在第一定律中讲的,中国的得天独厚的地理条件获得了安居乐业的农耕生产、生活模式,因此相应产生了较为浓厚的厌战、反战倾向(当然,这并非是说,中国人就不打仗,就没有战争,这主要是相对于整体意义上的西方人来说的)。其次,就中国最有影响的主流思想来看,道家和儒家都是反对战争的、主张天下太平,认为兵者乃不祥之器,认为制造兵器之类的技术性的东西是奇技淫巧。再其次,中国有很长的一段时期,是让知识分子读经书、取功名,诗书礼乐,都与兵无缘。虽有武状元之类,但主要是比赛依赖于生理技能的技术(武艺),而非比赛武器或武器制造本身的精良与否。所以武器制造技术始终未能得到较好的鼓励与发展。不但如此,中国人即使是打仗,也有的人讲究先礼后兵,若要打仗得先报上名来,下战书,找好交战的地方再打。有时,若对方国王或统帅病了,就不能打,否则据说会被人耻笑。中国古人讲究仁义道德,因此很多技术并没有用来发展武器。有人总纳闷,为什么近300年来,中国跟西方比落后了？其实,中国的所谓落后,要区别看待。中国是在某些方面落后了,但也在某些方面仍然领先。例如最显眼的经济领域,一般人总认为中国在这方面最落后,实际上在清朝的若干朝代,中国的国民生产总值在世界上差不多总是居第一位的。又例如医学,西方直到19世纪末、20世纪初,才在某些方面(主要是外科领域)超过中国,而在此前的数千年内,始终远远落后于中国。在内科方面,即使是现在,中医的内科医理也未必就全输给了西方。西方医学界一些人现在使劲研究《内经》和针灸技术就是证明。那么中国究竟是在哪些方面真正落后呢?我想主要是或者说关键是在军事上落后了,被西方的洋枪洋炮打败了。我们只要反过来假设一下:尽管中国当时在若干方面确实是落后了,但如果我们当时打赢了,情况会如何呢?显而易见,如果军事上打胜了,就会使国民认为还是我们的国家厉害,还会念叨:地大物博、人口众多,而不管它西方怎么样,还能再闭关自守上几百年。反之,打败了之后,国人就发现好像中国什么都错了,什么都不行了,必须要全盘西化才行得通。这就从一个极端走到了另一个极端。其实中国人自己的历史就告诉人们:征服者的文化未必总是高于被征服者的文化。例如蒙古人征服中国,建立了元朝,满族征服中国,建立了清朝,他们的文化高于中国文化吗?否。刚好相反,这两个民族的文化都远远低于中国的文化。这是无须论证的。当然,中国文化与西方文化相比,不必完全类推,但至少应该想一想,这个声称有至少5000年辉煌文化的古老帝国,何以军事上一旦败北,其文化就跟着方方面面都立刻不行了?这在逻辑上是荒唐的,在实践上是不符合实情的。关于这些方面,我在"中西文化比较"课程中,已经系统讲过,这里不再赘述。如前所述,西方人在其强有力的权欲的驱动下使其军事力量不断发展,其军事技术不断提高,才产生了鸦片战争以来的种种结果。中国的人际关系过分倚赖亲族血缘关系,是一个盘根错节的网状结构,彼此都是亲人,不到迫不得已,是不会用兵的。所以主张和平的声音总是最强音。不战为上的观点,在专门的兵书(例如《孙子兵法》中,都是加以强调的观点。这样一种民族的心理结构,怎么会鼓励发展武器呢?所以,中国人即使有了这种技术也会自发地去压抑它,因而古代中国的军事技术当然不会得到充分发展。这并不是因为中国太弱小了,而正是因为它太有人性了,太讲文明了。从道义上来看,它是最强大的一个民族,它是一个高度文明的善于自律的民族,因为它的文化的核心是仁义道德这种价值规范系统,而非鼓吹适者生存、弱肉强食的邪恶伦理观。中国人的这种道德信条通常被中国古人普通认同,而无须成为严峻的繁琐的法律条文。中国人的孩子生下来受到家庭熏陶,就知道尊老爱幼,仁义忠信,就已经驯化到了作为人应有的那种程度。而同期的西方人还没有开化到这种程度,他们并不是发展到我们前面了,而是远远地落在了我们后面。十分明显,如果承认文化在本质上指的是一种内在的民族性格和心理结构,那么,西方的文化在这方面是落后于我们的。按照辜鸿铭先生的观点,判断一种文化是否是强大的健全的文化,不能仅看谁手中攥着的是什么有威胁作用的诸如武器等物质性的东西,而是要看那种文化所塑造出的人性是什么样的人性。换句话说,区分一种文明是优越还是低劣的关键,是看这种文明陶冶出了什么样的人——是否是在言行上都仁、义、礼、智、信的男人和女人,是看这个民族是否是一个乐于与其他各民族和睦相处的、向善的、勇于自我克制的民族。在这一点上,文化相对主义是有局限性的。根据我提出的万理万教相贯同源互补论,天下一切理,固然都有理,但理毕竟有大理、小理、一时理和久远理之分。一切价值,固然都是价值,但相对中仍然存在着绝对:有好的价值,较好的价值和不好的价值。西方文化作为一种整体,是一种有价值的文化,值得借鉴的文化,但是相对于东方文化,尤其是中国文化,它是有内在致命缺陷的文化,它不从根本上借鉴东方文化(尤其是其传统的道德规范体系),它就必然走向灭亡;这就正如中国文化如果不借鉴其科学技术成就,同样会停滞不前一样。

傅:我觉得,科学技术发展到今天有可能严重危害人类生存时,尤其更应该强调这种理性和文明。

辜:对,就是这样。所以我们为什么老强调,到了一定的时候,西方文化也要发展到传统中国文化这个程度上来呢?说准确点,西方文化应该是不断地发展,在道德规范这些方面,赶上传统中国。但等它赶上来,说不定我们那时又往前走了。不过"往前走"是要有条件的,是要在中国还未接受西方文化的前提下。实际上由于中国从1840年前后以来就开始受到西方文化的侵扰。西方人说他们的文化是最好的,而且用洋枪洋炮来证明这一点。咱们被打败了,没有明白败就败在文化先进、武化落后,反而错误的认为武化落后,自然文化也就落后。因而想去全盘西化的路子。于是就来了一个彻底的革命,诗词歌赋、伦理道德、书院科举、医学美术,似乎样样都不行了。本来温文尔雅、推崇不争不斗,与人为善的中国人们要去学习如何跟人打官司,学习颠倒黑白的本领,据说越是为私,越能为公,越争越英雄。这实际上是要求我们由人变成野兽。中国人被迫做的选择是:面对羊的时候,就变成羊;面对狼的时候就变成狼。原始中国人当然也曾是狼,好不容易从狼变成了羊,但面对还没有完全变成羊的狼的时候就打不过它了。推究起来,这并非因为弱小,而是因为有人性,因为"讲礼",就被欺负。所以,从本质上说,虽然中西文化都善恶兼具,但西方文化是一种"恶"因素较多的文化,而中国文化是一种"善"因素较多的文化。善和恶相冲突时,经常是"恶"占上风,因为善必然忍让。我想,以上这些话,足以使我们明白中西文化内在本质的区别究竟在什么地方。

7. 第七定律:审美递增、递减律

第七定律是审美递增递减律。人生下来就要去学会识别哪些东西好哪些不好,这种分别心慢慢地就会形成一种习惯,这种习惯也会影响到文化的发展。一种文化一旦存在太久了,见得太多了,人们就会不满意它,就希望有新的变化,这叫做喜新厌旧。但若非常理性地考虑一下,会发现某些东西的现存形式本来就达到了最佳阶段,本来就是最好的,只是因为存在太久了,人们感到厌倦而不喜欢。但人的本性中除了喜新厌旧这种偏好外,还会喜旧厌新,发展到一定程度,人们的审美趣味会返回来,会认为越古老的东西越好,而对新的东西发生厌恶,因为这与固有的审美观产生了冲突。有时某些人反对某些观点,并不是由于不能明白那个观点,只是因为他们不喜欢持这种观点的人。换了另外一个人来陈述同一个观点,他们可能会说"说得好!"爱情也是这样。你可能喜欢上一个人,并不是因为你的客观评价,而只是因为喜欢他的某些方面,比如外部特征。为什么会喜欢他这种外部特征呢?这个问题若追溯上去,就有可能是自己的积淀审美观造成的。举例说,假如你从小就看惯了你自己父母的那种脸型,于是心目中就有个潜在的模型在那里。突然有一天,你看到有个和那种模型相似但又不完全相同的脸型,让你感到很熟悉很亲切,你就自然很可能一见钟情了。当然也可能是由于其他原因,但这种原因也是存在的。传统文化也同样。有些人不喜欢它,就是因为它太古老了。而西方文化他很少接触过,对他而言,属于新的文化种类,出于喜新厌旧的心理,他一股脑儿扎进去了,迷上好长一段时期,难以自拔。当然,他也有可能有一天忽然醒悟,这种文化虽然有魅力,从另一个角度讲,也是毛病较多的,他有可能恢复到过去的相似立场上来。但这个过程实在太痛苦了,我们应该避免走这种弯路,否则会产生很大损失。审美递增递减律是非常重要的一个规律。经济学上有一个定理,叫做边际效用。它称得上是西方古典经济学和现代经济学的奠基石。它的原理是审美递减规律在经济学上的应用。但我认为它是跛足的,只讲对了一半,只用了审美递减律。实际上,商品的实际效用对顾客而言,有时是递增的,有时是递减的,根本不是只有效用递减这一方面。早一点的经济学著作,例如马歇尔的《经济学原理》反复阐述这个效用递减律,近一点的,例如当代畅销的保罗·萨缪尔森和威廉·诺德豪斯所著的《经济学》①,还在反复弹这个效用递减的老调。这个只对了一半的原理意味着现代经济学在若干方面还是似是而非的,需要进一步修正。关于这一点,我在《中西经济与经济学比较》一讲中有专门的论述,这里就不细讲了。

8. 第八定律:阴阳二极对立转化律

第八个定律属于哲理方面的,叫做阴阳二极对立转化律。意思是说事物发展到一个极端就会走向反面。这个定理很简单,它在中国哲学中是最基本的东西。

---

① 〔美〕保罗·萨缪尔森和威廉·诺德豪斯《经济学》,萧深等译,华夏出版社,1999年。

例如太极中的阴阳图,看起来像阴阳鱼相抱的样子。实际上它是由八卦图中若干阴阳对立的阴爻和阳爻构成的一个大圆图。一旦将这圆图旋转起来,它就会在一定的速度上显示出阴阳鱼形状。若转速改变,它还会产生其他形状。所以事物因为速度和量的变化而转化。我这里所说的阴阳二极转化,特指中西文化的转化问题。中西文化存在很大差异,到了一定程度会发生相互转化,这是很自然的。中国有些知识分子坚持要搞全盘西化,有许多原因,其中一个原因就是刚才谈到的审美递增递减律。某些知识分子不知不觉受喜新厌旧律的制约,厌烦了中国文化,于是就硬要尝试一下西方的文化模式,只有尝试完了之后才可能转回来。这是无可奈何的事情,是一段中西文化因缘史,躲避不了。因为这段历史至少已经有一百六十多年了,中西两种文化模式在某种状态上互相转圈子,还没有转完,还在转。这个转换很痛苦,物质层面的转换是有的,但它实际上常常表现为概念上的转换。理论上说来,文化转换应该是物理转换和心理转换双向进行,但实际上双方不可能把文化所产生的环境和相关条件都转换过去。所以这种转换往往在心理方面更容易实现。例如在中国人认同西方人的一些价值观方面,实际上已经办到了,比如民主、自由这类价值观,我们人人都会叫,再专制的人也不敢说民主是坏的。但实际上什么叫民主、自由呢?西方文化中真正的实质性的那种民主和自由转换过来了吗?没有。很难转换过来。许多人是盲目的信奉,没有将它们与自己的传统的价值观进行比较,确定其真正的含义。有的人只是因为自身的权欲受到挫折后希图毁灭一切权威。权威并不总是坏的,要看在什么样的条件下发挥作用。民主在实质上表现为某种相互制约的权力分配。假如我们把"民主"这个观念看成是权力分配方面比较合理、公正的东西。那么,一个政治制度只要能够合理地分配政治权力,尽量减少不合理的特权,它就可以被看作是某类民主制。例如中国古代的科举制度就是这样一种制度。它叫什么名字并不重要,重要的在于其实际效果。现在中国人应该醒悟了,应该转回来,转到喜旧厌新的这种阶段。转了一圈以后应该发现,至少从人文社会科学方面的许多方面,尤其是德性文化方面,还是中国文化更优越一点。当然,有些东西是不能转的,阴阳二极的转换是有条件的。举例来说,通过变性手术,一个男的可以转换成女的,有一个条件是二者都是人。否则说一个男人转成一棵树,他根本没有这个条件。中西文化虽然在极性上是相反的,可以转,但是转换起来是很困难的,很多时候只能是概念上的表面上的转化而非实质转化。硬要让它彻底转化,只能是消灭原来的文化,把一种文化强加在了另一种文化上。此外要注意,我在讲阴阳二极转化律时,有时主要是就中西文化的兴衰而言。

中国文化的兴旺往往伴随着西方文化的相对衰落;中国文化的衰落,又往往伴随着西方文化的兴盛。我的这个思想与老子、周易的辩证思想有渊源关系,在文革期间就已经酝酿成形。后来我写过一篇《东西文化互根互构互证互抗互补互彰阴阳循环互进律》的文章,讨论的就是这个原理。1989年我写了一篇《世界诗歌鉴赏五法门》作为前言登在《世界名诗鉴赏词典》(北京大学出版社,1990年版)上,其中阐述了世界文化(尤其是东西文化)阴阳循环互进的缩影曲线图。1995年又用英文写了上面提到的《东西文化互根互构互证互抗互补互彰阴阳循环互进律》一文,在文化与误读国际研讨会上宣读后收入澳大利亚悉尼大学出版社出版的英文版《文化对话与误读》一书中。你有兴趣,可以参考。有趣的是,我的这种观点,和有些日本学者的观点不谋而合。日本科学家岸根卓郎在1990年出版了一本书叫做《中西文明兴衰的法则》,北大出版社也翻译出版了,我的观点发表得比他稍早一点,我想他不可能抄袭我的说法。他也认为东西文化是阴阳循环互进的,我们使用的术语和图示都很相似。所以我说是与他不谋而合。

  不谋而合是很有意思的一种东西,说明对某种理论的探讨大家的心思走到一起来了,同时也说明该思想具有某种可以重现的真理性。不过岸根卓郎先生论述得比我详尽,论据更多。他的书值得一读。更有趣的是,最近又看到村山节和浅井降二位先生写了《东西方文明沉思录》(中国国际广播出版社,2000年4月版),其中的基本观点还是东西文化阴阳循环互进论,与岸根卓郎和我的观点大同小异。但没有提到我们中任何一个。我是中国人,写的只是论文,不是专著,影响不会大,不知道我,不足为奇,但岸根卓郎先生也是日本学者,且在日本有一定声望,写的又是专著,何以此书连他也没有提到?不敢妄测。不过这两位先生把东西文化互根互构互补互彰互抗互证阴阳循环互进论的观点图示得更加详尽生动,而且加入了别的阐释理路与角度。例如作者认为,地球本身与生命本身的原理均可以从DNA法则里找到证据,并且认为世界文明的周期是800年一转折,1600年一循环。基本观点虽未有大异处,但论证理路颇为生动有趣。虽然在基本观点上有抄袭之嫌,仍然颇值得一读。

李:辜老师,如果说中国文化已经喜旧厌新了,已经接受了传统的中国文化,那它应该以一种什么样的方式在这个以西方文化占压倒优势的社会中继续存在呢?

辜:这是全人类的事情,单靠中国人是不行的。以道德规范为核心的中国文化是全人类的文化遗产,只有全人类奋起保护,才可能使它真正得到继承与发展。西方的有识之士深深地明白东方文化的伟大性。除了人们熟知的伏尔泰、莱布尼茨、汤因比、托尔斯泰、罗素、李约瑟等人都曾高度评价过中国文化的价值外,还有1988年78位诺贝尔奖获得者聚集巴黎发表的《巴黎宣言》也值得一提。该宣言声称:"人类要在21世纪生存下去,就必须回到两千五百年前去吸取孔子的智慧。"不过当今的许多西方人还是只承认它自己那套文明价值观,不信奉传统中国文化的礼仪道德,并且认为这种道德观是可笑的。西方人很难体会这种人性程度较高的东方文化,因此需要教化他们。就像他们把自己的文化强行输入给我们一样,我们也要把自己的文化强有力地输入给他们,就像他们的基督教传教士那样虔诚地、以一种强有力的方式去做教化工作,他们最后还是可以被教化过来的,这就正如中国人被教化成西方文化的追随者一样。问题的关键在于:当今中国的知识分子中有很大一批人自己都认为中国文化是落后于西方文化的,因此应该是西方文化来教化中国文化。这样一种心态主要是五四以来的中国到西方留过学的学者(包括日本留学生们)塑造出来的亲西方心态。这些学者的出发点未必不光明正大,但是,历史所给予他们的时间太短,他们无法从另一种客观角度来体认中国文化的固有价值,却反倒无可奈何地认同了西方价值观。如果他们生在今天,有了七八十年的新的生活经历和他们较为深厚的国学功底,他们中的大多数人肯定是会改变他们的初衷的。这种教化工作如果今天的中国学者自己都不去做,西方人就自然更加自以为是了,继续更加满怀虔诚地要把他们的文化理念强加给我们。所以我说这个时代对于当代中青年学者而言,实际上是一个大启蒙的时代。启什么蒙呢?首先是中国人要启蒙,中国人要明白自己实际上代表了先进的文化,是当今西方文化的教化者和领导者,应该当仁不让地负起教化西方人的责任。这一代学人应利用这种规律性的东西如审美的递增递减律等坚持不懈地做下去,就一定会有收效。就是说,重复多了,西方人真正理解了,也会接受的。

西方人的东西最初我们也是看不惯的,但看多了也就习惯了。比如说衣服。原来我们古代的衣服多漂亮呀,中国人最初见到西方人的服装时就看不惯,认为他们(比如古希腊人)只不过是用一块布把身体包裹着,根本算不上衣服。但是经过几十年的宣传以后,中国人慢慢就接受了,现在的模特一出场,其设计模式几乎全是西式的。建筑也是这样,我们现在几乎找不出几样有中国特色的东西了。走到大街上去一看,所有的房屋全是简陋的西式模型,一块一块地堆砌起来,显得很整齐。中国的建筑原来哪里是这样的呢?中国楼房的雕梁画栋、凤阁龙楼,那种雅致、那种飘逸、那种与民族闲适礼貌同构的建筑符号,而今只有在供人们参观的博物院或旅游胜地才得偶尔一见。而这些东西在古代可是随处可见的!西方文化有一个很突出的特征,它不是为了美,主要是为了强有力,展示权欲,是一种军事倾向颇重的文化,因为它想征服世界其他民族。今天大家谈论颇多的全球化问题也不外乎就是这种文化的延伸。这些建筑从使用功能来说,我们不否认它的优点,它们并不是为了好看,而是为了方便。所以德国人跑到中国来主讲法律,中国人开始听不懂,最后听懂了也觉得可笑。他讲什么呢?他定出几个法律条文,认为有了这几个条文,根据逻辑推理,就应该得出若干种原则。法律完全是一种逻辑的机械推理而得出的原则,他们无视这些原则本身是不是合乎人道,是不是和道德价值观相冲突。当然,这样的法律有可能提高其效率,但是却降低了人们的道德判断力,也降低了人们的生活水平和生活质量,使社会关系不是相互信赖的、真情交流的,而是一种冷冰冰的纯粹的利害关系。这样实际上践踏了人性,最后由机器代替人,这实际上和远古社会就没什么区别了。

9. 第九定律:万物五相(五行、五向)选择律

我们再回来说第九个定律:万物五向选择律。我的意思是说万物的发展往往有五个方向。为何是五个呢?其实道理很简单。事物最初都是一分为二的,一阴一阳之为道,一生二,二生三。一二三的组合蘖生结果就是五。从总体上看,事物的发展形式最多就是五(或六)大类,所以我用这五向形式来囊括事物发展的总体方向。比如说服装设计师设计裤子的形状,变来变去,它也只能有这五大类形状:要么是直筒裤,上下同样大,要么上大下大中间小,要么两头小中间大,要么上大下小,或者是上小下大。就这五种主要形状。其他的形状只能是这五种形状的夸张或变形。

用这种认识规律可以帮你很方便地理解社会现象。比如到了一个社会上的公司或一个什么单位,你想都不用想,就会知道人们对你的态度常常也可分为五类:特别赞赏你的人;特别反感你的人;不太反对你的人;稍微反对你的人;既不反对也不反感的人。只可能是这五种态度。再变化,就只是程度上的微调,大同小异罢了。许多人在做报告,在写诗,在做归纳,在颁布什么条令时,往往不知不觉地用到五段或五相或五向模式。马克思归纳人类发展阶段也是五种:原始社会、奴隶社会、封建社会、资本主义社会和共产主义社会(包括社会主义社会)。连人的手指、脚趾、五官等也是五个。三纲五常、五行、五星、五音、五德、五方、五谷、五色……这代表了事物的基本变化模式。文化也是一样的,可以是彻底中国文化的、以中国文化为主西方文化为辅的、西方文化为主中国文化为辅的、中西文化兼半的、彻底西方文化的等五种。注意,我不认为传统的五种社会形态在历史发展过程中是起承转合的关系,即一个社会形态必然尾随另一个社会形态。我认为社会形态的演变往往是随机选择。有可能一开始它就选择了封建主义,后来又跳过资本主义而直接到了社会主义阶段等等,直到其余的社会形态被最终选完,然后周而复始地一直延续选择下去。文化的变迁也受此规律制约。

以上九大规律就是我想提到的影响中西文化发展与差异的九个因素。

10. 中国的过度西化风溯源

傅:听您这么一说,其实中西文化之间的差异的确是很大的,所以我国社会在"西

化"中存在着很多问题,您对中国"西化"的过程以及这些社会问题有什么看法?

辜:中国"西化"的过程是几起几伏的,是从160多年前就开始了,那时是有选择的"西化",例如曾国藩、张之洞等就挺有主张的。我觉得他们主张的一些东西是相当合情合理的。当然,他们主张的"中学为体、西学为用"也需要有些改变,比方说"西学为用",这当然是对的,但中体也要有些变革,只是中体不要动得太大,因为若动得太大,中心任务就忘了。什么中心任务呢?引进科学技术。**要知道 16 世纪前后西方人引进我们的科学技术时并没有把儒教、道教都全部拿过去,那为什么我们在引进他们的技术时要把他们的"体"全拿过来才行呢?**这种简单的道理对五四时期的学者而言是无法明白的,因为那时对中西文化的比较还只是表面上的。并且比较的结果似乎只是证明中国文化要不得。像文化自协调主义这类思想压根儿就不可能进入他们的大脑。因为西化派认定天下的真理只有一个,道路只有一条,除了西方,好像别的什么东西都是错的。同时也因为中国人太善良了,一觉得好,或听说好就全搬过来了。其实没有必要完全搬过来,真正需要的是把中国的制度根据自己的人口、环境等状况加以适当的调整,核心应该仍然是使用中国的仁义礼智信、忠恕之道等基本常识,同时大力提倡引进西方的科学技术,口号就是"师夷之长技以制夷"。这是很现实的。这样还是能搞好的。我们看看日本,虽然也实行西化,但也不是说和服就不穿了。日本人从前大力引进中国传统文化时,口号是"和魂汉材";后来大力引进西方文化时,口号改为"和魂洋材",这跟"中体西用"很相似。亚洲四小龙也并非改变了自己传统的东西,他们照样尊孔、照样使用繁体汉字,并不像大陆的激进分子那样鼓吹废除汉字,改用拉丁化文字,照理这些国家应该是一败涂地才合五四期间全盘西化论者的逻辑。然而情况刚好倒了过来。他们的工业反倒蒸蒸日上,把中国甩在了后面。所以中国当时如果清醒一点,是没有必要把自己的"家当"全部打破的。

张之洞的一套主张被打败之后就导致了全盘西化,比如康有为、梁启超,他们的西化走得稍微远了一点,就不是科技的西化了,而是政治上的西化,这么一搞,毛病就多了。这是一个大手术。但中国当时已经经不起大手术了,因为太过于贫穷。为什么贫穷呢?是完全由于文化吗?不是。其中一个关键的原因是人口问题。当时中国的人口已经有四亿多了,占全世界人口总数的四分之一,在旧时的耕作技术下,要养活这么多人,难。背着这么沉重的包袱,想过得舒服,不容易。实际上,中国当时应该做而没做的事就是海外殖民,扩张土地。这不是侵略,而是遵循事物天然的发展规律,家一大了,人一多了,就该分家,把人口迁到没有人的土地上去,比如美洲,人那么稀少,中国人就该去的,但是中国没有移民。为什么该移民而没有移民?这就和文化传统搭上关系了。原因有若干种。例如说,中国人太善良了,历来反对战争,主张天下太平,即使打仗,也文绉绉的,甚而至于迂腐到要先礼而后兵,觉得扩张土地好像是侵略行为,所以不轻易动干戈,结果只能把自己封闭起来发展。郑和下西洋三万多人的船队,是当时世界最庞大的舰队,曾去过数十个国家,却没有占领任何一个国家,甚至未留下一兵一卒。这是何等伟大的人性!这和西方人发现一个地方便想霸占一个地方形成鲜明对照。当时中国要称霸海上,轻而易举。为什么不?太善良、太人性、太讲仁义礼智信。其次,中国人有自大心理,认为自己的"天朝"这块地方是最好的,别的地方都是蛮夷所居之地,看不上。第三个原因,是中国人家庭观念极强,多半不愿意离乡背井到所谓边远的地方去。当然,也不是说中国把自己封闭起来就全然不能发展了,封闭有封闭的好处,不封闭有不封闭的好处,要具体情况具体分析。中国若是引进了西方科技,同时限制人口增长,那么当时面临的贫困问题也能得到相当大程度的解决。因为现在十四亿人口都能解决,为什么当时四亿人口就不能解决呢?何况当时资源比现在还要多。因此,当时我们需要的最主要的东西还不是"体"的问题,而是"用"的问题,即科学技术的引进问题。"民以食为天",中国这样一个大国,要把吃饱饭的问题作为头等大事来先行解决。张之洞他们心里是明白这层道理的,他们搞的主要是学习西方的科技,搞技术摹仿这些东西。一方面是增强军事力量,一方面解决国人的生存问题,而不是要急于在政治上来个翻天覆地的变化,否则就像是一家人还没商量好怎么搞好生计问题就先自己为了做一家之主而吵开了,自己吵得一塌糊涂了,又怎么搞家庭建设呢?一打内战就乱套了。事实上,现代中国自康有为、梁启超等人掀起改良运动以来,就内斗不停。一斗就斗了一百多年,实际上就是内战了一百多年,中国人互相你攻击我,我攻击你,怎么还会搞得好?本来中国人还对自己民族很有信上心,但是在西化风的熏陶下,被一些高级知识分子弄得让人觉得自己原来都是些阿Q,同时帝国主义也乘虚而入,把他们的一套价值观念抛过来,渐渐中国文化就萎缩了。

另外有一点也很值得注意。自五四以来,中国的学校里很少再学古文,这与中国五千年形成的文化传统就基本隔离了,谁也无法去挖那个宝。学生不懂古文,学的全是白话文。而白话文这种东西根本就不用花太多的工夫去学。白话文的基础就是口语,生下来就有人教的,不用在学校里学就会了。为什么呢?举例说吧,鲁迅、老舍等全是语言大师,他们像现在的学生一样在学校里学过白话文吗?没有。他们那时的学校里根本就没有白话文这门课。但他们今天照样被奉为白话文大师。这说明白话文无须经过太大的折腾就行。一个人只要古文学得好,白话文方面稍稍看一点别人写的文章,很快就可以掌握。事实上,许多古典小说、诗文本来就有很多的白话文因素,例如《红楼梦》、《水浒传》、元小令等,包含了非常丰富的白话成分,这些东西历来被看作闲书,每个人在课外本来就会阅读不少。这样一来，我们就发现了我们教育上的一个漏洞。五四时期掀起的文学改良运动主张让大家用白话文写文章，这是对的，但是在教育上还是应该把古文放在主要位置上，教学应该以古文为主。古文都看懂了，哪能看不懂白话文呢？所以我们的中小学生的很多智力都被浪费了，他们年纪小，机械记忆能力强，背诵古典文献不费劲。到了成年再来记诵古典的东西就困难了。中小学生没有打好古文的基础，成年以后要想成为中西贯通的学者，就障碍重重了。中国人积累了五千年的东西今天找不到多少传人了。现在提起的所谓的文化界的大师，诸如康有为、胡适、王国维、陈寅恪、鲁迅、郭沫若、钱钟书等等，没有一个不是精通中国古典文献的人物。今天用白话文印刷的东西差不多都是西方的文献，这就在中国文化发展史上造成一个很大的文化断沟。因此，五四时期的白话文运动要从两方面来看。一方面，白话文浅显易懂，减少了人们沟通思想的障碍，也适应了翻译西方文献的需要；但另一方面，由于片面强调它的地位，实行白话文沙文主义，也就容易隔断国人与古文乃至古代文献的联系。这在教育上的表现是古文在中小学语文教材中比例很小，只是象征性的有一些，教员不重视，学生更不重视。中小学生毕业以后，基本上看不懂古文，连标点都断不了。

有一点许多人讳言，这就是，中国的语言文字实际上比西方印欧语系语言文字要先进，尤其是文字比它们先进。中国字记住一千字，就可以看简单的文章，记住三千字，读普通的报纸基本上没有太多的困难了。但我们即使认识了一万西方文字，看《华盛顿邮报》还是有些磕磕绊绊。从五四时期白话文运动以后，中国人就开始把中国语文的长处逐步丢掉，尤其是把提炼、升华了几千年的古文丢掉了，这是不对的。所以，对五四时期的评价应该是双方面的。

我想把中国的西化运动分为几个阶段。开始是技术上的西化，代表人物是张之洞；后来发展为政治上的西化；再后来西化分为两派，一派是马克思主义为代表的，是一种理想西化。而当时西方社会流行的市场经济模式，也就是资本主义的那一套，则可以称为现实西化。理想西化和现实西化这两派之间也有斗争，但搞的都是西化。1949年以前是现实主义西化占上风，当时是国民党搞的那一套。1949年以后，就是马克思主义的一套了，反对"封资修"，反对中国的传统文化，几乎把封建主义与中国的传统文化等同了。封建主义成了替罪羊，似乎只要出了问题，都是被封建主义搞糟了。其实，怎么能把封建主义当成中国全部的传统文化呢？无产阶级文化大革命主要是反对封资修，封建主义是首当其冲的打击对象。即使到了后来拨乱反正的改革开放时期，人们还是习惯性地认为，无产阶级文化大革命是由于封建主义造成的。其实这是冤枉的。究竟是什么东西导致无产阶级文化大革命呢？不就是西方的那种斗争思想吗？尤其是过度的阶级斗争思想，所谓阶级斗争，一抓就灵。搞阶级斗争扩大化，这是典型的西化的斗争思想，哪是封建主义呢？封建道德讲究的是仁义道德,是一团和气,是和为贵,怎么会明目张胆地主张人与人之间要斗争呢?当代的知识分子大骂无产阶级文化大革命,骂来骂去,总得有替罪羊,结果骂到了封建主义头上,这是不太对的。传统文化被蹂躏、糟蹋到了什么地步!把它打倒了以后任何错误都要归到它头上去。

11. 皇帝承包论答疑

傅:辜老师,以前听您谈到过"皇帝承包论"的观点,你能再具体解释一下吗?

辜:以前我也是说到了一个极端。我们经常谈到民主、自由这些西方人灌输给我们的观念。其实我们应该客观地考虑这些观念。例如我们可以问一个问题:是否在一个有皇帝存在的国家里就不可能产生民主和自由呢?我的意思是:能够!**无论任何一种政治制度,只要运作得好,相应的机制是适应的,都能使人们得到应得的东西,而并非只有某种特定制度才能产生这种效果。**所以我举了一个比较极端的例子:就算是皇帝当政的情况下也可以让民主产生,让人民享受到自由。为什么呢?我们先看看什么叫民主、自由。所谓民主、自由,说到底只不过是社会成员如何分享权利问题,或者说权力如何分配的问题,人们究竟有多大的发言权的问题。无论一个多么民主的政权或社会,总是要有人来当一把手的。一旦当了"头",在他的辖区内,他的权力和功能实际上和皇帝是差不多的,即使没有给他那个名字他实际上也是皇帝,总统不也是皇帝吗?因为他的权力要集中起来,不集中他也没办法,他要使这个国家运行,千说万说也得最后由一个人来说。皇帝实际就是一个名字问题,一个权力符号。我们假定若让皇帝来当政会是怎样一种情况。如果运行得好,那么还能给人们相当的民主。这种皇帝当然与传统的皇帝有一些区别,我们要对这种帝制进行改革。皇权实际上是可以进行承包的,就像包产到户一样,把权力承包给皇帝了;但有一个条件,这个"家"给你了,你得管好,让大家有吃有喝生活得快乐,完不成这个任务就是个坏皇帝,大家就可以让你下岗。皇帝实际是"家"天下,这家天下实际有一个好处,照当代的情况看,就算是一个有五口之家的皇帝家族,假定皇帝在位50年,最多也就繁衍几百人,要吃要喝也就那么多口子。但若不是由一个皇帝来承包,而是由一个庞大的派别来承包,一个派别的人有多少?往往有几十万、几百万,甚至几千万。比如美国的共和党和民主党,只要其中一党当权了,就会层层组阁,多半由他一党的人当权。根本就不是像皇帝家族的几十人几百人享受特权的问题了,而是千万人要求瓜分这些权力的问题。这样一来,人民还享受什么呢?西方这种党派民主制度,其实就是一小部分人霸占了大多数人的利益,但是通过媒介宣传,张扬得好像是代表了全体人民,其实完全不是那么一回事。

从另一个角度来说,既然皇权"承包"了,就会责任到人,皇帝就有负责的心理,已经明确了产权,看准了是自己的东西,就会加倍爱护,会千方百计想怎样把国家这块自留地种好,怎样重视劳力(人才)、怎样重视技术、怎样重视管理。所以历代统治者都讲究用人,人才一旦被他使用起来国家就容易管理好,省了他多少心,他想要保住自己的江山社稷,非花大力气不可。从这一点,就可以理解,为什么中国的古代统治者终于会找到一个选拔人才的方法,这就是科举考试。你说你有知识、能力很强,最好的办法就是考你一考。考卷是统一的,机遇是平等的,别管考题多简单或多复杂,只要对大家都一视同仁就成。这样的科举考试,中国差不多采用了一千五百多年,这是一种先进的方法,是人们相信自己的能力,通过平等竞争,用理性来管理这个社会,而不是靠神仙、上帝。而在差不多同一个时期,西方还没有开化,还要靠上帝、靠宗教、靠强权制定的法律来管理。

古代中国在相当长一段时间内就靠这种文官制来维系稳定局面。皇帝靠最优秀的知识分子制定出一整套方针政策来管理国家,同时还设置了相应的监督机构,负责监查个体的执行情况,有专门的谏官,皇帝还经常有"罪己诏",作自我批评。虽然这可能往往流于形式,但形式也很重要,至少让老百姓感到承包了皇权的人如果做了亏心事,心里也是不踏实的。

第三点关于这种体制的好处是可以使社会安定下来。皇帝已经承包了,就堵死了许多政治野心家想靠阴谋做天子的心思。如果真像孙悟空所说的那样"皇帝轮流做,明年到我家"的话,则不知有多少人会朝思暮想地钻营这个肥缺!现在皇权已经被人承包了,再想去自由竞争就是犯上作乱。这样一来,动乱造反的情形就会相对大大减少。那为什么在皇权盛行的时候也有人起来造反呢?看史书就发现其实这些起义往往并非在反皇权。连闹得轰轰烈烈的水泊梁山英雄们,也都是只反贪官,不反皇帝的。起义通常是在年成不好的时候发生得多,没有吃的,容易发生变故。在经济困难时期,当官的当然也容易因为与民争利而沦为贪官。所以起义好多是官逼民反,一般情况下不会造反。同时正因为有造反,可以使得统治阶级进行自我调节,推行改良措施,对人民做出相应的让步政策。这是一个强行的硬性的监督机制,一旦皇帝做得不好了,人们就可以反对。因而皇帝就会非常小心地注重个人修养,以德治天下,而不是以武力治天下,追求的是无为政治,要求人心淳朴,以德服人。事实上这就酝酿了一种民主气氛,不知不觉地给人民的民主相应地也就多一些。同时,对于起义,古代的皇帝有时也感到相当棘手,这里有技术性原因。那时候,民间照样可以造大刀造土炮等武器,可以与皇帝抗衡。但是现代社会,比如西方社会,老百姓几乎根本不可能推翻它,为什么?因为老百姓自己造不出武器来了,原子弹、飞机、大炮你都造不出来了。所以现代科技这种工具造成现代统治固若金汤,你怎么反对它都可以不理睬你,因为你是无法推翻他的。所以实际上存在于古代的那种硬性监督机制由于科技的发展就不存在了。

因而在古代那种情况下,统治阶级不是像现在这样绝对地强大,人民就相对自由多了,例如谁都可以到处流动,没有严格的地域限制,可以住城里,也可以到乡下,没有什么严格的户籍限制这一套。古代的文人到处都可以去,读万卷书,行万里路。而且那时的政府机构也不像现在这么臃肿,比较简单。当然有些皇帝有时也比较专横地发号施令,但其实主要是针对他周围的吃皇粮的官员,对交租纳税奉养他的子民百姓一般没有必要凶神恶煞。恰恰相反,皇帝当然知道"民为邦本"、民重君轻这些被儒家学者反复念叨的政治理念。所以皇帝总想讨好老百姓,希望人民把他看作仁慈的真命天子。人们在这种情况下反而享受了一种"天高皇帝远"的自由,过得比较悠闲自得。

所以在这种制度下,社会可以有一种安定局面。比如周朝八百年,汉朝四百年等,国泰民安可以达到几百年。说明在这种机制中必定有高妙的东西,否则不会长存。而现代的西方社会是谁在享受民主?是拉帮结派的人,是有钱人,我有钱就把你推上去,帮你动作。其他所谓选举权,看起来很自由,其实无异是一个圈套,就是要你在规定的几个候选人中选一个人来管理你自己。因为对普通百姓来说,选举投票只可能是投那些别人(例如某党派)已经推选出来的人,而不是选自己相信和了解的人,那叫什么民主呀?哪能民主到像古代中国人这样一视同仁地大家都来考状元呢?中国有很多贫苦的人就是通过这种方式考上状元当宰相的。中国唐朝时从唐宪宗到唐懿宗133个宰相中有104位是进士,进士相当于什么?相当于或者略高于当代的博士,所以可以说那时候85%的宰相都是博士毕业。这种文官管理是一种理性的人文性质的管理制度,是一种现代的管理制度。有人认为判断一个社会是不是现代化,行政管理的现代化是最主要的指标。那么我要说,至少从唐朝开始,中国就应算是一个很现代化的国家了,因为它的行政管理非常科学而且合乎德性。西方到现在还没达到这一步,而我们自己却又把这种先进的行政管理制度毁灭了。

古代的官员管的事不那么多。他主要就管两件事:收税和审理案子。其他就不多管了。不像现代社会什么都要管,比如在学校里,你学什么东西,用什么教材,教师讲了什么内容,等等,他全要管。所以当时的人享受的自由度还是很大的。五四时期的一位学者刘师培就说过:传统中国人享受的自由是西方人享受不到的,若国家机器强化以后就享受不到这些自由了。国家机器形成后就有一套庞大的行政机构,就有专门的警察、派出所、法院等等,整个社会就像哈姆雷特说的一样,是个监狱一样的处所。当时西方人研究中国时说,中国不是一个国家,因为中国缺乏所有当时西方政府的那些盘根错节的管理机构。

这样一比较就发现,其实无论是一个人当权还是一个党派当权,只要运用好了都会达到各自一种较好的效果,并不是像人们想象的那样,皇帝制度就一定很坏。英国有伊丽莎白女王,它的经济不一样发展很快吗?它的民主制不是也相当健全吗?日本的天皇也还在呀!不照样把工业和民主制度搞上去了?

12. 如何看书做学问

傅:辜老师,我们每个同学来到您家都为您几间屋子的藏书感到震惊,惊讶于您竟然读过如此多的书。您能谈一下您读书、做学问的心得吗?以及您对大学生、青年人的期望?

辜:我确实很喜欢做学问,是从骨子里的一种喜欢。从小我就很喜欢看书,也不知为什么。其他爱好不多。抽烟、喝酒不会。我觉得看书要有收获,首先得把它作为一种兴趣爱好。我当时看书也不是为了什么实际目的,纯粹就是喜欢,是有什么书看什么书,不停地看。"文革"那十年基本上就是看书,那时比在大学里看得多。当时破"四旧"也给我一个方便,有好多书都被当作废纸,简直是堆山塞海的,当时我年龄还小,爬到书山上面去找书,像个虫子似地爬来爬去。常常挑选出这么一大堆书(比划),管书的老头按废纸卖给我,也就值那么几毛钱。再加上我家里也有很多书,父亲是中医,因此也有许多古代的医书。我的一些老师因为受到批判觉得书在他们那里很危险,也都送给我了。有些朋友看到我这么喜欢书,就把他们收集的书也送给我了。同时我也到处收集,日久天长就积累了这么多书。我当时不但看书而且还抄书,因为有些书是大家都等着看的,知道这本书流传出去不会再回来了,我就只好把它抄一遍,有时是几个人抄,一个通宵就把一本书抄完了。

我看书的兴趣这么浓厚还有一个原因是当时不许看书。越是禁止的东西人们就越是想做。因而大家都传来传去地看,看书渐渐由习惯而成了一种本能,一天没看书,就难受;不像现在上哪门课,教师先规定一堆书来看,一规定就成了苦痛的事情了。这是一种逆反心理。而且那时读书的速度也非常快。慢慢地书看得多了才有选择性的。所谓读书要精是要在博的基础上来精。开始我自然也和大家一样,爱看一些小说之类的闲书,诸如《西游记》、《三国演义》、《红楼梦》以及西方的巴尔扎克、托尔斯泰、塞万提斯、契诃夫、马克·吐温等的一些书。看多了以后,阅读范围便慢慢扩大,非小说的东西也看,例如对诗歌、戏剧也感兴趣了,于是荷马、莎士比亚、但丁、普希金之类作者的作品便都被我狼吞虎咽地读了。有一个时期特别喜欢读普希金的诗歌。拜伦的《哈娄尔得游记》和《唐璜》也是大家喜欢读的读物。《普希金抒情选集》(查良铮译)我整个儿抄了一遍。读拜伦的《唐璜》时,我知道是几十个人排着队读的,每人限定一定的时间,不分昼夜地读,读完后书立刻转到另一个地方去了。记得那本书的书皮上不知补了多少个补丁,书脊上的线也绽了出来,书页边缘都黑黑的。那时看书不但看,也背,是不知不觉地背下来的。比如唐诗宋词看多了以后,我发现我都背下来了还不知道,后来就有意识地背书了,背一些古文,如《古文观止》、《文选》、《老子》等。小说也背,古代的、现代的、外国的。这样慢慢磨炼了对语言的一种敏感。语言文字是文化中的重要财富,语言文字搞好了以后再去接受由此构成的知识系统就容易多了,所以古文就帮助了我去看很多东西,哲学、历史学、经济学、文学、语言学、美学、政治学……无论什么东西,到手就读,读得津津有味。人们常说"读书破万卷",其实万卷书是容易破的。一万卷是多少?《史记》就是130卷。我们看现代的书,如果看了3000册书,每册按古代的标准,至少不止10卷,这看下来就相当于3万卷。所以一个人只要看了1000本书,按古代的标准,就会破万卷了。文革十年,我差不多没有一天不拼命地看书,比在大学里还看得来劲。十年结束,看了大约1500册书,也就至少相当于古代的1万5000卷书了。文革之后的1977年参加高考,成了大学生,又看了二十几年书,这期间看得慢了,仔细了,有些书反复看,比较花时间,看得没有从前快,但二十几年至少也看了两千册书吧。加起文革时期看的书,总共可能有三四千册。折算成古人的卷,也许不少于三四万卷。当然这个数目还是太少。光北大图书馆的藏书就有五百多万册,我苦苦看了40多年,看的书总量才相当于该馆藏书量的大约一千分之一!真正的书海无涯呀!到了美国国会图书馆,1000多万册书,即使以每天一本书的速度看,也至少要花3万年才看得完!古人常常说十年寒窗攻读苦,或十年磨一剑,那意思是强调知识的积累非得有相当的时间长度。无论你多么聪明,想花三两年工夫,就把学问搞通,是绝不可能的。当然,人的资质禀赋不一样,花的时间不是一样长,但是有一个起码的时间长度,这个长度就是十年左右。如果读书比较勤奋,十年读下来,大约读一万卷是不成问题的。所以古人的"读书破万卷"的说法与"十年寒窗"的说法是有内在联系的。

开始看书就是好奇,我12岁时就反复看《反杜林论》、《国家与革命》,并不认为自己看不懂,看得如痴如醉,是一种美的享受,很受震动,并且努力去理解,很多经典的东西都要去看看,哲学的、心理学的、伦理学的、美学的、政治的、经济的、语言学的,甚至枯燥的学科如数学、电子学等等方面的书我也都陆陆续续地看过;看到最后,慢慢地在文革期间形成了一些思想。我当时就觉得中国将来肯定要走上市场经济的路子。我那时还把这些想法写在日记本上。我的逻辑很简单:人类遵循这样一种规律:**没有享受到的东西总要想尽办法去享受,直到发现该享受的缺陷从而产生厌倦心理为止**。(我曾由此归纳出审美递增递减律。)例如在经济上,我觉得中国肯定要搞自由竞争才能大发展。但同时这又必然造成两极分化,而且会因此造成中国人道德水平的下降。这些结论也不是现在才得出来的,而是当时已经形成了。和当时的许多朋友也谈过,不少人也同意这种观点。因为当时大家在一起讨论时,常常都不约而同地得出这类结论。

　　经济上自由竞争的结论也和当时的个人经历有关。当时青年人都要下乡劳动的,劳动是很苦的,唯一快乐的就是看书。我们在劳动过程中发现了一个有趣的现象:大家都在劳动的地方玩,效率极端低下。但是如果其中一个人说谁先做完多少就可以休息,那效率立刻就上去了,比平时快了几倍。这是个最简单的竞争原则,只要存在竞争,效率立刻就会大大提高。当时那种"大寨式"劳动也叫"大站式",大家都站在那里聊天,不干活。因为当时实行的是一种"大锅饭"制度,干多干少都一样,缺乏竞争机制,因此效率就低。那时我们都知道得很清楚:从提高中国社会生产效率的角度出发,适当引入竞争机制,效率肯定会上去。但同时也会带来一些恶果:假如实行私有制,鼓励自由竞争,就会很快使有的人特别富,有的人特别穷。两极分化就会成为社会问题。当时那么年轻为什么会考虑这些呢?这是因为当时有那个风气,毛泽东号召所有的人要关心国家大事。那时的人也的确真的很关心国家大事。《解放军报》、《人民日报》、《文汇报》成了当时政治的晴雨表,人们都训练出了一种政治敏感性,报纸上谁的名字印得大,或印得小,出现在什么版面,或者有相当一段时间没出现,就会相应地发生了什么政治问题。因此,看这些书也就深化了对这些问题的理解。

　　所以,我觉得学知识一定要多和社会接触,否则,只呆在学校中会是一个很大的缺陷,进入社会后知识才能真正发挥作用。孔子为什么说:"三十而立,四十不惑,五十知天命"呢?这和人的生活经历有关,人总要在实际生活中摸爬滚打,到一定时候对生活有了一定的体会和认识,知识也就豁然贯通。因此,读书开始要博,然后再精,选取自己的兴趣点。我关心的就是中西文化,对这个问题反来复去地想。年轻时我是个"全盘西化"论者。人在年轻时往往容易成为"全盘西化"论者,但老年时就不一定了。我现在就发现了西化不是那么简单的事情,需要因地制宜地解决事情,从传统方面入手,把传统文化搞清楚了才有资格管这些事情。

　　有些人看到某些东西好了,就说"这个好现代呀!"好像很不错的意思,把"现代"这个字眼当成了一个价值判断标准。实际上"现代"只是一个表示时间的术语,并非现代就好。否则,看两次世界大战和艾滋病都发生在现代,环境污染也是现代的东西,这些东西好吗?所以"现代"、"现代化"这两个词不能这么使用,不能说"一定要使什么现代化"。否则,这种观点一旦树立,就好像所有古代的一切都是不好的,而越是接近现代就越是好的一样,这怎么可能呢?若根据这种说法,根据这种进化的原则,古代的一切不好,现代就应该好到不知什么程度了,高度发展到什么程度了,既然那样,清朝末年也就不会养不起四亿人口了。举个最简单的例子,陶渊明(365—427)不愿意为五斗米折腰,回乡当农民,种豆南山下。政府没有给他发工资,连退休补助之类的东西也没有,作为书生,他的生活算是比较清贫的。但从他的"草屋八九间"的诗句看,他也小有家当。就只按他那个"草屋八九间"的古代标准,在1500年后的现代,和陶渊明相似的农民应该有多少间草屋才算现代?至少也应该有八九十间吧?事实上现代农民有这么多草屋吗?我这是打个比方,意在说明滥用术语的不当。所以我们在使用某些概念时一定要好好想想是否可以这么用。你只要稍微思考一下就发现有很多谬误包围着你,人们使用的很多话实际上大多是没有体验过、论证过的,只是别人简单地灌输给自己的。在学术方面必须要注意这种情况。

现在有些人搞学术并非是真正的学术,有些只是把西方人的东西拿过来随便编译一下,只是介绍别人的观点,却名之为研究,署上自己的名字。这样的情况很多。另一种倾向则是认为似乎只有西方人才会思考,中国人自己只能囫囵吞枣地学习别人的,这种心态使中国当代缺乏思想家。所以我认为做学问最好的路子是要有一套自己独特的思想和理论,这是最大的成就,是一流的文章和著作。第二类学问是可以没有自己的独特的一套思想体系,但可以把一种千古定论推翻,这也是不得了的。还有一种学问属于考据的,人家都不知道是怎么回事,你通过各种考据活动、钻研文献等等最终把它说清楚了,这也是很花功夫的,也是一种很大的成就。还有第三流的文章,就是刚才所说的"述"。"述"就是把别人的文章和著作,例如康德的著作,因为很难懂,你通过消化用你自己的话讲述出来,深入浅出,让别人容易明白。这种人也有功劳。不过归根结底,他是解释和简单陈述,不是自己的著作,因而只能归入第三流。其余的一些种类就是不入流的。现在第二流第三流的文章占绝大多数,一流的几乎没有。

(关于中西文化的出路问题,我概括为下面几句:合而不融,因时选择,二元标准,此生彼克,循环取用,阴阳互泽。由于时间关系,上面列出的提纲中的若干内容并没有讲完。但为了有助于让读者了解演讲的全貌,所以也将它们列了出来。)

中西文化演进七大律

中西文化互根互构互补互彰互抗互证阴阳循环互进论（提要）[①]

从宏观上看，地球人的文化具有地球人才能创造的文化的一切共性，因此，地球人文化具有一元性；从微观上看，地球人文化呈现出千姿百态，因此，地球人文化又具有多元性。显而易见，地球人文化是一元文化和多元文化的统一体，我们应该既是文化一元论者，又是文化多元论者。在人类文化已经高度发展的今天，只强调人类文化的一元性将导致文化虚无主义，压抑人类文化多方面的发展潜能；在地球人具有强烈的文化自我意识的时候，只强调文化的多元性则又将导致文化分裂主义，进而导致文化沙文主义。从本质上看来，对于中西文化的关系问题，亦当作如是观。然而我们应该特别注意，和广义的总体文化、国别文化或民族文化不同，中西文化由于在相当大的程度上极性相反，故具有特别鲜明的对立性质，因此也特别适于作为比较的课题。我希望，从其中引申出的结论，并不仅仅适用于解释中西文化比较，也适用于解释别的文化比较模式。简而言之，我认为中西文化发展有七大规律可循，即：(1)中西文化互根律；(2)中西文化互构律；(3)中西文化互补律；(4)中西文化互彰律；(5)中西文化互抗律；(6)中西文化互证律；(7)中西文化阴阳循环互进律。

1. 中西文化互根律

中西文化互根律指的是：(1)任何文化都是人的先天欲望（主要是食、性、权三欲）与客观世界的种种自然条件（如环境、气候、资源等）相互作用的结果，前者（先天欲望等）谓之阴根、心根、或虚根；后者（客观自然等）谓之阳根、物根或实根。所以，可以说文化的总根是由阴阳、虚实、心物二根交互构成的统一体。地球人的文化是扎根在地球上的，它们必然要受地球自然条件的种种限制，迄今为止，它们只能在地球所能最大限度地提供的条件下生存和发展；这就意味着中西文化具有必然的共性，在相当多的场合，西方文化的根是东方文化的根，东方文化的根也就是西方文化的根，因此谓之互根。(2)在一定的发展阶段上或特定条件下，东方文化

[①] 本文曾以《东西文化互根互构互补互彰互抗互证阴阳循环互进论》为题。故文中的"中西文化"有时与"东西文化"交换使用。主要是指基本格局相似，实际上中西文化并不等同于东西文化。此不赘。

的最基本的东西可以成为西方文化中最显著的表现形式,东方文化的最基本的东西也可以成为西方文化中最显著的表现形式。因此,从某一个特定时空角度看来,西方文化只是东方文化在某种形式上的延续或变种,东方文化成了西方文化的根;或反之,东方文化只是西方文化在某种形式上的延续或变种,因而西方文化成了东方文化的根。

2. 中西文化互构律

中西文化互构律指的是:中西文化一旦发现了对方,除了会势所必然地在不同的程度上互相影响之外,主要地还在于文化双方都强有力地试图按自己的模式去建构、塑造、规范对方,而这一互构过程往往中道而废,绝不会彻底完成。互构律和互抗律一样,其生发演变的先天原因主要是人类先天的权欲,即控制欲,优越感等。互构过程引起强有力的互抗行为。正是在互构过程中,中西文化再一次分头发现了自己的特殊性质、特殊价值和在中西文化太极圈中的特殊地位与意义。中西文化由于存在着诸如地理、气候、人种,尤其是语言等物理乃至生理方面的根本区别,因此,某一方想要以自己的模式全方位地建构对方时,总是会遭到失败。这一点,当代许多学者(尤其是许多中国学者)并没有真正领会。中西文化的互构作用是有限度的。发现这一限度的实际大小是当代中西学者的极重要的研究任务之一。中西文化在相当大的程度上属于极性相反的文化,因此,互构过程将在两种文化达到某种妥协的地方逐渐停滞下来。两种文化将在互构过程中发现自己的实际潜力。正是这一发现给人类文化总体的发展注入了生机:中西文化乃至全球文化存在的最佳模式是互补互彰互根互进。

3. 中西文化互补律

中西文化互补律指的是:从全球观点来看,由于地理环境、气候、人种、各种可利用资源和时间差别,东方文化和西方文化先天地就不是、也不可能是完善的。中西文化各依据其自身的特定条件,各产生其不同于对方的许多特点,这些特点可以是长处,也可以是短处,这取决于我们看待问题的角度和特定的时空条件。在我看来,全球文化的统一性和相对高度完美性正是以中西文化的互补性为基础的。从这个思想出发,我们就可以明白,只鼓励东方文化模式或只鼓励西方文化模式,对于人类整体文化来说都是灾难;因为东方文化的病症常常要靠西方文化的某种机制来医治;西方文化的许多病症亦往往只有靠东方文化的某种药方才能真正解除。因此,消灭与自己对立的文化,常常意味着消灭维持自己健康存在的医生与护士。

东西人类应该感到欣慰的是:此种文化必不可免的短处,常常可以由彼种文化的长处所抵消,这就是一种互补。然而,看待这个问题的时候,人们常常容易产生一个很大的误解,即认为可以简单地采取"拿来主义"或谓之取长补短:将对方的文化长处取过来为我所用。实际上,长处(和短处)具有不同的类别与性质。简而言之,长处可分为精神性长处和物理性长处。例如,科学技术长处多属于物理性长处,文艺、文化价值观方面的长处则多属于精神性长处。物理性长处容易取过来,精神性长处却不容易取,或者根本就不能取。计算机软件可以取过来为我所用,因为只要满足了该软件必需的物理条件(如相关的电脑与操作指令)就行;然而文艺、文化价值观等却不同,它们要求取用者具备相关的心理条件(例如相似的文化素养和审美观)等。前者主要是物的要求,后者却主要是对人的心理乃至生理要求。物是可移的,买电脑就是了;人的心理或生理习惯却多半很难移,有时甚至不可移,例如很难把西方人特有的审美心理习惯移植搬到东方人大脑中来或反之。人们也许忘记了这样一个事实:要移植一个长处,只有将那个长处产生的密切相关的基本条件都移植过来的时候才能彻底实现。否则,移植者将会惊讶地发现:不但移植过来的所谓长处并没有变成长处,反倒连自己本身的长处也忽然莫名其妙地变成了短处。

4. 中西文化互抗律

中西文化互抗律指的是:(1)中西文化既然在许多方面是极性相反的文化,它们之间就必然发生各式各样的冲突,这是十分自然的事情,人们无须对此感到奇怪。(2)中西文化之间的适量冲突或对抗常常是中西文化各自借以发现、促进自己和对方文化价值的必要途径和手段。适量对抗有助于激发文化创造者们的创造潜力。弥合文化对抗与纷争的想法诚然是善良的,但是,我们发现,凡是在文化矛盾完全消解的地方,文化本身的发展就会停滞不前。举一个简单的例子。随着东欧社会主义阵营,尤其是苏联的解体,苏美两大国之间在意识形态方面的对抗宣告结束。美国人有理由把这一点看成是他们的胜利。但是从长远的观点来看,美国人未必就真占到了什么大便宜。美国人应该明白,数十年来,苏美两大国之间在文化意识形态方面存在着适量对抗(例如社会主义意识形态对资本主义意识形态的猛烈批判),这无疑会在客观上促使美国统治集团持续不断地对其政治、经济及文化体制作某种程度的相应改良。换一句话说,苏美两霸的竞争对两国的发展都曾起到过积极的刺激作用。没有以苏联为首的东欧社会主义阵营的对抗性存在,西方资本主义阵营很难取得它们在今天已经取得的所谓繁荣景象。这正好应了一句西方谚语"正是因为有风作对,风筝才飞得高"(Wind kite rises against a little opposition.)。现在,东欧的社会主义阵营已完全为西方资本主义政经体制所占据,美国昔日的对手似乎转眼变成了朋友。但是,我可以断言,这对于美国来说,很难说是一个吉兆。对抗消失必然使战胜者方面产生懈怠情绪。没有压力感的民族,很容易在舒适安逸、荒淫放纵的生活状态中渐渐羸弱、灭亡。或者用汤恩比的观点来说,没有挑战,就没有迎战。更何况东欧正等待着美国人的施舍,它诚然不再是美国人在文化意识形态方面的对手,但它却又会成为美国人的一个经济包袱和潜在的经济竞争者。美国在赌场上本来是赢家,可是等它最后结算的时候,很可能会发现它实际上亏了本。同样的道理可以用来解释当今的某种程度的中西文化对抗格局。西方的有识之士可能会看到,保留现今世界上最大的社会主义文化实验场中国作为其对立面,无疑是有利于西方的发展的。如果中国也走上了全盘西化的道路,那么,西方的衰败必将指日可待。(3)文化对抗如果超过了适量度,就会走向反面,破坏文化建设或造成某种文化的毁灭,甚至整个文化的毁灭。因此,将文化对抗保持在某个适当的范围内,是当今人类尤其是文化建设者们应加以特别注意的事情。这是极其艰巨的任务。我们不指望开一个或十个研讨会,写一本书或十本书就能在较大的程上解决问题,但是常常提出这个问题或尖锐地意识到这个问题至少是有益于解决或防范毁灭性文化冲突的。

5. 中西文化互彰律

所谓中西文化互彰律指的是,中西文化只有各自借助于对方的存在才能显示出自己的优越性。例如,东方文化中天人合一精神的优越性,只有在西方科学揭示出天人分离状态带来的苦恼时才可以显示出来。同理,西方科学条分缕析的优越性,只有在东方思维过分模糊、过分综合的对比下才能显示出来。如果世界上只存在着东方文化,那么,我们对东方文化的价值的了解就会是片面的,反之亦然。16世纪以前的中国人尽管自以为是普天下最伟大的民族,但实际上缺乏真正的依据,因为他们并不了解地球上别的地区的人的情况,没有比较,没有鉴别。然而同期的欧洲人(例如传教士)在访问了中国并将情况反馈到欧洲社会中去时,却引起了真正的赞美与向往,因为他们有了比较:那时的欧洲与中国相比,确实还只是处于较低下的时代,因此,中国人的自信虽是盲目的,却是与实际情形相符合的。五四以前的大多数中国人仍然认为中国是世界上最强大的国家,这照样是一种盲目的自信,而且是一种实实在在的盲目自信;当一批又一批的留学生回归东土,将西方列强的发达情况反馈到中国社会中去时,西方文化的优越性就在古老的华夏得到了最大程度的彰扬。所以一种文化的价值,常常由与之相异或相反的文化来显示或发扬光大。当然我们同时要指出,优越性只是一个相对概念,在特定的条件下,优越性也可以是一种缺陷。

6. 中西文化互证律

中西文化互证律指的是：中西文化或中西文化中的若干方面往往只有各自借助于对方的若干方面才能验证其存在的合理性。令人感到非常有趣的是，许多由东方文化提出的重大命题，往往最后都由西方科学加以证实（例如佛教、《易经》、《老子》中的若干命题就为西方科学所证实）；同理，许多西方科学中的新发现，常常能在古老的东方文化中得到印证；许多所谓西方新理论，也常常能在古老的东方文化中找到原型或曰不谋而合。① 这一点，就连许多西方科学家也承认。大卫·格里芬说：关于这一问题的大量讨论主要（如果不是唯一的）集中在量子物理学上，认为它不仅摧毁了笛卡儿—牛顿世界观，而且还提出了一个全新的世界观——或许又回到了古老的世界观上，通常是神秘主义世界观，如道教或佛教。② 大致上看来，虽然中西文化都各自兼有理性因素与非理性因素，但东方文化的非理性因素较显著，而西方文化的理性因素较显著。非理性文化综合性强，直观性强，重宏观，轻微观，因而常常有见大不见小的弊端。理性文化则分析性强，逻辑性强，轻宏观，重微观，因而常常囿于见树不见林的迷津。没有西方文化近现代发展，古代东方文化的中诸多深刻的思想和命题将很难得到证实和理解。没有东方文化的开拓和启示，西方文化将误入歧途而无法自拔。东方文化能起死回生，将主要依赖西方文化在现当代的发展成果；当代西方文化能走出迷津，将主要依赖借鉴东方文化的诸多合理因素。这里不妨使用一个有趣然而同时带有必不可免的片面性的比喻，即：东方文化是论题和结论，西方文化是论据与论证过程。上帝的真理存在于中西文化的完美结合之中。

7. 中西文化阴阳循环互进论

中西文化阴阳循环互进律指的是：(1)遵从物极必反的规律，呈二极对立的中西文化的发展各自必不可免地向着自己的对立面转化（即季羡林先生所谓"三十年河西，三十年河东"论）。(2)大体说来，东方文化的阴性因素重于阳性因素，西方文

---

① 是否是不谋而合，有时很难判断。因为东方思想近三百年来在很大的规模上被介绍到了西方。很难想象一位从事人文科学的有学问的西方学者居然不知道老子、庄子或佛教的基本思想。以《老子》而论，其在西方的译本之多，据说仅次于《圣经》。有理由认为，现代西方的许多思想其实是抄袭东方思想的。例如西方曾吵嚷一时的后现代思潮，就其大体或其核心思想而言，在很多方面都是东方思想，尤其是老、庄思想的翻版。

② 格里芬·D.R.，《科学重新获得神秘性》，中央编译出版社，1995年，第16页。

化的阳性因素重于阴性因素。(3)在 16 世纪以前,以古埃及、古巴比伦、古印度和中国的文化为代表的阴性文化是世界文化的高峰;16 世纪之后,西方文化作为阳性文化的代表渐渐成为世界文化的主潮。近百年来,现代科学的飞速发展使西方文化的发展在 20 世纪达到了顶峰。遵从着同一个物极必反的规律,东方文化正面临着一个发生巨大转折的契机。(以上观点参见辜正坤:《世界诗歌鉴赏五法门》,见辜正坤主编《世界名诗鉴赏词典》,北京大学出版社,1990 年版,第 4 页。)像许多人相信的那样,21 世纪很可能看到东方文化的崛起。需要指出的是,东方文化的崛起并不一定意味着西方文化的必然衰落。现代世界的预见能力使现代人同时具备了某种程度的自律能力,因此,西方文化可能会在相当长的时期内被东方文化所超越,却绝不会被东方文化所取代。中西文化双峰并峙是地球人感到幸运的事情。阴阳循环互进律将使人类的文化大系统不断得到升华与改进。循环是上帝赋予人类文化世界的最好的礼物之一,人类得到这一礼物的全部代价不过是要具备一定的宽容之心而已。顺其自然地迎接必然律给予我们的一切,世界就会得到人类所指望获得的和平、幸福与繁荣。

(本文原是在国际比较文化研讨会上宣讲的英文发言稿(1995 年 10 月)。汉语稿发表于《北京大学校刊》(1996 年第 733—734 连载)。英文稿发表于 *Cutural Dialogue Misreading* 一书。该书由澳大利亚 Wild Peony 出版社出版,系悉尼大学世界文学丛书第一辑,1997 年。John G Blair & Jerusha Hull McCormack 合著的 *Western civilization with Chinese comparisons*(复旦大学出版社,2006)全文收入该书。)

中西哲学文化比较

现在开始上课。今天做两件事,先简要地比较中西哲学的一些关键的概念,然后花30分钟时间做练习题,其结果算作你们的一次测验成绩。大家不要因为要测验便感到紧张,没做好也没关系;没做好肯定是因为我没有讲好。(笑声、掌声)

我们今天从文化角度比较中西哲学。这个题目显得很玄,因为"哲学"这个词听起来总是让人感到有点深奥。

1. 什么叫哲学

什么叫哲学?这个问题如何回答?其实每个人都有自己的关于哲学的看法,每个人都有自己的哲学观,因此每个人都有意或无意地有自己的答案。说到底,哲学不外乎是人本身对世界、对人生的看法;当然,这样解释"哲学"好像太简单了一些。我们不妨先探讨一下哲学的起源问题。按古希腊人的说法,哲学据说首先起源于惊奇。例如柏拉图就说过:"哲学始于惊奇。"于是你只要把中国出版的所有关于西方哲学史的书拿出来看,差不多总会发现书里断言说:哲学起源于惊奇,如此等等。有相当一部分书还进一步认定哲学起源于古希腊。这样的断言或认定是我所不能完全苟同的。为什么呢?请大家用头脑自己想一想,哲学既然不外乎是人本身对世界、对人生的看法,那为什么只有古希腊才有哲学呢?难道世界上其他地方的民族就没有对人生、对世界的看法了吗?这不太可能吧?实际上常识告诉我们,全世界每一个民族都有自己对世界、对人生的特定看法,也就是都有自己的哲学观点。所以,不能推而广之地认为全世界的哲学都必然起源于惊奇或起源于古希腊。当然西方人认为西方哲学起源于古希腊,起源于惊奇,对于西方人来说,这也是有道理的。他们认为人只有对事物感到惊奇,他的求知欲望才旺盛,才去试图解开自然界本身的谜,驱动力才大一点。这是可以理解的。即使是东方哲学或具体一点,中国哲学中的某些观点,也有可能是起源于惊奇的。但是哲学必须总是起源于惊奇吗?那就不一定了。至于说哲学起源于古希腊的说法就更站不住脚了,我认为凡有人类且对人的生活及其周围的世界有自己独特看法的地方就能够产生哲学。

西方哲学的另一种说法是哲学是"Love of wisdom"(爱智慧)。这种说法也来源于古希腊,也是为哲学界的人所普遍引用的。许多学者认为哲学是起源于智慧,或者说,对智慧的爱。这些说法不是对不对的问题,我们只能说它们代表了一些说法。我们不能说这就是哲学的唯一正确的概念。西方人这么认为,我们并不认为它毫无道理,也觉得这是有助于理解哲学的说法。但是我们还可以有另外的说法。比如,中国人就不会把哲学说成来源于 wisdom 或来源于对 wisdom 的爱。相反,中国人认为哲学更多根源于"德"和"仁"这种东西,根源于一种德性,根源于人对不朽生命的追求,对长生不老的追求。尤其是道家学说体现了这种价值取向。

西方人对哲学的看法,首先是对外部世界的看法,然后才是对人生的看法。中国人对哲学的看法,则首先是对人生的看法,其次才是对外部世界的看法。中国人不是说对外部世界没有看法,而是把对人生的看法放到了第一位。中国人与西方人强调的东西,其主次正好是相反的。西方人特别重视对外部世界、对宇宙的看法,进而才谈到小我,人本身在宇宙中的地位如何,与外部世界的关系如何等等。他们有重外轻内的倾向;而中国人多半是先考虑人本身,趋向于重内轻外。所以西方哲学与中国哲学的重点在方向上是相反的,但二者都是哲学探讨。当然,我要补充说一下,这里不是说所有的西方哲学家和中国哲学家都持这样的观点,而是说中西哲学的主流是这样的。在西方哲学和中国哲学的内部也有互相矛盾的看法。比如,古希腊时期的苏格拉底就是个例外,他有一句十分出名的格言:γνωθι σεαυτον. 这是什么意思呢?这句古希腊语的意思是:认识你自己,研究你自身。这是西方哲学史上有名的格言,但是它并没有成为西方哲学的主流。在中古时期的一千多年内,这种思想是受到忽视的。当然,这也是西方哲学史上一个非常重要的流派。在近现代西方哲学史中,它的影响正日益增大。

到了近现代,西方人对哲学的看法有了很大的变化。以德国哲学家康德为例,他对哲学的看法比较典型。他认为哲学是一个我们无法真正找到答案的课题,所以,我们根本不要去找答案。哲学只是一种动作,一种行为,是 activities,是一种理性的行动,而不是静态的知识系统。很多人认为哲学是一套系统的知识,但在康德的眼里不是这样。

或者,我这里插入一句,我们还可以按照自己的理解来看待哲学。按照我个人的看法,哲学很多时候实际上是一种态度,一种对人生、对外部世界的态度。哲学常常被看作是一种认识论和方法论。威廉·詹姆斯关于哲学的定义相当带有调侃意味,他认为哲学无非是一种无比倔强的尝试性努力,不过想把我们的一切基本的看法凑合得互不矛盾、相安无事而已。(philosophy is nothing more than an unusually obstinate attempt to bring all of our fundamental ideas into a consistent and harmonious relationship. See Mark B. Woodhouse, *A Preface to Philosophy*, Belmont: Wadsworth Publishing Company, 1984, p.6.)

另外一个有代表性的人物是维特根斯坦。他也认为哲学是完全虚无的,没有什么意义的学科。按照他的观点,哲学的首要任务是澄清哲学中的命题,即种种陈述。他说:很多哲学问题,看起来是个问题,但实际上根本不是个问题。这是因为我们在使用语言,尤其是日常生活中的语言的时候,总是错误地使用了它们。语言的误用导致某些哲学问题显得很深奥。实际上,如果我们把问题摆出来,刨根问底地仔细研究一番,就会发现这些命题本身可能往往是错误的,根本没有必要提出它们。所以,他认为,全部的哲学和全部的哲学问题都可以用一句话来概括,那就是:对语言进行批判。他认为从语言的角度探讨哲学问题是最关键的。评价一个哲学的理论究竟如何,可先不管该理论到底说了些什么,而是先看该理论是如何来阐述这些哲学观点的,即理论者在使用句子时,其语言结构本身是不是有问题,他用的每一个句子或判断能否经得起推敲。如果这个工作没有做的话,不管一个哲学家写了多么厚的书,也只是一堆垃圾。他的这种从语言角度来研究哲学的观点往往被看作是哲学研究向语言分析方面的转向(Linguistic Turn)。有人将此术语译作语言学转向。从语言学的角度来看待哲学问题,哲学似乎成了语言现象的分解、分析。这在哲学研究方法上是一个很大的转折。所以我们要注意,这个术语里的转向(Turn),指的不是语言或语言学自己转向,而是其他受影响的学科,例如哲学本身,转向了。中国学者如何来理解这类西方哲学术语,本身就首先是一个语言问题。按照我的看法,首先是一个翻译问题。所以我在 80 年代,反复强调过:中国的一切依赖外国文献的学术研究,尤其像哲学、比较文学、比较文化学之类的学科,首先要从研究文献翻译和翻译学开始,尤其是术语翻译开始。至少要首先厘清形形色色的误译与误导。否则无法进行真正扎实的学术研究。所以,这里的 Linguistic Turn 这个术语,最好译作"语言性质的转向"或"语言学导向"之类。

当然,哲学不仅仅是维特根斯坦说的语言批判。不管是在古代、现代还是当代,哲学都有自己特定的含义和用途。当代的西方哲学,其总体趋势,似乎渐渐向中国古代的哲学观点倾斜。首先,当代的西方哲学家将注意力转移到以前苏格拉底关心的东西上去了,即侧重探讨人本身,而不是侧重探讨外部世界。因为外部世界已经被各门自然科学学科探讨得相当具体了。所以,现在要反过来,想想人本身。当代的西方哲学家们第一喜欢探讨的是"人生的意义是什么"这样一类问题。当然,这类问题从古到今也一直在探讨,可是,不同时期对它的侧重程度是不同的。他们第二关注的问题是人所存在的世界是什么东西?也就是"世界的意义是什么"?这个问题的探讨必然要涉及"神是否存在"等一些问题。第三,他们进而追问:宇宙的特性是什么,它对人的命运究竟有什么影响。第四,他们想弄清人有没有命运,命运究竟是怎么回事。由此,产生第五个问题,人能够在多大的程度上用自己的行动来影响命运?如果人的行动能够影响其命运,那么他应该怎么行动?

最后,第六个问题:什么样的生活才是最值得人去过的生活?

这里允许我稍微回顾一下所谓哲学的最高问题。传统哲学观认为,哲学的最高命题就是回答思维和存在的关系问题,究竟思维是第一性,还是存在第一性?从前许多西方哲学家们认为这个问题如果不解决,别的问题就很难解决。但我现在倾向于认为:幸福观、人生观才是哲学的最高命题,即什么样的生活最值得人去过才是哲学的最高命题。因为一切知识,一切哲学,归根结底是人创造出来的,必须为人本身的生存问题做出回答。而与我们的生存问题最相关的就是:什么样的生活才是最好的?什么是幸福?大家都想追求幸福的生活。但是什么才叫幸福的生活呢?如果我问你:你现在幸福吗?也许你现在是幸福的,但是你自己感觉不到。因为当代人习惯认为幸福只有在比较的状态中才能被感知。在我看来,幸福在本质上是一种自满自足的感觉。关于"什么叫做幸福"这个问题,我在英译本《老子道德经》(北大出版社,1995年)前言中进行了讨论,给出了确切的定义,这里就不多谈了。我这里要强调的是,以上这六个问题是当代西方哲学家特别关心的问题,但从根本上说来,它们大多正好是中国古代哲学特别关心的问题。所以我在上面说,当代的西方哲学,其总体趋势,正向中国古典哲学观点倾斜。

哲学要研究的问题很多,但在大方向上不外对内对外两种倾向。对内就是关心人本身的问题,对外则是关心世界、宇宙的问题。那么我们下面先谈什么呢?我不按照西方哲学的主流框架谈。西方人往往先谈外部世界的问题,例如人与宇宙的关系、宇宙本身、物质世界本身有什么规律等等问题。我将按照中国传统哲学的理路谈,先谈人生问题。对中国人来说,人生哲学比其他哲学更切身,更重要。那么,人生哲学中什么东西最重要呢?这就涉及我在第一讲中提到的"三欲论",我认为人的欲望问题是人生问题的核心。人的欲望涉及食、情、权这三欲。它们是天生的欲望,生而有之。怎么处理这三个欲望呢?放纵它们还是压抑它们?中国传统哲学很容易解决这个问题,不能将三欲放纵到极端,也不能将它们控制得太厉害,而是走中庸之道,即不走纵欲的道路,也不走禁欲的道路,而是走**节欲**的道路。中国哲学中,老子的哲学,孔子的哲学都是这样讲的,要节制欲望。其实古希腊哲学中也有节制这种提法,也讲一点中庸、和谐之道,可惜后来没有成为西方哲学的主潮。

2. 中西人生哲学比较

2.1 哲学在 20 世纪的命运及其必要性

我先来讨论人生哲学。顺便说说,哲学在现当代有些西方学者的眼里已经是不必讨论的问题,因为他们认定西方哲学已经死了,已经没有哲学了。为什么呢?

因为西方哲学家最关心的是外部世界的问题，诸如地球究竟是方的、圆的还是其他的什么形状，人在世界中究竟处于什么位置，动物界、植物界究竟是怎么回事等这样一些问题。这些古老的哲学问题很多被科学解决了。分门别类的科学一步步解决了从前的天有多高、地有多厚之类的哲学问题，结果，哲学本身被各门学科所肢解。植物学、动物学、物理、化学、数学等学科已经分门别类地相当出色地对这些问题进行了解答。哲学家再也不能像以前那样包罗万象地解决一切学术问题了。如果只谈某个专门的或具体的问题，哲学家一定没有这些方面的专家、科学家了解得多。哲学家似乎样样都懂，可是却样样都不专。因此，西方哲学家感到失去了自己的专门领域，自己的地盘被各门具体的科学取代了。有不少学者认为，西方哲学已经面临死亡，它的基本命题已经被近代科学解决了。那么，哲学还剩下什么地盘呢？维特根斯坦说哲学就是语言批判，那么哲学还可以从语言角度进行研究。也就是说，当人们用语言来表述哲学思想的时候，语言的表述本身是不是靠得住，有哪些问题需要解决？哲学至少还有这么一个地盘。其实这个地盘也不是完全属于哲学的，因为语言学自身也研究思维问题、逻辑问题。语言学和逻辑学也都成了独立的学科。所以在这种情况下，哲学显得好像没有栖身之地，确实面临着生存问题。正是在这种格局下，我们看到**中国哲学的必然崛起**。因为，如果说哲学被许多其他学科肢解了的话，有的学科仍然可以划归为哲学的主要地盘，比如研究道德伦理、人生意义的学问，即伦理学和人生哲学，还是哲学的大本营，因为这一领域很难为其他科学所完全占据。而这一领域在古代世界的真正霸主正是中国的古典哲学，道学、中国化了的佛学，尤其是儒学。这样一来，中国的哲学倒很可能成为当今世界哲学的真正的主人翁。黑格尔看不起的中国哲学，正是颠覆黑格尔哲学的最强大的对手。

从另一方面来说，哲学也仍然有存在的必要。为什么呢？正因为哲学是一种统帅性的学科，在古代就是包罗万象的，由于后来的科别分类太发达了，它才控制不住了。但是这并不意味着哲学不重要，没有存在的必要，因为各门科学只是"学"，而哲学是"学之学"。科学是各种具体的理论，而哲学是理论的理论，这里有层次关系，有第一位和第二位的关系。哲学是一种玄之又玄的学科。科学多是分析性的。人类不光需要有分析性的学科，还需要有综合性的学科。所以，哲学必然还要存在，而且还很重要。我们不能只让自己成为某种专业或具备某种专长的人才，我们还要试图成为一种通才，必须样样知道一点，即使知道得不是很深，也应该知道。只有统观全局的时候，才能对具体的东西看得更清楚。这个道理是非常简单的。所谓"不识庐山真面目，只缘身在此山中"就是因为你身处庐山之内，当然不可能知道整体庐山是什么样子。你要知道某种知识的整体框架，必须要在框架之外才看得清其轮廓。你要知道什么是局限，必须要知道什么叫不是局限。今天我在其中讲课的这栋房子究竟是什么样子的，我站在房子里面反而不知道，只有跑到外面,才能对这个建筑的轮廓有个清晰的把握。哲学就能起到这种从高处俯瞰各个学科的作用。

科学无法解决的问题可能就只好用哲学来解决了。比如,道德、审美方面的问题,人生的意义问题,什么是好,什么是坏,什么是善,什么是恶,什么是美,什么是丑,这些问题很难用科学来解释。当然也不是说科学就不能解释,至少到现在为止,这些问题的解释主要依靠哲学。中国哲学中真正占主流的是道家学说和儒家学说,它们在这方面发展到了很高的高度。黑格尔看不起中国哲学,觉得中国哲学好像不叫哲学,总是谈论人生的意义,善恶及个人心性修养之类的具体问题,好像不怎么关心外部的问题,例如地球有多大,火星、金星、水星离我们多远或外部事物之间微妙的关系等。这些外部问题,西方人相对谈得多一点,中国人谈得少一些。关于人的德性问题,中国人谈得最多。而当代哲学刚好回归到这个主题上了,由于这个回归,中国哲学的重要性就不言而喻了。这就可以解释为什么现在西方人对老子、庄子、佛教、禅宗等这些问题特别感兴趣。我在美国的许多大中小书店里做过调查,当然这些书店多不是专业书店,而是一般老百姓常去的书店。在这些书店里也有专门的哲学类书架。这些书架上哪种哲学类书最多呢?西方当代哲学家的著作,简直就很难见到一本。但是你随便走到一家书店,基本上都能看到老子的《道德经》、《易经》或者佛教经典等。这就说明一定程度上西方人的心态在改变,他们慢慢回归到古代中国哲学特别关心的问题上来了。西方现代所谓的后现代主义,其实在一个层面上就是老庄思想认识方法的再版。你只要把庄子念通了,所谓后现代主义的内核就很容易理解了。如果你对现代主义的基本思想理解较深刻,那么后现代主义也就是小菜一碟了。因为后现代主义差不多是冲着现代主义而来的,不是赞成现代主义,而是在大多数的场合对抗现代主义的理念。在很多场合是颠倒了的现代主义。它用不同的术语把一些陈旧的认识重新讲了一遍,让人感到困惑。实际上它里面的哲学思想,庄子已经谈得非常深刻了。后现代主义(Postmodernism)这个译名不太准确。我建议根据具体情况,译作"非现代主义"、"抗现代主义"等好些。关于后现代主义,我在中西文学比较里专门讲一下,这里略过不提了。梁启超也说过这样的话,你只要把庄子的《齐物论》理解透彻,西方的哲学就可以不学了。他的话可能有点极端,但是这说明中国哲学有包容性,在这方面有独特的优势。我这是即兴发挥一点,现在回到具体的人生哲学这个主题上来。

2.2 中国哲学:安宁快乐的人生哲学

中国哲学中的人生哲学的主要特点是什么呢?是一种安宁、快乐的人生哲学。这不是中国人自己说的,是外国人说的。例如尼采就曾这样给中国哲学定性。西

方哲学与此正好相反，它是要让你感到痛苦。中国的哲学总是试图让人感到快乐，一些西方哲学家觉得这不正常。他们觉得人生本来就是痛苦的，干嘛不研究痛苦、研究死亡呢？有些西方学者看不起中国哲学也是因为这个原因。而我觉得这恰好是中国哲学伟大的地方。一种思想体系如果不能让人感到快乐，不能在精神上、心态上改善人生本身，它的存在价值的本身就要打问号，至少不是那么理想。所以中国哲学有非常深刻而现实的含义，值得我们研究再研究，实践再实践。

中国哲学是如何表现为一种使人生快乐的哲学的呢？比如老子认为，人如果想生活得快乐，就必须有一种正确的生活态度，首先要不争、节欲、处柔，或者叫做知足常乐，这是最典型的说法。他希望人能永远快乐，他告诉你方法。怎样才能快乐起来呢？首先要学会知足，只要你知足了，快乐立刻就会到来。我们后面再就这一点发挥，这里就不多讲了。列子的《杨朱篇》看破生死，有纵欲的东西在里面，鼓励人放心大胆地及时行乐。说人生很短暂，生命很宝贵，人应该赶紧利用这个时间，该快乐就快乐，而且不要追求虚名，帝王将相归根结底都是要死的。他宣传的思想是尽量使你自己感到快乐。

孔子其实也是这样的。翻开论语的第一章第一节就是"学而时习之，不亦乐乎"。"乐"就是快乐的意思。他还有很多说法都是关于快乐的。《论语·先进》篇中的季路说："敢问死？"子曰："不知生，焉知死？"孔子的意思是，连生的问题都还没有搞清楚，研究什么有关死亡的问题，不管！死这种东西既然你还没有经历，就不要管它了，你就只顾眼前吧！这样的观点确实很实用。孟子也有类似观点。孟子说："反身而诚，乐莫大焉。"《孟子尽心上》就是要在体认自己的良知本性的过程中得到快乐。西方人也讲究反省自己，想不断地解脱自己；西方人反省和解脱的结果是发现自己是个罪人，于是更加痛苦了。原罪说根深蒂固，越要解脱自己就越发现自己是个十恶不赦的大坏蛋。但是中国圣哲不主张这样，主张反身而诚，就是不断发现自己，提高自己，完善自己的德性，然后感到快乐。与西方人追求的效果是不一样的。

再举一个例子，邵雍，宋明理学的创始人之一，自称安乐先生，写有《安乐吟》：乐见善人，乐闻善事，乐道善言，乐行善意，为快乐人。将快乐放在非常重要的位置上。王阳明的弟子王心斋专门宣传明哲保身的哲学，还作了《乐学歌》，提出"人心本自乐"。人心最根源的东西就是建筑在快乐上的。

禅宗也是这样的观点。禅宗中有修养的人，他的痛苦比常人要少得多，因为他总是通过自净心意的办法尽量把烦恼去掉，不去自寻烦恼。读《六祖坛经》，有云："烦恼即菩提。前念迷即凡夫。后念悟即佛。前念著境即烦恼。后念离境即菩提。"六祖主张："自心常起正见，烦恼尘劳，常不能染，即是见性。"他认为一个人只要能够做到念念清净无染，明心见性，就能够顿悟，就能够破除一切烦恼，最终获得永远的快乐,乃至成佛。汉语中有一些简单的口头语也往往暗藏这样的思想。比如"舍得",什么叫舍得啊?只有"舍",才能"得",没有"舍",就得不到。"舍"就是损失、丢弃,即一旦丢失了什么东西,不要感到痛苦,可能反而是快乐。所谓欲得必先舍;得者必失,失者必得。这种看法确实很辩证。事实上也是这样的。你如果把自己一生中的所得和所失,都分门别类地记载下来,你到最后可能会发现,快乐的东西和痛苦的东西是趋近相等的。佛家认为六道中的人道就是苦乐兼半的。你得到多少东西,往往就要失掉多少东西;你失掉多少东西,在另外一种场合,往往就会补偿给你。这与禅宗中的很多东西都是相通的。要紧的是,应该明白这个道理,痛苦对于有心理准备的人而言,其痛苦程度会大大降低。

康有为也是一位去苦求乐的哲学家,梁启超就称他的哲学是主乐派哲学。

哲学家们是这样的,他们影响到了中国文化的方方面面。这里无法详细地一一述说。受影响最大的可能就是文学。文学家中,比如李白,他是豪放派诗人的代表。他的大量诗都涉及饮酒作乐,不是与女性相关就是与酒相关,十之八九都是写这样的东西。他的主题考虑的也是这一辈子怎么才能过得比较快乐,怎么才能对得起自己的身体。陶渊明的"采菊东篱下,悠然见南山"大家都知道。极端一点的如关汉卿的名篇《不服老》,则完全是及时行乐的典型写照。以今天的眼光看,是很黄色下流的。但是我们不好苛求古人。我只举这三个例子,大家就可以看出。这些有名的大文学家的作品中都有非常鲜明的享乐倾向。可见,中国的这种享乐的人生哲学观在文学中表现得非常鲜明。

2.3 西方哲学:死亡和痛苦的哲学

西方哲学在此点上正好与中国哲学相反。当然西方也有追求快乐的哲学,但没有成为主流。例如伊壁鸠鲁就讲过:"解除对死亡的恐惧,快乐地活着。"他发现西方人对死亡过分恐惧,认为只要解除了对死亡的恐惧,就能快乐地生活。这表明当时的西方人对死亡本身的恐惧已经成为一个问题了,他想以一种享乐主义来抵消这种恐惧感。只是他的主张并未成为主流。西方哲学的主流是研究死亡和痛苦。柏拉图认为研究哲学就是进行一种死亡练习。所以,他的哲学的主题与死亡无法分离。斯多葛是古希腊的另外一个哲学家,他的格言是:只有准备去死的人,才是自由的。如果想获得真正的自由,就要随时准备去死。这一点当然没有多少人能够办得到;这实际上还是反映了他内心深处对死亡的恐惧。中世纪非常有名的经验哲学家奥古斯丁则说:"我看到的一切只有死亡。"他是中世纪集大成的一个基督教哲学家,研究的结果是看到的一切都是死亡。基督教教义的根本原则之一就是厌恶生存、崇拜死亡。鼓吹让人们通过受苦来赎罪。基督教有原罪说,每个人都是有罪的。只有不断吃苦,人的罪行才能减轻。霍布斯是另外一个哲学家,他也认为怕死使人们倾向和平的情绪。人类倾向和平并不是因为人类本性是善良的,而是因为他怕死才这样做的。卢梭认为老年人要学习死亡。狄德罗的话说得令人难以相信:"死亡对我来说快乐无比。"我不知道他是不是真的这样认为,因为我觉得这话听起来总觉得有点虚伪。他越这样说,越是反映出他周围的人把死亡当成非常恐怖的事。尼采、叔本华都是举世皆知的悲观主义者,对死亡和痛苦研究得非常深。

这样一种人生哲学取向同样反映在西方的文化中,最明显的反映也是在文学中。对文化的影响无法方方面面都举例,范围太宽,还是举文学方面的例子吧。哲学取向方面侧重死亡和痛苦,反映在文学创作上就一定会造成悲剧性作品兴旺发达的格局。西方的悲剧文学之所以比中国更发达,其深层原因可溯源于此。古希腊的埃斯库罗斯、索福克勒斯、欧里庇得斯这三大剧作家,他们的悲剧最有名,其成就超过了喜剧。到现在为止,西方人还是认为他们的戏剧的主要成就还是在悲剧上。但丁的《神曲》也是重点写死亡的悲剧性的东西,写地狱写得活灵活现,很成功;《天堂篇》就不那么成功了,因为写快乐的题材不好写。所谓"欢愉之辞难作,悲怆之辞易工"者是也。歌德的《浮士德》,看起来有追求快乐的成分在里面,但他写的主要还是痛苦,写人的灵魂的发展过程。追求知识本身也给浮士德博士带来了无穷的痛苦,因为他没有办法追求到真理;不能追到自己想要的东西,所以他还是觉得是一种痛苦。莎士比亚就更不用说了,他的戏剧的主要成就也是悲剧。他的四大悲剧都深为大家熟知,代表作就是《哈姆雷特》。你看完那个剧本之后,就会感到充满绝望,死了许多条人命,让人感到非常恐怖。西方人所谓的悲不是中国人的那种悲哀,而是一种悲惨,让人对命运本身充满恐惧。西方悲剧作家想达到的就是这种效果。莎士比亚的很多戏剧作品的主题也是这样。

可以说,西方哲学在这些方面留给我们的遗产有点像是让人们学会痛苦,学会恐惧,并以这种方式来激励人生。苏格拉底说过,没有经过考察的人生是不值得过的。没有经过考察,就不知道结果,必须要考察一番。而西方人考察的结果却发现人生是痛苦的,好像还是不值得过。

以上我把中国的人生哲学和西方的人生哲学简单对照了一下,结论印证了尼采的断言:中国传统哲学是快乐的哲学,而西方哲学是痛苦的哲学。当然这不是绝对的,双方都不同程度地兼有对方的特点,这里只是就其主要倾向而言。

2.4 快乐人生哲学的实际用途

那么知道这些东西的用途是什么呢?我们学习人生哲学,如果只是知道了一些术语和人名,用它们来炫耀卖弄,而不能解决自己的实际的人生问题,那还有什么意义呢？所以,关键的关键是要学会如何应用中国的快乐哲学来改善我们的生存状态。我认为一切知识都应该有助于这个根本目的。假如我们学了一种知识,例如一种哲学之后,反倒开始烦恼了,痛苦了,那还不如不学的好。本来你还挺安宁的,看了哲学书之后突然觉得人生确实是没有什么意思啊,于是轻生、厌世,这对一般人来说,恐怕不好。这样一来,学问不是对普通人有正面意义,反倒起了坏作用。事实上这种情形是在现实中经常发生的。例如一些研究尼采哲学的人,弄到最后,容易变得神经质、紧张、压抑、甚至疯狂,他们与周围人的关系也往往会恶化。这是自然而然的,因为脑子里装了太多这样的知识,就会不知不觉按照这些知识来行动,结果把自己原来美好的东西搞得一团糟。为什么？因为西学的主体价值取向是崇尚力、崇尚智、崇尚竞争,崇尚个人英雄主义。它假定人性本恶,因此力主用法律加以防范,使得分赃公平,用维护正义这块招牌来使各种争斗心合理化、合法化。这样一种价值理念主导下的社会关系虽然也能秩序井然,但总是处于一种紧张的状态,人的心灵难以安宁。人被教导防范所有的人,所谓"他人即地狱",于是拼命奋进斗争,成功倒是成功了,然而难免"一将功成万骨枯"啊！

中国传统哲学最重要的遗产之一则是这种快乐哲学。其中最重要的原则就是老子倡导的知足常乐的思想。这个原理很简单,问题是你在实际生活中不一定会应用它。比如今天晚上要考试,有的人就问了很多次了,什么时候考,考多长时间,万一考得不及格怎么办,考些什么内容,你能漏一点题吗？诸如此类。这么担忧考试,这就成了痛苦了。考试针对学生,也针对教师。学生考得不好,那一定是老师教得不好。我是教师,我都不关心它,你关心它干吗？我考试的目的就是为了让你们通过考试进一步巩固所学到的知识。当然,如果像古代人那样只是学和问,研讨疑难,没有频繁的考试,大家一点不紧张,学习跟做游戏一样快乐,那是最好的。但是现代社会已经不允许这种田园牧歌式的教学方式了,现代社会有一套大家不情愿接受又不得不接受的规范。学校不考试,几乎是不可思议的。另一方面,不考试我也没有办法知道你理解到了什么程度,不好调节我的教学进度与方法。问题是在座的诸位要学会看破考试这件劳什子。要用这种快乐的人生哲学观来调节自己对考试的态度。学知识就要快快乐乐地学,就是为了改善自己,充实自己,这个目的达到了自己就很满意了。这就是知足。至于考试,可以不必太在乎。我这里顺便说一句,这次考卷印得不好,有若干地方看不太清楚。一般人拿到考卷时可能会有怨恨情绪:瞧这考卷还有印得不清楚的地方,这怎么考试啊？害人呀。这样就带了怨恨的情绪。我建议你的做法是:哎,这次的考卷还居然印得不清楚,少见啊！有收藏价值啊。我倒要看看,对付这种不太清楚的考卷我的能力如何。(笑声)这样思维一下子就拧过来了。在考试中如果自己做得不好,就想:糟糕！怎么办啊？我可能不及格啊！你就开始痛苦了。有这个必要吗？如果真的考得不好,得了50

分,我想你不必气得跺地板,倒不如说:嘿! 有意思! 我这样的人居然还只能得50分! 这样的结果前所未有啊! (笑声)拿得起,放得下,这样一想,就拧过来了,就是另一回事了。这不是鼓励你不要认真学习。其实人都有自我维护的本能,不是说了这个话,以后就不去努力了,可能刚好相反。由于你不把这件事放在心上,你在快乐轻松的学习中可能情绪总是高昂的。而学习效果最好的时候就是人比较快乐的时候,是你特别感兴趣的时候。所以千窍门、万窍门,最好的学习窍门就是要有学习的兴趣。比如,今天晚上看相声,你坐在那里一边看一边笑,然后回到家里,跟家人说这个相声怎么怎么好。那时根本没有人让你记住相声内容,说要考你,可你记得却很牢靠。谁说的什么,怎么说的,你常常能重复出来。为什么? 因为那时你的兴趣特别浓厚;兴趣浓厚了,注意力才能高度集中。学习效果最好的时候就是注意力高度集中的时候。如果在同一个时间内让你记单词,记10个、20个单词,你可能会觉得痛苦:怎么老记不住啊! 这是为什么? 这就是你的心态没有矫正过来。你不爱记单词,你认为记单词是在正儿八经地干工作,是一种苦差事,记起来不快乐,当然记不住了。如果你调整好了心态,把记单词看成是一种好玩的游戏,跟踢足球、玩扑克牌一样,有挑战性,有刺激性。结果如何? 你记住了10个,还想记住20个;记住了20个还想记住30个。记单词太好玩了。用同样的心态面对你从前认为最难的学科,你也许会说:哎呀! 太好了! 我就是要看看这门课怎么会难呢? 我倒要看看它难在什么地方。越难越有味儿! 越是有这种挑战心理,就不知不觉地会逐渐把各门学科都看成是你的快乐生活的有机组成成分。这样,你在大学的四年中,天天在玩游戏,没有哪一天不是在过节一样。(笑声)不管是上微机棵,还是哲学、文学、数学、化学等,你要觉得每一门课都非常有意思。你要学会对自己叨咕:呀,我就是想学这个。你把学习看成游戏,越学越想学。就像喜欢打乒乓球的人一样,累得满身大汗,还不想停下来。仔细想想,打乒乓球的动作多么枯燥,不就是把一个小白球推过去又推过来吗? 如果你脑子里不认为那是一种游戏,而是别人强加给你的工作,你推三五下就会失去耐心的。总之以这样的心态来学习、工作,那么你整个的生活就非常快乐。你必须学会像儿童一样思考,要把每天发生的事情都看成是新奇的。你看到一片树叶落下,就会蹲在那里,观摩老半天;这片树叶从树枝上落下,然后这样这样落在了这个地方。你会像小孩一样蹲在那里观摩老半天。不要认为自己已是20多岁或30多岁的人了,是大学生了,什么没有见过啊。天下没有新东西了。没有的事! 一切每天都在流变。你应该把一切都看成崭新的东西,天天带着新奇的眼光去观察,给你的生活增加新奇,找到快乐。这样一来,你的人生就转变了,这辈子过的日子就大不一样了。也许就在这一瞬间,你顿悟了:人生即是天堂;或者你仍然沉溺在固有的无明状态,那么人生就仍然是苦海、是地狱。地狱与天堂有时只是一念之差。每个人都会遇到挫折,但是大多数的挫折都不是别人强加给你的,而是自找的,是自己招来的。叫做"祸福无门,惟人自招"。因为你自身的潜意识里是在预期痛苦和苦闷。不知不觉痛苦和苦闷也就来了,来了你又开始抱怨了:我苦得不得了啊!其实你内心深处的另一面还在欣赏这种痛苦。这就好像一个失恋的人,往往在还没有失恋就开始满面愁容了,写一些悲伤的诗句,正像宋朝的辛弃疾说的"为赋新词强说愁",为了写出诗来,不愁也要把自己搞得很愁。结果搞得自己真的失恋了。这种自我折磨其实就是在追求痛苦的东西,许多痛苦是自找的。当然痛苦有时候也可以转化为快乐的东西。人不会傻乎乎地傻快活,有时候淡淡的忧伤也是一种快乐。有的人特别会欣赏这种快乐。假想自己被整个社会抛弃了:我多么可怜啊,我多么苦闷啊,该怎么办啊。如果看破了这一套,对人生的看法就会发生改变。对待考试中的挫折或者他种挫折,就再也不会感觉无法处理了。以后你遇到挫折的时候就采用这种态度,你会发现挫折很快就会过去了。好运跟踪而至,往往有"无心插柳柳成荫"的感觉。这就是知足常乐的哲学原理应用在生活中时可能有的效果。如果你懂一点佛法知识,则痛苦和烦恼不仅可以转化为快乐,还可以成为悟道成佛的增上缘,即所谓"烦恼即菩提"。烦恼一产生,你就抓住它、分析它:我怎么会烦呢?这个烦恼是为何产生的?我还会有烦恼啊?……这么追问,烦恼当时就会消散,它被你的追问、考察所打断、干扰,被转化成了对生活本身的感悟:烦恼其实是一种空幻的东西,是你的分别心、执着心、妄想心攀援的结果。当然我这些看法,也只是开拓你的视野,只供你参考。请不要看成是绝对真理。因为对某些人来说,可能根本不起作用。人生哲学不是包治百病的。

3. 中西哲学源流性质比较

3.1 西方哲学与科学同源

第三,我讲一下中西哲学的源流性质比较。即西方哲学与什么东西关系最密切呢?它**与智性科学同源**。前面我已经讲过,中国的科学更多**阴科学性质**,西方的科学更多**阳科学性质**,以后我们还要进一步加深这种分析和理解。智性科学是指一种**比量性的科学,数理性的科学,工具性的科学**,是以外部世界为研究对象的。西方科学在这方面做得很不错。从一定意义上说,西方的哲学近似于科学,但它不完全是科学,因为二者的表述方式毕竟不一样。古希腊的大哲学家,除了苏格拉底之外,几乎都同时是科学家。如柏拉图,他的学院的门口上书有告示:"未通几何学者禁入此门。"意思是如果你没有一点几何学或数学造诣的话,就别来研究哲学了。他就要求一个哲学家必须同时是个科学家。欧几里得的几何学成就即可归功于柏拉图学派。亚里士多德也是个科学家,对动物学、植物学很有研究,是实验科学的先祖。还有毕达哥拉斯,他是个数学家,同时也是个哲学家。阿那萨克拉斯也是一个大哲学家,比孔子大概晚50年,他说过:"天是我的故乡,研究日月星辰是我毕生的事业。"那样的一个大哲学家,最关心的问题是天文的问题。不仅仅古希腊哲学家,其他的西方哲学家情形也类似。例如法国的笛卡儿是非常有名的哲学家,是西方哲学史上划时代的人物,断言一切知识当以数学为范型,确认理性为正确知识的来源。他是解析几何的发明者,在光学和解剖学上也很有造诣。荷兰的斯宾诺莎,既是一位神学家,也是一位哲学家,他本身还是一位很有成就的光学家。德国单子论的创立者莱布尼茨,也是非常有名的哲学家,他首创了微积分学。主张经验是知识的唯一来源的大哲学家洛克,擅长生物学和医学。还有康德,大家都知道他是个数学家,他同时还是天文学家、地理学家、人类学家。还有英国的牛顿,是一位数学家、物理学家,也是位哲学家。他1687年出版的那本书非常有名,本来是科学著作但他称之为《自然哲学之数学原理》。大家都知道他是科学家,却不知道他写的关于哲学和宗教方面的书实际上要比他的科学著作多得多。他对圣经上的启示录用了极大的精力去解读,想用数学方法证明圣经上提到的世界末日的具体日期。根据他的研究,他断言世界末日将在2060年发生。如果你相信他的话的话,这日子就快来了。(笑声)不过,一般人并不相信他的断言。拉马克是一位生物学家。他把自己的动物学著作叫做《动物哲学》(1809)。今天,苏格兰大学不把物理学叫物理学,而叫做自然哲学。自然哲学等于就是科学。上面这些知识属于常识,搞学问的人多半都知道。但是由此归纳而得出中西科学与哲学的内在差别具有阴阳性质这类结论,则不是一般人所知道的。

  西方的哲学普遍为"为知识而知识"的好奇心所驱动,跟中国的哲学家有所不同。中国的哲学家也有好奇心,但不一定是"为知识而知识"。"为知识而知识"在中国古代思想界没有受到鼓励。传统中国知识界追求学的东西要实用,知识与人生、社会要挂钩。但西方人不一定是这样。他们中一些人的态度是,一种东西研究出来后对社会、对人生有没有用我不管,反正我就是要研究这个,因为我个人喜欢。这是西方人的特点,当然从一个角度看,也有很不错的一面,可以使创造的多面性得到强化。德谟克利特就说过:"如果我能用因果论解释一种自然现象,这种快乐超过了去做波斯国王。"这种说法具有典型性,代表了古希腊哲学家和科学家的一种生活原则。当然,如果让我选择中西两种态度,我还是更喜欢中国式的追求知识的态度。把追求知识看作是一种自我丰富与完善,固然不错,但是在当前的条件下,如果我们主要是为着社会和他人而追求、创造知识,我认为这更伟大一些。所以从总体而言,中国式的占主流的利他主义态度还是比西人那种占主流的利己主义态度更可取一些。

3.2 中国哲学与道德伦理同源

如上所述,西方哲学主要是跟智性科学同源,而中国哲学则主要是与**性理科学**或者道德伦理同源。这是一个很大的差异。因此,中国的哲学家不必一定是个西方意义上的科学家,当然也可以是这样的科学家。什么是性理科学呢？以儒道两家为例,我们可以提到三个主要概念:性、理、气。这个顺序也可以倒过来:气、性、理。它们是双向的。气可以发展为性,性也可以向理的方向发展,这三者是互相贯通的,但是它们的表现形态不一样。老子说:"专气致柔,能婴儿乎？"专门练气功,能练得跟婴儿一样吗？很难办到,你要花力气去做。理和气是同根的。《庄子·知北游》也谈到:"通天下一气耳。"整个世界由气这样的东西贯穿了起来。气与人的气、元气、真气也是贯通的。理也不是简单的理,而是包括天理、法理、情理。性包括德性、本性。气包括真气、元气,一方面贯通外部世界、宇宙,同时也是人体最核心、最根本的东西。天地同根,根在哪儿？根就在气上。中国传统哲学与这种研究理路同源。它们的整体构成中国哲学的"理"。我的观点是,如果真要研究中国哲学,不懂气功,我们对中国古典哲学的理解肯定是不完整的。有时候根本就理解不了。强行搬套西方哲学的术语,给中国哲学划块,贴标签,说这是唯心主义,那是唯物主义,这是不行的。拿西方的哲学术语套不上中国哲学,在很多层面上二者不是一回事,因为各种内涵与关系根本就不一样。这就构成了理解中国哲学之谜。我跟西方人讲中国哲学的时候,先就说:你们懂不了。他们会说:没什么懂不了的。我问:那你们练了多少年的气功？他们说:我们还没练过。我就说:没练过你怎么懂啊？中国古典哲学的许多基本概念是与气功体验紧密相关的。你没练过气功,只能懂一点非常肤浅的语言文字上的东西;很深的东西,需要体察、体认、体证、体会、体验的东西你懂不了。那种东西不是只用你的脑袋去懂,而是要用你的整个身体去懂。你们西方人用仪器、用逻辑推理和数据来领会哲理,中国人除了用同类的方法外,更重要的是要用自己的行为和身体方面的实际体验去懂。因此中国哲学不仅仅是思辨的,更重要的它还是**实践**的！庄子不但用文字说"通天下一气耳"这种理论性的东西,他还要身体力行地静坐练功,实实在在地去体证气这种东西。理论和实践是打成一片的。哪能够纯粹用文字来表述。用文字当然也可以说说,但不容易说清楚,所以老子的《道德经》一开篇就说:"道,可道,非常道。名,可名,非常名。"道这种东西可以说,可以讨论,但这还只是停留在字面上,还不是真正那种实实在在的永恒的道。你甚至可以给它取一个名字,把它定义成什么概念,但是这都是虚的,是虚名,不是真正的道本身。要得到真正的道,你得"致虚极,守静笃",静坐练功去体证它。就像对于从未下水学习游泳的人,你在岸上对他讲一千遍游泳的技巧和感觉,他对游泳的理解势必仍然是朦朦胧胧、扑朔迷离的。你一把把他推在水里,让他喝几口水,他吓得要死,双手本能地扑打水面,居然没有沉下去……行了,这就叫游泳,他的感觉比你讲的一千次理论还要清晰。这样一说,西方人开始明白中国的哲学,例如道家哲学,并非只是文字概念,而且是一种实在的修行方法。不是只玩概念文字游戏,而是要动真格的,真要去练功的。他们这才开始感到难以进入中国哲学了,只说不练,难以在中国哲学这个领域登堂入室,于是他们开始谦虚起来,再三请求我教他们气功。我却执意不教。为什么不教?他脑子里半信半疑,负面信息太强,要让他真正得气,你得花多长的时间才能去除他的心理和生理偏见?难啊!

对于西方哲学上理论和实际的关系,马克思说得很好:"哲学家们只是这样或那样地解释世界,而问题却在于改造世界。"马克思的话一语击中了西方哲学的要害:理论和实践相脱离。但对于传统中国哲学而言,理论和实践打成一片,恰恰是中国传统哲学的长处,谓之理事无碍,体用一源。如果马克思研究了中国哲学,他大概会说:中国哲学家虽然也这样或那样地解释世界,但他们更注重改造自己的身心。身,指身体;心,指心性、德性。换句话说,修身养性,注意道德伦理的升华,是中国传统哲学大大不同于西方哲学的地方。

3.3 中西哲学三大块

我把中西哲学分为三大块。一块是研究人与人之间的关系的哲学,叫**人际哲学**,包含处理人际关系的伦理、道德心理之类的学问等;一块是研究人与物之间的关系或曰主客之间的关系的哲学,叫**主客哲学**;它研究主体和客体之间的关系,研究天和人之间的关系。第三块是研究物与物之间的关系,叫做**客际哲学**,即研究外部自然界相互之间的关系,这间房子和那间房子,这个物体和物体之间的关系。自然科学就是研究这种关系,数理化研究的就是这种关系。

中国哲学侧重于研究天和人是怎么样统一的,它有鲜明的天人合一的思想。西方人也研究人与物之间的关系,但他们侧重天人相分的方面。西式哲学中的一分为二思想占上风,而中国哲学中的合二为一的倾向多一点。中西哲学在这一点上刚好相反。所以在这三大块中的第一项人际哲学上,明显是中国哲学占了上风,在第三项客际哲学上则是西方哲学占了上风。中间这块,主客哲学,即研究人与物之间的关系方面,中国哲学和西方哲学各得其半,但是侧重点依然不一样,结论也不一样,中国哲学侧重主体,西方哲学侧重客体。这种划分是大体而言,并不是绝对的,因为中西方哲学往往兼有双方特点,只是程度不同。我的划分是以程度较高时为据。

3.4 气功学为什么不容易使人相信

中国古代的西方式实验科学要少一些,但有一种特殊的实证体验科学值得一提,即气功学。问题是西方的实验科学容易使人相信,而中国的气功科学为什么却不容易使人相信?这是由于西方的科学主要针对外部世界,其验证的工具也是外部世界的东西,如各类仪器等,而中国的科学虽然也有针对外部世界方面的,但其最精妙的部分却主要针对人自身(身心两方面),例如气功,其验证工具主要不是外部世界的工具如仪器等,而是人体自身的感觉。换句话说,人的身体就是仪器。如果说西方的实证标准主要是五官、尤其是眼睛的话,中国的实证标准除五官外更主要的是身心整体。西方验证主要是视觉验证,谓之 Seeing is believing;而中国式验证则主要是体感验证,谓之"体会"。眼睛所见为外物,人人可交互验证,无须自己亲自动手动口,所以容易使人相信;体之所感,却只有自己一个人知道,无法示人以进行交互式验证,只有自己亲自实践才能辨真伪,而大多数的人不愿意做这种实践工作,或不知道如何去做(更何况此类实践——例如练气功——多属于秘法,得道者不愿意传人,或只单传,或传而不精、不尽、不力),结果自然无法让人相信。而凡得了真传的人,或得了大道的人,也不在乎别人信与不信,根本不想花大功夫去拼命让人首肯。更多的情形是,得道者为了保持自己处于优势或一定程度地垄断秘方秘法,常常言而无证,出语模糊,喜用比喻,使得读者永远感到云山雾障,所谓"真传一句话,假传万卷书"是也。在这样的情况下,西方式科学自然容易使人相信,而中国式阴科学就难以令人首肯了。

3.5 《易经》是堪称中国科学的顶峰,也是中国科学的模式化

易学乃中国古代科学高峰①

盈天地者皆物也。然万象森罗,类归则其数必简。简之又简,得阴阳二极,更简之,太极而无极。此易理之一端也。踬端而返,无极而太极,太极而阴阳,两仪四象,循必然之理数,由简而繁,排列组合,复得数千万亿万,而大千世界亿兆事象,无不合其数,显其理。此可谓放之则弥六合,卷之则退藏于密。玄道万殊,无不契机。先圣谓之与天地合其德,与日月合其明,与四时合其序,岂虚言哉!

惜乎海通以还,兵连祸结,华夏文化之精粹,怵于西学东渐之风,几毁于一旦。80年代,改革开放,有中华学子复振古哲之余响,易学遂又发扬光大,其象其数其理,

---

① 此为高乾源《简易管理》一书所作序。该书已经由东方出版社,2006 年出版。

幽远深邃,多与当代科学之奥秘,相与阐发彰扬。其象数根本原理实乃宇宙万物生发寂灭、成住坏空、循环迁流衍化之最简公式,其意义之伟岸,其功用之周遍,绝非爱因斯坦相对论所可比肩。

中国古代思维模式之梳理,中国古代科学之重新发现,势必引发当代华夏文化大启蒙之风潮。其意义之深远,当大于文艺复兴之于西方文化,盖因此中华大智慧非仅沾溉华夏子孙,推而广之,亦必将造福21世纪万邦黎民、芸芸众生。(略。)

是为序。

乙酉年五月于北京大学畅春园

4. 中西哲学中的天人关系论

下面比较一下中西哲学关于人与自然关系问题。天人合一或天人二分的思想是大家非常熟悉的,这里我们也简单介绍一下,重温这两个哲学命题。

说到人与自然的关系,首先我们要理解什么叫自然,然后再讨论整体的自然和整体的人之间的关系。人不仅是指单个的个人,主要是指整体的人。整体的人和整体的自然之间的关系,即天人关系。这个问题可以分为两个方面来谈,一个是中国哲学里的天人关系论,另一个是西方哲学里的天人关系论。

4.1 中国哲学里的天人合一论

我们先来说中国哲学里的天人合一的思想。其实你只要听懂了本课程第一讲中的内容,这个问题你自己就基本上可以解决了。中国的天人合一论必然产生,首先是因为有相应的地理环境作为背景,其次是其所处环境的语言文字诱导发生的。这样的思想必然要产生,从汉语言文字本身的构造也可以找到某种契合。换句话说,象形文字和形声字也可以诱导中国人产生这种天人合一的思想。这个问题是我以前讲过的。

现在我要讨论一下什么叫天人合一的天。天,一方面可以指上帝、神。在一些学者,特别是一些老百姓心目中,天往往指的是上帝或者神。第二,天可以指天命。第三,天可以指某种最高的原理或者天理。"天"至少包括这三方面的含义。因此"天"不是简单的指天空的天。当然也可以指这个天,但在中国哲学里,天主要指神、天命、天理这三个方面。老子《道德经》提出"道法自然",到最后把自然看成是最高的东西。把"道"作为模板来仿效,即顺应自然才能达到天人合一的状态。不是天来适应人,而是人去适应天。在这一点上,"道"很像柏拉图的 ιδεα。ιδεα 的英文是 idea,应该译成"原形"、"形式"、"模式"等,但一直被误译成了"理念"。关于这一点,我在别的地方讨论过,不赘。

在孟子那里,天主要指最高原理,他提出:"尽心知性则知天。"性指本性。"性"在五四前后有很多翻译,有一种意思是指 sex,男女关系方面的内容。实际上,性最初不是这个含义,"性学"本来是指高尚的关乎人类根本德性的学问。但是由于翻译而变成一种人们忌讳讨论的用语。回到刚才的话题。知性中的"性"指人性、本性。孟子这句话的意思是,通过主体内在的心性上的锻炼可以达到天人合一。所以他又讲要养"浩然之气"。他的"养"也是一种气功形式,包括静坐之类的功夫。气功历史悠远,老子的书中也有大量关于气功的经验之谈,但是气功在老子之前早就有了。老子自己也说,这是古已有之的。

荀子的"天"的概念指的是自然界。

汉朝的董仲舒认为:天人之际,合二为一。把"天人合一"这几个字连起来使用,董仲舒是最早的。以前的学者也有类似的提法,但是说法不是那么明确。董仲舒这里的"天"指的是上帝和青天,有神的含义。董仲舒论证他的观点,认为天和人是相类的,天有什么样的特征,就能反映到人身上来,即人和天之间一定有某种对应的东西存在。他举例,认为一年分为 12 个月,这种天的现象对应人的身体,于是人身上有 12 块大骨头。这个说法有点牵强。其实要举例可以找到很多对应的例子,但是董举的这个例子反倒不怎么自然。人和天之间确实有很多相对应的地方。比如人有五个手指头,五个脚指头,五官,天有五运六气,天和人之间确实有一种非常微妙的东西。五运六气对应人的五脏六腑,这种对应说起来很有道理,是一种宇宙全息论学说,即宇宙内的一切事物之间(比如天人之间)存在着某种相互契合互根互构互补互彰的关系。人本来就是自然的一部分,这个部分和整体之间没有契合关系是不可能的,就像子女身上不可能不承袭父母身上的若干因素一样。

宋朝的张载则明确用"天人合一"思想来反佛教。因为唐朝以来,佛教在中国特别兴盛,影响到儒家理论独尊的格局,儒家中的一些学者奋起辟佛,试图保持儒家的权威地位。所以从唐朝起就已经有反佛教的行为,宋朝也有反佛教的现象。不过从根性上来说,比之西方人,那时的中国人思想要开放一些,居然最后容忍了异教在中国土地上生根开花。我们现在习惯说中国人保守,闭关自守等等,实际上只是清朝末年有一段时间,明朝也有短暂的一段时间保守。绝大多数时间中国是比较开放的。文化上非常宽容,相反的思想也来者不拒,最后把外来文化都同化了。佛教的一些思想与中国的传统思想有矛盾的地方,尤其是和中国的儒教有很多矛盾的地方,但是中国人接受了佛教思想,这一点与西方人不同。西方人遇到进来的与自己的思想有矛盾的思想就一定要把它压下去。比如基督教如果在一个地方站住了脚,其他的任何宗教就很难在那里立足了,他们一定会想办法把异教驱赶走。因为基督教的教义认定只有基督教才是宇宙中唯一的真理,其他的思想都是异端,都应该铲除。铲除包括从信念上铲除,甚至从肉体上消灭。所以西方的很多战争都是铲除异教的战争,称为圣战。虽然圣经中的思想最初是从东方传过去的,但是到了西方之后也慢慢西化。西化包括政治、经济、文化等各个层面,这个问题我们以后还要谈到。佛教到了中国也经历了这个过程,但是中国并不是要铲除佛教,也是要相安并存,儒、道、佛三教鼎立。这也是以前已经讲过的,现在重提一下。

张载反对佛教,说佛教否定天的客观存在,否认自然界的实在性。因为佛教确实宣扬了这种思想,所谓"色即是空,空即是色。"这里"色"就是指物质世界。否认现实客观世界,认为这一切都是虚妄的,都是人的心识(尤其阿赖耶识)幻化出来的东西。但张载认为天和人都是客观存在的。他认为人是客观的,天即自然界也是客观的,合而为一个整体,所以他说"乾坤父母,民胞物与",这也是很多学者经常乐于引证的。乾坤指天地,是我们的父母。"民胞物与"的意思是老百姓都是我的同胞,万物都是我的同伴。张载认为自然界的万物,包括动物、植物等,都是我们的同伴,我们要加以爱护,这是典型的生态学思想。生态学思想不是始于张载。《易经》、老子、管子都有这种思想。这是中国古典哲学的核心部分之一,与天人合一论相通。

在中国哲学中,除了天人合一的思想占主流之外,当然也有相反的思想。实际上每一个国家,每一个民族,不管是东方还是西方,都是这样的,即总是有两种相反的思想存在,其中一种思想是主流,另一种是支流。所以中国学者中也有主张天人之分,而非天人合一的。当然他们讲的天人之分也不完全是天人之分,而是想兼顾两种状态。例如荀子就说过,了解天人之分者才是最高的人,就是不要只讲"合"的方面,还要讲他们的区别。刘禹锡也谈到"天人交相胜,还相用"。他认为天有天的特点,人有人的特点,天的特点超过了人,人的特点超过了天。天和人各有各的优势,各有各的长处。同时,他还讲天的特点是生长万物,而万物是弱肉强食的。人的特点是讲道德、法律,这一点就把人和天区别开来了。按照进化论的法则,弱者必然被强者淘汰。但是按照中国哲学的观点,人不能与自然界相同,不是弱肉强食,而是恰恰相反,人类用伦理学的观点来看待人和周围世界的关系,对弱者要尊重、怜悯。被尊重者受到尊重不是因为强大,而是要看他是不是善良,德行是不是很高。

天代表客,人代表主,这种主客的说法在中国哲学中也是很常见的。但是中国哲学不说主体和客体,不过是由于翻译,"主体"和"客体"的说法进入中国,我们现在也说主体和客体了。有时候也有"体"和"物"的说法。体就是指主体,指自己,就是指人;"物"是指万物、客体。严复的翻译著作《群己界权论》,"群"指社会。"己"指个人,"群己界权"就是个人和社会之间的权利怎么划分界线或者说权利在个人和社会之间怎么分配,严复翻译的这本书就是写这方面的内容。他还在书中加了很多自己的批语:"中国委天数,西人恃人力。"意思是中国人在处理事务的时候主要考虑天数、自然之力,认为事物发展都有一定的过程,如果气数已尽的话,再努力也没有用。气数未尽,则总可苟安下来。而西方人认为万物发展虽然有规律,但是人还是能够通过自身努力克制客体,战胜天。必然中有偶然。要努力通过人力来达成一件事。严复的总结还是有道理的。同时严复还说:"西国哲学所从事者,不出12字,即同谓之玄,玄之又玄,众妙之门。"他认为这12个字把西方的哲学概括完了。他说的虽然有些极端,但是也有一些道理。他说:"吾故尝谓中国学者,不必追求哲学于西人,但求《齐物》、《养生》诸论,熟读深思,其人断无顽固之理,而于时措宜,思过半矣。"意思是说如果你熟读了庄子的《齐物论》和《养生论》,你对事物的看法自然就不那么机械了,自然就会灵活起来。事实上他的说法很值得反思。

4.2 西方哲学里的天人相分论

西方与中国的主流哲学思想正好相反。在天人关系上,西方哲学中的天人相分论占主流;天人相分就是意味着人要战胜自然、克服自然、征服自然,叫做人定胜天,这是西方人的主流思想。当然西方人中也有不少学者主张天人和谐的一面,在古希腊时期就有。但从整体来看,天人和谐论不占主流。不过在当代西方,天人合一这种思想倾向越来越明显。因为西方人看到现代工业文明造成了高度污染,发现不能过度开采自然,过度榨取自然。石油、天然气、煤矿、金矿等,都是地球辛辛苦苦经过了亿万年才最后生成的那么一点点,人类却只花了几十年就把它差不多全挖完了。自然界理所当然地要向人类报复,究竟怎么报复现在还很难预测。如果人类不及早回头,一味过度榨取自然的话,最后必然要收获灾难。一些西方学者发现传统的天人相争或相分的哲学思想是这种灾难的根源。但在我看来,对西方文化来说,天人相分论这种思想也不是完全错误的,在一定阶段还是必要的,只是不能走得太极端。

天人相争,那么,西方人靠什么来和自然争呢?他们认为,经过大脑的推理、论证,结合实践创造出知识和技术就可以战胜自然。西方一直有科学技术至上的思想。科学技术在一定程度上也确实战胜了天。当然,不可能真正地战胜了天。宇宙浩森无穷,人在宇宙中是非常非常渺小的一部分,实在是微不足道。但是人毕竟还是战胜了天的某些东西。遗憾的是,人在战胜天的同时又破坏了天,打破了宇宙万物的平衡。所以人受到其失衡惩罚也是自然的。

客观地说,天人二分的思想是有利于科学的发展的,前面我们已经讲过,这也是西方文化的优势。所以,我们也不能只讲天人合一,也要分析利用西方的天人二分思想。事实上,毛泽东的哲学思想还是主张天人二分的多一点。这种哲学思想往往体现为一分为二。毛泽东代表的政体也是以"斗"为主。当然这个"斗"不光是与天斗,还有与人斗。"与天斗,其乐无穷;与地斗,其乐无穷;与人斗,其乐无穷",这是一种斗争的哲学。尽管他的很多哲学术语都是中国传统哲学术语,例如"对立"、"统一"等说法,中国古人也说过,但他的哲学中最关键的东西还是来源于西方,尤其是马克思主义的斗争思想。天人相分的思想在一定的历史阶段是很必要的。尤其是五四前,外有列强逼迫,内有民族压迫,不斗不行。

需要补充一点的是,在20世纪五六十年代,在盛行一分为二哲学观的现代中国也有一段时间有学者主张合二而一,例如扬献珍等,不过受到当时中国哲学界的猛烈攻击。

前面提到西方人自己也有天人合一的思想,那么,我们来看看西方自己的天人合一的思想是怎么回事。比如海德格尔,他的书在中国的大书店里到处都摆着。他的思想在一定程度上与中国的天人合一哲学思想相当吻合,不过用的术语不一样,阐述的思想是很相似的。就像一首诗,你翻译过去,不像是抄袭,因为单词不一样,看起来变化很大。但实际上内容很雷同,无非就是情、爱、生、死,叹息人生苦短这些内容。哲学上也是这样,有很多非常古老的道理,古老的命题,现在大家还在重复说,只是换了一种术语和方式来说,便显得是新鲜玩意儿了。海德格尔对中国哲学的印象很深,他主张人与自然浑然一体。不管他是有意的还是无意的,主观的还是客观的,实际上他还是走向了中国古代哲学的思想,即天人合一的思想。他于是成了西方哲学思想的左派。他怎么谈天人合一的思想呢?为此我们把他的思想和西方传统的哲学思想作一比较,就明白他的基本思想倾向是怎么回事了。

西方的传统思想,占主流的思想,一直抬高抽象的理性世界,即柏拉图、亚里士多德时期的范式。例如柏拉图就认为有一个不依赖人的大脑,甚至不依赖现实世界本身,但统治着宇宙万物的原型或范式 ιδεα。宇宙万物之所以存在,是因为在别的空间存在着这些万物的范式、或原型,即存在一种抽象的、本质的东西。这是超越感性的、超越经验的东西,抽象的、本质的东西。而海德格尔呢,反对这种抽象的、本质的东西,认为存在本身就是一种显现,他贬低抽象的本质世界,强调存在着的世界。在他看来,那个原型世界既然看不见、摸不着,还不如研究这个看得见、摸得着的世界呢!他把这个存在着的世界看成本质世界,是本质的直观的显示。为什么一定要把现实的世界看成是虚幻的呢?这是海德格尔的观点。上面的观点使我们想到佛教有关真如体用的观点或明心见性中性与心的关系观点。按照元音老人的解释,性是体,心是用,从用可见体,体用一如。

西方传统的哲学观点是主客二分,总是要把主体和客体分开,非此即彼,二者是分开的。海德格尔则认为人与世界合一,世界以"此在"(人)为展露自己的场所,世界通过人的活动而获得意义。"此在"就是指人。他的书中,"此在"出现的次数很多,大概有上千次吧。如果把这个词都替换为"人",你就容易理解了。外部世界的意义通过人的活动展现,没有人,这个世界也无法显现出,人也根本无法把握另外的一个虚幻的世界。所以,通过人本身,我们可以把握另一个世界。通过人把我们无法把握的客体与人联系起来了。如果想把握客体,首先要通过了解人来把握。这种重视主体作用的观点恰恰是中国古典哲学的特色。

西方哲学的另外一个传统就是通过理性来认识本质。英文的"理性"(reason)实际上指的是一种推理能力、判断能力,笛卡儿是这方面的集大成者,认为不通过实验也可以把握外部客观世界的真理,只要通过人的大脑的严密的推理就能把握,人的大脑可以推出真理性的东西。如果这种看法正确的话,人类就找到了一把钥匙,只要通过逻辑推理就能发现真理,那多好啊。他认为问题只在于你的推理过程是不是严密。通过人本身的智力活动来把握宇宙的奥妙这种思想在一定时期内也深为西方人推崇。但是海德格尔认为认识真理不能只依赖理性,只依赖非常抽象的逻辑推理,用非理性主义直观地把握存在、把握真理也是行得通的,因为真理有时候是直接显示给你的,并不一定要通过逻辑推理来找到。正如我在央视百家讲坛"中西语言文字与文化比较"一讲中所说的,有的真理是可以直接作用于视觉感官的。就像象形文字的"门"字,我们直观就能把握,这就是指门,实际上门这个东西已经存在,你可以直接把握和感觉,并不一定要通过"门"这个字的声音或者别的什么来分析这个门究竟是什么东西。"门"字的形状已经告诉我们门是什么东西了,我们为什么还要转个弯去了解它呢?所以,西方的后现代主义和后结构主义者,例如德里达等发现,汉字本身可能比印欧语系的文字更好,它把真理性的东西直接显示出来。而西方的文字太抽象,离活生生的真理距离较远。

西方哲学还有一个传统,就是从分析人之外的存在者开始,而不是从分析人本身的存在开始。而海德格尔主张从分析人本身的存在开始,这又回到了苏格拉底的看法。苏格拉底认为:关于人的学问是一切学问的基础。这和中国古典哲学中儒家一派哲学很相通。儒家的仁本主义,仁=人。仁本主义实际上就是人本主义。以人为本,世间万物,莫贵乎人。因此研究人,研究人的本性,研究人的道德,研究人伦,成了中国哲学中的核心构成之一。

显而易见,以上西方传统哲学观点与海德格尔观点之间的区别很相似于西方传统哲学与中国古典哲学之间的区别。当然海德格尔哲学并不等于中国古典哲学,他的思想主要还是扎根于古希腊以来的若干哲学遗产,与中国哲学在某些方面殊途同归罢了。关于天人关系的问题我们就讲到这里。

5. 中西哲学中的心物关系论比较

中西哲学中的心物关系论,指的是心和物之间的关系,也叫精神和物质的关系。"心"指精神、意识;"物"指自然,指物质。西方人总想把这个问题解释清楚,中国人也想解决这个问题。这个问题有时也被看成是思维和存在的关系问题。

5.1 中国哲学里的心物关系论

先说中国人怎么来解决这个问题。中国人处理问题有个特点,就是不喜欢什么东西都截然划分,总是合一的倾向多一点。孟子讲:"万物皆备于我。"如果把"我"当作"心"的话,万物和"我"是一个和谐的统一体。汉朝的董仲舒,我们前面已经提过,他通过五运六气来解释天和人的关系,有天人感应的因素在里边。他认为天有意志,通过阴阳五行之气的变化来发挥其主宰自然和社会的作用。心物之间有全息对应关系。

宋朝的哲学流派,我这里只介绍两个,一个是心学学派,一个是理学学派。先讲陆九渊,他与王阳明是同一派的,在心物关系上,主张"心"是主要的一面,认为"心外无物",心即理,性即理。心本身包容的东西就是理本身,人的本性也就是理。理是外部世界、内部世界结构的必然表现。他认为这些东西都存在心里面。整个宇宙万物的各种东西不在别的地方,就存在人的心中。人要认识事物,就可从"发明本心"入手:"万物森然于方寸之间,满心而发,充塞宇宙,无非此理。"

心学刚才讲了陆九渊和王阳明,理学主要讲一下程颢、程颐这两人,他们是理学学派的创立者。他们提出天理的概念。程颢说:吾学虽有所受,天理二字却是自家体贴出来。天理——宇宙本原。学道者须先明了万物与我为一体之理,不重视观察外物。按照他的思路,如果想理解天理,有两条道路,一个是像西方人那样通过做实验、通过观察来实现,就像朱熹所说,可以看很多书,可以观察和思考等加上自己内心的体会来体认天理。但是心学派走的是另一条路子。他们认为:人心自有"明觉","自家元是天然完全自足之物",具良知良能,可凭自觉体会真理。即通过主观自觉发现真理,从心里面找答案,无须去看太多的书。这是陆九渊的观点。

程颐与程颢是亲兄弟,他们曾一起拜周敦颐为师。他主张:道形而上,气形而下。格物致知。穷究事物之理,以体悟天理。先知后行。能知即能行。主张先要了解真理,然后再去行;只要知道,就一定可以行。在实践和理论的关系上,主张先搞理论,理论掌握了,实践就没有什么问题了。南宋的朱熹发展了周敦颐的《太极图说》,视太极之理为哲学最高范畴。心包万理,万理具于一心。程颐、程颢兄弟加上朱熹,于是程朱学派形成,他们是中国哲学中理学的代表人物。

　　心学学派和理学学派有什么差异呢?心学学派主张用心来体察万物,而理学学派主张不光要用心,还要看书,做学问,考察万物的区别。心学学派的代表人物陆九渊认为:心即理,"宇宙便是吾心,吾心便是宇宙。"人要认识事物,可从"发明本心"入手。陆氏的说法有明显的佛理或禅理色彩。从另一个层面看,也是一种全息论思想的变态表述。所谓全息论指的是事物的部分中包含着事物整体的信息。比如说,心是宇宙万物中的一个部分,按照全息论的思想,它包含了宇宙万物的整体信息。如此说来,只须从人心里去寻找事物的答案,只要抓住本心这条捷径就行,根本无须去读万卷书。他说:"万物森然于方寸之间,满心而发,充塞宇宙,无非此理。"理的普遍性须通过人心来显示、证明。人心之理是宇宙之理最完满的表现。故"求放心"即可得理,无须外求、读书。道不在心外。最玄的道理不在心外,而在心内。

　　他的观点与当时影响最大的朱熹的观点不一致,引发了二者的论战。于是有那场有名的鹅湖之会。鹅湖是个地名,当时叫信州,就是现在的江西上饶。1175年,由吕祖谦出面,约朱陆论战。吕祖谦是个历史学家,大学者,起初认同心学学派的观点。他看到朱熹和陆九渊吵得太厉害了,就想调和一下,专门把他们双方约到鹅湖来争辩,开研讨会,把各自的道理说出来,认为说完之后这个事情就可以完结了。但是学术争论很难有个完结的时候。他们一见面就争论得很激烈。朱熹坚持他的即物穷理、由博返约的思想,认为要弄清楚真理,只靠冥思苦想是不行的,还需要从知识的角度去研究;要阅读很多东西,观察很多东西,最后才能归纳出基本的道理,这叫"由博返约"。陆九渊认为没有这个必要,当然他也不是绝对反对看书,而是认为首先要解决的不是看书的问题,而是要先发明人之本心,然后才读书。读书只是印证。真理尽在心中,读书不是发现真理,而是印证真理。举个例来说,我说出一个道理,你就点头说:对。为什么你会同意呢?肯定是这种道理本来就存在于你的心里你才会同意。其实柏拉图也持类似的观点。柏拉图认为真理早就在某个地方,比如说在你的大脑中。人只是通过活动发现了真理,发现了彼岸世界的真理,或神置于人大脑中的真理,不是人自己通过主观努力发现的,而是早就有的。例如数学原理,人往往知道了一个公式后,就可以推导出一串其他的公理来。这就说明这些公理本来就存在的,并非是人自己创造了它们。

　　当时陆九龄也参加了鹅湖之会。他是个诗人,他支持陆九渊的观点,用写诗的办法来争论:"留情传注翻榛塞,着意精微转陆沉。"讽刺朱熹只是看大量的文献,最后只有失败。陆九渊和他一唱一和:"易简功夫终久大,支离事业竟浮沉。"意思是说审察内心才是最简单最直接的方法,而朱熹的方法靠日积月累,是支离破碎的方法,他说这个方法必然要败落下去。他讽刺朱熹,说他每天都要去观察,去格物致知,今天观察一点,明天观察一点,最后全部归纳起来才得到道理,这样得到的知识是支离破碎的。何况万事万物是人一辈子都考察不完的,最后很难发现真理。还不如从本心入手,一步到位。朱熹对他们的言辞进行了反驳,但是对二位的诗却没有当场和出,过了数年之后才和之。当然这并不意味着朱熹就一定是输家。这就是鹅湖论战。

5.2 西方哲学里的心物关系论

我再来谈一下西方哲学中的心物关系。凡学过哲学的都知道,恩格斯提出:近代哲学中最基本的问题是思维和存在、精神和物质的关系问题。思维和存在的关系是西方哲学中最关键的问题。也就是哪一个是第一性,哪一个是第二性的问题。按照马克思的观点物质是第一性,精神第二性;存在是第一性,思维是第二性。恩格斯认为这是哲学的最高命题。关于这个最高命题我们前面已经讲过了。

西方的另外一些比较古老的哲学家,如古希腊的德谟克利特,则认为一切物质都是由原子和虚空构成的,灵魂是更精细、更圆滑的原子。德谟克利特认为存在两种东西,一个是原子本身这种物质,一个是灵魂。

既然存在物质和精神两种东西,那么到底是物质先产生呢,还是精神先产生呢?依据对物质和精神关系的强调态度,西方哲学家形成了两大哲学流派,一派叫做唯心主义,一派叫做唯物主义。(关于唯心主义这个提法的缺陷,我在后面讨论,这里仍用旧的通行的译法。)

唯心唯物作为二元对立命题提出来,很符合西方人的思维模式。西方人具有典型的二元思想模式,事物不是A,就是B。而中国人对这个问题不太操心,往往连想也不想就会说,心物二者可能是同时产生的,因为事物多是合二为一的。但西方人必定将它们分开,一定要考虑究竟哪一个先产生,哪一个后产生。具有代表性的人物,如黑格尔,是唯心主义集大成的人物,他认为精神先于物质世界而存在,主张绝对精神。因为精神先产生,所以精神统帅物质。他的这些观点受到了费尔巴哈、马克思等人的批判。马克思说黑格尔的思想体系是头着地的、颠倒的,意思是他把精神和物质的关系弄反了,把第二性的东西说成了第一性。马克思以此为契机,利用了黑格尔的辩证法理论这个合理内核,将黑格尔的唯心与唯物的关系颠倒过来,创立了马克思主义的辩证唯物主义和历史唯物主义。

马克思认为人是自然界的产物,所以,人的思维自然也是自然界的产物,他认为先要有客体,先有存在,然后才有精神性的东西产生。马克思的结论是唯物主义一元论。但是马克思和其他西方哲学家一样,归根结底,在思想方法上也仍然属于二元对立思维模式论者。因为无论多么伟大的学者都很难超越其所承继的历史文化藩篱。

笛卡儿在哲学思想上是二元论者,唯理论者。他认为精神和物质是各自独立的,不是一样的东西。他还认为,精神是唯一能动的力量,可以支配物质。这种理论非常独断。他断言精神、物质均由上帝创造。他有一句非常有名的格言:我思故我在(Cogito, ergo sum)。他说,我们虽然很难断定世界上的什么东西是真正存在的,但是有一样东西我们却不能说它不存在,这就是:我,作为一个思想家,一个哲学家是存在的,因为我在思考。无论谁也无法推翻"我在思考"这个事实。换言之,既然不能否认这个事实,因此,这个思考的主体"我"是存在的。他认为这是一个确切无误的命题,因此将之作为他的基本的哲学命题,其他的一切命题都可以从这个命题中推论出来。有了这个理论出发点,他就开始写书了。因为既然大前提是正确的,只要严密遵循逻辑规则,其结论就理所当然地是正确的。笛卡儿的这句话也是很多哲学家都乐于引用的一句话。笛卡儿是西方理性主义的代表人物。

当然中国学者通常不这样认为,他们也承认心物二者之间的差异,但是认为它们归根结底都是同一个东西。如前述。

再来看一下康德在心物关系上的观点。他的观点有点微妙。他说,在人之外,存在一个自在之物,但问题是人没有办法把这个自在之物认识清楚,只好不了了之,所以在一定的程度上,他有点像休谟,是个不可知论者。他认为自在之物有是有,只是我们没法理解和把握住它。在现象和自在之物之间,有一道不可逾越的鸿沟,因为我们据以理解把握自在之物的手段,例如我们自己的五官感觉等等,例如我们借以推理的判断命题等等,是不可靠的。康德认为人的认识活动就是用先天的认识能力("形式")去整理后天的感觉经验("质料"),从而形成具有普遍性和必然性的科学知识。

另外一个唯心主义者是贝克莱,他有一句名言:To be is to be perceived. 意思是"存在即被感知"。除了被感知之外,所有的存在都是虚幻的。如果没有感知,那个存在是否存在都没有意义。只有感知和被感知,存在才有意义。这是主观唯心主义。离开了人,一切存在都没有意义。万事万物只有被人感知才有意义。什么叫客观事物,客观存在就是人的感知的综合。这与佛教的观点相似,比如一张桌子,你通过眼睛,只能看到它的颜色;要想知道它的坚硬程度只有通过另一种感觉。人在感觉一个事物的时候不是用一个单独的感官去感觉,而是用五官去综合感知后才能够得到一个完整的印象。此外,我们还没有理由认为我们每个人的感觉都是肯定可靠的。谁的感觉是最真实的呢?很难找到判断标准。贝克莱认为万物是主观感觉的集合,离开了感觉,存在就不存在了。因此,贝克莱在心物问题上是个最接近东方唯心主义的唯心主义者。其他的西方哲学家,如柏拉图、黑格尔等,还称不上真正的唯心主义者,但可以说他们是唯原型主义或唯精神主义者。(详见

后文)

到了19世纪三四十年代,英国和法国出现了实证主义哲学学派,他们想要取消以前讨论的那些心物关系问题,第一性、第二性的问题,他们认为谈论这些没有意义。因为他们认为科学是经验事实的描写,这个描述本身是不是确切呢?这是有疑问的。因为每个人的描述都会有差别。真正确切的东西是经验事实本身,是实证的。所以描写不可能成为经验事实本身,必须通过别的手段得出结论,然后再去描述它。既然心物关系问题不可能得到解决,那就不必去解决它了。因为它超越了我们的经验范围,超越了我们的能力范围,我们就干脆取消这个问题算了。实证主义哲学就这样取消了心物关系这个基本的哲学问题。

实证主义哲学分三代,第一代就是法国的孔德(1798—1857),英国的斯宾塞(1820—1903)和穆勒(1806—1873)等,他们主张以"实证知识"和"实证事实"来取代物质和精神的范畴,使哲学成为只是研究实证事实和实证知识之间的关系的哲学。这就完全走到了实证的路子上了,不再去讨论心物关系这类基本的哲学问题了。

第二代有马赫(1838—1916),他是经验批评主义者。他把哲学归结为"认识论",即研究感觉经验,对经验进行"批判"、"清洗",使之成为一种"纯粹经验"。此种纯粹经验又叫"中立要素",物质和精神消融在这种中立要素之中了。他的做法也是取消物质和精神这些哲学上的基本问题,不再讨论在心物关系上谁先谁后的问题。

第三代是逻辑实证主义,有石里克(1882—1932)和卡尔纳普(1891—1970)等。他们更是走到了极端。他们把哲学问题归结为逻辑问题。也就是说,要看一个哲学是不是有道理,不是看它阐述了什么道理,而是要看它在阐述这个道理的时候使用了什么方法,这个方法本身是不是合逻辑。他们认为这才是哲学的东西。哲学就是对科学命题进行逻辑分析,用科学的语言来分析,这就是非常有名的语言性质的哲学转向,有人翻译为"语言学转向"。同类的哲学家如维特根斯坦也是从这个点上切入的。他们认为并不是一切哲学命题都有意义,他们认为有意义的哲学命题只有两类。一类是借助逻辑推理可以证明的命题,比如,逻辑学、数学,这是不言自足的;第二来类是依靠经验可以证明的命题。其他的心物关系的命题都没有意义,不用去管它。关于心物关系问题,要讲的东西很多很多,我们就简要地介绍这么一点。

5.3 我在心物问题上的观点

5.3.1 精神是特殊形态的物质;物质是特殊形态的精神

我个人历来主张心物一体论。心和物是一体的,这与中国传统哲学观点是一致的。但我的心物一体论并非简单承传自中国传统哲学理论,而是建基于我个人的体验,主要是我练气功的体验,气功体验使我确信心和物是一体的。我练了30多年的气功,从怀疑"气"的存在到最后体证气的确实存在,有一个过程。我的体验使我明白心就是物,物就是心。意念、意识、精神这些概念都显得是很抽象的名词,好像并没有实体一样。实际上,它们三者都是一个东西,都是存在的,也可以用"物质"这个名称去称呼它。只不过和我们的五官感觉到的物质在形态上不同而已。长期以来,哲学界一直认为物质的东西是客观存在的,而精神的东西就是主观的,好像不存在似的,但事实上它们都是存在的似的,它们只是表现形式不一样。物质有各种形态,我们能够看到它的形状,因为我们能够感知到它,于是承认它。一旦我们的五官不能感知到什么东西,或者说这些东西超过了人的感知能力,我们就倾向于不承认它,最多把它叫做精神、意念、意识或者思维之类的东西。实际上它们归根结底是物质性存在物。比如声音,我们用耳朵听到了,便叫它是声音;听不到的,就不叫声音。但是人的耳朵能够听到的声音的频率是非常有限的。只要物体振动就能发出声音,可惜人耳听到的声音只有非常有限的一点点。更多的、无穷多的声音反倒是我们的耳朵听不到的。老子曾经说过:大音稀声。意思是真正很大的声音人耳反倒听不到。我们不能认为人眼看到的东西是物质,看不到的就不是。其实宇宙中有很多人眼看不到的物质。真正大的物质,人眼反而看不到。借用老子的话说,叫"大象无形"。因为人的五官构造具有先天的局限性,只能看到非常有限的东西。如果人眼什么都能看得到,人耳什么都能听得到,甚至能听得到宇宙最初爆炸时留下的声音,那是可怕的,人可能反倒无法生存。人的感知器官被造化设计得只能感觉到应该感觉到的有限的东西。正是人的生理和心理的局限性,保障了人能够在宇宙的一个具有局限性的时空中生存。什么叫人的自由?人的自由是一种在限制中具备有限的无限制状态的状态。没有限制就谈不上自由。完全自由就没有自由了。

在理解物质和精神的时候,要看到物质是一种物质,但精神实际上也是一种物质,只不过是一种特殊的物质。也可以倒过来说:精神是一种本体的精神,物质也是一种精神,只不过是一种特殊的精神。在极端的意义上,精神就是物质,物质就是精神。这完全是个命名问题,即"名可名,非常名"的意思。老子知道他要说明什么东西就必须借助于语言(名),但是他一旦用某种语言说出那个道理,由于语言本身的先天的局限性,那个道理势必被语言本身所扭曲,不再是那个真正的道理本身。佛教也这么说:我说一个名称来表示某种东西,但那个名称未必就是它本身。给它一个名字作为过度,然后慢慢由浅入深去体会这种东西。"所言一切法者,即非一切法,是故名一切法。"(《金刚经》)如果把心(意识)理解为特殊形态的物质,那么说心可以产生物,物可以产生心,这是容易明白的。马克思也说过精神对物质有反作用。请想想,如果精神是绝对空的,它如何对物质产生"反作用"?老子的"无"也不是绝对的空无所有的无,他说的无在我看来就是一种炁(气功的气)一类的东西。"炁"字上的"无"字即是一种昭示炁(气)状态的语符。物质呈宏观状态且符合我们的感知器官感知能力范围时,是一种显性物质。物质一旦呈微观状态(或特别细、微)时,超过了我们的感知能力范围,便往往以被我们认作一无所有的"无",实际上它也是物质,只不过在我们看来它是隐性物质而已。电波、音波、磁场是我们看不见的,但是它们并不是无。他们只是特殊形态的物质现象而已。在这样的思路下,1987年,我写过一篇15000字的长文《论意念是一种特殊物质》,曾在一些博士生中传阅过。当时住在同楼的博士生同学程文超(程文超现为中山大学中文系教授)看过后认为我的文章的马克思主义气息太浓厚,谑称我为"辜尔克思",还号召其他博士生这样称呼我。不过迄今为止,我仍然坚持意念或意识是一种特殊物质的说法。其实这个说法并不见于马克思主义文献,但和黑格尔的"绝对精神"都有相通处。这是一个很有趣的问题,我的看法只供大家参考,不一定正确,但大家可以参与讨论争辩,一起对这个问题进行研究,以求得更有说服力的结论。

5.3.2 西方:征服外部自然;中国:征服内心自然

另一个问题是关于自然的问题。我们习惯于说西方人执着于征服自然。但什么叫自然?中国人不仅把外部世界看作自然,而且把内心世界也看成自然。西方人讲的自然通常只是外部自然。中国人不强调征服外部自然,强调的是征服内心自然。中国人讲天人合一,怎么和谐?通过什么东西和谐起来?和谐不是直接和外部世界对话,而是要和自己的内心对话。内心有什么东西呢?就是我一开始讲到的原初的欲望。这些欲望严重地干扰着人类本身。人类本身有强烈的本能冲动。只有通过禁欲或者节欲来解决这个问题。老子也提出了他的方法:去知,去欲,加静坐(玄览静观)这三种方法。这些方法指的是,知识本身就是一种偏见,要把自己学到的东西全部淘汰掉;知者,智也。工于心计或心机太深,均难以获得真理。认知能力本身也是一种障碍,应该一切圆融无碍,顺其自然,不要刻意求解。人还应尽可能把自己的欲望去掉,或者至少节制好。只练心性德性还不够,还要有实实在在的修行实践功夫,比如还要采用静坐的方式,逐步控制精、气、神,练神还虚,所谓"致虚极,守静笃",最后慢慢达到与内外自然界贯通,契悟大道。历史上许多学者走这条路子。当然这不是唯一的方法。儒家、佛家都有自己的方法。佛家声称八万四千法门,虽然是一种习惯说法,不一定是真正的具体数目,但至少表明功法种类繁多。这些功法不外都涉及如何处理、控制自己的欲望,或者怎么界定欲望发挥的界限。这是非常困难的问题。战胜外部世界有时候不是那么困难,倒是战胜内部自然常常非常困难。真正能够战胜自己的人才是真正伟大的人,最强有力的人。你不信可以试试,就是战胜一个从小养成的小小的习惯也是非常困难的。

西方人把战胜外部自然界作为自己的方向,所以,纵欲也是必然的要求。比如对权势的追求,你本身的恶的因素也必须多一点,你必须要多与外部世界打交道。而外部世界的法则是弱肉强食,所以要使自己成为一个强者,就必须残忍,就必须尽可能改进自己的攻击手段。这样的文化理念和价值导向必然使得近代西方的数学、物理、化学等自然科学(尤其是军事工业)非常发达,因为这些都是让人强大的必要的手段。

而中国刚好压抑这些手段。因为中国人追求的目标是改善自己的内部世界,内部自然,这些与西式科学技术的联系要小一些。科学技术的发展常常与人的德性的发展成反比,奇技淫巧容易使人产生坏心眼。自然而然地,中国传统文化要压制这些东西,但也不是完全压制。比如农业和医学方面的科技还是不压制的,这是中国的征服内心自然所要求的文化逻辑。

如果把这些不同的体系——佛、道、儒、西方的科学——组成一个结构的话,大家会发现,这实际上是一个东西文化在不同阶段的表现,虽然表现的程度不一样。如果用一个序列勉强表示出来,就是:西方科技—儒学—道学—佛学。愈往左端的环节愈有助于对付具体现实生活问题,愈往右端的环节愈有助于对付内心德性问题。这个问题就不多讲了。

总之,就其大体而言,中国哲学的基本出发点是人,而西方哲学的基本出发点是物。

5.3.3 不懂得中国的气功就难以真正懂得中国的古代哲学

我在美国瓦西塔大学给美国人讲中国传统哲学时:无论你们多么用功,按照你们现在的状态,你们只可能理解比较肤浅的传统中国哲学,更深层的东西你们无法理解,不是你们的智商低,而是你们太倚重自己的智力去理解中国传统哲学了。要真正理解中国传统哲学的精华,比如说要真正理解什么叫"道",什么叫"气"这些中国哲学的核心概念,你们就必须学会静坐,或者通俗的说法叫学会气功,否则,你们就只能非常肤浅地跟着人说"气"呀"道"呀这类术语,却从无真正的体验。等于是在岸上听说了无数游泳法门,却从来没有真正到水里游泳过一样。简单点说:**不懂得中国的气功就难以真正懂得中国的古代哲学**。老子说"专气致柔,能婴儿乎?"

庄子说:"通天下一气耳!"孟子说:"我善养吾浩然之气"……这些"气"的字眼都不是说着玩儿的,而是具有实实在在的意义的东西。一个从来没有体验到"气"的学者要去理解"气"、阐释"气",可想而知会闹出什么笑话。理解了这一点,我们就可以看出,中国传统哲学和西方传统哲学有着何等重要的区别:**西方哲学往往是纯思辨性的,中国传统哲学则是思辨性和实践性紧密联系在一起的**。西方哲学家可以完全由概念入手,逻辑地建构起哲学大厦。像笛卡儿那样经由"我思故我在"这么一个简单命题就可以推演出他的整套哲学体系。而一个中国传统哲学家,比如说道家或佛家(包括禅宗弟子),如果只讲理论却不同时身体力行地修行(修炼心性、改进习气、呼吸吐纳、静坐练功等等),那么他最多只是半吊子哲学家。王阳明授徒时强调必须半天学习,半天练功,是典型的中国传统哲学家的治学方式。换句话说,理论和实践是打成一片的。就道家和佛家的观点看,一个人心性如果没有达到某个层次,那么他就无法窥视到那个层次的"道"。明心见性、开悟,这些高层次的东西都是和人本身的心性层次联系在一起的。

中国诚然不多西方式实(物)验科学,但有自己的体验科学。气功就是这样的体验科学。从我个人关于气的体验来看,我的结论是:(1)气是人体与宇宙的自我协调结果;(2)气具有波粒二象性,即是微粒,又是场;(3)气场是无穷无尽的,在一定的程度上,也可以说宇宙(模型)是无数气场模式交织的整体;(4)就个体意念场运行机制而言,先天的种子识(阿赖耶识第八识)可以有若干意念场,如食欲意念场;性欲意念场;权欲意念场等;(5)上述三个意念场又次生出更多的意念场;(6)三个意念场互构互动互生,互为主从(依条件);(7)三个意念场的繁衍结果又会压缩、互构,反馈回种子意念场(第八识)。

有了这方面的基础知识,我们就可以做简单的中西哲学概念比较了。

中国方面:主要是**气一元论**(老子道气同根;庄子:通天下一气耳)→场论→波象(综合性)→统一场。

西方方面:主要是**原子论**→粒子论→粒象(分析性)→统一场[找不到终极单子,原子(无穷),中子、质子、光子等200多种基本粒子,J粒子,Y粒子,等等]。

当然,西方也有类似气一元论者,但是从未成为主流。

从中西数千年来的哲学、文化发展,我们可以看到一个非常奇特有趣的现象,即哲学认知上的先入为主论:**欲得场者得场,欲得粒子者得粒子**。中国文化更多地趋向于向场论方向发展,于是其哲学、医学、美学、政治、经济……几乎都呈现出以"场"特点为主要特点的现象。这样的文化往往多综合性、整体性。反之,西方文化则更多地趋向于向原子论方向发展,于是其哲学、医学、美学、政治、经济……几乎都呈现出以"原子"特点为主要特点的现象。这样的文化往往多分析性。这样的区别很容易把握,也很方便我们很快找出中西文化的本质性特征。这在我以后的课程中会一一加以陈述。此不赘。

5.3.4 西方有没有唯心主义?

请不要对我这个问题表示惊讶。如果我们严谨地研究过这个问题,会得出令人意外的结论。按照我的看法是:西方几乎没有唯心主义。只有英国的贝克莱的学说有点接近唯心主义,其实严格说来,也不是。所以西方颇为缺乏唯心主义,不过并不缺乏唯精神主义和唯物主义。要明白这一点,我们得多说几句。

首先,什么叫唯心主义?"唯心"这个用语不是西方哲学的产物,而是典型的东方用语,也是古代中国的哲学用语。至少在魏晋南北朝时代,由于佛经翻译的缘故,这个用语就已经在中国非常流行。由于佛教已经成了中国文化的有机组成部分,所以"唯心"这个观点和用语也已经是中国哲学体系的有机组成部分了。从根源上来说,唯心这个用语源自佛经文献。如《华严经》:"心如工画师,造种种五蕴,一切世间中,无不由心造。"《地藏菩萨本愿经》云:"一切诸法,从心所起,与心作用,和合而有,共生共灭,同无有住,以一切境界,但随心所缘,念念相续故,而得住持,暂时为有者。"所谓心指的不是肉团心,而是念头、思想、意识。心,还可分为真心和妄心。真心可指一念自性,真如、佛性。妄心则指各类念头、思想、意识。尤其是指第六意识、第七末那识和第八阿赖耶识。按照佛教原理,"一切法从心想生"。心想＝识、识变。十法界、六道、一切相,皆众生妄想变现。一真法界的诸法,是唯心所现;十法界的一切诸法,是唯识所变。唯识所变还需唯心所现,心不现,识无从变。"心生则种种法生,心灭则种种法灭。"? 唯识所变可变出无量无边的法界。一念变现一真法界。多念(心想)即见多法界,乃至无穷法界。万法皆变,在于其根本识阿赖耶识是能变。尽虚空、遍法界皆阿赖耶识所变现。"心外无法,法外无心",皆自性所变现。八识即妄心。妄心即妄念。换句话说,**宇宙万物、一切物质现象和精神现象,均是妄心妄念变幻出来的! 这就是唯心主义。叫做"三界唯心,万法唯识。"**

明白了唯心的真义,我们再以此为标准,去衡量西方的哲学家,看看哪一家有此类思想。我衡量的结果是,西方没有一位哲学家的思想体系大体符合这个标准。当然,如果你翻开任何一本在中国出版的《西方哲学史》,都会发现作者把柏拉图、黑格尔、康德、莱布尼茨等等称作唯心主义者。我们现在来看看他们是不是真正的唯心主义者。

柏拉图不是唯心主义者而是唯原型主义者

柏拉图通常被看作是西方哲学史上最大的唯心主义者。其实这是一种由于误译而造成的误解。首先"唯心主义"这个词翻译自 Idealism。柏拉图的思想就是

Idealism。可是 Idealism 却不应该翻译成"唯心主义"。按照柏拉图的观点，Idealism 中的 Idea 并不是"心"的意思。Idea 译自古希腊文的 ιδεα。ιδεα 是"原型"、"模型"、"形式"等意思，与"心"是两回事。柏拉图认为存在两个世界：彼岸世界/本真永恒世界(The world of Being)和此岸世界/现实流变世界(The World of Becoming)。彼岸世界里充满了永恒的、不变的原型或形式(Ideas/forms)，而此岸世界里的一切只是这些原型或形式的显现和变化物，这些显现物不是永恒的，而是流变的，有生有死的，生灭不定的。换言之，现实世界的一切只是那个抽象的本真世界中的原型(Idea)的摹本、复制品。那些原型(ideas)是独立于人心、人脑而存在的。换言之，"世界的组织结构或形式是独立于我们的心灵的"①。因此将 ιδεα (idea)翻译成"心"是错误的。将 Idealism 翻译成"唯心主义"更是错误的，因为柏拉图并不认为宇宙万物是众生之心依据众生之共业与别业变现出来的。所以，我认为柏拉图绝不是唯心主义者。根据对他的基本思想的研究，我们可以称他为"唯原型主义者"、"唯形式主义者"。如果说他的"原型"具有精神的性质，那么还可以在一定的场合称呼他为"唯精神主义者"。但是要切记"唯精神主义"中的"精神"并不是指众生之"心"。如果指的是众生之心，则连"唯精神主义"都不宜用。

由此看来，这位所谓的西方唯心主义的祖师，其实根本就不是唯心主义者。

黑格尔也不是唯心主义者

那么，那位被中国学者作为近代西方唯心主义代表的黑格尔应该是唯心主义者了吧？根据我的研究，答案仍然是否定的。黑格尔的 Absolute Idealism 被翻译成了"绝对唯心主义"是错误的译法。"黑格尔声称，**观念不是由人的心灵通过经验客体而形成的**。恰恰相反，他声称 ideas 或概念等首先产生，并且决定了其他一切事物的存在。……尽管 ideas 或概念决定了实在的结构，**单个人的心灵并不是实在的源泉**。"②黑格尔在《小逻辑》236 节中强调了他所谓的"绝对理念"不是某种心理上的东西，而是自在自为的精神的范畴形式，是一种能动的自我。也就是说，黑格尔所谓"客观思想"、"绝对理念"、"绝对精神"指的主要是存在于人们头脑之外的某种东西。不是人们头脑中的思想产生了"客观思想"、"绝对理念"、"绝对精神"之类的东西，而是"客观思想"、"绝对理念"、"绝对精神"之类的东西使人的头脑中产生了人的思想。客观思想、客观精神比现实世界、比人的心灵或头脑及头脑中的思想

---

① 《西方哲学英汉对照辞典》(尼古拉斯布宁、余纪元编著，人民出版社，2001 年)第 462 页：The organization or form of the world is independent of our minds.

② 《西方哲学英汉对照辞典》(尼古拉斯布宁、余纪元编著，人民出版社，2001 年)第 462 页：Hegel claimed that ideas are not formed by a human mind through experiencing objects. On the contrary, he claims that ideas or concepts come first and determine the being of things... although ideas or concepts determine the structure of reality, the individual human mind is not the source of reality.

更真实。他的"绝对精神"是存在于人脑之外并能主宰一切的精神实体。他的精神并非人的精神,而是与非生命的物质世界对立的精神。黑格尔主张思维与存在同一。他所说的思维,主要指存在于人们头脑之外的某种"客观思想",即绝对理念。这种思维也包含人脑中的思维。但是人脑中的思想不过是客观思想发展的最高产物。黑格尔的存在不是物质的。他说,物质本身已经是一个抽象的东西。没有物质这个东西。他认为,一切事物(存在)都不过是客观思想(思维)的异化物。是客观思想的外壳或皮囊。客观思想则是万物的内在根据和核心。客观思想是存在于人脑之外的东西。①

因此,黑格尔不是唯心主义者,即不是宣扬众生之心可以造出世界这种真正的唯心主义思想。黑格尔的思想很像是柏拉图的"唯原型主义"的变相表达。他所谓的"理念"不是人的理念,众生的理念,而是一种自在自为的类乎上帝一样的绝对精神。因此,我们不可以说黑格尔的哲学是"唯心主义"。也许我们可以勉强称他的主义为"唯精神主义",称他为"唯精神主义者"。但在这样做的时候,我们要清醒地记住,他所谓的"精神"并非众生的精神(心、识),并非人的精神(心、识),而是超乎人心、人脑的精神。

康德、莱布尼茨等哲学家也不是唯心主义者。遗憾的是,我没有充分的时间来做仔细陈述。实际上你翻遍了整个西方哲学史,也很难找出多少唯心主义者来。唯一能够和唯心主义搭上点边的是英国的贝克莱大主教。

贝克莱:西方唯一的亚唯心主义者

我目前在西方哲学史上能够找到的唯心主义者,只有贝克莱。而这位贝克莱先生也还不是完全的唯心主义者。只不过和东方的唯心主义十分相近。姑命名为亚唯心主义者。贝克莱的名言是:To be is to be perceived.(存在即被感知。)他的思想被冠名为主观唯心主义。他认为,万物是人的主观感觉,存在就是观念的集合。只有心灵中的观念才是实在的。

他是一个经验主义者,认为凡不能由经验或理性证明的东西都不存在。换句话说,只有经验到的东西才是存在的。那么我们能够直接经验到什么东西呢?贝克莱认为只有心灵或意识中的内容(东西)。

那么心灵或意识中的内容是什么?贝克莱的回答是:观念。观念不能自存,只能存在于心灵之中。故我们直接感觉到的是我们的观念。我们感觉到各种感觉,

---

① Hegel, more like Fichte, did not think of mind or spirit as having emerged out of inanimate Nature, but as being themselves what existence primarily consisted of—and therefore as being themselves the subject of the historical process that constituted reality. (Brian Magee, *The Story of Philosophy*, Dorling Kindersley Limited, London, 2001, p.158.)

知觉到各种知觉。其实心灵就是由各种观念或感觉构成。贝克莱进一步认为：故所谓真实的存在是以一堆感觉或知觉——视觉、声音、触觉、嗅觉和味觉——的集合构成的。这与佛家的五蕴和合原理几乎如出一辙。不同的是，贝克莱认为：真实的存在就是观念。而佛家却认为这些观念是妄念，是"梦幻泡影"，是根本就不真实的。17、18世纪的西方学者认为：宇宙中真实的东西是由许多我们看不见的、非常细小的颗粒构成的。贝克莱反对这些学者的观点，认为物质概念是不合理的概念，因为不存在物质实体。只存在有思想的物和不能思想的物。所谓有思想的物，即心灵。所谓不能思想的物，即观念。实在之物的观念诸如：桌子、云彩、大海，等。而想象的观念，如：花园中的独脚兽，南天门。等等。上述二者均存在于心灵之中。它们的本质在于它们能够被知觉到。

贝克莱的唯心思想与佛家五蕴（色、受、想、行、识）和合的思想有许多相通处。顺着他的思路走下去，也不可避免地要得出"色即是空，空即是色"的结论。然而，贝克莱无论如何不敢想象整个宇宙万物都是众生创造出来的，都是人心的产物。因此，贝克莱要么是抄袭了佛家思想，但是抄袭得很肤浅；要么是自己独出心裁琢磨出来的，但仍然比较粗疏，远未达到佛家法相唯识宗学说的水平。

从以上的探讨，使我们不得不得出一个结论，即：西方哲学史缺乏真正的唯心主义，它的许多冠名为唯心主义的思想实际上往往有许多唯物主义色彩。从这个意义上来说，西方哲学的发展似乎是跛足的：唯物主义发达，唯心主义萎缩。

6. 中西哲学中的真理观

6.1 中国人的真理观

真理只有一个，道路只有一条。这样的想法和说法在中国文献里到处都有。即使《易经·系辞》里说"天下一致而百虑，同归而殊途"，有方法多元的意思，但还是同时强调了"一致"和"同归"。当我们说在一件事情上真理只有一个，人们容易理解和认同；但当我们说在一件事情上真理不只一个而有多个，就很难被人认同。后者可谓之真理多元论。关于它，中国人有非常精彩的论述。尤其在《庄子》里，其多元真理观非常明显，这里给大家念几句："物无非彼，物无非此。"万物均是彼，亦是此。"方生方死，方死方生。"随起随灭。"方可方不可，方不可方可。"刚说可就可转向不可。"因是因非，因非因是。"有因而认为是的就有因而认为非的。"是亦彼也，彼亦是也。此亦一是非，彼亦一是非。"万物既可以是这个，也可以是那个，生和死的界线很难划分，事物同时在产生，同时也在消灭，生和灭的状态很难一刀切开，这是个连续的过程。对于一个人来说,很难说你是在绝对的生存状态还是在死亡状态中。一个人每天都要死亡很多很多的细胞,一直到你停止呼吸的那一天。可,可以转化为不可,不可,也可以转化为可。因而认为是是的,也就是因而认为是非的,因而认为是非的,也就是因而认为是是的。这个道理说得过来,也说得过去。公说公有理,婆说婆有理,就是这个道理。你说你有理,他说他有理,其实大家都有理。这里讲一个故事。一个长老带着三个修行的和尚。有一天,大和尚和二和尚产生了争论,谁也说服不了谁。于是大和尚请师父评理。大和尚如此这般地把自己的道理说了一通。师父认真地听完大和尚的话,然后告诉他:你是对的。大和尚很高兴,就去跟二和尚说:师父说了,我是对的。二和尚不服,他也去找师父如此这般地把自己的道理说了一通。师父也很认真地听完二和尚的话,然后对他说:你是对的。二和尚高兴了,回去对大和尚说:师父说我是对的!站在师父背后的小和尚纳闷了,怎么可能两个师兄都对?他问师父:大师兄和二师兄争论得那么激烈,总有一个人是对的,一个人是不对的吧?怎么能够说他们两个都是对的呢?师父说:你也是对的。这是佛家的一个故事,表明一种圆融无碍的真理观。意思是没有终极的绝对的真理,真理是根据不同的时间、条件而存在的。我有一篇文章叫《万理万教相贯同源互补论》,发挥的也是这类思想,登在1988年的《北京大学研究生学刊》和1992年的《巴黎龙报》上,网上也可以查到,可以参看。我主张真理是一元的,同时又是多元的,既是阴的,又是阳的,这与我以前讲课的观点是一致的。抽象地说是一元的,具体地说是多元的。为了把这种哲学道理阐述清楚,我以翻译理论命题作为内容,写过一篇文章叫《翻译标准多元互补论》(1987)。虽然解决的是翻译标准问题,但实际上是《真理一元多元互补论》观点在翻译理论领域的应用。

中国人从古代起就主张实践是检验真理的标准这种提法。韩非是这方面的代表。他提出以"参验"、"功用"的实际效果检验人的言行,认为"无参验而必之者,愚也。"意思是没有通过具体的参验验证,就说它是正确的,那么就是愚蠢的,必须要通过实践来检验。当然他没有用实践这两个字,这完全是个语言表述的差异问题,古人虽然没有用"实践"这个词,但是"参验"表达的的确是这样的思想。

中国当代人的真理观体现在"实践是检验真理的唯一标准"这个提法上。这句话很多人都说过,但是当它经由邓小平的嘴说出来的时候,情况就大不一样。邓用更大的声音把同一个句子重说了一遍,于是中国得救了。所以真理的作用不一定在于其创新性,而在于其在不同的时代通过不同的人,通过不同的渠道和方式被选择、被使用。如果换一个人去说,比如我去说,就没人理睬了。邓小平并非是第一个说这话的人,他所处的位置赋予他说这句话的特殊涵义。邓小平复出时,有人用同样的标题写了一篇文章发表,与邓小平同志所倡导的思想相同,一下点中当时政治生活的要害。到今天为止,改革开放取得的一切成就,如果从思想上找根源的话,都可以追溯到"实践是检验真理的唯一标准"这个提法上,追溯到邓小平的黑猫、白猫论上。所以,哲学的用处在这里就显示出来了。有人会问:哲学、真理真有这么重要么?是的,其重要性无论怎样估价都不会过分。白猫、黑猫论一旦受到普遍承认,以前某些被认为是放之四海而皆准的真理就可以暂且放到一边。你说你的理论放到四海都准确,那我们就要放到实践中检验一下,看是不是这样。这样一来,就是实践先于理论,先干起来再说,做出来再看是不是符合实际情况,是不是真理。这个说法在四人帮倒台后提出来,受到过保守派的反对。有人认为邓小平同志是在砍毛泽东思想的伟大红旗,毛泽东思想既然是放之四海而皆准的真理,是不是还要经过实践的检验呢?其实毛泽东本人也不反对这个观点,他也坚持实践是检验真理的标准这个说法。

但是,我想说的是,实际上"实践是检验真理的标准"这个说法也有不够准确的地方。如果从研究哲学的学术的角度去考虑,就觉得有点问题。"实践是检验真理的标准",那么什么叫实践呢?人们可能会回答,实践就是"干",那么"干就是检验真理的标准"?一个人正在做某种事情,这种做了的过程就成了检验真理的标准了吗?他究竟会做好还是做坏,至少要在他"干"的这个行为完成之后才可能检验出来。实践不单单表示一种行为活动,它可以表示过程,也可以表示结果。实际上我们在理解"实践是检验真理的标准"这句话的时候,不知不觉把实践的意思理解成了实践的结果。如果把实践理解成行为动作,那么只要在做什么事就成了检验真理的标准,这不是很荒唐吗?正确的说法应该是"实践的结果是检验真理的标准"。"实践的结果是检验真理的标准"这句话实际上是毛泽东说的,在毛选里可以查到。但是毛泽东有时也说"实践是检验真理的标准"。他说的"实践"两个字应该是"实践的结果"的意思。人们糊里糊涂地混用两种说法,实际上其中一种是不准确的。我们最好加上"结果"两个字,这样就不容易留下漏洞,被人钻空子。例如,有人会说,既然做就是标准,那我简单地做就行了。实际上,干不一定就是对的,只有干的结果正确才能被认为是正确的。这是术语上的严谨性问题。我们应该注意,否则会产生一些不正确的理解。此外,这个概念的表述虽然不太正确,但是许多人实际上进行了正确理解和阐释,因此也起到了正面的作用,这就叫歪打正着。

6.2 西方人的真理观

谈到西方人的真理观,让我先从一个西方哲学家引用的波斯寓言开始:There is a Persian fable I heard in that ancient land which expresses the central thought of this chapter. It is said that truth in the form of a beautiful jewel was originally in heaven. God cast the jewel out of heaven and in falling to the earth it broke into millions of small gems which buried themselves in the receiving earth. The great task of men is to find these small jewels and fit them together to remake the original whole. 这则寓言的意思是说：真理原来就有，在上帝手里。上帝有一个完整的真理的珠宝，但是他不小心掉在地球上打碎了，就成了千千万万颗粒状的真理了。一个小的颗粒就是一个小的真理。所以，人如果想掌握全部的真理就等于是要把所有打碎的珠宝片全部复原成为一个完整的珠宝，这意味着根本办不到。因此，人类只能够接受千万颗珠宝碎片这个事实。于是，真理就像千万颗碎片一样成了多元的了。这里，我们想到了列宁关于真理的看法。列宁认为无数相对真理的总和构成绝对真理。因此，列宁还是假定了有一个统一的真理，只是这个真理没有办法找到。用上面的寓言来说，不妨说真正的真理在上帝那里打碎了，只剩下了相对真理，小的宝石碎片。

西方哲学中的多元真理观认为世界的本原有许多个。"多元"作为一个哲学术语，有其特殊意义。"元"在这种情况下是本体的意思，"多元"就是有多个本体的意思。唯物主义多元论，如恩培多克勒的四根说认为事物的生灭完全靠水、火、土、气这四个本原的分离和结合。阿那克萨戈拉认为无限多种异质的种子组成了物质的差别，认为世界的本原是无穷无尽的，不止一个。唯心主义多元论则如莱布尼茨的观点，莱布尼茨主张世界由无限多的精神性的单子构成。这些都是西方的典型的多元论的思想。但是我这里要谈的是多元真理观。

在认识方法上，西方哲学与庄子的理路差异颇大。直到 20 世纪，法伊尔阿本德最彻底地走到了庄子的理路上来。经过一两千年的沉思，西方人发现，庄子的思想是可以接受的。20 世纪的法伊尔阿本德写了一本书叫《反对方法》，阐述他的多元方法论。按他的说法，就是"什么都行"，什么方法都是对的，什么东西都可能是合理的和可以存在的。他说人类社会的一切现象，一切学问，你只要去研究一下就会发现，它们都是合理的。他的思想很有影响，多元论的思想一下子风靡西方世界。他的多元方法在某种程度上与庄子思想十分合拍。

最后我想讲一下彭加勒的约定主义。彭加勒（1854—1912）是法国数学家、天文家、物理家。他建立了一个新的关于真理的说法。他认为真理是约定的。他首先从批评康德开始。他认为基本原理不是来自先验或经验，而是来自社会约定。他指出归纳只能归纳有限事实，不可能穷尽一切事实。比如说，如果我们认定"所有的天鹅是白的"是个真理，但是万一有一天我们看到的天鹅不是白的呢？即使是第一千零一只天鹅不是白的，也足以把原来的结论推翻。因此，除非把地球上存在的天鹅都找出来，人们才能得出"所有的天鹅都是白的"的结论。而人们想论证这一点非常困难，当然并不是完全不可能。真理有很大的限度。所以彭加勒认为基本原理不是来自先验或经验，而是来自社会约定。他指出归纳只能归纳有限事实，不可能穷尽一切事实。科学史证明,基本原理取决于一定的历史条件和实验水平。已得到初步证明的基本原理,被科学家们共同约定,同意把这些原理看作已被证明为真的,然后据以推演出各个学科比较具体的定律和理论。如有几个可供选择的定理,则取最"方便"应用的那一个。约定一个,仍要继续寻找经验证明,如一直无反证,此约定可维持下去。他说的科学不是指社会科学和人文科学,而是指数学、化学、物理等这些自然科学。他说真理的正确性是相对的,不是永恒的真理。很多东西现在来看,不再是真理,而是假的,但在当时是真理。

比如,欧几里得几何,公元前三百多年由雅典人欧几里得根据一系列演绎而成,其中第五条公理:平行线公理(自直线外一点,只能引一直线与给出直线平行),长期以来一直被认为是不言自明的公理。19世纪初期,俄数学家罗巴切夫斯基提出新原理:自直线外一点可引出无数条直线与给定直线平行。"从而演变出一套非欧几里得几何学。1854,德数学家黎曼《几何学的基本假设》:自直线外不可能引出一条直线与给定直线平行,由此演变出黎曼几何学体系。三个几何学体系谈的是同一种几何学现象,可是结论完全不一样。它们是不是真理呢?当然是。能够都是真理吗?当然。所以,这就说明真理不止一个。

再说三角形的三角之和。在欧几里得几何学里三角形三角之和等于两直角之和;可是在罗巴切夫斯基的几何学体系中,三角形的内角和小于两直角之和;在黎曼的几何学体系中,三角形的内角和大于两直角之和。它们都是真理。你说这该怎么解释呀?以前在19世纪的时候,还有人说,只要我用数学或者几何学的方法证明出了这个问题,那就算一步到位了,就是找到真理了。但是今天的科学哲学证明,人们发现数学上的很多公认的公式到最后也被证明是荒谬的。思维是随着科学的发展而不断进步的。真理确实不止一个,而是有若干个。这就进一步证明了庄子的哲学思想。因此,三角形的内角和的结论各自在特定条件下被看成是真理。彭加勒说,这说明几何学的公理即非先验综合判断,亦非经验事实,原来都是约定。如果它是经验事实的东西,那么它一旦产生就没人能够把它推翻,但是已经证实它不是那样的。真理是约定的,这就是真理约定主义。当你无法在目前把它们证伪,它们就是真理。将来它们被证伪了,它们又可以不再是真理。真理不是永恒的。

6.3 我的真理观:万理万教相贯同源互补论

【附注:这是我在80年代写的一篇关于真理的文章。曾在《北京大学研究生学刊》(1988年1期第1页)、《百家》(1989年1期第1页)、和《巴黎龙报》(1993.6)等若干家报刊上发表过。是我早年的真理观。现附于此供参考。】

天下无无理之理。有此理,有彼理,有彼此理。彼此理,中庸是也。中庸既为理,反中庸亦当为理;反中庸既可为理,则何理不可为理哉?

虽然,理亦有小大之别,久暂之别,内外之别,心物之别。别者异也,虽异实又可同。昨日之小,或为今日之大;他载为内,今岁或可为外;万年之理为理,一瞬之理亦为理;唯物之理为理,唯心之理亦当为理。理固可正解,亦可反解也。然君之正于我或反,君之反于我或正。是故两极相反相成,相涵相覆,相转相化,相斥相吸,相推相摩,相补相贯,变幻无端,若排列组合然,殆无穷尽也。

数千年来,人类苦囿于一己之私,宠一理而疏万理,宗一教而攘万教,不知千理万理,千教万教,皆人类心物交感之果实。心物二者,若究其极,实一体也;万派归宗,皆发于人,故曰同源也。一理之妙,贯乎万理之奥;万理之妙,存乎一理之中。通一理于极致者,可观万理于股掌;穷万理于浩茫者,终必结穴于一理。是故万理万教相通相贯也。万理万教虽相通相贯,毕竟万相万殊,各有其用,以应人类多方之需要。此理之长,正为彼理所短,宜乎万理长短利弊,交相补用,故曰互补也。理之大彰者,苟从者众,即可谓之教。斯万理可同源互补,万教亦当同源互补也。万理万教虽同源互补,然每理每教亦不合同日而语,若用于世,必因时因地因人而有所侧重,所谓"相对中寓绝对"是也。以共时论,理当有主、次之分;以历时论,理亦有主、次之分;共时历时之主理次理又依具体情形而可互转。极言之,理之高下尊卑,不过吾人凭一时之好恶、需要,随时地之殊异而异也。下试举一例以明此说。

科学与宗教,相悖如水火,然以万理万教相贯同源互补论观之,则科学与宗教实同源互补也。科学偏重格物,宗教偏重修心;科学以条分缕析见称,宗教以直观综合见长;科学诉诸理智,宗教诉诸感情,入世出世虽大异其趣,实则互相砥砺,互相印证,互相补充,盖二者皆源于人类生理、心理之需要,若偏废一端,社会必不健全。然二理行世之际,吾人亦无须将其作等价观,必因时因地因人有所偏重。如当代中国,暂苦于科学不振,故应首倡科学;然亦不必将宗教斥为异端。科学者,人之科学也。苟利人,人可用之;苟损人,人可弃之。若万事万理唯科学以为据,则科学与迷信亦有何异哉?焉知昔日之迷信非今日之科学,今日之科学,非它日之迷信?迷信也者,亦未必洪水猛兽。凡事不信不迷,欲迷必信;过信必过迷,过迷必过信。不迷不信者未必高人;大迷大信者未必愚夫。以不损他人为度,则人欲迷者,可使迷之;人欲信者,可使信之。尘界之大,心海之阔,人之意识经天纬地,岂可以一理一教,一绳一矩,规之范之?循此理,则所谓气功与科学,宗教与迷信之类乃至万国文化、万事万理万教亦莫不可作如是解。

东方圣哲如释、老、孔、墨、程、朱、陆、王等,大者无虑数十家,其说多相抵牾。若考其源流,则知各派虽表面偏执一旨,实则殊途同归;倘因其情观之,皆合理也。西方圣哲如柏拉图,亚里士多德,康德,黑格尔,叔本华,弗洛伊德等,虽各逞异说,亦无不合理也。

万理万教岂但互补共存,亦颇具层次系统,不惟有理,尚有理之理,理之理之理;不惟有教,更有教之教,教之教之教。叠次推衍,至于无穷。又以一理观之,一年之内或为大理,十年之后或为小理,百年之后或谓之无理。同是一理,可大,可小,可内,可外,可久,可暂,可心,可物,则一理亦可化无穷理也。无穷理,无理也。无理者,有理之对;有无理说,必有有理之说。物极必反,则拙文亦可反论作结:天下无有理之理也。①

7. 翻译和翻译学是哲学研究或普通学术研究的工具性学科或领先学科

讲哲学,尤其是现当代哲学,离不开翻译和翻译学。这是我一贯的观点。由于翻译问题,文化会不知不觉产生一些变化。我在《中西文化比较》第一讲中就说过,如果想把中国哲学学好,首先学习翻译学,包括基本的翻译技巧。不是要求你一定要成为翻译专家,但是一定要了解一些基本的翻译知识,否则没办法理解中国广义上的文化。因为近百年的哲学文化都是中西方交流互动的哲学文化。一说到哲学、伦理学、经济学、社会学,甚至包括数理化,没有哪一个学科不深深渗透着西方文化。而这些东西都是翻译过来的。它们是怎么翻译过来的呢?那都是译者自己想当然地翻译的,有专家翻译的,也有不是专家翻译的。有的是懂了一些外语就开始翻译了,有的是并不太精通专业就翻译了。这就造成大量翻译过来的文献似是而非,说它没有扣紧原文吧,字面上也还差不多,但你如果仔细去探讨一些术语的话,就会发现很多术语翻译都是错的。你在引用哲学、文化文献的时候,有时候直接引用的术语会很多。引得越多,犯错误的可能性越大。所以我写了一篇文章叫《外语术语翻译与中国学术问题》,发表在《北大学报》上,1998 年 11 期的《新华文摘》全文转载了该文,《中国翻译》、《读书》、《中华读书报》等报刊都不同程度地转载了它,可见已经引起相当的注意。我也把它放在了网上,大家可以看一看,作参考。上面提到的"性理学"可以说是传统中国哲学的核心内容。可是当代人不懂,把它和"性心理学"谈的东西混淆起来了。这是翻译造成的文化误读现象。"性"不应该理解为英文的 sex。另一个典型的误译例子是 alienation 的翻译。Alienation 在哲学上的意义是主客颠倒现象,也叫主客易位,或者主客换位,或者叫喧宾夺主。但是被中国学者翻译成了"异化"。异化是什么?异化不就是变化吗?为什么不把它

---

① 本文原载《北京大学研究生学刊》1988 年第 3 期卷首语。后转载于《百家》等数家刊物。

翻译成变化,而翻译成异化呢?说明译者知道这个词不是简单的"变化"的意思。他想用"异化"来表达这种区别,但实际上"变化"和"异化"这两个词在汉语里没有什么大差别。我们只看原文。看1844年马克思的《经济学哲学手稿》,看黑格尔、费尔巴哈还有一些德国哲学家的著作,他们都用了alienation这个术语,然后才能知道它的本义。这个本义就是主客换位,就好像本来我是主人,你是客人,后来这个关系发生改变了,我成了客人,你成了主人。也好像工人和资本家的关系,工人和机器的关系,到最后成了反客为主,主客位置颠倒。机器本来是为工人服务的,结果工人反倒成了机器的奴隶。或者好像货币造出来是为人服务的,结果最后人成了钱的奴隶。又好像资本家和工人本来应该一起合作的,但最后工人成了资本家的奴隶。所以马克思说,工人要努力把这种关系倒过来,工人要剥夺资本家的财产。这也是主客之间关系的颠倒。异化这个术语能把这些道理显示出来吗?不能。异化就是变化。变化可以是一分的变化,也可以是两分的变化,三分的变化,还可以是一万分的变化,到底是哪一种变化呢?这个变化可不是一般的变化,而是主客之间关系的颠倒,是相反的变化,本质的变化。这个简单的例子就说明要理解近代中西文化非常困难,如果不懂翻译学或者不了解翻译技巧的话,很难使自己的学术研究登堂入室。所以我在80年代就强调,翻译学实际上是中国现当代学术研究的工具学科或领先学科,其重要性犹如逻辑性之于普通学科一样。这是应该讲而没有讲的几句话,这里把它说一说。

由于时间到了,今天就讲这么多,其他若干重要的哲学问题,我将在下面的两个专题讲座中介绍,不在此赘述。谢谢大家。(热烈鼓掌。)

中西语言文字与中西文化走向①

1. 中西语言文字比较与中西文化的走向关系

中西语言文字与中西文化的走向关系是个大题目。本章不想在有限的篇幅内对中西语言文字进行方方面面的详细比较,也不想对中西文化进行方方面面的详细比较,因为这方面的内容我将在《中西文化比较》专著中来完成。题目大也有好处,可以让作者把涉及这些范围的重点命题囊括进来进行讲解,如果范围定小了,有些很重要的命题就会成为题外话,不便讲演者发挥。同时,语言文字跟文化的关系特别密切,把这两大板块接起来进行演讲,使得演讲也就有一个相对固定的中心路径。我打算侧重强调语言文字相互之间的不同怎么样造成了文化相互之间的不同。而这种不同又侧重强调中国文化和外国文化之间的不同。

1.1 决定文化的历时纵向因素:语言与文字

1.1.1 挑战索绪尔:语言文字既是任意的也是必然的

语言文字作为一种纵向的诱导或者暗示的因素是怎样对文化产生作用的呢?它在很多场合,是如何表现为一种制约性因素的?要回答这些问题,首先面临着对语言学本身的一些权威观点的挑战。大家都知道,西方语言学界现在占主流的观点(即以**索绪尔**为首的西方语言学家的观点)认为语言(包括文字)从根本上来说具有任意性。就是说,语言文字的产生涉及很少的必然因素,它主要是任意的。按照这种语言任意性的观点,我们对周围事物的命名行为都是偶然的任意行为。例如我们把男人叫做男人,把女人叫做女人,都是随心所欲地叫的,没有必然的联系因素在里边。西方的主流语言学家们从这里边推导出一个公理:语言在本质上具有任意性。所有的教科书,至少是现行的通行的教科书,不管是东方的还是西方的,通常都把这个观点作为一个公理来看待。西方语言学界的某些权威语言学家还认

---

① 本章曾作为我 1992—1998 年的讲课提纲,分别于不同的时间在北京大学、清华大学、北京外国语大学和中央电视台《百家讲坛》讲过。由于讲课稿子与书面写作有差异,收入本书后个别地方做了增删。但在行文风格上也保留了一些演讲特点。

为这个公理是"语言学的拱门顶石",是语言学的基础,如果它站不住了,意味着语言学最基本的东西就被推翻了(具体论述请看前面第4章)。

1.1.1.1 语言学三派:大任意派——小任意派——任意与必然交互对立互补派

以索绪尔为首的语言任意学派认为:语言从根源上来说是任意的;从本质上来说也是任意的。其任意性又可分为相对任意性和绝对任意性。语言符号的任意性是语言学的第一原则,具有头等重要的意义。这是西方语言学界的主流学派,姑谓之大任意派。

Bolinger等现代语言学家则认为:语言既是任意的也是非任意的,但是在任意和非任意的程度上还是倾向于大任意派,认为语言主要还是任意的。这一派在索绪尔任意学说的防线上抠了一个大洞。姑谓之小任意派。以上两派观点,为大家所熟知,不赘。下面是我的观点的要点,不一定为大家所知,介绍得多一些,以资比较。

辜正坤则认为:简单地断言语言既是任意的也是非任意的,这还远远不够,**必须阐明在什么样的时空条件下任意性为主,什么样的时空条件下必然性为主**。这主要表现在下述几个方面:(1)除了在语言学上使用"语言(符号)的任意性"这个用语外,还要同时使用"语言(符号)的必然性"以与前者对举。(2)要从历史的角度来看问题,语言的必然性和任意性在时间过程中的发展总趋势是**互为进退、互成反比关系**。换句话说,越往古远的方向追溯,语言的必然性越强,任意性越弱;越往当代和未来方向看,语言的必然性越弱,任意性越强①,**整个人类世界正在变得越来越符号化**。(3)因此,研究语言不能笼统地只以语言的任意性为出发点或只以语言的必然性为出发点,而应该看研究的对象处于什么历史条件下。研究远古时期的语言要特别注意到语言的必然性,兼顾其任意性;研究现当代语言,要特别注意到语言的任意性,兼顾其必然性。(4)不要把语言研究和文字研究分裂开来。尽管语言学家们通常认定文字的历史远不如语言的历史悠久,但是我们必须注意到,在对世界文明发生重大影响方面,文字的力量远大于单纯的语言。凡是只有语言而没有文字的民族,其文明和文化的发展就难以获得突破性的进展,语言学研究一定要牢牢地联系到文字学研究。因此,不妨更多地使用"语文学"来代替"语言学"。(5)对于中国学者来说,对语言学的研究最好能够在广义中西文化比较的背景下来展开,要注意到中国文化的特殊性,尤其是中国语言文字(主要是汉语言文字)的特殊性。(6)在语言与文字的关系方面,我的研究结果是:在一般情况下,就语言文字相互的规范功能而言,在汉语言文字体系内,文字规范语言的功能大于语言规范文字的功能,而在西方印欧语系语文体系内情况则刚好相反:语言规范文字的功能大于

---

① 文中黑体字,除专门注明者外,均为本文作者所设置。

文字规范语言的功能。(7)与此相呼应,在中国产生了发达的文字学;而在西方产生了发达的语言学,二者所研究的侧重点具有很大的区别。(8)因此,西方有关语文的一些结论不可能硬套到中国语文身上;中国有关语文的一些结论也难以套用到西方语文身上。(9)索绪尔等西方语言学家有关语言任意性的理论就是这样一种主要适用于解释西方印欧语系语言而未必适用于解释汉语的理论。辜正坤的观点还是一种新的尝试,既强调任意性,也强调必然性,姑妄自立门派,谓之任意与必然交互对立互补派

1.1.1.2 普通语言学教程还是特殊语言学教程

一般学者容易忽略的一个地方是:索绪尔的研究成果主要是奠基于对表音语言体系,尤其是印欧语系语言的研究。索绪尔说:"我们的研究将只限于表音体系,特别是只限于今天使用的以希腊字母为原始型的体系。"① 显而易见,这种研究理路,势所必然地不太可能重视对表意体系语言学的研究成果、尤其是汉语文字学研究成果的使用。由于这个原因,索绪尔理论的局限性就是必然的,不可不加区别地将其中的结论视为放之四海而皆准的理论。其书名定为《普通语言学教程》(*Cours De Linguistique Générale*)具有误导的性质。说到底,索绪尔的所谓普通语言学(*Linguistique Générale*)只是在欧美及其他印欧语系覆盖的范围内可以称得上"普通",而在全世界的范围内来看,其实还是特殊语言学。因此他的这本著作如果定名为《印欧语系普通语言学教程》或《西方普通语言学教程》可能更为适当。

1.1.1.3 不能说汉字与语音不相干

索绪尔在《普通语言学教程》第一编中说:"文字体系共有两种:第一是表意文字体系。该体系用单一的符号来表示词。词本来由语音构成,而这种符号却和语音不相干。每个书写符号代表着整个词,因而也就间接地代表着该词表达的概念。这种文字系统的典范就是汉字。"(辜按:此处文字系笔者根据法语原文翻译。)②

索绪尔的上述表述中有明显的错误。首先,断言表意文字符号"与语音不相干"就是想当然的臆测。因为若干表意文字都与"语音"有不同程度的联系,绝不能说"与语音不相干"。例如埃及的圣书字(或曰碑铭体)就是公认的象形味浓郁的表意文字体系。它主要由会意字和形声字构成,或者说由三类符号组成:(1)意符;(2)声符(音符);(3)定符。在大多数的场合,圣书字是把意符和声符混合在一起,

---

① 索绪尔:《普通语言学教程》,高名凯译,北京:商务印书馆,1999年,第51页。
② Il n'y a que deux systèmes d'écriture: 1. Le système idéographique dans lequel le mot est représenté par un signe unique et étranger aux sons dont il se compose. Ce signe se rapporte à l'ensemble du mot, et par là, indirectement, à l'idée qu'il exprime. L'exemple classique de ce système est l'écriture chinoise. (Ferdinand De Saussure, Cours De Linguistique Générale, Payot, Paris, 1980, p.47.)

成为半表音文字。① 其次,索绪尔称之为表意文字体系典范的汉字,就更不能被看作是"与语音不相干"的符号了。众所周知,在索绪尔发表上述这种对汉字的看法时,汉字就主要是一种形声字,而不是一种单纯的表意字了。即使以东汉许慎编撰的《说文解字》来看,其中收汉字 9353 个,形声字就有 7697 个,占 82%!而在现代汉语中,形声字占 90%以上!——怎么能够说汉字作为一种文字符号"与语音不相干"?!

1.1.1.4 谁说任何个人都完全无法改变语言符号

索绪尔认为,"符号的任意性并不意味着能指的选择完全是说话人个人的事。一旦语言社团确定了一个符号,**任何个人都没有能力改变它**。'任意'是'无理据'的意思,也就是说,能指跟所指之间事实上没有任何自然联系。"②

照索绪尔的这种观点,符号的选择只能是语言社团的事情,**任何个人都没有能力改变它**。索绪尔的这种断言在通常的情况下是有道理的,但失之在太绝对,因为现实中有相当多的例外情形。在印欧语系中或许有点道理,在汉语文中,则不然,因为社会中有的个人也可以改变已经被语言社团选择了的语言符号,所以不能说"任何个人"都改变不了。当然,能否改变某种已经约定俗成的语言符号,往往取决于某个个人对社会的影响力。例如中国的皇帝和长者就可以在一定的条件下强行改变某些语汇的发音或者写法。皇帝一道圣旨,改变任何一个他看不惯的语言符号都是办得到的。典型的类似例子是中国历史上的避讳现象。避讳一说起源于西周,又说起源于夏商时期。讳有"国讳"、"家讳"、"圣贤讳"、"宪讳"等区分。国讳,即已经被语言社团选择了的语言文字只要和当朝皇帝和其七世以内祖先的名字不论在读音和书写上相同、相通者均须改变成其他形式。比如秦始皇的姓名是嬴政,于是秦朝时的月份名称中的"正月"便只好改为"端月",以免其中的"正"音和"政"音相犯。或者将"正月"读为 zēngyuè,正字发阴平声,即免与"政"音相犯。秦始皇父名"子楚",故秦时凡称"楚"地名时,一律改称"荆"。又如唐高祖李渊的祖父名"虎",唐初时的尿盆俗称"虎子",为避讳"虎"字,于是改称"马子",今天大家习惯叫的"马桶"或"抽水马桶",就是整个社会语言社团迫于唐王朝个体权威而结出的语言怪胎。汉朝时为避汉文帝刘恒之讳,月里姮娥改为嫦娥。唐太宗之前中央政府管民政的机关叫民部,后来避李世民的讳,改为户部。有人也许会认为这也可以解释成是社会习惯使然,并非皇帝个人的威权造致。此言差矣。秦、汉、唐、宋各朝,此种情况都甚为严重,而一到元朝,此风几乎湮灭。如果是社会的本来风气,怎能转眼消失? 主要原因还在于元朝的皇帝老爷不大讲究避讳,所以避讳风顿消。这

---

① 周有光:《世界文字发展史》,上海世纪出版集团,2003 年,第 86—88 页。
② 索绪尔:《普通语言学教程》,高名凯译,北京:商务印书馆,1999 年。

或许可以说是个人影响整个社会语言习惯的典型例子。

所谓家讳,则指小辈必须在日常言行或行文用字时迴避父母祖先(有时还包括所有长辈)的名字。《红楼梦》中的林黛玉读"敏"字时皆念作"密",就是避母亲名讳。南朝范晔,因父名"泰",便推辞太子詹事这一官职,因"太子詹事"中的"太"与"泰"同音,犯了家讳。刘温叟因父名"岳",便终身不听音乐,因"乐"、"岳"同音相犯。刘甚至连三山五"岳"也绝不去游玩,怕犯家讳。唐代大诗人李贺,之所以终身失去参加进士考试的机会,只因父名"晋肃"中的"晋"与"进士"的"进"同音,从此绝了仕途。据传古时一个叫贾良臣的人,强迫自己的家人严格避讳自己的名字。他的儿子朗读《孟子》中的一段文字"今之所谓良臣,古之所谓民贼也",为避"良臣"二字,只好读作:"今之所谓爹爹,古之所谓民贼也。"传为笑谈。

至于"圣贤讳"、"宪讳"等,类前例,不赘。此类避讳造成中国古代文献阅读中的一个相当大的难题。在古代中国文献中,有成千上万的词汇是与避讳相关的。许多古书中的内容有时就因为避讳原因而变得扑朔迷离,难以索解。秦汉以降,随着儒学在意识形态领域中逐渐占压倒优势,作为个体的皇上或社会中的长辈前贤,为维护其绝对威权,使得避讳制度、避讳方法日臻完备,有如天罗地网,限制着整个社会语言社团的言论行为,稍有触犯,轻则遭谴,重则罹满门灭族之祸。避讳遂成为人人须精通的学问。由此可见,索绪尔所谓"一旦语言社团确定了一个符号,任何个人都没有能力改变它"的说法是有偏颇之嫌的。

1.1.1.5 像声词、感叹词之类的词当然证明所指与能指之间存在着自然联系

索绪尔担心人们用像声词、感叹词之类的词来证明所指与能指之间存在着自然联系,便试图先堵住这个缺口,断言它们(1)"从来都不是语言系统的有机成分";(2)"它们的数量有限";(3)"它们实际上也显示出任意性"[①]。然而,我们只要合乎逻辑地思考,或者说合乎理性地思考,便能发现索绪尔的这三个断言是软弱无力的。首先,从语言发生学的角度看,一切语言都不可能是一夜之间便产生出整个完整的系统。最合理的推断是:它们只可能是顺应人类自身的发展着的生理和心理需求而**逐步**产生、并逐步完善的。它们的原始音素应该首先是简单的,然后由简到繁,逐步组合生成语言系统的。那么,在人类语言发生的初始阶段,语言中的什么成分最容易产生呢?这是不难回答的。语言既然是顺应人类自身的发展着的**生理和心理需求**而逐步产生、并逐步完善的,那么,什么生理、心理需求最强烈,什么相应的语言成分便最容易产生。何种生理、心理需求最强烈呢?根据我提出的人类先天三欲原动力系统论,我可以断言这就是与人的食欲、性欲和权欲紧密相关的生理、心理需求。仅以食欲方面的生理、心理需求而言,生存的必要性使得食欲

[①] 索绪尔:《普通语言学教程》,高名凯译,北京:商务印书馆,1999年。

需求成为最紧迫的需求。人类的这种需求在婴儿身上反映得特别突出,可以再现人类语言发生初始阶段时的情景。众所周知,婴儿为了满足食欲而获得食物的方法便是本能地哭叫。这种哭叫就是最简单的然而最强有力的感叹词形式。它引起成人注意,从而获得食物。随之而类聚产生的/a:/或者/ma:/,/ba:/,/ama:/,/aba:/之类,都具有强烈的感叹意义,且可能常常与满足食欲相关(关于此点,我在《北京大学学报》1995年第6期中的《人类语言音义同构现象与人类文化模式》一文有较详细地阐述,见有关"妈妈"发音之谜)。此外,婴儿还能够通过模仿的方式发出像声效果的语音。没有这个基本的模仿能力,人类几乎无法学会任何语言,更不用说创建任何语言了。因此,人类最初的语言形式正是从本能的感叹式音响和像声音响开始的!这样一来,感叹词和像声词之类**从一开始**就是人类语言初始结构的有机成分,并且是最核心的成分,而并非是像索绪尔断言的它们"从来都不是语言系统的有机成分"。索绪尔又一次混淆了语言在不同发展阶段的不同结构形式。当原初简单语言不断复杂化、系统化时,就像它们的必然性渐渐让位于其任意性一样,它们的作为语言有机成分的地位逐渐被后来越来越复杂的语言表达形式所取代。所以,正确的说法应该是:**像声词、感叹词一开始的时候就是语言系统的有机成分**,后来随着语言的演化过程而渐渐被其他更准确精密的语言成分所排斥到边缘地位。

说它们"数量有限",只是就现当代语言现状而言是事实。但是在远古原始语言发生的时期,它们与其他语言成分的比例应该是很大的。就正如婴儿最初主要不断用简单的/a//a://ma:/,/yaya:/之类的发音来表达其情绪或要求一样。因此,在早期其数量并非有限,而是相对说来,数量颇多,后来,当语言的其他成分孳生并不断增多时,才变得"数量有限"的。因此在这一点上,我认为索绪尔的断言也是不妥的。

最后,说像声词、感叹词"实际上也显示出任意性",当然也不是完全没有道理,但我们首先要知道,像声词、感叹词尽管其数量不多,但是其主要特点是必然性,这是许多语言学家承认的。

1.1.1.6 Sœur 和 sister 并非毫无道理可说

索绪尔断言能指跟所指之间事实上没有任何自然联系,没有什么理性基础。这种断言也太绝对。实际情况是,许多能指和所指之间的确没有或者显得"没有什么理性基础",但是也有许多能指与所指之间存在着显而易见的自然联系,并非是"没有任何自然联系"。换句话说,能指与所指之间的关系既是任意的也是必然的。索绪尔说:"一个社会在确定其语言的能指跟所指的关系时,并没有什么理性基础。"例如究竟用 sœur 合理,还是用 sister 合理,这都"是没有什么道理可说的"[①]。

照我看来,无论怎样变,就像孙悟空逃不出如来佛祖的手掌心一样,同语系中的许多词往往仍然在某种血缘性音响效果内转圈子。索绪尔上举的法语 Sœur 和英语 sister 这个例子,正好可以看出二者相互孳生的必然性,而不是偶然性。由二者语音上的相似性有可能追溯到它们的同源性,事实上它们应该有一个更高的统一的 proto 来源,这个来源就是它们都是印欧语系内的语言,因此不论"姊妹"这个词在法英两种语言体系中如何叫,它们都很难摆脱/s/音开头而/er/这类音结尾这种格局。这就是必然性。印欧语系中有成千上万的词汇昭示着这种音似现象。这就是道理,并非像索绪尔所说的那样"没有什么道理可说"。索绪尔自己找不出道理,并不意味着全世界的人都不能找出道理来。所以,索绪尔自己举出的这个例证却在一定的程度上反驳了自己的理论。

语言的任意性很容易被人注意到,所以普通人多半会认为语言文字是任意的。而其必然性却很不容易被注意到。在异源异谱的语系之间,语言显得是任意的。在每种语言的自身的发生学的意义来看,语言的必然性是很强的。英国人、法国人、中国人、玛雅人,可能会以完全不同的发音去表达某物,但是当我们从语言发生学的角度去关注具体的英语、法语、汉语或玛雅语自身时,就会发现它自身是一个从头到尾都环环相扣、盘根错节、互相制约的自成一体的必然性体系。就中国的方言来说,各地发音颇不同,所以同一物有若干种发声。这当然会让一般人推想这些发音都是各地的人随心所欲地创制出来的。但是,如果我们深入研究每一种方言的发音,都会发现它们的任意性其实并不大。许多发音完全受制于其源语发音,方言只不过是一种共同语的讹变形式而已,其变化无论多么大,都有源语本身的音响形式的母体痕迹。方言本身的讹变过程,也往往受制于其生理、心理、自然条件、及社会文化传统的诸多条件。某个音在北方方言里如何念,在南方方言里如何念,并非是操某种方言的人最初随心所欲地规定的,或约定的,而多半是某种源语的被迫讹变。由于是被迫讹变的,因此,各方言的语音语调相互之间,往往有一种奇特的对应关系。索绪尔提出的 Sœur 和 sister 两词,其实就有此类对应关系。

1.2 语言文字衍变二极对立双向互进互退律

与索绪尔为首的西方的语言学界的上述主流观点不同,**我认为语言、文字,从根源上来说,或者早期从本质上来说,主要不是任意性的,而是必然性的**。语言文字的产生过程,昭示出一个规律性的东西,就是它们都是在特定场合、特定时间、特

[①] 索绪尔:《普通语言学教程》,高名凯译,北京:商务印书馆,1999年。

定主体、特定目的等诸多因素的交相作用下必然产生出来的。以语言文字为媒介而产生的大量命名行为也是具有必然性的。中国人的姓名必然是中国式的,印欧语系国家的民族的姓名必然是印欧语系历史文化模式所规定了的。当然,它们也有任意性因素,但它们的任意性因素是相对的,就正如它们的非任意性因素(也就是它们的必然性因素)是相对的一样。可是,任意性和必然性毕竟有一个何者为主何者为次的问题。那么哪一个是主,哪一个是次呢? 这个问题不能笼统地回答,这中间有一个序列关系。根据我的研究,**语言文字的必然性因素和任意性因素随着时间流逝而变化,早期往往是必然性的因素占主要地位,后期慢慢地由于人的主观能动性、主体因素的增强,它的任意性因素才逐渐增强而占主要地位的。**我把这种情形叫做**语言文字衍变二极对立双向互进互退律**。(见下图示。)这恰恰与那种"人类是从必然王国走向自由王国"的哲学观点相呼应。从逻辑上来看,越是远古的时候,人类越不可能具备太多的语言运用任意性,随便地去创造一种语言或文字。不同的人类只可能就当时的智力条件创造出一种就他们的能力能够创造的东西。换句话说,至少在创造文字的时候,他们只可能是近取诸身、远取诸物地进行模仿性创造。他们不可能随心所欲地像大脑智力已经高度发展了的当代人这样随便地创造一个数字、或者一个声音来代表抽象的含义、抽象的内容。要知道这种能力是我们的大脑思维能力经过若干万年的演进、强化之后的结果。最初的人类不可能有这个能力,他们的能力应该是很简单的。就拿象形字的起源来说吧,象形字往前追溯,是什么呢? 是图画文字。语言学家们发现,全世界的许多文字在根源上推到极端、终极上去,它们往往都产生于图画文字,或者说都要经历这么一个阶段,然后才演变为象形文字。汉字也一样,先是图画文字、然后演变为象形文字、再后是形音字,慢慢地演化成我们今天的文字。**这个过程体现了人类本身的智力发展过程。**文字越来越脱离它原来的实物特点,慢慢地从具体的物象越变越抽象化,越变越符号化。

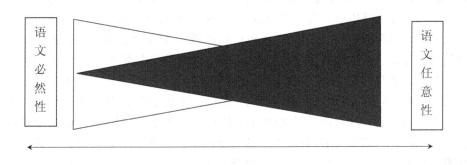

1.2 图示:语言文字衍变二极对立双向互进互退律

图中左面白色三角形表示语文的必然性因素;右面灰色的三角形表示语文的任意性因素。由图所示,可以看出,**语文必然性因素的总趋势是递减的,而任意性则是递增的。**当然,在实际衍变过程中,各种语文的衍变趋势不是这么规则的。这里只是就其总的趋势而言。其衍变的速度与规模是与具体社会环境所制约下的人对语文本身的具体需求行为的强弱相对应的。也就是说,人的干涉作用可以延缓或加速衍变进程。如果没有特别强烈的语文改革整肃行为,在一般情况下,这两种演变趋势呈不可逆态势。当语文的必然性因素降低到最低限度时,语文的任意性因素上升到最高程度。换句话说,**在通常情况下,语文的必然性因素与时间过程成反比,语文的任意性因素与时间过程成正比。越古的语文,其必然因素越多;越现代的语文,其任意因素越多。**

但是用这个道理来解释西方占主流地位的语言文字,例如英文等语文的演变规律时,我们要注意到一些特殊情况。这就是,印欧语系中的若干文种,例如英语中的很多东西并非是完全整体地从自身衍变而成的,它们往往是借鉴过来的,不是一步步直接地从图画文字、象形文字发展出来的。比方说古希腊语,它就不是自己先从象形文字独立演化出来的,而是借鉴了腓尼基人的已经是现成的那一套字母,之后在这个基础上,把字母拼合起来符合它自己的需要,慢慢地形成了一套语文体系。这种应用面较广、文化承载量较大的语言文字,因为已经越过了图画演变阶段,从外形上看,其直观的象形暗示特点太少,已经没有多少象形特点可言。因此,这就会产生一种误导机制,诱使西方语文学家不注意往那个方向考虑问题。于是许多西方语文学家就很容易误以为所有的语言文字从本质上来说都肯定是任意的了。其实,即使将腓尼基人原来的那种字母再往前追溯,它也一定会追溯到具有象形特点、图画文字特点那种阶段的。从语言文字的起源看,最初的语言文字不外就是这个世界本身的一种缩写、一种缩影、一种抽象凝结象征。它们是外部世界与人类的大脑等等感知器官相互作用而产生的结果。**原始人试图表达什么东西的时候,最初最有可能也只可能直观地表达,特别是用一种简单的图像来表达。**因此自然界实际上等于是依据人类的感知器官所能接受的程度在按比例地减缩、减缩、直到减缩成一种图画形式的东西,一种象形的东西,一种后来能被方便地附加上声音符号的表意系统。这种简化过程越来越加剧,以致最后人类终于发现,实际上人类只用几个点或几组线条的排列组合形式就可以构成任意一种文字并表达任意一种含义。当然,当人类发现这一点时,他已经不是原始人类,而是抽象思维能力有了高度发展的人类。印欧语系语文中的许多语文都是借鉴而来的,因此这个经由自然界、图画文字、象形文字、符号文字的衍变的全过程并不一定在每种单独的文字生发过程中完全出现,因此其演变的必然环节便很容易被忽略。所以有些西方语言学家得出语言文字在本质上是任意性的或者说是偶然性的结论,这就不足为怪了。

因此,我可以说,语言的任意性问题构成索绪尔语言学的误区。我认为:只有存在两种以上并存的异源(谱)符号时,语言才被看成是任意的。每种语言就它自身的单独的发生学的意义来看,其产生主要是必然的。因此,语言具有相对任意性,即区别性任意性。也就是说,它往往是在相对于他种民族语言的时候,才最有可能被看作是具有任意性。同理,语言具有相对必然性,即相对民族自身而言,其语言是必然的,具有排他性必然性,而不是任意的。语言文字本身的产生和存在方式首先是必然的,不是任意的。但随着人的主观能动性的提高,语言文字的必然性降低,任意性升高。但从起源上来说,语言文字(包括其音义关系和形义关系)主要是必然的,不是任意的。[①]

对语言文字任意性观点的挑战在我国可以上溯到北宋时期的大学者王安石。他在 1076 年的时候就说过,字形、字音都是符合天地万物之理的。他说汉字"其声之抑扬、开塞、合散、出入,其形之横从、曲直、邪正、上下、内外、左右,皆有义,皆本于自然,非人私智所能为也。"[②]用当代人的话来说,就是指语言文字最初的产生发展有它自身演变发展的规律,不是某些人自个儿想怎么改变就怎么改变它的。王安石认为字音之"抑扬、开塞、合散、出入……皆本于自然,非人私智所能为也",这种观点暗寓音义同构、合于自然之道的思想。可惜的是,王安石并未从理论上进一步系统探讨这个问题,也未从实践上真正解决这个难题。我以为,人类只可能利用自己当时的智力条件,即在当时其大脑的创造能力允许的范围产生出某种合于人类需要的东西。人类当时所处的环境提供给他的条件能够使他产生出什么样的语言和文字,他就只能产生出那种语言文字,而不可能是非常充分地创造演变出一整套系统的、有内在联系的语法系统、词法系统、语音系统等等。产生这样的系统,有一个相当长的发展过程。也就是说,人类还不可能随心所欲地任意地创造出语言文字来。所以王安石的观点很值得重视。可以说他是第一个在中国语言文字发展史上提出了语言文字不是任意的而是必然的这种观点。因此,说一句笑话,西方当

---

① 实,西方有若干语言学家也可以说在研究过程中成百上千次地接触到了语言文字的必然性问题。然而他们始终没有从总体上得出语言文字具有必然性的结论。例如维多利亚·佛罗姆金在《语言导论》中说:"与现代的文字不同,图画文字的每一幅画都是其所代表的事物的直接形象,图画符号的形式和意义之间具有一种非任意的关系。……图画文字一旦被公认为代表某一事物,其意义就扩大到与该事物有关的属性或概念。于是,一幅画着太阳的图画可以表示"温暖"、"热量"、"光线"、"白昼"等等。至此,图画文字开始代表概念,而不再仅仅是事物,这样的图画文字就叫表意文字(即意念图画,或意念文字。)……而当表意文字开始代表那些表达概念的语音(亦即语言中的词时),它们便成了语言符号。这一阶段代表了文字发展过程中具有革命意义的阶段。(见维多利亚·弗罗姆金和罗伯特·罗德曼:《语言导论》,沈家煊、周晓康译,北京语言学院出版社,1994 年,第 364—365 页。)

② 见王安石《字说自序》,文载《文献通考》卷一百九十《经籍》十七。

今主流语言学家的观点早在900多年前就受到中国学者的挑战了。不过王安石总共就只说过这么几句话,没有具体论证,所以他的观点没有人重视,也没有人把它看成是一种有说服力的理论。我个人专门写过一篇文章来系统阐述这个问题,叫做《人类语言音义同构现象与人类文化模式》,登在《北京大学学报》1995年第六期上,从语言文字的音义具有同构特点这个角度系统地回答了这个问题。

1.3 语言文字衍化的最优模式论

如果我们知道了语言文字衍变的必然规律,我们就理所当然地试图运用这一规律来解释现存的语言文字。

照我看来,在最抽象的表意总功能上,语言文字没有优劣之分。但是在具体的表现手法上,语言文字是有优劣之分的。一种语文互生互构于一种文化系统中,它无疑是能够充分表达该种文化需要它表达的形式与内容的。当没有别的文化系统冲击的时候,汉语、古希腊语、拉丁语、英语、法语、德语、俄语等等,都无疑完美地完成了各自的文化系统交付的承载任务。但是,当我们对各种语文的表达功能进行具体分析比较的时候,我们发现,不同的语文对不同的表达对象具备不同的表达特点或表达优势。例如在营造诗歌的艺术感染力时,我们发现汉语言文字在总体上无疑优于印欧语系语文。关于这一点,我在拙著《中西诗比较鉴赏与翻译理论》(清华大学出版社,2003年版)及《中西诗鉴赏与翻译》(湖南人民出版社,1998年版)中进行了论证。而**在抽象几何形式逻辑表达方面,印欧语系语文优于汉语。但是,在具体的象形直观逻辑表达方面,汉语文优于印欧语系语言文字**。

那么,最优秀的语言文字究竟应该具备哪些起码要求呢?要弄清这一点,只需知道语言文字本身具有什么基本表达特点就行。这就是:地球上的任何一种语言文字都具有语形、语音、语义三种特点。显而易见,最优秀的语文指的是能够在表达形、音、义三个方面都能够相对达到最佳效果的语文。一种语文要在形、音、义三方面都达到最佳的表达效果,就要求该语文具备尽可能完美的语形、语音、语义形式。

所谓语形,指的是文字的外显形式,例如图画文字、象形文字或拼音文字。

所谓语音,指的是语言的发音形式,包括语音、语调、轻重音节等等。

所谓语义,指的是语言文字表达的含义。含义分为形式含义和内容含义及引申含义等等。

在语义问题上不用多解释,因为一切语文归根结底都是要能够表达含义才能够存在、才有意义的。所以我们要讨论的要紧的两项是语形和语音。

那么,判断这两项的优劣条件是什么呢?

我认为,既然语文的根本任务是要表达某种对象,那么,从纯理论说来,显而易见,表达方式越与被表达的对象本身联系越紧密越好。比如说表达"门"这个概念,如果从文字的外形和声音两方面都能够有助于让我们直观地理解被表达的门本身这个物体,那么,这样的语文就有资格被称作是最优秀的语文。不言而喻,这样的语文就是象音语言、图画文字和象形文字。

但是,问题还没有完全解决。如果图画文字和早期的拟声语言(象音语言)是最优秀的语文,何以人类的语文中的图画文字和象音语言几乎都逐步被符号化的拼音语言和形音文字所取代了呢?原来这里还有一个表达的简洁性经济性问题。如果表达一个信息需要太累赘的表达手段,人们便趋向于愿意牺牲表达的直观精确性而获得表达的简单快捷性。**人类生活频率的增高与其追求高效率是息息相关的。**而这种高效率便不可避免地驱使图画文字和象形文字日益向符号化方向演变。这就是印欧语系语文得以高度抽象符号化成今天这个样子的内在原因。这一原因我把它定义为**语言文字衍变二极对立双向互进互退律**(见前)。

然而,如果人类听任一切语文的流变服从语言文字衍变二极对立双向互进互退律,那么,一切语文都会最终走向自我否定,彻底割断与表达对象本身的任何直观联系。这是一种好的现象吗?人类应该遵从这一必然律吗?

问题的核心就在这儿。我的回答是:不!如果人类发现了某一规律,却仍然只能被动地完全屈从于该规律,成为规律的奴仆,那么人类倒不如根本就不发现这些规律的好。人类发现规律的目的,不是为了强化自己成为规律的奴才的决心,而是为了趋吉避祸,至少是为了能够延缓,甚至相对阻挡某种进程,降低事物发生的频率。比如说人类对各种不治之症的抑制就是这样一种延缓措施。人类可以对抗必然律,甚而至于改变它。人的生命进程是一个更为明显的例子。尽管人必然走向死亡,但是人类能够延缓这一进程。

那么,人类要把这一进程延缓到什么程度最好呢?如果以人的生命进程为例,人类最理想的进程延缓点是在哪里呢?

这个问题回答起来并不困难。我们知道,任何事物的发生发展过程都遵循由弱而强、由强而盛,由盛而衰这个模式。一般说来,最早的和最晚的,都不是最理想的。一个人最理想、最值得保持的生命阶段是中年(或盛年)阶段。这是人类的生命力、知识、智慧、创造性与道德自律能力都达到顶峰的阶段。所以,将生命进程长期延缓在这个阶段是人类的理想。这个理想阶段大体上符合黄金分割律:0.618。也就是说,在把人的生命总体假设为一的线段上,0.618 处将是最佳的生命段。一个人如果寿命为 80 岁,则 50 岁前后可视为最宜延长生命段;如果寿命为 90 岁,则 55 岁前后是其最宜延长生命段。余类推。注意:黄金分割律的说法在这儿只是一种借喻,不是从语言衍变现象中考证出来的定理。

将这个问题引入语言文字衍变二极对立双向互进互退律坐标图,我们会很快发现语言文字的符号化进程应该被适当加以延缓的地方(如下图)。

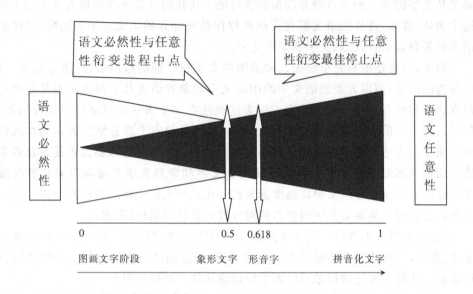

1.3 图示:语言文字衍化的最优模式

根据语言文字衍变二极对立双向互进互退律坐标图为基点建构的语言文字衍化的最优模式这一坐标图表明:(1)图画文字阶段的必然性太强,过分依赖直观表达。(2)象形文字阶段必然性大于任意性,有较大的优势,但是符号化(拼音化)程度还不高,表达的经济性偏低。(3)形音字阶段,兼有了语文的必然性因素和任意性因素,符号化因素略大于象形因素,可以说是兼得二者之长,同时略趋近现代符号化经济原则,所以应该是语言文字衍化最好的阶段。人类应该设法尽量延长这个阶段。(4)拼音化阶段,任意性太强,基本割断了人类与外部世界物象的直接联系,过分抽象,虽然是外形最经济的文字,但是在达义上未必最经济。(见后文,此不赘)。

1.4 语言文字衍变二极对立双向互进互退律与汉语言文字的关系

从1.2节的论述,我们可以明显看出,语言文字衍变二极对立双向互进互退律证明,就协调语文的必然性因素和任意性因素而言,现代汉语言文字是现存人类语言文字中最优越的语文。根据语言文字衍变二极对立双向互进互退律坐标图(1.4图示),汉语言文字正好处于语文必然性与任意性衍变最佳停止点上。这是因为汉字的构成百分之八十以上是形音字,它没有演变成拼音文字。由于汉民族祖先具有高度的智慧,对汉字的构成进行了强力干涉整肃,强化了汉语言文字系统的抗拼音化趋向,使得汉字在近2000多年来相对稳定。尤其是汉字的书写构成的形声结构反构了语言结构,造成汉语言文字的超稳定结构。汉语言文字成为当今世界语言系统中表达最丰富、最有人情味、最直观、音节最少、最有形象性的语文。另一方面,汉字虽然走上了抗拼音化道路,但也不妨利用拼音系统作为辅助系统,增强其表达功能。关于汉语言文字的具体优越性,例如视象、音象、义象的优越性,请参看拙著《中西诗比较鉴赏与翻译理论》(清华大学出版社,2003年版)。

1.5 根据语言文字的必然性原理推测思想发展史及文化走向

依据以上的阐述,我想要说的是,西方语文学家必然要得出语文是任意的而非必然的结论,在相当大的程度上是因为他们难以摆脱他们所使用的语文结构为他们模塑成的思维结构的束缚。根据语言文字具有必然性的原理,我们可推论预测某一民族的思想发展史及文化走向。从这个意义上来说,持某种语文的民族头脑中将要产生什么样的思想,在历史背景中展开的宏观的层面上,有时是可以预测的。换句话说,柏拉图、亚里士多德等人的思想成果的整体框架,在一定的程度上来说,无非是他们所使用的那种语文形式的投射形式。它们尽管有一定的区别,有对立,但那种区别与对立也是他们所使用的那种语文所能容纳的区别与对立。这种模式一旦成型,如果没有强有力的外部影响(尤其是与该种语文形式差别极大的语文——例如汉语言文字的影响),往往可以几千年、上万年地存在下去。所以语言文字对于文化走向具有历时纵向诱导的模塑作用是不用怀疑的。

语言文字本身是文化的一部分,但是它产生出来之后,反过来互构文化,互构外部世界。这之间有一种必然性联系,和语言文字本身具有必然性是相通的。我们这里不多谈了。明白这一点你就容易明白我在后面讲语言文字是怎么样潜移默化地纵向地影响我们文化的发展方向或确立我们文化的总的走向了。你到了任何一个国家,有时候你只要听一下那个国家的官方语言的口音,你就会发现它的发音和它那个国家的整体文化的状态在精神面貌上有某种契合的东西。你感到很奇怪。你不管是念日语也好,希腊语也好,念英语、德语也好,都会发现这种东西,发现文化作为一个整体,其精神风貌怎么和它的语言的发音都那么同步呢?这是非常奇特的。我在上面提到的那篇文章中已经探讨过这个问题。今天在这里则是在那个基础上进一步来系统化和延伸,把论述的面展开得更大一点儿。我试图解释清楚这么一个问题:语言文字是如何必然地不同程度地制约文化发展的。我这里所说的文化,当然包括人类文化整体,包括中国的文化和西方的文化。

1.5.1 毕升与德国谷登堡发明活字印刷术与文字文化的关系

我这里提一个问题:中国的毕升早于德国的谷登堡发明活字印刷术,为什么中国人没有很好利用这一技术,而西方人却一经发明就拼命地利用呢?我认为,这和中西文字的区别,尤其是中西文字字形的区别很有关系。西方文字、比方说印欧语系的文字,只有二三十个字母,因此,只需要雕刻二三十个不同的字钉就行。然而,中文则不行。中文需要雕刻几千个不同的字钉来支持上万个字才行。因此,如果印书的时候印刷量太少,就不划算;只有印刷得越多才越有用。而在古代中国,对书籍的需要和需要量,没有现代社会那么急迫和数目庞大。加之古代的中国书一般比较短,就是说,分量不太大。一般的中国文章,也写得比较短。因此,印书的人就宁愿用雕版的办法,而不是用活字印刷的办法。西方人的书既然都是用字母拼写而成的,例如英语,使用26个字母就可以拼写出所有的文字,因此,只需要雕刻26个字母就可以了。由于26个字钉,也就是说26个字母的排列组合,可以产生大量的文字,印刷起来,重复率比较高,所以也就适合于用活字印刷的办法。我想这就是印刷术(活字印刷术)在中西发展的程度不同的基本原因。

西方人潜在的西式科学能力并非一开始就能得到全面发挥,它还需要一些必要条件。而活字印刷术之类就是这样的必要条件。

1.5.2 从中西语文代词的使用看中西方人价值观

由于英语在西方成了一种通用语,至今在实际应用范围和影响上没有一种其他语言可以与之抗衡,大家现在学习的外语也主要是英语,所以我以英语作为西方语文的代表。举个例来说,英语中有代词你(you)、我们(we)、他们(they)、男的他(he)、女的她(she)等等,这些代词都是不大写的,只有一个代词我(用字母 I 表示)是大写的。单从这个简单的事实我们似可以推导出英美人具有**自我中心主义**。在当代,由于英美文化的价值观成了西方文化中的价值观的主要代表,因此,我们也可以认为,英美人的这种自我中心主义实际上在大多数场合也是一般西方人的价值观。也许这只是文字上的一种巧合,但是,我们确实发现西方的主流文化在价值观方面往往围绕着这个东西,即都很注重自我,**把"我"放在最重要的位置上**,因此它有众所周知的 individualism,这个词有人翻译成个人主义。我想还可以补充一些意义,例如自立主义、自强主义或自利自重等。大写的我,无疑强调了这种以个体为中心的价值观念。所以单从这种非常平凡的大写现象就可以窥视到西方人典型的价值观。西方文化中产生了一整套的个人主义理念这种东西,它的代表性语言英语本身承袭了这种东西,并使之进一步加以强化,暗示它向这个方向发展。大写就是一种强调。我们回过头来看看汉语的情形如何呢?刚好相反,同样是称呼

"我",中国人就不会大写它(强调它)了,当然汉语没用拼写的大写形式,它可以用黑体字或加点的字或划线等方式来表示强调,但是它没有用这种方式。相反,传统中国人称呼自己(我)时往往会说:在下、鄙人、不才、贱人、奴婢,等等。就是处在皇帝的位置上,也称自己是"寡人"或者是"孤",就是把自己置于一种不那么受尊重的位置上,一种克己的心态下,尽量去尊重别人,尽量处于自律的心态。它跟西方文化中一味强调"我我我"的那种情况一下就区别开了。单是这一个代词的使用,就可以看出这两种文化是分道扬镳的,它有很多方面在极性上是相反的。因此中国文化和西方文化,要想在各个层面上,真正有机地结合起来,是非常困难的。当然结合的可能,还是存在着的,不是说完全不存在,因为除了差别之处,也存在着若干共通之处。共通之处容易沟通,怎么来填平差别则往往非常棘手甚而至于根本就不可能。

没把这个问题搞清楚以前,在讨论所谓中体西用或西体中用之类课题时往往会走入歧途,或者容易走向极端。很多学者,尤其是五四期间及那以来的一些学者,在这方面陷入困境的人不计其数。因此我觉得研究这个问题,有一定的指导意义,至少对有些人有一定的指导意义或启发作用。

1.5.3 从称谓等看中西方人文化价值观与思维模式

我再举一个例子。中西信封上收信人姓名地址的写法也极鲜明地凸现了这种差别。比方说我用中文写我自己的地址,一定是写成:**中国北京,北京大学英语系,辜正坤**,就这么写。可是如果我是在西方用英语写自己的地址,我就一定要把这些东西全都颠倒过来。一定要先写我的名字(自我中心主义嘛)然后是系别,然后是更大的地址。也就是写成:辜正坤,英语系,北京大学,北京,中华人民共和国。西方人跟中国人一样,写习惯了,写多了,便认为天下的信封就应该这么写才是对的。对照一下这两种写法,你立刻看出中西信封上姓名地址的**排列顺序是完全相反的**!它们分别把两种文化的价值观凸现了出来。也就是说,中国人重整体、重集体,在思维模式上是由大到小,倾向于从宏观到微观。把自己的地位放在国家与单位之后。而西方人刚好相反,是重局部、重个人,在思维模式上是由小到大,倾向于从微观到宏观。当然这是就主要倾向而言,不是说在一切方面统统如此。在许多方面中西文化都是兼而有之的,主要区别是程度问题。

我在西方的时候非常不习惯这种东西。这种不习惯从海关填写入境或出境单的时候就开始了。我一旦把自己的名字填写成辜正坤,就会有外国女士帮我改成"正坤辜"。我呢,是一个狭隘的民族主义者,总是会顽强地把它又改回来,对方就会惊讶于我这人太没有文化:天底下的人不都是名在前,姓在后吗?怎么这人连这都不知道?可怜中国人却没有胆量对外国人说:天底下的人不都是姓在前,名在后吗?中国人最反感的就是把姓倒过来写,因为我们是尊祖。姓代表我们的祖上,排在前面表示尊重,而西方人一定要把它倒过来,名代表自己,排在前面表示自尊。各有一套价值观。西方人在改动你的姓名的时候没有觉得是在侵犯你,他们认为西方的这种姓名排列法是当然正确的,天下的公理就只有一个:姓一定是放在名的后边的。所以我把它改过来之后,他们往往毫不犹豫地又把它改回去。有时还非常和蔼地看着我说:你怎么了,来了这么久还不知道这个?应该改过来。他们那个价值观就是那样的,他觉得就应该那么做。我就跟他们争论,你们的 William Shakespeare,我们把它翻译过来的时候,就是威廉·莎士比亚,我们并没有把它改成莎士比亚·威廉。你为什么要改我的?所有外国人的姓名,中国人翻译时根本就不改变它,它的姓名的位置在哪里,基本上都是保持原样。而偏偏他们对中国人的姓名位置就这么理直气壮地随便改,改了还觉得是做了天大的好事——文化冲突的潜在根源就是这类东西:误解和偏见。

我有一个同学叫杨立通。在中国本土还是典型的中国人,到西方那地方混了几年后,打长途电话回来,以一种很奇特的声音和我说话。我说,你是谁?他说"立通杨",我说什么呀?——"立通杨"。我说,"你究竟是谁呀?""杨立通!"我说,你怎么不直接说是杨立通呢?他说他已经习惯了,已经同化了,他觉得就该那样叫,他已经感觉不到区别了。而这种现象在中国现在的大大小小的外语专业很普遍。可以看到很多人写的简历,用外语介绍自己时,通常还是保留这种特点,理所当然地认同西方的习惯。可是外国人却未必是这样。

1816年,英王派使团觐见大清皇帝,大清宫廷理所当然地要求英使照中国人的觐见方式磕头,英副使贡斯当却执意不肯,认为有损其人格国格。弄得嘉庆帝很不高兴。这件事情按入乡随俗的原则,显然是英方失礼。表现出西方人的狂妄与不尊重它国礼仪。然而时至今日,还有不少中国人为英使辩护,同时讽刺中国人是夜郎自大。甚至有一部中国电影中也表现过类似的情节,用意则还是讽刺中国王朝腐朽没落,而居然还在英使面前妄自尊大。这种中国人蓄意贬低自己的现象简直难以理喻。其实西方人有自己的价值中心主义,认为天下的规矩都该按他的来,这也可以理解,我们取宽容态度就行了,但最后竟然完全认同他的价值观才是对的,我们自己的就肯定是错的,这就跟洋奴没有区别了。

回到语言文字上面来。语言文字这种非常简单的东西,它常常蕴酿、蕴含着重要的价值观。这是非常重要的。**怎么样破除语言文字带来的障碍就意味着你破除你自己的命运的枷锁。语文总是以某种方式控制着我们的命运。在某种程度上,你如果能改造你自己的语文,就意味着你能改造你自己的性格和前途。**因为它确实是有这个威力的。

中西语言文字与中西文化走向

2. 中西语文的基本差别与文化效应

上述章节只是就语言用法如何反映文化、反映价值观等举了几个小例子。我再进一步谈谈中西语言文字究竟具有哪些基本的差别并诱导出了什么样的文化效应。在西方的语言文字方面,为了讲解方便,我只是举比较有代表性的英语为例,因为很多同学都学过英语,以英语为例容易理解。通过比较,我们就能够更加清楚地凸显出语言文字会产生出怎样的诱导、暗示的作用,而它们的差异又如何产生出相应的文化效应,模塑出相应的文化面貌。当然如果我们以别的文字例如古希腊语为例与汉语相比较,照样能够得出类似的文化效应,如:

汉字:意符+音符+零语法符→语序灵活定位→短句为主→块状文化→视觉型文化。

古希腊字:意符+音符+全语法符→语序机械定位→长短相间→流线文化→听觉型文化。

具体说来,我将从四个方面来探讨这个问题,就是语言文字的语音、语形、语义、语法四个方面。其中的语形指文字的形状和排列组合方式等。简而言之就是指音、形、义、法这四个方面。

2.1 中西语文语音差别及文化效应

提到中国语文时,我们往往有点模糊,实际上语言是语言,文字是文字,这两者是不应该混同起来的。一般说来,文字比语言要发生得晚一些。为了方便,我常常把它们连起来陈述。同时,在举西方语文方面的例子的时候,主要以英语为代表。那么中西语文的最基本的语音差别是怎么样的呢?

汉语有一个最明显的特征就是它的**单音节形式。它一音一个字,或者一个字一个音,而且绝大部分汉字是开音节**。什么叫开音节?就是一个音节的结尾没有辅音只有元音。比如我刚才说的这句话"什么叫开音节"中就没有一个字不是开音节字。"开"字我念成 K+ai,我不会念成 k+ai+t。因为如果你在后面加个 t,或者 g,那就不是开音节,而叫闭音节了。你会发现中国的汉字不管有多少,几千几万,几乎全都是这样,后面都没有西方式的那种明显的辅音,例如 t 这个辅音。没有这个 t 实际上造成了非常奇特的效应。这就是它在相当的程度上导致中国语文根本不可能演化成拼音文字。这一点我们就不进一步谈了,本书第四章探讨了这个问题。汉字绝大部分是开音节,每字都有音调,而且严格地分一、二、三、四声,是给它规定好的,很规则。它的另一个特点是它的声音很响亮。

那么西方的语文呢?以英语为例。它虽然也有很**多单音节词但同时它还有更多的多音节的字词**。它具有多音节的这一关键性特征把它和中国语文一下子区别开来了。当然它除了有多音节,还有闭音节,成音节等等。**它不是一字一音,而是一字多音,并且用轻重音来表语调。而汉字则是以四声来表示**。这些区别看起来是很微小的,但千千万万的字词都具有类似的特点,区别就大了。关键在于,这种有区别的语音特点会造成什么文化效应呢?我们要提醒一下,一旦你学会了一种语言,这种语言的语音天天都会打击着你的耳鼓,不断地作用于你的感知器官,你不知不觉地受到这个种因素的熏陶,一天到晚地说它,想它,从你出生出来的那天起就要接受它,它等于时刻都在模塑你的语音感知能力模型,也在模塑你的思维模式,日久天长,就等于教会了你一套用语音来认知这个世界的方式。一整套语言就是一种世界观的认知模式。所以你学到一种崭新的语言,等于学到一种崭新的看待世界的方式。

2.1.1 中西一元韵式与多元韵式产生的语文依据

我们现在只从语音方面举例。比方说诗歌吧,中西的诗歌押韵的时候首先就跟语音相关。你会发现中国的诗歌跟外国的诗歌在语音效果上简直不一样。怎么不一样呢?单是说押韵吧,你就会发现西方诗押韵的时候会有很多转韵的地方,一首不长的诗中往往用好几个韵脚。我给它取一个名字,叫**多元韵式**。比如说莎士比亚十四行诗,它的韵式是 ababcdcdefefgg。你发现它一共才14行诗,却押了7个韵脚,不断换韵。它为什么会这么做呢?当然,在没明白这个道理之前,人们会习惯地说,人家莎士比亚会写诗,一首诗里可以押好多个韵脚,特厉害。事实上照我看来,这根本不是它的韵式的优点,而是它这种印欧语系语文的缺点。注意,我在说西方语文时,主要指的是印欧语系的语文。**印欧语系的文字它有一种先天的缺陷,就是它的多音节词太多了。多音节的词太多了之后,你要找同样能押上韵的词,就有难度**。哪有那么多同韵词呢?找不到那么多同韵词,没办法,又不能老找那几个用过的有限的字,只好另起炉灶,换新的韵脚。你不断地换韵脚,等于你的押韵词的选择面相对就宽了。所以西方人这种多元韵式是由于它的语言缺陷给逼出来的解决方案。久而久之,因势利导,在多元韵式上也整理出若干套路来,也显得乱而不乱,从乱字里看出韵式的章法,于是就有诸如此类的 abab cdcd efefgg 韵式。

转而看中国诗。中国诗人在押韵的问题上根本不着急。因为汉字一音多字啊。一个音代表好多的字。等于说有许多的字都是同一个音。因此很容易找到同韵的字。你随便说个字,比方说 jia,什么 jia?家庭的家是它,枷锁的枷是它,嘉奖的嘉是它,加减乘除的加也是它。所以你如果需要押个 ia 音的韵,那就很容易找到一个比较合适的字。由于**汉语中能找到那么多的同音词,没有必要频频换韵,因此它就势所必然地造成了一种一元韵式。**所以中国的诗人可以得心应手地写出很多一元韵式的诗来,就是随便多长的诗,如果有必要,都可以一韵到底。你看四言诗、五言诗、七言诗乃至后来的词、曲这些诗体,在大多数的场合,它们都使用一元韵式。**一元韵式有什么好处呢?**一元韵式就在于它的声音单一、响亮。它能够把声音效果保持住,第一个押了一个韵,第二、第三、第四个不断地重复同一个音的时候,那个艺术效果是很强的。艺术效果要有感染性,要让它是片面的,这样它的印象才深刻。如果第一行你押的是 ang 韵,第二行押的是 ei 的韵,第三个是 i 韵,乱变,不断地变,那么你的印象就跟不上,你忘了前面究竟押的是什么韵,音乐感就相对减弱了。当然它也可以诱导出一些别的东西,比如说有一种多重的感受能力,这也是有趣的。但是在大多数场合,艺术感受能力最好是从单一化开始,如果感受对象太繁杂,艺术感染力反倒受到影响。有一个法国文学家叫萨塞的,也持类似的观点,认为艺术作品要有感染性,就必须是单一的,要强调片面性。

2.2 中西语文语形差别及文化效应

现在我们再讨论中西语形即中西文字本身的外形的差别造成了什么文化效应。你们可以看看甲骨文、金文,它的形状一下就让你强烈地感到和西文不一样。首先,我们注意到汉字的结构是**一种方块形、建筑型的结构**,是立体的。它的笔划是上下左右都可以通,各种笔画几乎都**和某种实物有联系,所以它的象形味非常浓。**当然现代汉字的**大部分字是形音字**,可是它的象形的意味仍然是很浓厚的。中国人自己看惯了,有的已经感觉不那么明显了,但只要和印欧语系文字一比,其象形味立刻能够被体味出来。因为汉字最初是由图画文字演变成象形文字而来的,因此它保留了若干的象形特点。它不知不觉地总是在**诱导我们,使我们把汉字本身和外部自然界联系起来。**所以,我们说汉字是自然界存在外貌的一个浓缩、一种简化形式。

反过来说,印欧语系的文字,以希腊字母为例,它借助于腓尼基字母,它是**完全符号化**的。英语、德语、拉丁语,绝大多数印欧语系的文字,现在基本上都是拼音文字。它们完全符号化了,不再具有象汉字那样的立体结构。相反,它们是流线形的结构,一种平面的弯弯曲曲的文字,**缺乏象形味**。这样一来,会诱导出一种什么样的文化效应呢?首先,你看到这种拼音文字以后,不可能立刻把这种文字跟外部自然界联系起来,因为它已经**失掉了人这个主体和外部自然界客体之间息息贯通的诱导因素**。那么它是不是一种非常落后的文字呢?作为一种传输某种信息的载体,它当然也不落后,只是它的文化负载功能跟汉字有区别。它尽管把文字的自然性特点抹掉了,但是从另一个方面得到了补偿,也就是说,它强调了人的智力运行轨迹。它的书写形式造成一种回环勾连,如溪水长流斩而不断的流线效果,容易诱导人们去注重事物的联系性。这种状态和下面我要讲到的语法形式共同起作用,极大地强化了印欧语系民族对事物的表面逻辑联系的感知能力。抽象的书写符号和语音形式与现实世界脱节,容易迫使印欧语系的民族在更多的场合脱离现实世界来进行抽象的纯粹借助于符号的形而上思考。所以,印欧语系语文具有相对强的人文性。我这个观点跟时下学术界流行的观点有点不一样。因为一般人强调,说汉语的人文性很强,而印欧语系语文的人文性好像不那么强。而我认为刚好相反,这些蚯蚓一样的文字其实人文性更强,因为它是主要靠人的智力、想象力,尽量不依赖自然界物象的提示。它的人文性主要表现在把人的痕迹,强有力地打在文字上去了,主要用人的能力创造出一种符号出来,把人的思想印上去。王安石所谓"非人私智所能为"在面对西方语文的时候,同样显得不是那么理直气壮,就正如索绪尔这一类的语言学家的所谓语言是任意性的观点难以解释汉语言文字一样。所谓人的私智,是私人的,是人自己的智力,它创造出一套符号出来。而外部自然界自己的特点反倒消失了。当然,要提醒一下,这些拼音文字的书写形式,最初也与象形文字相关,只是在后来的年代中,象形特点逐步泯灭而已。所以我说印欧语系语文的人文性相对说来要强一些。当然人文性强一些,并不意味着就要好一些。在当代世界,可能自然性强一点的文字反倒要好一些。现在西方有些学者摸索了几十年,才重新醒悟到这一点。例如解构主义者**德里达就倾向于认为汉字这种文字可能更有助于人们认知世界**。总之,**汉字与印欧语系文字相较,不是人文性特强,而是自然性相对强一些**,因为它的象形意味和图画特点还挺强。通过以上比较,我们就明白了这两大类文字外形差异造成了两大类不同的文化的潜在诱导因素。

那么不同的字型给文化带来什么文化效应呢?比方说汉字的字形给中国的文化带来一种什么效果呢?首先,汉字诱导中国文化具备**较强的图画性**,使中国人具备**较强的形象感受能力**。例如书法这一类东西,它一定要产生,而在其他语种里面就不太会产生这种东西,迄今为止,没有听说印欧语系里的什么文字是以书法取胜的。还有,你比如说中国的诗词是另一种图画性很强的文化现象。你拿绝大多数的中国诗词一念,你会感到它们有非常明显的特征:**写景诗极为突出**。这些东西你自己看习惯了不觉得,你认为好像诗就该这么写。可是到了国外,或者你把中国诗词翻译成英语和法语的时候,就老有一些外国人会对你说,他们觉得中国诗词好像没有什么意思,怎么老是山啊,水啊,树啊,鸟啊什么的?难道只把那些景色写上去就是诗了?他根本懂不了,不觉得那是诗。他不明白中国诗人创造的东西怎么会打动人,因为他不明白中国的文字。我们的象形字就是图画。苏东坡说:"味摩诘之诗,诗中有画;观摩诘之画,画中有诗。"一位古希腊学者也说过,画是有声诗,诗是无声画。诗画本是难分难解的艺术形式。诗中如果没有画意,只有枯燥的说教,则往往是拙劣的诗。而汉字呢得先天之利:**一个汉字就等于是一幅画,就是一首诗**。它的外形本身看起来就已经是诗了。所以,我认为,**就一种诗歌载体而言,汉字在形状上已经是先天地就优越于西方的印欧语系的文字了**。

庞德是美国的一个大学者、大诗人。他不懂汉字,但他说汉字一看起来就让人情不自禁地觉得那是诗,看那个形状就已经是诗了。而高度符号化的语言文字它没有这种东西。现代西方文字没有这个东西,它消失了。随便举一个例子,王维《使至塞上》:"大漠孤烟直,长河落日圆。""大漠"对"长河",一阔一狭,惟"漠"之阔大,更显"河"之狭长;烟孤且直,见蛮荒之地风静声消,寥落无人;日落犹圆,写胡天边塞山渺云稀,残照如染。孤烟一线,落日一圆,长河婉转,大漠成片,则直、圆、曲、方,诸形皆备,酷似规写矩画而出,此类对称型视象之构建技巧,可谓奇绝妙绝。这样的句子一看全是写景的东西,但是非常的美,每一个中国人一念到这个地方的时候,就会进入那境界。当然,你有没有欣赏中国诗词的能力还要看你的呈像能力,看你念了这样一句诗或词之后,是不是能马上进入这个境界。你一旦读到诗人词人写了什么景,你就要去玄想这个景。你不要光是从语音上觉得听起来很舒服,形象上没进入的话,你还是没有完全到位。你要真正地进入那个图像。最简单地说,如"鸡声茅店月,人迹板桥霜"。实际上你从逻辑上推,这诗没有什么逻辑性的。"鸡声"先是从声音上吸引你的注意力,让你去体察远处的鸡声,实际上不知不觉给予了你一种空间感。这个鸡声一传,由鸡声而牵扯到茅店,把你的视野从时空中一下接起来。然后是茅店上边这个月亮。鸡声茅店月,五个字,全是名词,没有动词、形容词、副词、代词或介词,诗人就是简单地把他的诗歌想象力的照相机拍摄下来的图像经过剪辑排列在你眼前,就把那种清冷的气氛一下营造出来了。但接下来的"人迹板桥霜",在图像排列方面很独到。作者所呈现的图画顺序和我们平时直接观察到的顺序是相反的。由于霜通常是大面积地出现,我们肯定是先看到它。但是诗人却先不写霜,他先勾画人迹。人迹是板桥上的人迹。人迹那么小,怎么会一下子先看到?这不要紧,反正诗人就要突出它。这就像一个特写镜头一样,一下把这个脚印给放大,让你看到它,然后再扩大你的视线,让你看到板桥。板桥是更大的一个平面,之后再来描写霜。**诗人把感受的顺序颠倒过来了**。这方法很像电影的蒙太奇技巧,而这种蒙太奇技巧的大师公推爱森斯坦。**爱森斯坦说他的所谓蒙太奇这一套技巧就是从中国诗词借鉴而来的**。他看了大量的中国诗词,觉得它们就像是一幅一幅电影蒙太奇镜头一样。汉字由于本身具有画面感,所以即使不管文字所表达的内容,光把几个字一摆,就有一种诗的效果。何况这几个字还可以排列组合,变来变去,产生更多的图画。汉字本身这方面的优越性一下就显示出来了。换句话说,**汉字产生的这种视象美重在让读者去做图像感受,而西人的诗却往往重在让读者去思考。**

如果我们在语音、语形、语义这三方面加以比较,我们会发现**印欧语系文字在形音方面的构诗潜能比汉字要逊色得多**。尤其在精致的文学创作领域更是这样的。

语形差异还可以进一步造成别的文化效应。还是以诗歌为例。比方说汉诗的诗行之所以能排成豆腐干体,非常整齐,就得益于汉字的语形。而印欧语系文字写的诗都是长长短短的,尽管它念起来在音值上也力求有整齐感,例如每行诗规定为十个音节,或者说八个音节,这一点它可以办得到,可是它的形式就没法儿保持整齐。它的多音节词拼写使得它不可能有那么整齐。**诗行排列的整齐感会暗示诗本身的格律上的规则性和整齐感**,暗示读者什么是纯粹诗的东西。因为这样整齐排列起来的文字肯定不是人们口头说出来的话,而是由一种严格的规则所制约的东西。**它的形式本身的规则性,就会首先让我们阅读诗的时候用不同寻常的眼光去看它**。因为诗这种东西,作为一种文字的巧妙运用,是一种偏离规范的制作(deviation from the norm)。这里的所谓规范,一方面指的是人人都会的口语,另一方面也指按一定法则组织起来的书面语。口语和一般的书面语的句型通常都是长长短短的,比较自然的,这是一种符合一般人概念的语言,觉得这才是正常的,这就是一种规范。而诗歌却不是这样,它是那么干净利落,像切得方正正的豆腐干一样。它的诗味从外形上看就特别浓,这不用说是象形文字赋予它的诗意。汉诗排列起来以后,由于汉字是方块字,每一个字占的空间都差不多,因此一行诗在页面上幅面不宽,印刷起来就非常容易,用不着从中间把一行诗折断一下挪到下一行去印。当然现代白话诗也有学西方诗歌形式的,故意写长句子,一行折成两行,把某些字挪到下一行。这种行叫做 run-on lines,在西方的诗歌中很普遍,所以有的人以为 run-on lines 不错,造成一种形断意不断的感觉。其实这是因为它的拼音文字一个词就是一串,太占空间。如果诗行中的多音节的词太多了,就无法都拥挤在一个诗行中。它的 run-on lines 是写到这里写不下了,自然只好折下来,挪到下面一行,不然纸上印不下了呀。然而汉诗却可以避免这种无可奈何的折行现象,除非它故意要追求这种效果。

依据语言文字上的先天差异导致文学形式上的差异这种原理,我们可以进一步深入讨论一些更尖锐的问题。比如如何评价莎士比亚的诗。如果我提出这么一个观点,认为莎士比亚的诗跟中国的古诗,比方说李白、杜甫的诗比起来要差,而且必然要差,你会同意么?你通常不会的。因为你是中国人,具有中国人的阴阳互补思维模式,你连想都不想,就会把这种说法斥为中国中心主义。你的常识告诉你,莎士比亚是全世界公认的最伟大的诗人,怎么会差呢?只能是各有所长。那么我告诉你,各有所长的说法当然没错,但是各自长多少,却是值得比较的。相对主义固然有道理,但说相对中有绝对也有道理。我是专门研究莎士比亚的,博士论文也写的莎士比亚,我还翻译了他的 154 首十四行诗。我翻译的时候是什么感觉呢?最明显的感觉就是,在使用优美的辞藻方面,我根本不愁能不能达到莎士比亚诗歌那种类似的语言效果。换句话说,我愁的是**一不小心就要超过莎士比亚**。为什么说一不小心就要超过莎士比亚呢?那是因为在具体选择字词的时候,你会发现汉语当中有很多可供使用的修饰语,多得很,形容词一大堆,你可以随便选用,基本上不愁找不到类似的表达法。我把选中的汉字写入诗行,会发现这行诗还没有填满,还有空间。我这一行不但用不着折下来,还可以在后面加上几个字修饰它一下,当然它的大意我不违背,在尊重它的原意的情况下,如果我把那个句子修饰得比原作稍微华丽一点,是很容易的事情。当然在这样做的时候,译者不能走得太远。而换了莎士比亚来翻译中国诗词,他就根本办不到这一点,因为他的语言是多音节的,在相同的页面空间范围内,它一行诗里包容不了几个单词。他如果是译者,那么他会发现,把一行汉诗的主要意思译出来之后,页面上就没有空间了,只好折行开始写第二行。这样做在形式上就背离了原作。因此他肯定不敢用较多的修饰语,他的译诗只好相对枯燥一点。他没有办法。不是他的诗才或文字功夫不够,而是他所使用的诗歌载体——英语——在修饰语的丰富性和排列形式的简洁性方面根本没法跟汉语言文字相比。所以西方很多语言学家、包括哲学家黑格尔等也认为,汉字是一种描写性的、艺术性的文字。实际上汉字确实是这样。

两套体系的语言文字先天性的优点和缺点造成了不同的文化效应或结果,表现在诗词上是一目了然的。所以评价莎士比亚的诗的时候,尽管我们还是认为那是伟大的诗,但那是相对于西方文化,在西方人眼光中来说是伟大的诗,它确实是很伟大的,很美的诗。可如果跟中国的诗相比的话,比如说跟李白、杜甫的诗,尤其是南宋的词一比的话,莎士比亚的诗简直不叫诗,它枯燥无味了,没什么意思了。当然我也不是要把它说得一塌糊涂,相比而言,它的艺术效果远低于中国的好诗。**它落后于汉诗的原因关键在于它存在着语言文字本身先天性的缺陷**。当然它也有它的长处。它的长处是在哪些地方呢?如果在这方面比不过你,在外形,在语音上,在意象方面都比不上的话,就意味着它其他方面一定存在着长处。所谓其他方面,我主要说它在说理方面比中国的诗厉害。莎士比亚的诗,拿 154 首十四行诗来说,它在说什么道理啊?它说那种最枯燥的、没多大价值的道理,但是它说得很妙。为了反复说清同一个道理而居然可以写 154 首诗出来,这至少也要算莎士比亚伟大的地方了。那么莎士比亚说了什么道理呢?就是劝他心目中那个人——究竟是个男人,还是女人现在还有争论,反正是他的一个好朋友——赶紧结婚,结了婚生儿育女;因为一个人如果长得漂亮又不结婚,那么这种漂亮就无法遗传下去。此外,莎士比亚还自我标榜说,他创作的十四行诗更伟大,也可以把爱友的美传之久远。他写的154首十四行诗,差不多都是宣传这个道理!或者说这个主题!翻来覆去地这么写。若在中国的话,这种诗根本就不能通过鉴赏家的法眼的。北宋的苏东坡跟秦少游见面,互问近作,秦举出自己写的:"小楼连苑横空,下窥绣毂雕鞍骤。"苏东坡很不以为然,说"十三个字只说得一个人骑马从楼前过。"意思是用字太罗嗦重复。要像莎士比亚这样翻来覆去地写同一个道理,一共弄出154首来,岂不被苏东坡耻笑?说理诗在中国一般不受欢迎,宋诗之所以被毛泽东贬为"味同嚼蜡",就因为它说教味太浓,不注重形象思维。中国诗要求每一首诗里都得有某种崭新的艺术特色,否则便算平庸。当然西诗在若干首诗中把同一个道理用非常巧妙的字词,通过不同的篇章结构、词法结构、语法结构将之调理成一种游戏一样的东西,让你念起来就觉得整个构思奇警,也是很妙的。但是从整体来说,它跟我们的诗相差较远。严格按照我们的标准来说,他们的诗除了浪漫派诗歌诗意较浓郁之外,其他的诗味相对较弱。为什么?因为**中国诗有个最关键的东西,叫做"诗主情"**。一首诗叫做诗,首先是情必须真挚,真正是出自心底的流露。诗中之所以有许多景物描写,是因为汉字本身的图画特点就诱导诗人们尽量去描画外界,情绪形象化为图像似的东西表达出来。所以它虽然有许多写景的语句,但它不是单纯的写景,它的**景必须和情交融**。情景交融而物我两忘,情景汇为一体,这才算基本合格的诗。所以它的诗行中往往不出现第一人称的代词,没有那么多我我我。这个特点在把中国的诗、词翻译成外文的时候,立刻凸现出来,使译者感到非常棘手,怎么办呢?诗里边常常没有主语,这情和景是从谁的角度描绘的?究竟是我在说话呢,还是别人呢?中国人的诗不给你说穿,让读者自己体会,让读者慢慢在体会的审美过程中不知不觉和作者融为一体,仿佛诗是读者自己写的一样,读者的体会越深,越难以和作者分割开来。但是你翻译成外文时,外国人一定问,究竟是谁的感触?究竟谁在说?因为他们的诗通常是这样的,交代得很明白。因此你只好加一个 I(我)或 he(他)或者 she(她)。但你加了这样的代词,诗味就会明显受影响,甚而至于整个出错误,因为原作者可能本来就是极力避免出现这样的代词的。而外国人就是直截了当,这是谁的,那是谁的。所以中诗外译很难翻译,有时根本就无法译。这是语言文字本身的特点造成的鸿沟,无法逾越。所以在这方面你说两种文化怎么可能是一样的?不可能的。它已经走到很不相同的两个方向去了。在把这个道理搞清楚之前,我不敢说莎士比亚的诗居然没有李白、杜甫的好,总是人云亦云地吹捧莎士比亚。因为自从近 300 年来,由于国际上许多学者做了宣传,认为全世界最伟大的诗人是莎士比亚。外国学者先这么说,五四以来的中国学者也跟着这么说,都当成理所当然的真理认可这种说法了。于是在全世界没有一个国家没有莎士比亚研究会。但是有李白、杜甫研究会的国家就少得可怜了。这种文化现象说明一种什么问题呢？就是中外学者有时候不知不觉地误导大众。说他们是不知不觉，是因为这些学者常常自己觉得自己是在诚心地研究和表达自己的看法，并没有偏见。其实他们不知道，**他们的良知也可能是想尽量不带偏见，但是他们用来表达思想的工具，他们的特定的语言文字本身，却使他们不得不带偏见**。按我的看法，莎士比亚在西方文学史上，确实要算一个极伟大的诗人，但如果把他推崇为全世界最伟大的诗人的话，是非常值得怀疑的，除非只能依西方人那套习惯了的审美标准。而审美标准的形成，取决于许多因素，例如社会道德因素，历史因素，文化积淀因素，尤其是语言文字因素。文学这种东西和语言文字先天地具有盘根错节的难以分割的联系，因此它会大大地影响文学审美标准的建立。从这些观点，我们很容易得出结论，就是在文学鉴赏方面，西方人有西方人的审美标准，中国人有中国人的审美标准。二者肯定有共通性。但是研究共通性对于自然科学或别的社会科学来说固然很重要，对于艺术学来说，意义却相对地小得多。因为正是从文学艺术表达的差异性——其实就是它们对艺术表达的特殊性，我们才能最大程度地领略到文学审美的奥妙；这就是老黑格尔所说的"这一个"。共通性的东西，例如真、善、美这些抽象的概念，是每个民族都有的。但是一旦落实到具体的东西，立刻就大不一样。落实到具体的语言文字这种表现媒介，其艺术效果简直相差很远很远。即使要描写据说共性多一点的所谓美德，也不可能天下一样。例如中国人认为最好的美德是仁、义、礼、智、信，把仁放在第一位。西方人却认为最好的美德是勇敢、节制、公正、谨慎、刚毅、慷慨、诚实（courage, temperance, justice, prudence, fortitude, liberality, and truthfulness），把勇敢放在第一位。中国人把仁放在第一位，根本没有勇敢的位置，如果按照老子的意思，勇敢是一种不好的品德，叫做"勇于敢则杀"。胆大妄为往往召来杀身之祸。而西方人却把勇敢放在最重要的位置上。西方人骂人，常用"懦夫"这个字眼，他们觉得只要把你说成是胆小鬼，就算把你说得一钱不值了。而中国人最注重的"仁"（对世人的普遍的爱心）在西方人那里却没有位置。所以中国人骂人，骂你不仁不义，六亲不认，禽兽不如，就觉得已经把你骂得挺惨的了。但是西方人并不觉得被人比作禽兽是无法忍受的事情。当初有人喊打倒帝国主义及其一切走狗，翻译成英语就是 Down with imperialism and its running dogs. 西方人听了觉得奇怪，不知道"走狗"这个称呼是褒义还是贬义。中国主张一视同仁，对天下的所有人都要有爱心。而西方人说到爱也主要是男女之爱。如果说一个男的爱另一个男的，那就是同性恋，是耻辱了。所以**中西文化的这种差异是很难弥合的，甚至不可弥合**，但是也可以让它们走到一块儿来，并存，不发生摩擦就成。这就是要合而不融。可以让它并存，让两种特点都能够被我们欣赏到，这是最好的。不要以为把它的特长拿过来加上我的长处，一加，这不是就弄出更好的了吗？实际上根本不可能的。中国近代在引入西方艺术方法与中国传统方法相结合的时候,常常发现两种长处并未相加,而是短处在相加,原来的长处反倒被抵消,搞出些不中不洋非驴非马的四不像来。

印欧语系语言文字与汉语言文字相比较而有的缺陷在五四的时候就有人不同程度地指出过。当时很多人提倡搞白话文、搞拼音化,把汉字给废除了,有不少中国学者站出来为汉字说话,抨击西文。尤其值得一提的是日本学者山木。他列举了欧美文字有十大不方便,数之不便、单数复数、性之不便、冠词之不便、时态之便、字形变化之不便、研究文典之不便、古今讹音之不便,讲了很多很多,讲得很有道理。山木还说:"音之传讹,如水之就下,不能御也,而文字乃蒙其祸,故依音制字之法,虽似易于通俗,实亦未必尽然,况音讹字变,使人不可复读乎!日本若不幸而采用罗马字,则亦必同蒙此祸。"他强调西文字画冗长之不便、字画长短错综之不便、字音冗长之不便等等。他认为"中国文字,虽其音屡讹而其形不变,即千百年之后,无不可复读之忧。凡同文之国,不论其语音如何悬异,皆可藉文字以通意思,毫无障碍,较之欧美文字,孰为便利,不待智者而知矣"。朱德熙先生说:"要是孔夫子当时用的是拼音文字,那么我们今天读他的《论语》恐怕连一句也不懂。"("关于汉字的优点和缺点",《汉字文化》创刊号,1989年1—2期)"欧美文字,虽以轻细之笔画写之,往往至二三寸之长。中国文字,其笔画虽亦有繁密者,然排置结构,使其面积相等,一目得认五六至七八字。欧美字画之冗长者,较之中国繁密之字画,犹为繁密,且其字由反切联缀而成,冗长之一字,尚不能一目了然,况六七字乎!"但是在那个西化大潮中,谁也不会注意这种声音。当时中国的形势不好,许多学者都急了,迁怒到汉字上,认为第一要务是把汉字给废了。当时很激进的一些学者,如胡适呀,钱玄同啊,鲁迅啊,都是认定中国的问题就糟糕在它的语言文字上,只要它一日不除,中国就一日不能得安宁,而且很可能亡国。当然我们现在发现汉语言文字还在,还没亡国。对不对?所以五四时代的一些学人研究这个问题的时候有些急躁。今天反观此事,可以得出一些新的结论。

2.3 中西语文语义差别及文化效应

我要谈的第三个方面是语义差别。中国的文字和印欧语系的文字语义上的差别与两种文字的音和形密切相关。**中文可以一音多义,多义字较多,多义字多了就容易造成一种模糊感,就是表义模糊。它一字多用,字义就容易宽泛、笼统。不过它既然笼统的话,它也同时就可以简洁。它既然简洁,就容易具有高度的概括性,就有综合能力。**印欧语系语文的多义字相对就少一些。因此它表意就要精确点儿。那为什么它的多义字相对要少一些呢?为什么它表达含义要因此清晰一点呢?因为多义字少些,导致字本身的分类必然增多。当它需要表达一个确切含义的时候,它可以造新词。它造了很多词。**汉字则不同,往往是拿一个字跟另一个字组合起来,自我孳生,产生一个有新意的词。它的新词离不开旧词的依托**,所以它的意思和其他相邻词的意思总是藕断丝连,这就使它表意不可能完全精确。印欧语系文字的意思当然也往往和相邻的字词有藕断丝连的关系,但远不如汉字这么具有依赖性。因此**印欧语系语文表意有相对独立的空间,它的表意就容易精确一些**,因为它可以用一个单独的字来表达一个单独的含义,词不够用就造一个。当然它也有很多词是多义的。但**相对说来,它的分类要多一些**。

这样一来,造成一种什么文化效应呢? 我们还是以中国诗词作为例子来说吧。它造成中国语文乃至中国文化概括性特别强,造成它的艺术性和综合性特别强。为什么中国的大写意画重神似而不重形似呢? 因为它注重把最关键的东西表达出来,把审美对象的整体精神把握住。即使没有人教给这些画家这样创作,中国画家也容易走到这条路子上来。因为人们一天到晚都得使用这个语言文字,这种语言文字天天都在暗示他这种东西,所以他一定要自发地走到这个路子上来,非走到这个路子上来不可。总之,**西方语言文字的定义功能相对来说要强一点,从而导致逻辑性表意精确性要稍高一点儿**。所以同一种原理施用于艺术,印欧语系语言由于条分缕析的分类能力比较强,就会势所必然地走到求真求系统性的路子上去。可以用另一种说法来概括一下,印欧语系语言在局部精确上达到非常高的程度,而汉语文则在整体精确上达到非常高的程度。

2.4 中西语文语法差别及文化效应

第四要谈的是语法差别。语法差别又分词法差别和句法差别。词法方面,**汉语言文字没有印欧语系语文那种前缀、后缀、时态、语态及性、数、格等一大套东西。这样一来就造成它的定位功能相对灵活**,你把一个汉字放在哪个地方它往往都能达意。它现在是名词,你把它的位置挪一下,它就成了动词,或者形容词。它的外部形式不发生变化,而它的表义功能随着位置的变化却可以灵活地发生变化。所以它在这方面的创造性就非常高。但是**印欧语系语文则不然,它的定位功能很机械、有相对的固定性**。它的定位功能附着在词汇上,你即使换了位置,动词还是动词,形容词还是形容词。在拉丁语中,你可以把一个句子中的各个成分打乱次序排列,人们还是能够一眼就认定哪个是名词,哪个是动词,哪个是主语,哪个是宾语。它的每个词汇似乎都有一个档案袋跟着一样,相互之间的关系是比较明确的。这样的语文的好处是表意比较稳定,每个词各司其职,有相对**严密的等级关系**,是一种法律性语文。它的优点是**限制性强**,表意上有助于提高微观局部性准确程度。**缺点是过分机械、死板**,词汇本身的功能不能随意发生变化。而且**追求一义一词**,

就会造成词汇越来越多,结果在数量达到以百万计的词汇面前,等于人人都是半文盲。中国的汉字在这方面则非常自由,你爱怎么安排就怎么安排。每个字有相对独立的形态,不容易受前缀、后缀、时态、语态及性、数、格等一大套东西的干扰。记住一个字,就是一个字。不像英语,你记住一个 do(干、做),还得记住它可以变化为 did,doing,done,does,加上与人称、性、数、格等相匹配的时态语态,不会少于二十种存在形式。它的动词还有许多是不规则的。最要命的是,**大多数的不规则动词,恰恰就是使用频率最高的动词**。为什么会发生这种现象?我认为,最常用的动词正因为使用频率高,经过千人万人的辗转使用,发生流变讹传的机遇也就相对高于普通的较为偏僻的单词。因此印欧语系语言的总体发展趋势是越来越不规范,直至最终孳生出多种语言和文字。印欧语系语言之所以种类繁多,就与此相关。而汉语言文字却相反,越来越走向统一与规范。原因何在?就在于(1)它的语形书写方式比较固定,(2)同时又没有太多的诱导自身发生变异的词法语法形态以及(3)它具有比较固定的一字一音的标音形式。所以汉语言文字再流传几千年,其基本形态仍然可以保持比较统一的形式,而不至于孳生出几十上百的其他汉语言文字体系。这一点极端重要,因为它的统一也意味着汉民族的统一性会是非常稳定巩固的,不会像西方那样孳生出许多民族。当然同时,这种优点也就是汉语的缺点,它的词法结构、语法结构过分灵活,法无定法,无法可依,也就不容易往缜密严谨方面发展,它在表意上就难于借助词法和语法形式来达到更高度的精确,而必须要借助语形结构等等来加以弥补,从而达到一种宏观性整体精确效果。而印欧语系语言则可以直接借助词法和语法等形式在表意上达到一种微观性局部精确效果。

这种语法差别还产生别的一些文化效应。典型的例子是用中文写的回文诗,顺着竖着你都可以念通,一首诗歌通过从不同方向来吟诵,可以产生出几十、几百、甚而至于上万种诗歌来!这把中文的这种灵活的创造性功能发挥到了极致。这种语言文字势所必然地把文化引向一个方向。用汉字书写,表意非常生动。比如你写一个山字,看起来就非常像一座山(当然现代汉字中这样的象形字已经大大减少)。这样就弥补了它在逻辑性方面的相对不发达特点。根据我的观点,任何事物都是这样的:任何事物在一个方面有缺陷的时候,就往往会诱导出另外一种因素来弥补,相反也是这样。所以语言的形式与功能总是利弊相对存在、互转互根。

词法、语法的严谨形式虽然有助于西方人陶冶他们在思维方式上的严谨性。但是由于要掌握这种语言的繁琐形式必须花很大的功夫,因此从学习成本方面来看待这个问题的时候,会发现它的这一优点又在一定程度上被抵消了。我们以幼儿学习一门语文所需要花费的经历和时间来看这个问题。中国儿童记住 2000 至 3000 个汉字,就可以阅读《人民日报》而不会有多少生词。印欧语系的儿童即使记住了 8000 左右的单词,在阅读《华盛顿邮报》时仍然会有很多生词。举例来说,当人民日报上出现"水仙花"这个单词时,中国儿童尽管也许不知道这究竟是什么花,但是他不需查字典就知道这是一种花。"水仙"两个字也是常用字,可以帮助儿童判断这种花至少不是菊花、桃花、牡丹花及许多儿童已经知道的种种花卉。也就是说,他即使不知道究竟是什么具体的花,他也已经知道(1)这是一种花;(2)这不是别的所有那些他已经知道的花。知道什么是一种知识;知道什么东西不是什么,也是一种知识。因此,**如果将这个词中所含的信息量规定为 3,则中国儿童已经不教而知其 2!** 可是,对于一个印欧语系的儿童来说,恐怕就不是这样。**如果将这个词中所含的信息量照样规定为 3,则西方儿童所能获得的有效信息量只能是 0!** 以英语为例,水仙花叫 narcissus,如果该儿童不知道这个单词,他就无法根据这个词本身的组成部分推知它是什么意思。因为这个词的组成成分没有太多的常用的可以令人一望而知是什么东西的那种成分。narc 有"缉毒探员"的意思,narco 有"麻醉、昏睡"的意思。但它们一方面不属于最常用的词类,另一方面也不能暗示这个词本身是一种花。而且儿童还未必能把 narc 单独分离成一个词。因此,印欧语系儿童面临的是一个完全的生词,不知道就不知道,必须作为一个完全的生词来记住。当中国儿童看到"水仙花"这个生词的地方的时候,他可能略一停顿,根据自己的理解便继续读下去,而印欧语系的儿童却会因为这个生词而完全给卡住了,因为他如果压根儿就不知道这个生词是什么意思,他就难于决定究竟它是一个具有关键意思的词呢还是可以跳过不管的词。在这种情况下,印欧语系儿童对于这个生词的信息吸收量几乎等于 0。2 大于 0。**因此使用汉语的中国儿童比使用英语的西方儿童的的平均吸收阅读信息量要大 2 倍!** 当然,应该考虑到,英语中也有许多孪生词的前缀、后缀等词法形式可以帮助印欧语系儿童分析所阅读的词类大概是属于哪一类的词类及词义。但是,要知道这种作用是有限的,因为事先记住这种抽象的没有任何图画性特点的成百上千的前缀、后缀本身对人的记忆来说就是一个挑战。让儿童们先去记住这些东西是不现实的,很可能让他们厌烦这种语言学习。所以,就总体而言,记住 2000 到 3000 汉字的儿童可以比较容易地阅读《人民日报》,而记住 3000 英语单词的印欧语系儿童阅读同类报纸如英文版《华盛顿邮报》时,却会困难重重。这里边有一个非常重要的东西,这就是:**汉字的每一个字本身就具有意义自我阐释的作用。**因为它的根底来源于图画文字。图画所外部世界事物的缩影。一个字所表达的含意从它的书写本身就已经显示出来了。这等于说每个汉字就是自身的含意小词典。如果有两个、三个、四个字组成的汉字词组,则各个单字便等于可以相互阐释,互证互释互彰。上面的"水仙花"三字词就是一个例证。由汉字组成的文章是一个词义互释文本。这就是为什么掌握汉字的儿童只需要相对来说较少的词汇量就能阅读文章的关键原因。

由此,我们可以进而比较中西方在儿童教育上的方法差别及其意义。

传统中国人主张让儿童在发蒙期间(幼儿期间)死记硬背。让他们尽量记住较多的汉字,尽量背诵较多的文章。而不大给他们讲解每个字词的用法。民国以前的儿童在七八岁的时候就要求背诵《千字文》、《大学》、《中庸》、《论语》、《易经》、《尚书》等等古典文献。十岁左右的儿童,可以把上述经典倒背如流。而今天,20—30岁左右的青年大学生、研究生连看懂这些文献都有困难,更不用说背诵了。上述传统幼儿教育方式在民国时期就被否定。认为它是封建的、落后的。但是,从语言文字本身的存在规律来看,我以为这种方法包含较高的科学性。因为汉语言文字没有西文那样太多的词法与句法规则,所以可以把教学的重点放在词汇及文章的直接记忆上。通过记诵一定量的经典文献,自然而然地记住基本词汇。儿童的机械记忆力强,应该加以早期开发,让他们发挥这种记忆优势,把那些成年人背诵起来比较困难的经典文献在比较年幼的时候便机械记忆住。当幼儿成长起来,机械记忆能力减弱,理解记忆能力增强、社会生活体验日益丰富的时候,再让他们来消化原来学过的东西,便很容易融会贯通,达到在知识的领域左右逢源、得心应手的程度。古代的学者往往能出口成章、旁征博引,很使现代读者感到惊讶,其实在那个时候是很平常的,因为他们从幼儿时代起就已经打下了熟读熟背经典文献的基础,所以能在后来的治学中随意引用。

可是我们看现当代中国和西方的教育方法却不是这样,过多强调所谓启发式教育,忽略必要的死记硬背,浪费了儿童的早期智力资源,造成当代青年知识存储的先天不足。由于缺乏背诵的训练,语感能力萎缩,强记能力消退,对概念的精确性没有达到应该有的程度。因此当代青年的文章总是罗嗦、肤浅、缺乏严谨和准确性,既不生动,也不简洁。充满废话。

我现在再把上面讲过的内容小结一下。我侧重从中西语言文字的语音、语形、语义、语法四个方面比较它们的同异及其相应的文化方面效应。综合起来,我们可以说,汉语言文字的**多维立体建筑性**因素多一些,而西方语文(主要以印欧语系语文为例)则主要是**单维流线型的**因素多一些。汉语言文字的**象形意味**较浓厚,印欧语系语文**符号化**的东西比较多一些。汉语的**自然性特点**比较强,而印欧语系是**抽象性**那种意味要强一些。汉语言文字是**多向综合型**的,而印欧语系往往是**单向推理型**的。汉语言文字跟自然界是贯通的,而人与景容易交融,可以说汉语言文字容易鼓励主体去跟自然沟通,因此它往往趋向模塑出一种**情理性**的文化。而印欧语系语文所诱导出来的东西往往是**事理性**的东西容易占上风,因此它往往趋向模塑出一种事理性文化。通过比较,我们会发现汉语言文字的**艺术性**很强。同时如果它的艺术性强的话,反过来就意味着它的抽象符号性相对弱一些,而西方印欧语系语文显示出的**抽象符号性**就要强一些。中国文化因此往往呈现比较强的画面形象感。而西方的文化则呈现出较强的**思维轨迹**感。所以,我又认为中国的文化实际上是一种**视觉性为主的文化**,而西方文化则是一种**听觉型为主的文化**。当然两者往往是交叉的,兼而有之,程度不一样。我还可以说中国文化是语形为主的文化,而西方的文化是语法为主的文化。从这一点而言,就可以解释为什么中国文化几千年来的语言文字研究中,其文字学特别发达。中国的古代语言文字研究叫做"小学"。而西方文化是语法文化,因为它的语法学特别发达。中国文化的灵活性特别强,条分缕析的东西要相对少一些,它容易走向兼容和折衷,因此它的稳定性强,不容易走极端。而西方文化条分缕析的东西多,同时死板的东西也就要多一些,因此它容易走到极端。并且它总是要走到极端才能回头。所以中国的这种文字容易诱导暗示出**文字导向型的文化**,而西方则容易产生**语言导向型的文化**。以上是用语言文字的基本特点的比较来解释文化的差异。算是做了一个小结。

3. 中西语文的其他文化功能

3.1 中西语文的模塑功能——中西方人思维模式差别

下面我再稍微展开一点从别的层面谈谈语言文字的其他功能。

语言文字本身有模塑功能。比方说它能够模塑出中国人的思维模式,所以说它具有模塑思维模式的功能。

思维结构和语文结构是互构的。在最初,很难说是先有思维结构还是先有语文结构。语言包括最简单的发音。文字包括最简单最原始的图画。而图画又包括视觉记忆中留下的有关外部世界的图像和人类自己想象世界中的图像。人类的六根——眼、耳、鼻、舌、身、意,与一切外部世界现象接触而生出的色、声、香、味、触、意等六象都是人类最初的语文。它们一出现就意味着思维形式本身的形成。在最初,思维形式与语文几乎没有界线,但是随着人的活动行为日益频繁,六象形式存储于大脑中越来越多,且越来越固定,于是,思维模式也就逐步固定。或者换句话说,**人类对于客观世界的感知的偏见形式便逐步固定化了**。由于语文形式可以通过口、耳、眼、意积累传播,于是其积淀性成型的趋势也愈益强化,最终造成确定人类思维模式的主导因素。

从总体上来看,汉语言文字容易诱导出**空间思维逻辑**,印欧语系语言文字容易诱导出**时间思维逻辑**。故西方人容易发展时间思维逻辑,具有单维、单向、定向、确认性强,抽象逻辑思维强等特点;而中国人容易发展出空间思维逻辑,具有多维、多向、非定向、两可性、形象逻辑思维等特点。

中国语文容易模塑出一种阴阳互补的思维模式。这种阴阳互补模式是大家熟知的。你看那个太极图,一阴一阳,所谓一阴一阳之谓道。你可以看到它一边是黑的,一边是白的,是两条鱼,黑鱼和白鱼,又叫阴阳鱼,头尾相衔,互相扭结在一起,互相填补而共成一圆。我们仔细观摩这幅图,便不难观摩出它的种种象征含意。它的表意是图画性的,是视觉哲理。深刻的哲理被凸现在眼前,**我们不仅能用心灵理解哲理,更重要的是我们能够用眼睛直接看见哲理。这就是视觉型文化所具有的长处**。听觉型文化则没有这种长处。另一方面,还要注意,这个阴阳鱼圆图并不是固定的,还可以转动。它一转动起来,你就难以断定哪一刻它是阴,哪一刻它是阳,因为它是流变互补的。它依据不同的时间、地点、事态的需要而不断地变。用字母来表示,它是 A 和非 A 的互补构成。它即可以是 A,也可以是非 A。而**西方的语言文字容易诱导出二元对立的思维模式**。就是说西方人看问题,容易两极化:要么是 A,要么是非 A,二者必居其一。它的思维模式就一定是这样的。它这些东西为什么会成为这个样呢?这是由于它的语言成分当中的语法系统诸如什么主谓宾定状呀,这些条分缕析的东西太多了,日日夜夜都让人感觉到事物的归类特点,所以**西方人总容易首先注意到不同的方面而不是同的方面,他容易把事物对立起来看,这就是简单地二分法,他不习惯走中庸之道,所以他往往是单向的**。中国式的阴阳互补思维模式,则能够两者兼顾,能够两边都给你考虑到,所以它不会是单向的。

在这方面我也想顺便提到西方学者沃尔夫等人提出的语言模塑思维的观点。沃尔夫认为:世界以万象纷呈的印象流形式呈现在我们面前,主要是经过我们大脑中的语言系统,来加以组织。我们切分自然,将其概念化,并赋予不同的意义,因为我们已就此达成了协议,此协议支配着整个语言群体,并以语言的模式形成了规则。① 不过我认为,沃尔夫等人的观点主要适合于印欧语使用者,对汉语文者则不然。此论有倒果为因之嫌。

此外爱斯基摩人关于"雪"的不同词汇表达跟其他民族表达"雪"的概念非常不同也可以旁证语言决定我们的思维这个观点。我想强调的是:语言能决定我们的思维方式,但不是一成不变地决定。当语言被改变后,其决定方式亦会改变,而语言在一定时间内是能够变化的,所以其决定思维方式的程度也就必然要相应改变。

我希望大家注意到,思维有语言思维与形象思维的区别。请想想你们今晚从哪条路回宿舍?一般情况下,你们在考虑这个问题上很容易倾向于形象思维。因为你会在想象中立刻想到那些具体的路径,什么路,什么楼房等等形象的东西。但如果请你们回答:你们是现在立刻回宿舍好呢还是过一会儿再回宿舍好呢?你们就大概倾向于用语言思维,即逻辑地思考这个问题。

---

① 同前,《剑桥语言学百科全书》,第20页。

文化的发展需要暗示,需要诱导因素。语言文字就是这样的最强有力的因素。1902年Mauthner曾经说过:"如果亚里士多德讲汉语或达科他语的话,他的逻辑和范畴会是另一种样子了。"此外,Humboldt也说过类似的话(见《语言要略》,第37页。又见Humboldt专著《论人类语言结构的差异对人类精神发展的作用》,商务印书馆,1997年)。沃尔夫(whorf)说:使用两种语言的文化不可能对世界有同样的看法。语言是一付或多或少变了形的眼镜。他还认为,Hopi语中的世界观可能比印欧语言更为接近现代物理学。我国的赵元任则认为:汉语比英语更为接近符号逻辑学中的某些方法。

3.2 中西语文差别与中西哲学模式的关系

从哲学上考虑问题时,我们还要提到一个重要的事实。这就是:当一个哲学家进行思考的时候,他的第一要素是什么?肯定是语言。他表述其观点的手段是什么?肯定是文字。毫无疑问,当他表述其观点的时候不可避免地要受到他所使用的文字媒介的影响。因此可以说**什么样的语言文字模塑什么样的写作方式,从而模塑什么样的思维惯性,最终诱导暗示其哲学思考的基本走向**。① 有了这种思路,我们就容易理解老子为什么在《道德经》一开篇处就要慨叹"道可道,非常道"的原因。也容易理解维特根斯坦关于语言哲学所做的种种探索,例如他断言:全部的哲学问题就是语言批判;我的世界的局限性就是我的语言的局限性,等等。依据这个道理,我们很容易就会发现,中国人只要用汉语言文字来思考写作,就注定会有天人合一的思想产生。为什么?汉字本身就是天人合一的。汉字的外形,它的象形特点,本身就是自然界的缩影。它自然而然地让中国人感觉到天(自然界、宇宙、神)和人之间的贯通存在。因此,天人合一的思想是使用中文的哲学家们很容易受到汉字的诱导暗示而产生出来的思想。

说到哲学上的另一些焦点性观点和理论,比如有关心物关系,精神和物质之间

---

① 笛卡儿认为,直觉演绎方法是获得真理的唯一可靠的方法,而运用这种方法构造知识体系,首要的一步是确定一个大前提。但是现实生活中所遇到的种种大前提都是极其可疑的,未经证实的。"我们在长大成人之前当过儿童,对呈现在我们感官面前的事物作过各种各样的判断。而那时我们还没有充分运用自己的理性,所以有很多先入的偏见阻碍我们认识真理,因此我们要摆脱这些偏见的束缚,就必须在一生中有一次对一切稍有可疑之处的事情统统加以怀疑。"(笛卡儿:《第一哲学原理》,商务印书馆,1969年,第41页。笛卡儿的看法是有道理的,但是他只是探索到问题的某一个环节,只探索到近根原因,而不是根原因本身。根原因是语言文字。实际上,当笛卡儿进一步探索这个问题时,他就势所必然地要进行逻辑分析,而他的逻辑分析归根结底是语言分析。例如他的"我思故我在"的形而上学思考,其实就是一种语言命题的逻辑陈述。儿童和许多成人的先入偏见往往以各式各样的判断构成,而这些判断亦都是语言陈述。消除先入为主的偏见可以从澄清概念入手,澄清概念的过程就是清理语言陈述、语言判断是否严格合乎逻辑和常识的过程。

的关系,思维与存在之间的关系的理论。你只要明白了我以上说的道理,便会很快发现中国人和西方人看待这些观点时有明显的如同我上面已经提到的那种差别。简而言之,**西方人一定要在这三重关系中分出哪个是第一、哪个是第二来。分出主次关系来**。他们要么断言是精神决定物质,要么断言是物质决定精神;要么断言是思维先于存在,要么断言是存在先于思维。他们不习惯于走中间道路。因为他们的思维模式就是这样,他们一定会这样提问、这样回答。而中国人虽然也有西方式的断言,但更通行的方式不是这样,他不会这么来提问,他往往倾向于**说心物是一体的,是一体两面**。他的看法是综合性的因素强,他既占住这边又占住那边,是阴阳太极型的,既是阴,又是阳。因为他知道,事物都是藕断丝连的,相互交织如阴阳鱼头尾相缠的,所谓此亦一是非,彼亦一是非,凡事不能一刀切。流转变化的阴阳太极图的那种东西是不断变化的,它不可能那么死板。所以中国人的哲学思想都非常圆融通达,常常显得无懈可击。而西方人的哲学思想由于常常建构在单向的思考模式上,所以无论多么严密的哲学体系,一旦被击中要害,便整个儿被端掉、否定掉,整个体系就土崩瓦解。所以西方人三天两头地产生出哲学体系,中国人要**产生出一个体系却很难**,因为前人说的东西本来就兼容性很强,你即使打击了它的某个观点,它的有机构成部分还是可以安然留存下来,难以被彻底否定。

3.3　中西语文差别与中西文学差别

说到文学我们前面已经提到过了。中国语文所诱导出来的文学样式大多是**情理性占了主导的地位**。而西方文学呢？它往往更多地向**事理性方面**发展。它趋向外写实主义,抒写客观世界的多一些。它的叙事性很强,而且过分追求哲理性。而中国文学则往往是抒写情的成分很多,也很受欢迎(如宋词)。中国也有抒写理的文学作品(如宋诗),但不如宋词受欢迎。因为中国文学理论主张诗主情。**诗言志的理论则是情理二者兼容**,故往往被文学理论家视为诗歌理论的正宗。这也符合中国人的兼容心态。五四时有人老嘀咕为什么西方可以出现史诗而中国没有,言外之意是一种遗憾。其实,只要懂得了我上面说的道理,就知道**以汉语言文字为媒介的作品本来就不该有西方式史诗出现**。所谓史诗其实与其说是诗,不如说更像是小说,它是一种戏剧一样的东西。因为它的事理性的东西占上风,所以一定会受到西方人的青睐。而中国文学是强调情理性的东西,它的诗基本都是抒情诗,是诗歌最主要的一种形式。重情理性的诗歌适合于写得短。因为人的情绪波动不可能是长期连续性的,**真正强烈的情绪多半是在一个短时间内迸发出来的**。把这种东**西集中表现于诗,自然宜乎短篇**,刻意摹写最感人的那些有代表性的情绪就行了。你如果让它们太冗长,像史诗那么长,你的情绪怎么能够延续下来呢？你悲哀不会是一天到晚地悲哀;你快乐,也不会是不分昼夜地快乐。悲哀和快乐往往是瞬时的,稍纵即逝的。所以写成短诗,效果比较好。西方语文的条分缕析性诱导暗示出成套的叙事性作品。史诗实际上并不是中国人心目中的诗,而是小说,是故事。例如《荷马史诗》都是若干故事的连缀,不过为了便于古代的行吟歌者记忆历史事迹,而写成了诗体而已。

3.4 中西语文差别与中西艺术

我们再来看看艺术方面的比较。简单一句话,中国画是**以我为主**,采用**散点透视**、**人格透视**,构图讲究整体平衡,色感重墨分五彩,画面呈平面者多,以写意为主。可以说中国传统写意画是用心灵作画,可以称之为**心画**。而西方人的画实际上是**以物为主**,用**焦点透视**。色感及形态都重逼真性,它主要局限于描摹眼睛看到的景象,所以也可以说叫做眼画。**中国画家擅长于我手写我心,而西方画家擅长于我手写我眼**。西方为什么容易产生焦点透视?这和它的语言中的那种主谓宾定状,那一整套词法句法结构等等有内在的联系。它的这种语言结构不断暗示它,使它一定要找到一个中心的东西。所以会有焦点透视出现。它的语言逻辑促使它走到逼真的路子上去。它是以写形为主的。因为它是眼画,它相信它的眼睛的观察。

谈到这一点的时候,我觉得有个问题很有趣。按我的观察和推断,一个土生土长的中国人在20岁时学习西画,只要肯努力,最终可以达到一般西方专业画家的水平。但是一个土生土长的西方人在20岁开始学习中国画,很可能一辈子都达不到一般中国专业画家的水平。原因是什么?就是西方的东西是简单的,容易理解的,容易模仿的。一个画家只要学会了必需的色彩学、构图学等知识和技能,就可以慢慢登堂入室了。但是中国画却不成。要学会画,一个人光是有画画技巧是不够的,首先,他必须要有中国画家的那种**气质和胸襟,他的人格魅力必然反映在他的画上**;其次,他必须要有广博的中国文化学识和超迈的眼光;第三,他的鉴赏能力也必须脱俗,有相当高的水准;第四,他必须会写汉字,他的书法也不应该太差,否则拙劣的题款会糟踏他的作品;会写字,意味着他得学会汉语,不会说也至少要学会汉字的书写。此外还有许多要求。但仅上面这些条件中第一、第二、第四条,一个西方人可能基本上难以办到。特别是书法,连土生土长的中国人都觉得难,西方人恐怕入门都办不到。而且欣赏中国画的那种情趣究竟是什么,也是许多中国人都感觉难以把握的东西,很难想象西方人能够进入这种境界。所以,我说,**中国人可以学会西画,而西方人却很难完全学会中国画**。因为中国文化的特殊性与中国语文的特殊性是连成一体的。中国艺术的特殊性是和中国文字的特殊性是连成一体的。

我们下面再把这样的观点延伸到科学技术理论问题。

3.5 中西语文差别与中西科学的关系

许多人都提到一个最关键问题:为什么中国没有科学?这个问题讨论了一百多年了,至今没有结论。其实这种问题本身的提法就是不科学的。因为它假定中国没有科学已经是一个事实。但我们知道这不是事实。实际上,**中国有中国式的科学,西方有西方式的科学**。而科学又指的主要是理论性科学。理论科学与技术有区别。中国的技术非常发达,而它的西式科学、那种纯理论性的东西相对弱一些。好了,明白了这些东西,我们真正应该问的问题是:**为什么中国欠缺西方式的科学**?把握以上的语言学理论,我们就可以解释回答这个问题。科学受若干种其他因素的影响制约,但是其中一个很关键的因素就是语言文字。为什么西方科学容易发展起来呢?可以拿语言文字来解释这个问题。如上所述,**因为印欧语系语文是一套由颇为严密的语法系统编织起来的交流工具,西方人从小就是在那种语系的熏陶下成长起来的,从小就养成了看待事物、描写事物、表达事物时,必须是条分缕析的,必须是主谓宾定状什么的,性数格呀,时态、语态什么的一应俱全;必须有一连串的东西来定位、定性,力求把每一样东西说得很清楚**。而这种东西,这种条分缕析的分类功能恰好就是理论叙述所要求的东西,因为理论性的东西逻辑性都非常强。形式逻辑为什么在西方会那么发达?因为实际上就是印欧语系语言本身就具备很强的逻辑形式,因此它自然而然地容易刺激、诱导理论性的东西在西方产生出来;它那种语言文字持续不断地暗示西方文化的发展方向。拿亚里士多德来说,一写文章就是几大卷、几大卷的,就像印欧语系的语法系统一样,成套产生,其他的西方学者也与此类似。中国学者则不然,也写同样的题材,但是在许多情况下,可能就只写几千字。老子《道德经》何等深广,却只要 5000 字吧,还没有西方学者的某本书的前言或后记长呢。但这 5000 字包涵的基本的内容,绝不比一些西方学者的整本整本的书包容的内容少。以黑格尔为例,有人说他的哲学体系是偷了老子的东西,他那个绝对精神就相当于老子的道。老子说道的运动是"反者道之动"(道的运动是循环反复的)。黑格尔则用一个"否定之否定律"来命名。大同小异。老子的"一阴一阳之谓道"、"万物负阴而抱阳,冲气以为和"等两极相生相克的思想,黑格尔谓之"对立统一律"。老子的"合抱之木,生于毫末;九层之台,起于累土"的思想,黑格尔谓之"质量转变律"。而这三大辩证规律正是马克思特别欣赏的黑格尔体系的合理的"内核",但我们一比较老子的思想,便会发现黑格尔只是使用了更多的术语,把问题复杂化罢了,其最根本的东西并未脱老子思想的藩篱。尽管黑格尔声称老子没有什么哲学思想,但这有点像是此地无银三百两。黑格尔的特点是写得晦涩,写得多,当然也更系统、具体。老子 5000 字,黑格尔则敷衍成几十万字,上百万字。当然,这也不能说一定要写得短才好。有的东西,内容太多,是有必要写得长一些的。不过应该有个限度。人类的寿命才多少年?就算大家都活95岁,从15岁开始便天天看书,平均3天看一本,一个月看10本,一年看120本,不停地看80年,也只能看1万本不到,可光是北大图书馆的藏书就有550多万册,就是说你一辈子不停地看,也不能看完北大图书馆的1/500!至于全世界的书,究竟有多少,当然就是天文数字了,提都别提。如此看来,**书写得太长、太厚,不啻是进一步给人类出难题,大大增加了人类掌握知识整体的难度**。因此中国古代的著作,虽然有写得太简洁的缺点,但同时是一个很大的优点。每本书容量不大,写得精粹,你可以在有限的时间内遍读群经,成为真正的饱学之士。而按照西式的写法,动辄就是一本书,把一个简单的道理吹成肥皂泡,全世界都这么做,结果书的数量以几何级数增长,人类从古代的百科全书型学者渐渐都退化成只可能知道某一门学问中的一个很细小的分支的学者。**相对于古代学者,实际上当代学者人人都显得很无知**,因为没有人能穷尽哪怕万分之一的知识海洋。因此从这一比较里边,我们或许就悟出了一种东西,即**人类不仅要学会写得长,更要学会写得短而精!**当然,回过头来,我们也不全怪黑格尔写得长,他所浸润其中的语言体系从小就教给了他那些东西,不断地条分缕析,不断地甲乙丙丁开"中药铺",一直开下去,开下去,所以便会把一个道理从字数上、从基本框架上越搞越复杂,越搞越庞大。这些跟印欧语系语文的模塑功能分不开。同时写得长的好处,是有充分的篇幅,把一个道理的方方面面全部展开,以便于找到漏洞,进一步研究发展。所以,我在这个问题上的结论就是:**当代学者一定要学会两种写作方式:写得短和写得适当地长。坚决反对故意写长文!**那种把一篇文章扩充成书的做法,如今不论在西方还是东方都非常盛行,这是要大力反对的。

回到刚才提到的科学技术之所以在中国会相对来说弱于西方这个问题上来。中国确实不多见西式的那种科学(理论),但这不等于中国没有科学。一定要把这个概念辨清楚。**科学分阴性科学和阳性科学。西方人的语言文字诱导强化出西式理论阳性科学,中国人的语言文字则诱导强化出中式理论阴性科学**。当然,中西都同时不同程度地兼有阴阳两种科学理论。我有专门的文章讨论这个问题,这里不再详细讲了。此外,中国人自己的一套技术。在技术上,古代中国实际上是相当发达的。至少在16世纪以前,中国的技术是领先于世界的。在理论方面,中国在科学技术总体中所占的比重是其整个成就的13%,而技术方面占80%。西方呢,其理论方面的成果比例是46%到47%,但是它的技术成果只37%。这种状况和语言文字的诱导暗示功能是联系在一起的。**中国的技术会发达,因为技术发明比较依赖人的想象能力,而汉字本身的图画性特点容易在中国人大脑中熏陶出相对强的形象思维能力表现出来,因此其发明创造会在世界上超前发展**。当代西方的大多数的技术成就都和中国的原有的技术成就具有千丝万缕的联系。西方人之所以在西式理论科学方面做得更出色一些,是因为理论性的东西比较依赖于逻辑思维,而印欧语系语文的语法系统就趋向于诱导暗示他们偏重往那方面发展,因此,其理论成就大于技术成就。这样一来,我们就解释清楚了为什么科学理论在中国相对滞后而技术相对超前,在西方则是理论相对超前而技术相对滞后的道理。当然有人立刻就会说,那么为什么西方在16世纪以后技术也开始慢慢超过中国了呢?我要说,这跟语文的关系不大了,主要是由于西方的制度和文化价值观发生了大的转折,即从中世纪的封建主义社会模式变成了资本主义模式。资本主义的生产方式和生产关系都要求极大地提高技术水平,因此,这种社会需要极大地刺激了西方技术的发展。而中国的整个伦理道德价值观是取中庸之道的,**儒道互补的价值体系在一定的程度上交相抑制科学技术的发展**。当然,儒道二家的这种消极作用之所以会产生,也是由于当时社会的需要。如果在当今仍然取用儒家的价值体系来规范中国社会,那么当然可以不让它的有可能抑制科技的因素发生作用就行了。这个问题并不复杂。五四时代的学者由于看不到儒家学说的这种伸缩适应性,片面强调了它的消极因素而将其抛弃,是犯了一个很大的错误。儒学本来就是出世的学说,根据当代社会的需要,稍加改革就可以利用,并且会至今优于同期的西方价值观的。当然,这一点又属于另一大题目,不在这里探讨了。

对于科技而言,语言文字本身的暗示效应、诱导效应、及其对客观现实的互构效应还可以从另一个方面探讨。

首先,**技术要求人的想象能力**,此为中国人所长,甚得力于象形文字之功。

其次,**理论要求人的逻辑思维能力**。古代中国人的逻辑思维能力相对较弱。原因:语言本身的逻辑形式因素不明显,文字太直观,图画性强,故对中国人的逻辑暗示诱导力不强。逻辑思维能力不强,理论就难以具系统性,所以中国的理论都是**短论**,缺长篇巨制。《论语》、《老子》、《墨子》、之类的著作多是短语、短篇、诗歌多是四言短章,无长诗,其理在此。

西方则刚好相反。其语言具有精密的语法,性、数、格之类一应俱全,主、谓、宾、定、状、名、动、形、数、量、代、副、介等,词性界定,毫无苟且;句法严密,词序井然。故具有极强的逻辑形式因素,其逻辑暗示诱导力亦极强。尽管黑格尔认为印欧语系语言是逻辑性语言的判断曾受到不少学者的严厉批判,我却认为黑格尔的判断是正确的。同时我进而认为,西方之所以产生了形式逻辑,原因正在于此。形式逻辑是推理的基本工具,基本工具健全也就为产生系统理论铺平了道路,因为任何系统的理论都是一系列推理过程和结果。这样一来,西式科学理论会在西方得到最好的发展,可以说是一种瓜熟蒂落的客观必然。

那么,这是否意味着中国现代人仍然处于科学思维能力受制于语言的情形呢?

回答:大大改善了。原因:(1)现代汉语的西化——表达、语法形式、逻辑语汇,语序等;(2)西方文化的大规模渗透;(3)现代汉语教学中关于汉语语法的强调,各类语法书,各类语法现象的潜移默化的影响。

说到这里,听众很可能立刻会产生一个问题:那么,**汉语言文字是不是还在制约我们的大脑啊**?我们的思维是不是还在受它的影响啊?是不是我们的科学理论方面还上不去啊?关于这点,我的看法是:这种情况已经改变了。为什么改变了呢?改变的原因就在于五四那场革命,白话文运动兴起之后,所谓语法教学已经传播到中国。因为在此之前中国没有语法方面的专门著述。《马氏文通》是马建中利用拉丁语的语法来套在汉语头上搞出来的。有一定的启发作用。后来类似的更相近的语法书就越来越多了。因此中国人的大脑,尤其年轻一代,也渐渐地受到这种熏陶,渐渐地学会用语法的主谓宾定状的模式不知不觉地看待事物了。现在中学生也都学会了分析句子成分什么的。因此我们已经受到了这种制约,受我们自己语言文字的制约,这种情形已经大大地改变了。除此之外还有西方文化的大量渗透,也进一步强化了这种趋势,促使中国人去加强西式科学理论的建构。这样一来,中国人实际上既具有原有语文的优势,又借鉴了西式语言特点的优势,可以说是如虎添翼,在不远的将来,便会腾飞于世界的。这点没有疑问。但是,**中国人也要防止过分西化,应该进一步利用原有中国语文带给我们的形象思维十分发达的优势,重新阐释传统文化的功能,发扬阴性科学这一支西方人至今不怎么明白的科学**。在一定的时候,中国科学作为阴阳合体的科学体系将会为人类的总体文化做出更伟大的贡献。

中国语文的综合性使中国文化具备了较强的超前性,因此,许许多多的科技成果、发明创造都是由中国的科学家们率先发明创造出来的。同理,中国文化的综合性及其超前性,又注定使它在精密性和条理性方面相对减弱,而正是在这一点上,西方文化强于中国文化。

这里还应该提到利弊相克之道或万物生克之道。按我的说法,即:**物盛必有物使弱之;物弱必有物使强之**。在一个社会总体环境相对稳定的条件下,凡是某一具体事态产生了过度现象,就会在它的内部或外部产生相应的抑制因素。

对于为什么中国长于科学技术而弱于科学理论方面,中西学者都发表过许多看法。我们也可以提到李约瑟博士的话:"我们必须记住,在早些时候,中世纪时代,中国在几乎所有的科学技术领域,从制图学到化学都遥遥领先于西方。从我们的文明开始到哥伦布时代,中国的科学技术常常为欧洲所望尘莫及。"如果没有中国古代的科技的贡献,"就不可能有我们西方文明的整个发展历程"[①]。据统计,中

---

① 《李约瑟文集》,辽宁科学技术出版社,1986年,第204页。

国古代的科技成果中,技术成果占了80%,实验成果占了7%,真正的理论成果只占13%。西方在这几方面的比例经过平均计算则分别约为36%,17%和47%。① 所以准确地说,中国古代科技的发达,主要是技术的发达,而不是科学的发达。重技术轻理论,技术化倾向严重,也成为中国科技史上的一大突出特点。但是许多人没有解释清楚这种现象的真正原因或关键原因。其实**最关键的原因就是我提出的这种语言文字的诱导、暗示效应**。

3.6 中西语文差别与中西学术研究

如前所述,由于语言文字的综合结构模塑了人的思维结构,因此,具有不同语文结构的民族在对物质世界或心灵世界进行认知、评价、研究时,也就会不可避免地打上其所用的语文结构的痕迹。这在中西学者进行学术研究时表现出的种种特殊趋向方面特别明显。此种情况可以简括如下:

中国学者:宏观定性为主——一语中的——一本书主义——越老越值钱——承传为主——学术从属价值观。

西方学者:微观量化为主——条分缕析——十本书主义——越少越值钱——标新为主——价值观从属学术。

传统中国学者容易在研究一个学术问题时,以一种囊括一切的定性方式展开。层层演绎,最后落实到比较具体的事情上。比如,老子的《道德经》,一开始就讨论"无,名天地之始。有,名万物之母。"讨论道作为"众妙之门"的整体性质。场面总是铺得很大。中国学者对中国最早的学术探索之一的《易经》的研究也是这样。以朱熹的《周易本义》为例。一开始概括河图、洛书的大要,笼括天地:"天一,地二;天三,地四;天五,地六;天七,地八;天九,地十。天数五,地数五。五位相得,而各有合。天数二十有五,地数三十。凡天地之数,五十有五,此所以成变化,而行鬼神也。"②这种习惯,数千年一根线下来,很少改变。即使今天的领导人做报告,也差不多习惯于先讲国际形势,然后是国内形势,最后才是具体到本单位的具体情况。毛泽东文集中份量最重的文章,几乎都是这个格局。所以**中国学者的研究视野多半走从宏观到微观这个路子**。

西方学者则不然。他们虽然也有从宏观到微观这种研究理路,但更突出的是从微观量化研究出发导向宏观。比如说,柏拉图和亚里士多德的许多著述,往往都是由一些比较具体的事例引起,进行严谨的推论,逐步深化,最后达到作者想要达

---

① 《让科学的光芒照亮自己》,四川人民出版社,1984年,第9、10页。
② 朱熹:《周易本义》卷一。

到的预期结论。比如柏拉图要说明"范型"(Idea)(或"形式"或"原型"。一译"理念",误矣)这个概念,便以具体的辩论的方式,谈到木工制造具体的桌子、床这些东西时,必定有一个抽象的桌子、床的"原型"在心中,最后得出"原型"是一种宇宙中万事万物的本体形式这种结论。这是**微观量化推理逐步过渡到宏观结论**。

传统中国学者精于**一语中的**式的论述。用格言式的话一下点出整个论述的核心思想。具有直观把握问题总貌的高超能力。缺点是有时不注意给出必要的量化陈述和例证,显得笼统、突兀,不够精密。

西方学者则明显受惠于其语文的语法系统的诱导,善于**条分缕析**地讨论问题。在客观归类方面非常小心。注重形式逻辑推衍,说理性强,结论有说服性。缺点是常常过分繁琐,有可能使读者养成见树不见林的狭隘眼光。

中国学者主张一本书主义。一辈子的思考全部融会贯注到一本书甚至一篇文章中去,成为千载至文、传世佳篇。比如《道德经》、《大学》、《中庸》、《庄子》等等都是。一本书中包容的内容凝炼到极点。中国学者写一本书不是只解决一个问题,而是想一劳永逸地解决所有的问题。结果在谈论每个问题时,其篇幅都不可能太丰满,常常是点到为止。

西方学者则往往是十本书主义。因为要条分缕析,且注重事实例证,自然内容越堆越多,证明一个论点,就往往需要相当大的篇幅,结果势所必然地越写越长,往往讨论一个问题,就可能形成一本书。于是探讨十个问题,就得写十本书!所以西方的大学者往往专著数十卷。到了老年,还觉得有许多东西没写完。

中国学者由于注重积淀性的整体发挥,注重学问既要博大又要精深,反对在一知半解的时候便急于宣布出去。主张十年磨一剑,主张厚积薄发,所以做这样的学问,等于是要成为一个通才。这就有一个时间问题,也就是有一个年龄问题。一般说来,就人文社会科学而言,通常是越老越值钱。关于这一点,孔子的"三十而立,四十不惑,五十而知天命,六十而耳顺,七十从心所欲,不逾矩"是最好的注脚。应该指出,这些观点,直到今天也仍然具有指导意义。当然,理工科方面的学问大师出现的年龄段比较灵活,青年、中年、老年三个阶段都有可能成为大师。然而文科却往往不行。在当今时代,就算天赋最好的文科学者,不到 50 岁,很难指望成为学问大师。原因是什么?文科需要积累——知识积累和生活经验积累。知识积累通常要 20 年到 30 年,才能有一个眉目,从 20 岁算起,开始正正经经的知识积累,到 40 岁时,学问才大致有了根底,达到孔子说的不惑水平(四十不惑)。但是还要进一步深造,同时要把青年时代残留的浮躁气革除掉,至少还得 10 来年工夫,这就到了 50 岁了。基本上已经成熟(五十知天命)。以后就是真正出成果的黄金年代,55 岁左右,可望有颇大的成就。这时候,才有资格称为大师。在学问上,年龄不到 50 的人,尽管也能够因为其天才而在某一特定领域(像王弼注老子)迸发出成功的火花,但终归是特例,不是一般规律。

西方学者的学问因为分门别类的性质强,可以分片包干地较快进入某一专门领域,不像中国学问那样强调整体综合学问、强调门门通,所以可以在年龄比较小的时候就取得成功。同时,更重要的是,西方学者提倡挑战已经有的结论,刻意鼓吹创新,这些都比较符合初生牛犊不怕虎的年龄段,容易引发少年人反权威的激情。所以西方学者在青年时代比在中国更容易受到社会重视。

中国的学术,往往**注重承传**。天、地、君、亲、师,师的地位是很高的。因此,老一辈的学问结晶往往需要后辈加以进一步阐述、发扬光大。从中国经学的注疏就可以看得出来。注是对前辈学术思想的解读,疏则是对前辈解读的解读。因为有一些解读在当时是通俗易懂的,过了若干年,人们读起来觉得难懂了,于是需要对原来的注解进行新的注解。值得注意的是,这样一种学问传承关系,容易使一门学问愈益完善。例如易学或道学或儒学,都有成百上千的注疏著作。这些注疏者在解读前辈著述的同时,也往往加进自己的思想来附会原著者的思想。同时其中的漏洞也往往被后辈学者加以弥补,结果使得原著述越来越庞大、系统,精深且完善。这是和西方学术主流著述很不相同的地方(不过西方的基督教著述承传与此有类似处)。柏拉图、亚里士多德的许多著述中的观点现在都站不住了,但是儒、释、道三家的著述,往往至今是相当完整的体系,漏洞要相对少得多。这是因为西方的著述多为一家之言,而中国的经学著述常常因为凝结了众多学者的智慧,结果成为集体著述,只不过是冠了一个圣人的名字而已。

西方的学术也有传承关系,但是更看重标新立异。许多学者著述的出发点就是要推翻权威,推翻千古陈说,以便使自己成为新的权威。这种考虑本身就意味着一个作者有可能为了出人头地而无视、歪曲或践踏原作者的优点。标新立异的好处是增强了学术领域的生机,使之能够保持一种旺盛的向前进展的趋势。但是,要注意人文学科不同于科技领域。科技方面的推陈出新,有具体试验数据,具体的研究成果呈递进形态。人文学科却不一定。所谓的创新很可能只是旧的思想或概念的改头换面而已。由于西方学术的新的创新者们急于表明自己的创新性,就不得不极力使用一套新的术语来包装自己的学术理论,以便使它们尽可能与传统的学术成就不一样。因此,当代西方人文社会科学领域的花里胡哨、你方唱罢我登台的现象是西方文化逻辑的必然结果,是西方印欧语系语文塑造的学术思维模式的自然展开。

中国学术界要注意:**创新并不总是好东西**。在许多场合,承传更重要。因为承传的东西是经过很多年代的学者反复验证过的东西,具备相当的验证效果,而创新的东西,却往往具有相当多的主观性,尚没有受到检验。因此可靠性相对于传统性的东西要低。

从价值观而言,中国的学术研究往往是从属于具体社会的实际要求,尤其从属于价值观(包括伦理道德观)和政治要求。比如儒、释、道三家的学说,都不同程度地服务于古代中国的知识分子精英官僚社会体制。中国的学术研究往往把人的实际要求作为动力,解决具体的生命和生活问题。这个特点,延续到现在。例如在无产阶级文化大革命中,"政治是统帅、是灵魂"的提法曾经被奉为最高指示,成为整合塑造民族精神结构的一种努力方向。

西方在这方面则有值得重视的地方。西方的学术研究相对独立性较强,可以摆脱政治的过分干扰。因为西方语文主、谓、宾、定、状条分缕析的现象塑造了西方人的思维结构,使他们能够认同学术的专门化和独立性。这样,政治的干扰就不知不觉地受到了限制。于是,不是学术去完全被动地服从政治,而是政治不断在学术那儿试图获得新的支持与指导。出现了政治从属于学术的现象。当然,政治总是想要控制学术的,但是,在西方,它没有成为主流。这种传统,在中世纪的欧洲就已经形成。那时教权高于政权。具备学术特征的宗教意识形态成为国家的精神支柱,政治是在意识形态的阴影下运作的。这与中国的官本位现象很不相同。

3.7　中西语文的建筑景观型投射

汉字的四平八稳的立体性和象形特点,可以在中国典型的四合院房屋建筑模式中找到其雏形。汉字的图画特点可以从中国古代建筑的飞檐走壁、雕梁画栋中找到缩影。古代建筑各个部分的曲折往复、钩心斗角式的连环照应,恰如汉字笔画的巧妙结体。点、横、竖、撇、捺、横钩、竖钩、斜钩、横折、竖折等等,都活像是中国传统建筑艺术的艺诀。一个完整的四合院就宛如一个完整的象形汉字。

而西方建筑也与印欧语系语文的特点是通约的。西式建筑强调流线型,是一串串大小写拼合字母的逻辑勾连与组合。西方语文的高度符号化,导致西方人过分强调建筑的象征性。例如黑格尔就在《美学》中将建筑定义为逻辑性"象征的艺术"。而谢林则认为"建筑是凝固的音乐"。

观摩传统中国建筑,你会处处感到一种怡情的和谐美,一种将自然与善良人性融通汇合为一个有机整体的努力,它侧重对永恒、生命及美的直观的圆融无碍的呈现;侧重人的感触,或雍容华贵,或简单清癯。总之,它让你热爱生活和自然,并在二者的协调中获得美与善的顿悟。而观摩传统西方建筑,你则处处感到以力量和理智为依托的尊严。感到它们让你严肃思考,让你奋进而欲凌驾自然力之上,并对人的力量与智慧产生肃然起敬的憧憬。在它的花岗岩与大理石的圆柱之下,你似乎感到有压抑其下蓬勃欲奔腾的欲望。

即使只以某一具体的建筑特点加以比较,也可以立刻发现二者的鲜明区别与语文暗示含义。例如对屋顶屋檐的设计。西方流线弧型文字多下垂线条，暗合西方的圆屋顶和直边屋檐。也就是说，从屋顶到屋檐通常是从上到下、呈规则的直角三角型或穹窿型。例如教堂的设计或普通楼房的设计。即使西方的亭台的屋顶也往往是平直地倾斜下来，构成比较简洁、规则的几何图形。给人的印象是线条干净、利落，主题分明。而中国的屋顶到屋檐的造型却不是这样。恰如汉字的书法艺术一样，欲右先左，欲下先上，无垂不缩，无往不复。中国的建筑设计往往欲直先曲，欲现先隐，欲放先收，反对无变化的整齐。所以从屋顶到屋檐必定不是平直的几何线条，而是变化有致。不是简单顺势下垂，而是使下垂线条与上扬线条呈阴阳互补式的呼应，构成房屋四檐展翅欲飞的姿势。而且飞檐上还常常饰有其他盘龙伏虎之类的雕饰，使得整个流彩四溢的屋檐生动辉煌。这样的建筑在故宫、在颐和园随处可见。

　　西方的拼写流线型文字符号文化具有流注畅通的气势；中国的方块型象形文字文化则具有山重水复疑无路，柳暗花明又一村的气象。仅以中西窗的设计来看，便有诸多有趣的不同。西方落地窗重采光效果，轮廓大方，视野开阔，明亮舒适。侧重对生活便利的直接考虑。中国的窗棂设计，则往往半遮半掩，阴阳反复，欲开还闭。带格的窗棂与窗花宛如少女的矜持，图解出若即若离的暧昧的人际关系。然而，还不止此。中国高层次的窗台设计是非常高深的学问。在古代修建房屋时，往往要请阴阳先生看地势，测吉凶，定门窗走向。一点不能马虎。中国式窗台的设计之所以在采光上有时疏忽，是因为它更侧重另一种审美价值。这就是注重让窗台的位置与窗外的景色构成一幅自然的生命和谐图，让室内人能够随时捕捉到宇宙、自然与生命之间的和谐节奏与照应。从窗那儿望出去，必须是一副天然的借窗框装裱起来的山水图。窗外的景色和窗内人的感受应能够打成一片。通过门窗而移远就近，表现四季的更替，表现宇宙过程的盈虚与节律。试看杜甫"窗含西岭千秋雪"一行诗，是一副多么壮美的雪山图。而一个"含"字，使宇宙自然融摄于斗室之内的闲适意趣呼之欲出。至于门的设计中外均有许多特色，不赘。简而言之，中国门的设计也与窗的设计同出一理。正门、侧门、大门、小门、外门、内门，因地定位，因势设形，因用布色。或方或圆、或简或威、或浓或淡，变化万端。西方的门仍然侧重实用、经济和以技术等物质属性为主。如果说中国的门是"门虽设而常关"（陶渊明诗句）的话，西方的门则很强调开放性，有所谓"开门、开怀、开心"的说法。

　　尽管西方传统建筑和现代建筑的形式并不完全相同，但它们设计的内在理路总是一贯的，很契合印欧语系语文系统的语法逻辑走势，其建筑系统的主、谓、宾、定、状位置是泾渭分明的，其建筑显示出来的主体与客体是有明确界限的。而中国的建筑不太注重主体与客体截然分开，恰恰相反，它们的整体布局是建构常常追求主体与客体、人与自然之间浑化无痕的境界与意趣；追求景外之景，味外之味，韵外之致。这就正如中国诗词中的诗行字面中你往往找不到主体（我）一样。而在西方的建筑中，你无处不感到人的存在，或者说人的创造力的存在。西方建筑师有时并不希望你像置身在中国典雅的建筑内那样流连忘返地欣赏眼前美景，而是常常想要让你置身建筑景观之外，有建筑的宏伟而势所必然地注意到建筑家本身的智慧与力量。西方的建筑用巴黎埃菲尔铁塔来形象化，就是一个大写的自我 I 或 A；而中国的建筑用天安门城楼来形象化，则是一个层楼叠嶂、彩袖环饰的"無"字。这就是有我之景和无我之景的语文缩写。

3.8 五四白话文运动反思及教育战略思考

关于五四白话文运动应该有一个深刻反思。西方学者黑格尔曾经说过："中国文字很不完善"、中国的"文字对于科学的发展，便是一个大障碍"。① 这个观点在今天看来仍是有一定的借鉴意义，但毕竟是肤浅的。黑格尔只是猜测，没有解释清楚。值得指出的是，中国自己的学者在反对古文和传统文化方面比西方学者要极端得多。比如沈学说："中外相形，中国不啻羲皇上人，最绌者文字一学。"② 1892 年，卢戆章：中国字或者是当今普天下之字之至难者。谭嗣同（1865—1898）则说："中国象形，尤为之梗"，力主拼音。钱玄同（1887—1939）在《汉字革命》一文中说："欲使中国不亡，欲使中国民族为 20 世纪之民族，必以废孔学、灭道教为根本之解决，而废记载孔门学说及道教妖言之汉文，尤为根本之解决。"③ 鲁迅（1881—1936）大声呼吁实行拉丁化新文字："方块汉字真是愚民政策的利器，……是中国劳苦大众身上的一个结核，病菌都潜伏在里面，倘不首先除去它，结果只有自己死。"④ 认为只要中国人继续使用中国文字，就只有灭亡。吴稚晖在（《新世纪》巴黎）上说："今日救支那之第一要策在废除汉文"（1908）。当然也有反对派，比如章太炎在《驳中国用万国新语说》中就说：文化发达与否与文字是否为拼音无必然联系。同是用拉丁字母的国家并不同样发达。章太炎的看法颇有分量。但是章太炎的说法太笼统，根本挡不住全盘西化者的进攻。有日本学者认为："汉字信息量很大，它本是一种 IC（集成电路）。"这是一个很好的比喻。当代有的学者认为：方块汉字作为信息载体，是一种缩微系统，但大部分汉字具有二元结构（阴阳结构）。⑤ 这些看法也是很有见地的。陈寅恪说过：依照今日训诂学之标准，凡解释一字即是作一部文化

---

① 黑格尔：《历史哲学》，商务印书馆，第 177 页。
② 沈学：《盛世元音》自序。1896。
③ 《新青年》四卷四期。
④ 鲁迅：《关于新文字》1934。
⑤ 何九盈、胡双宝、张猛主编：《中国汉字文化大观》，北京大学出版社，1995 年，第 9 页。

史。李尧勋1912年在四川《国学杂志》第三册、第四册分别发表《中国文字问题》、《中国文字问题三十论题解》赞扬日本学者山木的文章"卓哉,其深通字学识孔子'同文'之制也。"他的文字理想是:"将来四海统一,折衷一是,于地球中择善而从,必仍仿秦始皇尽焚字母各书,独尊孔氏文。""盖中国文字之美善,为宇内通用各种文字之冠。世有汉字废(止)论及汉字节减论者,欲废汉字而代以罗马字,或减少通用汉字之数,是殆类于狂者之所为,皆心醉西风之弊也。此论之发生,非文字之关系,乃国势消长之关系耳。好奇趋新之徒,雷同附和,将酿成不可救治之毒害。不知文字之极则,在于通达意思,明确无误,简洁而不冗漫,传之千百年之后,仍使读者易于理会。凡此数事,求其无遗憾者,惟中国文字足以当之,他日之遍布于宇内,可断言也。"他的断言是否能够实现,姑且不论,但汉字作为媒介的优势作用是不可低估的。

一个国家的语文多半存在着口语与书面语的区别。书面语往往是口语的升华,更简炼、规范、准确,更富于文采。一种语文的发达与否,主要看它的书面语形式,而非主要看它的口语形式。白话文比较接近于口语,虽然也能够在生动流畅方面独具优势,但是与文言文相比较,其规范性、准确性、严谨性与文采通常都低于文言文。中国几千年来的书面文献,几乎都是文言文。要让后代人承传下这份宝贵的遗产,**必须把学习文言文作为中小学语文教材的重点**。这就正如西方的语文教材往往把学习古典作品作为重点一样。当然,为了顺应当代人的已经被强行培养起来的白话文需要,也可以辅助性地教授白话文。但是在具体时间的安排上,与教授文言文相比,只能是第二位、第三位的。因为,白话文无须太多的教授,只要文言文学好了,白话文差不多可以无师自通。

然而从五四以来的近百年来,随着滔滔滚滚的西化浪潮,中国的白话文运动推波助澜地强化了前述狼性教育运动。仅以教材内容为例,从民国时代开始,小学、中学的语文教材中,古文占的比例越来越少,白话文成为主流。即使在不少专家学者呼吁应该重新审视中小学语文教材中的文言文比例的时候,文言文也依然只是这些教材中的配衬,没有成为主流。其结果是什么呢?其结果就是现代中国至少有三四代人基本上不能或很少直接阅读中国古代文献。而这部分文献恰恰是中国文化的主要载体。中国至少5000多年来的文化成果的大部分是由这一部分古文文献构成的。而由于中国人自己不能直接阅读自己的传统文献,至多只能靠有限的白话文翻译文献来了解传统的文化宝库,这就形成了极大的文化断裂。人们抱怨当今的中国知识分子不如五四时代的知识分子那样中西贯通,这是有道理的,殊不知五四时代的中国知识分子的中西贯通现象恰好是这些知识分子都比较精通传统中国文化的缘故。这些知识分子能够精通中国古代文化的一个关键,就是他们通晓古文。以胡适、鲁迅、郭沫若为例。他们都是鼓吹白话文运动的最激进的先锋,他们的文章中的句子在当今的现代汉语语法课本中,往往被作为白话文大师的文句加以引用。然而,我们都知道,这些先生在他们所受教的私塾或中小学校里所受的毫无例外地是古文教育,从来没有使用过白话文教材。请注意:从未专门学习过白话文教材的人居然能够成为白话文大师,这本身意味着,在一定的意义上,我们可以说,白话文不学而会。我这儿的所谓"不学",指的是不经过专门学习。实际上,白话文本来就接近口语,是从幼儿时代就会由父母、亲人等有意或无意地传授给我们的。白话文较易学会,所谓我手写我口。五四时期的白话诗人、小说家、戏剧家、散文家,基本上都耳濡目染于文言文,但却差不多都成了白话文高手。这道理很简单,古文的词汇量、修辞手段、行文章法都非常发达,只要受过足够多的古文教育,以白话文写作,是很容易达到相当高的水平的。而缺乏古文底蕴的人,则往往在语言表达上显得干巴巴的,流于浮薄;或者满纸都是欧化句子,挖空心思地用一大堆令人不知所云的洋术语来故弄玄虚,蒙混读者。更重要的是,没有受过较多古文教育的学者,在学问上要想真正融会中西学理,几乎是不可能的。所以,我在招收比较文化与翻译学博士生的时候,坚持把古代汉语作为专业课程之一来进行考核,其原因亦在于此。须知我们的教育方略要立足于三通:古今贯通、中西贯通和文理贯通(文科和理科贯通)。这三通都和文言文的传授息息相关。因此,中国教育,至少其中小学的语文教育,要把文言文教育放在首要位置上。否则再过数十年,中国的新一代将成为中国古代辉煌文化的文盲。当然,当今中国,已经是白话文独霸天下的时代,让普通人适当地接受一些白话文技能培训也是必要的,但是完全没有必要在小学、中学乃至大学的语文课中都作为重点来讲授。我并不反对目前人们用白话文写文章,也不是主张人们应该回到古代象古人那样用古文写文章。白话文相对比较容易掌握,也比较容易理解,用它来作为常用的书面交流工具是应该的。但是在具体学习的时候,在具体编制教材的时候,则要把重点放在文言文的传输教授上。

正如文化总是特定地理环境与特定民族之间的协调互动结果一样,中国的传统教育体制也是中国人数千年来协调其地理、历史、文化诸因素的结果。在特定的历史条件下,它无疑是非常合理的。当代中国人应该研究如何借鉴利用这一极其丰富的传统教育体制资源。

3.9 语文教学与中华民族的命运

著名人类学家博阿斯说过:人类所创造出来的最伟大的文化成果是语言文字。那么,不言而喻,继续维护这一成果的最重要的手段就是语文教学。

改变一个国家和民族的最彻底的手段是改变其语言;同理,保持一个国家和民

族文化的最持久的手段就是保持其语言。一个民族纵然失掉了国土,还可能有朝一日卷土重来,但是当一个民族失掉了自己的语言时,它就永远不能东山再起,就是永远的亡国奴!语文教学因此成了一个民族不作亡国奴的看家手段!学会语言就是学会思考,不仅因为语言是思维的物质外壳,而且因为像许多语言学大师所相信的那样,学会一种语言就是学会一种世界观。语言与思维的关系是互为依存的。语言模塑思维模式,思维反构语言模式。要对世界有相对清晰的把握与认知,就必须至少精通一门语言。对于中国人来说,就是要精通汉语言文字。而语文教学正是为这种精通铺平登堂入室之路。当代中国学人或许应该知道,在20世纪的国际人文科学领域发生了一个重大的事件,这就是语言性转向,即语言学(例如结构主义语言学)的若干认知模式和方法论导致了其他学科例如哲学、文学、人类学、美学等学科的转向。在一定的意义上,可以说语言学成了20世纪西方人文科学的领先学科。如果中国的学生对语文,至少对中国语文没有彻底地理解掌握,那么,他要在未来理解相应的前沿性人文科学知识就必定有相当大的障碍。因此,汉语语文教学正是在为新一代的中国学子走进人文科学之国度铸造开门的钥匙。

近300年来,中国之所以在科学理论方面落后于西方,其中一个关键原因就是汉语的语法研究尚未充分展开的缘故。语法的系统性是对人类思维的条理性的充分暗示和陶冶、训练。语文教学,正是要进一步磨砺中华的少年人对中华语言音形义尤其是其语法形态的敏感性,使一代新人在新的时空观中获得更清晰的时空感和条理感,获得更清晰的表达人类尤其是中国人的最精微美妙的义理与感触,从而具备更完善的思维模式。而汉语语文教学正是奠定一个中华人在这方面的语文根底的最关键的阶段。

全球经济一体化将势所必然地在21世纪降临到越来越小的地球村,如果它同时意味着逐步而来的一体化语言和文字,那么,我们难道没有理由感到忧心忡忡:汉语会不会遭遇到覆亡的命运?据专家估计,下一个世纪,至少上千种语言将会在地球上消逝。如果全世界被一种语言所垄断,那么全世界就有可能蒙受专制势力的统治。因此,拯救汉语,光大汉语,推广汉语,不仅意味着拯救其他民族也意味着中华人必须在世界舞台上找到自己的特殊位置。汉语语文教学因此特别地承受了一份关乎中华民族命运的历史重担。①

---

① 本节原载《语文教学通讯》2000年2期卷首语。

4. 就中西语言文字与文化的关系问题答中央电视台观众问

中央电视台主持人：刚才辜正坤先生给大家做了精彩的演讲，现在还有一点时间，大家如果有问题，请抓紧时间提问，让辜先生解答。

（以下是清华大学学生的提问和我的回答。内容有一定的增删。）

问：刚才辜先生讲到汉语没有转换成拼音文字，您只点到了一下，我想提的问题是：汉语为什么没有转换成拼音文字？第二，随着计算机技术，特别是编程计算机语言的交流，我们的汉语对编程实际上起到一定的阻力作用，我想知道随着以后的发展，汉语会不会向拼音文字靠近？有没有一种趋势，以后也会转化成拼音文字？

答：这问题不错。我先回答第一个问题，汉语为什么没有转换成为拼音文字？我觉得汉语不可能转化成拼音文字。因为汉语文字本身有一个抗拼音的机制在里面。什么叫抗拼音的机制呢？我们刚才已经讲了，通过比较就看得出来。现在的汉字都是开音节的，当然它也不是一开始就是开音节的。汉语最初也有闭音节的，也有结尾辅音的或开首元音，但是它们都慢慢失落了、脱落了。在古代就慢慢脱落了。脱落的原因有多种。其中文字整肃等行为也是原因之一。所谓文字整肃，就是要把文字统一起来，结果就发现后面加一个辅音或前面加一个元音念起来写起来都很不方便，那些个结尾辅音或开首元音就逐步脱落了。现在的汉语基本上都是开音节。这种开音节的文字它怎么会是抗拼音的呢？你仔细看看就知道了，它没法拼合得起来。随便举一个例子。比如我刚才谈到一个"开"字。开字可以组成"开会"这个词，因为它中间没有别的辅音和元音，所以只能念成两个音节，"开"+"会"。如果在"开"字后加一个 t 音，在"会"字前加一个 a 音，那么念起来的时候，如开会的开念成 kait，会念成 ahui，这样一来念的次数多了，开会就会拼写成一个词，叫做 kaitahui，这不就拼合起来吗？可是现在这种情况还存在吗？没有了，因为在汉语中早就把这个结尾辅音去掉了，前面这个元音也没有了。汉语的发展早就把这条拼音的路子给堵死了。所以古代中国人在创造汉字时早就想到了，不让你搞成拼音文字。因为搞成了拼音文字的话，就可能影响表义的准确性。所以它这种先天的抗拼音机制非常严谨。怎么可能还搞成拼音文字呢？这是我对第一个问题的回答。我写过一篇文章，叫《汉语为什么没有演变成拼音文字》（见本书第四章），登在《汉语知识》上，大家可以参看。

第二，你提的是计算机的问题，你认为语言文字很可能会对中国编程人员的思维造成影响。您说的影响是指的不良影响的意思，对吧？我觉得可能刚好相反,为什么?这得谈到计算机的原理。计算机的基本原理说到底可以说来源于中国文化,来源于刚才我们说的这种象数之学,就是八卦这种东西,就是一阴一阳之谓道这种东西。莱布尼茨最初发现了计算机的基本原理,发现了二进制数学这套东西。二进制数学的原理用到计算机上,就是拿0来表示一种状态,拿1来表示一种状态。实际上0根本不是0,那个1也不是1。它不是数字,它只是一种状况,好像开关状态一样,属于一种状态。而它是从谁学的呢?莱布尼茨自己都承认是从八卦里面学来的,中国的八卦这种阴阳,学过晶体管原理的,就知道晶体管有一种开关状态。计算机的这种状态的设计就是莱布尼茨从易经八卦的象数之学里学来的。莱布尼茨曾经从一个传教士白晋那里获得过八卦图形,并且自称受到它的启发。易经八卦的象数之学,包括像和数这两个方面,但莱布尼茨只是把数这一点学过去了,像这个东西它还没有学到手。其实象更重要。他只把这个数学了,而这个数不是真正的数,它就是一种模型,一种状态。用0和1的这种转换状态的排列组合形式可以产生一切符号体系,表达你想表达的任何东西。大家知道电脑的基本原理就来源于它,所以我们说,在一定的意义上也可以说它的原理是从中国文化来的,这是说得通的。当然,原理还不等于实际制造。如果莱布尼茨真正理解了象数之学的话,根本就不应该用0和1来表达这种东西,应该用更简单的东西,比如说用黑和白这种状态的变化更准确一点,象和数两方面兼顾。所以我觉得,中国人的大脑已经到了这一步,已经知道这种状态转换的排列组合形式,可以衍生出万千东西来,这与计算机原理是息息相通的,怎么会反使中国人在计算机编程方面受到不好的影响呢?我认为,中国的编程人员不但不会受反面影响。中国人早就发现了万事万物之间存在这种排列组合,存在这种万事万物的模型原理。所以八卦的卦象,八卦的整个64卦,它整个的那个排列组合程式,实际上很像是宇宙本身存在形式的公约数。它就是一种模型式的东西存在那里。就像爱因斯坦一生都想找到的那种统一场一样的东西。易经八卦的64卦,和遗传学上的那64对遗传密码差不多都是相对应的,这还不令人感到惊奇吗?所以八卦的排列组合原理看起来非常简单,但是它就像柏拉图的原型(ιδεα,Idea)一样,可以演变出万事万物。而事物发展确实有种种较为模式化的东西,它可以有规律地演变。在我看来,元素周期表就是一种卦象排列组合式的东西。我在人类文化九大决定因素中也提到这一点。九大决定因素最后一个因素就是万物五相(向、行)选择律。第八大因素就是对立转化律,阴阳对立转化的规律。实际上八卦是完全按照这个来的。中国的编程人员受中国的这种思维模式陶冶,很容易受到这类模型的启发,他看问题就会比较灵活,他一定不会那么死板。在一些具体技巧上,可能中国的编程人员暂时会落后,因为有些技术的数字性的定量化的东西西方人比较强,定性的东西呢,中国人强。开始的时候我们可能显得慢点,但是一旦进入那个领域,把那些数字式的,把那些定量的基本技能学会以后,当最需要定性的能力时,就是需要综合概括能力,从整体方面来把握事物的时候,中国编程人员保证要超过西方编程人员。将来你就可以看到,编程的时候,编到这个最好的程度的时候,比如说从大范围、大结构的那种系统东西、具有前瞻性的东西时,肯定是中国编程人员最出色,而不是西方的编程人员。当然当代西方的编程人员有他的积淀优势在那个地方,暂时还有些基础性技术我们还没跟上而已。

问:我们学校图书馆有不少中国古代的经典文学作品,如果把它们翻译成英语的话——例如把《诗经》、唐诗、宋词翻译成英语,该如何看?刚才辜先生也讲过,语言本身表明中西方文化差异有这么大的话,我觉得翻译过去是不是有点削足适履的感觉?如果翻译过去达不到那个效果等于起到了相反的作用,您对这个问题是怎么看呢?

答:你说的这种可能性是存在的,有时候翻译是可能起到相反的作用,让外国人看到中国的诗怎么那么简单,老是山呀、水呀、树呀、花呀的描写,而且诗行中有时候还看不出哪是主语、哪是谓语,看起来好像太简单了。是的,翻译出来的诗有可能让西方读者产生这种误解。但这种误解谁来负责?这是西方人不懂中国语言文字本身造成的。西方人真正要欣赏中国文学的伟大,他们必须学习中文,学习汉语言文字。只有这样他们才可能真正体会这种文学作品的伟大,光靠读翻译作品是不可能真正欣赏到中国文学的最深层的奥妙之处的。这一点毫无疑问。但是翻译是不是因此就不必要了呢?不,翻译还是很必要的。因为第一,存在着一个读者市场,有人愿意看中国的东西,就是翻译的东西也可以。尽管译文译诗不大可能把中国文学作品的美的东西都传输过去,但是读者还是想看看它的大体脉络是怎么样的。说到翻译,我想要补充一点理论性的东西,这就是文学作品的可译性究竟有多大的问题。有人认为文学作品,尤其是诗歌是绝对不可译的,这是不对的。按照我的翻译理论,文学作品的可译与不可译性大体分为四种情况:有大半可译的,有小半可译的,有根本就不可译的,有对半的。就是说有些因素的可译性大,有些因素的可译性小。比方说一首诗谈到一个人从东边走到了西边,说太阳下山了。这些东西还是可译的。这些基本事实有时还具有颇大的可译性。但是也有一些东西很难翻译,或几乎不可译。比如说"东边日出西边雨,道是无晴还有晴。"那个"有晴""无晴"是双关的,表面说的是天气,实际上在说爱情,可以置换为"有情""无情"。这在汉语里天衣无缝,但要在英语中找到对应的表达通常是不可能的。也可以勉强模拟出一些东西,但效果不可能等值。因为一般说来,只要是那种要完全借助于语言文字本身这个媒介才能把某种美的、或幽默的、双关的东西表现出来的艺术境界,绝大多数是不可译的。因为那种艺术效果之所以存在,是因为它完全附着在特定的媒介上,媒介没有了,换成了另一种,皮之不存,毛将焉附?那种艺术效果当然就根本不可能表现出来了。换句话说,每种诗歌的美是由于特定的语言媒介本身的特点才产生的,每种媒介有每种媒介的特定艺术效果,这些特定的东西是不可译的。这有点像想用西方油画的方式画出一幅地道的水墨国画来,这怎么可能呢?因为你使用的宣纸、你的墨、你的笔、你的印、你的独特的题款,都是完全中国式的。除非你有这一套东西你才能创造出典型的中国水墨画来。用西方那一套媒介就变不出中国水墨画那一套东西出来。同理,用英语你也变不出原汤原味的汉语诗歌来。因此翻译的功能是有限度的。当然翻译应该存在,之所以应该存在,在于人类之间相互交流的必要性是很大的,愿望还是很强的。同时,翻译的可译性大小也要决定于翻译的具体内容。科技的东西,情节性的东西,说理的思想性质的东西,基本上还是可译性很大的。西方人和中国人唠家常,说一些生活琐事,大家还是能够交流得很好的。所以可译性的大小,和题材、内容的具体关系很密切。要具体情况具体分析。但是对于你说的诗歌翻译,情况才非常特殊。我们在看任何此类翻译作品的时候往往事先要打折扣。当莎士比亚的诗翻译过来的时候,我们可能觉得读它的译诗似乎不是那么伟大,但我们承认它在西方是很伟大的诗,我们现在不能充分欣赏它,很可能是因为我们没有认同他原来那种欣赏的方式、欣赏的标准。因此我们自动地打了折扣。即使你看到译者译得很差,你还是不敢说莎士比亚是个很差的诗人,你还是会说,莎士比亚的诗写得还是不错的。你知道把作者和译者区分开来。明白译者的语言表达技能并不等于原作者本人的语言表达技能。同样的道理,西方人应该具有这种宽容心。当他们在看中国的文学作品的不管多么拙劣的英语或其他语种的译本的时候,他们也应该把自己的这个折扣打进去,知道原作是非常美的,只是由于媒介的原因没法把那些美的东西都传输过来罢了。说穿了,所谓中国古诗的翻译,只不过给你一个比较简单的介绍,把一首诗翻成了一些句子,翻译成了白话外语,把大意解释给你听。就这个意思了。这个道理是容易明白的。

问:对当代中国而言,如果中国人把中国文献翻译成外文有难度,西方人不会自己把汉语翻译成外文吗?

答:如果有尽可能多的西方人来作汉译外的工作,那当然是比较理想的。但事实上,西方人在这方面做得不如中国人把西方文献翻译成中文这么好。这个现象目前很值得谈论。21世纪中国文化要走向世界,要站住脚,我觉得它的前期准备工作相对于西方人来说,是非常充分的。因为**当代中国的学者看的书,是中文外文都懂,他们的语言功底比大多数的西方学者要强,至少比美国学者要强一点**。我知道的很多中国学者都至少是双语通。他们在掌握外语方面,比如说英语吧,其能力已经是相当高了,相当强了。因为多掌握一门外语,等于多掌握了一门世界观,一门认知世界的模式。中国学者因为很多通英语和汉语,因此在视野上等于多了一道观照世界学术的门窗。对西方的一套我们知道得并不少,而西方人对我们知道得很少,因为他们不屑于知道这个东西。结果造成他们的思维模式更单向。本来西方的那种文化语言文字的单向性,就有可能促使其片面因素存在。而他们还没有意识到这一点,中国文化他们了解得越少,对他们来说就越是一个很大的缺失,而中国当代文化在这方面则先天就是很足的。我在欧美的时候,到处去调查他们的图书馆和书店的书籍中究竟有多少中文书籍或非英语书籍。结果令人吃惊。以美国而言,它的许多大学的图书馆里收藏的中文图书很少很少,有一所大学历史已经120多年了,比大多数的中国大学都老,但是其图书馆藏书才24万册,而纯粹的中文图书全部加起来不到5本!但是你在中国的图书馆去看,情形完全两样,连普通的中学图书馆里也有相当比例的外文书。至于书店里卖的书,你在大多数的美国书店或欧洲书店里,通常难得看见一本全中文书,而在中国的绝大多数的书店里,甚至地摊上,你都可以买到外文书!**这种巨大的差异,意味着相当多的欧美学者的文化素质在平均水平上有可能低于中国学者。**当然,不少欧美学者也懂别的外语,例如西班牙语、法语或德语之类,但那大多数是印欧语系语言,在同一种语系之类,其知识框架和由其塑造的思维模式往往很近似,难以像中国人从英语世界里或像英国人从汉语世界里学到那么多崭新的东西。因为两种语系越没有亲缘关系,越是差别性大,越能提供尽可能多的信息和独特的东西。而且我还注意到欧美的民族现在不像中国知识阶层这样注意思想领域的东西。在他们的普通书店里,哲学之类的书很少(神学书——主要是基督教的书倒是很多),介绍当代哲学的书几乎没有,至少我连跑了好几个书店都没有,一本都没有(大型书店里有)。而在中国,在地摊上你也能买到亚里士多德或《易经》、《老子》之类的书。这个差别很大,最初说出来,许多中国人很反感,认为我在贬低西方人。其实你只要到西方调查一下,就知道这个说法是有依据的。因此我和西方学者交流的时候,我从来就不觉得在知识上我比他们知道得少。美国人、英国人,随便你有多好的学问,只要年龄跟我相当,我绝对不比你看的书的总量少,我知道的理论绝对不比你少。原因在于什么?原因不是在于我有什么特殊才能,原因在于是我们祖先遗留下来的语言文字帮了我的大忙。为什么?因为汉语言文字它是一种综合性很高的语文,一种立体性的媒介,它那个信息量负载量很大。几个汉字翻成英语、德语、法语,总是一串,特别长。我在联合国教科文总部作翻译的时候,往往原著英文这么厚一本,翻译成汉语就只有2/3的厚度了。西方人很不高兴,说你们中国人搞翻译怎么了?要翻就全翻,怎么留一部分不翻?我们说,不是留了一部分不翻,是汉语不像你们的语言文字这么累赘,你们表述同样内容的时候往往要用比我们多1/3或1/4的字数才能够表述得完,而我们只要2/3或3/4的字数就够了。**发现这一点是有巨大意义的。这意味着我们中国学者用中文看书的时候接受的信息量在单位时间内要比西方学者用印欧语看书接受的信息量要多三分之一或至少四分之一。也就是说,假如你看了3000本书,那么西方人在同等的时间内要比你少看500本甚至1000本!500—1000本书,你想想这个差距有多么大!** 所以,我当初断言中国人看书的总量吸收的信息肯定远远超过西方学者时,中西的学者都大吃一惊,认为绝对不可能!大多数的学者习惯性地认为一定是西方学者比我们看得多。据说,不对。肯定是我们比他们看得多。当然有各前提,就是大家都在真正地看,在同样多的看书时间这个条件下而言的。近二十年来,中国的读书界,应该是看书时间多于欧美读者。这在学校,比如中学里,特别明显。中国的中学生所了解的知识的系统性、多样性和总量,肯定超过同龄的欧美中学生。中国的大学生学习到的知识总量也肯定多于欧美的大学生。这除了我们的先天的语言优势之外,还有若干别的原因也强化了这一差别。比如说,中国学生在学校里,都是有使命感的,要光宗耀祖,要出人头地,要为国争光,而且整个社会都在作这种宣传,认同这种价值观,从某种意义上来说,古代人民尊崇的"万般皆下品,唯有读书高"的观念又重新得到认可。因此中国学生有巨大的学习动力或压力。加上经济条件多不大好,也想尽可能快地学好知识,以便为自己的家庭做出贡献。这些现实考虑,都使中国学生拼命地学习。而这种情况在欧美是恰好相反。欧美学生没有这种动力或压力。他们的家庭并不希望他们的孩子将来学成赚了钱往家里寄,光宗耀祖。他们只希望自己的孩子能够顺利学成,能够自立就行。欧美的学生可以不依靠家庭,他们可以向银行贷款学习,3年4年,7年8年的,都无所谓,压力不大。欧美学校采取宽进严出,只要有钱,谁都可以上大学,多大年龄都行。因此其入校学生水平参差不齐。学校必须要保证他们最终能够达到毕业水平。所以有的学生就老泡在学校里,许多年不毕业。最后也可以学成。因此从平均水平而言,中国当代学生的水平肯定高于欧美学生的水平。不过这有点离题了。关于这一点我有专文谈过,这里不多谈了。而这也是事实。你到西方去跟西方学者谈谈就知道,很多很多的书他就没看。但是他们很专,他是条分缕析地搞学问,某一门的书,他看得无所不通,全部看完,但是你把领域一拓宽,很多领域,各个领域都给他说的时候,就发现他不行了,综合能力就是差。所以外国的专家多,但是通才少。中国目前也是盲目地学习西方,不考虑自己的特殊的语文载体优势,不在教育体制上搞多样性,反而管得很死,是作茧自缚,等于是把天才硬逼成庸才,这是值得充分注意的。

中西文化价值定位与全球文化建构方略[①]

提要:本文提出这样一个观点:决定文化的一般价值的,是它的普遍性质;决定文化的特殊价值的,是它的特殊性质。以此为逻辑起点,文章探索了人类文化的价值构成。考察了人类文化一般价值与特殊价值的辩证性比例关系和对人类生活的双向作用。文章描述了中国文化的普遍价值与特殊价值之间的关系,侧重描述了中国文化如何在种种客观条件下势所必然地衍生出自己的特殊价值。并对中西文化的核心价值观进行了比较。文章以上述论证为前提,进一步以比较文化方法推导论证中国文化价值在世界整体文化价值中的应有地位。文章还考察了近 300 年来中西文化内涵着的文化价值冲突不可避免地衍化为中西文明冲突的文化逻辑。文章最后提出了弥合中西文化价值冲突的基本对策,尤其是提出了崭新的中西文化多元拼合理论,批判了机械的融合论,并进而以此为基点提出了全球文化建构方略。

The Value Localization of Chinese and Western Cultures with Reference to Strategies for the Construction of a Global Culture

(*Professor Gu Zhengkun, Foreign Languages School, Peking University*)

The Abstract: This paper has made an investigation into general as well as particular values of cultures with regard to their respective characteristics. It focuses on particular Chinese cultural values derived with necessity from their geographical background and historical context. The author tries to figure out a cultural logic leading to the inevitable conflict between Chinese and Western

---

[①] 本文载中国哈佛—燕京学者 2003 北京年会暨国际学术研讨会论文集《世界文化的东亚视角》(北京大学出版社,2004 年)。文中的基本观点曾在 2004 年中华民族文化促进会主办的"文化高峰论坛"上宣读。

civilizations ever since the 19th century. In line with this examination, tentative policies aimed to bridge up the chasm of the said value conflict are offered. The paper, intended to place Chinese culture in a proper position in the framework of world cultures, has put forward a theory of cultural tangram in response to the theory of cultural mergence popular in both Western and Chinese academic circles. Based on theoretical descriptions above, the author has worked out some strategies for the construction of a global culture in the near future.

1. 什么叫文化

要谈文化,须先谈什么叫文化。这就牵涉到时下风行的给事物命名定义的问题。"定义"这种提法是一种西式思维的产物。万物都是变易不居的,求定、求终极性结果是极难的,往往办不到。文化的定义多达180余种,这一事实本身就意味着文化是一个不可定义的东西。其实任何学科都面临着同样的定义问题。但是,没有恒常的定义,并非意味着没有相对认可义,即大多数人暂时认可的相对暂时定义。因此,文化的定义并非恒常的定义,而只是临时性的命名性定义而已。即老子"名可名,非常名"的意思;亦即《金刚经》所谓"佛说般若波罗蜜,即非般若波罗蜜,是名般若波罗蜜"的同类名义问题。文化的定义理所当然地会依据不同的时空条件而有所差别。文化的活的灵魂往往正是跃动于这些差别之间。因此,从事于文化研究的学者不要害怕给出自己对文化的新的理解。文化定义的差别有助于我们进一步理解文化本身的丰富性。

我认为,文化可以分为广义的文化和狭义的文化。所谓广义文化指的是:人和环境互动而产生的精神、物质成果的总和,它包括一切经过人的改造和理解而别具人文特色的物质对象。狭义的文化则主要指生活方式、价值观、知识,及对人类具有积极意义的技术成果。[①]

2. 文化是否有优劣之分及比较方法

有了相对的定义,就有了判断事物的相对标准。由此引出一个存在广泛争议的问题:文化是否有优劣之分? 具体一点来说,中西文化有否优劣之分? 我的观点是:站在中西各族人民互相尊重的人道主义立场上,中西文化不应有优劣之分。但是在许多具体政事与价值观上,中西文化事实上有优劣之分。优劣与否,必经比较

---

① 辜正坤:《中西文化比较略论》《北大讲座》(第一辑),北京大学出版社,2001年,第226页。

始能得到鉴别性结论。然而比较又有简繁之别。从理论上说来,要比较文化的优劣,理想的比较自然应该涵盖尽可能多的层面。 然而这是一篇论文,在字数上有限制,无法展开论述。想将各国文化功劳流水簿排列出来,逐一参评对照,这是办不到的。因此,我采取了一种比较简单的做法,即首先确认文化中最关键、最核心的东西,然后主要就这种关键的核心的东西进行比较,这样就简化了比较程序。虽然这种比较难以使我们获得全面的具体的结论,但是由此获得的宏观性的总体趋向性结论还是可信的。

那么,什么是文化的核心概念呢?

3. 什么是文化的核心概念

20世纪以来是科学尤其是技术突飞猛进的时代,由于技术发明和当代人类的生存方式有着极为密切的联系,因此,有的学者容易夸大其文化意义,甚至将之等同于文化,这是不对的。文化的核心部分或关键部分其实在很多场合并非科学技术。文化尤其不是轰炸机、航空母舰和原子弹之类的杀人武器,恰恰相反,后者在很大程度上是文化中的**负面**因素,可以说是**反文化**的。从这种意义上来看,**凡是军事工业过度发达的国家,它的文化相对优势就会自然而然地被抵消了**。

文化的最核心的东西是什么呢?

根据东方和西方的许多学者、尤其是文化人类学学者的研究成果,大多数的学者趋向于认为:文化的最核心的东西是人的行为模式和价值观。那么,行为模式与价值观二者相比,哪一个更加重要呢?至少在当代社会条件下,价值观显得更加重要,事实上受到各国政府和人民的高度强调。

价值观包含许多种类。其中最重要的东西是哪一种呢?毫无疑问是道德价值观。

那么,何谓道德价值观?

按照我的研究,道德价值观不是一两个术语可以完全涵盖的。它指涉的范围至少包括三个层面:(1)人际关系方面,即涉及人与人的关系;(2)物际关系方面,即涉及物与物的关系;(3)人物关系方面,即涉及人和物的关系。其中涉及人际关系方面的道德价值观最重要。这里我不讨论涉及第二和第三层面上的道德价值观,而只是讨论涉及人际关系的道德价值观。涉及人际关系方面的道德价值观主要在

---

① 近十多年来,我为北大学生开设了一门公共选修课和通选课《中西文化比较研究》,从中西地理、语言学、哲学、美学、文学、政治学、经济学、伦理学、艺术、医学、历史学、科技等十多个领域和层面上进行过比较。

下述六重人际关系中反映出来,它们是:(1)父(母)子(女)关系;(2)君臣关系;(3)夫妇关系;(4)兄弟关系;(5)朋友关系;(6)他人关系。这六重关系可看作六伦关系。六伦关系中最重要的我认为是父(母)子(女)关系,而非传统学者所推崇的君臣关系。父子关系中产生的关键道德理念是——孝道:父慈子孝。孝为根本。孝的原则推而广之于君臣之道产生君臣之间的道德理念——忠恕之道。臣忠君恕。互为依存支撑关系。全部三大关系的总的道德理念原则是——仁、义、礼、智、信。仁爱为根本。《礼记·中庸》:"仁者,人也。"儒家的"以仁为本",其实就是以人为本,是一种真正的合乎人道主义精神的人本主义。① 综合起来,我们可以说,全部三大关系中对所有人的道德要求是:利他为第一原则,利我为第二原则。也叫**以他人为中心**原则。

4. 中西文化核心概念比较

众所周知,以上所陈述的道德价值观,恰恰是典型的传统中国伦理价值观。将中国文化中的这种价值观与西方文化的同类价值观做一简单比较,孰优孰劣,昭然在目。仁、义、礼、智、信价值观与代表西方传统德行的四种最重要的道德价值观

---

① 这方面的论据甚多,兹举数列于下:
1. 《论语·颜渊篇》:仁者爱人。
2. 《论语·学而》:泛爱众,而亲仁。
3. 《礼记·中庸》:"仁者人也。"
4. 《孙膑兵法》:"间于(介于)天地之间,莫贵于人。"
5. 董仲舒:"人之超然万物之上,而最为天下贵也。"
6. 《墨子·经说下》:"仁,仁爱也。"
7. 《韩非子·解老》:"仁者,谓其中心欣然爱人也。其喜人之有福而恶人之有祸也,生心之所不能已也,非求其报也。"
8. 《说文·人部》:"仁,亲也。"
9. 《广雅·释诂一》:"仁,有也。"王念孙疏证:"古者谓相亲曰有,……有,犹友也。"
10. 《孟子·公孙丑上》:"以德行仁者王。"邢昺疏"亲仁者,有仁德者则亲而友之。"仁谓仁人。
11. 《荀子·富国》,"将以明仁之文,通仁之顺。"王先谦集解:"仁谓仁人。"
12. 朱骏声《说文通训定声·坤部》:"仁"叚借为人。通"人"。《论语·雍也》:"仁者,虽告之曰:'井有仁焉',其从之也?"朱熹集注引刘聘君曰:"有仁之仁,当作人。《鲁相韩勅造孔庙礼器碑》:"于是四方土仁闻君风耀,敬詠其德。"《敦煌变文集·维摩诘经讲经文》:"居士维摩众中尊,十德圆明仁所重。"

(cardinal virtues)(苏格拉底、柏拉图)：智慧、勇敢、节制和正义相比较。我们可以看到，智慧和勇敢常常被西方人看作是最重要的品德，放在前面。而在中国文化中，最重要的道德价值观是仁和义。仁者人也、爱也。把仁爱作为普遍价值由血亲成员而推广到一切人，这和西人的把智慧和勇敢作为最重要的品德标准相比，无疑要更符合全人类的道德追求。智慧当然也是一种很重要的价值，但是，只有在善良意志统帅下的智慧才是值得推崇的。尽管基督教曾经把"仁"放在重要位置上，但是它从文艺复兴以来可以说被彻底颠覆了。在近代社会，它从来就不是西方社会的主流价值。勇敢不是中国人最赞扬的东西。在中国道家的学说里，勇敢这种品格甚至受到排斥。老子认为"勇于敢则杀"，断言好勇斗狠者多半没有好下场。当然，中国传统价值观也并不都排斥勇敢，例如儒家还主张忠、孝、廉、耻、勇五种品格。但只有出于正义的勇敢才是得到肯定的，毫无意义和价值的匹夫之勇是受到谴责的。要注意儒家把勇敢放在五种品格的最后，而不像西方人那样把勇敢放在四种品格的前面。

同样地，将中国的利他为第一原则、利我为第二原则的以他人为中心的原则与西方的以自我为中心的个人主义原则相比较的时候，前者的优越性是勿庸置疑的。

---

① 关于这四种道德观(Cardinal Virtues)，各家陈述有别。中古时期的神学家的陈述与古希腊苏格拉底、柏拉图的陈述差别颇大。从许多资料看，西方现实社会对勇敢的强调是明显易见的。基督教倒是曾经鼓吹过"仁慈"，但是这种价值观没有得到现当代社会的认同。现代社会正是在反叛中古神学时代价值观的基础上建立起来的。Cardinal Virtues (Lat. cardo, a hinge; the fixed point on which anything turns), a phrase used for the principal virtues on which conduct in general depends. Socrates and Plato (see Republic, iv. 427) take these to be Prudence, Courage (or Fortitude), Temperance and Justice. It is noticeable that the virtue of Benevolence, which has played so important a part in Christian ethics and in modern altruistic and sociological theories, is omitted by the ancients. Further, against the Platonic list it may be urged (I) that it is arbitrary, and (2) that the several virtues are not specifically distinct, that the basis of the division is unsound, and that there is overlapping. It is said that St Ambrose was the first to adapt the Platonic classification to Christian theology. By the Roman Catholic Church these virtues are regarded as natural as opposed to the theological virtues, Faith, Hope and Charity. Some authors, combining the two lists, have spoken of the Seven Cardinal Virtues. In English literature the phrase is found as far back as the Cursor Mundi (1300) and the A yenbite of Inwit (1340).

See B. Jowett, Republic of Plato (Eng. trans., Oxford, 1887, Introd. p. lxiii); Plato, Protagoras (329—330); Aristotle, Nicomachean Ethics, vi. 13. 6; Th. Ziegler, Gesch. d. chr. Eth. (2nd ed.); H. Sidgwick, History of Ethics (5th ed.), pp. 44, 133, 143; and Methods of Ethics, p. 375

—See. http://40.1911encyclopedia.org/C/CA/CARDINAL_VIRTUES.htm

The origin of the fourfold system is traceable to Greek philosophy; other sources are earlier, but the Socratic source is most defininte. Among the reporters of Socrates, Xenophon is vague on the point; Plato in "The Republic" puts together in a system the four virtues adopted later, with modifications by St. Thomas. (In "The Laws", Bk. I, 631, Plato recurs to his division: "Wisdom is the chief and leader; next follows temperance; and from the union of these two with courage springs justice. These four virtues take precedence in the class of divine goods".)—http://www.newadvent.org/cathen/03343a.htm

尽管在改革开放的初期,为了适应开放的需要,尤其是为了建立社会主义市场经济的需要,中国知识界中的一部分人曾经在相当大的程度上张扬过西方式的个人主义,嘲弄过极左思潮下的所谓大公无私精神,这种做法是特定历史时期的战略要求,可以理解和接受,但是,**如果一个有良心的知识分子居然真的以为自私自利的德性要比大公无私的德性更好,他就无异是在鼓吹中国人必须重新变成禽兽。**

把中国传统价值观中主张天下一家、和为贵,主张大事化小、小事化了,主张抑强扶弱、非攻反战的行为教条与西方传统价值观中的主张竞争为贵,物竞天择、适者生存,好战成性的信条与德性做一比较,传统中国文化的优越性也是不言而喻的。

5. 中国文化价值在世界整体文化价值中的应有地位

以上简略的区别,足以让我们看清中西文化中两种几乎对立的道德价值指向,而这种价值指向不用说贯穿了中西社会文化的总体结构。**我们无须说西方人的上述价值观是错误的,因为价值观的产生是各民族应对自身所处的环境条件的挑战而逐步形成的,是完全合理的。**换句话说,在西方人的文化大背景下来看待西方人的价值体系和与之适应的社会文化,西方的价值观是合理的。但是,当两种文化相比较的时候,我们看到,中国文化内涵价值观的优越性是勿庸置疑的。这也是伏尔泰、罗素、汤因比、赖肖尔这些西方学者倾向于认为中国文化优于西方文化的主要依据之一。美国学者埃德温·赖肖尔在《中国的问题》一书的第10章中指出:"在有益于人类幸福的所有方面,中国文明都优于欧洲文明。在中国,有年轻改革家们的强有力的运动,若能获得适当时机,他们就能使自己返老还童,创造出较之西欧机械文明远为优秀的文明。"[①]赖肖尔认为:在科学知识及应用领域,西方文明的确占据着优势,但对人生终极目标和最高意义的洞察上,西欧文明却远非中国文明那样深刻。英国史学泰斗汤因比(1889—1975)在70年代提出了"21世纪将是中国文化的时代"的著名论题。1974年,在同日本学者池田大作进行的"展望21世纪"的对话中,汤因比断言中国文化将是21世纪人类走向全球一体化、文化多元化的凝聚力和融合器。最需要的精神就是中国文明的精髓——和谐,尤其是天人合一式的保持人与自然平衡的和谐。他认为,中国如果不能取代西方成为人类的主导,那么整个人类的前途就是可悲的。汤因比将人类6000年文明分成26个文明形态。他指出:"……世界统一是避免人类集体自杀的道路。在这一点上,现在世界各民

---

① 埃德温·赖肖尔:《中国的问题》,理想出版社,第22页。

族中具有最充分准备的是两千年来培育了独特思维方式的中华民族。"①汤因比认为中国人将在 21 世纪初叶取得世界的领导地位。②

简言之:中国传统的价值观、伦理道德之类从总体上优于西方文化;而西方当代的器物文化,尤其是军事、科技理论优于中国。

结论:中国传统文化作为一种德性文化具有无可置疑的优越性,在世界文化中居领先地位。

6. 文化的普遍价值与特殊价值

文化是有价值的。

文化的功能是千差万别的。文化有普遍性和特殊性之分。

文化的普遍性决定其普遍价值;文化的特殊性决定其特殊价值。

我们要注意的是:普遍价值只意味着该价值被应用、认同的范围通常大于特殊价值,并不意味着其价值必然总是大于特殊价值。在自然科学方面,普遍价值大于特殊价值的情形多于特殊价值大于普遍价值的情形。而在人文社会科学方面,情况恰好相反,特殊价值大于普遍价值的情形往往多于普遍价值大于特殊价值的情形。这在文学艺术领域尤其如此。

6.1 什么叫文化的普遍性

所谓文化的普遍性,指的是(1)在所有的文化中都普遍存在的文化现象;(2)被大多数别的民族认同的文化现象。

这方面的例子很多。例如在物质文化方面,我们可以举出农耕文化现象、游牧文化现象、工业文化现象。这些文化现象几乎出现在世界各个民族或国家的文化整体结构中。从精神文化方面来看,中国儒家的价值观,如仁、义、礼、智、信、忠、孝、廉、耻、勇等,应该说具有相当大的普遍性。此外,对爱情、信用、友谊、惩恶扬善、奉公守法品德等的认同,也是各族、各国人民普遍具有的文化现象。即使在宗教领域,虽然各族、各国人民所信奉的偶像不一样,但对神的崇拜与敬畏,对超自然现象的崇奉等等,却又是一致的。这些东西,我们不妨看作是文化中的普遍性现象。

---

① 汤因比、池田大作:《展望 21 世纪》,国际文化出版公司,第 298 页。
② 本文的若干理论陈述亦见于拙文《从中西文明比较看中国崛起及战略思考》(《科学中国人》,2003 年第 7 期),可参看。

6.2　什么叫文化的特殊性

但是文化中更引起我们关注的是文化的特殊性。所谓文化的特殊性,指的是(1)只有在个别文化中存在的文化现象;(2)未被绝大多数民族认同的文化现象。

关于文化的特殊性,我们可以从物理文化、精神价值文化、制度文化三个方面举例。

在物理文化方面,就中国而言,其绵延数千年的气功与经络学说是最典型的例子。长城被列为世界十大奇迹之首,是中国文化的特殊现象。中国的绘画艺术,例如其水墨画和书法都是别具一格的,是西方文化中没有的东西。中国的武术也是非常特殊的一种体育(强身健体)和搏击(防身)的艺术。而在西方文化中,我们更多地看到数理符号化的技术成就。西方人精微逼真的油画风格与坚固宏伟的建筑与雕塑等,都是独步世界艺坛的。

从精神价值文化来看。中国的传统的集体主义、孝、祖先崇拜等观念,都具有其独特的民族形态。与西方的也是独特的精神价值观,如自立主义(个人主义)、自由恋爱、提倡优胜劣败等观念形成了鲜明的对照。即使就宗教而言,中国的广泛存在的多神教也与西方占主导地位的一神教观念形成两大特色独具的景观。

从社会制度文化来看,中国的绵延实施1000多年的科举考试、以孝治天下、三纲五常等等与西方的政教分离、法制崇拜等,形成又一特殊的对照文化现象。

文化的这些特殊形态是全人类的财富。

6.3　文化价值的普遍性与特殊性个案比较研究

近百年来,在谈到中西文化的时候,中外的绝大多数学者几乎总是本能地认定西方文化高于中国文化。这种认定的依据往往只是(1)科学技术的先进与否;(2)政治制度是否实行了西式民主制。第一种依据的局限性,我在前面已经讨论过,即科学技术其实并非文化中最关键的部分。第二种依据则是西式价值中心论的体现,往往以西式民主制为准绳判定政治制度的优越与否。东方的尤其是中国的政治制度通常被认定为专制的、反民主的政治制度。这里想通过文化价值的普遍性与特殊性个案比较研究来探讨这个问题。

6.3.1　百年误区:拉帮结派竞争型民主价值观是不是一种普遍价值观

从20世纪以来,曾在西方各国盛行的资产阶级民主制度被看作是一种挽救东方民族政体的万灵药方。倡导用所谓"德""赛"二先生改造中国的学者在五四前后成为中国学术界的宠儿。今天亚洲没有一个国家的总统或总理敢说民主制度是不好的制度。民主制度被当作一种普遍价值观推销向全世界。但是,这种拉帮结派的民主制真是全世界人民的唯一选择么?鄙意不然。

首先,什么叫民主?民主是一个好听的名词。它给人堂皇、公正的感觉。顾名思义,民主好像就是人民当家作主。但是我们知道这个感觉或理解是不对的。从词义本身来说,它是自相矛盾的。民如果做了主,它就不再是民了。或者说,民和主是相互对立的,正因为有民,才有主;被认同的主,意味着存在受他统率的民。世界上不存在没有民的主。当天真的中国人使用这个术语来为自己在什么问题上都想插一手,以显示出自己具有"主"的身分时,没有一个不碰钉子的。西方学者喜欢说民主是"人民支配的政体,最高权力属于人民,由人民直接行使,或由经自由选举制度产生出的人民代理人行使。"这个定义颇具代表性。但是,说最高权力属于人民,是一种华而不实的空话。由于权力是一种集中形式,当它到达最高程度时,就只可能操在极少数人手里,不可能每个人都攥着同一枚公章。人民只能将自己的权力委托给最高权力机构里的极少数人。换句话说,最高权力永远不可能"由人民**直接**行使",而只能最多是间接行使。这个事实本身,就证明民自己永远成不了主。一切国家大事,最后的定夺者,总是少数几个人。这少数的人才是主,而非民。他们也许代表着民中的相当大的一部分民的利益,但是永远不可能是全体人民的利益,甚至永远不可能是人民的绝大多数人的利益。亚伯拉罕·林肯的定义亦颇具代表性,他认为民主就是"民有、民治、民享"的政权。但是,这样一种定义依然是空洞的修辞说法,没有可操作性。按照托马斯·P.汤普逊的观点:"所谓民主就是社会的管理经由各种利益的代表者来进行。"各种利益的代表者由于惧怕攫取最高权力的统治者损害自己这个利益帮派的权益,便会极力主张权力制衡机制,以便避免分赃不平的现象。但是,利益的代表者各自代表的共享利益的成员数量是不一样的,于是有大大小小的帮派出现。各种帮派加入到这种权益倾轧中来尽力瓜分各种利益,从而构成一种错综复杂的权益分割格局。显而易见,人数众多的群体有望得到相对多的权益,而人数较少的许多群体,就不得不成为权益瓜分中的弱势群体。这时的民实际上是四分五裂的,并非铁板一块。所以,有的学者认为:"民主就是三只狼和一只羊投票决定晚餐吃什么。"(Democracy is three wolves and one sheep voting on what to have for supper。)多数人利用所谓民主的形式压迫少数人,已经是20世纪民主制度的最司空见惯的腐败现象。卢易森在《现代戏剧》(第17页)中说:"从政治上解放人开始的民主政体,已经发展成为一种用多数人的暴政和舆论的致命力量来奴役人的危险倾向。"(转引自:《世界名言博引词典》p.480.)著名作家和学者肖伯纳说:"民主政体用许多低能儿的选举取代了少数腐朽的人的任命。"(肖伯纳:《革命者的箴规》,转引自《世界名言博引词典》p.480.)切斯特顿说:"民主政体意味着未受过教育的人执掌国家大权,贵族政体意味着受过不良教育的人治理天下。"(引自《纽约时报》,1931年2月1日)

在我看来,西方的民主制度是一种可溯源于古希腊罗马社会的少数自由民为镇压奴隶的反抗并瓜分奴隶劳动成果而在本阶级内迫不得已地实行的民主制度。它假定民主制度下的当事者双方都必然会尽最大可能谋取自己的私利,因此,其实施民主制度的思想出发点不是善的,而是恶的。这是一种以恶欲协调恶欲的民主,是一种以毒制毒式的民主。是既得利益各派权益的多向冲突抗衡而致的民主。所以它命中注定是一种党派抗衡式民主,一种因势制宜的民主。通过残酷的党争形式,它造成一种强者与强者的协定。它的手段主要是大家熟知的竞选、普选、推荐等形式。

因此,我的结论是:西方式民主是西方特殊环境与社会历史条件下产生的特殊的价值观,具有特殊价值和意义。尽管这种拉帮结派竞争型民主在一定的场合也具有颇多正面的意义,和若干君主专制整体相比,它也有许多优点。但是它的缺陷是显而易见的,根本不可能是最理想的政体和政治思想体系,西方世界不应该将它作为一种具有普遍意义的价值观推向全世界。而当今西方和东方的许多学者都喜欢把这种西式民主误作普遍价值向全世界推销,这就是一种潜移默化式的文化侵权行为,值得引起我们的警醒。

当然,有的学者会说,在没有更好的政体理念的情况下,西式民主制也是可以借鉴利用的。那么,世界上真不存在更好的、优于西式民主制的政体吗?真没有可能具有普遍的价值意义的政治权力分割方式吗?我认为是有的,请看下文。

6.3.2 百年误区:科举考试竞争型分权价值观是不是一种普遍价值观

如果我们知道,所谓民主的本质,实际上就是权力的合理分配问题,那么,我们就会发现,实际上在中国文化传统中存在更先进的民主形式。这就是科举考试选取官员的形式。以严格的德智考核为基本要求的科举而不是以利益集团拉帮结派的选举的方式来遴选知识分子精英做为官员,组成管理国家的政治集团,这无疑是中国政治文化对于全人类最珍贵的贡献之一,至今无与伦比。

但是,科举考试形式近百年来曾经遭受到中国知识分子的猛烈批判,这构成一个认识误区。照我的看法,科举考试作为一种遴选官员的形式,实际上具有一种普遍价值。

我们知道,民主的真髓,归根结底,还是权力分配的问题。就是说,每个人有多大的机遇从社会现存的权利总和中获得自己想获得的一份权利。或者说,应该用什么机制来使大家分享权力(包括发言权)的方式比较公正?古代中国为了解决这个问题而摸索了两三千年,终于找到一个方法,什么办法?考!用严格的方式来进行考查、考核！因为学者们经过考察,发现无论多么有德行的英明的天子,要永远都准确无误地遴选出贤才,是不可能的。权力不应该只靠皇帝想当然地给谁就给谁。只有连皇帝都无法干预的考试才是相对说来比较公正的形式！于是中国古代发展出一个科举制选取候补官员的办法。用科举制来考,考的人合乎条件,就可以当官,白屋可以出公卿。就是一个讨饭的,考上了也可以做状元,可以当宰相。所以从唐宪宗到唐懿宗的133个宰相中,有104个宰相是进士。西方学者通常认为进士的文化水平相当于博士。实际上进士比博士水平还要高一点。104个博士来管理国家事务,当然会使得唐朝的文化会那么发达、会走在全世界的前面。当时,全世界没有一个国家这么大规模地用公平竞争的办法解决权力的分配问题。这道理非常明显,这么高文化水平的人在领导这个国家,怎么会不发达呢？这些进士辅助皇帝,和皇帝分享权力。一大批知识分子精英从社会的不同层面代表了不同的声音进入国家执政集团,与皇帝一起共同讨论如何治理国家。皇帝个人的看法,也常常被他们以委婉的方式否决,相应的监察制度、监察官员,各类谏官、拾遗之类,整合起来,构成一种以皇帝为首以知识分子精英为主体的统治集团,各类方针政策,常常要经过朝廷大臣的公开辩论,才能最终定夺。这种讨论有时不限于朝廷官员,普通人有妙计妙策也可以上书。地方官员或学者有时还可以进京与宰相（总理）为首的朝廷官员就某一国策进行面对面的平起平坐的辩论。比如至今尤存的厚厚的一本《盐铁论》就生动地记载了地方学者（贤良、文学）等与朝廷的财政大臣在皇帝面前就盐铁应该官营（国有）还是私营（私有）进行了面对面的唇枪舌剑的大辩论。这不是民主,是什么？人们习惯于说皇帝专制。皇帝有时在某些方面确实专制。但是在国家大事上,皇帝一个人专什么制？没有一个权力集团帮他出主意、想办法、鉴定其决策可行不可行,他什么都做不了。所以关键是这个由知识分子精英构成的权力集团。这些人都是主要靠考试才当上官的。当然有人会说,科举考试有作弊的现象。试问天下有哪一种考核制度没有作弊的现象？考试会作弊,一点不考,任人唯亲,反倒不是作弊了？实际上古代科举考试是很严格的,比今天的考试制度要严格得多。所有的考生如果品行不端,只要有人检举,立刻取消考试资格。清朝若干朝代的科举考试还禁止八旗子弟参加考试,以防作弊。凡作弊者,有牵涉的官员往往有杀头之虞,其余考生,亦往往连坐、充军、流放、抄家,不一而足。考卷实行弥封制,今天叫密封制。考生做的卷子要专门雇人全部用朱笔重抄一遍,姓名也全部弥封,以防考官认识考生或考生笔迹。这种防范措施,往往连皇帝都难以开后门。如果仍有不良现象,那是必不可免的例外,不能说这种考试形式本身是坏的。这种文官考试制度被介绍到了西方,使西方人大开眼界。传到伏尔泰那里,伏尔泰佩服得简直五体投地:原来中国人早在一千多年前就产生了这样先进的文官制,居然是不靠上帝的恩惠而是靠人自己的理性来管理的人的社会。他发现西方人都是靠打打杀杀,你拉一帮,我拉一派。今天把他推上去,明天把他拉下来,靠拉帮结派弄到权力,根本没有什么公正地遴选考核行政官员的机制。所以后来现代西方不断地在学古代中国的这种文官考试制度,但是直到今天还没有完全学到手。对科举制要辩证地看,例如它考试的内容,就有偏废,对科学技术方面的考试比较薄弱。但是具体内容可以根据不同的时代要求进行改进,把它本身全盘否定,是否妥当,很值得反思。在五四的时候,出于某种政治原因,暂时废除,情有可原,但后来人应该把它合理的成分吸收出来,加以改革利用。比如我们现在的公务员考试,在某种程度上与科举考试就有相似的地方。当然,我觉得还做得不够。拿科举跟西方的选举相比,哪种形式的实际民主含量高,我认为是显而易见的。西方民主主要是靠所谓的选举来实现。但选举哪赶得上科举公正?科举是严格的考试,选举就是结党营私,就是各派把自己觉得好的人推上政治舞台,没有客观准则。其实我们只要设身处地地想一想,就会发现,但凡我们推举一个人,往往是推举和自己利益相关的人。说某一个人最厉害、最称职,没有一个非常客观的考核怎么知道?那就只能凭印象。凭印象就是选举制那一套。入大学靠推荐选拔之所以行不通,最终走上今天的比较严格的考试制度,就是同样的道理。西式选举制的作用的实质是各个利益集团在利害权衡上的摩擦交锋,最后达到一种权益均衡制约作用,普通老百姓实际上根本无缘挤入权力集团。当然这种制度客观上也能产生一种民主的效果,但是它跟中国的这种科举式民主比起来,显然是落后于中国的这种民主形式的。所以这种民主形式,可以说是中国的古代的知识分子精英民主制。而西方的民主制是通过选举而来的党派式竞选民主制。

所以,我认为,传统中国注重以德智为价值取向采用一视同仁的公正的考核办法遴选官员,导致实质性民主,而西方是重在以结党营私的方式、拉帮结派地以倾轧方式导向民主。两相比较,中国式的科举考试遴选官员的办法目前仍然是全世界最先进、最合理的权力分配办法。科举考试竞争型分权价值观是中国特殊环境与社会历史条件下产生的价值观,它首先是一种特殊的价值观,具有特殊价值和意义;但它同时也**具有普遍意义,因为它的遴选官员的方式的公正性远远高于拉帮结派式的西式竞选型民主制**。因此它是最有资格成为向当今世界各国政体推荐的一种普遍价值,值得全世界各国予以仿效继承,并在此基础上进一步改革创新。

6.3.3 文化特殊性价值观转换为普遍价值观的根本前提

何种特殊性价值观可以转换为普遍性价值观?

最具正面伦理道德意义的价值观。举例:克己利他主义,孝的概念,仁义观念,博爱观念,锄强扶弱观念,平等观念,不违背个人或社会义务职责的自由观念等等。

结论:中国文化和西方文化中的许多特殊的价值观,虽然主要具有特殊价值和意义,但是存在着普遍意义的潜在趋势,因此是**准普遍价值**,是世界文化发展壮大的必然走势和希望。其中中国文化在这方面尤其具有优势。

7. 文化特殊性价值与国际接轨问题

许多学者动辄高谈要与国际接轨,却不明白,文化如果具有特殊价值,那么接轨就意味着消灭这种价值的特殊性。

一个国家应该有特立独行的国格,不必总是忙着在什么方面都要和国际接什么轨。实际上一个国家在某些方面是必须和国际接轨的,例如技术性质的标准,全球公共性事业、经济上的运作方式、金融上的条规协调等等。但是在更广泛的文化领域,尤其是理论领域或艺术创作领域,则无须把接轨看得那么重要。有的领域甚而至于是越不接轨,越对于中国文化的发展有益。例如审美领域。又例如哲学、政治学、伦理学、气功学、传统建筑技术、传统食文化等等方面,中国人本来就是遥遥领先的。在一定的意义上,应该是西方人来和中国文化接轨,而不是相反。因此,和国际接轨的问题,可以说有这样几种情况:(1)必须由中国人主动去接轨者;(2)接轨不接轨,可顺其自然者;(3)本无须接轨者;(4)应该是西方人或者说广义的外国人来和中国接轨者。

具体情况,具体分析。因病处方,不要一副药治百病。至少在人文社会科学领域,没有放之四海而皆准的理论。

8. 近代中西文明冲突的内在原因探源

近代中西文明冲突的内在原因大致有以下十一个方面。

第一,农耕社会价值观与商业社会价值观的冲突。中国传统社会是以农耕文明为主体的社会,这与典型的以地中海商业性文明为主体的西方社会,是必定会产生冲突的。

第二,商业性社会由于其生产方式的流动性塑造了动态文明,农耕生产方式由于其相对稳定性而孳生了静态文明。动静二种状态的冲突是势不可免的。

第三,农耕性文明是向自然协调式索取,是一种再生性生产方式。而商业性文明是一种赢利性生产方式,必然演化出掠夺性文化逻辑。二者的冲突也是必然的。

第四,农耕式文明滋养了家族文化模式,在同一个家族中,由于亲情血缘关系,利他主义价值取向是自然而然的。而商业式文明注定必须损人利己,具有鲜明的利己主义价值取向。两种价值观是很难相容的。

第五,在农耕社会的家族关系网络中,人治+德治主义是其处理人际关系的必然取向。而在商业性文明社会中,由于利益的分割必须清楚明白,故必然酝酿出一种与之相适应的力治+法治主义的社会关系处理机制。前后两种机制互相背离。

第六,在农耕家族式社会中,抑强扶弱道德观是与亲情血缘关系相协调的。而在商业式社会中,强调优胜劣败价值道德观是一种必然。二者是相互排斥的。

第七,农耕社会对安居乐业的追求造成闭关自守的心态,而商业式文明不断谋求打开新的市场必定会鼓励开放扩张的政策。因此,中西文明的冲突不可避免。

第八,农耕文明的安定性塑造了内向型修身养性的德性趋势,而商业性文明的进取掠夺则塑造了外向型征服自然价值取向。两种取向是难以调和的。

第九,家族关系为主要特征的社会会自然鼓励德性至上的文明取向,而赢利性为主要特征的社会必然看重技术至上型文明取向。

第十,农耕家族式社会主张建设文化教化型文明,而商业赢利性社会则鼓励军事征服型行为。

第十一,舒缓稳健的农耕式文明是一种象形文字型直觉良知型文明,而竞争型商业文明更看重符号化文字理智型文明的建设。

至少在一万年前,中西文明的基本发展雏形即已经被地理、气候、资源、人种诸方面的因素所规定。二者的冲突是必然的、不可避免的。

但是,冲突可分为对抗性冲突和非对抗性冲突。对抗性冲突已经由鸦片战争之类的冲突推到顶峰。非对抗性冲突则是一个相当漫长的时期。毕竟,中西文明都在前进,冲突双方对对抗性冲突的自我约束力已经越来越大。中国人尤其在这方面具有天生的自我约束德性。另一方面,适量的非对抗冲突也并非总是坏事,它的存在有助于将一个民族的潜能发挥到极限。但是,中西民族都应该牢牢记住:不要玩火,玩火者必自焚。

9. 全球文化建构方略

9.1 倡导创立全球文化多元——阴阳互补系统论

全球文化首先是多元互补的,其次在整体形态归类上是阴阳互补的。

全球文化多元—阴阳互补系统论的建构者应该重温庄子《齐物论》,并对文化相对主义理论有一个再认识。

我们深知:能够认同与自己对立的文化的特殊价值的文化是最具宽容性的民主型文化,是最值得成为全球文化楷模的文化。

每一种文化都具有自己的局限性。而这种局限性有时恰恰是该文化特殊价值得以结晶其内的所在。

文化的多元性本来是全人类总体文化发展的福音。但是它往往被人误解为或有意误导为文化冲突的根源。

每一种文化都具有保护他种文化的天赋义务。具有强势军事和经济势力的文化尤其具有保护异类文化的不可推卸的责任。

9.2 倡导德性文化为表率,智性文化为动力

德治形态文化是全人类文化中整合功能最强最符合人类根本利益的文化。

智力性文化则是全人类文化中最具创造性和竞争性的文化。

中国传统的重德性的文化是阴性偏重的文化,西方传统的重智性的文化是阳性偏重的文化。这两种极性相反的文化正应该交相互构成一统,完成人类现代文化阴阳太极文化圈。这两大文化系统如鸟之双翼,如车之双轮。这两大阴阳互补的文化,孤阴不长,孤阳不生,互构互补互证互彰,阴阳循环互为退进。

9.3 和而不同,贵在存异

中西文化要存同**求异**,因为异表征着特殊价值。**文化的丰富性不在于其趋同特点的丰富,而在于其特殊价值(异质特点)的丰富。**

人类的学者要明白(!):中西文化不是因为被发现是异质的,且无法兼并对方才被迫取共存互补的发展路向。问题的关键是要看到:西方文化本身的价值恰好是要在中国文化的比照下才能够显示出来的;同理,中国文化本身的特殊价值,也是需要在西方文化的陪衬下才显示出来的。因此,世界如果碰巧只是存在中国文化或只存在西方文化都无疑是一种悲剧。没有中国文化模式,西方文化将是永远片面下去,并会迅速导致爆炸性灭亡;没有西方文化,中国文化将必然萎缩下去,并会最终导致止水一潭的僵化性灭亡。

9.4 全世界要从生态文化的角度出发倡导保护中国传统文化

关于生态文化观念的当代阐释(略)。

全世界的文化学者,尤其是西方文化学者,都应该意识到保护中国传统文化的重要性。全世界的文化学者更应该意识到保护原始共产主义和传统社会主义信念的重要性。随着社会主义阵营的瓦解,历史不是像福山所兴高采烈地宣布的那样已经终结,而是刚刚开始。我可以大胆预言:**真正成熟的共产主义或社会主义尝试将在不远的将来蓬勃开展起来。而美国将是下一个最可能产生新社会主义试验基地。**

关于原始共产主义和传统社会主义的解释(略)。

9.5 振兴阴性文化，节制阳性文化

近300年来，全球文化大系统中的阳性文化呈阳偏胜状态，而阴性文化则呈阴偏退状态。因此，为维护全球文化生态平衡，应该竭力振兴阴性文化，同时节制阳性文化。

中西文化像男人和女人的关系一样。当双方具有了性觉醒意识之后，西方文化像男人离不开女人一样离不开中国文化；中国文化像女人离不开男人一样离不开西方文化。

哥德：只有永恒的女性，才是我们前进的领路人。

在阳性文化里必有女性中心主义作为补充。

在阴性文化里，必有男性中心主义作为补充。

世界文化缺乏了中西文化的任何一极，都是灾难。

不要让中国人自己独自承担保护中国文化的责任；西方人更有义务来保护中国文化。保护好中国文化，在一定的意义上，也是保护西方文化自己。孪生姊妹关系。同生同灭。

10. 中西文化的出路：中西文化拼合互补论

中西文化的出路是：寻求**拼合**而不是融合。融合会使双方的优点都湮灭。所以我主张合而不融，和而不同。其实全球的学者都应该宣传**选择性全球化**，即人类**社会文化在**有的方面宜于全球化，有的方面不宜全球化。如果说世界经济的发达借助于全球化并促进了全球化，那么，世界文化的发达则在于选择性地遏抑全球化。为此我提出中西文化拼合互补论。

关于中西文化融合的讨论至少已经有300多年的历史了。300多年前，徐光启就提出"超胜"论。他说"欲求超胜，必须会通"。徐光启在1631年春上呈的《历书总目表》中，提出了翻译西洋历书必须分别轻重缓急，循序渐进的见解，并提出了自己的翻译思想："臣等愚心认为：欲求超胜，必须会通；会通之前，先须翻译。"也就是说，只有通过翻译才能"会通"，只有"会通"才能"超胜"。这里的"会通"就包含融合的思想。

关于中西文化的关系的观点，大致上可分为三大派：本土派或者叫守成派，融合派和西化派。它们之间有些是交叉的。

守成派指所谓的**保守派**，他们认为中国文化并不弱，应该以中国文化为本，适

当吸收一点西方文化就行了。还有一些学者认为西方的文化落后于中国文化。守成派的学者很多,比如明朝的李王粲、许大受,清朝的阮元、纪晓岚、允禄,另外还有大家比较熟悉的张之洞,他提出了"中学为体,西学为用"的观点,他的观点暗含融合的思想。张认为西学可供"采补",想"择西学之所以补吾闭者用之,西政之可以起吾病者取之"。但是得"西学先由中学"。此外还有辜鸿铭先生,他著有 *The Spirit of the Chinese People* 这本书,认为中国文化在很多方面优于西方文化。另外熊十力、牟宗三、孙家鼐等先生,也都可以归入守成派。

融合派有刚才我们提到的徐光启,他提出"超胜论",含有融合的思想。康有为、梁启超也是融合派。梁启超在《欧游心影录》讲"东方精神,西方物质",意思是东方的精神占上风,西方的物质占上风,二者可以融合。关于融合谈的比较多的是钱穆。他著作很多,是个典型的融合论者,他在《中国文化史导论》中说若不解决"吸收融合西方文化而使中国传统文化更光大与更充实"这一问题,那么"中国国家民族虽得存在,而中国传统文化则仍将失其存在"。李大钊也谈到过"东方精神,西方物质"。民国时期,王新命、何炳松、武靖干、孙寒冰、黄文山、陶希圣、章益、陈高傭、樊仲云、萨孟武这十位教授发表了《中国本位的文化建设宣言》,俗称"十教授宣言"。其思想也是以中国文化为本位,吸收西方文化,融合为一体。另外还有胡秋原、张季同、唐君毅、张君劢、孙中山、冯友兰等都是融合派。

第三派是**西化派**,他们侧重搬西方的文化。这一派的代表人物大家也都很熟悉:鲁迅、陈独秀、毛泽东、胡适等。胡适一开始主张全盘西化,后来思想有所转变,但他骨子里还是认为"中国百事不如人"。他说"矫枉必须过正",但其实他也知道全盘西化是不可能的,他说"让中国文化的惰性来消减西化,可以取法乎上,得其中"。是说先要走得极端一点,造成一种文化融合的状态。陈独秀走的是西方的马克思主义的路子。鲁迅、陈独秀可以说是西化现实派,主张学习西方的体制、技术等。

刚才大致勾勒了一下这三派的情况,许多情况是大家知道的,没有多少新东西。但是经过这么一勾勒,我们却发现一个新的问题:这就是没有人质疑"融合"这种说法其实是有问题的。全盘西化论也好,守成论也罢,都认为取长补短,融合东西文化的可能性是存在的。我的观点则是:就融合概念而言,这三派对文化的认识有问题。

我们先从一个简单的角度来说明这个问题,比如从色彩的角度。我们知道有红、黄、蓝三原色,如果把红色和蓝色融合起来,就得到了紫色。但是我们要注意:在我们得到紫色的同时,却失掉了原来的红色和蓝色。我们把红色和绿色融合在一起,得到黄色,蓝色和绿色融合得到青色,蓝色和黄色融合得到绿色,所以我们可以看到融合后得到的是**一种颜色**,失掉的却是**两种颜色**。

同理,在文化建设上,应该有融合,但关键是要掌握好融合的程度,这就是我们要研究的问题。在什么情况下我们应该使用融合的方法,在什么场合下我们不应该使用融合的方法。如果融合会使我们失掉更多的东西,那就不要融合,宁愿使用**拼合**的方法,就是把红色、蓝色放在那里,各种颜色你都可以得到,不必为了一种颜色而丢掉其他更多的颜色。假如你还需要第三种颜色,可以把两种颜色融合,但同时不要把前两种颜色丢掉。有的人认为中国文化和西方文化一融合,就产生了一种新的文化。这其中的"**一种**"就是误用,不能说"一种文化",文化是多层面的东西。按照他们的观点,中西文化融合出的这种新文化是什么文化呢?它既不是西方文化,也不是中国文化,是兼两者之长的一种新的文化。这听起来不错。但是这种可能性有多大呢?实际上这种文化很可能会既失掉了中国文化的长处,又失掉了西方文化的长处。如果可以作价值判断的话,这种新的文化的价值是不是优于前面的两种文化呢?这就很难说了。近百年的经验告诉我们,融合的结果往往是长处被抵消掉,短处反倒更突出。

但是如果我们用拼合的方法,就能**兼存二者的同时并得第三者**。所以我认为,拼合的办法是更好的办法。只走融合而不拼合,则得一失二;只走拼合而不融合,孤阴不长,孤阳不生,也不妥。融合能接出杂种,这不可否认。杂种也有其优势。但是融合应该是有条件的。融合可以增加种类,然而种类又不能过多,中庸为宜。颜色也是一样,赤、橙、黄、绿、青、兰、紫,七色是一个比较稳定的理想的色彩立足阶。应以此为据,自然进退自如。要明白在文化建设上,拼合常常优于融合这个道理,让我们从若干方面来进行阐释。

比如我们从艺术方面来阐述这个道理。先说绘画艺术。国画和油画是绘画的两个板块,究竟是融合好呢还是拼合好?中国历来有主张融合的一派,认为西方的油画更好,更科学,因为他们讲透视关系,色彩学等。有些人尝试走融合国画和油画的路子,他们的画不中不西,但是否成功呢?数十年来的成果证明,成功者很少,失败者居多。代价是很大的。现在终于有人醒悟了。艺术的真正价值是什么?不是红色和蓝色变成紫色是价值,而是红色和蓝色本身就是价值。同样道理,中国的国画本身就是一种非常独特的艺术,如果与西画融合,其结果往往是一家吃掉另一家。从民国开始,主张融合国画与西画的实际结果,就是失掉了国画的理论。当时有些西画理论因为有西画理论在手,说起话来底气十足,认为自己的理论是科学的。其实国画也有自己的整套理论,但是与西画理论往往接不上。这里有很深的美学理论。什么是美的?什么是好的?我们不能说只有西方人才有美感,而中国人没有。不能说中国人觉得某幅画好看就是虚假的感觉。因为"美"本质上是主观的。每个人天生都是鉴赏家,因生活环境、教育状况不同而对"什么是美"有不同的感受。国画和油画的美就有很大的差异。简单说来,国画讲究的是"心画",而油画是一种"眼画"。国画是要用心灵去画,用心灵来表现客体。中国的国画家表现和传达的东西体现了他们个人的人格。他们的人格、灵魂注入到画中了。他们不关注画的逼真程度,用齐白石的话说就是在"似与不似之间",这是国画追求的境界,要表现个人的感受。比如泼墨技法,将墨水泼到宣纸上,我在美国见到过,当时非常震撼,那个效果只有在宣纸上才能出现。那种迷离的感觉无论多么高明的画家也画不出来。国画的调色、选宣纸、选角度、掌握力度都是一门功夫,必须练上几十年,才能在几分钟里发挥出来。学习油画,画上一年或两年的功夫,就能画得比较像了。而国画必须要几十年的功夫,不然掌握不好墨色和线条。古人全身心投入到线条美中,将感情倾注到墨中,画出的画有种说不出的意蕴。我们现在照相是没有这个效果的。我们看国画得到的效应非常令人震撼,这才是国画的魅力所在。

我们看西画就没有看国画的感觉,觉得西画不是画,跟照相一样。这当然不是说西画一无是处,它也非常伟大。我去过卢浮宫多次,深刻感受到它的壮丽、辉煌。他们的画色彩绚丽,人物非常逼真,衣服的皱褶,人的手指都画得逼真又符合现实的比例。他们在逼真方面胜过中国画,但是谈到传神,谈到表达人的思想感情,自然不及国画。中画和西画各有所长。但是如果用西画的规则来规范国画,那中国的国画家就不敢大手大脚地画了。国画不讲解剖学、透视关系、立体等,讲究的就是不要画的太像。苏东坡说,如果国画画得太像,那这个画家的见解就与儿童的见解差不多了。西画追求逼真,但是当照相机发明之后,西画的"逼真"就不是什么特别大的优势了。于是西画也开始转向写意画。尤其是印像派、抽象派等走的路子与中国文人画风格相似。可是两种画风一融合,用西画来画国画,往往两种长处都没有了。因为国画中很多东西他们学不来,比如国画讲究笔、纸、题款、题诗等,西方人做不好。

而中国的美术学院几十年来,总要求学生按西化的方式学习写真、掌握素描功夫。这些东西虽然也有用,但是学多了之后就成了束缚、成了条条框框,反倒画不出国画了。因为国画要求画家如天马行空般任意挥洒,表达自己的情感。假如画家非常愤怒,就会影响他执笔时的力度,在纸上就会相应画出不同的线条。有的人就是喝酒之后画出的画效果最好,有的人不是这样,各种各样的情况都有。国画与西画是完全不同的两种艺术方式。如果融合二者,就会丧失它们的长处,所以只能拼合。拼合就是要完全承袭西画或国画各自的传统,当然一定程度的借鉴也是必要的。但是不能喧宾夺主。国画就要以国画的传统为主,西画就要以西画的传统为主。融合就不是这样,常常强行把一套理论加在另一套理论上面,让国画理论从属于西画理论,这就造成了近几十年来国画一直衰退,成就不大。最先意识到这一点的是潘天寿,他一再强调国画和西画要拉大距离,他感觉到融合办法有可能吞灭中国画的长处,想要保全中国画固有的程式、章法,但是从理论上,又不能说清楚中西绘画融合这种设想本来可能就是偏颇的、或者错误的。他潜意识里有拼合的思想,就是没有找到一种理论概念表述方式。

再以食文化为例。在这个层次上走融合的道路能走通吗?比如:北京烤鸭+可口可乐+成都赖汤圆+麦当劳+鱼香肉丝+热狗,我们把六种食物放在一个大盆里,搅拌一下,融合成一体,成一份菜,叫它大杂烩,这样就好吃了吗?实际上它不是六味俱全,而是六味俱失。根本谈不上美味。只有分开来,各是各的,拼合在一起,搞一个大拼盘,才能保持原来的美味。而融合在一起就什么也不是了,其中的一种味道比较重的食物把其他食物的味道全压住了。融合就是这样,其中一种比较强的因素往往会吃掉其他的因素。拼合起来则成一桌佳肴。各色佳肴的佳处俱在,可以分别尝试。而且你有不吃某样菜肴的权利。如果融合起来,则你无法不吃你不想吃的东西。所以法国学者萨塞说:"艺术效果要持久,就必须是单一的。"他这种观点也暗合拼合的思想。

我们再从政治的角度来看这个问题,情况也是这样。我们究竟应该采取什么样的政治体制?其实政治体制也是可以拼合的。我们来比较一下西方政治体制和中国政治体制。科举制是中国的一项重要的政治制度,是中国遴选官员管理国家的方式;而西方采用的是选举制,用投票的办法选拔官员。我们想一下:怎么把这两者结合起来呢?引进西方的选举制就必然要废除中国的科举制,事实上也是这样,选举制吃掉了科举制。但是科举制一定不如选举制吗?科举制实际上就是考试,考上了就能做官;而不是选举制那样的拉帮结派,谁的力量大谁就上台运作统治工具。现在的美国总统布什就是一个很有才华的人,据说他是背后有人支持,花钱把他推上去了。选举制有其一定的优越性,但它的公正性远远不如科举制。皇帝一个人坐天下坐不稳,需要一大帮官员帮助来共同管理社会。皇帝只是个权利符号,与社会怎么运作、管理关系不大。真正管理社会的是宰相、总理。他们是怎么产生的呢?不是拉帮结派选举产生的,而是考出来的。在各种遴选官员的制度里,考试是最好的,其公正性是勿庸置疑的。当然在具体操作中,也要注意一些弊端,但是弊端是无论哪一种形式都存在的。这样看来,用科举制来遴选官员的方式一定优于选举制。后来中国引进选举制,废除科举制源于类推的思想。认为西方的自然科学发达,其社学科学、政治制度也一定发达。其实不然。世间万物往往这样:当一个事物某一方面优点特别多的时候,它的另一方面的缺点也一定特别多。比如一个人眼睛很好,可能他的听力就不够敏锐;一个眼睛不好,可能他的听力就异常敏锐,事物都有自我调节的功能。同样道理,西方的自然科学如此发达,就暗示他们的社会科学、道德教化很可能不一定那么好。在如何管理社会这方面,恰好传统中国的做法是最好的。这个问题,前面已经有所论述,此不赘。

中国文化在很多方面不知不觉使用了拼合的方式。比如儒、释、道三教鼎立,这是只有在中国才会有的奇怪景观。西方就是信奉一教,不允许别的宗教存在。伊拉克战争也与教义、价值观不同有关,不单是经济的原因。美国信仰基督教的教徒非常多,他们中的许多人谈起伊斯兰教就咬牙切齿,认为不消灭他们世界就不得安宁,美国看起来像个多元社会,其实在思想领域依然是一元的,总试图以一种教义融合掉其他的教义。

再说中学为体西学为用这种观点,其实可以理解为拼合观点,但很多人还是把它理解成了融合。在"体"方面,实际上也可以拼合,比如"一国两制"解决香港问题就是个例证。它的成功就是因为不知不觉运用了拼合的办法。我个人还提出了一国多制互补论,即是一种多元拼合论。各个制度之间界限分明,各司其用。西学之用与中学之用亦有拼合。只是各自所占的比例应该具体情况具体调节。不能一刀切。张之洞等未能深明此理,故其理虽在大方向上正确,却在微观协调方面未能把握住此玄机。

马克思主义在中国也可以是拼合的。毛泽东把马克思主义与中国**革命实践**相结合,仅此还不够,还应该把它与中国的**传统文化**相结合。中国人接受马克思主义必然有一个适应的过程,但是当时采取的是融合的办法。"五四"时期,理想西化派和现实西化派联合起来把中国传统文化给打下去了,推翻孔家店,埋葬儒家文化,一直打到文化大革命。其实如果采用拼合的办法,这些问题是不难解决的。可以保留马克思主义基本的东西,淡化一些东西,比如阶级斗争这些观念。扩大化了的阶级斗争观念与中国传统文化是不协调的。为什么文革造成了灾难性的后果呢?就是因为它违背了传统文化中最关键的一点:和为贵。中国传统文化不主张什么"与天斗,其乐无穷;与地斗,其乐无穷;与人斗,其乐无穷"。如果按照中国传统文化中的"大事化小,小事化了"的哲学观,文革就不会产生那么惨重的灾难性后果了。当时如果把马克思主义与中国传统文化拼合一下,许多问题都可以避免。

我们从语言学的角度来看,更能显示拼合优于融合。我这次到日本东京大学去开会,讨论西方文化对亚洲文化的影响。会上,一位韩国学者提出至少中国、日本、韩国、越南这四个国家的文字应该统一,使用汉字。我们听到这个说法,自然很是欢欣鼓舞,因为这意味着他们认同"汉字文化圈"。这四个国家从根上说,是以"汉字文化圈"为立足点的。其实日语就是一种拼合文字。日本近代以来发展如此迅速,跟文化也有关系。日语是一种拼合文字,给日本人一种暗示:好的东西都可以拿来为我所用,可以跟自己的东西拼合。所以鲁迅从日本留学回来就成了一位"拿来主义者"。日本的大街小巷到处都有汉字,鲁迅深受影响。日语不仅"拿来"了大量汉字,还"拿来"了大量法语、英语、德语等,这是一种拼合,所以说日本人的接受能力是很强的,他们的明治维新做起来也很顺手。这也可以解释日本文化为什么是现在这种状态。汉字是一种先进的文字,当代学者才意识到这一点。倒退

70年,大家都是异口同声地说汉字很落后。汉字的先进性体现在什么地方呢？有人统计了一下《毛泽东选集》的字数,大概是3600个汉字。而有3600的英语词汇量,仅仅相当于中学水平。如果想看懂《纽约日报》,大概需要一万五千个单词。而汉字如果只是阅读的话,仅需要2000个字,有3000词汇量,写作就游刃有余了。为什么会这样呢？在跟西方人交流的时候,我不断跟他们吹嘘汉字怎么优秀,他们不相信。其实道理非常简单:汉字的组合能力非常强,不需要太多新造词。比如"机"这个字,发动机、收音机、拖拉机、录音机、电视机等,没有见到过的人看到这个字就明白:首先它是个"机"。"视"是看的意思,"电视机"就是一种需要用电作能量的并且能看的机器。而英语没有这种能力,必须新造词,所以它的词汇不断膨胀,现在已经到一百多万单词了。这对于学理工和学医的学生来说太痛苦了。而汉字不同,看到形状就可以大致猜出意思。再比如说星期几,我们只要知道"星期"这个词,再知道"一二三四五六",拼合起来就可以了。而英语是Monday、Tuesday、Wednesday等,每个词都是单独造出的。月份也是这样,我们的表示方法是数字加"月"这个字,而英语也是每个月用了一个新的单词。当然这样表示也有其优点,那就是表意精确。但这样做的代价太大了,无穷推演下去,英语词汇量该是多么的庞大。现在他们自己也意识到这个问题了。我们再回到拼合这个话题,"五四"时期,他们认为西方的自然科学领先,他们的人文科学、文字等也必然是领先的,曾试图用西方的文字来代替汉字。这之后很多学者研究怎样使汉字拼音化。其实汉字在表音、表意上有一套自己的规则,并且比较先进,适应它所处的环境。当时的学者由于所处时代的影响,讲融合而不讲拼合,提出了一些不切实际的想法。汉字的输入也比英文要快得多,有人对此进行了试验,结果是汉字输入比英语输入快了三倍左右。一位日本学者说"汉字是一种信息集成文字",断言21世纪将是汉字的世纪。

文学也是一样。西方文学和中国文学都是产生于各自特定的环境。各地的人各有一套鉴赏文学的规律,不能把一套搬来融合掉另一套。举例来说,中国诗歌讲究"诗主情",诗用来抒发感情;而西方诗歌在抒情的同时,更注重"理",要阐述一定的哲理。二者的出发点不同,在中国诗歌中,道理说的过多了反而不好。在中国诗歌中,枯燥的说教总是不受欢迎,所以宋朝的诗少有人喜欢,就是因为其中"理"的成分太多了。唐诗、宋词,蕴含更多感情和形象,所以很受欢迎,符合中国人的审美情趣。如果用西方人的观点来看中国的诗,会觉得中国的诗简直不是诗,太肤浅,太阴柔,写的都是忧伤、快乐什么的,全部都是娱乐性质的,没有说出一个深奥的道理来。当然中国的诗也能讲道理,但重心不在这里。这两种诗体只能拼合共存,不能说只有某种风格是对的。但是近几十年来,我们不知不觉接受了"西方文学理念压倒东方文学理念"这种观点,评价作品首先看思想性,再看艺术性;而古代中国首先看艺术性,然后才谈思想性。中国文学把艺术性放在首位,看作品能否怡情,能否让人感到快乐。而西方重心在是否讲出一定的哲理。现在中国人作现代诗,好像越是看不懂的诗越是好诗。但是用中国文学的观点,不管你的道理讲得多么深奥,如果让我花上三五年的时间才能看懂,那也不是好诗,理解它的成本太高了。与其写诗来讲哲理,还不如直接写哲学论文呢。诗可以反映道理,但不能作为最主要的追求。娱乐性是文学的主要功能。为什么大家都觉得金庸的小说很好看?就是因为它的娱乐性很强。当然其中也有说教的成分,但是作为陪衬出现的。由此我们可以看出,中国文学与西方文学差别很大。意识到这一点,问题就来了:很多人会说:"中国文学不行啊,你看连诺贝尔奖也拿不到……"中国文学当然得不了诺贝尔奖,如果糊里糊涂地得了,那倒是中国作家的耻辱!道理很简单:那只不过是该作者创作符合了西方人的审美情趣而已。中国人写东西应该首先服务于中国人。倘若你是用英语来写作,怎么写都成。但假如你是用汉字来写作,则首先应该考虑汉字文化圈中读者的审美情趣。你在这个中国环境中写出一篇西方人叫好的作品,那你一定是写得相对于中国读者来说不太好。

我们当然也允许西方文学形式的存在,但是不应该融合,而应该拼合。但事实上不是这样,几十年来,大学里讲文学理论,占压倒优势的是西方的那一套。连术语都是西方的,比如现代主义、后现代主义、后殖民主义等等。中国文学本来应该符合中国人的审美需要,越是艺术的,越是民族的。这一点做得最好的才应该得诺贝尔文学奖。诺贝尔奖评委会应该考虑到这一点,不应该用西方文学的价值观来判断中国的文学作品。西方人也不是故意不喜欢中国作品,比如我把元曲翻译成英语给他们看,他们横看竖看,觉得很奇怪:"这就是你们的大诗人写的东西吗?"他们欣赏不了。除非他们从小受到汉字文化熏陶,才能感受到中国古诗带来的审美上的愉悦。这是审美方面的东西,只能拼合,不能融合。用西方的文学形式和文学理论来融合中国的,往往不知不觉就吃掉了中国的。而拼合,编成两套教材,分别讲西方文学理论和中国文学理论。西方人只讲融合,在哪一方面都想用他们的理论来融合天下。比如,西方的哲学著作往往这样开头:"哲学起源于古希腊哲学";他们也不标明是"德国哲学"、"法国哲学"还是别的什么"哲学",好像别的民族的哲学都应该以他的为准一样,这种想法已经不知不觉渗透到他们的灵魂深处了。

再谈一下悲剧。西方有人说:"中国没有悲剧",完全用西洋悲剧来套中国悲剧。中国是个欢乐的民族,但他也有悲伤的情绪。这种情绪诉诸诗歌,就是伤情诗,如果诉诸剧本,就产生悲剧,这是不言而喻的。但是"五四"时期,很多大家都受西方文学理念的影响,认为中国没有悲剧。王国维先生站出来反击,说中国不但有悲剧,而且像《窦娥冤》这样的悲剧与世界著名悲剧相比都不逊色。但"中国没有悲剧"说在很长时间内占了主流,这是因为当时西方文艺理论占权威地位。如果用拼合的观点来看待这个问题,就能明白有西方式的悲剧,也有中国式的悲剧。

史诗也是一样,可能有人会说:"中国多么落后啊,发展了五千年的文明,连一部史诗也没有!"在很长一段时间里,中国人为没有史诗而自卑。实际上,中国还是有史诗的,但有史诗也没什么可骄傲的。史诗不过是一种文学形式。按照中国人传统的审美观,史诗实际上是一种落后的形式。中国人讲究用凝练的语言表达情感,五言、七言等,四行、八行或者稍多一点,这才是高度的技巧。写长容易,写短就不容易了。人的情绪有爆发性,不可能持续太长时间。比如你考上了大学非常高兴,写了一首诗。但你的高兴也只是一会儿功夫啊,不可能连续几天一直哈哈笑。中国诗歌就是要捕捉瞬时情感,因此可以用短诗来表达。而西方的诗是叙事加说理,比如《荷马史诗》,实际上是若干个故事组成,用中国的标准来衡量,它根本不是正而八经的诗。当然西方也有抒情诗,但没有成为主流。西方诗歌符合了当时的历史背景和条件,我们不能否定它。按它自己的标准看,也是妙不可言的。这样一来,中国诗歌和西方诗歌两种诗歌都妙,两种形式可以并存。而中国人完全不必傻乎乎地为中国没有史诗而感到悲哀。在中国,史诗的功能由史书来代替了。曾有位先生写了首长诗给我看,厚厚一本书,他非常高兴地跟我说:"我告诉你啊,我这首诗,哼!全中国没有一个人看完过。"为什么没人看完过呢?那是他写得太长了,成了又长又臭了。

从伦理的角度来看,也是一样。所谓伦理是讲道德、善恶、美丑的这些东西。那么中国的伦理和西方的伦理是应该融合呢还是拼合?我看只可能是拼合。融合的结果就是一方吃掉另一方。我们从道德观方面来比较一下。西方自柏拉图始,就讲基本的德性,包括勇敢、正义、节制、智慧、谨慎等。"智慧、正义"等中国的道德观中也有,其区别在于这些德性的位置,即把哪种德性放在最重要的位置上。西方把勇敢放在首位;中国道德观的代表是"仁、义、礼、智、信",将"仁"放在首位。孔子讲:"仁者爱人。"这是中国以人为本的思想,用爱心来解决社会争端。西方讲"爱"以异性爱为主,他们讲的博爱没有得到实行。中国异性爱不是主流,主要讲父母对子女的爱,子女对父母的爱,兄弟姐妹之间的爱等,将这种爱作为最高的道德准则。西方重勇敢,儒家也把勇敢作为一种德性,但是放在最后,"忠、孝、廉、耻、勇",受"仁、义、礼、智、信"的约束,不然就是匹夫之勇了。(参见前述。)

伦理学是这样,中医、西医也是这样。中医和西医和完全不同的两种智慧结晶,不能用西医理论来规范中医。但是"五四"时走的也是融合的路子,认为西医非常科学,实际上,西医在19世纪末才发展起来,此前几千年,西方医学都落后于中国。中国讲究用联系的眼光、整体的眼光看世界,许多星球的运动都可能影响地球,导致气候变化、瘟疫产生等等。中医由此还发展了经络学说。中国早在周朝代就发现了经络,比西方哈维发现血液循环早2000多年。中医的穴位、针灸也跟经络学说有关。西医也想找出经络,结果怎么也找不到。因为经络不是血管之类的东西,是气的运行通道,西医怎么能找到?中医和西医完全是两套智慧模式,二者怎么接轨?二者只能拼合,不能融合。而民国时期竟然废除了中医,只承认西医。当时10万中医齐集上海游行抗议政府的这一做法。建国后,毛泽东给中医留了一席之地。毛农民出身,小时候可能吃过中药,认为中医还有点作用。而鲁迅、胡适、郭沫若等人在日本学了点西医,凡有所学,皆成性格。二人当然不知不觉要为自己学的东西唱赞歌,同时认为中医完全是胡说八道,主张废除中医,完全用西医来代替。融合造成了西医吃掉中医的局面,对中医的打击非常大。今天中医的元气还没有完全恢复过来,就是当时鼓吹全盘西医化者种下的恶果。所以,在医学方面,也应该用拼合的办法。西医、中医两者各有所长。西医的长处就不多说了,这是大家都认同的,尤其他的外科、手术等。19世纪末,随着解剖学、化学的发展,西医也发展起来了。中医和西医各有特点,应该并立。

最后,拼合观点和建筑与建筑学的关系。中国和西方的建筑理念很不一样,二者也应该并存,当然在一定程度上融合也可以。但现在建筑专业的教科书多以西方的建筑理念为主。西式建筑是概念领先原则,传统中国却是因地适宜,依山傍水灵活取景。①

尽管西方传统建筑和现代建筑的形式并不完全相同,但它们设计的内在理路总是一贯的,很锲合印欧语系语文系统的语法逻辑走势,其建筑系统的主、谓、宾、定、状位置是泾渭分明的,其建筑显示出来的主体与客体是有明确界限的。

而中国的建筑不太注重主体与客体截然分开,恰恰相反,它们的整体布局是建构常常追求主体与客体、人与自然之间浑化无痕的境界与意趣;追求景外之景,味外之味,韵外之致。这就正如中国诗词中的诗行字面中你往往找不到主体(我)一样。

而在西方的建筑中,你无处不感到人的存在,或者说人的创造力的存在。西方建筑师有时并不希望你像置身在中国典雅的建筑内那样流连忘返地欣赏眼前美景,而是常常想要让你置身建筑景观之外,有建筑的宏伟而势所必然地注意到建筑家本身的智慧与力量。西方的建筑用巴黎埃菲尔铁塔来形象化,就是一个大写的自我I或A;而中国的建筑用天安门城楼来形象化,则是一个层楼叠嶂、彩袖环饰的"无"字。这就是有我之景和无我之景的语文缩写。

中国和西方的建筑在很多方面差别很大,应该两者并存,而不是将其融合。但是近几十年来,基本上是西化的建筑占上风。比如北京的古建筑已经不多了,放眼望去,尽是棺材盒一样的方方正正的西式建筑。有位演员发表感慨:西式建筑吃掉

---

① 这里删掉具体实例说明。删掉的内容大部分见于本书《中西语言文字与中西文化走向》3.7节"中西语文的建筑景观型投射"。

了中式建筑。这就是西式建筑融合掉了中式建筑。实际上,中式建筑和西式建筑完全可以走拼合的道路。

再从经济学的角度来看这个问题。在经济学方面,融合可以用,但是拼合可能用的更多。比如市场经济和计划经济,是融合呢还是拼合？如果是融合的话,不是计划经济吃掉市场经济,就是市场经济吃掉计划经济,二者不可能共存。不同的经济发展时期需要不同程度的经济发展模式。例如,就计划经济和市场经济而言,资本原始积累时期,计划经济最好是主要模式,市场经济为辅；在资本成熟发展时期,市场经济是最好作为主要模式,计划经济为辅；在资本高度发展时期,又应以计划经济为主,而市场经济为辅。经济发展不可避免呈曲线循环式发展,因此对发展模式的需求也是循环式的。老子阴阳发展观在经济领域的应用。反者道之动。市场经济模式与计划经济模式不要融合,而要拼合,因势因时利导。使在不同的时间地点各得其宜。

融合论源远流长、影响深远。误导极大而很少有人察觉。融合分为可全融合因素,半可融合因素,不可融合因素：文化有天然混合的趋势,但这正是要人类适当加以抑制的。拼合亦可分为全可拼合,大半可拼合,小半可拼合、不可拼合等几种类型。有时应以拼合法为主,有时亦可以融合法为主。拼合法意味着设立了参照系统,比较与鉴别。互动与互补。中国学者面临的真正的学术任务就是考察清楚全可融合、大半可融合、小半可融合、不可融合诸种文化现象。同时弄清全可拼合、大半可拼合、小半可拼合、不可拼合诸种文化现象。

我有六句真言,可以归纳中西文化发展的出路：合而不融—因时选择—循环取用—阴阳互泽—二元标准—此生彼克。

2003 年 8 月 20 日

良药与毒药——中西文化比较

——正坤先生访问记

背景资料

访谈时间：2000 年 11 月 10 日

访谈地点：北京大学正坤之家

受访者：辜正坤，中国莎士比亚研究会副会长、北京大学文化文学与翻译研究学会会长、（法国）法中文化艺术协会理事、《世界文学与翻译研究》主编，北大教授、博士生导师。（详细背景资料缺）

引　言

药，本来只应是良药。但是，很不幸，毒药这一概念也一直与之紧紧伴随。于是，药的两面性便使药既神奇朦胧又冷艳可怖。于是，对新生与后世具有哺育性与启发性的文化史，也就成了良药与毒药一直冲突与斗争的历史。文化要想进步与更新，文明形态要想从低级嬗变到高级，人类要想根本性地区别于他物，游远了的思想踪影要想在浩瀚的沙漠和汪洋中冲破迷津而知返，一个非常关键的前提条件就是，需要藉助于良药。否则，一切幻影都将刹那间化为泡影，一切顶级的都将顷刻蜕化为低级的，一切鲜活的都将立马叠化为僵死的，一切文化峰峦都将霎时跌入幽谷。因为人的生命体和文化机体与生俱来就是附带有某种毒素的，必须不断地需要求助于良药，才能使自身健康和绿意盎然起来——自然界的动物从不吃药，亦毋需吃药，故它们永远也无法获得建立在文字书写基础之上的价值观与辨析力。如果说把肇始于 4500 年前并在先秦至唐宋这一大跨度时段的中华文明之精髓与神韵比作整个文明史的良药的话，那么，发源于古希腊的西方文明则从深埋于地的根子到肥硕的茎叶，自始至终皆是溶浸并饱含有毒药质素的——尽管其同时也极其繁茂和魅人——而且这种毒性和毒素是其文化机体在两千多年历史中始终无法洗濯净尽的。西方文化机体的这种病毒性大面积扩散，最终在 20 世纪结出了令人惊骇的横跨欧美并虎视东方的巨型毒瘤，把历史推向了终结与地狱的崖缘。两次大战、核子武器、冷战、征服太空、温室效应、艾滋病、后殖民主义、全球垄断一体化、网络化、克隆化等不良现象走马灯似地多维度频频涌现与滋生，就是这一巨瘤迸裂的集中体现。

本文着力比较与探讨了中、西文化——谦让与征服、善良与斗狠、以善化恶与以毒攻毒、阴性与阳性、自律与他律、整一与分散、静态与颠态、诗境与实镜、写意与写实、自然化与现代化、德治与法治、科举制与民主制、天人合一与星球大战——的诸多层面。在举世目光皆西斜的流潮中，正坤先生激情四射地为目前中国的学界开辟了一条尼采式的路径。他有意忽略思想的外在逻辑——真正的思想都不是靠逻辑与公式推导出来的，真正的思想都是富于前瞻性的，都是自明的，它永远超前于推导和论证——而刻意着眼于思想的内在逻辑，假借高密度的散点透视法，来析说其思，其凌弛的远见卓识仿佛为迷失于西方现代化与全球单体化的人们引入了一个奇妙而幽杳的古梦之境。

访谈实录

1. 中西翻译大潮与西化一千年

沉：辜先生，您曾作过"中西翻译大潮与西化一千年"这样一个演讲，请您再简要谈一谈您的思想，而且上次听您演讲，最突出的感受就是您旨在强调一种几乎全盘复古的思想。在全世界——不管是发达国家，还是发展中国家——都正在不顾一切地卷入后现代主义与后殖民主义大潮之时，您的这种思想的提出是极为新颖独到的，也是颇富警戒性的。而且看得出来，您也并不是想滑向另外一种主义，即保守主义。显然您所强调的复古主要是复兴古典文化或者整个过去文化的精髓与神韵，或者说您认为不论过去、现在，还是将来，对于智慧的摄取与文化的建构，溯源而上法远比顺流而下法要有价值得多，换句话说，溯源而上才是最可取的通向未来之途。是这样的吗？

辜：您这个章节的题目太大，我已经就此题目分别在1998、1999、2000年做过3次演讲，讲稿也整理了两万多字，无法在这里详述，只能请有兴趣的读者去看那篇专门文章了。我记得在演讲中试图强调这样一个问题：如果我们把中西方文化分成两大块的话，西方文化跟翻译大潮是分不开的，中国文化亦如是。西方的文化跟西方的三大翻译高潮——古罗马文化、文艺复兴、18至19世纪的浪漫主义与启蒙运动——是牢不可分的。中国文化的翻译大潮，我将之分为五大潮。为什么用了一个千年之说呢？我更正说，实际上不止一千年，实际上有两千年，一千年只是为了讲座的需要，至少从公元前2年便已开始了。佛经像《四十二章经》据说那时就已开始翻译过来了，这个翻译之风从汉魏到隋、唐达到了高潮，在宋、元的时候仍在继续，这样算大约一千年。但从公元前算到现在的话,也就两千多年了。中国古代的以翻译为主要途径的西化大潮最后造成的是中国思想界儒、道、释三足鼎立的局面。中国古代最值得一提的译家有:安世高:(翻译大乘佛经)、支谦、竺法护(翻译小、大乘佛经)、鸠摩罗什(翻译《摩诃般若波罗密经》、《妙法莲花经》)、唐玄装(翻译70部佛经)。至唐时,中国翻译家已译佛经3616部,共8641卷,千年间译经共计15000卷,在世界文化史上首屈一指。

汉哀帝元年(公元前2年),博士弟子(秦景宪)从大月氏王使尹存口受浮屠经。确凿证据则在后汉桓、灵时代始(公元67年),现存最早的译本据说是《四十二章经》,然不足信。翻译的影响表现在几个方面:①对汉语的词汇量:增加了3万5000多条词汇(汉晋——唐800年间所造词);②汉语文体开始不用之乎也者。骈体文受到冲击;外来语色调甚浓,通俗语多,可以说是白话文之始。此外,由于佛经分章分段,备极精密,有助于汉人发展科判之学,丰富了汉人的思维结构;③对中国文学题材、文论也有大的影响:如化境说、神韵说、空灵的境界、佛境;④对政治:与儒、道合流,鼎足而立(虽在唐朝已引起韩愈学者的不满,反对西化)。

总起来说,与两千年翻译相伴的西化教训是:第一次西化中国人学会了宽容,第二次西化中国人学会了不宽容!远西西化潮压倒了近西西化。

沉:西方翻译东方的东西大约是从16世纪以后才开始呢,还是从很早就开始了?

辛:这是一个值得进一步研究的问题。事实上,16世纪以前,也有些东西传到了西方,但它的途径却不常是直接翻译成希腊文、拉丁文等方式,好多是通过向丝绸之路等途径翻译成别的语言,像阿拉伯语等,然后西进至叙利亚一带,而后再经当地的语言翻译成拉丁文或其他文种。1981年我用英文写过一篇比较文学论文,其中提到英国18世纪大诗人蒲柏(Pope)有一篇寓言,跟中国学者马中锡的作品《中山狼传》非常相似,整个情节都差不多,差别仅在于把里面的蛇改为其他的动物来代替,基本寓意都是一样的。显然,蒲柏是用了《中山狼传》中的一些原型了。那么,其途径就很可能是通过波斯、阿拉伯语或通商等一些渠道而传过去的。火药、印刷术等技术方面的西传要更早。但有明确文字记载的西传的东西却较晚,是迟至17世纪以后的事情。像17世纪中国的一些文学作品,18世纪伏尔泰就看到了《赵氏孤儿》,这都有确凿的文字依据。文学相对于其他方面的西传较薄弱,在西方文化中,军事、农工最为突出,像在一定程度上改写了西方军事史的马镫,据推断,就是从中国传至西方的。

2. 作为良药的东方文化与作为毒药的西方文化

沉：辜先生,何以在目前学界对自由主义和市场经济都极为推崇的情势下,您却对此持一种鲜明的批判态度?您的前瞻性的思想从何而来?

辜：当然,市场经济对我国的生活改变是不无裨益的。其实这个问题我不是从现今才突发奇想的,从文革时就已在考虑并跟人争论它了。文革时,我曾接受再教育,那个期间大量地看了些书,其中包括马克思主义著作,例如四十多卷马恩全集,经此途径又接着攻读了黑格尔、叔本华等人的书,哲学、经济学、伦理学、政治学和文学方面的书都引起我极大的兴趣。当时我们就常常讨论:中国的道路到底应如何走?那时,大家一致认为,必须要引进市场经济模式,一定要把自由竞争的机制引到中国来,中国的生产才能上去,这个结论是非常清晰的。但同时,这让人马上就会反问另一个问题:你把市场经济这种竞争的规则引到中国来,它的利弊你仔细想过吗?换句话说,这种游戏规则一旦引入进来,它立刻要产生的效果是什么?它的连锁效果又是什么?第一,你的经济会大发展,这是毫无疑问的;但是第二,贫富差异、两极分化便必然产生;由此而来的第三,人们的道德水准必定要下降,要大滑坡。为什么呢?因为竞争机制里面有一个假定:它假定人性是恶的,怎样克制人性的恶呢?它是用以恶制恶、以毒攻毒的办法,它的整个机制就建立于其上。所以,亚当·斯密的那一套,即所谓看不见的手在指引市场经济的运作,整个说起来,即认为靠人自己来克制自己的欲望是不可能的,只能用恶的这种欲望和恶的另外的欲望进行搏斗、并使之相互制衡,其结果往往是鹬蚌相争,渔翁得利。换句话说,用鼓励自私自利的方式来曲径通幽地达到产生公益的效果。他的这一推论是非常妙的,确实说服了很多经济学家,作为市场经济运用的主导思想,它确实起作用,确实能使经济在很短时间内能够有大的发展。但这同时也暗藏着另外一种危机,就是道德标准的崩溃。传统美好的道德情操必然受到致命冲击,人们不再考虑善不善良,而只考虑利益,赚钱本身就成了最终目的。而中国的传统价值观跟西方的这种价值观从历史上来看是相抵触的,几千年来一直是这样。中国自从周礼那一套跟法律很相似的很严格地规范人们的行为标准与道德情操的礼仪形式形成后,社会形式就一直鲜明地区别于西方。周礼那一套东西——例如君君、臣臣、父父、子子这些伦常准则——就是要用来解决好人际关系与人伦道德,让人能各安其位,不致于使社会产生较大的波动,或产生太大的竞争。而现在的市场经济刚好相反,就是鼓励竞争,奉行优胜劣汰的原则。这样,今天的这种社会模式如何跟中国传统的价值观、伦理观、道德观、礼仪观、法制观相协调,就成了一个严峻的问题。五四时期的学人就发现这一冲突了,当时有许多学者主张不破不立,要立新的,就势必要破除旧的,因此彻底抛弃中国文化,完全照搬西方文化,根据西方的那套游戏规则来改变中国传统的一整套价值观,似乎是唯一的选择。但这样一来,第一个问题是,我们能不能办得到——全盘西化?我的回答是:办不到。第一,中国文化历史太悠久,已经塑造了成熟的民族性格,这种民族性格最终不会认同西方的价值观。第二,中国的语言文字所模塑的中国式综合阴阳互补型思维模式压根儿就抵触西方式二元分割式思维模式,中国式思维模式会兼容西式价值观,但归根结底不会容许它完全取代中国式价值观。第三,什么是西化,具体来说,"化"西方的什么东西,在许多中国学者的脑子里都是糊里糊涂的,更不用说普通老百姓了。比方说,自由放任的经济模式似乎是西方的,国家控制的计划经济不也可以在西方找到吗?多党执政的思想盛行于西方,一党专政的思想不也是滥觞于西方吗?……如果存在着许多自相矛盾的因素,全盘化过来,岂不更让中国人无所适从吗?所以全盘西化的提法在逻辑上就是站不住的。最多是选择性西化,不可能全盘西化。事实上五四学人喊得最响的口号是民主与科学,民主与科学当然是好东西,但民主与科学只是广义多层面文化中的两个层面,远不能概括代表整体文化。而且这两种东西是否是西方独一无二的特产,别的国家就完全没有或基本上没有,这是没有依据的。第二个问题是,退一万步,即使我们办到了这一点,但若从全人类的眼光来看,难道西方文化的那种模式就一定是对的吗?难道它一定优于中国的传统文化的生存状态与模式吗?对此,我个人不以为然。五四时期中也有一批持不同看法的学者,但他们多半处在非主流的位置上。主流的则以胡适、陈独秀、鲁迅等为代表,他们把中国传统文化都看作中国走向现代社会的障碍,主张将之全部抹煞而后快。一些较冷静的学人,像梁漱溟、辜鸿铭等人,他们清楚地看到了西方文化所潜在的能够使全人类都走向毁灭的那种可能性——尽管其优势也是很强大和明显的——在那种文化中,技术性的东西,即工具理性过分发达。一方面这种东西可以把人的潜在能力发挥到极致,让一个民族能在短时期内将经济、军事等层面很快发展起来。但是另一方面,其负面作用和代价太可怕了,它使得整个民族被迫从根本上抛弃它的价值观。事实上,在16世纪前,中国的文化作为整体而言在全世界是最辉煌的文化,这是毋庸置疑的,从大多数的层面上看都是这样。之后,中国的文化开始走下坡路了,为什么呢?其中有个很重要的原因是某些学者所不愿去深入研究的:中国的文化之所以必须走下坡路,刚好不是因为这个文化太落后了,而正是因为它文明程度太高而造成的。中国的主流文化思潮是以人性善的这种假定作为基础的,而西方文化则是以人性恶的这种设定作为基础。实际上,到底怎样,这一直在争论中。但是学者们、知识精英们,有责任来对此作出评定,以便由此规范出各式各样的东西来。人性善的这一派,即孔、孟儒家这一派认为,既然人性善良,那就可以通过说服、教化措施而使民风敦厚、道德高尚。其实这是一个很简单的心理预设方法。也就是说,只要我诚心诚意地把你设想成为一个好人,并彻底地、一贯地以对待一个好人的方式来对待你。结果会如何呢?结果通常是:你最后就会成为一个好人,至少在我眼中会成为一个好人;而反过来,你也会觉得我是一个好人。因为我们如果执意往这方面预设并做实际努力,那么所想望的东西就会逐渐转化为现实。一个人若是好人,他的表情、动作、言谈等一切都会自然流露出来,他就会对周围的人产生一种互动作用,最终导致预期的好的后果。若整个一个社会集团,都协力同心地朝一个方向(例如向善的方向)努力的话,这个民族就很可能会朝此方向发展和演变,结果产生良好的、善的结果。而相反,西方文化总是以一种恶的原罪的理念来支配其社会,那样就会鼓励竞争,就会造成崇拜强者、鄙视弱者的现象。而在中国,强者是要受到某种压抑的,就是不让你太强了,要抑强扶弱,要杀富济贫;它强调的是一种均等的概念。故"老有所终、少有所养"的这一套观念是深入人心的,通过礼俗把这一切都统一起来,使大家都认同它们。从五四时期到现在,忠孝观念在占压倒多数的中国普通老百姓中依然深入人心,个人主义(individualism)的那套东西也仅是在留学生群体及其追随者中盛行,你不能拿它来一下子改写中国的国情,来强加在全体中国人的头上。中国人就一直是那么生存下来的,他的价值观念并非不好——人为什么一定要自私才是好的呢?中国就是要拿公的观念来对抗私。西方的那种私与私相搏斗的结果还只是私,以毒攻毒的结果也仍然只是毒,它不会变成良药!它在认识上有严重的缺陷,坏的东西可能会产生好的结果,但坏的东西归根结底还是坏的东西,它没有能从根本上解决问题。仅仅靠发展物质财富虽然可以使生活提高到某一个较高的层次上,但是其质量从本质上来说是不健全的,它包藏着极大的危险。因为其中恶的那个方面一旦没控制好,就要带来灾难,而这样的灾难果然就发生了——两次世界大战!两次世界大战是西方那种文化模式所必然要导致的。那种社会是以私欲为动力的,所以它一定要去争斗,一定要去扩张,最后就必将导致强与强间的决定性冲突。在科学技术(尖端武器与优良的交通工具等)的大力帮助下,两次大战中的死亡人数超过了历史上所有战争中阵亡人数的总和。如果科学技术真像18世纪的启蒙主义者、19世纪的浪漫主义者、20世纪的理性主义者与现实主义者们所相信的那样,只会给人类带来光明的话,它就不应该让这么多人死掉了。尤其当原子弹诞生后,科技把杀人的效率提高到了一个空前未有的高度。西方文化为何能飞速发展?因为恶需要它,恶为了使自己存在,它就必须使自己变得尽可能强大,从而去征服它物。它提出的口号是：与天斗、与地斗，征服自然界，最后成为它的主人。它不仅征服自然界，同时也征服人类，即征服其同类，这与东方文化刚好截然相反。东方文化追求的是天人合一，企慕的是和谐，主张的是同自然和谐相处，人与人之间也是崇尚和为贵，不主张把矛盾扩大化，它力求弥合矛盾。

3. 唯一能够胜任教化别人的民族

沈：刚才你说在16世纪以后，中国文化便渐趋衰落或者没落了，那么它往后还有无可能再一次复兴和勃兴？

辜：现在还有这种可能性，这是完全存在的。

沈：可其他几大古文明，像苏美尔、玛雅、埃及等古文明好像都永久性地死掉了，为何您对中华文明的复兴如此坚信不移？

辜：主要是因为中华文明内在着一种独有的和谐的中庸之道的东西是其他古文明所不具备的。其他那些文明往往都有很极端的成分隐含于内，那种成分太突出了，可以使它兴旺起来突飞猛进，但它一旦败落，往往是灾难性的。在西方文明的许多国家中，很少有一个国家的文明能够完整地存在下来，期间能够不发生中断，他们好多时候都被整个儿毁灭了，有些是后来又侥幸延续下来的。而中国的文明几千年来却一直没有中断过，它自己有很强的生存力与延续力。当然中国文明之所以绵延长在而未遭中断，还有客观原因：一、从地理上说，中国东边是大海，从古代的条件来讲，它没法跨越大海（虽然古时有郑和下西洋和哥伦布发现新大陆，但那都是个别现象）。西边是高山大川，虽然有丝绸之路，但那也是很艰险、很有限的一个渠道。北边是沙漠，加上蒙古族、匈奴人等游牧部落时常来犯，致使中国古人根本都不想跨越北部，只是出于防范，才修了一条万里长城。南边当时还属南夷，是特别落后的民族，那里的土地非常贫瘠，根据《禹贡》记载，那些土地是天下九等土地里面最低等级的土地，是沼泽地，基本上产不了多少粮食。最肥沃的土地则是黄河中下游或称中原一带的土地。这是因为在距今1万年前，地球的气温奇寒，还是冰川时代的尾期。从距今1万年至5000年，气温逐渐偏高。到距今5000年时，全球气温温度适宜，尤其利于农耕，集中体现在北回归线上下，即北纬35—40度之间，我们的中原正处于这条纬度线上，产生地中海文化的地中海也相仿。世界上最发达的文明绝大多数是在距今5000年前后的这条纬度线附近产生的。在这条纬度线上，当时的中原成了孕育华夏文明的一个最有利的地带。在这里，雨量充沛，空气湿润，适合耕种，连树木的叶子因为雨量充沛也是比较阔大的，因此这一带的森林称为阔叶林。而喜马拉雅山以西，情况大不一样，那边的气候干燥，雨量较少，不适宜农耕,树木以针叶林为主。虽然他们的农耕不发达,但游牧业却较发达,结果导致了西方各民族的一种动感,加上地中海四通八达的便利的交通条件——不像在陆地上开山造路那么艰辛——更进一步强化了欧洲各民族的动态感。这就又促进了其商业较为发达,同时又促进了其航海业。综上所述,就注定了西方民族是一个所谓 on the move 的民族,即一个在不断运动中的民族,其动态感极强,而中国的土地既肥沃,资源又丰富,那么人们就可以安居,安居乐业即由此而来。我们没有必要像西方人那样为了生存而举家迁徙,到处乱跑。于是我们就以家族制为部落,然后发展成乡、县、国家。古代的官员之所以被看作是父母官,一方面是因为其中某些部落首领本身就是族人的长辈或者因为他们在不同的程度上和自己治辖的子民具有血缘关系。此种情形投射于皇帝与百姓之间的关系,也就容易理解为什么皇帝要把百姓看作他的子民。皇帝统治下的万民百姓实际上是一大家子。一家人应该保持一团和气,所以皇帝治业的最高理想是长治久安、天下太平。中国古人没有必要东跑西颠,并且认为自己生存寄居的地方是中国——中央大国。如此,中国古代一种以安居乐业、天下太平为主导追求的静态的文化观念体系便形成了。这种静态文明自然会有与这种文明相呼应的一整套道德观念、法制体系,这些东西使中华文明到了唐宋时期发展到了世界上首屈一指的高度。一个文明发展得最好的时候,是以什么来作为标志的呢?说中华这种文明是最辉煌的,不在于说它的唐诗宋词怎么好,建筑、书法怎么富于诗意,而主要在于它对人性本身的塑造,到了何等之高的程度,正是人性把人和野兽完全区别开来了!这也是辜鸿铭先生的观点,即判断一个文明、一种文化究竟是不是有价值,要看这个文明、这种文化塑造出了什么样的人,什么样的男人,什么样的女人,看其所塑造之人的人性怎样。正是人性从根本上把人与野蛮人,尤其是与野兽区别开来了,这个是最大的价值指标。如果说一种文明的道德观到达了一种值得别人去模仿并被尊为楷模的程度,那这种文明就达到了文明发展的最高峰了。当时的中国文化就达到了此种高峰。且中国还远远不是唐朝才突然达到此高峰的,早在周朝就已达到极高的程度了。那时,文明主要体现在礼上,在那么古老的时候,周礼就已把整套人际关系规范得那么详尽,能使人与人之间的争斗降低到最低限度。它强调仁者爱人,以爱心处理人际关系,而不是像西方那样假定你是恶的和自私的,于是永远怀揣防范之心来跟你打交道。我们是假定大家都是善意的,力求把善发挥到最好的程度。仁、义、理、智、信被尊奉为准则,它们在这里被协调得极好——儿子就是应该孝敬其父,父亲就应该抚养、关照其子,国君就是要宽恕他的臣下,而臣下就是要忠实于皇帝老子。可如此之高的文明何以在 16 世纪以后走向衰落了呢?原因只在于其文明程度太高了,其人性(作为整体的民族性)一旦变得极为善良——善良的人有一个特点:懦弱,尤其在面对强悍对象之时——在遭遇到恶势力之时,就会败下阵来。一个大学教授在大街上偶然和一个好勇斗狠的浪荡儿发生了冲突,说理是没有用的,只有动拳头,谁胜谁负,结果不言自明。由于善良,中国人总是主张扶弱济贫,且从不会出于节约生存空间与资料而抑制自己人口的发展,反倒奉行"不孝有三,无后为大"的原则,致使人口到了五四前后猛增到了四五亿之多。而在西方是要抑制自己人口数量的,他们中的一些国家是有溺婴的恶习的,此习俗在某些国家的地方中甚至存留至今。而我们却有那么大的一个人口负担,我敢说,当时把这四五亿人口放到世界上的任何一个国家,那个国家立刻就会土崩瓦解。当时欧洲近2000多万人,你把这四五亿人口一下子放到欧洲,尽管它的领土比中国还大,但它立刻会不堪重负,保证落后得不得了,它负担不了这么多的人口。而中国人却一定要在自己栖息了几千年的土地上把人口繁衍下来,实属不易。另一方面,由于善的思想——仁爱的思想——在中国站了上风,中国就不会像西方人那样一门心思地去搞领土扩张。而实际上,在古代的生存空间条件下,一个民族要想发展,通常它就必须去扩张。就像一个家庭大了就必须要分家一样。四五亿人口所占有的土地如此之少,而欧洲两千万人口所占有的土地却如此之多。故那时中国首先应该向西方扩张,欧洲的许多领土应该是属于中国人的,美洲的大量土地属于整个人类的共有地,根本不应属于欧洲人,尤其是不应属于英国人,它的人口那么稀少,它才1000多万人,干吗你要去占领那片地方呢?因此在1993年之时,我就曾提出了这样一个观点(那时我在巴黎联合国教科文总部):全球财产,主要是土地财产,应重新分配。这样的话,才符合起码的人权规则。所谓人权,其中重要的内容是人生而平等,如何平等呢?一个人出生下来,他便是一个地球人,既然上帝把他降生为一个地球人,他就有权来分享地球上所提供给他的资源。中国的人口这么多,按理说他就应该拓宽其生存空间,应该去扩张,16、17世纪时,它就应该去扩张了,尤其到了清朝,就更应该去扩张了。可是,它就是不去扩张。相反,从先秦以来的若干王朝费尽心机地修筑了万里长城,目的不是把自己的窝保护好以便到城外去进一步发展,而是只想把人家、别的民族——也把自己——完全挡住。因为它是以善良人性作为主导人性的一个民族,认为战争是可恶的,兵者不祥之器,不像西方人那样,把打打杀杀、征服别人视为一种光荣,他们把强有力的一种恶作为内在的一种驱动力量,一定要去抢夺别人的东西,包括伊丽莎白女王这样伟大的被西方人看作是热爱和平的帝王都不认为掠夺别人是一件坏事。如果她的将军在海上掠夺,凯旋而归,她会出城迎接,重重地嘉奖他们。这在中国显然是一种非常不仁不义的行为。可见,西方主流价值观跟我们的有多大的区别啊。所以,从全人类的角度来看,应提倡中华文明的存在方式,走中国人发展的这个路子,用儒家的那一套——也可再加一点佛教的东西——来调节人类的生活,这样下去,才是正道,人类才能继续生存。而今天,西方人与我们的对话还没有完全展开,主流西方话语认为他们的价值观是对的,以其暂时的技术上的优势来压制东方。现在西方主要是通过经济上的扩张——军事上的大规模扩张已不再可能——来强行打入东方世界,试图最终将东方兼并到它的价值体系和文化系统之中。这是一个迫在眉睫的问题,因此,我们需要发展全新价值观:一方面继续保有原来的那种文明——一种善良的文明形态;另一方面发展一种以夷制夷的文化形态——在面对一种恶的时候。清朝总督张之洞提出的中体西用那套东西是比较适合中国的国情的,即先要保住中国的这一块支撑整个中华民族存在下来的一整套文化规范和伦理道德体系,同时又不妨把西方的那套技术性的东西拿过来,然后去制服、抑制住它,之后再慢慢去教化它!

4. 善良是自律得以自由驰翔的羽翼

沉:中华文明生生不息的内在逻辑是什么?被抛向惊涛骇浪的人类文明之舟何时才能回到中庸之道的平稳航道上?

辜:中华文明生生不息的内在逻辑有内在的,也有外在的。先说内在的。一个民族是否会必然走向衰落,首先是应看它内部人与人之间的伦理关系是否能处理得当。任何一个文明在人类存在史上都必然要走向衰亡的观念,主要适用于解释西方文明的断裂与终结,因为它没有能够找到一种自律的东西和一种启发人们向善的东西。中国人发现,不能够纵欲——当然也不能禁欲。中国人高明地采用了一种节欲的办法,节制欲望也是一种中庸之道,这是最好的办法。这样就能有助于社会达到一种超稳定结构。若按一般的观点来讲,中华文明早就该灭亡了,特别在清末民初那样一个最可怕的时期。但是,它却奇迹般地再生下来了。因此,建立在中庸之道基础上的节欲、克己范式可以说是中华文明生生不息的最关键的内在基因。但中华文明的发展还有其强有力的外在逻辑规律。在中国历史上,当发生大的饥荒时,调节的办法通常是农民起义,农民起义往往是发生在人们的生存条件已严酷到没有办法再生存的时候,那时,人们只有通过战争,通过更替政权来解决这个问题,还不一定总是由于那个政权本身像人们所想象的那么腐败。解决这种危机往往借助于起义、战争来达到更替政权的目的。然而,大饥荒为什么会产生呢?多半由于气候条件变得恶劣而造成。宇宙的运动方式是循环往复的,地球的气候条件也是如此。周而复始的规律性的寒暖气候更替期,导致周期性的恶劣气候条件,造成周期性的水灾、旱灾,庄稼歉收,这给北部强悍的游牧部落带来南侵中原、掠夺生存资料的周期性机遇,也给农民起义更替政权创造了机遇。因此,古代中国王朝的周期性更替几乎是必然的。但是,每一次的政权更替往往只是人事上的更替,并非中华文明理念的更替,中华数千年来的价值系统往往只是经过一些小小的改动便被新的王朝承继下来,因此,这就保证了古代中华文明的基因不至于发生突变或异化。朝代更替会轮换下去,但文化不会灭亡——顶多是这种文明遭受到了巨大的冲击——文明还会周而复始地存在下去。这就是中华文明生生不息地生存下来的外在逻辑。顺便指出,一个民族、一种文明真正出现灭亡有两个标志:一是其语言、文字被吞灭了,二是其整个一套价值观没有了。这才能说一个民族真正灭亡了。

5. 语言文字与价值观所面临的毁灭性吞并

沉:您是否认为中国现在正面临这样一种空前未有的灾难性的危险?因为,一方面,我们的语言文字正在被外来文字所大肆吞噬;另一方面,我们传统的一整套价值观念与道德观念也几乎全线崩溃了,就连组成社会最小细胞单位的由父母、子女、兄弟、姐妹和夫妻所构成的家庭之关系组成,也完全是建立在赤裸裸的利益与铜臭基础上的。

辜:这种危险是很明显的。当今,西方文化——主要是美国文化——确实是想无情地吞灭所有国家的文化。它倚仗其背后的两大势力——经济势力和军事势力——来强行推广其价值观。所谓一体化浪潮是抵挡不住的,已不知不觉地成为我们的口头禅了——发展中国家的媒体自己都这么说了——这一说法无疑是一种下意识的助纣为虐,推波助澜地助长了国际霸权势力的气焰。刚才说了,如果大家都这么说的话,那么,不可抵抗就会成为一种现实,但如果大家都不这么说的话,则会发生逆转。语言的诱导作用就是这么强,语言会反过来支配我们。若你强行把一种价值观用相反的方向注入流俗语言概念,若干个民族都团结起来,把相反的价值观注入权力话语,结果就会达到一种相反的状态。这并不是唯心的,语言有这个功能,它能产生此种作用。现行的西方文化价值形态实际上是一场很大的文化战,在这场文化战中要想取胜,就首先需要知识分子精英树立中国文化本位的观念,惟有如此,才能为本民族找到本体文化继续存在的途径。如果我们掉到西方话语结构的陷阱中,结束自己都认定西方的那套东西是最好的,那就完了,那保证就没办法了,那我们的文化就会真正被其所吞并了。对于有民族良知的学者来说,这是一种痛苦的结局。当然,如果情况果真如此,这种吞并是不是永久性的呢?我以为不是。假定现在东方完全被西方吞并了,假定全世界都完全迷途于西方的价值观中了,这也仅是50年或100年的一个过程。因为反抗会自动从内部开始,那时内部会自行产生出一种新的对抗力量。这是事物发展的必然规律。一种状态如果是处于全阴态势,它自身必定会生出阳性态势来加以制衡。如果一种状态处于全阳状态,也必然会自生出阴性态势来自律。50年或100年后(甚至更短的时间内),得势的文化又陷入窘境,会重新开始寻找出路,找来找去,它们终于发现了自己的弱点:哎呀! 原来印度的文明、中国的文明才是最好的。但那样一来,代价就会太沉重了。为什么非要等到50年、100年后才让人类又重新回到正道上来呢? 为什么不在目前有几条道路都可选择的情势下作出超前选择呢? 没必要太快地进入到所谓全球化的道路上去,积极抵制全球化,才是一切有识之士所应共同努力的方面。因为全球化就意味着一种专制! 不管什么东西,一旦搞成什么具有压倒趋势的"化"了,就意味着一种多元的模式被破坏了,多种价值观不能并存了,这也就是人类要走向毁灭的一个征兆。就像西方的政体一样,若要达到一种制衡,要达到一种表面上的张力一样的东西、一种民主模样的东西,就需要多党。而只要搞成单一化,就必然造成绝对单一话语权力,从而导致绝对腐败的恶果,因此全球化从一个更深层的意义上来观照,可能不是个好东西。

6. 全民族英语热潮的误导

沉:在您看来,自觉抵制全球化、粉碎全球化兼并的图谋,应从何处着手才是行之有效的?

辜:当然是首先应通过话语来进行解构。

沉:您曾经说过:把英语学好,应首先服务于这片故土,而不是去英美当奴才!这种说法是非常形象生动的。的确,中国从近代以来,一大批人那种奴才或汉奸的情结确实是挥之不去的,非常令人痛心。

辜:事实上,现在我们是全国都在学英语,却只有极少量的人学好了。而学好之后干嘛去了呢? 主要就是出国,就是为了这个低等的目的,每培养这样一个学生,我们花了多少钱啊! 我培养的硕士生就如此。他们多半都去了美国,都去为人家卖命去了! 他们一出去,一般都不再回来了,其实也就是做奴才去了! 他们生活得也并不真正好。这种出国潮造成人才大量流失。我们的外语教育的目的是什么呢? 最初的目的无非主要是让搞科研的那些人能够看人家的科研材料嘛,其次是与外来的人能够进行口头上的交流。但这种口头上交流的机会又并不是那么多,更多的人并不是有如此的机遇。这一部分人属于专才,专门来培养这些人就够了。若要他们能应付口译人员的工作的话,两年时间就可以培养出来。即使是专业的超高深的东西,三到五年也是没有问题的。完全不需要对英语进行大量推广,让全国人民都跑来学英语。绝大多数人最后连半成品都不到,看深一点的根本看不了,说也说不了,听又听不懂,只能起到一个提职称呀,提干呀等粗俗的作用。最多只能使更多的人能顺利吃上皇粮,拿到更多的俸禄。这完全是一种极大的浪费,还不如把这笔钱拿来搞翻译软件的研制。另外从心理上讲,它还会起到一种不良的心态影响作用,让举国上下都去学它,极易误导人们,让人们觉得仿佛它所代表的价值观就是最好的,起码是比母语——汉语——要好。这就等于通过语言媒介的方式,从潜意识中硬性地给人们注入了这种价值观,从而让我们去木然地认同各式各样西方人的东西,结果造成时下各个层面都以西方人的习俗标准为时髦的病态现象。国家的外语教育应该这样,比如某些科研人员,只培养其阅读能力即可,基本不需要浪费时间去培养其说和听的能力。用现在这种方式去培养其说的能力是不现实的,即使外语专业学了四五年的人,让他到了国外也仅能听懂和说普通的东西,学术性强一点的,他也应付不好。学习英语只需一少部分人就够了。

7. 流行百年的胡适之(通俗)处方

沉:除了从语言文字方面需要清醒地认识到目前的危机局面,并从每个公民自我做起,自觉加以防范,提高对西语的免疫力外,还应采取哪些方略?

辜:此外,要进行价值观比较,这也正是我为什么要开"中西文化比较"这门课的原因——学生们通过对中西文化进行全方位比照后,终于认识到中国人居然还有许多长处。通常学生们并不这么认为,他们一般都盲从"五四"时期知识分子精英——胡适、陈独秀、鲁迅等人——所宣传的那一套,即中国百事不如人,中国没有一处是比得上西方的,胡、鲁等人的那个处方就这样开下来了,后来的青年人就极易受其鼓动并认同其判断。当然,胡、鲁等人的用意还是好的,是想把中国往健康的方向引的,但是,药方不对,用药也太猛,结果适得其反。

8. 阴差阳错生鲁迅

沉:鲁迅的那种声音为什么当时在具有几千年文化传统的背景下能够立即成为一种代表性的声音呢?

辜:一是因为鲁迅的语言艺术。一种理论、一种思想,不管这种思想的价值到底怎样,假若它以一种强有力的艺术方式来表示的话,那么其影响可能就会很大。用一种艺术形式来宣传一种思想,比用一种枯燥的理论效果要好得多,而鲁迅就是一位非常杰出的语言艺术大师。二是他的个人感情生活具有较多的压抑性特点。三是他的作品带有为一般鲁迅研究者所忽略的与日语有染的特征,在当时颇为新潮,它偏离了那时语言的规范,诚如诗歌。诗歌的主要特点之一也是偏离了日常习语——白话——的规范,因此使其能够焕发出无穷的魅力。所以鲁迅当时的这一做法使其与郭沫若、巴金、茅盾等作家之文风——这些作家的文风较接近现在的主流文风——区别就比较大。还有,他当时所写的都是人们所广为争论的热点文化现象,他成功地塑造了阿Q这一形象,也使不少国粹派感到有对号入座的感受。当然更重要的是,他顺应了当时的主张西化、力求变革的历史潮流,其时西化派急切地需要这么一个能够对反西化派的人们用艺术形式进行漫画式猛烈反击的人,鲁迅便迎合了这种需要。但是鲁迅对中国社会看得并不像人们相信的那样透。中国社会到底应该怎么办?他并没有开出具体的药方。为什么我对鲁迅所唾弃的那种阿Q精神持一种保留态度呢?尽管他当时在西化与反西化潮流中因为扮演了成功的弄潮儿而名声大振,至少在中国现代文学史上留下了不可忽视的一页;但就今天的具体社会发展状况来看,他所做的那种工作未必真的就有多大的价值。我的根据是,中华民族在那个时候最需要的是什么?最需要的不是在其痛苦之上再雪上加霜,不是在其已经惨痛的伤口上再去捅上一刀,而是需要提高其民族自尊心,让其尽快赶上列强,没有必要一天到晚老是抱怨自己如何如何不行、懦弱、劣根性强。其实中国人心里已深深的知道了,洋枪洋炮已经把我们打败了,民族的屈辱感已经非常明显了。当一个人感到非常屈辱的时候,你应该去安慰他,让他发挥身上尚存的优点,重振士气呢还是嘲笑他说:你就是不行,你还以为你行呢!你就是阿Q!鲁迅自己认为这样做,是揭露伤疤,以期引起疗救的注意。其实这话没什么意义,因为当时的中国人并非不知道中国是病人,并非反对疗救,根本无需再来转弯抹角地揭露什么伤疤,引起什么疗救的注意。所以鲁迅的阿Q所起到的负面作用远远大于其正面作用,鲁迅应借自己的博学和艺术技巧去表达一种相反的东西,即一种使中国人在屈辱中能够站得起来的东西才是对的。做母亲的最知道对失败的孩子说什么话最好。是鼓励还是抱怨?是赞扬还是批评?这是不言而喻的。一句鼓励的话可能会使一个人成为伟人,但一句批评的话可能使一个人从此一蹶不振。虽然相反的情形也有,但在绝大多数的场合,正面鼓励的效果优于批评。在这一点上,鲁迅做了相反的事情。

9. 中国正被烙上泰坦尼克号

沉:一个令人极为匪夷所思的问题是:中国自"五四"以来,一直是西化和反传统潮流占上风、占主流话语。不仅是在20世纪初,就是在"文革"期间,这一现象也表现得极其明显——当然"文革"也可以被认为是被歪曲的西化和传统文化劣根性所滋生的合成产物。尤其是在20世纪80年代中后期至今,西化风和反传统浪潮则风起云涌,席卷整个华夏大地,传统文化精髓则在此狂风巨浪中如一叶小舟一样被不断抛上又扔下,而且现在也看不出有受到紧急援助的希望,这种文明在眼下所遭遇到的巨险是前所未有的。如果说100年前中国所蒙受的仅仅是来自列强的军事和经济方面的巨大阴影之重压和浊暈的话,那么时下所面临的则是在此基础上再深陷一层的整个民族的语言文字、道德习俗与价值观念等全方位地被同化、被纳入、被收编、被殖民的更加危机四伏的境况。中华文明的生命力是不是到此真的要趋向终结了?

辜:国粹派和西化派一直不能抗衡的原因应溯源至"五四"时所造成的阴差阳错的颠倒。对于西化,又可大致分为两种,一种是理想的西化,一种是现实的西化,后者主要是指当时在欧美所风行的政治制度,前者主要是指马克思所主张的东西。这两派西化之分野开始还不太明显,后来就产生了对抗。在1949年前,是现实西化占了上风,那时是在民国由孙中山所领导的现实西化运动。虽然此运动对传统中国文化并不完全排斥,但保留得已经不多了。而理想西化——马克思主义的这派——也对传统文化持反对态度。后来的情况是两派合流,不管是共产党,还是国民党,它们都有一个共同的打击对象——中国的传统文化,虽然国民党那边还假惺惺地保留了一些。在这两种力量强有力地攻击之下,传统派根本无法生存下去。传统派代表了一种典型的善的价值观,传统型知识分子认为好勇斗狠是一种不好的东西。而西方的价值观则恰恰建立于此之上,认为斗则进,不斗则退,也就是与天斗、与地斗、与人斗,其乐无穷。这两派一遭遇,谁胜谁败,显而易见,所以西化派就自然占了上风。西化派中又多是由年轻人组成的,年轻人又常受三大欲望——权欲、食欲、情欲——的鼓动。在西化派中有一个很有魅力的地方,就是要打破传统伦理,尤其是跟性相关的一切禁忌,它暗示着一种性开放于其中。巧妙地把这种东西拿来作为引诱青年人卷入争端的诱饵。这是很厉害的一手。当时"五四"的个性解放之所以能够被青年人广为接受,是因为它为满足青年们的情爱提供了广阔的天地。尽管青年们未必是想在伦理道德方面趁机乱来,但是西化运动能够提供青年们所想要的东西,使他们能把传统的习俗打得稀烂,打烂后以便自己自由发挥。用这种观点分析鲁迅也很恰当,鲁迅当年对自己的包办婚姻痛心疾首而又无可奈何,所以他要借艺术形式批判传统的礼教制度与习俗,同时他把自己的生理压抑全部转化到了创作上,致使他在第二次婚姻到来前创作了一生中最有价值的作品。而一旦再婚,在其压抑的情绪得到充分缓解后,其文学创作马上跌入低谷,以后仅是以杂文为主了。

10. 面对野蛮,教化的限度如何

沉:一方面我们觉得中国的古文化是那么地至高至尊,甚至与古希腊文化相比也并不逊色,它也创下了辉煌灿烂的文明。而另一方面,一旦与西方世界接触并交火,就立刻显露出了其极端脆弱的一面,从清末到现在一直如此。这既体现在国力的衰弱上,也更体现在民气、国格的萎缩上。中华文化如何才能从内到外都焕发出富于力度的光泽?

辜:"五四"时就讨论过此问题,办法只能是挺起抗争,只能按陈独秀所说的那样:增强中国人的兽性。如果你遇到的是野兽,你不以野兽的方式去对待它,你怎么办呢?

沉:刚才您提出了一种极好的方式——教化,这种方式仅仅是一种浪漫的幻想呢,还是说它完全有可能会化为现实?

辜:教化,只有在你自己强有力的基础前提下,才能实现它。若你是以一个弱者的身份去教化它,很多时候它是不会听你的。但如果中国强大到不能被小视的时候……

沉:您说的"强大"主要是指一种军事和经济实力呢,还是主要指的是一种文化的绝对优秀性?比如相对男性而言,女性是较为柔弱的,但非常优秀的柔弱的女性也是很强大的,以致于常常能够改变历史进程。所以清末以来,中国频频为西方列强所围攻和兼并的事实,要么说明了西方的外在实力确实很强大,要么说明了中华文化自身还不具有足够的优秀性——虽然其优秀性是毋庸置疑的。也许中国文明的最辉煌期并不在先秦和盛唐,而在不远的将来。在其文化可能具有了足够的优秀性与丰厚性的将来。另外,我们能不能做到在军事上也不强大、经济上也较原始的情况下,来保持和张扬我们的民族文化?

辜:也可能,也办得到。这就要求中华民族自己,尤其是其精英集团能够强烈地感受到自己民族文化的伟大性,怎么样才能使其他民族都来尊重你?最好的办法就是你自己要尊重自己。若你自己带着一种极其虔诚的心态来尊重它并弘扬它的话,保证别的民族就会尊重它,而以鲁迅为代表的知识分子就没有做到这一点。刚才所说的军事上和经济上的壮大仅是说,以此来教化西方民族会来得快一些、有效性高一些,但也可用别的方法。假如中国文明的最辉煌期并不在先秦和盛唐,而在不远的将来,这当然也是我希望看到的。在这一点上,我想许多中国人都乐于这样去希望。

11. 与狮身人面像的遥相呼应

沉：但军事和经济实力的增强又最终会造成民族文化的陨落。

辜：对,这是跟我们的价值观相冲突的,所以我曾为此提出了一个双重价值观的构想。除非你能同时处理好双重价值观,即中华民族自己清楚并继续保有自己的价值观,但为了应付外部的那种对抗力量,才又不得不使自己暂时变成野兽——就像西方所惯常表现出的那样。对内还是用仁政,对外则要增强兽性,必须要用两副面具。假面具是人人都有的。而且针对当前的情况,首先需要启蒙,然后需要复兴,而这在目前要面临很大困难。在小学教材中,古汉语课程所占的比例连百分之二十都不到,以致于现在能看懂古典文献的人寥寥无几。那怎么谈得上复兴呢？只有人们感到并清楚自己的文化底蕴,才能谈得到复兴。现在从小学起的教材设计就极不恰当,本应该百分之九十的比例都是古文。现在的教材在这方面的设置完全是本末倒置。白话文就是日常性的东西,基本上是不需要学的,完全可以无师自通。鲁迅、郭沫若、茅盾、巴金这些被当作白话文大师的人均没有在小学或中学里学过白话文就是明证。这同时也说明了：若真把古典文献学好了,白话文也自然能上去。就像你学会了弹钢琴之后,简单地键盘乐器,如手风琴等自然就迎刃而解一样。在西方也是一样,在西方语言教程中,现当代的内容并不多,拉丁文和莎士比亚以来的经典语文占了重要的比重。我们的以白话文为主要载体来承载文化的历史约100年左右,100年的文化成绩无论怎么辉煌,怎么能跟四五千年来积累的总体古代文化成就抗衡呢？所以我在招博士生的时候,在专业考试科目中要考古代汉语,当然也要考以莎士比亚为代表的英国文学,此外还得考美国文学。知己知彼方能取得成功,且知己常常比知彼更重要。而现在我们国家中外语专业的人,尤其是英语专业的人,很多人不了解自己的本土文化,很多人都处于懵懂状态,所以要启蒙,否则民族文化精髓不久后就会丧失殆尽。

12. 在神不知鬼不觉中杀人如麻的可口可乐

沉：当今所风行的价值观念是不是只吻合了您所讲的双重价值观的一个方面,即兽性的一面,却越来越悖离人性的或儒性的一面？

辜：所以针对目前所引进的市场经济,我们应有一个宏观的规划。比如在多少年内实行它？在多少年后再抛弃它？同时在实行它的过程中,应采取措施来对其进行压抑。若不同时用一整套监督机制去有效地控制它,最后岂不是要沦为西方的那套东西——一种兽性的东西?因此急需用中国文化的东西来对其进行制约,现在要延缓全球化这一过程的到来,并积极抵制它。中国人这些年来糊里糊涂,老是在说全球化、世界经济一体化是不可抵挡的,是必然要来的,这就无形中加强了这种可能。所谓全球化,说穿了,不过是美国化,它还不是一般意义上的西方化。美国这样独霸的结果就是一种专制,因为经济上的一体化所要求的就是与之相呼应的政治上的一体化,长此以往,军事上与政治上的垄断必然要到来。那时,全世界都将受其奴役和摆布。被奴役也是指许多人在不知不觉中甘愿被某种价值观所同化的结果。比如酒吧、咖啡馆遍布中国大江南北,可口可乐几乎在每一个小卖部都有零售,而可口可乐真的就那么好喝?我看不见得。可是人们对很多东西存有口瘾性,虽然人们当初对可乐的味道都极不习惯,可是我硬是大张旗鼓地宣传它硬让你喝,到了一定时候,就像吸食鸦片一样日久而上瘾。它通过这种无形的隐性渗透,进而去达到阉割一个民族的价值观、使其失去判断力的图谋。我们现在所高喊的现代化的口号也是令人不可思议的,现代化就是指西化,这种口号和术语带有极大的误导性,仿佛现代的就一定意味着比过去的好。其实现代化是个时间概念,对于时间,不能说一段时间比另一段时间好,时间本身是没有价值观念的,不能赋予它一种价值性的东西。现代化已经暗含了越近在眼前的就越好,越久远的就越不好的判断。久而久之,就会让人们产生了一种对传统文化的疏远感和排斥感,这是不足为怪的。事实上,现代化这一提法从民国就已经开始了。我认为现代化的炮制是西方人狡诈的一个手段。对于现代化,本应将之具体为某物,比如,工业化、工具理性、机器业等,应具体来说它。而现今我们所说的现代化,就好像凡是现代的都是值得推崇的一样——爱滋病、核武器、城市污染等现代的东西都能说它是好的吗?"现代化"这一术语把现代这个时段的很多东西都美化了,同样,现代主义的出现也是西方学术界堕落之结果。值此危局,在中国应该形成一个新的思想派系,甚至很少几个人就够了,以一种极其新的思想观念打入西方学术界,进而再反作用于东方。

13. 白石桥之梦被棺材式建筑所毁灭后的愤怒与灵思

沉:建筑——作为一种文化的凝固和缩影——它通常体现和表征着一个民族、一个国家的精神面貌、审美意识与思想内核。然而,我国现代、尤其是当代的建筑几乎千篇一律,只偏重于低俗实用的原则。建国后,除了几个元老建筑,如人民大会堂、历史博物馆、工体等,还具有一定气势外,20世纪80年代以来的建筑所昭示的仅是越来越令人无法忍受的无聊与平庸。北京的《视点》杂志在前不久有一期评出了北京十大最丑建筑,具有讽刺意味的是,中央人民广播电台、中旅大厦等被不幸评中。人们普遍喟叹,整个中关村没有一座新近建筑能堪入目。曾经令世人所神往的中国建筑而今为何都沦落到了如此可怕的境地?

辜:我发现越来越多的中国人终于渐渐地认识到,现代建筑确实逊色于古代建筑,后者更有文化气息,也更富于审美价值。说穿了,现在的一切,包括建筑,不过是现代化的符号而已。现代化使你的一切都终日处于一种高度紧张而不安的状态中,处于无穷尽的竞争之中。位于天安门广场西南侧的中国国家大剧院的停建,就是中国人建筑意识觉醒的一次体现。当时有近百个专家、学者对法国建筑师安德鲁的那种蛋形结构设计表示愤怒,主张应把中国的建筑艺术融会进去,让其看起来要带上中国文化的风貌,带上中国建筑所特有的雕梁画栋、龙飞凤舞、曲径通幽的符号特征。所幸的是,目前虽然在思想学术领域,西方观念形态独霸天下,但在绘画和建筑这些形象性的领域,西方并没有完全占领中国的地盘——不论西方人如何鼓吹某个看起来丑的东西是艺术,是美,但人们也不一定买帐。人的自由性还表现在他对审美的东西有一种自决权,中国人在审美感悟和选择方面历来是领先的,而且若以建筑作为突破口去解构全球化,是较具有可操作性的。因为若从思想观念方面着眼,容易跟主流的语言结构相冲突。前一段时间,湖北有一个很有才气的民间设计师拿给我看了不少他所设计的东西,确实很美。现在我们的建筑为什么都要做成很规则的火柴盒一样的东西,或棺材一样的东西呢?北大校园里还存有一些传统的雕梁画栋的建筑,让人感到赏心悦目。但所有新建的建筑除了实用价值外,不复有任何审美价值。传统的建筑一般都是具有审美与实用的双重价值的。每当梦回古代,一切都令人惊讶——五里一短亭,十里一长亭,过往的行人也都是长袍大袖,五颜六色的,加上古代的生态也没被破坏,一切都一如画境,尤其是若有一位姑娘走出来,再加之其飘带使其飘飘荡荡的情景,就更令人陶醉了。这种梦境某次终于化为了现实:一次,我在北京白石桥附近的一个公园里,突然目睹到了有一群仙女飘然而至的动人画面,她们拖着长长的衣裙,步履纤弱,风姿绰约,飘动感极强,其旁边正好有一亭阁,倒影于绿水碧波之中,此情此景仿佛一下子藉时空隧道把人拉回到了唐宋时期。当清醒过来后,我才意识到那一群仙姑原来是拍戏或拍片间隙经过于此的还未卸装的演员,这不仅令人怅然无比。唐宋时期之所以诗词那么发达,跟当时的人文环境与自然景致是密不可分的——你一出门,扑入你视野的尽是青山绿水、飞湍瀑流、才子佳人,能不令人诗兴大发吗?而现在呢,若你乘上飞机俯瞰北京的城区,尽是白花花的一片,是什么呢?垃圾。现在在夜晚也基本见不到几颗星星了,所以眼下我们主流话语所提倡的现代化是十分值得推敲和冷静反思的。当务之急是找回我们久逝的文明。若一定要发展现代化,应限制范围,军事上和经济上还是有一定必需性的,其他领域,特别是在文学艺术方面是不应提倡现代化的。而且从长远观点来看,人类就不应该发展军事。因为武器只要存在,它就潜在地有使其发挥作用的一天,战争就最终会爆发。坏就坏在会出现这种情况——一旦野兽们来了,中国只好需要采取某种对策。"五四"时就走错了一步棋,即一股脑钻到了西方的那个套子里,直到现在也没能自拔!

14. 网络也为世界编织了天罗地网的噩梦

沉:如果再过一段时间,中国出现文艺复兴的话,其高度——主要指思想境界和精神修养方面——能超过古代文明最辉煌之时的高度吗?

辜:毫无疑问,因为文化是一个积累的过程,当然也至少需要一个两三代人艰苦塑造的历程。这个艰巨任务以前之所以没能完成,主要是因为以前的基本生存基础没有完成。其实今天所风靡的很多东西,人类是不必要往那儿努力的,像生物遗传技术、克隆——给自己创造毁灭的可能性。还有网络,尽管我也提倡搞网络建设,主要是因为西方人搞了,我们没办法,但压根儿没有网络才是最好不过的!网络的潜在威胁是非常之大的,当有一天网络将全球每一个人都连成一体后,若有恐怖组织利用它进行恐怖活动的话,那很可能会将人类一网打尽!

沉:你觉得时下用"网络"这个词准确?还是用"罗网"这个词更为形象逼真?

辜:网络就是罗网,就是天罗地网,就是要一网打尽!你没法相信西方人能够把恶成功地限制住。那种病毒软件是会不断产生出来的,通过一种有病毒软件来进行传播究竟会造成什么灾难?难以预测,假如它能搞出某种使终端发生爆炸的软件呢?这都是完全有可能的——如果有一天确实产生了那样的东西,一个恐怖分子或狂人试图将人类毁于一旦的话,那是多么得心应手啊!

15. 铁镣绳索与子曰诗云

沉:在我们的话语中,经常把西方人的面貌视为一种可憎的野兽的嘴脸,西方人是否也这样看自己呢?反过来,我们的面貌在西方人的眼中又是怎样的呢?

辜:西方很多学者也承认自己的民族跟中国人比起来肯定是兽性大于人性,觉得中国人还是一个不好战的、爱好和平的民族。但同时他们认为中国人是一个懒惰的民族——主要是指明、清、民那段历史,确实,那时中国连基本生存问题都解决不了,没吃没喝,因此,很多较高层面的追求自然极其匮乏。管仲说:仓廪实而知礼仪,衣食足而知荣辱嘛,这是有道理的。一个人无论多么文明,强制性地饿上你几天,你不产生盗窃食物的想法才怪呢!——饥寒起盗心嘛!所以中国人在某个时期的所谓国民劣根性是一种假象,等基本的物质条件满足了,所谓劣根性就会逐步消失。劣根性未必有根,它其实只是叶。它只是环境条件造成的,一旦产生它的环境条件消失,它也往往会随之消失。此理是很简单的。所以那些揪住所谓国民劣根性的学者自以为抓住了问题的要害,其实只是倒果为因,并进而以之作茧自缚,最后终于使自己关在铁屋子里欲出无门了!

沉:仓廪实而知礼仪,衣食足而知荣辱这个提法也可能有待商榷。

辜:在一定的时段,若不具备最起码的生存条件的话,人就会走向堕落,再优秀的人,在极其恶劣的生存境遇下,也可能会变成野兽。中国人的素质之所以在清末变低,主要是由那时的生存条件所决定的。

沉:我觉得这个提法不太准确,应该说是仓廪有,或仓廪满,但是若达到"实"就意味着充足和盈余了,那也就会自然导致人的堕落与兽性化。

辜:这里有一个根本的区别,管仲所说的仓廪实仅是手段而已,目的不在此,目的还是为了知礼仪。而西方人则不然,他们纯粹就是为了仓廪实而仓廪实,纯粹为了物质,为了无限膨胀的欲望,他们基本不考虑物质极大丰富后而去懂礼仪的这个重要阶段。人伦道德如何调节?他们认为只能靠法律,他们从来忽略德制这一套,认为德制会出现弊端。

沉:如果把西方的文化形象地看作是它先豢养了野兽,然后又发明出法律这条绳子,再试图去捆绑那些桀骜不驯的野兽以使其尽可能地驯顺于兽园的话,那么该如何概括性地来界说东方的文化?

辜:东方文化是以德制为主,以法制为辅,又极力用礼去代替法。这样它就相当地完备,它注重以德服人,而非以理服人。总之,中国是以德制(人制)为主,以礼制或法制为辅。而西方则是以法制决定一切,基本上不讲德。当然在中世纪那段时间是个例外,那是以宗教来替代德。法制后面往往会跟上一个括号里面的词是"力",即用一种强力来强迫你服从某种规范,但德制是先给人说道理,用一套伦理道德先让人口服心服,然后才用别的办法。

16. 遥遥领先于西方现代民主制的中国古代的"现代化"民主

沉:你曾创造性地下过如此的断语,说中国社会早在秦朝之后的若干朝代就已达到了很高的"现代"程度,何以这样说?

辜:中国自先秦以后,从隋朝开始,断断续续不断采用科举考试,至唐朝达到高峰,当唐太宗看到全国的考生都积极参加考试之时非常欣慰,说是天下英雄都在他的掌握之中了。科举制就是旨在通过考试的办法来遴选官吏,而非像西方那样用党派——拉帮结派的办法来遴选官吏。什么叫做政治现代化呢?如果它表述的是正面的价值观,如果其价值观认为现代的管理制度,或所谓的民主制,能够给予人们以较多的民主,就意味着它是现代化的话,那么我们可以比较,究竟是西方的民主制赋予人民的民主充分一些呢,还是按照中国传统那种政体结构赋予人民的民主多?先来看一看西方,西方的民主制看起来是经由民主选举产生的,可是由谁来选的呢?显然不是人民群众,不是个人来选的,比如你没法自己选你自己。它所推选的选举人往往是若干个党派的党魁,或它找一个人来代表这个党,从而作为候选人。这样首先你就需要加入一个党派,若干个党——注意不可能有一千个党、一万个党,只能有数量较少的若干个党——最后只能由这几个党来展开选举活动。而这几个党各有各自的党纲,所分别代表的概念与价值观显然不会相同——若相同的话就成为一个党了。这样你就只能选你那个党派的人了,这已经是片面的了。不管哪个党派被选中了,你所代表的价值观就还只是你那个党、你那个派别的价值体系,并不代表全体人民的价值观。且某个党一旦上台,它就会有自己的全新组阁,肯定是那个党的人占主体,别的那些有才华的人也可能被选进来,即使被选进来,但毕竟是非主流的,因此它实际上是一种更大的不公正。在分享政权的时候,事实上是一两个党联合起来,他们跑去瓜分了名义上代表全国人民的那个政权。比如美国两亿人去投票的时候,他无法去投他心目当中所希望的那个人,因为那个人根本就进不到那个被选举人的圈子里边。你要成为一个候选人,你就得有足够的钱,你得去发表竞选演说,这笔钱动辄几百万、几千万美金,一般人哪能有这笔钱呢?这个人的背后必须有一个大的财团,这个党派又依附于这个财团,二者相互结合起来,若被选中,则互相为我所用。其实就是几个大的党派在那里瓜分和角逐,之后达成利益分配原则,这个党上台代表这伙人、这个财团的利益,那个党上台代表另外的利益。这种民主仅是指党派之间的一种东西,跟老百姓完全就没有关系了,百姓被完全愚弄了。依据选举权所选的对象只能是在他们已经推出的几个候选人之中作出选择罢了,事先已经被规定好了,你只能在这个范围内选,这怎么可能是真正的民主呢?说穿了,仅十几个党魁之间的一场利益之争。并且那个党魁是否能真正代表那个党,都还是很成问题的。谁成了这个帮派的头目,他就说了算。往往一个提议出来,拥护或反对的人差不多各半,票数多了一点的某个决定最后被接受了,票数稍微少了一点的就不是人民了吗?所以它无法代表人民,仅能代表人民中的一部分。既然如此,就充分说明这种民主归根结底就是虚假的。况且选举是必定需要去贿赂和作弊的,要去不断地拉选票的,而拉选票本身就说明了它是一个荒唐的行为,都是要采取蛊惑或其他手段的。这本身不过就是一场游戏、一种愚弄欺骗人的游戏罢了,它的竞争看起来还是平等的,这哪是民主呀?人民当了主了吗?民一旦成了主,就要去压迫人了。而且"4民主"这个概念本身就有自相矛盾之处,还不说它根本就实行不了,西方从来就没有实现过真正的民主。我们再来看一看中国,中国古代的政体结构不是靠党派来形成的,它采用的是大面积的公开竞争。一般老百姓只要有知识,就有这个机遇。也许昨天你还在讨饭,今天你却已经成了状元了,只要你参加了那个考试并且水平很高。这种竞争才是真正的自由竞争,它只涉及到个人,而不是必须靠借党派的力量来把个人推上去。中国古代最忌讳党派,特别防备结党营私这种现象。科举考试比较公正,甚至在清朝时还限制大的官宦子弟,比如限制八旗子弟,不让其去考试,以防其作弊,一般寻常之人都可以去参加考试。借此它就可以把人民中那些真正的精华分子、知识精英吸收进来,然后让其去做县令、府上或中央一级的官。这样所组成的庞大官僚机构就是一个由知识分子所组成的精英集团了,它和皇帝来共同分享权力。让一个知识分子集团管理社会是较高明的做法,因为一个人有了知识以后,才能认清自己不好的、甚至是兽性的一面,自我节制的能力就会相应增强。尽管人恶的一面常常是占主导地位的,但是儒家高明的地方就在于,它无视这一点,它就是要提出善,并以此为根基。只有你相信人是善的,才能使人变善;你如果硬是认为人是以恶为本的话,那就会使人越来越兽性化。一个小孩不断地成长,等长大以后,你就会发现他的一系列的踪迹就是一个自我克制的过程。有人会问:为什么考试要考四书五经这一套呢?四书五经中蕴藏着一整套儒家的道德人伦规范,就是为了让你首先成为一个有德行的人。人一旦有了德而当官,就算你的法制再不完善你也能使其完善。王安石说过:一个法制再好,如果执法的人是坏的,这种法制就不好了;如果执法的人是好的,再简陋的法律到了他的手里也可以发挥得很好。所以提高人的德行才是最关键的,在科举考试中,首先要考核的是一个人的德。若果有一个人揭发你说,你对自己的父母不孝,那么考试资格就会被取消。不管你有多大的才能,不要。显然,以这种德行为本的原则所招考的官僚,其公心自然会大于私心。这样一群知识官僚代表人民的可能性要比拉帮结派的人推举出的人大得多。因此,如果说到民主的话,那么中国古代这种民主才是人类社会所能达到的相对说来最高的一种形式,它远远高于西方现代的民主制。另一方面,现代社会如果指的是现代高度的中央集权制社会的话,我们中国自秦朝开始就已经废除封建制度,建设高度的中央集权制了。而欧洲中古的1000年还基本上停留在封建社会。中国自先秦以后的社会,基本上是知识官僚社会而非所谓封建社会。我们习惯上老说中国近两千年来是封建社会,这是不符合历史事实的。中国唐代在行政管理、在使用知识分子治国方面的民主程度,遥遥领先西方至少1000多年,其现代程度是当今的仍停留在党派政治体制中的西方社会还没有赶上的。

沉:就是说,我们早在古代就已跑步奔向了某种至善、某种终极,远远地领先并超越了西方,我们那种古代的"现代"民主是一种浑然天成的产物。相比之下,西方的现代民主制则是矫揉造作的滑稽剧了。

辜:当然是早早地超越西方了。现在的西方跟古时的中国比起来,实际上还是相当落后的,因为它现在还在实行一种党派制。

中西智慧观与中西文化走向

1. 从《智慧书》论到中国文化大启蒙

葛拉西安的《智慧书》里确实有智慧,但从本质上来看,这只是一种典型的西方式的邪恶的智慧,如果不适当地以中国的传统道德观加以规范,它有可能让邪恶者变得更加聪明,让聪明者变得更加邪恶。不幸的是,善良的聪明和邪恶的聪明尽管都是聪明,骨子里却有着天壤之别;说得极端一点,往往无异于人与兽的差别。西方人过分看重"聪明"这两个字,至少从 17 世纪的笛卡儿以来,就有许多大学者坚信人的理性(Reason)会是一剂万灵药方,可以把天下大事全都治得服服帖帖。于是后来在"知识就是力量"这种慷慨激昂的口号下掀起的科学思想的大潮下,五湖四海的人类一窝蜂地卷了进去,以为有了放之四海而皆准的理论,从此可以披荆斩棘,斗天、斗地、斗人,铲除传统,消灭上帝,宇宙万物,一切不在话下。热血青年奋臂出袖,高扬理想的大旗,打翻一切所谓的旧枷锁,要奔赴按科学方法圈定的乌托邦世界,人潮心潮,滚滚滔滔,万牛莫挽。但是,两次世界大战把多少肥田烧为焦土,把多少生命化作冤魂。数十年间用科学的武器高效率杀死的人类据说超过历史上数千年来所有战争中被杀死者的总和!紧跟着崛起的以科学思想体系武装起来的东欧社会主义阵营,也曾喧嚷辉煌过一段日子,而曾几何时,不费西方资本主义世界一兵一卒,居然会转眼之间,土崩瓦解。看来科学的思想,科学的武器,无论多么严密和精密,能否真正最终拯救人类,毕竟是一个有待证实的命题。面对这样一种社会现实,我想,西方的当然也包括东方的学者应该停住脚步想一想,如果没有善良的人心作为后盾,纯粹的智慧是否真是万能?

这样的思考,使我们不得不把目光重新转向古代世界,尤其是古代中国。我想提醒人们注意一个简单的事实,五千年来,西方世界没有一个国家不曾在野蛮的战争中毁灭过一次或多次,或从此永远地失掉其版图,然而,中国,惟有中国,具有五千年来毫不中断的历史,纵然曾二度蒙受北方部落铁蹄的践踏,其政治、经济、文化诸方面,居然总是不改其貌,最终造成"征服者被征服"的结局。不少学者惊讶于这种超稳定社会结构,但总是趋向于作出负面的评价,一门心思地想把这种结构打得稀烂。他们不愿意正视这样一个历史事实:和西方世界相比,中国传统社会的总体特征,总是趋于以德治(人治)为主,法治(力治)为辅;而西方社会则更趋于以法治

(力治)为主,偶尔也辅以德治(宗教)。当尼采宣称"上帝已死"之后,实际上德治的一点残余也从西方世界消逝。这样一种价值取向,等于宣布,良心是无足轻重的,法律就是一切。然而,这个命题也可以倒过来,无论一种法律体系显得多么周密,如果执法人员居心不良,那么再周密的法律也只能成为助纣为虐的帮凶!多少十恶不赦的罪犯在法律的保护下逍遥法外,只要一句"证据不足",就可以从此高枕无忧。这也使人想起王安石对法律的看法:"得其人而行之,则为大利;非其人而行之,则为大害。"30年前,人们一听到打官司,就战战兢兢,宁肯自己受点委屈,也不愿走进那种是非之地,让外人从此把自己看作"进过法院的人"!而现在,情况却完全颠倒了过来,有人成天苦口婆心地劝导我们要随时擦亮眼睛,保护自己的正当权益,只要机会瞅得准,一纸判决书下来,就不定发了,糊里糊涂地捞到几十万!于是出现了靠打官司赚大钱的专业户,有的人就像卖棺材的老板总盼望死人一样眼巴巴地盼望邻居快点犯什么罪恶,以便自己可以乘机检举揭发,获点奖金什么的。书店里堂而皇之地摆着精装的大部头书,书名叫做《教你赚钱!赚!赚!赚!》惊心动魄,让你体会到市场经济的雄威!30年前,谁赚钱,谁倒霉,这也许过火了一点;30年后,谁赚钱,谁光荣,也许更过火了一点。一个无本万利、单靠油嘴滑舌的买卖转眼成为千万富翁的人,很快就有记者围着他前后左右地转,要他介绍经验,好在报纸上推出新闻人物。从前人们脑子里大事化小、小事化了的思想,现在据说都是封建意识,赶不上先进社会的趟了。与其大家一团和气,不如人人黑脸青风。把目光重新投向现代中国,你所看到的画面已经不复是唠叨仁、义、礼、智、信的传统王朝,而是慌慌忙忙地簇拥着现代化大旗蜂拥而入的人流。从鸦片战争以来的160多年,中国人的大脑已经连续被3次西化大潮淘洗过。人们的的价值观已经发生了根本的改变。胡适、陈独秀、鲁迅等五四时代的学者,已经成功地使大多数的中国青年相信中国"百事不如人"(胡适语);相信中国人只有增加兽性才能获救(陈独秀语);相信中国只有废除毒瘤一样的汉字而改用拉丁文字才能起死回生(鲁迅、钱玄同语)!于是只有西方的美术才叫美术,中国的只能叫国画;只有西方的音乐才叫音乐,中国的只能叫民乐。尽管中国在汉朝就有了博士,但是现在中国的博士毕业生只能戴西方人在近代才设计出的博士帽、博士衣。尽管中国在西汉时就有了太学(西方人将之译作 Imperial University,"帝国大学"),但北京大学只承认自己只有 100 年的历史———一个有至少 5000 年辉煌文化史的民族居然只有 100 年历史的大学!因为若干现代中国学者相信,只有西方式的大学才叫大学!可惜还有许多东西,无法完全消除掉其中国特色,从而使某些现代中国学者感到遗憾。例如中国的茶叶,肯定也不应该叫茶叶,因为只有西方的茶叶才叫茶叶;中国的气功肯定也不应该叫气功,因为只有西方的气功才叫气功。中国的瓷器当然也不该叫瓷器(瓷器,英文 china),因为只有西方的瓷器才叫瓷器。甚至中国也不应该叫中国,因为只有西方的中国(英文也叫 China,与"瓷器"同一个词,发同一个音)才叫中国!于是涉嫌与西方的东西雷同的东西,似乎都应该想法予以废除。例如医学吧,1903年的大学堂章程中,医学 29 门,只有 1 门中医课;药学 17 门,只有 1 种中国药材学!民国元年制定学制时,屏除中医于教育之外。1929 年,民国中央卫生部通过了余云岫等提出的废止中医案,全国中医界苦苦请愿达 10 次,不过是要得到一个允许他们在中国也能称作医生的资格。然而反对中医的人物又何止一个余云岫,梁启超、胡适、鲁迅、梁漱溟、郭沫若等都一致反对中医。傅斯年还立下重誓:"宁死不请教中医。"不仅如此,涉嫌与西方的东西不同的东西,似乎也应该设法予以废除。例如,中国的科举考试制度,随便什么平民百姓,只要通过了有关的严格的考试就能做官,这不行,在西方是要通过拉帮结派的党派政治才能做官的,于是科举制度得以顺利废除,并且至今被某些学者欢呼为伟大的胜利。"国粹"这个曾令炎黄子孙昂首挺胸的字眼居然成了一种现代学术界人避之惟恐不速的贬义词!凡是所谓落后的、反动的东西都归罪于中国传统文化——或称之为"封建文化"。这种所谓封建文化的罪恶甚至殃及人们的服装、头发、居室与言谈举止。于是姑娘们脱下了累赘的传统的华丽衣衫,学会穿上在冬天也能方便地露出大腿的西式服装;长头发一律剪成短发(为此闹出了不少人命案);飞阁回廊、雕梁画栋的屋宇建筑逐渐被更替为整齐划一的棺材式的简便建筑(谓之现代化建筑);抱拳行礼也据说阻碍了人们直接交际而变成见人就"拉手"、"摇手"(后来改称为"握手")的姿势……在市场经济的国际大环境下,中国人开始把过去批判过的"人不为己,天诛地灭"的格言和西方的经济学理论配套理解,并付诸实践:人要发财,就得跟人斗,就得自私。自私已经被人家外国经济学家从理论上论证为合理的东西了。例如有个叫亚当·斯密的经济学家,写了厚厚一本书,主要证明一件事情:在市场经济的社会里,每个人都尽力去谋取自己的利益,结果,好像受到看不见的手的指引,最后反倒使市场的发展产生出对公众好的结果。斯密的说法头头是道,让我们禁不住想要相信他的所谓科学结论,私比公好,虽然我们骨子里并不觉得踏实,既要昧着良心赚钱,又要在填获奖表格的时候说明自己人品高尚,那写字的手不知不觉总有点发抖。诚然,私与私的斗争,就如以毒攻毒,有时反倒可以产生出好效果。但是斯密好像忽视下面这么一个小道理:坏人跟坏人打仗,两败俱伤,暂时没工夫跟好人闹别扭,这当然有现实意义,但是说到底坏人还是坏人,并不因为受了伤就成了好人。以毒攻毒,有时确实可以治人的病,但归根结蒂,毒还是毒,并不会从此变成了良药。拥有原子弹的国家不止一家,害怕被同一武器报复的恐惧心理使原子弹的持有者不敢冒然使用它,于是原子弹便似乎反过来成了和平的保障;人们不会想想,假如世界上根本就没有原子弹,岂不更好?西方的多党据说可以造成一种权力均衡,促成某种表面上的民主,但是,如果根本就没有党派,岂不更美?……就此打住,还是回到私心问题上来吧——私心之间的倾轧,诚然可以让人有时得到鹬蚌相争、渔人得利的效果,然而私心终究是私心,变不成公心。这个简单的道理,本来应该人人皆懂,可偏偏有如此众多的所谓中西学者硬是不懂,或装作不懂——或认为是自己懂而别人不懂。可叹的是,这懂与不懂之间,便酿成许多人类的悲剧;这懂与不懂的探讨,便形成若干西方学者的智慧的基础,诺,也是这本《智慧书》中的智慧的基础。这样的智慧,会把我们引向何处,翘首瞻望,我有时不禁四顾仓惶、不寒而栗。

西方的智慧构成西方主体文化的典型特征。如前所述,这种文化有一个占主流影响的假定:人的本性必定是恶的,因此,许多好办法似乎都只能求助于某种形式的以恶制恶。传统东方文化也有一个占主流的假定:人的本性必定是善的,因此,一切制恶的手段都必须以善的方式或善的目的为基础。这个基本的区别,从此把两种文化推向两个不同的世界。按照西方文化的逻辑,扩张领土,入侵东方,实际上早在数千年前,就已播下行动的种子。

让我再慎重地对本文开初的问题做出回答:如果没有善良的人心作为后盾,纯粹的智慧绝不可能万能!然而,善良的人心在何处?善良的人心是可以企及的理想境界么?对此,《智慧书》热情洋溢地概叹:"世间万象都已尽善尽美,而成为一个真正的道德上的完人,则是宇宙万物完美的顶峰。"(见《智慧书》格言1)显然,没有人能成为"宇宙万物完美的顶峰"——因为没有人能成为"真正的道德上的完人"。这是典型的西方式心理定势的结果。作为基督教的笃信者,葛拉西安最终难以摆脱有关人类原罪的学说。人难以被改造成彻底善良的人,但是人可以学会用计谋阻挡自己成为邪恶的俘虏,人甚至可以学会用智慧挫败险恶的势力,使善良的努力得到善良的结果。因此《智慧书》主要教导我们如何使别人的(当然也就是坏人的)阴谋失败,而使我们自己的阳谋得逞——如此而已!可是人类世界真没有可能使人心变得善良起来么?《智慧书》的智慧竟然不能使我们得到正面的答复。

但是,当我们回到儒家的学说及其实践传统的时候,我们还是不禁充满了希望。在整个西方世界对人性的邪恶确信不移的时候,伟大的孔子、孟子及其传人坚定地奉行相反的原则:(1)人的本性可以是善良的;(2)人的本性也可以通过培养而改变(性相近,习相远);(3)以善良的本性为基础的仁、义、忠、孝等起码的做人准则是可以通过一整套礼仪形式从实践上加以推行的。无疑,儒家所提倡的整个一套具体的道德规范今天可能应该依据变化了的社会条件加以适当修正(就正如科举考试制度的具体方式本可以进行适合现代人具体情况的修正而不必像倒洗澡水却倒掉孩子那样全盘否定),但是,近两千年来的客观实践,证明人类中的一支——中华民族——可以不借助于或少借助于让人畏惧的武力、法庭、上帝等因素而转而主要借助于道德规范的理性教导与阐述也可以使世界上人数最多的一个民族相信这种善良的说教从而连续不断地创造出自己的文明史——而且是辉煌的文明史!当西方民族极力主张要征服自然、改造自然,甚而至于要征服宇宙的时候,中国人则主张与自然和谐相处、道法自然。当西方人在要么禁欲、要么纵欲的两个极端中辗转挣扎的时候,中国人则奉行一种中庸的节欲之道。西方人把他们的智慧拼命地投入对外部物质世界的征服与控制的斗争中时,中国人却呼吁把自己的智慧主要用于内在的修身养性,之后才考虑齐家、治国、平天下这样的重任。西方人几乎无条件地崇拜智慧本身,中国人却认为,只有善良人的智慧才值得崇拜。西方人常常把智慧和勇敢放在最重要的地位,中国人却总是把德性和智慧放在最重要的地位。西方人相信,使人类社会能够井井有条的最有效的办法是法治精神,是依法治国;传统中国人却认为法治只能起辅助作用,真正使人类社会能够最终获救的最有效的途径是使人心本身就变得真正善良(《论语·为政第二》:"为政以德,譬如北辰居其所而众星共之。""道之以政,齐之以刑,民免而无耻;道之以德,齐之以礼,有耻且格。")

2000年11月24日上午,在北京建国门内大街5号中国社会科学院的传达室窗口,当我抱怨传达室的人对于参加社科院学术研讨会的学者都要进行严格登记的做法不妥当时,传达室的同志说,不这样不行,因为中国人的素质太低。我说中国人素质不一定是你想象的那么低时,没想到传达室的两位中年妇女却突然爆发出仰天大笑,笑我的愚蠢,笑我的天真。在她们快笑出泪水的眼里,中国人岂止是素质低,简直是连素质本身都不知为何物。这种笑声使我的心灵差不多要流出血来,难道中国人自己眼里的中国人就是这个样子?难道中国人的素质一直是低的么?所谓素质高,通常指的是具有较高的自我约束意识,而这恰好是传统中国人的基本素质。在极端的情况下,即使当皇帝要把臣子的头砍下来时,臣子的反应也常常是要对皇上的赐死表示感谢。这种震撼人心的自我克制精神是一个民族的文明意识发展到登峰造极时的象征。它有可能被称为愚忠或奴性或阿Q精神,但是,你同时难以掩盖住这种精神背后的最成功的人性改造工程。人身上的纯粹为己的自私兽性为什么能够被驯服为具有利他主义特征或以身殉职的性格特征?人是可以被改造的。如果整个人类社会的宣传媒介、行政机构和一切知识分子精英都协力同心地来从事这项伟大的劝人向善的人性改造工程,人类及其人性是可以被定向塑造的。60年代的大量中国人那种坚信共产主义即将实现的朴素憧憬与雷锋、王杰式的利他精神,尽管今天已经成了现代人生活中的童话,尽管它产生于一种特殊的社会背景,它所昭示的巨大暗示意义不能被轻易忘却,因为它至少是又一个证据,表明人类可以通过这样或那样的方式而变得善良,即使不是人人善良,至少也可以使大多数的人变得善良,而未必是西方文化所认定的那样逃不脱负罪感的桎梏。归根结底,人类是有希望的。

责备中国人的素质低,责备中国人有劣根性,这个责备传统至少有100年了。尤其在所谓国民劣根性的问题上,梁启超和后来的鲁迅等学者都曾费过大力气。似乎是为了使这个说法更具影响力,以便彻底摧毁普通中国人的那点自信心,鲁迅还写出了那篇震撼中国知识界的中篇小说《阿Q正传》。作为一篇文学作品,《阿Q正传》的艺术感染力是高超的,作者的艺术才华(尤其是语言描写技巧)可谓技压群芳。但是无情地鞭打所谓以"精神胜利法"为代表的国民劣根性,未必是一种适当的举措。什么叫国民劣根性?它真是国民性格的"根"吗?它是什么时候扎的根?首先,精神胜利法未必就只是我国国民的劣根性。没有一个民族不在一定的程度上具有这种劣根性。甚至可以说,世界上没有一个人不在一定的程度上具有这种劣根性。每一个人都会在生活中遇到挫折或失败,差不多每一个人都会有自己的特殊的排解方式。例如失恋的男孩或许会以一句"天涯何处无芳草"而自安自慰,从而不至于认真到跳水自杀或剖腹自尽。受到挫折的人会习惯地说:"失败是成功之母。"洒血疆场的斗士会以期许永远活在人们心中的念头而含笑辞世。可以说,没有这样一种精神胜利法,人类几乎是寸步难行。我们永远怀抱着希望,认定未来比现在会更加美好。正是这种精神上的预期的信念与胜利感,使我们不屈不挠地奋斗不止,直至真正的胜利。精神胜利法是一种多么宝贵的人类的精神遗产!对于佛教徒、道教徒、基督徒来说,精神胜利法是另一层面上通往至乐的无上妙诀,不过关于此点,不在本文讨论之列,姑且存而不论。当然,对于现实的人来说,把精神胜利法当作应付一切困难的万用灵丹无疑是不对的。诚然,在鲁迅所处的时代,中国人素质水平确实低于古代的许多时期,但是中国人并非历来如此。中国人在那样一个历史条件下的素质降低,不是由于其民族本身具有所谓劣根性,而是由于社会提供的艰难的生存条件导致的。是环境与各种因素的综合结果。换句话说,它主要是历史条件的果,而不是它的因。它只是客观条件这颗树上长出的枝叶或果子,而非其"根",因此也称不上什么劣根性。把中国的落后归罪于中国人的所谓劣根性,实际上犯了倒果为因的错误。用更简单的话来说,除了其他的若干因素,中国人的所谓劣根性主要结果于当时中国的贫穷状态,正如两千多年前管子所说:"仓廪实则知礼节,衣食足则知荣辱。"(《管子·牧民篇》)而中国的贫穷状态则又直接源于其庞大的人口和相对狭小的生存空间。请注意这样一个简单的事实:欧洲的本土比中国的领土要大,而当时欧洲只有2000多万人口,中国却至少有4亿人口,是欧洲人口的20倍!然而欧洲除了其本土外,截止1915年,其领土势力范围(殖民地)实际上占了世界领土的85%以上!假使欧洲有同样多的人口,欧洲立刻会变得不堪重负,其贫穷状态比之中国可能还要严重得多!在那样的状况下,欧洲人的国民劣根性不知道要坏到什么程度!因为即使在20世纪初,靠掠夺起家的西方尽管十分富有,两次世界大战外加经济危机,使西方几沦为哀鸿遍野的荒原!要说到国民劣根性,这才是一种真正的劣根性:好勇斗狠、好战成性的劣根性!然而当时在青年知识分子中颇有影响的鲁迅不把主要矛头指向帝国主义和殖民主义之类重大的打击对象,却把嘲笑辱骂中国人的所谓精神胜利法这类国民劣根性作为自己的主攻方向,无论其出发点是多么地理直气壮,实际上是一种相当偏狭、不顾大局的做法。实际上1840年以来的历次民族屈辱已经深深地使普通的中国人明白自己在经济、军事势力上确实落后于西方。但是,军事、经济上的落后不等于在文化层面上的一切方面落后,这一浅显的道理,居然不是当时的许多赫赫有名的学者所能明白的,似乎一定要拼死证明中国人"百事不如人"才能心安理得。两个智力相同的孩子在课堂上学习,如果教员总是批评其中一个,表扬另一个,那么在通常情况下,结果是不言而喻的:受到批评的孩子的成绩会越来越糟,而受到表扬的孩子会越来越好(只有个别逆反心理特别强的孩子才会例外)。当时的中国人需要的是民族的凝聚力和自信心,尤其需要具体的建议和行动纲领,而不是去培养必须在一切(百事)方面都俯首帖耳于西方文化面前的奴才个性。把西方的科学技术性的东西学过来,实际上从中国的达官贵族到平民百姓,早已成为共识(所谓中体西用论的流行即是明证),无须在这个问题上喋喋不休。因此,抨击中国人的所谓精神胜利法等国民劣根性的对策是不明智的,或者是无足轻重的。鲁迅应该作出的贡献是为当时中国的出路提出一些值得参考的建议,但是在这一方面,他恰恰交了白卷。当然,作为一个语言艺术家,他的成就是伟大的,他的幽默艺术是中国现代文学创作中的瑰宝,这一点,也是不宜否认的。从五四以来的近百年内,多少中国作家、学者依靠讥讽嘲弄中国人或中国文化而名声大振,在这里无须再一一例举,因为这是一种悲剧:当母亲患了毒瘤的时候,有的人拿毒瘤作为嘲弄的题材,说些风凉话,从贩卖文才而卖得一笔钱财,有的人却到处寻觅或研制疗救的药方,不论有效、无效,反正实验不止,这两种人的价值如何,我们还不能称量出来么?也许,不少人仍然沉浸在过去某些不愉快事件的余痛之中。人们不要忘记这样一个事实,父母的自尊心受到伤害之后产生了暴烈的行为,儿子如果以造反的方式回敬父母一个耳光的话,只会把事情弄得更糟。惟有忍耐和言归于好是解决人类自身矛盾的根本途径。那种西方式的与人斗其乐无穷的思想方式是当代人类社会产生灾难的根源之一。宽恕、谅解与和睦共处是人类的良知中最可宝贵的特质。回到中国文化的传统中去吧,惟有合作比斗争更能对双方产生真正的好处,中国人数千年的信条的力量会再次得到证实:和为贵。

放眼全球,你会注意到整个西方资本主义世界正弹冠相庆,世界工业集团,银行寡头,正肆无忌惮地以所谓强强联合的形式勾结起来,把一种经济全球化——势所必然地导致政治全球化、文化全球化,乃至语言全球化——以难以抵挡的方式强加给各国民族,你要么是被卷进去,被兼并,被整合,被彻底吃掉,要么是独立于主流之外,被孤立,被隔绝,被分而治之。这是以所谓西方智慧为基础的西方文化发展的必然逻辑。中国所谓的知识分子精英们却还长期徘徊在五四的阴影里,缅怀那过去近乎浪漫的推倒一切传统、打倒所谓孔家店的戏剧场面。他们忘记了,20世纪已经过去,时代的车轮带给我们的是另一片迥然不同的风景线。新的时代似乎擦亮了人们的眼睛,历史时空中积淀下来的理性光彩已经分明凝聚成为透明的钻石,映照出顿悟的辉煌——返回古代中国,进一步寻觅失落的价值与指路的罗盘,是新一代中国知识分子重新塑造智慧偶像的崇高使命。

大启蒙时代开始了。

2000年10月于北京大学中关园

2. 三大中西智慧奇书比较略论

欧洲有许多学者相信,千百年来,人类思想史上具有永恒价值的处世智慧包含于三大奇书:一是马基雅维里的《君王论》,二是《孙子兵法》,三就是这本《智慧书》。德国大哲学家叔本华曾刻意将《智慧书》译为德语,并盛赞此书"绝对的独一无二"。尼采也赞扬此书"在论述道德的奥妙方面,整个欧洲没有一本书比它更精微、更曲折多姿。"在1873年的一则札记里,尼采写道:"葛拉西安的人生经验显示出今日无人能比的智慧与颖悟。"

现在,《智慧书》的汉译本横在我们面前,使东方世界的民族有幸能一睹西方智者的另一种风采。也许《老子》《庄子》《易经》所显示出来的深沉智慧与超然的人生态度更令我们心荡神迷,但是,在鞭劈入里地剖析人性底蕴并提出温和的处世对策方面,我敢说整个世界都很难有一部类似奇书可与之比肩。

那么,三大奇书中的另外两大奇书又如何呢？这正是我想借机闲话几句的地方。

三大奇书虽各有所奇,而其品位却并不一样。

马基雅维里的《君王论》奇在完全脱离了伦理道德来独立研究权术,这样一种价值取向,有可能使他不顾一切地撕破人类道貌岸然的本相,向我们揭示出人类心灵深处最卑鄙、最肮脏、最奸诈、最残忍的成分。这本是他为了讨好君主而欲供奉给君主的治国妙方,却从另一方面画出了历代君王的最丑恶的灵魂。马基雅维里认为,君主可以不择手段地达到自己的目的,他们可以奸诈、残忍、背信弃义,而最终却往往会被人奉为伟大、英明的领袖:"一位君主如果能够征服并且保持那个国家的话,他所采取的手段总是被人们认为是光荣的,并且将受到每一个人的赞扬。因为群氓总是被外表的事物所吸引,而这个世界里尽是群氓。"(p.86)尽管马基雅维里的《君王论》有助于我们认识人类的丑恶本性一面,但这本书本身也是一种罪恶,因为它不但无助于人们向善的方向发展,反倒为恶的存在寻求某种合法性。

每一位读完《君王论》的善良读者都会感到悲哀:难道人类社会就只能永远辗转挣扎于君主们相互间无休无止的倾轧和践踏之中么?善良的书使人向善,邪恶的书使人向恶。《君王论》淋漓尽致地以一种西方智者的方式描画了西方统治者、甚至整个西方文化的兽性一面,这在20世纪的今天,对以向善为主导力量的东方文化圈来说无疑是一种发人深省的借镜。东方人应该坚信:凡以暴力和阴谋维持的权力与地位,必将最终为暴力和阴谋所毁;凡是仿效马基雅维里权术的人必将最终为马基雅维里式的权术所害。《君王论》诚然是一本奇书,但却是人类智力开出的最丑恶然而最刺眼的花朵。与《孙子兵法》和《智慧书》相比,其品位最下。

人类历史上最伟大的兵书是《孙子兵法》,这几乎可以成为定论。我们听听著名西方军事家克拉维尔对《孙子兵法》的评论吧:"我真诚地相信,如果……"(p. III)

这一段话打动我的,并不是《孙子兵法》如何的神奇和法力无边,而是《孙子兵法》本身的崇高品位:兵书似乎本来应该使将帅们在联翩的征战中捷报频传,使万里山河尸横遍野。而《孙子兵法》却恰恰志在阻止人类战争,使"数以百万计的青年不至于……无谓地丧生",与马基雅维里的《君王论》志在无情地毁灭对手成为鲜明对比,《孙子兵法》是为了救人,而不是为了害人;是为了阻止甚至消除战争,而不是为了使将帅们津津乐道于战争。因此,《孙子兵法》反复申言,战争如果能以和平的方式解决,才是最好的用兵之法:"是故百战百胜,非善之善者也;不战而屈人之兵,善之善者也。"(《孙子兵法》谋攻篇第三)战争总是残酷的,能免则免,所以"上兵伐谋,其次伐交,其次伐兵,其下攻城。攻城之法,为不得已。"(《孙子兵法》同上)这与《老子》"兵者不祥之器,非君子之器,不得已而用之。恬淡为上,胜而不美,而美之者,是乐杀人"(《老子》第三十一章)的思想是异曲同工的。所以,从人伦观点的角度来看,我们可以说,三大奇书中,《孙子兵法》是品位最高的。

然而,如果我们从处世智慧方面来评价,那么,《智慧书》才是三本奇书中最微妙、最具实用价值者。《君王论》主要是针对那些处心积虑希望取得或保有王权的帝王们而写;《孙子兵法》则主要针对那些运筹于帷幄的将帅而写,而《智慧书》却是为每一个人写的书。它以一种令人感到惊异的冷峻客观态度极深刻地描述了人生处世经验,为读者提供了战胜生活中的尴尬、困顿与邪恶的种种神机妙策。通过这些多姿多彩的人生格言,人们不仅获得克服生活中可能出现的逆境的良方,更重要的是增强了对生活的理解和洞察力。《智慧书》在一定程度上兼有《君王论》的坦率和《孙子兵法》的高品位,它一方面使我们叹服其机智与完美的审慎态度,另一方面又使我们产生向善的心理。他的一些说法,一旦映入我们的眼帘,就会使我们终生不忘。仅举第一则格言为例:"世间万象都已尽善尽美,而成为一个真正的道德上的完人,则是宇宙万物完美的顶峰。"(见格言1)这一句话,可以说集中概括了儒家内圣外王说的精髓。我们可以由此窥视到东西思想会通的火花。"当今世界要造就一个圣贤比古希腊时期造就七个圣贤还要费劲。当今世界对付某一个人所花的精力物力要比过去对付整整一个民族所花的精力物力还要大。"(见格言1)要彻底阐述清楚葛拉西安的这两句话,需要整整一本书!文明给人类带来了物质上的进步,人类的智力也随之发展到了更高的台阶,但是,不幸的是,恶也会水涨船高地发展成为一种更精致、更狡诈的力量。这无疑极大地增加了善战胜恶的困难。然而,人类就没有得救的希望了么? 不!葛拉西安正是试图以揭破恶的种种巧妙伪装并施以适当打击的办法来保障普通人的生活。透过他那些层见叠出的妙语箴言,我们感到,生活并不像某些悲观主义者所断言的那样没有任何希望,实际上,葛拉西安暗示,只要人们学会了某些必要的生活技巧,就有可能为自己找到战胜困难与邪恶从而获得幸福的道路。

但是,《智慧书》给我们印象最深的,是它在鞭劈入里地剖析人性底蕴方面显示出的登峰造极的智慧。当然,同类的著作我们还可以举出《增广贤文》、《菜根谈》、《厚黑学》或卡耐基的若干处世书,但是,这些书在剖析人性方面或失于猥琐,或伤于零散,或低于品位,或耽于夸张,虽各逞其强,毕竟难以和《智慧书》媲美。就是莎士比亚的悲剧、培根的《论人生》尽管在剖析人性方面的深刻性是举世皆知的,但在系统、全面地描述人性方面,也未免略逊一筹。

有人也许希望葛拉西安会就这个题目写出煌煌巨著,因为这是一个人们永远挖掘不尽的主题。但是,我却宁愿葛拉西安写得更短些。我们都有许多事情要做,如果事情可以用最简练的语言来陈述清楚,这就无异于延长了我们的生命。而葛拉西安行文的简洁和造语的精警,实在使我们感激和佩服不已。只有思索得最清晰、对所论问题了如指掌的智者可以写出这样明白、睿智而又生动的格言。如果人们能学会用最少的语言给予别人最多的思想,那么,人生会变得多么美好。

1998年7月于北京大学中关园

中西文化比较看未来中国发展战略

2003 年 4 月 3 日晚
(于北京大学体育馆电教厅)

中国地理环境：1 地形；2 气候；3 资源→农耕→家庭小手工业＋贸易(农业文化←稳定性：安居乐业,安于现状,热爱和平→家族主义→家国主义→重农主义,重农抑商→内陆性文明→稳定、迟缓→静态→阴性文化。

西方(地中海)：1 地形；2 气候；3 资源→农耕→畜牧业＋商贸(城邦→民主)(商业文化：流动性,无商不奸、重商主义、冒险性、进取心、掠夺性、好奇心、尚武、好战→个人主义)→贸易→城邦→民主→地中海文化→动荡、激进→动态→阳性文化。

中国：主张和为贵：天下一家———
西方：主张竞争为贵：物竞天择、适者生存。
(以上内容已经见于拙文《中西文化比较略论》一文,故此内容从略,只列出演讲时用过的关键词。)

第一部分　从中西文明比较看中国的崛起

1. 中西文明的三大差别

西方学者马克斯·韦伯曾经说过：欧洲文明有三大特点：(1)城市性：欧洲城市是政治、文化中心,经济也是自给自足的城市经济；(2)沿海性：欧洲"古代文明史就是沿海城市史"；(3)奴隶性：欧洲的社会制度可以说基于奴隶制度之上。韦伯概括的这三个特点是站得住脚的。这三个特点也可以推而广之地看成是整个西方文明的主体特征。不过我还想在韦伯的三点上逻辑地补充一点,即掠夺性：欧洲文明——至少近代西方文明从本质上来说,是掠夺性文明、好战性文明。

而中国文明恰好在上述三点上与欧洲文明背道而驰。中国文明的第一特点不是城市性,而是乡村性,长期以来农业经济构成其自给自足的自然经济。中国文明的第二个特点不是沿海性(尽管它也有颇长的海岸线),而是内陆性。中国古代文明几乎完全是在内陆,尤其是在中原一带衍发壮大的。这前两点几乎不言自明。我想侧重谈谈第三点。中国文明的第三个特点不是基于奴隶制度之上,而是具有鲜明的**抗奴隶机制**。中国社会虽有一定程度的奴隶现象(正如任何社会都会具有某种程度的奴隶现象一样),但是其主体社会从未实行过真正的奴隶制度。中国社会之所以不可能产生西方意义上的奴隶社会制度,追溯起来,均与前述二点息息相关。简言之,中国古代社会由于在很长的时期内以农耕形式为主,这就必然造成以家庭为主要构成单位的部落式农耕社会集团。农耕形式要求生产者具备相对的稳定性,而中国先天的环境封闭性则为这种稳定性提供了更可靠的物质基础,因此家族纽带在和平的环境里日益盘根错节,最终自然**生成**强调安居乐业生活方式的家国(也就是国家)形态。在这样的形态下,人与人之间的矛盾几乎多半会循根而归结为家族成员之间的矛盾,因为归根结底,都是一家人,都是炎黄子孙。因此,**强调和为贵、强调天下太平、强调仁爱为本,反战、反掠夺、反竞争的民族心理惯性,对于中华民族来说几乎是势所必然**。这种格局自然在本性上排斥那种完全剥夺个体生存自由与基本权利的奴隶制度。换句话说,它具有一种内在的抗奴隶制机制。第二,由于中国古代文明是在内陆上衍发壮大的,没有把发展空间扩张向辽阔的海洋,自然就会由于内陆的局限性而塑造了相应的封闭性或收缩性,即不利于酝酿出强有力的掠夺扩张性民族性格。而西式奴隶制度主要兴旺于地中海一带。一望无际的海洋最容易激发出人的冒险精神和征服开拓的精神。征服开拓的精神实际上换一个角度看,也就是一种极力扩大自己的权力空间、压缩剥夺被征服对象的权力空间的心理趋势。这种心理趋势不用说是奴隶制度得以产生的强有力的心理动机。在这样的心态下,战争发生的频率必定相对大些。战争的结果是大量的战俘,战俘是奴隶的主要来源。剥夺战俘的人身自由,无偿占有他们的劳动,这就构成奴隶社会的本质特征。这种趋势几乎早就潜存于海洋性文明的核心中,同时恰恰是农耕性文明试图加以克制的东西(克己复礼为仁的思想即其理性表达)。所以说中国古代文明具有颇强的抗奴隶机制,是在比较之下才更见言之成理的。这一点,恰恰是中外学术界很少注意到但却非常重要的中国社会特点。它是中西文明本质差别的基础条件之一。

2. 中国文明在新世纪面对重新崛起的机遇

美国学者埃德温·赖肖尔在《中国的问题》一书的第 10 章中指出:"在有益于人类幸福的所有方面,中国文明都优于欧洲文明。在中国,有年轻改革家们的强有力的运动,若能获得适当时机,他们就能使自己返老还童,创造出较之西欧机械文明远为优秀的文明。"(埃德温·赖肖尔:《中国的问题》,理想出版社,第 22 页。)赖肖尔认为：在科学知识及应用领域，西方文明的确占据着优势，但对人生终极目标和最高意义的洞察上，西欧文明却远非中国文明那样深刻。英国史学泰斗汤因比（1889—1975）在70年代提出了"21世纪将是中国文化的时代"的著名论题。1974年，在同日本学者池田大作进行的"展望21世纪"的对话中，汤因比断言中国文化将是21世纪人类走向全球一体化、文化多元化的凝聚力和融合器。最需要的精神就是中国文明的精髓——和谐，尤其是天人合一式的保持人与自然平衡的和谐。他认为，中国如果不能取代西方成为人类的主导，那么整个人类的前途就是可悲的。汤因比将人类6000年文明分成26个文明形态。他指出："……世界统一是避免人类集体自杀的道路。在这一点上，现在世界各民族中具有最充分准备的是两千年来培育了独特思维方式的中华民族。"（汤因比、池田大作：《展望21世纪》，国际文化出版公司，第298页。）汤因比认为中国人将在21世纪初叶取得世界的领导地位。对上述乐观推测，我们要严肃地提出的问题是：

3. 中国人如何面对这种机遇

有关中国将要在21世纪崛起的断言不论在海内还是海外，都已经是一个火爆的话题。一些人害怕中国的崛起，写了厚厚的书来证明中国的崛起对世界是一个威胁，因此应该对中国进行遏制（2001年我在美国还看见许多家书店的最显眼的书架上陈列着精装的英文版《中国威胁》一书）。另一些人则尽量说服人们相信中国不会崛起，因为它的经济体制和政治体制之间存在自我拆台的矛盾。还有一些人则坚信中国会崛起，并从而用西方的崛起概念来按图索骥地论证中国所要崛起的基本证据。然而，中国人面对的真正的问题，在我看来，**不是能否崛起的问题，而是如何崛起的问题，即以什么样的身份和姿态崛起的问题。历史学家们不能不注意到一个残酷的事实：任何单个民族国家的崛起，几乎都伴随着给世界其余的若干国家带来不可避免的奴隶地位或奴隶现象**。埃及、古希腊、罗马诸国的壮大史及衰落史就是证明。近代战前的强国诸如德意志帝国和日本帝国的崛起也是证据。幸运的是，上述历史教训并非没有反证。这种反证就是中国。中国在16世纪前曾长期崛起世界然而并未让其他国家沦为奴隶地位。其根本原因，就是在于它内在的至少长达5000年的源远流长的**抗奴隶机制**（如前文所述）。如果有人说，这是一个孤证的话，这就进一步证明它对世界人民来说具有加倍宝贵的意义。然而中国人尤其不能因此沾沾自喜。在面对成为世界强国这种机遇的时候，不是要带着咬牙切齿的仇恨欣赏自己荣登榜首的尊荣，而是要诚惶诚恐地反省自己是否还承继着传统中国人曾经具备的宽容谦让、不以力而以德服人的真正的君子风范。试想一个人在平时表现得非常具有道德约束力，声称自己酷爱民主、憎恶霸权，可是一旦在位,便同自己的前任一样的专横跋扈,一样的缺乏仁爱之心,那么,由他的前任或是由他自己来专权,其危害的性质都是一样的。同样的道理,**中国人如果试图以西方式的思维模式来谋取西方式的霸权地位,那就是悲剧**,那还不如让西方人继续保持这种领导地位。中国人要以最博大的胸怀来看待这件事情。要有真正的主人翁的心态来调整自己在新世纪的发展战略。世界应该在中国人的道德教化模式下变得更加美好,而不是像整个20世纪那样充满了空前的灾难。20世纪是历史上西式科学技术达到顶峰的时代,然而,它在维护人类的起码的生命权(联合国《人权法》第一条)方面做得如何呢?根据美国前国家安全顾问布热津斯基的统计,20世纪的战争遇难人数超过人类历史上战争遇难者的总和!如果领导世界的任务历史地落到了中国人身上,那么,我们必须牢记:中国万不能像前此的**传统的世界强国**那样试图谋求用武力来达到这一点,恰恰相反,中国要遵从自己数千年来的**传统文化逻辑,主要谋求以文化发展战略来承担这种义务**。换句话说,中国不要去追求成为第二个英国、第二个德国或第二个美国式的强国,中国应该以独一无二的**中华传统价值观**征服天下,成为使天下人心服口服的真正的朋友与尊者。

4. 国际和国内发展战略回顾

为了进一步理解与把握国际上林林总总的发展战略与中国发展战略的关系,我们有必要简单地回顾一下世界各国比较有代表性的发展战略和中国自己曾经实践过的战略措施。

4.1 国际发展战略回顾

四个阶段:(1) 第一个阶段:传统发展战略(20世纪50—60年代)。这种战略主要适用于二战之后的许多不发达国家。这些国家普遍**工业化程度低、人均收入水平低**。德国的费里德里希·李斯特说过:"在任何国家的情况来说,在工业各部门都获得了发展的工业力量,是在文化上、物质繁荣上、政治力量上进一步发展的基本条件。"此时的一个国家的发展完全以工业化为实力**基础**,以提高国民生产总值或人均收入水平为**战略目标**,以赶超发达国家的经济水平和现代化程度作为**衡量标准**;其战略手段则是采取工业化政策、提高积累、压缩消费。例如:印度、埃及、巴西都曾采用过这种发展战略。这些国家也曾一度繁荣。但是问题也接踵而来。例如:农业生产停滞、通货膨胀、失业率激增、分配不均、人口膨胀、城市拥挤、两极分化等等。虽然取得了经济上的增长,但是社会成员总是处于低消费的水平上。

(2) 第二个阶段(20世纪70年代初):这个时期的战略主要调整为**满足基本需**

要的发展战略。这是一种变通的发展战略。它体现在四个方面。第一,满足全体人民的基本需要,优先考虑基本商品的生产来促进广泛就业;第二,将中央集权和资源密集型的大规模生产方式的模式改变为分散的和劳动密集型的生产方式;第三,给企业以更多的自主权;第四,引进适用技术、反对引进高技术。此外,注意增加农业投资、改善农业生产条件、发展农村工业、提供优惠贷款和补贴、加强职业训练、增加国内消费生产、稳定物价、对富裕阶层征收高额累进税,对低收入阶层给予补贴。但是专家们认为此战略也有若干缺陷:例如经济社会发展不平衡、在国际市场上缺乏竞争力等。尤其是这种战略**没有回答如何才能赶超经济发达国家这一历史性使命的关键问题**。

(3) 第三阶段(20世纪70年代中后期)。这个时期,若干国家主张采取经济社会综合发展战略。其基本特点是:第一,发展的目的是为了人,以人为中心来发展;第二,强调集中国内本土的人、财、资源,减少对外依赖,力主独立发展;第三,多防伪、多目标、多方面、多因素的综合发展;第四,大力发展科技和精神文化,优化人的素质。这类发展战略遇到的问题是:有关方面常常需要综合发展的投资,但此类投资难以赢利,因此难以得到投资方的青睐,从而容易陷入资金短缺的困境。此外,这一战略也在某种程度上忽略了**环境**问题。

(4) 第四阶段(20世纪80年代—现在)。这一阶段的许多国家纷纷提倡可持续发展战略。这种战略的基础源于世界各国在人口、资源、环境方面的严重失衡,因而主张人类与大自然长期和谐发展,主张把**恢复生态**发展作为社会经济发展的重要组成部分,在新的基础上推进、均衡发展。做到即满足当代人的需要,又不对后代人满足其需要的能力构成危害。这里有两个重点概念需要做进一步解释。第一是"**需要**"这个概念;第二是"**限制**"这个概念。所谓需要,是特指满足世界上贫困人口的基本需要;所谓限制,是指限制技术状况和社会组织对环境满足眼前和将来需要的能力。增长是必要的,但是要改善增长的质量,要满足就业、粮食、能源、水和卫生的基本需要,保证人口的持续水平,保护和加强**资源基础**,调整技术和控制危险,把**环境和经济融合**在决策中。提高能源利用率,社会能源结构逐渐转向**可再生能源系统**,以节约型社会代替20世纪的浪费型社会。这一战略试图将人类赖以生存的生物基础恢复成良性循环,以**科学、道德、审美**三者相统一的全面尺度来对待生态环境,致力于保护生物系统并更明智地管理经营基本的生物基础。目前,可持续发展战略几乎成了世界各国决策者的共识。从本质上说来,这一发展战略事实上不知不觉地回到了传统中国哲学—文化思维逻辑的轨道上来,它是传统中国大道自然、天人合一论的一种社会学应用。我在后面的道家经济学原理中还要进一步提到这一点。

4.2 中国发展战略回顾

中国的发展战略是大家知道的,这里仅粗线条式缕述一下,目的只是有助于使我们廓清我们在发展战略问题上的整体思路。中华人民共和国自建国以来的发展战略大体上可以勾勒为四个阶段,每个阶段的战略都有所不同。

第一阶段战略:过度时期的总路线和总任务战略(1953年)。这一战略的主攻方向是使中国由农业国转换成工业国。

第二阶段战略:超英赶美的经济发展战略(1956年)。这一战略的目标是在5—7年内使中国的工业总产值赶上或超过农业总产值。为了做到这一点,中国政府决定优先发展重工业。

第三个阶段即四个现代化阶段(1964)。此以1964年提出的国家发展战略标志:即在本世纪末实现农、工、国防、科技四个现代化。然而,这一战略刚提出约两年就夭折于无产阶级文化大革命,直到1978年拨乱反正后,五届一次人大才重申此战略。

第四阶段,小康目标三步走战略(1979)。邓小平在1979年提出三步走实现小康社会的设想:即第一步,从1980—1990这10年解决中国人民的温饱问题;第二步,从1990—20世纪末,中国基本实现小康社会;第三步,从20世纪末到21世纪中叶,中国基本达到中等发达国家水平。

5. 关于过去经济赶超战略的反思

不管是在国际还是国内,谈到发展战略时,人们往往集中在经济发展战略、尤其是经济赶超战略上,而忽略了文化战略。我将另外专文讨论中国的文化战略问题。这里只想简单地就前此的经济发展战略做一点反思。世界各国的战略都是应对各个时代基本挑战的产物,具有很大的可行性。但是,随着历史条件的变化,逐渐被迫发生相应的改变。未来人自然无需热衷于充当事后诸葛亮,但是适当地指出过去战略的局限性也是必要的,以期为未来的战略提供借鉴。即以70年代初国际上发展中国家几乎普遍采用的主要满足人民的基本需要的发展战略为例,这是一种变通的发展战略。也是比较有现实意义的战略。它不是没有缺陷。问题是什么缺陷。目前专家们认为此战略的一个关键缺陷是:没有回答如何才能赶超经济发达国家这一历史性使命的关键问题。照我看来,这种看法是掉进了经济赶超的怪圈。心态正常的人认为,只要自己觉得自己生活得满意就算幸福,而陷入**赶超怪圈**的人却认为,只有超过了自己的邻居或假想的对手,自己才能感到幸福。为了跳出这个陷阱,我认为,一个国家发展经济的主要目标或指标应该是:国内人民对自己生活状态的满意程度,而不是主要看一个国家的国民生产总值是否超过了某一个国家。换句话说,一个国家的经济整体实力可以远远落后于某个国家,但是,如果调理得当,也可以让该国家人民的生活质量实质上超越经济实力先进的国家。当然,我并不是反对在经济上超越别的国家,能超就超,没超越也未必就一定是坏事。关键是自己的心态要摆正。这里的调理二字非常重要。它意味着财富的分配方式,商品的生产类型、规模与销售方式如何与国民的生活心态相匹配!如果一个国家的国民有着比较健康的、理智的生活态度与心理自足优势,那么,这个国家的整体生活质量就将会大大提高,甚至高于经济上发达的国家!让我举一个简单的例子。我们到了欧美,看见那里的人几乎人人有车,公路上、大街上往往没有什么人走路,只有穿梭来往的车辆。按理说,这些拥有小车的人应该感到非常幸福吧?实际上,情况很难预料。**当绝大多数的人都拥有了小车之后,以拥有小车为荣的优越感随即消失。**人们需要尽可能大而豪华的居住空间来填补内心的空虚。如此循环下去,欲壑难填,永无尽头,因此,不但永远不感到满足,甚至痛苦,因为邻居老**超过自己!**这几年,中国的经济发展势头到了一个阶段,许多人有了购买小车的能力,于是小汽车制造业应运而生,政府也在这方面投资巨大。经济决策者们认为既然西方人差不多人人有车,因此中国即使不是人人有车,也应该大力发展小车制造业,以便将来赶上欧美的人均小车拥有水平。他们无形中,把人均小车的拥有水平看作了一个国家的公民生活水准的重要指标。但是,且慢,我们应该想一想,第一,中国,例如北京市,容纳得了那么多小车吗?北京市1500多万人口,即使只有1/3以上的人拥有一部桑塔纳,也会有500万辆车,而北京市现在只有大约170万辆机动车,就已经拥挤得苦不堪言。再增加3倍,必定使这个城市瘫痪。西方的同等规模的城市即使拥有同样多的车辆数也不容易像北京这样出现车辆拥挤现象,抛开其道路设计及管理上的优点不说,其关键的因素是其人口数量远远低于北京市。在西方城市的大街上行人稀少,而在北京的大街上总有成千上万的人穿梭来往,这样的情况,怎么能够容忍北京市也像西方城市那样人人拥有车辆呢?因此,至少在城市里,中国不能容许像同规模的西方城市中那样的车辆通行数,否则就是灾难。由此,我们可以推想,中国的小车生产的主要市场,应该在一定的历史阶段瞄准国外市场和中国的农村,而不一定是中国自己的城市,当然这有一个过程。中国的城市中,应该大力调整、限制小车流通量。第二,北京市需要那么多小车(比如1000万辆)才能够提高北京市民所享受到的交通便利吗?事实刚好相反。15年前,当我从北大坐公共汽车到白石桥站时,通常情况下不会堵车,只需要7到8分钟就可以了。现在呢?大街比15年前扩修了许多,交警比15年前增加了许多,车辆比15年前增加了若干倍,但是,在单位时间内,我们能够享受的交通便利(例如在1小时内能够在城市里移动的距离)有多大呢?根据我个人的经验,不足 15 年前的 1/3!从北大乘公共汽车到达白石桥,在一般情况下,少说也得 40 分钟!也就是说,在极端的情况下,我们现在享有的交通便利只是 15 年前的至多 1/3!表面上看来,交通的各个方面都在大力改进,现代化程度越来越高,而人们**实际享受的交通便利**却在**大幅度减小**,这是一个极为尖锐的现实问题。它让我们感觉,**人们的实际享受不能只以表面的物质占有额做为测量指标,更不能主要以是否超过别人为测量指标。**如果认为一个 5 口之家月收入 1 万元,另一个 5 口之家月收入 1000 元,因此前者拥有的对生活的满意程度或幸福总量就是后者的 10 倍的话,这将是十分荒唐的。尽管人们追求物质上的丰富,但是**物质丰富的程度给人的满足感是有一个临界值的。超过这个临界值,其他因素对幸福的影响就更加重要。制定发展战略时不考虑这方面的因素,是一个极大的疏忽。**关于这点,我有专文,此不赘。第三,作为普通的老百姓,拥有小车真是总能够给我们带来实际的幸福感吗?邻居有了车,我们就非有不可吗?把拥有小车作为一种生活指标的价值观是西方人教给我们的。许多人并不真正知道自己需要什么,而只能看别人拥有什么,误以为只要自己没有拥有别人拥有的东西就是一种缺憾,就是不幸福。**实际上,我们只要学会颠倒一下自己的思维习惯,就可能发现完全不同的价值和结论。**在人口众多的中国城市中,尤其是北京,拥有一辆小车尽管可以暂时给予车主一种心理优越感或者交通方便的感觉。但是在相当多的场合小车所带来的不方便可能会反倒超过它带来的幸福感。当你拥有了一辆小车,抛开它带来的经济上的负担不说,停车场地、维修条件、安全设施、废气污染、噪音等等,都会带来若干不便。而利用买车的钱来搭乘出租车,也许更加划算和方便,在一定的意义上,如果你没有专门的私车,北京城的 7 万多辆出租车都成了你的私车。因为你可以在任何时候要到车辆,而且爱在哪里上车下车就在哪里上车下车,通常不用去考虑停车场、维修、设施安全、路上抛锚之类的问题。如果政府进一步在加修地铁、改善现有公共汽车的服务及发展现状、减少个人私车拥有量方面做出更大的努力,则北京市在更干净、卫生、美丽与生活舒适方面更能够成为合乎生态指标的理想城市。这里的问题,不只是一个经济发展布局问题,它涉及到人们的价值观问题。如果适当采用文化意识形态的宣传战略,让人们真正看清生活幸福与否的实质性指标包括精神与物质两方面,而不是纯粹的经济指数(例如小车拥有量或住房面积之类)一个方面的话,那么,满足人民的基本需要的发展战略才会有更大的更完整的实际意义。

世界上没有一成不变的战略。一切战略都是应对具体挑战而形成的。因此,战略制定者应该明白,一切战略都会过时,无论它们多么精妙,无论它们有多少种类。比较不容易过时的不是具体战略本身,而是关于战略设计的玄理思考(metatheory of strategies)。战略可以分为总战体略和局部战略,远期战略与近期战略,主导战略与变通战略,对内战略与对外战略,刚性战略与柔性战略,隐性战略与显性战略,有为战略与无为战略,等等,等等。这里无法一一缕述。有的战略可以公布于众,敌我双方均可以使用。有的战略则具有天机性,一旦说出战略不复为战略。每种战略都是可行的,但不是每个时刻都可行。不同的历史阶段、不同的场合,使用不同的战略。很多时候要搭配着使用。依据以上的文明比较及战略理论反思,作者拟就有关的未来中国的文化战略、教育战略、政治战略、经济战略、军事战略和人权战略分别专文阐述。

6. 关于传统社会主义轻重工业发展布局的反思

如前所述,判定一个国家是否是理想国家的标准应该是:人民在生理和心理上得到满足的程度。经济发达国家未必就必然是理想国家。

在社会主义国家(例如在中国)优先发展重工业这一点上,中国理论界现在持反对意见的人比较多。反对者通常援引西方工业国的发展模式来做旁证。我的看法是:社会主义国家优先发展重工业这一战略在相当长的时期内其实是有效的(尽管这一战略现在已经不合适宜)。它的理论基础依赖于中国是一个社会主义国家这个基本事实。不错,传统的西方工业国家的发展一般要通过资本的原始积累阶段,但这并不是它的优点,因为它的经济体制是私有制这一点就注定它不可能一开始就把重工业的发展放在首位,而只能采用日积月累、放任自流的方式来发展,这就注定和人民生存现状密切相关的产业容易优先发展,例如轻工业就更容易受到投资者的青睐。只有资本积累特别雄厚的时候,才可能使资本家顾及到重工业的发展。这种格局有可能减慢其总体发展速度。而在社会主义国家,由于其主体经济体制是公有制形式,因此,优先发展重工业的战略是符合国情的。当然这种做法中国是借鉴自苏联。在相当长的时间内,它其实是比较管用的。但是,随着社会的发展和人民对生活需求的进一步提高,忽略轻工业的发展是错误的。苏联正是在这一点上陷入了困境,由于它多年来片面发展重工业,导致轻重工业严重失调,影响了人民的生活,可以说这是导致苏联政权垮台的一个相当关键的经济战略失误。但是,这一战略失误的根源不是经济的,而是政治的或意识形态战略的失误造成的。苏联人最初制定出在自己的国家优先发展重工业,是在一个比较大的欧亚社会主义大家庭的总体框架下来考虑的。苏联人认为在理论上所有的社会主义国家应该结成一个有机的经济发展网络,各个国家根据自己的条件,各自发挥经济资源优势,分工合作,互通有无,一些国家可以优先发展轻工业,另一些有条件的国家(例如苏联)则可以优先发展重工业。换句话说,所谓社会主义大家庭可以苏联的先进技术和重工业为火车头,带动整个社会主义阵营经济联环式推进。如果只从经济上来考虑,这的确是一个世界历史上旷古未有的经济发展大战略和最壮观的发展蓝图,是当今全球经济一体化的最初的最理想的社会主义模板。从理论上讲,它的实现并非没有可能性。但是,众所周知,这一经济战略的基础依赖于更重要的政治战略:即社会主义阵营中各个国家必须在政治上达到完全的一致,至少在意识形态上不应该有根本的分歧。然而,事情恰恰相反。就如大家后来看到的那样,随着社会主义阵营失掉了自己的毫无争议的领袖人物斯大林,社会主义阵营本身的争权夺利和意识形态纷争,使得社会主义阵营早期的经济发展一体化宏观蓝图逐渐化为乌有。而苏联人自己设定的充当社会主义阵营经济发展火车头的角色恰好给自己种下了祸根。中苏意识形态大辩论标志着社会主义阵营的大分化和大改组。当整个资本主义阵营团结一致、合力封锁所有的社会主义国家时,社会主义阵营内部却还在钩心斗角,忙于维护自己的民族利益或国家利益,或者干脆忙于争夺第一把交椅,忙于辨明惟有自己才是马克思列宁主义的正宗传人。西方世界资本集团,几乎兵不血刃地就轻取了其军事力量敢与美国抗衡的前苏联,之后不久,东欧社会主义阵营便分崩离析。一言以蔽之:社会主义阵营的维系是靠统一的**政治意识形态**而非靠经济模式本身的现实依存性来实现的,当政治意识形态发生裂痕时,由于相互关系不是物质形态上的纽结,所以只消一纸空文便可以分道扬镳,其阵营便很容易土崩瓦解。而西方资本主义阵营则不仅有政治意识形态上的亲缘关系,更主要地是依赖共同的历史性的经济利害关系而结成难分难解的伙伴关系的,经济上的盘根错节关系是物质形态上的纽结,有斩不断、理还乱的错综复杂特点,不是说分手就可以分手的。因而资本主义阵营便具有相对的稳固性。这一点可能是学术界人不曾加以仔细界定的。

7. 现代西方流行经济学的弊端指略

现代西方流行经济学的主要弊端是:促进人类的欲望无限膨胀,打乱了生态平衡,从而扩张了对资源的利用程度和浪费程度,使人类对幸福的理解主要局限于经济需求。

我认为,生活水平应以人类生理和心理需求两方面满足程度作为衡量指标。生理方面包括:温饱(温包括没有酷热状态);心理方面包括:平等、博爱、安宁感。对现阶段中国而言:(1)吃、穿、住、空调;(2)财产分配;(3)环境卫生;(4)教育;(5)文艺。(人们忘了,发展是无穷系列,而个体人类所能满足自己的时空却是有限系列,因此不能只顾发展是硬道理这个方面,而应综合考虑人类的整体需求。)在此点上,鄙意西方经济学家加尔布雷思的观点值得借鉴。加尔布雷思提出解决好两个难题。一个是"解放信念"的问题。他认为,所谓解放信念就是要摆脱当前西方经济学教科书对政策目标的解释,认为商品生产越多越好,计划目标就是社会目标。要使人们从一切错误的信念下"解放"出来,重新树立对"人生"的看法,选择"生活的道路",确定"应当值得争取的目标"。加尔布雷思认为具体实行"信念的解放"必须先从"价值判断标准"问题入手。传统的经济学家总是盲目认为"经济增长"就是"善",而妨碍"经济增长"就是"恶"。这样的信念和判断标准意味着人们往往只注重经济量的增长,把"经济增长"看成是"公众目标",从而忽视了对人们生活的关心。加尔布雷思认识到,以"经济增长"作为目标,必然导致为生产而生产,忽视产品的实际效用。加尔布雷思以此作为批判凯恩斯主义的出发点之一,因为他认为凯恩斯主义和新古典经济学都过分侧重经济稳定和经济增长,把经济稳定和经济增长当作经济学最重要的课题。在加尔布雷思看来,由于长期推行凯恩斯主义政策,使当代资本主义社会产生了一系列难以解决的困难和危机。

我的看法:不同的经济发展时期需要不同程度的经济发展模式。例如,就计划经济和市场经济而言,资本原始积累时期,计划经济最好是主要模式,市场经济为辅;在资本成熟发展时期,市场经济是最好作为主要模式,计划经济为辅;在资本高度发展时期,又应以计划经济为主,而市场经济为辅。经济发展不可避免呈曲线循环式发展,因此对发展模式的需求也是循环式的。老子阴阳发展观在经济领域的应用。反者道之动。阐述略

第二部分 中西文化比较与中国文化战略回应

1. 承继发挥传统文化的优越性是领先世界文化的前提

在《从中西文明比较看中国崛起及战略思考》中,我指出,如果领导世界的任务必须像汤因比所认定的那样势所必然地落到中国人身上,那么,我们必须牢记:中国万不能像近代的世界强国那样试图谋求用武力来达到这一点,恰恰相反,中国要遵从自己数千年来的**传统文化逻辑**,主要谋求以文化发展战略来承担这种义务。换句话说,中国不要去追求成为第二个英国、第二个德国或第二个美国式的强国,中国应该主要以中华传统价值观与文化魅力征服西方人,而不应该过分照搬西方文化,使自己成为西方文化的变种,骨子里仍然谋求以牙还牙式的以夷制夷战略。我们不要忘记:汤因比之所以认为中国能当此大任,是因为中国文化——主要是中国传统文化——具有不容置疑的优越性。如果**中国人自己彻底摧毁了自己的传统文化,那么,也就没有了汤因比所赞扬的那种文化优越性,也就没有理由也没有资**

格和可能去充当世界文化的领袖。要想搬用西方文化来超越西方文化的想法既不现实,也不理直气壮。因此,在当代新的历史条件下,中国人不得不再次活用100年前张之洞等人提出的"中学为体,西学为用"策略,即:大力输入西方科技知识,适度借鉴西方文化的若干因素,竭力发扬光大自己的传统文化优势。这就构成我所谓的最重要的文化战略的基础。

2. 什么叫文化及其核心概念[①]

谈文化战略,要求我们首先界定文化的概念。什么叫文化?我在《中西文化比较略论》中已经讲过:"文化可以分为广义的文化和狭义的文化。我给广义文化下的定义是:人和环境互动而产生的精神、物质成果的总和,它包括生活方式、价值观、知识、技术成果,以及一切经过人的改造和理解而别具人文特色的物质对象。"(见《北大讲座》(第一辑),北京大学出版社,2001年,第226页。)

一个存在广泛争议的命题是:文化是否有优劣之分?站在各族人民互相尊重的人道主义立场上,中西文化不应有优劣之分。但是在许多具体政事与价值观上,中西文化有优劣之分。要比较文化的优劣,无需各国抛出文化功劳流水簿,逐一参评对照。我们最简单的做法是首先确认文化中最关键、最核心的东西。然后主要就这种关键的核心的东西进行比较,这样就容易简化比较程序。首先,我们要指出,文化的关键部分其实在很多场合并非科学技术。其次,文化也不是轰炸机、航空母舰和原子弹之类的杀人武器,恰恰相反,后者在很大程度上是文化中的负面因素,可以说是**反文化**的。从这种意义上来看,**凡是军事工业过度发达的国家,它的文化相对优势就会自然而然地被抵消了**。那么,文化的最核心的东西是什么呢?根据东方和西方的许多学者、尤其是文化人类学学者的研究成果,大多数的学者趋向于认为:文化的最核心的东西是人的行为模式和价值观。那么,行为模式与价值观二者相比,那一个更加重要呢?价值观。价值观包含许多种类。其中最重要的东西是哪一种呢?道德价值观。那么,何谓道德价值观?道德价值观包括:(1)人际关系方面;(2)物际关系方面;(3)人物关系方面。其中人际关系方面的道德价值观最重要。人际关系道德价值观包括:(1)父(母)子(女);(2)君臣;(3)兄弟;(4)夫妇;(5)朋友;(6)他人。此为六伦关系。六伦关系中最重要的是父子关系。父子关系中的产生的关键道德理念是——孝道:父慈子孝。孝为根本。孝的原则推而广之于君臣之道产生君臣之间的道德理念——忠恕之道。臣忠君恕。忠为根本。全部三大关

[①] 此节与下节内容《中西文化价值定位与全球文化建构方略》一文中的第3—4节雷同。为读者方便计,未删除,以免查检之苦。

系的总的道德理念原则是——仁、义、礼、智、信。仁爱为根本。全部三大关系中对所有人的道德要求是：利他为第一原则，利我为第二原则。也叫以他人为中心原则。

3. 中西文化核心概念比较

众所周知，以上所陈述的道德价值观，恰恰是典型的传统中国伦理价值观。将中国文化中的这种价值观与西方文化的同类价值观做一简单比较，孰优孰劣，昭然在目。仁、义、礼、智、信价值观与代表西方传统德行的四种最重要的道德价值观（cardinal virtues）：智慧、勇敢、节制和正义相比较。我们可以看到，智慧和勇敢被西方人看作是最重要的品德，放在最前面。而在中国文化中，最重要的道德价值观是仁和义。仁者人也、爱也。把仁爱作为普遍价值由血亲成员而推广到一切人，这和西人的把智慧和勇敢作为最重要的品德标准相比，无疑要更符合全人类的道德追求。智慧当然也是一种很重要的价值，但是，只有在善良意志统帅下的智慧才是值得推崇的。勇敢不是中国人最赞扬的东西。在中国道家的学说里，勇敢这种品格甚至受到排斥。老子认为"勇于敢则杀"，断言好勇斗狠者多半没有好下场。当然，中国传统价值观也并不都排斥勇敢，例如儒家还主张忠、孝、廉、耻、勇五种品格。但只有出于正义的勇敢才是得到肯定的，毫无意义和价值的匹夫之勇是受到谴责的。要注意儒家把勇敢放在五种品格的最后，而不像西方人那样把勇敢放在四种品格的最前面。同样地，将中国的利他为第一原则、利我为第二原则的以他人为中心的原则与西方的以自我为中心的个人主义原则相比较的时候，前者的优越性是勿庸置疑的。尽管在改革开放的初期，为了适应开放的需要，尤其是为了建立社会主义市场经济的需要，中国知识界中的一部分人曾经在相当大的程度上张扬过西方式的个人主义，嘲弄过极左思潮下的所谓大公无私精神，这种做法是特定历史时期的战略要求，可以理解和接受，但是，**如果一个有良心的知识分子居然真的以为自私自利的德性要比大公无私的德性更好，他就无异是在鼓吹中国人必须重新变成禽兽**。把中国传统价值观中主张天下一家、和为贵，主张大事化小、小事化了，主张抑强扶弱、非攻反战的行为教条与西方传统价值观中的主张竞争为贵，物竞天择、适者生存，好战成性的信条与德性做一比较，传统中国文化的优越性也是不言而喻的。这一简略的区别，足以让我们看清中西文化中两种几乎对立的道德价值指向，而这种价值指向不用说贯穿了中西社会文化的方方面面。我们无须说西方人的上述价值观是错误的，因为价值观的产生是各民族应对自身所处的环境条件的挑战而逐步形成的，是完全合理的。换句话说，在西方人的文化大背景下来看待西方人的价值体系和与之适应的社会文化，西方的价值观是合理的。但是，当两种文化相比较的时候,我们看到,中国文化内涵价值观的优越性是勿庸置疑的。这也是伏尔泰、罗素、汤因比、赖肖尔这些西方学者倾向于认为中国文化优于西方文化的主要依据之一。简言之:中国传统的价值观、伦理道德之类从总体上优于西方文化;而西方当代的器物文化,尤其是军事、科技理论优于中国。由于在文化的最核心的方面中国整体文化优于西方文化,因此,中国未来的战略就理所当然地应该把张扬中国传统文化优越论作为自己的首要考虑。文化战略分为若干方面,本文迫于篇幅,只就一个文化子战略发表看法。

4. 文化子战略:学会颠倒西方的文化逻辑在中国知识分子心中的负面影响

　　由于近百年来过度西化风潮的影响,一部分中国知识分子把西式科学技术方面的先进性理所当然地**类推扩展**为对西方文化所有层面的定位与认识,并且进而无情地贬斥自己的文化、尤其是传统文化的价值。在极端的情况下,一些中国学者居然荒唐到认为似乎只有西方人的思想才代表着真理,或者只有西方人才有思考能力,而中国人则只能亦步亦趋地跟在西方人的后面匍匐前进。其深层的原因,就是有若干中国学者其实已经不知不觉地沦为西方学术附庸。他们长期耳染目濡于西方文献,所谓"凡有所学,皆成性格",因此养成了一种文化附庸性格,认为当今天下的真理已经完全由西方人来承包了,中国人只有租佃或做转手买卖的份儿,没有自产自销的资格。西式学人这样做有一个与切身利益相关的原因,便是为自己所学到的那一套西洋东西开拓出尽可能大的学术市场,以确保自己的学术研究空间,说到底,是一种为自身的利害关系考虑的结果。如果有如此严重的文化附庸心态,弘扬所谓传统中国文化的优越性,岂不是纸上谈兵? 由此,必须有应对的文化子战略。一方面,我们要大胆借鉴利用西方文化中的精华,另一方面,也要学会颠倒西方的文化逻辑在中国知识分子心中的负面影响的策略! 当然,颠倒西式话语,并不说西式话语一定是错的,而是要破除我们对西式话语和价值观的盲目信奉,让麒麟脚下露出马脚;让我们知道,西式话语及其价值观亦往往有其偏颇不足乃至荒唐处。有了这样的学术思维训练,我们就会渐渐养成用自己的头脑思考与接受而不是人云亦云地跟着别人的观点跑。那么,如何颠倒? 如何操作? 下试举例言之。

4.1 原有的西式命题:"中国人只有在读完了西方书的前提下,才可能来创建自己的思想体系"

　　现有的颠倒命题:西方人只有在读完了中国书的前提下,才可能来创建自己的思想体系。我现在完全颠倒命题,看相反的说法成立与否。论据? 首先,在人文社会科学领域,颇不同于自然科学领域,许多问题是古今中外的人一直在谈论、一直思考的。所以有许多命题,可能会有许多自相矛盾的解答。你很难说谁的观点是百分之百的正确或错误。**今人的看法未必总是优于古人,古人的看法也未必总是优于今人。**西方人有中国人解答不了的难题,中国人也有西方人解答不了的难题。这些都是相辅相成、相生相克的现象。因此不能说中国人创建思想体系必须以遍览西方书为基础,或西方人创建思想体系必须以遍览中国书为必要条件。更何况不管是西方书或是中国书,一个人无论多么勤奋,一辈子也读不完其中的万分之一! 相互借鉴是必要的,但是相互借鉴不能够成为绝对的必要条件。许多科学原理,例如几何学原理中的勾股定理等许多民族在完全独立的情况下也发现了它,并未以某个民族的知识作为绝对必要的依据。**只要客观世界提出的问题、产生的疑难相似,就往往能够在完全分离的不同的地点和时代,产生相应的对应性解决方法。**适度借鉴是非常必要的,但是,任何一个民族都具备得天独厚的无所依傍的创造能力,也是没有疑问的。其次,从另一个角度看,下面这个大前提是不证自明的:创新必须在继承传统遗产的基础上来进行。而传统中国文化,例如汉唐文化,曾经在1000多年前处于世界文化的顶峰,后来的各个朝代中,中国文化都在若干层次上对世界文化做出了骄人的贡献,因此,一个对中国5000年文化传统所知不多的当代西方学者,无法进行真正全面的哲学思考,也就不可能创建自己的思想体系。显然,这种反向命题跟原来的命题相比,并不显得没有道理。假如两种命题都是正确的,那么,原有的西式命题只强调阅读西文书的重要性而不同时强调阅读中文书的重要性就明显的是一种偏见和逻辑陷阱。最后,当我们随便拿起一本当代西方人的人文社会科学专著或一篇论文时,往往会发现作者开列的参考文献绝大多数是西方人著作,中文著作很少,有时几乎为零。而当我们拿起一本当代的中国学者的人文社会科学专著或一篇文章时,却往往会发现在作者开列的参考文献中,西方文献往往会占很大比例,有时甚至超过中文文献。这说明什么问题?说明当代西方学者的所谓理论具有相当大的偏狭特点,没有或者很少承继中国传统优秀文化成果,而中国学者则似乎显得更加具有宽广的学术视野、学术宽容与学术职业道德感。

4.2 原有西式问题:中国古代为什么迟迟不能产生资本主义(韦伯命题)
现有颠倒问题:中国古代为什么能够成功地抵制资本主义?

原有的西式问题是德国大学者韦伯提出来的,至今在中外学术界颇有市场。

但我认为,这个问题其实是一个逻辑陷阱,它的问题本身暗示了一种命题:资本主义是一种优越的制度,似乎一个社会应当尽快地具有这种制度才合理。但是,我们知道,资本主义是否是一种优越的制度,是需要论证的。因此,这个问题本身就是一个伪问题,或者说一个引人误入歧途的命题。我们把这个命题颠倒为:中国古代为什么能够成功地抵制资本主义?显然,这个命题的方式和语气暗示,资本主义是一种不好的制度,所以才需要抵制。两种命题,两种态度和结论。

资本主义诚然具有很多优点,例如效率很高,但是归根结底是一种不好的甚至邪恶的制度。关于这一点,马克思和许多其他西方学者的论证至今无人能够驳倒。其实,我们用中国的一句俗话就可以阐明这个问题,这就是:无商不奸。**资本主义是以赢利为绝对追求目标的制度,没有一个商人和资本家不是追求以极小的资本获得极大的利润这种目标,这就注定其中的当事者无法不在心性上变得越来越狡诈和贪婪**。因为当事者从事的事业本身的性质必然要求当事者变得贪婪和狡诈,否则,他就无法取得成功。从这个角度来看上面的颠倒命题,我们立刻觉得韦伯的问题是个缺乏真正的学术含量的命题。是一个逻辑陷阱。

中国古代社会是一个家族结构为主要特征的农耕社会,这样的社会要求家庭或家族中的所有成员和睦相处,商人式的贪婪、狡诈心性是不符合其家庭伦理观念的,必须抵制它,才能够使整个家族长治久安。同理,农耕社会的生产方式本身要求生产者付出的劳力、土地和他的收成总是呈比较稳定的对应关系,它在提供直接损人机遇方面远小于商业行为。而资本主义的生产方式本身则是期望生产者付出最小的代价然而获得最多的收入,总有些人会当场受到剥削,所以它存在直接损人的机制。一个追求安居乐业、子子孙孙在一个地方和睦共处的社会绝对要抵制资本主义的生产方式,它才能够过上好日子,否则,资本主义必然颠覆整个家族社会,用冰冷的惟利是图的利剑斩断农耕社会的温情脉脉。中国是历代主张扶农抑商的。中国能够成功地抵制住资本主义的根本原因,即在于它的强有力的家族结构及由此衍生的一整套礼教制度和德育教化。换句话说,中国早期若放手让资本主义横行无忌,那么,今天的中国早已不存在,它早已像欧洲一样,由于过分追求最大权益而过分相互倾轧,不知分裂成多少个国家了!

4.3 原有的西式命题:人生而自由,但却无往不在枷锁之中(卢梭)

现有的颠倒命题:人生而负有义务的重任,但却总想毫无义务地放纵自由。原有的西式命题是卢梭在他的闻名遐迩的《社会契约论》中提出的,有成千上万的学者不加分析地引证。然而我们只要简单地问一下:何以见得"人生而自由"呢?实际上,由于人无法在出生前自由选择自己出生的地点、时间,人就注定是不自由的。

如果生在官宦显贵之家,则终身享福的机遇大;如果生在贫民百姓之家,则一个人忍饥挨饿、颠沛流离的机遇大。在中国农村,人一生下来,就几乎注定成为农民,只有不到百分之几的人有可能会有机会摆脱自己不做终身农民的命运。出生在美国和发展中国家的命运,也是截然不同的。哪里有多少自由可谈。人其实不是生而自由,而是生而不自由,生而被赋予履行义务的重任!人有义务适应人所出生的环境,人必须奉行人所出生的环境所赋予的必要义务:例如赡养自己的父母,服从尊长,关爱老幼,完成整个社会委托的必要的社会义务,能够自力更生又要能够为自己的兄弟姐妹做出贡献,等等。只有一个自私自利的人才会把家庭和社会赋予他的必要的义务看作无往不在的枷锁,总想毫无义务地放纵自由。**自由,就是想尽量摆脱自己对整个世界应尽的义务。**是的,自由是一种享受,但它是有条件的,它的条件就是限制。只有限制,能够赋予自由以真正的含义。明白了这一点,我们才会明白,何以古代中国人有一整套礼仪来规范我们的行为。人们的自由只有在合于高尚的"礼"的条件下,才显得特别有价值和意义。多少西方文学作品,例如西方诗歌,所讴歌的摆脱一切羁绊的自由,其实和一个淘气而又倔犟的小孩试图不顾一切地获得自己想要的一切玩具或食物之类没有多大的差别!只有适度的义务和适度的自由才是可取的,放纵自由不但毁人也会自毁,就连林中的禽兽也知道义务抚育自己的幼仔呢!

几乎所有的神圣的西式价值命题都逃不过此类颠倒法的戏弄。这里只是信手举数例而已。这不是说所有西式价值观都是错误的,而是说,没有一种文化价值体系是没有缺陷的。因此,颠倒西式价值命题的做法只是要让我们学会辩证地看待和接受外来价值观,并学会在自己的传统价值体系中发现崭新的可供今人利用的价值珍宝。我们如果能够合理地运用这样一种文化战略,就能够获得必要的民族自尊与自信,**凡自敬者人必敬之,自辱者人必辱之**!只有充满自信的民族才有希望矗立于世界强大民族之林!

第三部分　中西文化比较背景下的教育战略

许多中西方学者都认为,一个国家的最根本的职能是解决教育问题,这是颇有道理的。教育对于国家、对于全人类,确实具有举足轻重的作用。对于中国人来说,由于其教育体制有着至少 3000 年的历史,与西方的教育体制有着诸多实质性的差别,因此,我们在讨论教育问题的时候,往往不得不在某种程度上将这种讨论放到中西文化比较的大背景下来进行。然而,这么大的一个题目,远非本文所能容许的篇幅所能包容,所以我这里仅就比较重要的若干概念进行了抛砖引玉式的探讨,并非面面俱到的系统陈述,这是需要首先说明的。

1. 教育目的多元互补系统论设计战略

我们习惯于说教育的根本目的是提高国民素质,这样的说法虽然是对的,但终嫌概括性太强、太笼统,它的用处恐怕只是为了阐述问题的方便性,并没有给我们多少新知;同时它也缺乏实际操作价值。这就正如马克斯·韦伯所言,高度抽象的概念"由于缺乏实际内容,其价值便显得特别小。一个概念的合理性越大、适用范围越广,就越容易引导我们脱离丰富多彩的现实。因为,为了包括尽可能多的现象的共同要素,它就不得不尽可能地抽象,这样一来便只好脱离实质性内容"。(Max Weber, *The Methodology of the Social Sciences*. Tr. and ed. by Edward Shils and Henry A. Finch. Glencoe IL, New York: The Free Press, 1949, p. 80.)所谓"教育的根本目的是提高国民素质"中的"国民素质"究竟是指什么,这是需要详细的定义和指标来加以限定和说明的。事实上,不同的国家、不同的民族、不同的历史时期,会有相应的不同的国民素质。同理,教育的目的可以有很多很多种类,远不是一两个就可以概括完的。按照我的理解,**教育的目的绝非单一的,而是由许多目的,包括抽象目的、具体目的、远期目的、近期目的、外向目的、内向目的等等构成的目的系统,是一个在若干不同层次上、受不同时空条件制约、在相关条件改变的情况下也会随之改变的变动不居的目的群**。在这一目的系统中,有的目的是主要目的,有的目的是次要目的。但是,这些目的并不是一成不变的。当相关条件改变之后,原来的主要目的有可能转变为次要目的,而原来的次要目的也可能转变为主要目的。简而言之,教育目的是多向的,可变的。我把这种理论称之为**教育目的多元互补系统论**。

2. 教育的根本目的和最高目的设计战略

教育目的多元互补论意味着教育目的的多样化和时限性,本文限于篇幅,无法具体描述究竟有多少种可供我们考察的具体的教育目的,但是这并不妨碍我们对这一系统中的最关键的东西加以简单介绍,这就是教育的**根本目的**和**最高目的**。

教育的根本目的也分为许多种类,但是我认为最重要的有下述三类。第一,教育归根结底是要模塑涵养出最高的人类德性或最理想的人格;第二,教育是要陶冶出具备尽可能完善的知识系统的精神个体;第三,教育是要培养出具有尽可能完善的实践技能与发明本领的能工巧匠。

那么,教育的最高目的是什么呢?教育的最高目的包括在教育的根本目的之中,这就是上述根本目的中的第一类目的:模塑涵养出最高尚的人类德行或最理想的人格。当然,各个时代,各个国家、各个阶层,对于德行或人格的理解与规定是各不相同的。那么,什么是最高尚的人类德行或最理想的人格?副词"最"意味着比较,意味着除最高尚的德行外,还同时存在若干种别的比较高尚或比较理想的人类德行或人格。在现代社会中,最有代表性的人类德行或人格无疑是中国传统德行和西方传统德行。我们只要将这两种具有代表性的德行进行比较,就知道哪一种更有资格称为最高尚的人类德行了。众所周知,**能够代表中国传统高尚德行的价值指标可以说是中国传统的仁、义、礼、智、信这一套伦理观念**。而能够代表西方传统高尚德行的价值指标则是在西方社会中被特别强调的四种最重要的道德价值观(cardinal virtues):智慧、勇敢、节制和正义。这种德性概念也是文化的核心概念。关于中西的这两种核心价值观的优劣比较,我在《中西文化比较与中国文化战略回应》(《科学中国人》2003年第8期)中已经做过探讨。两种价值观的比较,足以让我们看清**中西文化中两种几乎对立的道德价值指向,而这种价值指向不用说贯穿了中西的两套迥然不同的教育体制**。我们无须说西方人的上述价值观是错误的,**因为价值观的产生是各民族应对自身所处的环境条件的挑战而逐步形成的,是完全合理的**。换句话说,在西方人的文化大背景下来看待西方人的价值体系和与之适应的教育体制,它们是成功的,值得肯定的。但是在一更广泛的背景下、例如全人类的大文化背景下,通过文化比较的方式来进行客观研究的时候,我们不得不承认:**就教育的最高目的而言,中国传统的教育目标无疑是相对最理想、最美好的,尽管其教育内容必须应对不同的时空条件而加以修正**。我们非常清楚,在中西文化对峙的格局中,要成为真正的经济与军事势力的强者,则西式的教育体制是最有效的。不过,人们往往忘记一个事实:**有效和美好之间是有区别的**。个体的国家把追求效率看得高于一切,是可以理解的;但全人类性质的,或者说世界性的国家仍应该把追求德性上的完美看作自己最高的努力目标和原则。正是在这个意义上,我可以大胆断言,中国的传统价值观将势所必然地在未来的世界教育体制中走到主导地位上。中国的传统教育的最高目的将成为未来世界教育的最高目的的基础。当然,这一格局的最终完成,还有赖于至少三个基本条件,即1)人类的普遍教育水平大大提高;2)人类的基本温饱得到了保障;3)人类的文化冲突减少到尽可能少的敌对程度。

如果明白了我上面的观点,自然就会明白:上述三个目标(德育目标、智育目标与技能目标)并非在所有的历史时期都会同等重要。恰恰相反,**依据不同的历史条件,这些目标各自的相对重要性会为满足不同的历史要求而发生变化**,即第一、第二和第三目标会产生变位。举个具体的例子,当中华民族处于封闭状态,受到外界干扰较小时,德行教育是其最高目标。当这个民族受到域外因素的威胁较大、有关其生死存亡时,它将不得不调整自己的德行教育要求,而把第三个教育目标作为最高的目标,其次是第二个目标,最后才是德行目标。也就是说,并非每一个目标在每个历史时期都会总是处于其固定的地位。清末的废科举、兴学校,提倡"师夷长技以制夷"就体现了这种战略调整。非西方的许多国家,例如日本、韩国、新加坡、马来西亚……也都一一经历了这种调整。咄咄逼人的西式文化逻辑像一块无形的大磁铁一样,把所有吸引到它周围的民族和国家的文化置于它的磁场内,强行让它们根据新的磁力方向调整自己的物理特性或者说文化秩序。简而言之,我认为我们只有在获得这一清醒的认识后,才有可能对当代中国的宏观教育战略做出比较理智的设计。

3. 狼群教育观与羊群教育观的整合战略

文化的最核心的东西是那足以使人变得具备充分的人性的一整套伦理价值观、一整套行为方式。文化和武功是完全对立的。在军事(武功)上先进的民族或国家,往往势所必然地成为侵略者,而在文化上先进的民族或国家则往往容易成为被侵略者。传统中国历来主张以文化上的先进来**教化**落后的部落,只有在迫不得已的情况下才使用武力。而传统的西方列强则历来主张以军事上的先进来**征服**落后的民族,虽然在一般情况下也不排斥使用文化渗透的战略。全世界只有中国会修建绵延两万余里的长城,不是为了侵略和扩张,而是为了挡住外来的侵略和扩张。长城分明是一副挨打的象征性建筑。换句话说,**在世界各国处于相互对峙的格局中,其历时性总体文化先进的国家,最容易受到攻击;而在军事上、经济上先进然而其历时性总体文化落后的国家,最容易成为攻击者**。世界历史上代表先进的文化的国家多半是被代表落后文化的国家征服的。古希腊是被比它在文化上落后得多的罗马人毁灭的,罗马是被比它在文化上落后得多的日尔曼毁灭的。古埃及和中国也有类似情形。中国在历史上有两次被完全征服,都是由文化落后的部落来完成的:元朝的建立,是落后文化部落蒙古部族征服汉族的结果;清朝的建立,是落后文化部落满清族征服汉族的结果。蒙古族和满族当然是优秀的民族,但其文化总体成就落后于汉族,则是不争的事实。路归路,桥归桥。这两个民族现在和汉族已基本融合,但历史必须尊重。最美好的文化代表着一种最美好的人性,**最美好的人性是最美好的文化塑造出来的**。从逻辑上来说,有着最美好的人性的民族一般不会去征服侵略别的民族或国家。反过来说,一个侵略成性的民族或国家的文化不可能是先进的,因为我们必须记住:**文化的最核心的东西是足以代表最美好的德性的价值观(例如克己与礼让等等),而不是飞机大炮或原子弹**。

在这样一种比较文化背景下,我们很容易明白,当**最美好的教育模式与最有效率的教育模式**发生冲突的时候,毫无疑问是后者取得胜利。当文绉绉的秀才与果敢的武士在大街上发生冲突的时候,谁胜谁负,是不言而喻的。秀才遇到兵,有理也讲不清。但是胜者并非必然代表真理。**有文化涵养的秀才容易显得文弱,而有军事训练的武士容易显得霸悍**。可是,霸悍的品格正是原始兽性的遗留,正是应该由先进文化来加以革除的非人性因素。为了革除掉这种非人性因素,人类的教育事业肩负着重大的使命。旨在尽可能多地减除人类兽性的教育,我们可以称之为羊群教育;旨在维护或者有限减少人类兽性的教育,我们可以称之为狼群教育。

当世界上到处都是羊群的时候,羊群教育理所当然应该居于主导地位。

然而当世界上存在着威胁羊群生存的狼群的时候,羊群世界就被迫采用狼群教育。

这就是当代世界各国不得不采用的教育战略。这尤其是当代中国不得不采取的教育战略。

然而问题的关键是:羊群世界被迫采用狼群教育模式之后,是不是就应该进而彻底抛弃自己从前的羊群教育模式呢?我的答案是:**不!狼群教育和羊群教育应该并行。在针对羊群世界内部时,应该仍然坚持并强化羊群教育。在针对狼羊对峙的外部世界时,则应该强调狼群教育。由此可见,至少对中国而言,教育的目的、标准与战略之类必须是双重的**,必须有内外、长短、高低、大小之别。而中国现代教育家们、思想家们、政治家们却常常不知不觉地奉行单一的"道路只有一条,真理只有一个"的西式形式逻辑思路,从而使得当代的中国的教育未能尽快赶上并超越西方列强。这就是解开中国教育之所以长期处于低迷状态之谜的谜底。换句话说,正是在这一点上,五四期间的学人,陷入了难以自拔的困境。由于域外世界列强对中国这个羊群世界的欺侮与凌辱,以陈独秀为代表的五四学人曾主张彻底实行狼群教育,以增强中国人的兽性,减少其人性,根除其懦弱的以阿Q式精神胜利法之类自欺欺人的所谓国民劣根性。这样就必须引入狼群教育模式。因为在塑造狼性方面的教育,西方的勇敢、节制、正义和谨慎价值观无疑优于中国的仁、义、礼、智、信。这在当时的历史条件下振醒中国群体意识方面当然是有积极意义的。但是,这样一种主张应该成为一种变通的特定历史阶段的临时性策略考虑,而不能当作国家的永久性的追求目标。或者说这种主张应该在适当的时候加以适当程度的节制,防止它走向极端和反面。而事情恰恰像我们所不愿看到的那样,中国教育自那以来,向着全盘西化的路子方面走得越来越远,几乎彻底背弃了中国的传统教育路向。这方面的例证,举不胜举(我在别的一些文章或演讲中已经缕述过,此处不赘)。传统教育被看作是腐朽的、没落的、不现代化的,从而被扫进了历史的垃圾堆。中国的教育从各个方面产生了翻天覆地的大变化,不是学步西欧,就是追踪东欧(包括前苏联);不是师从日本、英国,就是效颦美国、德国。总之,按照陈独秀"教育必须取法西洋"的号召,中国教育界人一窝蜂地群起效法西式教育体制。忘记了战略性的狼性教育虽然重要、有鲜明的现实意义,但是,**归根结底,人类还是要成为羊而不是要成为狼**。对于中国人来说,在一定的历史阶段暂时由羊而退化为狼,是必要的,但是,如果久假而不归,居然打算长久地甘居为狼,不是以仁、义、礼、智、信原则为最终归宿,而是永远信奉物竞天择、适者生存的优胜劣败的西式丛林法则,则真是有辱先人、自甘沦为禽兽了。

4. 白话文运动与中国的语文教育变革战略[①]

一个国家的语文多半存在着口语与书面语的区别。书面语往往是口语的升华,更简炼、规范、准确,更富于文采。一种语文的发达与否,主要看它的书面语形式,而非主要看它的口语形式。白话文比较接近于口语,虽然也能够在生动流畅方面独具优势,但是与文言文相比较,其规范性、准确性、严谨性与文采性通常都低于文言文。中国几千年来的书面文献,几乎都是文言文。要让后代人承传下这份宝贵的遗产,中国教育界**必须把学习文言文作为中小学语文教材的重点**。这就正如**西方的语文教材往往把学习古典作品作为重点**一样。当然,为了顺应当代人的已经被强行培养起来的白话文需要,也可以辅助性地教授白话文。但是在具体时间的安排上,与教授文言文相比,白话文只能是第二位、第三位的。许多学者至今不明白一个非常简单的道理:白话文其实无需太多的教授,**只要文言文学好了,白话文差不多可以无师自通**(理由见后)。

然而从五四以来的近百年来,随着滔滔滚滚的西化浪潮,中国的白话文运动推波助澜地强化了前述狼性教育运动。仅以教材内容为例,从民国时代开始,小学、中学的语文教材中,古文占的比例越来越少,白话文成为主流。即使在不少专家学者呼吁应该重新审视中小学语文教材中的文言文比例的时候,文言文也依然只是这些教材中的配衬,没有成为主流。其结果是什么呢?其结果就是现代中国至少有三四代人基本上不能或很少直接阅读中国古代文献。而这部分文献恰恰是中国文化的主要载体。**中国至少5000多年来的文化成果的大部分是由这一部分古文文献构成的。而由于中国人自己不能直接阅读自己的传统文献,至多只能靠有限的白话文翻译文献来了解传统的文化宝库,这就形成了极大的文化断裂**。人们抱怨当今的中国知识分子不如五四时代的知识分子那样中西贯通,这是有道理的,殊不知五四时代的中国知识分子的中西贯通现象恰好是这些知识分子都比较精通传统中国文化的缘故。这些知识分子能够精通中国古代文化的一个关键,就是他们通晓古文。以胡适、鲁迅、郭沫若为例。他们都是鼓吹白话文运动的最激进的先

[①] 此节内容引自本书《中西语言文字与中西文化走向》3.8"五四白话文运动反思及教育战略思考"。

锋,他们的文章中的句子在当今的现代汉语语法课本中,往往被作为白话文大师的文句加以引用。然而,我们都知道,这些先生在他们所受教的私塾或中小学校里所受的毫无例外地是古文教育,从来没有使用过白话文教材。请注意:**从未专门学习过白话文教材的人居然能够成为白话文大师,这本身意味着,在一定的意义上,我们可以说,白话文不学而会**。我这儿的所谓"不学",指的是不经过专门学习。实际上,白话文本来就接近口语,是从幼儿时代就会由父母、亲人等有意或无意地传授给我们的。白话文较易学会,所谓我手写我口。五四时期的白话诗人、小说家、戏剧家、散文家,基本上都耳濡目染于文言文,但却差不多都成了白话文高手。这道理很简单,古文的词汇量、修辞手段、行文章法都非常发达,其文字几乎涵盖了全部白话文中所能用到的文字,而白话文使用的文字只是古文文字总汇中很少的一部分。换句话说,只要受过足够多的古文教育,以白话文写作,是很容易达到相当高的水平的。而缺乏古文底蕴的人,则往往在语言表达上显得干巴巴的,流于浮薄;或者满纸都是欧化句子,挖空心思地用一大堆令人不知所云的洋术语来故弄玄虚,蒙混读者。更重要的是,没有受过较多古文教育的学者,在学问上要想真正融会中西学理,几乎是不可能的。所以,我在招收翻译学与比较文化研究博士生的时候,坚持把古代汉语作为专业课程之一来进行考核,其原因亦在于此。须知我们的教育方略要立足于三通:**古今贯通、中西贯通和文理贯通(文科和理科贯通)**。这三通首先和语言文字(尤其是文言文)的传授息息相关。因此,中国教育,至少其中小学的语文教育,要把文言文教育放在首要位置上。否则再过数十年,中国的新一代将成为中国古代辉煌文化的文盲。当然,当今中国,已经是白话文独霸天下的时代,让普通人适当地接受一些白话文技能培训也是必要的,但是完全没有必要在小学、中学乃至大学的语文课中都作为重点来讲授。**我主张小学和初中阶段的语文教材应以文言文为主,在高中阶段再以白话文为主**。当然这只是我的一家之言,和近百年来的中学语文教材设计思路是背道而驰的。我并不反对目前人们用白话文写文章,也不是主张人们应该回到古代像古人那样用古文写文章。白话文相对比较容易掌握,也比较容易理解,用它来作为常用的书面交流工具是应该的。但是在具体学习的时候,在具体编制教材的时候,要考虑到如何利用人类学习知识的种种特殊条件。**儿童的机械记忆能力强,宜于记诵语言文字类知识**,尤其宜于记诵尚残留着一定象形特点的汉语形声文字。这是特定的**中国儿童大可利用的得天独厚的智力资源**,远优于西方儿童(具体道理另文阐述)。成年人理解记忆能力强,宜于掌握抽象的理论性知识。我们一定要记住:现行的中小学语文教材中文言文一方面比例太小,另一方面学生在上面花的工夫又最多,而学习的效果却又最小——中学毕业生基本上不能阅读古代文献资料!这是一种极大的时间、精力和智力资源的浪费!假如倒过来,把语文教育的重点放在文言文上,结果将会如何呢?**我敢断言,如果**

六年小学加上三年初中的语文课重点是文言文的话,那么,九年结束后,所有的中小学生不仅能够阅读古代文献,而且也能够毫不费力地阅读白话文文献,还能够写作漂亮的白话文文章!这是民国以前的传统中国语文教育经验完全证实了的。

正如文化总是特定地理环境与特定民族之间的协调互动结果一样,中国的传统教育体制也是中国人数千年来协调其地理、历史、文化诸因素的结果。在特定的历史条件下,它无疑是非常合理的。

当代中国人应该研究如何借鉴利用这一极其丰富的传统教育体制资源,本文只是略有接触,至于专门的展开性论述,则另文草成,不在此赘,私意惟盼以此作引玉之砖,诚望教育界有识之士能够相与论析,指正批评,共同进步。

第四部分 人权战略与中国军事工业发展的关系

根据:联合国《世界人权宣言》,中国有权进一步发展军事工业。

联合国《世界人权宣言》第一条:"人人生而自由,在尊严和权利上一律平等"和第三条:"人人有权享有生命、自由和人身安全"。显然,要实现"**在尊严和权利上一律平等**",也就是说,要实现"人人有权享有生命、自由和人身安全"这种平等的权利,就理所当然地应该有**平等地**拥有保护自己的"尊严和生命"的平等权利。这就是说,根据联合国《世界人权宣言》,逻辑上说来,每个人应该平等地拥有能够保护他自身的生命和尊严的武器的权利。假如按这种权利每个人都应该拥有一支枪,那么中国人应该拥有至少 12 亿支枪,而美国人应该拥有大约 2 亿多支枪(现在美国的平民中至少有 5000 万人拥有枪)。同理,用于战争的其他武器,包括大规模杀伤武器(如原子弹之类)的拥有数量,自然也应该与此成正比。否则,人权宣言上的"人人有权**平等**地享有生命、自由和人身安全的尊严和权利"的说法,就是一纸空文。请大家特别注意"人人"和"一律平等"这样的字眼。从常识来说,一个国家人多,理应拥有与之成比例的国防力量。至于有的国家,例如中国,迫于经济条件,放弃或降低这样的权利,那是可以理解的,但这并不意味着中国没有了这样的权利。然而,国际上现行的军事工业发展态势,却绝非如此,有的国家人口不多,却拥有超过中国 10 倍以上的军事装备,在这样的条件下,如何能够保障地球上"人人有权平等地享有生命、自由和人身安全的尊严和权利"?换句话说,**军事工业的发展比例,应该按《世界人权宣言》与人口成比例,与生存权成正比,而不应该与各国的经济势力成比例**,否则就会使钱多的人的安全系数和尊严系数大于钱少的人,这还怎么能够保障"**人权**"呢?这个道理,如此简单,却没有人提出。因为现实情况不是这样,便屈服于现状,而使得理想的联合国《世界人权宣言》中的原则不能得到贯彻。这是人类的悲哀。(阐述略)

中西美术与美学比较

我们现在开始上课。今天准备讲"中西美术与美学方面的比较",原来打算这部分内容分两次讲,但是现在看来没有那么多的时间了,我们今天争取用一次课的时间把它赶完。讲完之后,如果有时间,我们再讨论一下,如果你们有什么问题,也可以提问。不限于跟今天讲的内容相关的问题,也可以提和以前讲过的内容相关的问题,例如语言学、哲学、地理等方面都可以。

讲中西美术,或者说作中西美学的比较,我们先从大的范围勾勒一下,从文化的范围来理解它和把握它。首先,我们知道传统的中国文化,从总体上说,主要是一种宗法式的文化,从古远时候起,它的内在结构主要是以家族为基础的社会结构、文化结构、宗教结构,它也塑造了民族的心理结构。一个民族的心理结构是与该民族的艺术密切相关的;它的艺术,或者说美术与这种心理结构是同构的。宗法结构,除了受上述因素影响之外,也与别的因素有关。

西方文化有个突出特征,即宗教特点浓厚。它不是**宗法**文化,而是更**多宗教**文化特点。宗教文化在西方文化中占了很大的比重。在一定时期内,宗教是主要的文化艺术形式来源。例如,在中古的 1000 年中,主要是基督教占上风的文化,而当时的艺术,包括美术,主要形式也是围绕宗教而存在的,随着宗教的兴旺而生发起来。

宗法与宗教有很大的差异。在宗法文化中,家族式的结构占了很大的比重,而宗教要适应这种家族结构。所以,如果你到一个信教的社区去,比如到基督教社区,互相之间都是平等的,不管你多大的年纪,多高的辈分,对你的称呼与对小孩的称呼都是一样的,因为在宗教的结构范围内,至少在基督教的结构范围内,每个人都是平等的,只有一个至高无上的君主,那就是上帝。西方文化、西方美术在相当长一段时期内,是在这样的环境中受到熏陶,进而发展起来的。

其次要注意的是,中国不是没有理性,不是像马克思·韦伯说的那样,中国人缺少理性的东西。中国人有理性,但他们的实用性的理性占上风,使这个理性对现实人生有指导意义,是入世的理性,带有实用性(pragmatic)的特点。而在西方文化中,也有实用性理性,但并不占上风,引人注意的是他们的思辨性理性。这些东西都会反映在他们的美术创作中。反映在他们的美术理论中。他们的美学思想不用说与此相关。

中国的美学更多的是**伦理的美学**。所谓伦理,指的是有关善、恶、好、坏这些价值观的学问,它在中国美学体系中的地位是非常突出的。不管你的东西多么美,假如它不是好的,它不是善的,我们就可以去掉它、消灭它。它必须要对人类有切实的好处。中国人的思维方式总是首先指向价值判断,有伦理美学的倾向。

而西方美学,由于深受宗教文化的影响,宗教美学的意味很重,但它也还包括技术性美学。它与科学技术有关。技术性美学思想是指在考察一个物体是否美的时候,把它当成实实在在的客体来考察,以科学的眼光来考察,例如,注重它的比例,从几何学、数学、色彩学等各方面来观测它。西方美学的思辨性强,往往涉及抽象的概念如 being、上帝、至高无上的真理等等。

在美学的大范围中,中西怎样处理人的关系也不相同。中国人注重**人天之和**,注重人与人、人与天和睦共处等,这些观点我以前已讲过了。而西方人更强调**人神之和**,人与神的关系在他们的作品中有很多反映。从古希腊罗马一直到中古,即直到 17 世纪以前,在西方美术中,取得最大成就的绘画,其主题大都是描写人与神的关系的。如果把宗教去掉,西方美术就好像失去了主题。西方教堂这些宏大的建筑说明,西方建筑艺术取得的最大成就往往和宗教主题有关。

第二方面,在基本的艺术思想上,中西也有很大的不同,即使不说两者是相反的,至少也要说他们的思想是不同的。中国言志论占了上风,所谓言志论是指诗言志,"志"代表你的"道",你的思想、情绪、情感等等。诗是用来言志的,抒发怀抱的,可以把人的想法、情志表达出来。艺术的真正目的就是这个。中国传统思想里就有"言志说"。中国艺术思想的第二个特点是**意境论**,即作画、写诗或创作别的艺术作品总是要追求一种意趣、境界。这种境界在诗中必须是"情"和"理"的统一。在绘画中也是这样,作品的线条、色彩和人的心理之间必须要和谐,作品要表现人的整个人格。这是中国艺术思想的和谐论。

而西方是**摹仿论**占上风,我们在讲文学时已经讲过。实际上,西方文学的创作思想与它的基本艺术思想是重合的,是天然融合的。摹仿论这种思想几乎在所有的西方人文学科中的绝大多数场合,都是通用的,可以用一个道理去套用和解释。这是一个非常奇特的现象。中西文化比较课程的目的就是要大家认识到有些共通性的东西在许多学科中反复出现。我们可以把这种因子提取出来,我把它叫做致同因子,"致同"就是说能够使得与致同因子相关的东西趋同。任何一种文化,你经过精心提炼,都可以提炼出一些这类因子,只要你观察到了这种因子,你就会发现它在大的文化中闪闪烁烁,影响相关的文化现象,最后就像滚雪球一样把文化的很多方面都"滚"进去。所以,我们研究文化一定要注意它的方向感,文化总是不可避免地向着某一个方向发展。一旦找到了这种趋势,我们就可以预测文化的发展态势。我们把这个叫做"文化逻辑"。一旦文化的结构定型,它就有了自己的内在逻辑,这个民族也就一定会向这个方向发展。除非有强有力的其他因素,把它的发展方向彻底改变。比如英国人用大炮把中国的大门打开,可以强行让中国的发展方向发生改变。在一般场合,每个文化都有自己的封闭性结构,这个结构一旦产生,它就有了有相对的稳定性,不容易被改变。只有经过非常残酷的斗争,才可能改变。当然也可能存在另一种文化演化模式,即本土文化不是被改变,而是被彻底击败,被彻底被消灭。这都是比较文化学中令人忧虑的问题。大家都试图找到一种结合点,既要让原来文化的优点保持下来,同时又能吸取其他文化的优点,这就是融合论。当然,这种融合的观点也不见得就是高明的观点,我们每一个人都会有这样的观点,都会想,这有什么好讨论的呢?不就是去粗取精、扬长避短吗?不就把别人的好的东西拿过来,自己的不好的东西去掉吗?这不就能让我们自己越来越好吗?原则上说来,有时候是这样。但很多情况下,不是这样。比如,你想拿来为己所用的东西,未必就是好的东西,也可能本身是好的东西,但你拿过来之后,与自己的东西融合后不是长处相加,而是短处相加了,这就是个悲剧。所以人们有时候发现,在别的土地上长得很好的植物,拿到自己这里不但长不好,结出的果子还有毒,这是个非常复杂的问题。为了解决这个问题,我提出了中西文化拼合互补论(见本书)。

　　艺术上也是这样。某一种艺术形式在一种特定的环境下发展得非常辉煌,让人觉得,真是太好了,太精彩了,于是想到拿过来,跟我们自己的东西结合,却发现并不是那么好,产生一种非驴非马的东西。这就涉及一个问题,艺术与自然科学非常不同,它也应该不同。假如它们完全一样,那么艺术就不存在了。艺术之所以成为艺术,正是因为它与自然科学不同,有自己内在的独特的东西。它在表面上是一种抵抗科学的东西。可是艺术家们恰恰相反,总是想尽办法,要把艺术科学化,这就是个矛盾。因为从艺术的产生来看,它的本性就是感性的、反抗理智、理性这些东西的,你如果反过来想把它科学化、理性化,就等于是自我矛盾。

　　西方的摹仿论、典型论的内在东西是与科学接近的。前面我们已经讲过了柏拉图、亚里士多德的关于摹仿论的观点,它们在艺术上,例如美术上是怎么显示的呢?举个例子,大家熟知的意大利著名画家达·芬奇,在1452年创作了《最后的晚餐》。他将这幅画的结构处理得非常巧妙,完全用科学的方法来处理。首先,画家用三角形的构图将耶稣的门徒分为四组,使得层次感凸显。其次,画面有中心点。我不知道你们有没有这种感觉,就是在看西方绘画作品的时候,你的目光最终总会落在画面的某一点上,这个点就是画面的中心点,就是画家希望观众注意的那一点。西方的画家有这个本事,能让观众的视线最终落向他想表现的那一点。他运用透视、色彩学等各方面知识,根据人眼看物体的习惯,然后设计出这个你非看不可的中心点,这样就达到他所预期的艺术效果。耶稣和叛徒犹大是这幅画的两个中心人物，也是画家重点要凸显的人物。达·芬奇通过技巧就达到了这一艺术效果。我们在看东西的时候，不可能看到全部的画面，而总是集中在某一焦点上，即透视点的中心消失处的一点。耶稣和犹大都处在这个位置上。它符合典型论。这与西方文学上的典型论是相通的。西方人写小说，创作诗歌，都喜欢创造出一个高、大、全的人物形象。其实我们现在也在学习西方的典型论。尤其是恩格斯，他提出，现实主义就是要符合典型环境中的典型性格，代表了西方的艺术观。

由于这些因素，我们自然就能看到，中国的美术、绘画，主观性很强；而西方注重和强调客观性。我们跟着就会有这样的疑问：到底是主观性的东西好呢，还是客观性的东西好？我认为这是很难比较的，因为二者的艺术效果不同。

那么艺术最本质的东西是什么呢？究竟是客观的呢，还是主观的呢？这就是今天我想跟你们讨论的问题，也是你们今后可以研究的问题。什么叫"美"？这将作为一道公开题，出现在你们的期末考试的试卷中。要回答这个问题，通常必须涉及到美到底是主观的还是客观的问题。首先你要解释一下什么是美。我们已知的近万年的人类历史表明，人类孜孜不倦所追求的境界，就是美的境界。浮士德最后说了一句："你真美啊！"就去世了，似乎他达到了他的最终目的，他一生所追求的东西就是"美"。有人说美的东西是实实在在地存在于外部世界的东西。另一些人说美主要存在于我们的内心。还有一些人说，美是存在于主体和客体之间的一种东西，它使主、客体相互沟通，相互刺激、反映；美存在于主观和客观的有机结合上。围绕这三种观点，一些学者写了很多书。我认为，这三种观点都是有道理的。只是所占道理的程度不同。美到底有什么性质？我认为大体有 5 种情况：(1) 主观的；(2) 客观的；(3) 主、客观同构的；(4) 主观多一点；(5) 客观多一点。不可能在这 5 种情况之外。你将所有的美学著作拿来，将它们分类排列，就会发现，它们往往是侧重这 5 种观点中的一种来讲的。

再讲中国的情况。中国艺术重经验性，也就是感性、印象性、感悟性。与此相对应，西方艺术当然也有感性特点，但更重理性探索，甚至包括概念归类、逻辑推导、推演、寻求本体、抽象美等。我们看电影，看小说，读诗时会接触到这种差别。比如，读西方的长诗，许多中国人欣赏起来很吃力，不能完全把握它，就会觉得：不像西方人说的那么好呀！这就是两者的差异造成的。因为中国人习惯的是中国式的诗歌，中国诗歌是感悟性、印象性的东西，是直观的，它的美，你立刻就能感觉到，无须知道它深刻的内容，它也不一定有深刻的哲理，但你能感觉这首诗读起来好听。很多人都有这个直观的能力，即使不太懂诗，也能从直观上判断诗的好坏。但是西方很多诗都是叙事诗，很长，比较难把握。它的概念归类、抽象的、思辨性的东西多一点。这种特点也一直影响着文艺界人士对艺术作品的评价。比如，看完一本小说，我们会觉得，故事倒是挺精彩的，但是好像不深刻，没有挖掘到社会最深层的东西,思想性比较弱。实际上,我们在这样评价的时候,就不知不觉用了西方的审美观。西方人的审美方式,或者说西方人评价作品的方式,是认为作品的思想性第一,艺术性第二。有时候这种评价方法也是有道理的。比如,当一部作品反映的思想是违反人类的伦理道德的,是反社会的,那么即使它的艺术性再高,我们也不应当推崇。但一般情况下,如果一部作品妨碍人用感官直观地体验艺术的美,而是过多地鼓励人多思考,要苦苦思考很长时间才能体会到某种美,那么,我们感受到这种美的成本太大,划不来。这一点以前我们也讨论过。

中西艺术是不是总是矛盾的呢?也不是这样。中西艺术中也有共通的、大家都认可的东西。比如,诗与画的关系,中国和西方的学者都曾经提到"诗画一律"这个观点。中国苏东坡形容王维的诗画:"味摩诘之诗,诗中有画;观摩诘之画,画中有诗。"张舜民也曾讲:"诗是无形画,画是有形诗。"古希腊人也表达过类似的观点。西蒙尼德斯说:"画为无声诗,诗为有声画。"达·芬奇也说过:"画是'哑巴诗',诗是'瞎眼画'。"中西都认为诗与画是相通的。当然,中国人除了认为诗画相通之外,还认为诗书画三者都是相通的。西方因为缺乏发达的书法艺术,因此也就没有多少人注意到诗书画三者相通的道理。这是中国人的特产。

在诗画关系上,西方和中国还存在另一种观点:诗画是对立的。中国明朝散文家张岱说:"若以有诗句之画作画,画不能佳;以有画意之诗为诗,诗必不妙。"张岱认为诗画的关系并不像人们想像的那样一致。他偏偏要反着说,这也不奇怪。世界上任何一种看法一旦产生,就一定会有相反的看法应机产生。

我们再对中西方艺术审美观照方式进行一下简单的比较。我们以绘画这种艺术形式来展开话题。中国人在绘画时喜欢用散点透视,与西方的焦点透视不同。焦点透视是指,物体出现在我们的视野中时,相应于我们的注意视线,有一个受到注意的中心。比如当你眼睛直视前方时,看到的那一点就是焦点透视的心点,视线叫视平线,另外还有距点、天点、地点等概念。一个西方画家是非常了解这些几何关系的,因为他要努力达到透视效果、立体效果。但是中国人不大讲这一套。有时不仅不提倡这些,还反对这一套东西。这就是个矛盾。很多西方人觉得中国人画画简直就是乱画,想怎么画就怎么画,不像西方人从几何学的角度出发,画面很精密。西方讲究模仿论,模仿外部世界的事物,自然要讲究逼真。如果你把几千年的中西美学的差别看透了,就能看到中西美学的发展方向。实事上也是整体中西文化发展的方向。散点透视是中国人的方式,是指有若干个焦点,是多元的焦点。比如,现实中我看到一个同学坐在我的前面,我只能看见这个同学的背部、头部等,我看不见他面前摆的书、笔记本之类的东西。一个西方画家就会这么如实的画,只画眼睛确实看得见的东西,例如这个同学的背部、头部,以及画家视线所能及的其他的东西,至于这个同学面前摆的书、笔记本、自来水笔这些东西。这个西方画家就绝不会去画。根据焦点透视规则,没法看见的,就不能画。但如果由一位中国传统画家在同样的条件下来作画,他就可以天马行空般地自由作画,他不但能画这个同学的背部、头部,他还能把这个同学面前摆的所有东西都画出来。就好像他能够在空中移动着作画似的。同理,中国画家画眼前的一座大山时,也可以把这座大山遮住的那一面的东西,比如把大河、帆船、人家远山等一一画出。就像俯瞰大地作画一样。这就是散点透视。中国画家可以把许多透视点拼合起来随心所欲地画。他可以画实际画面之外的东西,因为他是在画他**心中的画**。这一点非常重要。什么叫自由?什么叫民主?最最自由的东西存在于什么地方?在艺术中。除此之外,其他地方的自由都会受到很大的限制。在艺术的领域内,可以海阔天空,天马行空,想怎么写就怎么写,想怎么画就怎么画。这种自由恰恰在中国的艺术里体现得最充分。外部事物遮住了我的视线,我就看不到了吗?不!现实中看不见的,在我的意识里能看到!我不但能看到被遮住的那间房子,还能看到那间房子里的事物。隔着里三层、外三层我还能看到,这正是意识自由的一种表现。这是心灵想要凌驾于物质之上的一种追求自由的精神。人类最初的时候没有这种精神,他不敢这么想。慢慢才有了超越的精神。中国人艺术上的超越精神达到了很高的程度。而这种精神与什么相关呢?与象形字形有关,这些文字都象征着你在观察事物的时候要多角度地看,不要只看到一点。而西方的语言,必须要有主语、谓语,有个动词将句子成分连接起来。所以机器在翻译的时候,如果找不到谓语动词就翻译不出来。而中文的句子,动词在哪个位置都无所谓,你将它放在主语的位置上,它就是主语,放在谓语的位置上,它就是谓语。动词的位置非常灵活。西方语言有逻辑性的单向透视,这与我们的眼睛直视前方,只能看到一样东西是分不开的。西方人无法摆脱这种生理上的局限,而中国人就摆脱了这一点,就像长了很多的眼睛一样,可以同时看到几个地方,这就是一种自我解放。同时,中国人的透视是一种**情理性**的透视,用自己的整个心灵去透视,他们不是很客观地透视。中国画家不是简单地**再现**事物,而是主观地**再造**事物。例如,我明明看到一朵荷花,是粉色的,但画出来我可以把它画作黄色的、蓝色的,完全根据我的心情来描绘它。有时候我依然可以把它画得接近现实,但是我可以不那样画。比如,苏东坡画竹子,画的是鲜红鲜红的竹子,有的人很惊讶:天下哪有鲜红的竹子啊?苏东坡说:信不信由你,反正我就这样画。他要把自己心中真挚的感受描摹出来。他也是在模仿,他模仿的是他的心,而不是纯粹的外部世界。当然,他也没有完全脱离外部世界。所以,这是一种情理性的透视。

而西方人的透视是**数理性**的透视。有的西方油画家还拿着工具测量实际事物,尽量追求准确。西方人是**客观比量**的透视。中国人是**主观体察**的透视,好像站在高空往下看,将很多个点都看透的观察模式。而西方人的比量透视是非常科学的观察,这样一种东西实际上与艺术有内在的距离,这种距离我们后面还要谈到。中国画,比如国画,给我们什么感觉最深刻呢?就是它的**平面感**,所谓平面感就是不为物像所移,即不受外界客观事物的约束,可以根据自己的感受和想像进行扩充,甚至可以歪曲它。不让心受到形体、客观物体的约束。叫"不以心为形役"。而西方人追求的不是平面感,而是立体感。这里说的西方是传统的西方,指20世纪以前的西方。他们千百年来一直在追求立体效果,尽量使作品达到"乱真"的水平。求真要求逼真。前面我在讲文学的时候也谈到了这一点。中国的文学追求情、善、美,追求情理性。而西方人追求真。求真与科学也是完全吻合的。正因为如此,西方的艺术发展到一定阶段,就走进了胡同,没有路可走了。既然求真真不过客观世界本体,那么,还画什么?把客观物体直接摆在面前不就得了?画成为多余。如果画得像就是最高的艺术,那么我用照相机将景物拍摄下来,不是比任何画家画得都像吗?西方艺术家也看到自己再努力在画真这一点上下功夫也比不过照相机,比不过机器。这就好像将艺术降低到了机器的层次,艺术进入了服从机器的时代。这就是西方现代主义绘画革命的根本所在。但他们在理论上并不就这一客观原因多发议论。他们会归咎于社会原因、民族心理结构等。但事实上,由于绘画的材料产生了变化,技术的发展确实将艺术挤到了角落,这是没办法的事情。这样一来,物极必反,西方的美术发展就转向了东方模式。他们发现,东方,尤其是中国的绘画艺术是一种反机械的平面感很强的艺术,可以帮助他们走出死胡同。于是,20世纪以来,西方的美术思想开始转向东方。

中国绘画的特点是,线条加平面色块而生成画;西方是阴影加层次加色调而生成画。中国画讲究浓淡干湿,轻重对比,平衡错杂;西方画的特点是光明光暗,焦点突出。中国画在构图和总体处理上,采用阴阳二分法。"阴阳二分法"是我个人的一种说法,指每幅画都在不知不觉中分成了阴阳两种对立的结构。你们如果不信,可以拿任何一张国画来看,它总是存在色彩鲜艳与淡雅的对比,或者是颜色上黑白的对立,这使得画面看起来会有重或轻的感觉,但轻重感必须是平衡的。比如,画完了一幅画,突然发现,糟了,轻重两边不平衡,重的这一部分不够,于是画家就往往采取种种补救办法,例如在画上盖上印章。因为印章是红色的,属于"重"的范围。这样就解决了轻重不平衡的问题。画家总是在不知不觉中运用了阴阳平衡。而西方不重阴阳平衡,它追求的是几何学中的美,例如所谓黄金分割律。他们在绘画的时候,比如,画人体、画面孔,往往要让它符合黄金分割律,达到最美状态。他们证明黄金分割律(0.618)代表了客观的美,证明了美是客观的。这个论证的逻辑问题在于,是不是证明了数字代表客观的美,就能推论出美是客观的呢?这个问题也值得思考。你们在考试中回答"美是什么"的时候也可以加入关于这个问题的看法。

中国人在处理绘画的时候，讲究的是**多元综合**，即用多种形式来促成画的效果，例如诗、书、画、印，还有题款等。很多艺术作品都要题上诗，增加诗意。例如题款，要求书法好，并且书法要与整个画和谐。画是主体，但同时要求题款和印章与它协调。这样，诗、书、画、印、题款这5个方面搭配好了，这幅画才算成功了。中国注重的是整体平衡画面。而西方人不会注重这些东西，不讲究诗意，也不讲究书法，主要考虑整个画面的色彩效果。西方画是**一元平衡**的画面，采用焦点透视的方法。这样我们就会发现，中国艺术形式的处理方法主要是**内模仿**的方法，而西方是**外模仿**的方式。说到内模仿，我们很容易就能想到以前讲过，中国文化是一种阴性的文化，而西方文化更多阳性的特点。但是这也是相对而言的，即如果没有西方文化作为对比，我们也不能说中国文化是阴性的，反之，也是一样。西方文化的阳性特点也是与中国文化对比显示出来的。阴性文化是一种内倾性的文化，而阳性文化是一种外向性文化。

中西医学的比较也是这样，中国这种内倾性文化势必使得它的内科非常发达，外科相对于西方要差一些。同样的道理，西方的外科非常发达，内科比中国差一些。20世纪以前，西方的内科跟中国的差距非常大。19世纪以后，西方的医学产生了很大的变化，因为它将其他学科，如生物学、解剖学和化学应用到了医学里，使医学获得了很大的发展。而在此之前，西方的内科医学要比中国落后至少两千年。中国的《内经》，不要说19世纪的西方人看不明白，就是到20世纪，他们也要花相当大的精力才能搞明白。中国的医学往往不仅仅是简单的医学，而是包括了哲学的视野。他们在治病的时候，不是哪里有病就只注意哪里，而是整体施治。比如，身体某处长了疮，西方人就会在那个地方抹点什么药水，过几天，真的好了。但是没过几天，在那部位或者别的部位又长出了疮，只好再抹药水。西医的特点是哪里发生病变就治哪里。可是中国人不是只看发生病变的部位，有时甚至压根不看这个，而是全面地看。他认为，这是生疮身体的内部机能出了问题，必然有它的外在表现。中医注重治本，先把生病的源头堵住，这些疱和疮就不长了。由于致同因子而产生的趋同现象，在文化的各个领域都有反映。同样，在医学领域也是这样。

中国的摹仿只有内摹仿，没有外摹仿吗？不是的。中国也有外摹仿。任何一种艺术都有它的历史。唐、宋、元、明以来，绘画主要是文人画占了上风。我们前面讲到的画风主要是文人画的画风。另外，中国还有宫廷派，他们也讲摹仿，很多画家也主张要将人物、山水画得比较逼真。唐朝以前，许多画家还是追求画真效果的。唐代以后，文人画占上风，一些擅长写诗的人也提笔作画。他们画画的技巧可能不高，但是有人欣赏。因为字如其人，画如其人，字画能反映一个人的性格特征。如果一个人的文学修养很高的话，他写的字、作的画，也必然能反映他的气质。测字先生就是利用了字能反映一个人的性格这一点来算命。他让你写几个字，从中测出你的命运。你的气质、信息都在字里。每个人写出的字都是不同的。文人画占上风之后,决定画的好坏的因素不仅是绘画的基本理论,还取决于一个人的知识底蕴。这就要求画家还要熟知经典、文学等。整个人的文化修养提高之后,作画就能触类旁通。文人画讲求的是境界,如果仅仅是一个画匠,充其量也就只能达到"像"的效果,却画不出开阔、充满想像的境界,更谈不上达到天人合一的境界了。

西方艺术家善于摹仿客观的外部世界。但是20世纪以后,西方的内摹仿也发展起来了,人的审美发生了变化。前面已经讲了发生这种变化的原因。现代中国和现代西方都走向了与以往不同的道路。这是个有趣的现象。西方几千年来都在沿着一个方向发展,到了一定的阶段,发现不太对劲,走不下去了,就开始向另一个方向发展。这个方向就是传统中国艺术的发展方向。所以,西方美术方面的很多流派,像抽象派、印象派,他们的思想都是与中国的文人画派相通的。很多西方画家受到中国文人画的启发。西方还有一些人走向另一个极端,以前西方是追求"像",这些人是要追求"不像"。要注意传统中国画也不是完全不像,而是介于"似"与"不似"之间,有一个"度"的问题,不是一概不像。西方的一些人走向了极端,似乎认为以前画得像很吃香,现在就应该是画得不像吃香了,因此,他们作画要尽量画得不像。当代西方确实有这种现象,比如,拿一块画布,将调好的颜料倒上去,让它自己向下流,四个方向分别这样操作,颜料"流"完了,这幅画也就完成了。然后署上名字,拿去拍卖、得奖。确实有这样的作品获奖了。这看起来倒与中国画的"浑然天成",有相似处。中国画有时排除人力,全靠自然力,让颜料自己渗化融通,产生的自然效果是人怎么也创造不出来的。但实际上,中国艺术家在使用这种方法的时候,仍然是有诸多人工控制的,不是绝对的浑然天成。墨的浓淡调理,泼墨的角度,墨量大小,纸质的选择等等,都是很精深的技术。相比之下,西人的做法失于机械,并且走到了极端。这是需要注意的。总之,20世纪以来,现代西方艺术又在相当的程度上有意或无意地趋向中国内摹仿艺术发展的模式。

中国艺术刚好相反,辛亥革命之后,走上西方过去走过的道路了。中国画家开始注重外摹仿,认为传统中国画不讲焦点透视,不搞素描写生,是很不科学的。所以,我们的美术学院自那以来强调素描训练。认为如果不懂这些,就无法学画画。这种观点正确吗?你如果想学西画,学素描的基本理论是必要的;但如果学中国的国画,这就不是绝对必要的,因为中国画的核心是追求心灵的审美自由,不太注重外部特征,更注重的是神似,精神与外界的沟通,而不是追求画什么像什么。如果用素描的理论来限制中国画,在某些场合无疑会扼杀中国画的创造力。如果你学习了素描中的线条、轮廓、透视等等,几年之后,你再想画国画,也会不知不觉地受以前所学的素描知识的影响,动作就放不开了。这跟毛泽东写字是一个道理。毛泽东的草书写得很棒。甚至有不少专门练习草书的书法家,也写不过他。这是为什么呢？因为毛泽东的楷书写得不那么好。他在写草书的时候就不会受到太多的楷书书法的约束，写起来无拘无束。所以，任何一种事物都是有利也有弊的。作为一个书法家来说，练习楷书是基本功。但实际上这也有它的反作用。楷书写得太多的人，在写草书的时候，就需要很大的才华才能冲破这种束缚。所以，写草书的人最好不要让条条框框束缚住了灵性和创造性。

中国的画，说到底，是一种**心画**，我手画我心，我诗写我心。把心灵对外部世界的直观感受表现出来。心里怎么想，就怎么写，怎么画。而西方是**眼画**。将看到的外部世界如实地描写出来。由此，就产生一些"主义"，像 Expressionism 这个词一般翻译成"表现主义"。实际上，我认为这个翻译有问题，但所有的教科书上还都是翻译成"表现主义"。"表现主义"的"表"本是指外在的、表面的东西，但实际上，原文的意思是指"内"，是写情，写情绪，内在的心灵深处的东西。这正好符合中国人写内心感受的取向。中国人追求意境、意趣、意味、意旨、意义、意绪等。西方人1000多年以后也发现了感性的重要性，走上了这条道路。所以，我把它翻译成"写内主义"、"写情主义"，或者"内写实主义"，就比较符合原意了。写意画方面，中国很值得一提的有徐渭，大家一定都很熟悉。徐渭活了73岁，他也很想做官。这也很容易理解，古代的中国人大都把读书、做官、报国作为自己的理想。徐渭参加乡试，连考8次都未考中。他为什么考不上呢？因为考试的内容都是比较机械的东西，就像中国曾有的八股文。这跟你们的英语四六级考试也相似，你们首先必须学会画圈呀，学会做多项选择题，学会把答题卡涂黑。而徐渭写东西天马行空，无拘无束，很难做到中规中矩，这些机械的东西他总是把握不住。所以，也就不难理解为什么很多人参加八股考试，考到80岁还没考上。后来，徐渭想自杀，但他自杀了9次也没死成。你们看他，考试的能力不行，自杀的能力也不行。（笑声）最后一次是拿斧子砍，也没把自己砍死，所以说他命大。有这样非凡生活经历的人，搞艺术非常合适，所以他的写意画非常出色。艺术是情绪、情志的表达。徐渭有坎坷的人生经历，经过了生活的大起大落，使得他的情绪也得到升华。他将这些运用到艺术上，就能任意挥洒自己的情绪。乱画的东西别人也觉得妙不可言。他当时就达到了这样的境界。他的画，现在我们看来还是觉得很美。当然，现在的效果不能跟当时的效果相比。国画的真品跟印刷出来的画的效果相差很远。所以我们要看真品，不要只看市面上临摹的赝品。虽然现在看来，临摹的作品还是比较逼真的，但是再过几百年，这些临摹的作品就不成样子了。我们看徐渭的画，可以看出他的画在力度的把握方面非常巧，很多人练了一辈子也达不到这样的功力。徐渭的色彩、纸选得好，当时他的心境也很适合作画。因为心情会影响手的挥动。肌肉的紧张受情绪的控制。情绪到了一定的境界，可以传到笔端，产生非常好的艺术效果。而这个境界不是任何画家都能达到的。就连徐渭本人，也不是任何时候都能达到同一个境界。这也是中国美术与西方美术的区别之处。其实我也喜欢画写意画,主要是画荷花,画来卖给外国人。(笑声)外国人好蒙一点。(笑声)有一个外国人,找到我要买画。他态度非常虔诚,是真正的出于内心的对艺术的崇拜,并不是装出来的。他挑了半天,最后挑了一幅我最不看好的画,(笑声)我说:"你拿去吧!"他问我:"多少钱啊?"我说:"还要钱呀?! 不要钱!"他坚持要给钱,争来争去,他最后给了2300元。2300元是个很小的数字,只是象征性的收费,算是我们之间的友谊吧。他后来又专程从美国乘飞机到中国3次,来买画。邀请我到美国他家去做客。我看到他收藏了很多中国画和关于中国画的书籍。他还让我看他的中国画作品。我不好意思打击他的积极性,(笑声)我说:"你画中国画,可能要画上一辈子;但是中国人画西画,只要花上几个月的时间,可能就画得有点像样了。"这是为什么呢?因为西画可以改,你只要掌握了那一套透视、色彩、线条等基础理论,就可以动手慢慢练了。画得不对,可以再改,一直画到"像"为止。而中国画就不行,改来改去就不成画了。我跟他说,即使你能画中国画,但你的诗、书、印呢?他的年岁那么大了,中文学得也不太好,再说,让他练中国的书法,恐怕也是件比较困难的事。所以说,中国画是一门综合的艺术,对西方人来说,并不容易学。而西方的油画,对于中国人而言,就比较容易学。要想画好中国画,不光是技能要达到一定的境界,文化修养也要达到一定的程度才行。别说外国人很难做到,就是中国人也需要很多努力才能达到。

接下来讲西方的**写实主义**。西方与中国刚好相反,是**写外主义**。有人翻译做**再现主义**,也对。我们讲了中国美术的特点,西方与中国相反,也就不用详细讲了。西方讲真,中国讲"似",不是相似,而是神似,介于似与不似之间。像与不像完全取决于画家个人的处理。比如,我画荷花,也得了几次全国性的奖。当时只是想拿去试试,既然人家发了邀请函,我也就参加吧! 就将画寄出去了,没想到,过了一个月,收到一封信,告诉我得奖了。我大吃一惊。其实我的画就技术而言,档次不高,能得奖,可能跟文化修养有关。我有几个朋友是专门搞画画这门艺术的,他们在这方面花的精力和时间一定是几倍于我,但是他们却没有得奖。既然我得了奖,说明我还是有点什么特色的。我画荷花的时候,我母亲也在一旁观看,她有时会说:"好像真的荷花叶子,要比你画的大一点。"她注意的是画与真实的东西的差别。她问我:"为什么画得不像呢?"我说:"我就是要追求这个'不像'。"不像不要紧,我只消在画下面写上"荷花"两个字,——就没人敢说我画的不是荷花。(笑声)如果你仔细一看:果然是荷花。(笑声)越看越像,好了,我就成功了。(笑声)所以,中国画的创作,不是个人的创作,而是要求自然界、作者、观众都要参与进来,共同创造艺术。当你看一幅国画的时候,感到越看越有味,渐渐地你就进入了创作者的角色了。一种说不清楚的蒙蒙胧胧的东西,会让你感觉到作者的气势,他的感悟,他的境界。

这就是线条、力度、色调所产生的效果。你能感觉到一些东西,就证明你已经与它相通了。所以,你看荷花,会越看越像,慢慢会觉得比真的荷花还要像,因为荷花的精神在那里。这样一来,就达到了中国艺术的某种境界了。

而西方人讲究形真,古希腊和文艺复兴时期提倡形真。形真、真是西方人追求的最高的艺术境界。但是中国的苏东坡说过:"论画以形似,见与儿童邻。"什么意思呢?即如果以画得像不像来评价画的好坏,这样的见解与儿童的差不多。这等于说,古希腊人的这种观点与小孩子的看法差不多。的确与小孩子差不多,因为古希腊是艺术的童年时代,对不对?(笑声)这是说笑话了。其实追求形真也是好的,有价值的。追求形真的这种观点在西方的两千年里都占主流。

中国画还有一种技巧叫做"以白当黑",就是纸上虽没有具体的画图,但其效果绝不逊于有画的地方。有人看到中国画觉得很奇怪,这画怎么没画完就裱上了?他不是没画完,没画的地方比画了的地方表现的内容还要多。空白的地方也是作者的艺术构思。作者追求将有形的和无形的东西结合起来产生一种艺术效果,给观众以尽情自由想像的空间。看得多了,就能体味到作者的艺术构思,感悟到他所创造的境界。这样的处理就叫做"无声胜有声"。

西方的画色彩丰富,多重色彩,很少有空白。当然,也不是说西方这样处理不好,生活本来就是丰富多彩的,他们将画处理成这样,也很好。西画追求画面上的事物要与现实世界中的事物相似。20世纪之前,西方将这种"像"的艺术发挥到了极至,这一点中国美术是没法比的。我经常到巴黎的卢浮宫去看西方的美术作品,很是为之惊叹。其逼真程度就好像画中的东西伸手就能拿下来一样。而且他们的画都非常大。油画很容易画大,但是中国画要想画大就不太容易,没有那么大的纸,受材料的限制。西方可以画非常恢弘的壁画,画面上的人比真人都要大很多倍,就连马身上的每根毛都很真实。更令人惊叹的是,他们能够使画保持新鲜,那些历经几百年的油画,看起来却像刚刚完成的作品。这与他们材料上的优势有关,因为他们画画用的油彩不容易退色。而中国画就不那么容易保存。这样一来,在比较效果方面,中国画就要吃亏。中国画用的宣纸只能保存一定的年限。在保存美术作品这方面,西方的确做得很好。西方人在他们的领域发展到了一个高峰,但在整个艺术世界,还不能说西方是最好的、唯一的。因为艺术本身就是多种多样的。在中国画领域,国画发展到的高度也是西方望尘莫及的。但中国画当然也不能说是最好的、唯一的。

中国画的另一个特点就是**尚墨**。尚墨就是看重墨本身,尤其是看重黑色本身。在国画中,黑色用的非常多。传统的画有单一性,尤其是水墨画,基本上只有一种颜色,除了印章的红色,或者偶尔点缀一下其他的颜色,主色是黑色。当然墨分五彩,和其他颜色也不是完全对立的,只是水墨画用墨要突出各种层次。有人分析,中国人尚墨跟原始的黑陶有关。还有人分析,因为中国人的头发是黑的,眼睛是黑的,还有中国的文人士大夫写字用的墨也是黑的,这些原因导致中国画在用色上尚墨。我们从哲学上或许也能看到相通的地方。道家崇尚淡泊明志,舍弃色彩的多样性,而单取水墨的淡雅。老子主张"居白守黑",说明他对黑色的推崇。佛家的"无相"与中国画的尚墨也是相通的。黑色是静色,它不像大红、藤黄等颜色那样鲜艳。

西方对颜色的研究比中国要发达。西方尚三原色的色彩学。大家也都知道西方人在色彩的使用上技术是很高的。当然,在色彩上,他们发展到极端,也发现没路走了,就开始渐渐走向现代主义和后现代主义。现代主义和后现代主义的画在西方都是某种意义上反传统的画。反对艺术上纯粹求真的思想,走向不求真,甚至极端到越不真越好的思想,这就过头了。中国画最终是不会走过头的,它崇尚中庸,不会完全走到极端。中国画是这样,中国文化整体也是这样。中国文化延续了5000年,为什么没有中断呢?其他任何文明或国家都在发展中有过中断,被征服,要从头再来。而中国5000年的文化是一条线下来,也曾被外族占领,例如,蒙古人的统治,满族人的征服,但是这些民族最后都认同了中国的文化,并且由于文化的认同而走到了民族的大融合。可见,中国的文化有内在的稳定性和同化能力。这也与中国文化的核心"中庸之道"有关。它不会走到极端。而西方就很喜欢走到极端。

中国人把笔墨当作形式语言,强调点、线的使用。魏晋南北朝时代的画家绘画用笔时借鉴书法的线条的力度与变化,颇见个性,这是程式化了的技法。所谓笔间气韵和墨间气韵达到了浑化无痕的境界。写诗、画画都是这样的。书法家学习画中国画比较容易,因为他们的基本的点、划的功夫已经具备。所以,有的画不是画画,而是"写画",就是像写字一样把画"写"出来,不是"画","画"是画像的意思。

现在我们讨论一个问题:什么叫美?这个题目已经公开了,期末考试要考,包括美是主观的还是客观的等方面。你们一定都有自己的想法。美首先与个人的看法联系在一起。比如,什么样的女性是美女?中西的美女在中西人的眼中是不一样的。美国的很多年轻教员对中国女性很有兴趣,很想到中国来,让我推荐他们教英语,其实目的是想讨个中国的妻子回去。(笑声)有个美国人让我给他介绍中国最美的女孩,我就把中国出版的画册上的所谓美女拿给他看。他看后很吃惊:"这就是美女呀?"他很困惑。这就是说,我们认为漂亮的,他们反而看不惯。后来我另外找了一个女孩的照片,给他看。其实,这个女孩在我们中国人眼里,简直不入眼。没想到,他看后很高兴:"就这个了!"(笑声)后来我就想,到底这个女孩的什么地方打动他了呢?原来这个女孩高颧骨,厚嘴唇,大嘴巴,高个子,身段苗条。在我们看来,只是很普通,根本称不上美,但是就是能打动这位美国青年。真是"情人眼里出西施"呀!而我们认为非常美的女孩,在他眼里,说不上丑吧,至少也是很一般。可见,中西人审美观的差别是很大的。所以,如果你了解了文化背景,即使你在中国人的眼里是不美的,你也还有别的机会。(笑声)你如果到外国去,没准能成为白马王子追逐的对象呢。有的国家欣赏那种有个性,长相有棱有角的女性。当然,也有一些国家,他们的审美观接近中国。关于"美是什么",你们也可以从这个角度展开讨论。选择出国的时候,长得太美的最好不要去,说不定在那里会混得很差。(笑声)当然,也可能混得很好,因为那里还有很多中国人。(笑声)中国人可能还是不至于使你失望的。

然后我们过渡到下一个问题,就是艺术上洋为中用的限度的问题。既然中西的审美观从美学、美术的角度看,有这么大的内在的差异,那么要将西方的一些东西搬过来,就必然有个限度,这是个值得思考的问题。所以,五四时期引进西画的科学性,出发点是好的,当时全国的美术学院都以西画为主,中国画一度遭遇冷落,甚至有失传的危险。当然,后来中国画还是在继续发展。但是引进西画的科学性时难免会破坏国画的固有法则,因为艺术有同于科学处,但更有价值的地方恰恰在于它有诸多不同于科学处。而艺术性本来是中国文化的长处。中国的语言是艺术性的语言,文化是艺术性的文化,如果一律强绳之以科学,就可能消灭了它的长处。所以,看一部电影时,如果是西式的。猜谜式的电影,你看了老半天,弄不清究竟哪个是坏蛋,哪个是英雄,一直到结尾时,才真相大白。这样的电影有悬念,当然也有其魅力。但是如果是纯粹的娱乐性的节目,打打闹闹,诙谐幽默,比如中国的相声,你也能从中感受到一种快乐。这是另快乐,你看相声只是当时获得快乐和艺术的享受,并不一定要在看过之后,对你的思想能有多大的影响和启发作用。如果硬要在纯粹的娱乐性的艺术中灌输深刻的道理,这就是本末倒置。所以,洋为中用要有个限度。

当代艺术界应该重新评价徐悲鸿、林凤眠等先生。一些不是画家的如康有为先生、陈独秀先生等都发表了美学观点。这些观点的影响相当大,以至后来成为占主流的思想。我个人不太认同他们的想法。他们在开拓方面功劳巨大,但是也产生了一些不利的影响,比起齐白石、黄宾虹、李可染、潘天寿等国画大师来,我认为后者代表着更多的传统中国美学遗产,这里就不详细谈了。

另外要谈的是艺术与生活的关系问题。因为我们都习惯这样说:艺术是反映生活的。但是艺术应该与生活保持什么样的关系呢?艺术是越接近生活越好呢,还是与生活保持一定的距离好?是拉近距离呢,还是距离远一些好?这也是值得我们思考的问题。我们在创作诗歌、绘画的时候,是要尽量靠近生活、反映现实生活呢,还是尽量拉开距离?我在以前的讲课中,已经回答了这个问题。实际上,**艺术之为艺术,就是因为它与生活有一定的距离,不是完全反映生活。艺术在一定程度上反映生活,但也在一定程度上是对生活的歪曲**。如果它一点不歪曲生活,就没有意思了。如果艺术完全如实反映生活,如果生活本身就是美,就是艺术,那么就去生活好了,何必要艺术?我们搞艺术,不就是为了创造出与生活不一样的东西吗?这个"不一样"就是距离。艺术与生活有一定距离,如果距离比较近,就创造出近距离的艺术效果,如果比较远,就产生远距离的艺术效果,不远不近有不远不近的艺术效果。各个效果都有人欣赏。原来我们提倡艺术的关键是要创造典型,现在这个说法应该改一改,有典型的艺术是好的艺术,没有典型的也是好的艺术。许多西方人并不真正懂艺术。他们求真过度,太强调科学性。将一切艺术结构都纳入科学的轨道。这样就阻碍了人类文明全面、健康地发展。

那么中西绘画是应该拉近距离呢,还是应该拉大距离?我认为,如果你想保持中国画的原汁原味,那么远距离比较好;如果你持融合的观点,希望融合中西绘画,那么还是距离近一点好。以前几十年一直提倡融合,这样艺术与生活拉近距离比较好。但是融合的观点就一定好吗?融合中西艺术产生的艺术效果就一定好吗?我举个例子,大家都知道我的普通话说的不大好,那么是不是我的四川话加上普通话就是最好的话呢?我的普通话不好是指我说的普通话不地道,如果按照融合就一定好的观点,就应该推论出四川话加上海话加普通话等等是最好的语言这个结论。其实不然。吃的东西也是这样,将天津的包子,成都的夫妻肺片,广州的臭豆腐等等混合成一大锅,是不是就包括了很多的美味呢?是不是就成了百味俱全的最佳风味了呢?当然不是。艺术也是这个道理。艺术是独特的东西,所谓独特就是没有受别的东西影响,如果你将西方的艺术拿过来,为我所用,这样,无论是西方的艺术还是中国的艺术都失掉了她独特的东西。所以,艺术不能简单地融合,只能借鉴,在技术、技巧方面得到启发。更深层次上,艺术家还要维持原来的艺术形态,原来的艺术效果。比如,中国画还是要用宣纸,用中国墨。在这些方面,还是要原来的传统的东西发展得更好,才能产生更好的艺术效果。所以,我认为中国艺术有它的独特之处。其他民族学习中国艺术很难达到比较高的境界。中国艺术在自己的领域发展到了一个难以逾越的高峰,这与马克思谈到的古希腊的史诗发展到了极致、后世难以逾越是一个道理。它是在本民族的特殊条件、环境、背景下产生、发展起来的,别的民族没有办法达到这样的高度。

中国艺术的伟大的地方之一,在于解放人的心灵,与大自然一体,所谓"陶情适性"、"理、气、趣兼到"、"笔墨同乎性情"是也。这样一来,就产生了真正的自由和民主精神。为什么这是一种自由精神呢?因为在艺术处理上,完全根据内心来处理,想怎么处理就怎么处理,让整个外部世界服从自己,而不是自己成为外部世界的奴隶。同时,也与外部世界达成妥协,比如,对材料有依赖性,要创作好的作品,就需要最好的纸、笔、墨来配合,这就是与造化分权,跟自然物一起创作艺术。

今天的讲课就到此为止,谢谢大家!(掌声)

中西文学原理比较

现在开始上课。对不起同学们,我今天迟到了几分钟。确切点说是迟到了5分钟。之所以迟到是因为我出门后发现忘了本来想带的东西,又回去拿,折腾一下,就迟到了。大家注意,假如我刚才说的是真话,那就是真理;假如我说的是假话,但是听起来像真话,这就是文学。(笑声)

我们现在就来具体地讲文学。

文学包含的内容很多,我们不可能方方面面都讲。但我们可以讲它的核心的东西。那么,文学中核心的东西可以用什么东西来代表呢?用诗歌。什么叫诗歌呢?按照西方人的说法,诗歌就是一种把谎话说圆的艺术。要想把谎话说圆,就需要技术,因此,很多人一辈子都在练这门艺术,练如何"把谎话说圆"。我想这样说,你们对文学核心的东西可能有了一定的理解和把握。

但是大家都知道,理解是因人而异的,比如中国人对文学的理解就与西方人有很大的不同。今天晚上主要讲西方人和中国人对文学方面的理解有哪些不同。当然,这个题目比较大。我希望今晚把这部分内容讲完,但事实上不可能。因为文学至少包括四方面的内容:文学理论、文学史、文学作品、文学批评。这四大块,今天讲一个也是讲不完的,所以只能选一些我认为比较重要的问题在这里跟大家探讨一下。同时,还要把重点放在如果理解中国文学的问题上。

要讲中西文学的比较,就先要讲一下什么是文学。文学这门学科现在不如以前那么吃香了,**因为一个学科是否走红,取决于社会对它的需要**。1978年的时候,社会对文学的需求程度较强,一篇小说,一首诗歌都可以使人发狂。那种状况现在已经不存在了。那时候是通过文学作品传输政治理念,也就是说,文学本身含有对社会的批判。有些敏感的意识形态的内容不好直接说,于是作家们便借用文学形式来转弯抹角地说。那时候的文学有这样的功能,容易得到很多人的认同。现在不同了,很多话无须通过文学的形式来说,可以直接说,因为言论也比较开放一些了。所以,文学的这个功能在一定程度上后来被别的媒介取代了。于是,文学的影响渐渐变小。但从人类文化现象总体来看,文学的比重是相当大的。你走进中国任何一家综合性图书馆,藏书最多的类别是什么呢?一定是文学。例如,北大图书馆,不管是一楼的、二楼的还是三楼的图书(三楼是外文图书),文学书架上的书往往几十倍于其他学科的藏书。所以,文学在我们的生活中占的比重很大,但事实上它对我们的社会和生活的实际推动作用及正面影响力没有预想的那么大,这就形成一个矛盾。文学有时成了一种装饰性的东西,但却占了我们很大的精力。而像哲学、政治学、经济学等,你们可以看到,这些学科的藏书并不是很多。这就引起我们的思考:一个学科的重要性和它的藏书的数量成正比吗?如果是的话,那么文学就应该是最重要的学科,但事实上不是这样。如果一个国家、一个社会可以在几十年、二十年、三十年甚至一百年里没有文学,它会毁灭吗?不会的。但一个社会不能没有哲学、政治学、经济学及相应的技术科学等等学科。这些东西不能缺少。所以说,一个学科的出版物的数量与它对于社会人生的重要性的影响不一定是正比的。当然,我这里不是贬低文学的作用。文学作为个人的一种涵养,一种装饰,就像培根说的那样:如果你懂诗的话,就容易变得灵秀起来。所以,从个人的个性来说,文学还是一种必要的东西。另一个问题是,一般人容易误以为文学是一种深不可测的东西。因为,的确,如果你从图书馆借几本书,不管是中国古代文学还是西方现代文学的理论,你翻不上几页,就会觉得看不下去。这并不是说你看不上这些书,而是说你觉得这些书写得太玄了,太深奥了。如果情况真是这样,请不必认为这是你的错,不必认为是你的水平太低。恰好相反,我觉得写得过分深奥是写作者的过错。文学应该是最容易被我们理解和把握的东西,也是我们最有发言权的领域。如果说在政治学、哲学、伦理学等专门领域,普通人没有太多的发言权的话,文学方面大家倒是有百分之百的发言权。为什么呢?因为文学与大家的生活关系太密切了,可以说,每一个人天生就是一个诗人,具有理解文学的能力,能使用文学的表达方式来表达自己的情绪。其实你只要满足一个条件就可以创作文学作品,这个条件就是,你能闹情绪,即能够笑,能够生气,具有喜怒哀乐这种基本的生理功能。事实上,你每天都在创作文学作品。如果你回到家中,一番话把父母说得老泪纵横,那说明你的语言感染能力已经达到了很高的水平。或者说你的父母的一番话把你说得心花怒放,那么你的父母也是诗人了。这种令人能哭能笑的东西就是文学最核心的东西。这个核心的东西是什么呢?就是"情"。谁有感情,谁就懂文学。可是由于文学后来居然成了一种"学",成了很多教授、专家找饭碗的工具的时候,它就渐渐被一大堆行话包裹起来,变得越来越神秘,让大家难以理解。很多人写书的目的,不一定是让你懂,甚至有的人写书的目的就是为了让你看起来不太懂。当然,也不让你完全不明白,而是让你觉得好象明白,又好象不完全明白,让你感到一种玄而又玄的东西,这样他的目的就达到了。实际上,文学是非常简单的东西,一本小说,或者一首诗,假如你看了之后还想看,那就说明这是一种文学的东西,说明你确实是懂文学的,你能被这样的东西打动,回去之后觉也睡不好。这就是文学的东西。所以每个人都是程度不同地懂一点文学的。糟糕的是有的人在讨论文学的时候故意用过多的名词术语,故意把它搞成另外一种学问。今天我们就来讲这套学问,但我要尽量把它讲得简单,尽量让大家明白,文学并不是什么太深奥的东西。

文学有中国的定义和西方的定义。文学在中国古代是文学学术的总称。《论语·先进》讲到孔子有两个最擅长文学的学生子游子夏。那时候,文学属于四门学科之一,子游子夏是其代表,(其他三科:德行、言语交际科、政事科)(论语11.3)《论语疏》:"文章博学则有子游子夏二人。"可知先秦时,文学包括文章、博学。我们现在说文章是指独立的完整语篇。古代跟现在不同,"文"和"章"是分开的,文章合起来指文学作品;博学指学术性著作。文学作品也不是仅指小说和诗歌,其他很多作品都可以算进去。所以章太炎(章炳麟)在《文学总论》中说:"文学者,以有文字著于竹帛,故谓之文。论其法式,谓之文学。凡文理、文字、文辞、皆言文。"这样看来,文学也可说是文化学术的总称。

文学可以指学术性著作。这在《史记》中也能找到证明。《史记·太史公自序》中说:"汉兴,萧何次律令,韩信申军法,张苍为章程,叔孙通定礼仪,则文学彬彬稍进。"律令、军法、章程、礼仪均为文学。《史记·孝武本纪》中也说:"上乡儒术,招贤良,赵绾、王臧等文学为公卿。""文学是公卿"是说文学是一种职称,就像现在有工程师、教授等职称一样。类似者有贤良、方正。所以,文学不光是文字性的东西。文学也指经学和史学。《史记·晁错传》中谈到:"晁错以文学为太常掌故。"

文学也可以指文学作品。这主要是近代人的一种观点,尤其在清朝,这种观点才明确起来。文学指运用语言创造形象来反映生活,表达思想感情的语言艺术。清刘熙载《艺概·文概》:"儒学、史学、玄学、文学……大抵儒学本《礼》,荀子是也;史学本《书》与《春秋》,马迁是也;玄学本《易》,庄子是也;文学本《诗》,屈原是也。"他将文学与儒学、玄学、史学相区别。以前,文学是包含儒学、玄学、史学的。这就说明,文学的含义在近代发生了改变。近代谈到文学主要指小说、诗歌、戏剧这样的东西,与其他的学科区分开来了。这些认识已经非常接近我们今天所使用的文学的概念了。我们看王国维使用的文学的概念已经是近代人常用的文学概念了。他说:"凡记述事物而求其原因,定其理法者,谓之科学。""求事物变迁之迹而明其因果者,谓之史学。""至出入二者间而兼有玩物适情之效者,谓之文学。"他对文学的定义就是在科学和史学之间,兼有玩物、适情。针对人的情绪而生发出来的作品就是文学。同时,他还认为:"文学中有二原质焉:曰景,曰情。"在文学中,景和情是最关键的。他在这一点上的看法可以说是抓住了中国文学的本质。关于这些,我们后面还要详细讲。他说:"前者描写自然及人生之事实为主,后者即吾人对此种事实之精神的态度也。故前者客观的,后者主观的也;前者知识的,后者感情的也。"到了近代,学者们才将文学与文章区别开来,把文学作品和非文学作品区别开来。到了王国维这里,文学的定义明确了,"情"在文学作品中的重要性得到了强调。离开了"情",一篇作品也可能是文学作品,但可能不是最上乘的文学作品。

我现在从屈原的《离骚》来进一步谈谈文学的本质是什么。关于《离骚》这个标题有四种说法:(1)遭遇忧患。《史记·屈原列传》:"离骚者,犹离忧也。"班固:"离,犹遭也。"《离骚》就是屈原遭受的忧患。(2)离愁。王逸《楚辞章句》说:"离,别也;骚,愁也。""离骚"就是试图去掉一个人的愁绪。(3)牢骚。很多人认为这个解释比较合理。《汉书·扬雄传》:雄曾作《反离骚》,又曾作《畔牢愁》。畔,通"叛";牢愁即牢骚。畔牢愁,不要发牢骚意。扬雄写东西比较抽象,他写的《太玄经》,虽然也是文学的形式,实际上是很高深的哲理,所以少有人看。当然,他也是个大才子,非常有才气。他不像李白、杜甫那样,有很多作品流传下来。人们不喜欢看他的作品,觉得枯燥,很大程度上是因为他喜欢谈玄论道,作古正经,不喜欢发牢骚。你想,一部文学作品,或者说中国传统文学作品,不发牢骚,能写得好吗?文学作品就是要将牢骚、不平之气发泄出来,写在作品中,让读者跟你一起喜怒哀乐。如果没有这些东西,就相当于"言之无文,行之不远"。故雄作今不传,不发牢骚之故。(4)歌曲名称。游国恩、王逸,均云此意。王曰:"劳商"与"离骚"为双声字,以旁纽通转,劳即离,骚即商,一物异名,楚曲名。关于"离骚"的含义至少有这四种解释,不管是歌曲名称也好,忧愁也好,发牢骚也好,总之,都与文学的本质有关。所以说,将《离骚》和《诗经》作为中国正宗的文学作品是有道理的。

由此,我们可以归结出中国传统文学的一个主要功能,就是发牢骚。不平则鸣,胸中有不平之气,就要将它发泄出来。你遇到什么不开心的事,就到外面大叫一声。你把这个记录下来,就是文学。你如果大叫的不止一声,而是好几声,你把它排列起来,就是一首诗了。郭沫若写的有些诗就是这样的诗,是标语,标语排列好了,也可以是诗。打倒四人帮之后,他非常高兴,就写:"大快人心事,揪出四人帮。政治流氓文痞,狗头军师张"等等,都是很平常的话,排列起来,加上韵脚,就是诗。当然,也有人说,这不是诗。是不是诗,取决于你的主观感觉。如果将话语排列成诗的形式,自然有人把它看成诗。就是从没有诗的地方,你也能看出诗来。当然,分行排列的文句不一定都是好诗。但从形式上看,你却无法说它不是诗。坏诗也是诗,只要它有诗歌特有的形式标记。这是另一个问题,此不赘。人们在读诗的时候,要用自己的想象丰富这些诗。下次上课如果有时间,我们再详细讲这一点。所以,中国文学,尤其是传统中国文学的主要功能就是发牢骚,不平则鸣,痛苦被表达释放时的欢欣,或压抑痛苦时的苦闷。讲到这里,就不得不提到原来讲过的弗洛伊德的观点。弗洛伊德认为文学的东西,就是性压抑的一种升华。太压抑了,就要想办法发泄。比如,一个人失恋了,非常苦闷,就可以写文章、写诗这些文学作品来发泄。这种现象也是存在的。当然,压抑不一定都跟性相关。比如,你很贫穷的时候,欲望也要受到压抑,自己觉得很可怜,也可以写成文学作品来发泄。或者你觉得你的权益受到了压抑,总是有人侵犯你,这时候也能写出文学作品。所以,压抑不一定都是跟性相关。性是最敏感的东西,产生出来的东西多一点,如情诗还是很多的。所以说,文学可以表现笑的东西,如幽默、豪放、有趣;哭的东西,如悲歌、悲剧;还有哭笑不得的东西,如讽刺等;还可以表现怒的东西;也可以表现深沉思考的东西,这一点我们放在后面再讲。文学作品可以思考,但事实上,不一定是它最主要的功能。但是有一派学者认为思考是文学的主要功能,这就是许多西方人。西方有人把思考性的东西、哲理性的东西看成是文学最主要的功能。这个我们后面还要谈到。

现在我们要讲西方人关于文学的观点。西方对文学的观点跟中国有同有异。英语中"文学"是 Literature,本意是 writing, grammer, learning,指写作、作品;语法,规则性的东西;知识。可以看出,它与中国古代关于文学的看法很相通,只要是写出来的东西都算。

第二,文学是 literary culture,指广义的文化。另一种含义是 the production of literary work, esp. as an occupation,指文学写作,相当于一种职业。不过这与汉文学中的贤良、方正、文学,这些职称一样的东西是有区别的。同时文学也指创作过程。

第三,writing in prose or verse, esp. writing having excellence of form or expression and expressing ideas of permanent or universal interest 指写永恒的、有普遍价值意义的思想并且其形式与表达都出色的创作,如散文或诗歌。中国关于文学的概念,尤其是近现代的观点中不强调这一点。文学不是一定要有永恒、普遍意义的价值。而西方认为这是很重要的。如果一首诗不是描写真理的,那它就没有价值。直到文艺复兴时期(例如锡德尼等),还有很多人认为一定要把文学搞成传输真理的文件。直到19世纪,这种观点才发生转变。

在西方,文学也可以指书面作品的总体、文汇,The body of written works produced in a particular language, country, or age。在这一点上,与中国古人的观点也是相通的。

第五,The body of writings on a particular subject,指某一特定文献,如科学方面的题材。

第六,printed matter,指印刷品。

第七,the aggregate of musical compositions (Beethoven, *Piano Sonatas*) 音乐作品集成。

中国与西方的关于文学的定义有很多地方是相通的。"文学"这个概念最初都包含很多方面,是个包罗万象的东西。渐渐地,概念本身产生了流变,其涵盖的面越来越小,到最后,不管是中国还是西方,文学的含义都变成了主要指称小说、诗

中西文学原理比较

歌、戏剧等形式。中西方在这一点上是相似的。刚才讲的这些东西可以作为常识了解一下。

下面介绍另一个理论问题：元学与泛学。

元学与泛学作为一种相互联系的理论体系，是我的尝试性理论。只供参考。元学与泛学不止与文学有关，实际上与所有的学科都相关。我在以前的讲课中也提到过这一点，任何一个学科与其他学科都是相关的，或者是从别的学科中生发、衍化出来的。所以，要比较一个学科所处的位置，必须有一个可参照的坐标或框架。我把要比较的东西看成一种"线性"的东西，它的一端表示本体的、核心的东西；另一端可以泛化为多种形态。任何一个学科都存在这样的东西，不管是法学、哲学、伦理学等都不例外。我将本体的、核心的东西称为"元"，将非本性、非核心的东西称为"泛"。这是基本概念。

有了元学和泛学的概念，我们再来看文学的时候，就必然得出元文学和泛文学的概念。那么怎么区分元文学与泛文学呢？首先，我把文学姑且用一条直线来表示，该直线有两个端点，一端是元文学，另一端是泛文学（当然也可以用别的方式比拟）。刚才已经讲了，元文学代表最核心的东西，泛文学就是越来越发展得不像文学的文学，但它还具有某些文学特点。历史学家把它当成历史，哲学家把它当成哲学，伦理学家把它当成伦理，当然文学家也把它当成文学来研究。这样的东西就是泛文学。还有一些处于中间状态的，我们姑且把它们叫做准文学、亚文学。

元文学是最基本、最核心的文学。它首先要具备最基本的五种功能。第一个就是它的纯审美功能。如果一部作品的纯审美性很弱，我们就可以说它的文学性很弱。

第二个是娱乐功能。如果一部作品让人看了之后头疼，使读者抱怨说"看不懂"，那么，我们就有理由说它不是一部好的文学作品，甚至是文学垃圾。假如一部文学作品得了诺贝尔文学奖，你很高兴地把它找来读，但是看后发现看不懂，不能从中得到快乐，这说明什么？说明对你个人来说，这不是一部好作品。我在开头就讲过了，如果失去了娱乐性，文学作品也就会失去它的价值。你完全可以说这不是一部好的文学作品，可以无视别人强加给你的看法。别人说你怎么这么无知啊？这是一部多么伟大的作品啊！你呢？可以置若罔闻。因为你很清楚，就娱乐性而言，这部作品好不好，完全是你个人的事情，别人怎么评价，你可以用之作参考，也可以不管。正如你走到一家饭馆，你可以点你爱吃的菜，别人如果说："你怎么吃这种菜啊？！这种菜不好吃。你应该吃那种菜，那种菜是得过诺贝尔奖的！"（笑声）但你还是应该选择合你口味的菜，这是你的权利。现在很多的老百姓并不知道他有这个权利，基本上是把这个权利扔掉了。他们买文学书的时候先问别人：哪一本书写得最好啊？然后赶紧抽时间把这本书先看完。其实别人的看法固然重要，但并不是唯一的,最重要的是要看你自己喜欢不喜欢。你喜欢它就是最好的。如果一部文学作品,你以前喜欢,现在不喜欢,那么现在对于你来说,它不是一部好作品。能够满足你的需要的作品才是好作品。让你天天吃一样的东西,你能一直喜欢吃吗?换个口味你可能就会喜欢了。过一段时间你可能又不喜欢了,你可以再换别的口味。最后,说不定你又会喜欢上以前喜欢过的东西。文学就是这种东西,它跟菜肴一样有类似功能。明白了娱乐功能是文学作品的核心功能,在评价一部作品文学的价值的时候,就是你自己说了算。诺贝尔奖也应该是老百姓来选才是最公正的。但是现在并不是这样操作的,而是靠几个专家的意见来评选的。这就是以几个人的口味代替成千上万人的口味。以上讲的是:评价文学作品有个核心的标准,这个标准就是文学的娱乐功能。

第三,文学作品有教谕功能。这个功能虽然没有审美功能和娱乐功能那么重要,但是也应该存在。所谓教谕功能就是指你读一本小说或看一首诗,虽然在读的时候也许没有如痴如醉的感觉,但是你从中学到了某种道理。例如,看完一本小说后,对人生有了更深刻的体验。这个人居然坏到了这样的地步,居然用这样的方法整人;那个人居然如此善良;原来人性是可以改变的。你可以从文学作品中获得这样的教益。这也是文学的一种功能,但不是它唯一的功能。有的人只强调文学的这一功能,这就太偏激了。文学并不是非要有这种功能不可的。

第四,文学还有认知功能。教谕功能主要与道德伦理相关,认知功能则主要与哲理相关,它具有纯知识性的特点,让读者领悟某种较高深的道理,或是灌输某类专门的知识。

第五,文学还有实用功能,例如各种押韵的药效歌或气功口诀等等。

下面我们具体举例来讲什么是元文学。元文学指的纯审美因素和娱乐性因素很强的文学。偏重纯审美的元文学(作品)如:李贺、济慈、现代派纯形式美作品。什么是纯审美的作品呢?以诗为例,这类作品读起来很美,韵律、用词方面都很美。但是整首诗并不一定有深刻的含义,甚至也没有道德教育的意义。只是从语言文字本身我们能够看出作者的功底很深厚,看出作者写诗的语汇很丰富。他将各类语句串联起来,让你觉得这首诗非常美,但是没有太深的含义,主要特点是形式美。这样的作品就是纯审美的作品。

另外,元文学也是一种娱乐性强的作品。光是纯审美是不够的,还要加上娱乐性。娱乐性就是能够给你喜怒哀乐的感受。它不像别的作品,理解成本小。理解一首诗需要的时间很少。如果一首诗需要几天、几个月的时间才能理解,其理解成本就太高,就相对降低了娱乐总量。别人花几分钟就能得到的快乐,你花你天、甚至几个月才能得到,那就有点不值了。所以,评价文学作品的时候要注意,并不是写得越难懂就越是伟大的作品。有的作品的理解成本太高,浪费人们太多的时间。

纯审美加娱乐性的文学也可以叫做阳性文学。像李白的诗,《西游记》、《红楼梦》、《水浒传》,金庸、古龙的武侠小说等都属于典型的纯审美加娱乐性的文学。实际上,这些文学作品的文学性是最强的。因为它们特别符合元文学的最核心的东西,即纯审美加娱乐性。金庸小说的教谕性、实用性也有,也教给人一些道理,但这些在整部小说中只是点缀,没有构成小说创作的主要意图。古龙的作品也有这样的特点。《红楼梦》里有佛家思想。《西游记》中也有佛家思想。《水浒传》中现实主义很多,《三国演义》有相当多的认知性的东西。但是这些作品最主要的特点还是娱乐性。我说《三国演义》中有认知性的东西,是指它能给人们一些知识,包括经验、教训等。据说毛泽东在打仗的时候,没找到《孙子兵法》,就找了一本《三国演义》看,从中学习策略来对付敌人,说明《三国演义》能提供一些知识性、技艺性的东西,也不单是只有娱乐性。当然,它的娱乐性是很强的。没有娱乐性,只是提供知识的文学作品常常是不受欢迎的。

另外是一些禁欲性东西稍微多一些的作品,即尽管也有审美性,但过分强调伦理性或认知性,强调所谓深刻的思想性等。这类文学离元文学稍微远一些,但也可以划入元文学中。这是一种阴性的文学。杜甫有的诗是阴性的,审美性很强。诗的形式本身的锤炼非常严谨,比较高明。但他缺少李白作品的豪放。不像李白想写什么就写什么。因为杜甫受儒家思想的束缚多一些。李白是道家思想多一点,杜甫主要是儒家思想。所以杜甫写的东西稍微收敛一些。另外还有样板戏,为什么人们看多了会觉得厌烦呢?因为这些作品中的标语和口号性的东西多了一点。禁欲性的东西是收敛的。当然也不是说这种东西就没有价值,它们也有自身的价值。在一定的时代中,它们还是很有价值的。还有维吉尔的诗,歌德的《浮士德》,有诗经中的颂诗,古希腊的讼神诗,圣经文学等,这些作品都属于阴性文学。他们强调规范,压抑人的欲望。阴性文学过分发达就成了泛文学了,因为它们已经离开了元文学最核心的东西。但是它们还不是泛文学。

真正的泛文学是认知性加实用性的文学。例如《史记》,虽然类似文学作品,但它主要的功能还是历史,而不是文学。但它的很多篇章与文学作品也相差不远。不过这不是它的主要特色。它主要还是历史性的叙述。所以,也可以将它归为泛文学,而不是元文学。

《左传》、《老子》也属于泛文学。《老子》虽然是用诗的语言写的,但它主要还是宣传一种哲学思想,因此它只能是泛文学作品,不能是核心的元文学作品。像《庄子》,也是用诗的形式写哲学道理。法布尔的《昆虫记》也是泛文学作品。

亚元文学,或者说准文学,是介乎二者之间的文学。具体例证这里就不多举了。

下面讲一下什么叫比较文学。传统观点分为两大派:一派是影响研究,属于法国学派;一个是平行研究,美国学派。美国学派也搞影响研究,但他们的主要功绩是提出了比较文学也可以进行平行研究。

所谓平行研究,比如可以拿中国李白和西方的任何一位诗人,比如,莎士比亚,做比较研究。诗人之间不一定有承前启后的关系或影响关系,研究者可以就他们两家的作品从各个方面进行比较研究。

而法国的影响研究原则倾向于认为,李白和莎士比亚之间没有什么可比的地方,怎么拿他们做比较呢?认为他们二人没有可比性。这是传统的观点。

影响研究主要是法国比较文学学派率先提出的,其基本观点是以梵.第根的定义为权威。比较文学研究的重心是两国或多国文学之间的相互影响,相互假借。他们的研究有两种方式,一是考察两国或多国文学之间相互影响的经过路线本身;二是考察经过路线是如何发生的,即是怎样从A到B,又从B到C相互影响的。对外的影响主动影响,谓之誉舆学,如法国文学是怎么影响英国文学的。誉舆学是流传学的一种。考察一个文学经过了怎样的一个过程对其他国家的文学施加了影响。对内的影响是被动影响,不是研究你怎么影响别人,而是研究别人怎么影响你。比如,中国文学就经常研究西方文学怎么样影响了中国当代文学。这是影响研究,也叫源流学,即研究源和流的关系学科。当然具体讲起来还有很多内容,这里只是简单勾勒一下。

下面讲一下平行研究,即比较文学的美国学派。美国学派的一个代表人物是美籍捷克学者韦勒克。他1953年发表了一篇文章,叫《比较文学概念》,1958年在国际比较文学会议上发表了一篇演说,叫《比较文学的危机》,尤其是后一篇文章影响很大。他对法国学派进行了抨击。在此之前,法国学派一直是比较文学的正宗的盟主。人们认为比较文学起源于法国,便附和他们。这个学派越来越大,后来发展成为国际性的组织。渐渐地,有些国家,尤其是美国对他们不太满意。美国文学本来比较年轻,发言权不多,但后来慢慢发展起来,有了实力,也有了理论基础,就开始争夺盟主这把交椅,开始向法国文学学派发起攻击。

美国学派的另一个代表人物是雷马克,他写了《比较文学的定义和功用》一书,认为"比较文学是超出一国范围之外的文学研究,并且研究文学与其他知识和信仰之间的关系,包括研究与艺术(如绘画、雕刻、建筑、音乐)、哲学、历史、社会科学(如政治、经济、社会学)、自然科学、宗教等之间的关系。简言之,比较文学是一国文学与另一国或多国文学的比较,是文学与人类其他表现领域的比较。"这样一来,就把比较文学弄得差不多是无所不包。在比较文学中,任何一个学科都可以和文学比较。

而法国学派不这么认为。他们认为比较的两个对象之间要有有机联系。有机联系就是指渊源关系。认为比较文学是研究国际文学的关系史。方法上侧重实证的方法,用科学的方法来研究。认为研究比较文学一定要有根有据。实际上,法国学派的研究方法是借鉴了19世纪历史语言学学派的观点。历史语言学学派当时在做什么呢?他们发现了很伟大的东西例如,他们发现,世界上的语言,例如欧洲的语言与东方的语言好象是一个体系,好象是一个大家庭。例如印欧语系中的很多语言,如拉丁语、英语、法语与梵语好象是同一个语系,这使他们感到非常震惊。他们开始从语音、语义等方面进行考证,最后得出一个结论,全世界的语言很可能都是由同一种语言衍生出来的。这是一个非常大胆的念头。印欧语系建立起来后,震撼了西方学术界。这是研究语言之间相互关系及如何影响的。两种原来紧密联系的语言后来就变得好象没有关系了,这是一个非常有趣的现象。比较文学也想沿着这条路走,想考察一下,是不是所有的文学也是由一个母体衍生出来的呢?于是,他们也想建立起一个类似谱系树一样的东西。他们的想法很好,但很可能是一种误解。因为文学毕竟与语言学不一样。这样一来,就可以解释为什么法国学派将比较文学的重心放在影响上来了。但是这里面有个命名问题。关于这个命题,我专门写了一篇文章,登在《北大学报》第6期上,过几天就会出版。* 这篇文章叫《比较文学的学科定位》,追溯了比较文学定义的产生及其命名的误导性质其实与翻译有关。"比较文学"这个概念顾名思义,自然是文学的比较,但是法国学派的代表人物又说,比较文学不是文学的比较。这样一来,很多西方人就懵了:名为比较文学,又不许比较文学,这是什么意思啊?法国学派会说:不是什么意思,本来就不是比较文学。法语的li~译成英语的literatant,既有"文学"的意思,也有"文化""文献"的意思。法国学派的本意是研究不同国家文化(包括文学)之间的渊源关系及其相互影响,而不是简单评价文学作品。这样一来,对一些文学历史较短的国家(例如美国)来说,搞影响研究不利于本国文学的弘扬。美国的历史很短,建国也不过200多年,文学很多都是从外国引进的,尤其是从英国来的,从法国来的。所以他们如果做比较研究,只能做别人怎么影响了他,所以他觉得很窝囊。这种局面就激发了他们的反叛心理,他们要当盟主,要把法国学派推翻。于是他们提出了不能只研究文学之间的影响,还要比较文学作品本身,要从审美的角度比较文学作品的价值,比较作品中的文学观念和文学技巧等。他们主张要从各个方面比较,不能只比较渊源关系。而且,不一定要把比较文学搞成科学性的、实证性的研究。雷马克当时就是这么造反的。这么一造反,效果甚佳。因为很多国家都很欢迎这种做法,此法扩大了他们的研究范围。欧洲以外的国家,还有欧洲的小国家,以前只是研究法国、英国文学怎么怎么影响本国的文学,而本国的文学少有立足之地。美国学派提出这一观点,不光可以研究文学之间的影响,还可以研究文学作品本身,这就扩大了他们的研究空间。很多国家积极响应,认为美国学派说得对,说得好。美国学派一下子崛起了,他们的发言获得了大家的认同。法国学派的盟主地位不复存在了,大家承认他们的开创之功以及他们的研究方法的严谨。但是人们也看到了他们的学科命名有问题。不应该叫做比较文学,而应该称为"历史比较文学"或"文化文献比较考据学"之类,总之是侧重历史性研究,就不会引起误解了。既然叫做比较文学,就应该遵从这个词的语义规范。你说称之为比较文学,又不让人家比较文学,这不是挂着羊头卖狗肉吗?直到现在,比较文学的学者还在提这个问题。我在文章中也提到了这一点。法国学派当初取名字的时候,叫做"比较文学"是不严谨的,应该叫另一个名字。实际上他们的研究只是侧重考据。话又说回来,名字取错又有什么关系呢?你可以将错就错。我们可以认为比较文学这个学科就应该有,而且就应该研究文学的比较,这样也很好呀!因为其他学科也有比较研究,如比较法学,比较历史学,比较伦理学等,这些都是本体的比较,而不是打着这个招牌,却进行别的比较。文学干吗不这样做呢?所以,可以将错就错,堂而皇之地进行文学比较,比较文学就是比较文学,即可对文学的作家、作品进行比较,对文学作品的形式、内容、技巧,审美价值等方面进行比较。这样一来,原来名称的本义虽然被错误地使用,但我们歪打正着地应用,这个学科也照样可以发扬光大。但是,这一点并不为所有的比较文学的学者所了解。因为有人比较了李白和莎士比亚,就有人写文章反对,说:这怎么叫比较文学呢?李白和莎士比亚怎么能比较呢?比较文学是要研究文学之间的渊源关系呀,他们二者之间又没有渊源关系,怎么能比较呢?这不能叫比较文学。其实这怎么能不叫比较文学呢?如果比较文学被重新定义为就是文学的比较的话,那这正是正宗的比较文学呀!李莎二者都是文学方面的大师,所以比较他们二人是理所当然的。这不是一个小问题,这是争夺学术空间的一个大问题。而很多学者在讲比较文学的时候,对像李白与莎士比亚的比较这样的研究不屑一顾。他们是把法国原创性的、但容易引起歧义的定义当成了天经地义的观点。这个问题就讲到这里。(详看本书原文)

再讲一下另外一种与比较文学相关的概念。歌德最早提出世界文学的概念,奥尔德里奇提出环宇文学。所谓环宇文学,又叫宇宙文学,就是用世界性的大的视野来看待文学的重要性,试图使人们突破单一的民族观念的约束,主张任何民族文学都一律平等,虽然有基本的一致性,也有各自的独特性。环宇文学试图统一文学,使全世界文学有统一的东西。

粗粗一看,这种追求统一性的观点好象没错,但仔细考虑就会发现问题。什么问题呢?它有一定的局限性。之所以这么说,是因为所有的社会科学,文学也属于社会科学与自然科学不同。自然科学中确实存在放之四海而皆准的真理性的东西;但人文科学,如文学就不一定是这样,不是统一的规律在起作用,而是特殊性更重要。好比今晚我们去看演出,假如每个演员的技巧都一样,那还有意思吗?正因为每个人演的都不一样,我们才觉得今天晚上的演出有意思,演员们各有千秋。每个人都把独特的、非他不可的艺术才华展现出来,你才能得到美的享受。如果每个人的动作都是一样的,唱得再好,技巧也都是一样的,你就觉得没意思了。所以,环宇文学即使真的出现,也不能站住脚。因为中国文学和西方文学各有其独特的东西,都是各自历史环境、显示条件、文化背景等的反映,怎么可能把这些东西消除,拿一个统一的东西来概括呢?所以,环宇文学是有局限性的。也不能说这种追求是错误的追求,只是不够现实。

另外一种是文化多元主义,这里就不多讲了。对于任何一种作品都不可能只有一种有效的解释,"有一千个读者就有一千个哈姆雷特。"所以应提倡同时采用各种途径来探讨东西方关系和东西方文学,亦即采用批评方法的多元性来获得有意义的结果。但每种方法并不具有同等效用。文化多元主义重视东方文学,主张比较文学应包括东方文学比较研究。

现在重申一下美国学派产生的根源。刚才已经讲过,这里小结一下。美国学派产生的历史原因有多种,其中最关键的原因是历史短,建国才200多年。另一个原因是它的语言。美国人主要说英语。文学的艺术就是语言的艺术,因此谈到美国文学,往往归于英语文学这个范畴。但在英语文学中,英国文学比美国文学的影响大多了,美国文学多半受英国文学的影响。美国建国初期的文学很多都是模仿英国文学和欧洲的其他文学,它自己的独创性不高。不过后来,才慢慢有了独创性。有了独创性之后,它就故意要搞点特殊的东西出来。其实不管它怎么变,它都改变不了他它的语言赋予它的特征,归根结底,它仍然是以英语为媒介的文学形式。美国人自己也知道其局限性。第三个原因是美国人有文化自卑感。因为美国的历史短,文学积淀不多,文化的积淀更少,所以他们总觉得自己在文化上抬不起头。但是美国在经济、政治、军事方面都已经明显地成了霸主。在文化上却处于如此尴尬的境地,出于文学霸权的需要,美国也非要把法国比下去不可。当然,也不是说美国人只为了霸权主义需要才创造出这种理论。其实他们也抓住了法国学派的致命弱点。这些综合原因促使美国学派向法国学派宣战。这不是单纯的文学发展原因,方方面面的更大的文学背景促使他这样做。

美国学派倡导比较文学方面的平行研究,那么平行研究的主要内容是什么呢?主要包含5方面内容:主题学、题材学、文体学、类型学、比较诗学。

主题学指同一主题在不同民族文学中的表现。任何一门学科都有很多现象,这些现象可以归纳起来,条分缕析。同一主题在不同民族文学中的表现,如爱情与责任,在中国文学中,有《长生殿》,写唐玄宗与杨玉环之间生离死别的场面,产生的一个冲突是朝纲与情场。一个君王该如何管理朝政,怎么能为了一个美人而连江山都不要呢?应该有原则,但他几经辗转,最后还是处死了杨玉环。这部作品反映的是这样一个主题。西方也有反映这样的主题的作品,罗马维吉尔《埃涅阿斯纪》:

主人公埃涅阿斯为建立罗马城邦而被迫抛弃了迦太基女王,写的也是爱情与社稷的冲突。生死恋的主题,如中国的《梁山伯与祝英台》,西方的《罗密欧与朱丽叶》,写得很类似。一般的比较文学教材都讲究这些内容。

题材学指同一题材在不同民族文学中的不同形态及其历史演变。比如,关于人类的起源,很多文学作品都谈到这些。关于人类起源,中国有女娲(WA)用泥土造人,炼石补天;西欧有普罗米修斯用泥土造人,盗天火给人类;古希伯来文《创世记》:上帝用泥土(尘土)照自己的形体造人。这些说法中西都是相通的。还有"变形"题材,变形就是人死了变成别的东西,如盘古死后,身体各部分化为山岳、日、月、江、海、花草等物;炎帝女儿淹死于东海,化为神鸟精卫,衔西山木可以填充东海。欧洲作家奥维德的《变形记》,写了很多这样的故事。古希腊神话中有神人变形经过。古罗马的阿普列尤斯《金驴记》,写人变成驴,后来又变回成人。中国近代的《聊斋志异》、《促织》写人变成蟋蟀。现代外国如卡夫卡的《变形记》,写人变大甲虫。这些都是东西方文学贯通的实例,可以放在同一个平面进行比较。这方面题材很多。还有一种是地方人士记地方之史的书。如四川人杨窖,写了《蜀王本纪》,是关于古代的蜀国还没有被秦国灭亡以前的蜀王的事。书中神话色彩甚浓,说子规鸟(到了半夜就鸣叫)是蜀王所变的。为什么一个王变成鸟呢?因为他与他宰相的妻子私通,其后,自己感到羞耻,遂变成鸟。

文体学方面的比较,或者叫形态学,即同一文体在不同的民族中有不同的发展过程,如,西方有悲剧、喜剧、浪漫剧、史诗等。中国有没有呢?有的比较文学研究者认为中国缺少某些文类,这种研究叫做缺类研究,即一个文体为什么存在于一个国家,而不存在于另一个国家?这个问题五四的时候,就有人提出来朱光潜等人发现,中国好象没有史诗。其他一些中国学者在讨论这些看法的时候,带有贬低中国文化的倾向,好象说中国的文化不行,连史诗都没有。好象文学中就应该有史诗,没有史诗就不正常。这样的理论能建立起来吗?其实判断整体文学并不一定要有统一标准,缺某一文类都叫文学。有籽的西瓜和无籽的西瓜都叫西瓜。有籽的西瓜并不一定就优于无籽的西瓜。认真说来中国周文王时代也有史诗,像"周王史诗",但是长度不够啊,远没有西方的《荷马史诗》长。《荷马史诗》有几万行,而《周王史诗》只有几百行,不能叫史诗。于是,一些中国的文人为此自卑,感到抬不起头来。但是没有史诗有什么错呢?西方的史诗现在谁还把它们当作诗来看呢?《荷马史诗》不也是当作小说来读吗?谁也不去欣赏里面的诗的东西了,而是去看里面的故事。他们用诗的形式排列成行,实际上写的是一些故事,与中国的《史记》、《左传》等可谓异曲同工。所以说,不一定有史诗就一定伟大,没有史诗就是一种耻辱。总而言之,一种文学的产生都是本国环境、条件等各方面因素合成的结果。因为汉字的特点,中国没有史诗。在五四前后,因为研究刚刚起步,这个问题没有想通。

比如,朱光潜先生说:中国的元代不到500年的时间,就产生了500多部剧作,但没有一部称得上是真正的悲剧。这样,中国既没有史诗,又没有悲剧这背后的结论是:中国的文学不发达。这就是没有彻底想通一个道理:文学必须依存一定的语言形式。中国的语言文字的特点,本身就不太支持史诗这种文学形式。中国文学重在写"情",写人的喜怒哀乐。以乐而言,这是短时间的东西,你不可能三个月、五个月一直在那里笑啊! 短时间的情绪,用比较短的形式来表达是比较合适的,尤其是诗。如果是写情节,可以采用小说或戏剧的形式。其实"中国没有史诗"这种说法是错误的,应该纠正为"汉语言文学没有史诗"。如果其他民族是中国的一个组成部分,那么他们的史诗当然也应该算作中国的史诗,比如,刚发现不久的藏传史诗《格萨尔》,长达100多万行,是全世界最长的史诗,现在正在印刷,总共36卷。哀叹中国没有史诗的学者,地下有知的话,也该快慰了,中国还是有史诗的。不但有,还是世界上最长的史诗。但能不能因此就说我们的文学是最最光辉的呢? 不能这么说,我们应侧重就文学的特质和效果而谈文学,不能侧重从数量上看。

第四是类型学,即不同民族中的同一类型的作家、作品、人物形象和故事情节。作家研究方面,如《汤显祖与莎士比亚》、《杜甫与歌德》,这是将作家与作家相比较;或者用作品来做平行比较,《一千零一夜十日谈》、《阿Q唐·吉诃德》,它们之间也有可比之处。尽管它们没有内在的联系,但它们是同一类型的,也可以相比。我也写过类似的文章,像《荒原与凤凰涅槃》,是80年代写的,当时写出来有一定的影响。原稿是用英语写的,后来又整理成汉语发表。当时的中国比较文学学会的会长杨周翰先生看后,给我写了一封信,说文章写得"极有见地","极为精到"。同意我做他的研究生,研究比较文学。我对比较文学情有独钟,觉得很有意思。类型研究中的比较对象,二者不一定有有机的联系,但是有一些因素是可比的。通过比较,让人们看到以前不曾留心的东西。

第五是比较诗学。我们往往容易误解诗学本身,认为诗学就一定是比较诗的,其实不一定。你看国外的一些打着"比较诗学"招牌的书,有很多内容与诗根本不相关,讲的实际上是戏剧、小说等。所以诗学实际上是广义的文学理论,是文学、文化原理,研究基本的文学生成、发展状态原理。

学科之间可以进行科际研究,跨学科研究。现在全国,包括北大都在大叫着要搞科际研究,跟这个也有点相似。文学作为核心可以与其他很多学科相联系,比如文学与历史相联系产生历史小说,文学与音乐联系产生歌剧,文学与宗教联系产生颂神诗,文学与舞蹈联系产生交际性的芭蕾舞,文学与科技联系产生科幻小说,文学与声音和绘画联系产生影视艺术。文学还可以与许许多多的学科联系起来。文学与自然科学的关系,如用电脑研究文学的语言,这也是比较文学研究的范围。这种结合关系还可以倒过来,自然科学与文学的关系,社会科学与文学的关系,如特定意识形态与文学的关系;艺术与文学的关系,如音乐、雕刻、建筑与文学的关系,这与比较文学还是沾边,但它们属于泛文学的范围,不是本体比较文学。这样比来比去,与政治相关也叫比较文学,那么毛泽东也是比较文学家喽？在延安文艺座谈会上的讲话,他讲了政治与文学的关系,列宁还写过《党的组织和党的文学》,也写过很多对文学作品评价的文章,是不是列宁就是比较文学家了呢？这在逻辑是讲不通的。正宗的比较文学要有根据,他们不是正宗的比较文学,但是跟比较文学也沾了一点边,但不是元比较文学。所以,学科研究先要把学科定位搞清楚。如你挂着"比较文学"的牌子,但内容与文学没什么关系,谈的是另外一个学科,这可能就属于别的学科了。或者属于泛比较文学。所以研究一个课题,先要确定研究范围。研究范围都没有确定,这不是瞎折腾吗？

（关于元—泛比较文学的具体阐述,请参看本书的另以专题文章。此处略去）

中国文学的特殊性问题。如果没有比较文学的研究,我们是很难发现中国文学的特殊性的。几千年来,我们也并不知道中国文学是特殊的,一直在说中国文学好,但是怎么好？没有比较就没有鉴别。如果没有别的文学进入视野,根本就不知道已有的文学是怎么样的。所以,有的人一辈子研究汉语,可能也没有能够从本质上了解汉语。这是为什么呢？因为如果你不是拿这种语言和另外的语言进行比较,就很难确认它的本质的东西。所以,只有比较,才能发现它特殊的地方在哪里,才能发现它的本质特点。中国文学的特点也是在与西方文学的比较中暴露出来的。中国文学由于具有西方的不可重复的独特性质,因而具备不可替代的审美价值,这一价值只有通过与其他文学比较才能显露出来。自然科学的诺贝尔奖,中国人没有拿到,可以说中国科学家没有达到相应的高度。文学的诺贝尔奖中国人没有拿到,则是非常正常的,不能由此说中国文学没有发展到相应的高度。按我的看法,就现在的情况而言,中国人不应该拿到诺贝尔文学奖,拿到了反而不正常。为什么呢？因为诺贝尔文学艺术的审美标准不是根据中国人的口味设立出来的。中国人觉得美的东西,怎么能让西方人也总是同样觉得美呢？这根本就不可能。就好象你吃惯了天津包子,自然就觉得天津包子好吃,你把它拿到西方,可能就有人觉得不好吃。文学也一样,是非常特殊的。如果单从艺术技巧,而不管艺术效应,例如只考虑运用语言的技巧达到了什么程度,以这个为指标的话,中国得诺贝尔文学奖的人会很多很多,因为不管是中国古代作家还是现当代作家,很多人达到了很高的语言艺术水平。中国的作品写的是中国人的感情,中国人的感受。西方人与我们的价值观不相同。例如西方人推崇勇敢,中国人推崇文质彬彬、忍让,在西方人眼里这就成了懦弱。强悍的、阳刚的人物更受西方人青睐。当然,也不总是这样,这些东西具体地反映在文学作品当中。你要是写出一部作品让中国人自己看觉得非常好,那这就真是好作品。你要是拿你的一部作品到西方去,他们说写得好,那只是证明你迎合了西方人的审美需求,在中国人眼中不一定好。西方人有西方人的艺术手法和表达方式及其他种种政治因素等各方面的原因。所以,中国人不要哀叹:"哎呀!我们没有得诺贝尔文学奖,是不是我们的文化很落后呀?"等等。自然科学方面可以这样说,但人文学科不一样,社会学方面如经济学、伦理学等,在这些方面,中国人搞出来的东西未必没有西方人的好,可能比他们更好。一个真正地了解中国社会的中国学者,他写的伟大作品反映的理论是接近真理的,完全可以与西方的得到诺贝尔奖的作品相媲美。关键是中国人首先没有这个想法,妄自菲薄,只愿意顺着西方人的模式学习、研究经济学,这样的人没有太大的出息。

中国文学对西方的影响和西方文学对中国的影响是在20世纪才壮大起来的。因此,如果把影响研究作为中国比较文学的重点是画地为牢、作茧自缚、自断前程。不是说影响不能研究,因为20世纪中国文化与西方文化的相互影响是存在的,但是审美形式的比较还是中西文学比较中核心的东西。不言而喻,只有平行研究中的审美特征比较才是文学方向。

这样一来,我们就要对白话诗运动重新定位。我们这里简单提一下,比如,白话诗运动。关于白话诗,现在的情况是,即使你不认同,它也是独占天下的局面。全国期刊、报纸,刊载的诗基本上都是白话诗,偶尔也有古诗点缀一下,这是没有办法的办法。大多数人都说不要反对白话诗的创作,这才是正宗。毛泽东也鼓励写白话诗,认为新诗当然是以白话诗为主,也可以从民间吸取一些营养,但是他自己并不喜欢写白话诗。这不就是个矛盾吗?我们要明白这个道理,这就意味着中国学者不知不觉把自然科学的东西强加到文学上了。要把语言文字全部打开,这是不太可能的。因为语言文字都延续了几千年,它不像政治,今天晚上宣布谁当总统,政治格局马上就发生了变化。文学语言、理论办得到吗?语言习惯是轻易改变不了的,那是祖祖辈辈传下来的。文学也是这样慢慢传下来的。搞白话诗运动,一下子割断了历史,当然白话运动也有有利的地方,就是白话文的翻译要明畅、流利一些。翻译自然科学的东西和若社会科方面的文献用白话文是有区别的。但有些东西不一定这样,例如翻译文学作品。文学作品的语言是经过几千年流传下来的,不能强行加以改造。因为我们首先应该明白一点:诗歌形式本身就是一个从白话形式上升为文言形式的过程。上升的文言形式不是落后,而是文化发展的标志。并不是日常说的白话就是诗歌,还要经过不断的加工、提炼,让它最后与口语有点不一样,这就有一个偏离现有的规范的过程(deviation from the norm)。

诗不能像我们平时说的话一样。诗与白话有差别,怎么能只拿纯粹的白话来写诗呢?白话可以用来写诗,但形式上必须有一个加工、提炼的过程。在诗歌形式上,最初是三言诗,后来是四言诗,比如《诗经》,但是后来发现这样还不够,就有了五言诗、七言诗。后来又有十言、十二言、十三言,十四言都出来了,最后发现光是这样不行,干脆在同一首诗把三言、四言、五言、七言交汇起来,这又叫长短句,是一种词的形式。

中国人实验了几千年,诗、词、曲都是诗歌演化的必然过程,是诗歌艺术表现形式本身的需要。慢慢就穷尽了各种艺术形式,把各种表现形式都发展到极至之后,要有新突破,很难。到了清末明初发生了白话诗运动,提倡写白话诗,但是不可能达到唐诗宋词的高度。白话诗写什么"一只鸟儿飞来了,又一只鸟儿飞来了,第三只鸟儿飞来了,后来都飞走了",这就是有些人的白话诗。这样的诗也可以算是诗,但是太浅薄,技巧性和感染性低。古人写"两个黄鹂鸣翠柳,一行白鹭上青天",也是写鸟,如果你把它改成白话,"一行白鹭鸟儿飞到天上去了",马上就觉得没什么诗味了。这说明旧形式本身是不能随便抛弃的。

我们也不完全反对白话,其实语言原本就是白话的,文学在一定程度上具有白话的特点。很多诗在当时就是白话诗了,但是高水平的诗往往具有非常严格的文言形式,即每个字该用平声还是仄声是有规律的,大部分古诗具备了诗、词的格律特点。所以,诗歌形式必须有严格的规定,只有在限制中才能得到自由,只有按规矩跳舞才能跳出好舞,不能乱舞一气。

现在我们讲一下中西文学的宏观比较,理论方面的内容比较多,从另外一个大的角度谈一下中西文学的比较。

先从宏观方面说一下:中国这样大的一个国家,它的文学题材哪一方面最发达呢?与西方是不是一样呢?在早期,诗可以分为颂诗、讽刺诗、情诗等各种形式。诗是最重要的文体,这是一个常识性的东西。而西方最重要的文体,可以说是史诗,但后来发生了变化。戏剧、小说形式越来越重要。

我们先说中国的诗,讽喻诗,然后再说词。词称诗余,诗之余的意思,是抒情诗的增大。一般说来,诗在唐朝时达到顶峰,词在宋朝时达到顶峰。但是如果就抒情性来打分,很难让唐朝和宋朝分个高下。我个人的观点认为宋词抒情的成就比唐朝还要略胜一筹。中国抒情作品的高潮可以说是在宋朝,唐朝也是接近高峰。再说曲,又叫词余,抒情为主,兼有叙事。其次是戏剧,中国的戏剧有正剧,正剧就是悲喜交集的戏剧,另外还有喜剧和悲剧。喜剧和悲剧多是叙事加抒情。这些都是大家熟知的情况。但是中国的戏剧发展得比较慢,在宋元才发展起来,在这方面落后于西方1000多年。但这种落后可以由浩如烟海的诗、词、曲等来抵消。中国戏剧的大团圆结局也常受到文学批评家的批判。中国的悲剧在最后也不一定让你感到悲,中间让你感到悲,但最后还是一个大团圆的结局,有的学者认为这是个缺陷。他们是用西式悲剧来衡量的。西方的悲剧让人觉得很悲惨,但中国人觉得,如果看了悲剧之后,窝一肚子气,回家三天、五天都不说话,那效果好吗?尽管孔子闻《韶》,三月不知肉味,但那是舒服,快乐的飘飘然,对身心有好处。如果三、五天都憋一肚子悲哀、愤怒,那就有害身心了。中国的作品往往强调是善有善报,恶有恶报。这样的处理,观众大多比较满意。但是当代有些作品不认同中国的传统创作方法,而是认同西方的创作方法。作品中惩恶扬善的倾向不明显,结局是恶人逍遥法外。这样一来大多数观众总是带着非常不高兴的心情离开。这样的效果真好吗?你可以说自己的方法好,并认为现实主义就是这样,写真实的生活。实际上,很可能真是你描写的样子,但写的真就不一定好吗?我认为对文学艺术作品来说,写得善和美可能更好。当然写得真在许多场合也是必要的。但如果一切都描写的真实,有时是得不偿失的。例如过份渲染恶人得志,从伦理性和艺术性上来看,如果让观众心里不高兴,就把作品的娱乐性的功能给抹杀了。我觉得古人的做法好一点。按照善有善报,恶有恶报的写法,至少可以让作恶的人心里不安。如果一个恶人看到作品中反映的事情与自己很相似,而作品中的恶人最终受到了惩罚,他就会心里不安,满肚子不高兴。如果让恶人逍遥法外,实际上无形中是助纣为虐。所以西方人与中国人各有各的价值观,西方作品中有的恶人有好的结局。当然我也不完全排斥西方的这种方法。这种方法可以偶尔一用,用得多了效果可能就不好了。

再谈谈中国的小说。中国传统小说是以章回体占主流的,反映的主题也大多是惩恶扬善,说教性很强,这一点很容易看出。中国的散文也非常发达,也是文以载道,想说明一个道理。但也有抒情性的散文,讲的道理没有那么深,而是文章本身写得非常优美,例如,《腾王阁序》,就写得非常漂亮,大家都可以背诵。"落霞与孤鹜齐飞,秋水共长天一色",你不必要知道他说的什么,只看形式本身,也会觉得这真是太美了。中国这方面的散文是很发达的。

中国诗文中情、景、理的关系处理得很符合中国人的思维方式。情和景要交融起来。中国诗歌中有很多写景的诗句,这一点西方人很难领会。他们会觉得:中国人哪里会写诗啊?!山啊水的写个没完。中国人并不觉得重复、枯燥。因为"一切景语皆情语",所有写景的语句,都是情的象征。按西方人的说法就是"客观对应物"(T.S.艾略特语),即可以找到与自己的情相呼应的东西。由于景可以勾起你的某种心情,这是非常高超的一种手法。同时,中国诗还讲物我之间的交流。外部世界与诗人本身是一体的。中国传统哲学中也有天人合一的思想。不是单纯的我就是我,把中国诗歌翻译成英文,我们经常遇到的问题就是主语的问题。西文中的诗,往往有明确的主体(例如英语诗歌中的"I","You""We"之类)。但中国诗的主体(我)常常不出现。西方人总要明确地找到诗歌的主体是谁。他们往往根据自己的理解,在译诗中加上明确的"I"(我),"You"(你)之类的人称代词,这样才觉得诗中的种种关系是确定的。实在找不出明确的人称代词指代主体,就把句子译成被动句。翻译中被动句多了也不好呀。西方人写作不喜欢用太多的被动句。事实上,中国的语言中没有太多的"我"出现,第一人称出现不多,这个现象很典型,唐诗宋词都是这样。汉诗英译的时候只好硬性规定，很多时候都硬塞进一个"I"。实际上不是那么死板的，不一定非得有"我"(I)与物对立的关系，"我"与"物"是混在一起的。这些东西西方人无法理解，在翻译中也无法表达。中国的抒情诗，是想达到宣泄的效果，比较和谐的艺术效果。这样一来，我们就可以知道，中国的文学作品，尤其是诗，重在理解，是写人与人、人与世界之间的关系。中国的文学作品注重写情，表面上描绘的是外部世界，实际上写的是内心世界。我给这种艺术取向取了个名字叫"内写情主义"。

那么内写情主义在西方有没有相似的呢？有。西方有个术语叫Expressionism。被人翻译成了"表现主义"，但这个翻译有问题。Expressionism主要兴起于德国，侧重于内心传达，侧重于情绪摹写。而"表现主义"的"表"是外表的意思，与"内"刚好相反。因此，我认为不应该译成"表现主义"，而最好译成"内写情主义"之类的用语。

这样一来，我们就会发现，中国文学作品必然侧重情理性。情理性作品我们前面已经讲过。情理性侧重描写美的情，美的人性，美的义理。由此产生的文学理论就是感发、印象式的情景交融的理论，即诗话、词话这一类的东西。同时，中国诗在抒情方面重含蓄，它也有叙事成分，但叙事成分相当少，比较直露。这些都刚好与西方作品相反。中国人的作品中，情和事是互补的。

我们再来看西方文学。西方也有诗，但他们正宗的诗不是抒情诗。我们刚才讲了，中国抒情诗是情景交融的诗为主，但西方诗不是以情景交融为主，而是叙事为主。西方也有抒情诗、教喻诗、颂诗等。西方正宗的诗以叙事为主，比如史诗，实际上含有小说、戏剧的因素。西方的戏剧之所以很发达，从一个方面看，正是其叙事成分浓重的必然后果。由于叙事成分是他们的重点，戏剧性作品理所当然就成为最重要的东西。西方戏剧中，悲剧和喜剧是最主要的两种形式。但是，由于西方文学侧重表达"真"，对人性恶提示得更深一些，这就更容易表现、突出生活的悲剧性冲突方面，所以，悲剧成为西方戏剧中最重要的剧种。比如，研究莎士比亚，就先要研究他的悲剧的成就，然后才是喜剧、浪漫传奇剧等等。中国戏剧不是以悲剧为主，而是以正剧为主，追求场面的大团圆，不走极端。因为在正剧中悲喜交集都可以表现出来。关于西方的小说，也顺便说几句。西方的小说相对说来，比中国小说更发达些。小说实际上是戏剧形式和史诗形式的必然结果，小说更强调叙事因素，这种因素在史诗和戏剧中已经得到高度发展，为后来小说的崛起起铺平了道路。故西方小说的发达实际上和史诗、戏剧形式的发达是一脉相承的。

最后要讲的一个理论是摹仿理论。摹仿理论指的是文学模仿现实生活的理论，它的叙事成分也很浓厚。

西方的散文与中国有类似的地方，但也不完全一样。英文中叫prose，翻译成

"散文",实际上包括小说、历史著作等。中国的散文篇幅短一点,不会把《史记》或《左传》划为一般意义的散文。它们也可以叫散文,但必须单独抽出来。如果整体来看,与散文的概念还是不相吻合的。所以有时候就很难评价。英国伦敦大学的一位教授翻译中国古典散文,从诸葛亮处断开,好像诸葛亮之前就没有散文一样。古代的散文他大概选了10篇左右,其余五六十篇全都是现当代散文。这是他的选择观。他还写了40多页的序,是用英文写的,编辑让我来写评论。我迟迟没写的原因不是他的翻译不好,而是这个选题本身确实跟我这个中国人不太吻合。古代的散文多么发达啊,但是他却偏重现当代。中国现当代的散文成就与古代相比,相差太远了。稍微一想就会明白这个道理。

　　西方由于叙事性的成分比较多,相对说来较中国文学在叙述情节方面更含蓄,人物之间的纠葛处理得非常巧妙。一部小说让你看起来不知道谁是好人,谁是坏人,直到最后才能搞清楚。我们看西方的戏剧和电影也是这样的感觉。中国传统文学作品则多半不是这样,叙事性的成分都很直露。中国的传统戏剧作品中的人物如果自己是个坏人,就自己先说了。上场就自报家门,并说自己是坏人。西方作品通常是不会这么做的。这样的中国作品怎么能与西方的审美机制吻合呢?

　　西方注重摹仿外部世界,外写实主义的东西多一点。外写实主义也叫再现主义,这个翻译还比较准确。西方有两种,一个是内写情的,一个是外写实的。中国侧重内写情的东西多一点。当然也不可能完全没有外写实的东西。任何一个国家的文学都是两者兼而有之,但是二者的程度不一样。西方的文学作品叙事因素很发达,诗的因素相对少一些。按中国文学观点,诗主情。情成为核心的东西,可是亚里士多德就不强调这个东西,他谈情节、人物塑造、修辞等,偏偏不多谈抒情问题。所以我说他的《诗学》是挂羊头卖狗肉,属于叙事学的东西,把它翻译成《诗学》就有问题。也有人主张搞诗学就要把亚洲的诗学拿过来,认为这才是经典,才是正宗。其实这是误解。经典的诗学理论在中国比在西方还要发达。要理解中国的诗,靠西方人的理论是解释不清楚的,只有用中国的诗学理论才能解释中国诗的奥秘,理解诗的本质性功能。

　　下面我小结一下。中国的文学,内向性的东西多一点,重主体,重人本身,重情,摹仿侧重内心世界侧重内写情主义。它有情理性,但情和理是有机地结合起来的,情不能离开理。西方文学外向性的东西多一点,重视客体,重视客观描写,摹仿外部世界,外写实主义占上风。但要特别提出,西方文学的心理刻画是很高超的。这种心理刻画在其近现代小说中特别发达。这种发达的心理刻画也与情相关,但不是中国文学中的那种极其深沉、多样化的主观性较强的情。相反,西方文学中的心理刻画也是一种近乎内体解剖一样的客观刻画。人的心理活动被看作一种客观的现象。描写者常常像用画笔描画外部客体一样缜密精细地描写这种过程。这种对主体内在心理变化的刻画技巧与对外部客体现象的刻画技巧是同类的,是外摹仿技巧移用于主体内部心理活动。因此,西方文学是事理性为主。这是中国文学和西方文学的关键性区别。明白了这一点,就容易从根本上了解中西文学的核心的东西。

中西文学理论问题,我们提一下就行了,不能讲得太细,因为太花时间了。中国在很早的时候,《尚书·尧典》中就谈到诗应该抒发感情。诗以情为主的说法更得到民间文学的认同,官方文学并不认为情是最重要的。官方重教化,"文以载道",一切作品都要有一种思想贯穿其内,这叫做政治挂帅。柏拉图也是这样的观点。传统的文学理论都强调这样的观点。

西方的文学理论,如柏拉图,强调精神美、抽象美。他首先假定存在一个神的世界,他用了一个概念,叫做 ιδεα,可翻译成"范型"、"共相",不宜翻译成"理念"。但是中国大大小小的书都把它翻译成了"理念",这是不对的。它是一种脱离我们大脑的东西。不是理,也不是念。另外,柏拉图认为还存在一个现实世界,人能够看见和感觉到的世界就是现实世界。当作家、诗人描写这个现实世界的时候,他们用艺术创造出了又一个世界。这就有了三个世界。一个是抽象的神的世界,一个是现实世界,一个是艺术创造的世界。艺术世界是摹仿现实世界的,现实世界是摹仿神的世界即原型世界的。所以他说艺术世界是 copy's copy,即摹仿的摹仿。既然是摹仿的摹仿,离原型的距离就太远了,就会有很多很多的错,我们怎么知道摹仿的是正确的呢?所以柏拉图反对文学。特别反对诗,主张将诗人驱逐出理想国。他认为诗人将人的情绪煽动起来,人就不那么理智了,就会产生很多错误。因为是摹仿的摹仿,与真理隔了两层。当然他也不是反对所有的诗,如果是颂神诗,那也可以存在。文学要有教谕性就是柏拉图提出来的,文学要为政治服务。他还认为,一个作家,一个诗人,写出了作品,并不是因为他本身有天才,特别厉害,而实际上是神在起作用,有灵感,有附体,然后才能写出来。

亚里士多德也承认有个神的世界,但是他在解释文学理论的时候,把神的世界省掉了,只有现实世界和艺术世界。他在解释艺术世界的时候,认为艺术世界是对现实世界的摹仿,但并不像柏拉图说的那样,艺术世界与真理相隔很远很远。他承认艺术世界有相当大的真实性。他提出陶冶说、净化说,认为人看了戏剧或者小说之后,不一定像柏拉图认为的那样,变得懦弱了,心理不那么健康了。亚里士多德认为文学作品就是要让读者哭,让他们宣泄一下,把灵魂升华上去。有些心理学家提出类似办法,说假如有些人苦闷得不得了,可以关上门,可以扯着自己的头发大叫:"我是个混蛋!",让心中的苦闷得到宣泄,于是这些人的苦闷就会消除或减轻。艺术是另外一种宣泄的方式,作者、读者(观众)嬉笑怒骂,得到了宣泄,灵魂可以升华到一个新的高度。这就是亚里士多德的观点,与柏拉图的观点是矛盾的。

古罗马的贺拉斯,也主张摹仿,但不像柏拉图说的那样摹仿外部世界,而是摹仿艺术世界,从旧的艺术世界产生一个新的艺术世界。他认为很多个人的作品已经达到了登峰造极的地步了,像《荷马史诗》已经是范本,因此我们现代人要创造新的艺术世界非常困难,我们只要摹仿古人就可以了,这就产生了古典主义。他的一个重要的观点是文学作品要有娱乐性,即在有教谕意义的同时,还要有娱乐性。

16世纪产生了一个很重要的文学家叫卡斯特尔维屈罗,他是意大利的文艺批评家,是亚里士多德的诗的诠释者,他提出:"诗的发明原是专为娱乐和消遣的。"在这之前,很多理论家都认为诗是真理的化身。卡斯特尔维屈罗认为诗不是专为了教谕。这相当于一场革命,居然把娱乐和消遣的作用提到了这么重要的位置,这是对"政治挂帅"理论的反驳。同时,他还是三一律的制定者。他提出悲剧的时间、地点、情节要保持一致。古典派很注重形式,形式上搞得非常完美。三一律悲剧的就是悲剧情节、地点、时间要保持一致和整一:(1)事件地点不变、单一的地点,一个人能看得见的范围;(2)事件是在有限地点和有限的范围内发生的;(3)时间不超过12小时。情节必须很紧凑。

三一律在西方文学界影响非常大。但是后来这些观点被代替。浪漫派兴起,摹仿说被打破。1830年,华兹华斯在写《抒情歌谣集》序言的时候写到:"一切好诗都是强烈感情的自然流露。"以他作为标志,浪漫主义兴起。浪漫主义走到中国"诗主情"这个方向来了,它把诗歌重点放在情绪的表达上而不只是真理或者叙事性内容。所谓浪漫,所谓感情的流露,有时表现为大喊大叫。拜伦、雪莱等类诗人都有大喊大叫的特点。浪漫派有一定的功绩,在扭转西方诗发展主潮方面有里程碑的意义。

文学理论我们就讲这么多。关于中西诗歌的比较鉴赏,建议你们看一下我写的《中西诗比较鉴赏与翻译理论》这本书,我还与中文系的胡双宝教授合编了由北京出版社出版的《中国古典名诗三百首》。外国的我编选得更多一些,有《外国名诗三百首》,也是北京出版社出的。还有《世界名诗鉴赏大典》,上下两大卷,北大出版社和台湾地球出版社出版,你们可以参考一下。现当代诗我也选了一些与马相？编了一本《中国20世纪纯抒情诗精华》,这些诗还是很受欢迎的。第一次印了3万多册,很快就售完了,赶紧又重印了若干次。这些诗每一首都是经过精心选择的,尤其是《中国20世纪纯抒情诗精华》,当然也遗漏了一些好诗。我想你看了这些书,不会空手而归。尤其是《中国古典名诗三百首》,这是我40年来的读诗体会结果。很早的时候我就想搞这么一个选本,把最好的诗收起来,把中国上下两千年最美的、写得最好的诗选进来。当然这是按照我的审美观点选的。里面收有诗、词、曲,从中选了300首,加以鉴赏,可以给你们提供参考。在这本书的前面,我还写了几万字来阐述怎么欣赏诗歌。所以这里我就不多讲了。

比较文学学科定位与元—泛比较文学论

1. 比较文学学科定位探源

1.1 比较文学学科正名的重要性

创建或定位任何一个学科的首要工作是正名工作。正名这个概念容易使我们联想到儒家学说,因为它是儒家学说的核心概念之一。当孔子的弟子子路问孔子,如果他一旦管理国家政治,首先打算从何入手展开工作? 孔子的回答是:"必也正名乎。"①当然,孔子的所谓正名,并没有系统地从逻辑学或认识论方面澄清名实关系问题,而是非常明确具体地主张用周礼作为尺度去正名份,以摆正当时的人们各自所处的政治地位和等级身分。他认为当时的社会混乱状态首先是由于"名""实"之间的混乱状态造成的。所以他强调"名不正则言不顺,言不顺则事不成"②。从他对政治问题上的名实之辨,可以看出他极其重视概念(名)和它所代表的具体事物(实)之间的关系。名不符实会引发出许多纠纷与问题。

国际比较文学界近百年来关于比较文学定义的争吵正好证实了正名工作的重要性。究竟什么是比较文学? 学科命名的产生与历史语境有何关系? 学科命名是随意的还是必须依从起码的语义规范及由此而来的学科本体规范? 一个错误的学科命名产生后,是由命名者负责还是误读学科命名的人负责? 误创的学科命名有否可能因弊成利,促成名实相符的真正有意义的学科? 当代国际比较文学学派如何依据正确的命名及其内涵来加以划分……所有这些问题,都和比较文学学科定位的命名问题纠缠在一起。因此,比较文学学科的正名工作确实具有极其重要的意义。

1.2 传统比较文学与传统比较语言学在学理上遥相呼应

比较文学这门学科被人们认定最初是在 19 世纪诞生于法国。梵·第根(Paul

---

① 《十三经注疏》下册,阮元校刻,中华书局,1980 年,第 2506 页。
② 同上书,第 2056 页。

Van Tieghem，1871—1948)、伽列 (Jean-Marie Carre?，1887—1958) 和基亚 (Mariéus-Francois Guyard，1921—)可以说是早期代表人物。他们强调所谓比较文学 Littérature Comparée)的基础研究是影响研究,是事实联系 (rapports de fait) 性颇强的实证性研究,是所谓"国际文学的关系史"。因此,这种比较文学实际上并不是本体意义上的文学研究,倒不如说是历史研究的分支,或者至多是文学史的分支。为了以示区别,我把这种比较文学称为传统比较文学。

在我看来,传统比较文学对学科自身的定位思路,首先渊源于欧洲早期的比较语言学 (Comparative Linguistics)(我称之为传统比较语言学)这门学科。然而中国比较文学界似乎至今未能对这门学科与当时西方语言学研究成果的关系加以强调和研究。虽然有的学者认为 1800 年法国动物学家居维叶 (G. De Cuvier) 发表的《比较解剖学》或德日昂多 (J. M. Degerando) 的《哲学体系的比较史》可能与这个术语有联系,[①] 但我认为,比较文学 (Littérature Comparée) 作为一个学科概念的产生最有可能和当时显赫一时的历史比较语言学派的研究理路相关。众所周知,正是运用历史比较的方法,历史比较语言学派取得了划时代的学术贡献。尤其是印欧语系语言家族的谱系关系得以初步理出一个头绪,至少对于西方人来说,可谓具有哥伦布发现美洲新大陆那样重大的意义。这种学术成果对比较文学的创始人无疑有一种相当强烈的暗示效应。比较语言学的旧名是"比较语文学"(Comparative Philology)。鉴于 philology(语文)这个词在美国和欧洲大陆常常意味着对文学作品进行学术研究,容易引起误解,所以西方学者转而使用比较语言学 (Comparative Linguistics)这个名称。同时,语言学界还有历史语言学 (Historical Linguistics) 的分法。历史语言学通常研究一种或数种语言的语音系统、语法和词汇方面的短期变化和长期演化。传统的历史语言学和比较语文学结合起来就孕乳出了历史比较语言学这个学科命名 (Historical-Comparative Linguistics)。

历史比较语言学的产生可以上溯到但丁 (1265—1321) 的《论俗语》(*De Vulgari Eloquentia*)。该书认为,"不同的方言以及后来的不同语言,是由一个原始语言,经过历史变化以及使用者在地域上的扩散而发展开来的。"[②] 1786 年,威廉·琼斯 (1746—1794) 在他主持的孟加拉亚洲协会发表演说,鉴于梵语和欧洲语言之间的大量相似点,他宣称它们必定有一个共同的起源。他的这一段话获得国际

---

① 乐黛云主编:《中华比较文学教程》,高等教育出版社,1987年,第45页。
② R. H. 罗宾斯:《简明语言学史》,许德宝等译,中国社会科学出版社,1997年,第183页。

语言学界的普遍引用(见下注)。① 19 世纪早期的历史比较语言学家中最著名的学者可以推丹麦人拉斯克(Rask,1787—1832),德国人格里姆(1785—1863)以及葆朴(1791—1867)。1808 年,F·施莱格尔的论文《语言和印度人的智慧》强调语言的"内部结构"(词形学)对于研究语言的谱系关系十分重要。他创造了 vergleichende Grammatik (即现在仍然常用来指称历史比较语言学的"比较语法")这个术语。② 正是在他们的研究工作的基础上,产生了 19 世纪中叶在语言学界最重要的语言学家施莱歇尔(Schleicher,1821—1868)的研究成果。施莱歇尔根据语言共同的特征 (词汇对应关系、语音变化结果等),把语言分为不同的语系,并且为每个语系构拟一个共同母语(Grundsprache)。所有的语系都追溯到一个具有语系内各语言共同特征的始源语言(Ursprache)。通过比较各语系间被证实的对应关系,可以构拟出这些语系的始源语。③ 从上述语言学家们的研究可以看出一个共同的努力方向,这就是致力于通过历史比较的方法,理清世界各民族语言之间的谱系关系,用实证的办法描述它们之间是如何相互影响、相互接受、相互衍变的。换句话说,历史比较语言学家们是想彻底弄清国际语言之间的关系史,最终将全世界的语言都以一种类似施莱歇尔构拟的那种谱系树模式(Stammbaumtheorie)描述出来。显而易见,"比较文学"(Littérature Comparée)这个概念就结胎在这样一种历史语境。另外请注意,Littérature 这个词虽然主要指称文学,但偶尔也可以指广义的文献、文化。这给使用 Littérature Comparée 这个学科名称的学者提供了根据需要随意扩大或缩小学科包容范围的方便。如果自己的研究成果是较纯粹的文学,自然使用比较文学这个涵义。如果自己的研究成果属于其他范围,例如历史或艺术之类,也可以因为比较文学可以朦胧地涵盖他们,而坦然地使用比较文学这个学名。因此,Littérature Comparée 对某些投机学者而言,成了一个富于弹性的万灵学科。当这个学科比较热门的时候,就可以心安理得地把自己的一切文章都归到这个学科的名义下。Comparée 这个词则是表明其研究方法侧重像历史语言学派擅长的那种历史比较实证方法。注意,这个词虽然可以指对事物的同异两个方面进行比较,但是更侧重同的比较、侧重相似点的比较。这和历史语言学家们侧重语言间的相似点比较和影响比较是如出一辙的。侧重异的比较的法语词是 contraste,英语是 contrast。这类侧重差异的比较虽然也势不可免地要在研究中涉及到,但是没有成

---

① 威廉·琼斯说:"不管梵语如何古老,它有一个极妙的结构,比希腊语更完善,比拉丁语更丰富,比二者更优雅,然而在动词词根和语法形式方面,三者的相似程度超过偶然;确实,它们如此相似,语文学家研究了这三种语言之后,无不相信它们有着同一个来源,这个来源也许不复存在。"《剑桥语言百科全书》,中国社会科学出版社,1995 年,第 466 页。)
② R.H.罗宾斯:《简明语言学史》,许德宝等译,中国社会科学出版社,1997 年,第 190 页。
③ 同上书,第 195 页。

为历史比较语言学派和传统比较文学学派的重心。

显而易见,Littérature Comparée 的创建者们心目中的愿望是要追踪历史比较语言学派的成功轨迹和方法,以便取得像历史比较语言学派所取得的那样骄人的成就。他们从历史比较的角度,把文学或文献只是作为他们的历史比较方法的实验对象,侧重异族、异语、异国文学之间的源流关系的寻根究底,以便最终勾勒出一副类似印欧语系语言谱系的西方文学文化血缘谱系图。另一方面,法国比较文学学派中的若干学者还有意或无意地倾向于以法国文学或文化作为主要的源,而其他国家文学或文化则主要是流,从而实现法国文学中心论或欧洲文学中心论的实证研究。

综上所述,Littérature Comparée 这个概念从最初产生的时刻起,从语义上来说,就不是一个表意正确的概念,由于它的伸缩性太大(这是学科定位最忌讳的),很容易误导文学界的研究者;从意识形态方面来说,则至少在潜意识中,是一种殖民文学文化观念研究的投射,因为法国传统 Littérature Comparée 倡导者的初衷显然不主张进行纯粹的文学研究,更不主张进行具有审美意义的文学艺术特点方面的比较研究,而是近乎自然科学研究那样的重事实性史料联系和相互影响的实证性研究。简单地说,这种研究取向已经注定法国学派所谓的"比较文学"研究主要是史学研究而非纯粹的文学研究。因此,——

1.3　Littérature Comparée 本不该翻译成"比较文学"

正如旧时的容易引起误解的"比较语文学"(Comparative Philology)最终要被"比较语言学"或"历史比较语言学"所取代一样,误用的 Littérature Comparée 如果要保留其初创者的本意,则本不应该翻译成"比较文学",而应该按该学科创建者的本意,译作"历史比较文学",或"异语异族文学源流考据学",或"历史比较文学考据学"或"异类文学源流比较考据学"之类。可惜的是,无论在法语或是英语中,我们都无法找到一个比较合适的简单明了的概念。应该指出,Littérature 这个单词在现代绝大多数的读者心目中,其主要含义还是文学,而非文化或文献之类。因此,当他们顾名思义地将 Littérature Comparée 理解成"比较文学"的时候,他们并没有错。令人遗憾的是,法国的比较文学创建者们抛出这么一个概念,却又不允许人们从字面意义上来理解并应用这一概念,这就显得有点滑稽。所以当一些比较文学研究者们依据这个学科名称的字面含义理所当然地进行文学比较研究时,基亚却在《比较文学》一书中郑重声明:"比较文学不是文学比较"①。名为比较文学学科却不要人们进行文学比较,这就好像打着"流行服装店"招牌的老板对蜂拥而来购买服装的顾客说:"本服装店不是销售服装的,而只是办理服装托运业务的。"于是出现了所谓正宗的比较文学学者试图指责冒牌的比较文学学者"误读"了比较文学这个术语。但我以为,这压根儿就不是误读的问题。明明你用的是 Comparative Literature,怎么不应该进行文学比较?难道你写一个"黑"字,却硬要别人读成"白"字,才算不是误读么?其实真正的错误不是非法国比较文学学派学者误读了"比较文学"这个用语的问题,而是学科创建者——法国学派本身在术语方面的原创错误和后来的译者不审原创者本意率尔译之从而孳生出相应的误译问题。如果最初的术语创立者指鹿为马,却又要后来的学者不许把牠当马骑,只能当鹿对待,这就有点不公正。不从改进词不达意的术语本身着手,却要人们将错就错地接受这个术语的同时暗中在心里修正这个术语,这不是应有的学术态度,而是有点强词夺理。不能认为自己是某个术语的倡导人,就可以不顾起码的语义规范而随心所欲地解释该术语的文义。诚然,学科创建者创建一门学科时,做出了贡献,人们应该表示应有的尊重和感谢,但感谢并不意味着必须对施恩者指鹿为马和用马如鹿的行为也不分青红皂白地表示屈从。更何况法国学派所倡导的这种重异类文学(主要是异语异族异国间的文学)源流研究,虽说在方法上界定较为周详,但就基本学理思路而言,则并非法国人的独创,它其实是一种文学文化研究中的必然现象,可以说是古已有之。例如在早期中华世界,百国争雄,语言芜杂,语言文学文化的多边交织影响,就曾是古代学者关注过的题目。抛开五方之民,言语不通的时期不论,早期荆楚、齐鲁、燕赵、巴蜀的文学文化差别不可谓不大。言语异声,文字异形的格局先天地就会促使有关学者留心各诸侯国及各民族之间在文学文化上的交互影响与接受。像孔子、孟子这样一些来往于各国的国际大学者不可能不注意到国际语言文学文化(例如号称 15 国风的各类诗歌)的源流关系。至少从汉魏以来,由于大量引入佛教文献从而引发的儒道释三教孰优孰劣、孰先孰后的大讨论,就已经开了比较文学比较文化研究的先河。若细读陆机的《文赋》,刘勰的《文心雕龙》,钟嵘的《诗品》之类文论作品,便能够看出关于异时异地文体文风的考源溯流,已经是学者们习以为常的学风。关于这个问题,笔者另文研讨,此不赘。

1.4 法国比较文学学派已不是核心的比较文学学派

既然标明"比较文学"的学科本意不是文学比较或比较文学,而只是文学关系

---

① 伽列:《〈比较文学〉初版序言》,见《比较文学研究资料》,北京师范大学中文系比较文学研究组编,北京师范大学出版社,1986年,第 42 页。

史之类的比较,其研究路向尽管擦着文学边缘却最终必然使这门学科变成史学研究而非正宗的文学研究,因此,从这个意义上来说,法国比较文学学派其实并不是核心的比较文学学派,更称不上正宗的比较文学学派。那么究竟什么才是货真价实的比较文学研究?为什么最初提出比较文学概念的人最后反倒有可能处于这个学科的边缘?

全部的问题在于正名。这个工作我们在前边已经做了。现在只是从另一个角度讨论这个问题。

如果法国比较文学学派提出的概念不是真正的比较文学概念,那么什么才是真正的或者说正宗的比较文学概念呢?

众所周知,最初试图回答这个问题的人是美国耶鲁大学的雷纳·威勒克教授。1958年和1962年,在美国及布达佩斯相继召开的国际比较文学年会上,威勒克首先对传统的法国比较文学学派发起攻击,指责法国学派的偏狭性。他的论文《比较文学的危机》指出比较文学危机的最严重的标志是至今没有明确的研究对象和特定的方法论。他指责传统的比较文学研究过分强调惟事实主义、惟科学主义和惟历史主义,只关注翻译、游记、媒介等文学作品之外的东西。按照威勒克的观点,比较文学研究的核心课题应该是价值和品质而非干巴巴的事实联系。换句话说,比较文学研究应该把重心放在研究文学本身的美学价值上,强调"文学性"(literariness)。比较文学研究所追求的最高理想和终极价值应该是理解、阐释和传播人类最优秀的文学作品和文学艺术的最高价值。

雷纳·威勒克的基本观点应该是站得住脚的。但应注意,威勒克的观点背后也有着某种民族主义成分。美国只有300多年历史,若只讲影响研究,恐怕只好研究别国、主要是欧洲文学文化对自己的影响。这样一来,美国文学就只能是一种欧美文学文化的附属品。这是自认为已经是世界性军事、经济、科技霸主国的美国人不能屈就的格局,所以对国际比较文学原有的欧洲霸权的挑战是势所必然的。不过,美国人这种潜在的民族自尊心理倒也没有对国际比较文学造成太多的文化偏见。客观地说来,威勒克对法国学派的抨击可以说是击中了要害。归根结底,比较文学最核心的东西应该是文学的比较,而不应该只是什么枯燥的文学史料的比较与考证。这样的观点可以说把比较文学的正宗观念搞了个底朝天。其他不愿无形中成为它国文学文化附庸的各国比较文学学者不用说也多半会趋同美国学派的观点,以便使自己有更多的学术研究空间。武林大会比武结束,法国学派纵未被打下擂台,至少也一定程度上不再坚持自己的的盟主地位。此消彼长,从兹伊始,比较文学的研究中心就不可避免地从欧洲转移到了美国。

应该特别注意的是,威勒克等人所代表的新比较文学研究取向,恰好与流行的被所谓误读了的"比较文学"这个概念所昭示的含义是相一致的。如果说这是一种将错就错,这也是一种令人欣慰的歪打正着式的将错就错。如果法国比较文学学派最初选定的学科名称是诸如"历史比较文学"或"异语异族文学源流考据学","历史比较文学考据学"或"异文学源流比较考据学"之类,那么,后来的所谓国际"比较文学"研究格局就会完全是另外一副样子。

今天,名与实终于有可能真正相符了。一个错误的概念(名)依据自己本身的暗示作用,最终强迫现实(实)与它同构,这正是我在《互构语言文化学原理》一书中强调的东西。[①] 由此我们也不得不慨叹当初孔子大声呼吁"正名"的一番苦心。值得专门一提的是,也许从另一个角度,我们还不得不感谢非法国比较文学学派对这个学科命名术语的所谓"误读"和"误译",因为正是他们的"误读"与"误译"使这个学科获得了新生。

或许正因为"名"具有这种对现实的反构作用,于是,社会上一些拼命猎取名声的所谓学者的心理也就变得可以理解了。这些人不是靠学术成就来成名,而是希图靠成名来暗示其学术成就或促成其学术影响。不错,只要有足够的媒介关系,当今社会的炒作功能确实可以使一些人出人头地。而大多数的民众也确实可以被蒙骗住。但是,归根结底,名与实的不符是会招致反面结果的。如果一个具有近百年国际性影响的学术流派都会由于名与实不符的原因而势所必然地被抛到边缘,成为非核心比较文学学派,那些凭借暂时的媒介关系而炙手可热的所谓学术名人又岂能长期混迹于学术界而不被人们一朝抛弃?

1.5 元比较文学—亚比较文学—泛比较文学

如果法国比较文学学派已经不是核心的比较文学学派,那么它是什么学派?

首先,没有疑问的是,法国主流传统比较文学学派可以归于异文学历史比较考据派。这是一个相当科学的跨历史——文学源流考据派。它的材料虽然多半与文学相关,但这些材料却未必是核心的文学现象;它的方法是历史比较考据的实证方法,但却未必是文学研究的唯一的或最理想的研究方法。问题是这样一个学派在比较文学的学科层面中应该如何定位?要定位一个学派的学科取向程度,必须根据学科的本体属性将该学科进行层次归类。然后才能看清楚该学派的具体地位。根据法国主流比较文学学派的基本特点,我认为,法国比较文学研究主要属于介于亚比较文学和泛比较文学之间的研究,或称为非元比较文学研究。那么什么是元比较文学或泛比较文学呢?

元——泛文学理论是我在1987年发表的一篇文章中提出来的。在该文中,我

[①] 辜正坤:《互构语言文化学原理》,清华大学出版社,2002年。

首次系统提出了元文学和泛文学的概念。我界定了文学的元功能、亚元(准)功能和泛功能等等。所谓元文学指的是本体文学,它的主要特点是纯审美+娱乐性;泛比较文学则指的是非本体文学,它的主要特点是实用性和跨学科性;介乎二者之间的是亚元文学,它的主要特点是认知性、娱乐性兼功利性。具体的理论界定请参阅笔者的论文《元文学与泛文学——兼论文学批评多向互补太极模式》。① 这一文学原理应用于其分支比较文学的结果,就是元比较文学——亚比较文学——泛比较文学理论。

1.5.1 元比较文学主要特征

"元"的本义是本体、始源的意思。"元,始也。"②(许慎:《说文》)"元者为万物之本。"③《春秋繁露·重政第十三》)④因此,元比较文学就是本体比较文学的意思。由于有的学者将来自希腊语前缀的 μετα(英文 meta-)(意为"超","在……之后","在……之上","在……之外","和……一起"等)误译作了"元",造成了某种学术用语的混乱,因此,有的人看到"元比较文学"这个概念时可能会产生习惯性误解。这里只是略加阐释,要了解更详尽的说明,请参看作者发表于《北京大学学报》的文章《外来术语翻译与中国学术问题》。⑤

元比较文学的主要特征包括以下八个方面:

(1) 元比较文学与传统比较文学主张不同,即不是强调比较同的方面,而是强调比较异的方面。许多学者喜欢说文学研究是为了最终发现文学的一些普遍规律。因此,他们往往把研究的重点放在了寻求异国或异族文学的相似点上面。这是一个很大的误区。恰恰相反,我认为比较文学的研究重点应该放在研究异语异族异国文学的差异方面。在一般情况下,越是相似点越多的异类文学,其比较价值越低。越是相似点越少的异类文学,其比较价值越大。或者说差异越大的异类文学,其比较价值越大;差异越小的异类文学,其比较价值越小。即:异类文学的比较价值与其差异点的数量成正比,与其相似点的数量成反比。

要阐明这一点是不困难的。相似性太接近的比较对象难以通过比较发现自己的特色。而差异越大,越不相似,则越易于用以鉴别他者和自身。比如说用北京人来比较北京人,难以看出北京人的特征。但是如果用北京人来比较巴黎人,则各自

---

① 《百家》,1988年第4期。
② 《说文解字段注》,成都古籍书店,1981年,第1页。
③ 《康有为全集》卷二,上海古籍出版社,1990年,第797页。
④ 董仲书:春秋繁露·重政第十三:"元犹原也,其义以随天地终始也,故人惟有终始也,而生不必应四时之变,故元者,为万物之本。"转引自康有为《康有为全集》卷二,上海:上海古籍出版社,1990年,第797页。
⑤ 《北京大学学报》(社会科学版),1998年第4期。

的特点一目了然。

　　特别要注意的是：一些学者往往习惯于把自然科学的研究原则不加区别地照搬到人文社会科学中来，或者不加区别地认为自然科学的法则在原理上和人文社会科学的法则即使不是同构也是同向的。我认为，自然科学的某些法则确实和人文社会科学法则相通，但在某些特殊领域，自然科学法则和这些领域的法则是不相容甚至恰好是相反的。我所谓的这些特殊领域尤其适用于指称艺术领域，例如文学领域。在文学上，一部作品和另一部作品相比，其艺术形式和技巧相似点越多，其艺术价值越低。这是人所共知的现象。当某两部文学作品几乎完全雷同时，在逻辑上，其中的某部作品的价值必然趋近于零——因为它极有可能是抄袭。在当代学者的眼中，艺术作品的价值越来越取决于其相对于其他作品的特殊性，或者说独特性。这种独特性即老黑格尔所谓的特定的"这一个"。人们会厌倦千篇一律的作品，正因为它们的相似点太多。独创性因此获得大多数文艺理论家的青睐。

　　然而，令人感到奇怪的是，正是这同一类理论家们，在研究比较文学的时候，却又莫名其妙地强调异语异族异国文学间的相似点，而不是强调它们的独特性，这在逻辑上是自相矛盾的。当然，这种自相矛盾是容易解释的，因为我们现在是在使用合乎比较文学这个命名的逻辑语义的情况下来阐述比较文学的，而传统的比较文学学者则是在几乎完全不同的另一个所谓的"比较文学"（其实是文学的历史比较考据学）这种语境中来讨论比较文学的。

　　值得一提的是，若干个世纪以来，西方文学理论界总是天真地热衷于寻找那能够统摄、解释一切文学现象的所谓普遍规律（所谓对"同"的研究）。这在哲学上来说倒有些意义，仿佛在重温庄子的《齐物论》。但对于文学研究而言，普遍规律的意义就相应要小得多。许多学者不明白，文学方面的普遍规律固然也有，但是到头来往往过分抽象，根本无法真正解释千变万化的文学现象。他们千辛万苦地找到的普遍规律，最后往往被证明在实践中是无足轻重或作用很小的。因为，他们不明白，在艺术领域，或者说确切点，在文学艺术领域，最有价值的不是抽象的一般规律而是若干较为具体的特殊规律。比如说文学是人学，这可以说是一条普遍规律吧？但是，它究竟能够给我们多少东西呢？你可以说莎士比亚之所以能够和曹雪芹一样打动千百万读者的心灵，其艺术诀窍就在于文学是人学，可是这其实是一种空洞的陈述，并没有给我们真正有用的文学解释。你甚而至于可以说一切文学作品之所以动人，都是因为它们是人学。这听起来，堂而皇之，但其实是空洞无聊的同语反复。文学本来就是指人的文学，因为一切文学作品当然是人写出来的，当然是描写人并为人服务的。你能够想象有许多作家主要是在为野猪或狗熊写作吗？更何况文学是人学这种说法也可以推而广之地说成美学是人学，哲学是人学，伦理学是人学，政治学是人学，如此等等。这真是放之四海而皆准的普遍规律了。但是它们并没有告诉我们什么真正有意义的知识。德国学者韦伯说:"对于具体性的历史现象知识来说,那些最普遍的规律,由于缺乏内容,便显出极小价值。一个概念的有效性(或适用范围)越是广泛,它就越是引导我们离开现实的丰富性,因为,为了包括尽可能多的现象的共同要素,它就必须尽可能地抽象,由此便脱离了内容。"①所以,我们也可以说,在若干人文社会科学领域,一种规律越是具有普遍性,它的实用性就越小,它的相对价值也就越小。明白了这个道理,我们就明白了元比较文学为什么要把研究的重点放在研究异语异族异国文学的差异方面的理论依据了。

(2) 元比较文学侧重不同语言间的文学的比较。比较文学必须名副其实地比较文学,这是不言而喻的。同时,比较文学还强调比较的对象应该主要是不同语言间的文学的比较。文学艺术,归根结底主要是语言的艺术。但是,有的比较文学学者却更强调不同国家文学的比较。我以为,后者和前者在概念上有时是重合的,有时则是交叉的,应该区别处理。所谓重合的,是指作为比较对象的双方文学,既是使用的两种不同的语言,也是从属于两个不同的国家。例如法国文学和俄国文学,就是如此。所谓交叉的,是指作为比较对象的双方文学,在地域和主权上分属两个不同的国家,可是在语言上却使用同一种语言,或者相反。例如英国文学和美国文学,韩国文学和朝鲜文学。处于交叉状态的双边文学的相似性太大,比较价值相对较低。也就是说,以国别文学作为比较对象时,有时其比较价值可能较低,而以不同语言的文学作为比较对象,则能够有相对稳定的较高的比较价值。

当然,元比较文学研究也研究双边文学的同的方面,探究共有的文学规律(异中求同),但是重心放在同中求异上。

(3) 元比较文学侧重艺术形式的比较,具有明显的纯审美倾向。这种比较把重点放在声律、格律、意象、比喻、象征、情节、叙事技巧和模式、人物塑造、文体、文学类型,文学批评(包括鉴赏理论)等等因素上。

(4) 元比较文学把研究重心放在发现不同语言载体中的文学的独特的审美机制上,尤其是那种只为某种民族和语言的文学所独有的审美特点和审美机制。例如中国文学与西方文学相比,由于其语言差别大,就具有特别大的比较价值,比西方文学系统内部的文学比较对象具有更多的独有的审美特点和机制。关于这一点我在后文还要阐述。

(5) 元比较文学研究并不认为一切价值判断都是客观公正的,但是这并不妨碍比较文学研究大胆地进行价值判断,鼓励研究者对所研究的对象做大胆的主观评估。

(6) 元比较文学研究鼓励平行研究。所谓可比性不能只建立在相似点上,相

---

① 陈建远、施志伟:《现代西方社会学》,江西人民出版社,1998年,第154页。

异点也照样具有同等的比较价值。

(7) 元比较文学研究引入文学翻译理论。元比较文学认为,比较文学涉及至少两种以上的语言材料的比较研究,而其研究结果却又必然只可能在同一个研究成果(例如同一篇文章)中借助于一种语言来加以陈述(例如中国学者用中文写作或法国学者用法文写作),这就使得比较文学学者在使用另一种或一种以上的其他语言材料时不得不通过翻译过程或已经有的翻译材料来进行研究和表述研究成果。这意味着什么?这意味着翻译能力与翻译理论,尤其是文学翻译能力和文学翻译理论势所必然地成为比较文学研究的初始要求和必要的工具。关于这个问题,笔者曾在80年代初组织文学与翻译研究学会的时候加以反复阐述,此不赘。

(8) 元比较文学研究的方法也尽可能地采用比较的方法和实证的方法。

十分明显,上述特征与比较文学的美国学派的特征较为接近,但是并不完全一样。而且美国比较文学学派并不只是具备上述的许多特征,它也具备泛比较文学的若干特征。

1.5.2 亚比较文学主要特征

亚比较文学又称准比较文学。它在文学性(literariness)上低于元比较文学。但是它特别注重实证性和考源溯流,类乎一种历史考证学,与我国乾嘉学派的考据学研究在精神上可谓一脉相承。亚比较文学研究主要有以下特征:

(1) 亚比较文学主要侧重两国或多国文学之间的相互影响比较。
(2) 亚比较文学特别侧重使用比较的方法和实证的方法。
(3) 亚比较文学侧重源流学研究。
(4) 其他可能的因素。

显而易见,亚比较文学特征与上述传统的法国比较文学学派的大部分主张很相近。鉴于亚比较文学的特征是比较文学界都十分熟悉的特征,不再进行仔细阐述。

1.5.3 泛比较文学主要特征

(1) 泛比较文学侧重媒介学研究。
(2) 泛比较文学鼓励文学与他学科相结合的研究,允许以文学性为主,其他属性为辅的比较研究。也就是:

文学+他学科(科际研究的全部对象):
文学+法律→法制文学;
文学+哲学→哲理文学;

文学＋宗教→宗教文学(例如基督教文学);
文学＋政治→政治性文学;
文学＋历史→历史文学;
……

（3）泛比较文学也鼓励他学科与文学研究相结合的研究,允许他学科属性为主,文学性为辅的比较研究。这已经成了一种过度泛比较文学研究。也就是:

他学科＋文学:
哲学＋文学→诗性哲学(例如尼采);
经济学＋文学→文学经济学;
社会学＋文学→文学社会学;
历史＋文学→文学历史(史话);
……

泛比较文学第(1)项是法国传统比较文学学派的特征。其余的的特征则是典型的跨学科研究,也是美国比较学派中的某些学者十分倡导认同的。

在元泛比较文学系统中,美国比较文学文学学派主要属于元比较文学层面,但是也有相当一部分属于泛比较文学层面甚至过度泛比较文学层面。过度泛比较文学实际上与普通的跨学科研究没有什么大的区别。如果认为这类研究也是正宗的比较文学研究,那么古今中外不知有多少学者是正宗的比较文学家。就拿马恩列斯毛这样一些政治家来说,他们都曾经发表过许多以政治和哲学观点来看待文学的文章或专著,难道他们都是正宗的比较文学家吗？按照这种逻辑,马克思讨论斐·拉萨尔的历史悲剧《弗兰茨·冯·济金根》的书简,恩格斯的《诗歌和散文中的德国社会主义》,列宁的《党的组织和党的文学》,以及毛泽东的《在延安文艺座谈会上的讲话》,可能都不得不推为比较文学研究的经典著作了。在过度泛比较文学的思路下,一些人把哲学与文学,经济学与文学,法学与文学,甚至弗洛伊德与文学之类,都归入本体的比较文学之列,这就有些荒唐了。但把它们归入泛比较文学还是可以的。

大体上说来,通过以上的归类,我们就很容易看清目前国际国内各种比较文学研究处于什么样的学科层面上,他们之间具有什么样的关系。在这样一种视野中,中国比较文学学者可能更容易冷静下来,思考决定取一种什么样的研究途径更合适。我个人主张,在比较文学的旗帜下,我们的态度应该是重点发展元比较文学研究,适当进行亚比较文学研究,不反对泛比较文学研究。也就是说,比较文学不要忘记自己的本体学科依据,如果喧宾夺主,对于一门学科的建设是弊大于利的。

1.6 对国际比较文学研究的批评

首先,法国学派力主科学的实证的比较的研究方法,重视世界文学发展的有机联系,以寻求类似世界语言系统的谱系树为目标的源流探索,是具有重大的开拓意义的。法国比较文学学者那种孜孜不倦、严谨求实的科学态度仍然是比较文学界应该遵循的榜样。但是,由于法国比较文学学派在学科定位上机械照搬历史语言学派的理路,丢掉了比较文学当以比较文学作品或文学理论为中心这种起码的学科本体审美要求,作茧自缚地局限于史料性质的事实联系与过多的非文学因素考据,使比较文学名不副实,最终趋向于导致比较文学成为狭义的史学研究而非文学研究,这是应该引为教训的。

其次,美国比较文学学派力挽狂澜,促使有点名不副实的传统比较文学研究回到真正的文学研究的轨道上来,注重文学的本体特征,如审美价值和伦理价值之类的人文关怀,这是有巨大功劳的。但是美国学派有从一个极端走到另一个极端的趋势,过分滥用比较方法,不适当地夸大泛比较文学研究的作用。泛比较文学由于有着太广阔的研究空间,无限扩大了比较文学的界限,其实等于把比较文学的研究对象等同于几乎一切人类文化领域。这势必最终消解比较文学研究学科本身。如果比较文学什么都是,它就实际上什么都不是。因此,中国的比较文学学者要特别注意不要掉进这个陷阱。

由于美国学派推波助澜的作用,许多国家(包括中国)的比较文学研究实际上都在一定的程度上不知不觉地混淆了比较文学与其他学科的基本差别,失掉了自己特有的学科研究对象,试图囊括一切学科,结果就消灭了自身。如今,某些挂名比较文学研究的学者往往避免直接的文学作品比较,甚至嘲弄、轻视平行研究,轻视具体的微观的文学作品分析,不想做深入细致的研究,而只想走捷径,赶时髦,主张一天磨十剑,而不是十年磨一剑。更有个别学者喜欢天马横空、动辄宇宙全球,虚张声势地进行所谓宏观论述,或者单纯地津津乐道于某一种文化理论,例如现代主义或后现代主义或新殖民主义,忘记了这些领域虽然与比较文学有关联,却并非是比较文学的本体研究课题。因为其他领域,尤其是广义的人文社会科学领域,也都与这些思潮有着相应的联系。如果见到一种什么新主义,不是从借鉴的角度,而是从扩大地盘的愿望出发想将这些主义囊括进比较文学体系,这就是忘掉了比较文学的本体依据,等于无形中把比较文学学者贬低为一种三教九流的乌合之众或者是包治百病的江湖郎中。这是值得中国比较文学学者警醒的。

1.7 中西比较文学应该是 21 世纪世界比较文学研究的重心

请允许我重复我在 0.4.1. 节"元比较文学主要特征"中的话,我指出:"在一般情况下,越是相似点越多的异类文学,其比较价值越低。越是相似点越少的异类文学,其比较价值越大。或者说差异越大的异类文学,其比较价值越大;差异越小的异类文学,其比较价值越小。即:异类文学的比较价值与其差异点的数量成正比,与其相似点的数量成反比。"

同样的道理,相对说来,中西文化极性相反处最多,其语言文字和文学与西方语言文字文学的差别最大。众所周知,文学的艺术归根结底可以说是语言的艺术,因此,在语言艺术比较这个层次上,中西文学比较最容易使人发现中西文学双方最特殊的审美机制。而最不相同的东西,最容易使人发见其差异。最容易使人发现差异的东西,实际上也最容易使人发现其共同处。中西方的比较文学学者将会日益发现,中国文学由于具有西方文学的不可重复的独特性质,因而具备不可替代的审美价值,这一价值只有通过与其他文学比较才能显露出来。同时,我们应该看到,中国文学对西方的影响和西方文学对中国的影响都是在最近一两个世纪内才壮大起来的。如果把影响研究作为中国比较文学的重点无疑是画地为牢、作茧自缚。因此,只有更多地倡导进行平行研究中的审美特征比较才能够最大程度度提高中西文学比较研究的比较价值回报。这一点,无论是中国的还是西方的比较文学学者都应该有一个清醒的估计。

可以肯定的是,无论对于中国还是西方,中西文学比较具有最大的比较价值。人们频频抱怨前此的世界比较文学研究过多受欧洲中心主义的影响,忽略了东方文学尤其是中国文学与西方文学的比较研究,使国际比较文学研究一度畸形发展,这是有一定根据的。现在主张侧重对中西文学的比较研究,一方面是国际比较文学研究的一种必然趋势,另一方面也是一种必要的调整。如果这样的认识和调整能够得到国际比较文学界广泛认同,那么,21 世纪的国际比较文学研究在中西文学比较这块园地上开出最绚丽的花朵,结出最大的果实,这是毫无疑问的。

对于中国的比较文学学者来说,由于文学具有直观的感染力,因此较其他学科更容易赢得民众的理解,所以在国际上从比较文学上打开缺口是很自然的。21 世纪中国文化要崛起于西方,要使西方人对中国文学产生认同感,中国的比较文学学者就应加强自身对中国文学的研究和介绍。只有感动了自己的文学才能感动别人。从这个意义上来说,中西文学比较研究的深入发展所带来的逻辑趋势必然是中国文学价值的升华与传播。

中西文学比较前途无量,这是可以肯定的。

从莎士比亚研究看中西文化比较

时间:2001年5月14日　地点:外文楼103

无论是莎士比亚研究还是中西文化比较都是很大的题目,我想将二者结合起来,横向的探讨该问题,主要是从文学层面上分析,侧重点放在莎士比亚研究的一些焦点命题上,这样一来即可构成横向上的联系。

首先,我不否认现在署名莎士比亚的作品是伟大的,足以代表西方作品的高峰,但这并不意味着所有署名为莎士比亚的作品都确实是一个叫莎士比亚的人写出来的,因此我们先来看看关于莎士比亚作品著作权的问题。为什么要选择这个题目呢?第一,因为这是一个热点,假设不是莎士比亚所作,那么对该作品的理解就会发生显著的变化,一个作者的文化教养、家庭背景、个人世界观一定强有力的影响其个人的作品。如果该作品确是一个叫莎士比亚的人写的,则我们在分析鉴赏其作品时就会不知不觉的运用他的眼光;反之,这些作品所包含的容量和含义就非常不同了,因此这个命题十分尖锐,它在莎学界的反响是很大的。第二,在分析这个命题时我们可以采用夹叙夹议的方法,我还可以夹杂一些我的个人观点。

在读了署名为莎士比亚的作品之后,我的总体印象是其与一般的文学作品并无太大差异,但其历史剧和悲剧却有很强的政治倾向,似乎要达到一定的政治目的。所谓政治,最高表现即是皇权,莎士比亚的许多作品中都是围绕争夺皇权,我们一会儿将通过例证来分析这种假设是否正确。

对莎士比亚的崇拜在英国文学中已经形成了一种传统,传统形成后就会自我完善,自我调整。这种崇拜还会延续,由此便引申出一个问题,我们如何看待传统文化。客观的对待传统文化并不容易,一些学者总会有意无意的对传统文化生厌。以上是从宏观上我想说的几点。

具体一些,我们来看看莎士比亚所使用的词汇一共有多少。德国一个语言学家统计为15000个,美国一名教授统计有24000个,后来又有人考证是43566个,这运用了电脑,就较为精确了。如此之大的词汇量说明其必然是一个大文学家,首先就要看很多书,作为大家,在浪漫派时尤其达到登峰造极的地步,但他死时遗产中却没有一本书,一封信以及一篇手稿,这很让人奇怪,因为与莎士比亚同时代的作家如果死后,其遗产中往往会有书。

其次，莎士比亚的名字也成问题。1591年和1592年的两首诗中出现了他的名字，公元1623年的版本中正式出现了威廉·莎士比亚的完全拼写。于是人们认为后来作品即是莎士比亚所写。但莎士比亚究竟在哪里？人们纷纷去查，有一个人的名字与莎士比亚接近，但不完全相同，于是人们认定这就是莎士比亚，这是1564年5月4日的事。我也曾查阅，发现与莎士比亚名字类似的人在那个地区有100多个，这不免又让人困惑。即便最终找到了一个最为接近的人，但又不符合莎士比亚的实际基本情况。而对莎士比亚名字的认识已成为一种惯例，很少有人提出疑义。

此外，写出如此伟大作品的人其人格本应值得我们崇拜，但如果我们去查档案，发现这个人并无什么特别之处，无非是跟人打官司，或者投机买卖粮食，还被人告上法庭，这些都使我们有一些不太愉快的回忆。另外，作为如此优秀的人，其家庭背景应该是良好的，但事实上其父母并没有文化，而且他的大女儿是文盲，另一个女儿也只会写自己的名字，这些都是传记中记载的，不免使人对莎士比亚的身份产生怀疑。但很长时间以来，关于莎士比亚的观点似乎已成定论，一些相反观点很难站稳脚跟，甚至有些人为了追求标新立异而不惜去编造，由此我们不难看出学术界所存在的一些问题，很多人靠着莎士比亚吃饭。

从另外一个角度看莎学研究，其实很多学者还是非常严肃的，通过对莎学的研究发现了许多有趣的东西，而且西方每产生一种文学理论，都要拿来解释莎士比亚的作品，于此而言，莎学的研究也是很有意义的。

尽管如此，莎学研究中还是有很多明显的事实值得怀疑。莎士比亚剧本中有很多都有祖本，前人均已写过，这有著作权的问题。前人的作品成了素材，经过莎士比亚的"点石"，这些似乎都成了"金"，或者伟大的作品。所以我在写有关莎士比亚的欧洲文学史时常用"编写"二字，而不完全是创作。

莎士比亚在1585年时突然从他的家乡消失，1590年又在伦敦出现，这段时间他便在给人家编剧本、排戏。开始是给剧院看马，后来剧院老板看他还很有头脑，就让他抄写剧本，念念台词，再后来有发现他还有些聪明才智，于是就让他编写。所谓编写就是到外面花钱去买别人的剧本，那些人包括罗伯特·格林等，都是专门写剧本的人。当时的情况是买了别人的剧本就可以署上自己的名字，并可以随意修改。正因为这样，据说格林在临死时曾抱怨自己的劳动成果被别人所窃取，其实就是影射那些剧院里编写剧本的人。而对于此，文学史上却往往认为这是格林心胸狭窄，嫉妒莎士比亚的成功。事实上，格林是牛津、剑桥大学毕业的硕士生，其文化水平很高，而且作品也有很多。而莎士比亚除了剧本之外别的文章一概没有，这与常理不符，稍微有点名气的人都或多或少会写一些文章，至少与他人也有一些书信往来，但这个莎士比亚却什么也没有，这些现象还不能让人感到奇怪吗？

莎剧为什么能够成功也可以从另外一个角度来看,也就是说莎士比亚是剧院的股东之一,发了大财,要不然他怎么能在他的家乡购置了当地最大的一套房产。为了让剧院的效益好,无非是剧要满足观众喜好。当时观众喜欢的剧多是比较俗的,老百姓与高层人物的欣赏趣味差异不是很大,而像格林等人的作品都是比较雅的,观众不喜欢,于是就要把它改得通俗易懂一些。这样就加入很多俗语,比如《罗密欧与朱丽叶》中有很多脏话,但却很容易赢得观众。

从以上这些,我们可以感觉到其与我们想象中的伟大的文学家有很大差异,由此联想到中国的文学家,往往对于这些只知道赚钱或是生活作风不太好的文学家非常不屑。比如,陶渊明、屈原等人的人格与其作品非常一致,李白杜甫也是这样。西方则不同,西方人虽本身不怎么样,但却可以写出优秀作品,这不就是中西文化的差异吗?不只是文学方面,对于哲学家、政治家也可以是无赖。坏人做出惊天动地的贡献,这也是一种存在,它以恶的方式,以恶治恶,最后却取得了一种善的效果。这与市场经济的运动模式是一样的,亚当·斯密认为"不管"是最好的方式,与老子的"无为"相似,斯密指出通过这种私与私相斗的机制,可以将潜力发挥至及至,最终产生对社会的益处。这同时也体现了西方的逻辑,他们认为是侵略扩张才导致了社会的进步,以这种方式取得了成功。中国则是将善作为假定,以善的办法处理事务,即以德治国,提倡人治,要做大官做皇帝首先自己必须很善,这种假定非常有用,这可以形成一种良性互动;而如果假定人性恶,则人人视对方为竞争对手,有一种反叛的心理,将这种心态扩散到政治、伦理上就会导致这个社会只看钱和权,而不管自己的良心是否正确,造成市场经济中钻法律空子,只要能赚大钱就行。这种心态是否正常?它与中国传统价值观不符,但在西方人眼里其就是英雄。而中国文化中虽然也重视钱和权,但终归会对其有一定限制。

回到莎士比亚我们不难看出,即便莎士比亚这个人真的被利用,西方莎学界也应该看得出来,但他们就可以忽视,其原因在于英美莎学的传统,已构成一个大的文学传统,轻易很难推翻;另外,英国的民族虚荣心也是其中的原因,莎士比亚已成为其文化的象征,全世界都在研究莎士比亚意味着都在研究英国文学,研究他实际上也意味着研究一种优越的文化,通过这种方式,潜移默化的将文化优越论植根于别国意识中。这种虚荣心也使其不愿推翻目前的莎学研究。

中国的学术界往往反对民族主义,认为这是狭隘的,但其实我们缺乏民族主义,五四时一味西化,一切与之接轨。美、法、德都有很强的民族情绪,正是由于这种民族情绪,才可能把它的文化发挥到一个较高的层面,他们才可能凝聚起来。中国却缺少这种精神,稍微为中国文化说几句话,即刻就有人批判,说这是阿Q精神或是狭隘的民族主义。联系胡适先生提出的"百事不如人",其出发点也是好的,也是希望中国富强,但他们太年轻了,易冲动,当时看到中国极为落后,而西方政治经济都很发达,于是极力倡导学习西方这是有一定进步意义的,但另一方面又造成了裂痕,中国当代文学尤其是白话诗歌都陷入一个低谷,偶尔也会涌现几个诗人,大家都认为他写的好,于是进行传抄,这实际上有着强烈的政治情绪在其中。

说到莎剧中的政治信息,当中包含着强烈的政治影射,往往围绕皇权斗争。《哈姆雷特》即是影射伊丽莎白王朝的政治状况。哈姆雷特本身就是影射王朝的艾瑟克斯,无论从年龄还是语言上都能看出来。艾瑟克斯这个贵族很受群众欢迎,他是伊丽莎白的情人,人民认为他会继承王位,本来这是已成定局的事,但后来艾瑟克斯十分傲慢,女王又有了新欢,于是艾瑟克斯和他的支持者们阴谋造反,但艾瑟克斯有犹豫不决,最终被女王发现,将其软禁,并在1601年2月15日将其斩首。哈剧中让莎学反复研究却总也解释不清的就是他的"延宕",这其实是在以剧本的方式总结历史经验,这个剧本本是写丹麦王子的,看起来却与伊丽莎白王朝十分相近,这就是一种政治影射,在莎剧中尤其是历史剧和悲剧中很典型,给进行政变的人以历史借鉴,以形象的方式来说明各种各种政变的方式。通过文艺作品中的经验也可帮助政治家军事家达到目的,我们可以看出文艺确实很难和政治分开,很难否认艺术有政治性。对于莎剧人们往往只看作雅的剧作而看不到其政治性。

《哈姆雷特》中的"剧中剧"也是一种影射,并说穿了这种以戏剧进行政治影射的方式,当时戏剧中影射是非常普遍的。我们在欣赏莎士比亚的作品时从宏观上就可以明白为什么谁都不敢当莎士比亚或者说莎士比亚只是一个假名,正是由于作品中有了政治影射的内容,且当时不知道女王的意思,如果承认了自己是莎士比亚很难保证以后不会遭殃。从这个意义上来说,莎士比亚的作品是若干高手作品的集合,这就可以解释为什么没有一封书信,一篇文章。且当时剧本是不登大雅之堂的,正式的文学作品是诗,于是莎士比亚也只有两首长诗署了名。另外,从他的作品来看,似乎他样样是行家,法学、政治、哲学等都很在行,但我们知道这是不可能的。然而如果我们将他的作品看作是高手作品的集合,那就没什么奇怪的了。综上,我们看出莎学研究不仅仅是文学的东西,而且还是一种文化的象征,它只要站住了脚,就意味着西方文化站住了脚,这也正是莎学研究的意义所在。

其实还有很多人怀疑莎士比亚的作品,比如:惠特曼曾说"关于莎士比亚的记载几乎等于零",其他人像弗洛伊德、马克·吐温等也曾提出质疑,但他们都未进行深入的研究。当然我这也是一家之言,大家仍可商讨。不只是莎学研究中有这种现象,其他国家也有怀疑某些作品的真正作者是谁的情况。且其他领域如音乐、美术也有这种现象,甚至《圣经》的作者也受到怀疑,这是西方。

中国也有很多作品不知道是谁写的,如《黄帝内经》,这是一部关于医学的书,探究了宏观宇宙与微观人体之间的对应关系,主张客观宇宙变化也会对微观人体产生影响,要从大的环境中看人的病理,不只是通过仪器测出,而讲究望、闻、问、切。其中最为发达的是经络学说,考虑所有外界的变化,包括磁场、宇宙线等作用于人体来诊断病因。这套学说十分科学,具有综合性,这样一来,绝非一人所能及,必然也是很多学者的成就。中国的医学是内向型,内科非常发达,19世纪以前一直是处于领先地位。20世纪,西方的医学才赶了上来,因为支撑它的科学如生物学、化学、人体解剖学都发达了起来。西医外科先进就是因其支撑科学发达。西医对外部世界研究,而中医则对内部世界(小我)研究多一些。

除此之外,《周易》《八卦》《老子》《论语》等也是多人共同创作的结果,甚至连《三国演义》的作者也受到了挑战。这与西方有相似之处。除了著作权外,在影射文学方面中西也有很多相通之处。

在现代中国文学中,有很多人都用笔名,比如鲁迅、郭沫若、茅盾等,在他们的作品中,影射的情况也有很多。《阿Q正传》影射了国粹派,讽刺挖苦中国人的精神胜利法的心态。文革中影射文章更多,都是用化名,利用文化手段影射达到一种政治目的或其他目的。

我们搞文学研究有一个教训,就是要相信自己的直观把握,因为很多历史材料其实是不可靠的,而这种直观把握能力恰是中国人所擅长的。西方则完全采用实证主义,完全靠证据,但如果证据中有误,其得出的结论更坏,因为它使人们绝对相信这个结论。所以搞学问要古今类比,这样就不会简单对待古代文献。中国人的直观思维模式有利于此,他们并不完全去相信证据。古代中国人断案,多靠察言观色和自己判案的经验;现代西方却不允许这种直观的东西,只讲证据,不讲良心,有时反而会导致冤假错案。由此又可以想到,纯粹的法治不行,一定要有德治加入,如果法官本人即是一个善人,那么判案时自然不会轻易偏听偏信。德治与法治是相辅相成的,两者要交替使用。一定要假定人是善的,这样才能秉公办事。西方认为人性是恶的,提倡源罪说,有一种外界的力量去制恶,这种思想容易导致法治极端化。中国传统文化却提倡个人修养是第一位的,使用这种方法是可以使人远离恶。向善是可能的,中西在此层面上也有相通,虽然有人认为个人变善是困难的,但如果我们整个社会都朝这个方向努力,则善就成为社会的一种共识,就会产生相应的社会效益。

中西翻译大潮与西化一千年

(时间:2000年11月28日晚7:00—9:00;地点:北大3教107室)

大家好!今天晚上我讲的题目是《中西翻译大潮与西化一千年》,为什么取这个题目呢?也许是想夸大其辞吧,以便于有更多的人来注意到它。但实际上中西翻译大潮不应该是一千年,而是两千年。(笑声)因为我觉得一千年这个数字已经够大了,所以当时就减掉了一千年,现在再追加上一千年。为什么是两千年呢?因为翻译这种活动不止两千年。自从人类开始存在民族之间的交往以后,就已经有翻译了,所以可以说人类的翻译活动不会少于五千年。但是由于两千年前的翻译活动大都没有文字记载,所以我把有文字记载的翻译活动暂定为两千年左右。这两千年来的翻译活动究竟意味着什么呢?我想结合我国的传统文化来讲,所以标题涉及中西翻译大潮与西化问题。我先把中西方的翻译大潮简单介绍一下,算是开头,但侧重要谈的是翻译对中国文化的影响,尤其是翻译浪潮在我国造成的"西化"风过盛问题。

就西方来说,它的翻译可分为几大潮。有人认为有六大潮,我为了讲解的方便,暂时认为它是三大潮或四大潮,把有些东西合并起来处理。

第一大潮指的是古罗马的翻译大潮。为什么这么说呢?因为古罗马承接的是希腊文化,古罗马文化要发达起来,显然就是借助于翻译。这个道理可以反过来说,似乎有了翻译大潮,一个民族的文化就可以发达起来。当然情形不总是这样,但有很多例子可以证明这一点。就连古希腊的文化在若干方面也是借助于翻译的。比如它也借鉴了很多东方的古巴比伦文化和古埃及的文化。古罗马掀起的这场翻译大潮的规模是很大的。说确切一点,这第一大潮主要是从公元前5世纪到公元前3世纪中叶。这个时期有很多人翻译古希腊的各种文化资料,其中很有名的人有安德罗尼柯,他主要用拉丁文翻译《荷马史诗》和《奥德赛》,他翻译这些作品,并不完全因为它们是诗歌,更重要的是一种历史记载,所以翻译有助于了解其他民族的文化传统。

第二个值得一提的人物是哲罗姆,他主要翻译了《圣经》,当时起的作用非常大,成为官方的《圣经》。但是在他之前还有另外一本《圣经》也很值得一提,这本《旧约·圣经》是在公元前285年到249年之间由72个犹太学者在埃及的亚历山大城图书馆翻译的,因为当时埃及还是在罗马的势力之下。这72个学者是怎么译《圣经》的呢?他们分别来自12个不同的部落,主要是以色列的部落。每个部落来6个人,因而是72个人,都是文化水平很高的贵族。这72个人再两人一组共分成36组,一共翻译出36篇《圣经》。然后再对这36篇《圣经》进行检查核实,达成比较一致的意见,最后的译稿叫做《七十子希腊文本》或《七十贤士译本》,在西方世界非常有名。

除了以上几个例子,另外还有一些翻译成就比较值得一提,比如普劳图斯、泰伦斯、西赛罗等,这都是罗马很有名的大作家、大学者、大演说家、大政治家等。他们不但有很多翻译作品,而且还发表了很多关于翻译方面的见解。罗马的文学作品很多是模仿古希腊文学作品。这种模仿多带有翻译性质。以上是第一大潮,这一大潮归结起来,就是罗马的文化很大程度上归功于它的翻译。

第二大潮主要发生在11世纪到16世纪之间。这个时期产生了类似于翻译集团的组织。西班牙有个地方叫做托莱多,西方的很多翻译家都荟集在此。他们主要是把大批的阿拉伯语翻译成拉丁文,翻译内容大多与《圣经》相关或是《圣经》本身,即宗教文献。为什么他们会荟集在这个地方呢?原来从9世纪到10世纪,叙利亚的学者到原雅典所在地云游,发现那里有很多文献,于是就把文献大批地带回并翻译成古代的叙利亚语,然后又带到了巴格达,阿拉伯人又将其翻译成阿拉伯语。所以托莱多当时成了欧洲的翻译中心,托莱多翻译院在当时非常有名。这个时期的翻译为后来的"文艺复兴"奠定了基础。因为"文艺复兴"主要是发现了古希腊、古罗马的文化,是怎么发现的呢?并不是直接从希腊、罗马来的,很多作品都是转了很多弯,叙利亚语译成阿拉伯语,阿拉伯语又译成拉丁文,拉丁文再被译成别的语种。因此等于是翻译的翻译,所以也叫重新发现,这种事情也很常见。在"文艺复兴"时期尤其是16世纪,翻译活动达到了顶峰。德国有一位宗教改革家叫路德,他翻译了第一部民众的《圣经》。因为在这之前《圣经》都是拉丁文,老百姓不太容易看懂。由于这个译本,使德语的发展达到了一个新纪元,一部翻译作品居然可以改造一个国家的语言,可见其作用之大。同时在法国有一个作家叫阿米欧,他用8年的时间翻译了《希腊罗马名人传》,这都是影响很大的,成为西方翻译史上一部不朽的名著。翻译可以改造一个国家的语言风貌,重新塑造一个国家的信仰框架,使其文化价值观发生很大的变化。所以有的学者说:如果没有翻译,整个现在的西方文化就不会存在。至少"文艺复兴"就不会产生,罗马文化可能就是空白。因此翻译的作用之大,怎么夸张也不算过分。

第三大潮主要是启蒙主义和浪漫主义时期,主要是17、18世纪,这个时期出现了很多作家、诗人,而且其中很多人本身也是翻译家,如法国的伏尔泰、雨果、夏多布里昂、波德莱尔等,德国的席勒、歌德等。他们其中很多人对中国的作品和文化都极其佩服。这个时期的西方文化也受惠于翻译,而且规模上越来越大。

第四大潮是现当代,主要是二战结束以来的翻译活动。这个时期与以往有所不同,未必完全是为了引进其他国家的先进文化,而是出自对经济、政治、军事等各方面的利害考虑。国家作为一种机构已经非常发达,必须把相关的东西引进来,这也需要通过翻译,因此翻译的规模比以往的任何时期都还要大。这主要指西方。其中主要值得一提的是在1946年西方学者开了一个会议,认为人为的翻译太累,能不能用机器来翻译呢?于是后来大家都开始做这件事情,最后做了一些出来,但准确率都不是太高,成为一种"瓶颈",可能今后十年之内都难以突破。但是一旦突破就非常可怕了,人类将面临一场新的文化大飞跃。上了网络你就会知道了,网络上是什么东西?英语。可是你是中国人啊,你从小学的并不是英语,尽管你的阅读能力也不差。但是如果变成汉语,你得到的信息要多得多,尤其是中国,有这么多人,他们需要的更多的还是用汉语传输的信息。因此,这使翻译本身面临一种困境,必须要把这个问题解决,一旦解决了这个问题,人类之间的沟通就会少了很多障碍,语言就可以多元存在,而没有必要让英语来独霸天下。现在由于翻译还没有上去,英语就势所必然地要吞没我们,吞灭全球的意识形态领域,也包括其他各个领域。因此,我曾经写过三篇文章来说明国家应拨款来资助机器翻译研究的重要性,这个东西若搞出来大家受惠多大呀!你们都可以不用学外语了!(笑声)也不用再浪费那么多的人力物力。所以应该把翻译放到更高的层次上来考虑,给它一个更大的推动。

现在我们说一下中国的翻译。中国的翻译和西化大潮是连接在一起的。我把中国的翻译分为近西和远西。何为近西?主要是离我们近一点儿的西方,比如印度,印度也是西方,不是说到"西土"取经吗?远西指的是美国、英国尤其是西欧等国家。

近西的翻译大潮兴于汉魏,盛于隋唐,延续到宋元,断断续续差不多有1000年。这次大的翻译产生了什么结果呢?它至少使三家鼎足而立,即儒释道三足鼎立。释即佛教,也指释迦牟尼。古代中国人有开放的心胸,但也并没有让翻译过来的东西完全占据了霸权地位。就是说给了它一定的地位,但也不至于使其完全吞没我们自己的文化。这是很宝贵的经验。这个时期的代表人物有很多,其中之一是鸠摩罗什,他主要翻译了《摩诃般若波罗密经》和《妙法莲花经》,另外一个大翻译家大家都熟悉,就是孙悟空的师父玄奘大师,他的翻译是非常厉害的,他翻译了70多部佛经。到了唐朝时,中国共翻译了3616部佛经,计8641卷,从汉朝到宋元共翻译了1万5000多卷,这个数字是非常之大的,在全世界都首屈一指,也就是说中国的翻译规模非常之大。中国最早的翻译是公元前2年,汉哀帝元年,有一个博士弟子(秦景宪)受大月氏王使尹存口授《浮屠经》,但是这个证据不是太充分。后来就是到了后汉,桓帝、灵帝时代(公元67年)据说翻译了《四十二章经》。这只是简单地提到了一点,实际上若去读《中国佛教史》、《中国哲学史》,就会发现,离开翻译就几乎不能称之为史了,只要讲佛教就必然会涉及到翻译,这都是基本的常识。在这里我们要谈的是翻译对中国文化产生了怎样的影响。我觉得它至少对中国有以下四个方面的直接影响。

第一个是对汉语词汇量的影响。从汉到唐,通过翻译而产生的词有多少呢?一共有3万5000多个。就是说,汉字一下子就扩大了3万5000多个。我们口语中的词有很多是从佛经里来的,只是因为说惯了不觉得。扩大了词汇量就意味着扩大了思想的容量。因为一个词就代表了一个概念,多了一个概念人的思想就会复杂些,思维能力也就高了,也强了。所以学会一种语言就等于学会一种世界观,语言丰富了也就意味着思维能力增强了。在一种语言中若某些词汇不存在,那么与这些词汇相应的事物就无法认识,因而增加词汇很重要。比如"雪"这个简单的词谁不知道呢? 但是到了爱斯基摩人那里,他就没有这个词,没有这种笼而统之的雪,你说"雪"他不懂。必须说细微的雪,或粗糙的雪,或什么形状的雪,他有几十种关于雪的词汇。所以他说出的雪你不知道,而他由于生活在那种冰天雪地的环境之下对雪的认识特别清晰,因而就有几十种描写雪的词汇,归类很细。可见,词汇的增加有多么重要。

第二,它对汉语的文体也有很大的冲击。比如说,我们以前的文章中之乎者也用得很多,还用骈体文,不是说这种东西一点不好,但也不能所有的文章全都这样写,因而受到了佛教文献译本的冲击。因为佛教是国外的,翻译过来不可能正好是四言八句的那种工整的对仗,只好照原文译。译多了就接受了这种文体,因而就打破了原有的文风,所以它对我国的语言走向白话文起了很大的推进作用。同时,佛经的分章分类很精细,因为印欧语系的文章都是条分缕析的,这一点通过佛经的翻译就显示出来了,也使我们学会了这种东西,丰富了我们的思维结构。

第三,它对中国文学的题材比如文论这些,也有很大的影响。中国人讨论文学理论,论来论去,往往论到佛教的领域中去,也就是借用它的一些说法。例如,现在翻译理论界用得最响的一种说法叫做"化境说",谁说的? 钱钟书先生用的,这个说法就来源于佛教。诗歌理论中的"神韵说","空灵的境界"等都与佛理、禅学等相关。同时,有很多文学作品的题材也来源于佛教文献,比如说《西游记》。

第四,是它对政治的影响。这也很明显,原来在中国是儒教、道教占主导地位,佛教传入以后,打破了这种平衡,变成了三分天下。到了唐朝,情况有了新的变化,佛教的影响越来越大,中国人心态再开放也有些按捺不住了,因为佛教几乎已经把儒教挤到边缘上去了。于是中国的一些传统学者比如韩愈就起来反抗,开始反击佛教,后来甚至还产生了灭佛的举措。总之,儒道释三足鼎立造成了中国文化的一种新的格局,这也是由于翻译造成的。但是归根结蒂中国的主流思潮并没有被佛教所吞没,而是采取了中庸之道,同时兼收并蓄,我觉得这就是一种很正常的心态,就是让你来,但你也不能完全吞没我。由此我们得出一个什么结论呢?通过翻译造成的这种大潮让中国人完全有开放的心态来吸收外来的文化。有的人说中国人保守,总是闭关自守。我觉得从这一点看起来并不是这样。分析一下中国人所处的一些环境及条件,就会发现中国人并不是保守的,否则为什么会吸收这些东西?中国人有时不是太保守,反而是太开放了,因而给自己找来了太多的麻烦,把别人的东西统统都拿来了,甚至让它们占了主导地位。这也是我后面要讲的西化问题。

总之,这个时期近千年的西化就说明了中国人是宽容的而且进一步学会了宽容。因为佛教本身也宣扬宽容,它跟儒家的很多伦理道德有相通之处。

下面讲远西的西化,这和远西的翻译大潮也是结合在一起的。这个时期的翻译大潮可分为五大潮,时间指1840年以来到2000年,共约160多年。

第一大潮指1840年到1911年共约50年的时间。在这个大潮中,首先翻译是一个媒介,它把西方的坚甲利兵及声光电学等技艺性的东西翻译过来了,主要是通过大家所熟悉的洋务运动,代表人物就是魏源、李鸿章、张之洞等。他们主张坚甲利兵及声光电学的学习,并大量翻译这些东西。这个方向是很好的,当时就应该大量翻译这些,因为中国缺的就是这些,而且翻译这些知识和他们的主张也是合拍的。他们主张要"西化",但只是技艺摹仿,即科学技术。他们主张"中体西用"的观点,即中国的文化及制度要处于本位,只是借用西方的技艺性的东西。"中体西用"这个术语原本是冯桂芬最先使用,后来张之洞等使它发扬光大。技艺摹仿是洋务运动的特点,但是后来又打了败仗,还是打不过西方。于是人们就着急了,认为光是把技术拿过来是不起作用的,还得从别的方面找原因。于是后来有了"戊戌维新",要求政治的西化。即康有为、梁启超等人主张变法图强。变什么?不仅仅是技艺,而是侧重于政治上的摹仿,或者说是政治抄袭。但是不是走政治改革这条路子就是最佳的选择?这是一个问题,是一个值得我们思考的东西。假设当时没有搞这种政治抄袭,情况就会比现在更糟吗?其实中国人当时最需要的是什么东西?在一定的场合,当一个国家特别衰落的时候,是需要把它打烂了重来呢还是先稳住阵脚并去大力发展那些关键的部分?那么什么是关键的部分?说穿了,一是经济,二是军事。1840的鸦片战争如果没有打败,情况可能就反过来了。你会问这怎么可能呢?文化和经济上没有发展怎么可能赢呢?那蒙古呢?满族呢?元朝和清朝其实都是外来民族战胜了汉族,难道说他们的政治、经济、文化都比汉族的先进吗?实际上就是军事上打败了汉族。一旦在军事上败了,似乎什么都败了。所以五四时期的那些知识分子对中国的分析是需要商榷的。这样拿过来,那样也拿过来,就会乱套了。怎么能指望刚派过去的留学生在国外学几年回来以后就能把师傅打败呢？时间太短了，总得有个过程。而不能一旦打败就觉得什么都存在问题，什么都要重新来。政治抄袭把中国与西方的斗争转化成了我们中国人自己之间的斗争，不去打外国人，自己先打起来了，一打至少打了100年，打到"无产阶级文化大革命"，还在打。（笑声）

因此，这也涉及到哪些东西应该翻译过来，声光电学的东西是应该翻译过来的，当时我们的校长严复翻译了《天演论》，这之后中国知识界的精英们没有一个不受他的影响，人人去看《天演论》。《天演论》宣传的是什么？其中很重要的思想就是"物竞天择，适者生存"。看起来是鼓励一个民族奋发向上，但实际上它有一种内在倾向使人容易把将斗争本身赋予一种价值，好像"斗"就是对的，不斗则退嘛！实际上一个国家要发展起来必须有一个空前团结的局面，得有一种凝聚力才行。但事实上这种斗争的思想却搞成了中国人自己在斗。西方后来的社会达尔文主义也是这种斗争思想的衍生物。谁最反对《天演论》这本书的翻译呢？辜鸿铭先生，他一看这本书的译本，就说这是在犯罪，认为严复把中国人的思想搞乱了。当然他的某些说法也有些极端，我们这里只是简单地陈述事实。这里面有很多值得深思的地方，即应该翻译什么样的东西。不是说达尔文的东西就全然不对，而是说在什么样的时代什么样的人民和民族需要什么样的东西最好，就应选择什么样子的东西翻译。

张之洞、李鸿章等人属于温和的西化派，另外还有一种激进的西化派。激进的西化派又可以分为两派，一个是共产党，一个是国民党。共产主义其实也是主张西化，主张的是马克思主义，是只此一家别无分店的西化。国民党主张的是笼而统之的西方资产阶级的那种学说，包括蒋介石在内，西化的思想是很严重的。

第二大潮的时间是从1911年到1949年，共38年。这期间发生了"辛亥革命"，它实际上是一种西化式的政治革命，它成功了。它骨子里的政治思想属于西化式的民主，但也不完全是，而是融进了一些民族的东西。西方的民主思想是民有、民治、民享，而孙中山先生提出的是民族、民主、民生的"三民主义"，从中可看出是模仿的西化的东西。

这一时期还发生了五四运动，五四运动就是激进西化派占了上风。这其中又分为两派，一派是现实派，一派是理想派。现实派主要是孙中山，又可叫做右派西化，主张三权分立，权力制衡。因为他们吸取的主张是西方现存的政治体制因而叫现实派。理想派主要以陈独秀等共产主义者为代表，他们可称为左派西化，主张马克思列宁主义。这之后两派开始进行政治斗争，斗来斗去，理想西化派获得成功，马克思主义终于在中国站住了脚。这是历史的必然吗？就是历史的必然。为什么蒋介石那一派会被推翻，马克思主义可以在中国站住脚并取得成功呢？这不是偶然的因素，也有其必然性。这可以从五个方面来阐述。

第一，马克思主义之所以能在中国站住脚，是因为它其中的某些思想与中国的传统文化有合拍的地方，契合了中国的传统。中国几千年就有官逼民反的传统，杀富济贫，向往大同社会，就如毛泽东所说"造反有理"。马克思说的很有道理，一个造反的阶级需要的就是道理。名正则言顺，言顺则事成嘛！马克思主义就提供了这种学说。它与孔子所说的"不患寡而患不均"、"老有所终，少有所养"等大同思想非常合拍。"共产"这种说法使大家潜意识当中不约而同地认同它。

第二，民族矛盾造成了当时的知识分子愿意去接受马克思主义，而对于非马克思主义的东西存在疑虑。因为当时主要是帝国主义和中华民族的矛盾，知识分子一方面羡慕西方发达的经济与技术，一方面又觉得他们总是打我们，就如毛泽东所说："我们是学生，他们是先生，但是先生老打学生。"因而需要反对帝国主义，这种思想促使人们接受马克思主义。

第三，国际上的影响即苏联的影响。当时苏联的革命成功了，而且它离我们那么近，它对我们的渗透以及经济上的援助也是马克思主义得以在中国快速传播的原因。毛泽东说："十月革命一声炮响，为我们送来了马克思主义。……"

第四，当时西方资本主义社会正好处于低潮。两次世界大战以及西方1929—1933年的经济大萧条震撼了整个世界，西方资本主义世界可以说是一片荒凉，西方的道德危机以及西方知识分子的精神危机可以说已经到达了极点。文学上也有反映，艾略特所写的《荒原》就是对此的集中代表。当时西方的精神界到处充满了恐怖和绝望，原来知识分子以为科技可以拯救世界，觉得原来所设计的一套政治、经济等方面的东西是多么完备呀，但两次世界大战都使他们开始深入地思考，科学技术为什么给人类带来这么大的灾难？这样一来，使中国看到了西方发展道路的弊端，因而对此存有很大顾忌。而马克思主义在当时看起来还没有什么毛病，这也是原因之一。

第五，马克思主义的专政理论为革命者提供了理论依据，提供了"名正言顺"的依据。以前的革命者造反都会为自己找一种理论。当然那些理论都很简单，比如说"苍天当死，黄天当立"等等，而这个时候就不同了。马克思写了很厚很厚的书告诉人们没有钱就可以造反，因为你在受着压迫和剥削，是资本家在压迫你、在剥削你的劳动。马克思通过各种公式或数字等进行科学的计算，显示出一种学术上的严密性，这使当时的革命者在进行夺权斗争时大有一种真理在握、理直气壮的感觉。所以马克思主义促使人们起来进行革命，成为革命者最得心应手的一种武器。

从以上五个方面就可以明白马克思主义为什么会在中国开花结果，也可以解释理想西化派为什么会取得成功。这其中也有些插曲，一些思想家们觉得不能这么简单地接受这样一种主义，包括梁漱溟等，他们有自己的一些想法，也冷静地表达了自己的一些观点。但是一些全盘西化派却不太冷静，其中包括陈独秀、胡适、鲁迅等，主张全盘西化，照搬西方。也不是这些人不好，而是走出国门一看，发现其他国家都很发达，就急了，戴着西式的眼镜在哈哈镜里看自己，觉得自己一无是处。胡适有一个观点就是认为"中国百事不如人"，鲁迅对中国传统文化也是基本否定的。另外还有全盘理想西化派，代表人物也有陈独秀，他兼演了两种角色，因为他后来信奉马克思主义嘛！此外还有毛泽东、李大钊等人。

第三次大潮指的是1949年到1966年。这时革命已经取得成功，政权属于人民，就开始把马克思主义付诸实践，相信马克思主义是放之四海而皆准的理论，主要模仿的是苏联。若当时不是完全模仿苏联，而是照中国自己的模式走，可能情况会好一些。因为苏联有些模式确实是把我们引入了歧途，毛泽东的眼光比苏联的某些领导人的是要高的。这个时期，理论上来自于西欧，实践来自于东欧，总之都是西方的。这17年的结果大家都看到了，在政治经济的若干方面确实是取得了成功，当然其中弊端也不少。说到成功的方面很多人都摇头不乐意讲，认为传统社会主义的很多方面都需要彻底抛弃。其实，传统社会主义的若干方面还是应该继承下来的，值得我们思考。比如对于传统道德的提倡，对于人类私心的限制等等。五六十年代的人是很单纯的，雷锋式的人物在日常生活当中就是能碰得上，就是有很多人去做好事，就想着多作出些贡献盼着共产主义快点来，那个精神境界就是比现在要高得多。所以，传统社会主义至少在教化这方面取得的成功是值得我们深思的。哪像现在这样，大街上看着人们的表情都不一样了。（笑声）当时人人都是很平等的，也的确出现了很多清官。很多人都想着做好事，甚至有人自己放火烧房子然后去救火想当救火英雄，后来被查出来了。（笑声）要当英雄也别这么干呀！但它从侧面也反映了人们当时的心态。所以人心是可以被改造和教化而变得善良起来的，并非如西方的传统信念认为的那样：人性肯定是自私的。通过一定的教化，人类还是可以达到一种很高的伦理道德水平的。

第四次大潮是"无产阶级文化大革命"时期，即1966年到1977年。这个时期翻译当然就很少了，但也是西化大潮，为什么？它叫什么革命？无产阶级文化大革命，无产阶级这一套学说整个是马克思主义的，所以仍然是西方的学说。它第一要反对的就是封建主义，当时不是要反对"封、资、修"嘛！核心就是要斗，"与天斗，其乐无穷，与地斗，其乐无穷，与人斗，其乐无穷"（笑声）。这些思想其实都是西方的思想。这里要提醒大家，现在有人写文章批评"文革"动不动就骂中国传统文化，把中国传统文化偷换成中国的封建专制的概念，认为是封建主义把"无产阶级文化大革命"搞糟了，其实哪里关封建主义的事呢？封建主义在这里完全成了"替罪羊"。实际上如果真的按照所谓中国封建主义的那一套是来搞是不会斗成那样的。封建主义搞的是天下太平，是要以和为贵，是要君君臣臣父父子子，搞中庸之道，主张大事化小，小事化了。所以"文革"根本不是主要与封建主义相关的，而是西化的思想达到极端造成的。

第五次大潮是从1978年到1998年,这20年来就是绕了一个弯,我们也搞市场经济了,又转到了原来的现实西化派。其实原来张之洞搞的那一套与这些是相类似的,你会问中国那时候怎么会搞市场经济呢?其实中国至少从商朝起就已经开始搞市场经济了(笑声)。什么叫商朝?商朝"之所以叫商朝,据说就是因为殷商子民善于经商。还有尧舜的舜是干什么的?没有作皇帝的时候就做过小手工业者、做过在自由市场上出售坛坛罐罐的商人,当然他也是农民,亦工亦农亦商,多面手。所以中国并不是没有市场经济。你会说那时市场经济与现在的不一样,是呀,那能一样吗?同一个人每天的心情还不一样呢。但是其中基本的机制是类似的。中国各朝代都存在市场经济,只是比重各有不同。因为中国一直都是农耕社会,依靠土地就可以丰衣足食了,不必依靠买卖东西才能生活下去。现在一说起市场经济好像就全是西方的,其实哪一种社会都在搞,程度不同而已。

总而言之,市场经济这一个模式是古已有之,中国也有,西方也有,我们好长时间没有使用它,是因为绕了100多年的圈子,现在又绕回来了,这个代价是很沉重的。因此,对马克思列宁主义的理解是很困难的,但也要允许马克思主义者犯错误。所以邓小平提出要解放思想,有一篇文章极其重要,即《实践是检验真理的唯一标准》。你会说这个道理谁不知道呢?例如韩非就是这个观点的倡导者之一,提出过"参验"论,认为"无参验而必之者,愚也。"但是同样的话在什么样的情况下由什么样的人说出来,其分量是完全不同的。一个最最简单的真理有时也需要通过几十年的奋斗才可能站得起来。但是这句话在措辞上还有缺点,你去查一下《毛泽东选集》就会发现,实践的结果才是检验真理的唯一标准。实践是一种活动,是动态的,怎么能做标准呢?标准是不能动的,因而要看结果。

下面谈一下关于过度西化的问题。在思想界,就存在过度西化的问题。比如,陈独秀就曾提出要增加人的兽性,他说得也很深刻。的确是这样,中国挨打,不是因为文化不发达,而是因为文化太发达了,因为文明太高了,太讲道理,所以就很容易受到欺负。因此,陈独秀提出要增加兽性,这是颇有见地的。鲁迅则从另一个角度用文章来表达类似的观点,代表作是《阿Q正传》。讽刺的是中国人的精神胜利法,认为中国人明明不行但还自我感觉良好。他要把这种思想批判掉,然后才能放手把西方的东西拿进来。我觉得这就起了推波助澜的作用,使当时整个社会的西化之风势不可挡。"阿Q精神"当然也不是一种值得大力提倡的精神,但它实实在在表现了中国的一种民族的东西,一种宽容的精神。因为中国的人与人之间的人际关系受制于家族的形态,家族当中需要的就是一种忍耐精神。所以俗话说"张公有百忍,九代家不分"。要使一大家子团结起来,必须要具有一种宽宏大量的心胸。若什么都在乎,就无法生存了。在实际生活中,谁不是"阿Q"呢?在座的每一个人仔细分析一下自己,都会发现自己都多少有点这种因素,缺少了这个就无法生存。你被女朋友抛弃了,怎么办?你去跳河呢还是认为无所谓呢?你也许来一句"天涯何处无芳草",(笑声)就稍微感到轻松了一点。你未必能真正找到芳草,但是你还是要这样想、这样说。因为人的生活中是有很多挫折的,对付挫折的办法是什么?如果每次都较真那就完了,你必须认为自己是不错的,总是怀着一种希望,才能生存下去嘛!这一点用来解释民族也一样,当一个民族越是疲惫不堪的时候,你总是讽刺挖苦,骂得再厉害,能起什么作用?只能使这个民族越来越不行。所以,作为一种文艺形式,鲁迅的确把这篇小说写得很好。但是把一个民族写到这个程度,究竟有没有起到积极的作用?中国在当时需要的不是知识界的谩骂,需要的是什么?是办法。你说中国不行,你就应该提一套方案出来。鲁迅先生你说该怎么办?但他好像从来都没有说过。(笑声)鲁迅先生特别痛恨中国人的国民劣根性。这可以理解,但问题的关键是:中国人怎么会有劣根性呢?管子说得好:"仓廪实则知礼节,衣食足则知荣辱。"一个人若连吃和穿都没有,他就顾不上道德了,丰衣足食,当然也就懂得礼仪了。三天不吃饭,怎么能像有钱人那样穿得很干净、微笑、握手?所以不要总是抱怨劣根性,而要研究一下为什么会有这种劣根性?你把他的经济状况提高了,他自己就会文明起来。现在有些千万富翁亿万富翁到处想得到硕士学位、博士学位,还要去买一些从来都不看也看不懂的毕加索的画等等悬挂在家里显示文化品味,学习附庸风雅。(笑声)经济条件改善了,他的劣根性才能慢慢消失。所以,劣根性是果,而不是因。因此,鲁迅等先生当时对所谓国民劣根性的抨击尽管情有可原,其实在我看来,未免是倒果为因,没分清主次了。另一方面,我以为"阿Q精神"在某种程度上是一种伟大的精神。当你面临着巨大的困难或挑战时,心中依然充满希望,你就是伟大的。当然,鲁迅作为一个斗士,对他认为是邪恶的东西进行批判,这种做法的出发点是值得肯定的,他的文学作品的水平之高也是首屈一指的。我们现在作为一个当代的知识分子,当西化大潮向自己滚滚涌来的时候,就不能像五四时的知识分子简单地看待中国的问题,而要想想中国人的地位,中国文化的本位还能保存到什么程度,作为中国的一分子能为她作出什么努力。其实有很多人根本并没有真正地理解中国的文化,人云亦云地骂中国文化,有很大一批人暴得大名就是靠污辱、咒骂中国文化起家的。

从教育方面说也是这样,一套教育体制几乎就是从西方全盘搬过来的。比如说得了博士学位要戴帽子,这个帽子就是西方的,我就不乐意戴。因为博士在我国古代就有了,为什么要戴他们西方人后来才搞出的帽子呢?(笑声)为什么一定要用那个东西来显示自己是个博士呢?我们的博士多着呢!古代的进士就是博士甚至还要比博士高一点,西方人翻译进士就是译成 doctor。这完全可以由中国人自己搞一套的嘛!可是我们不搞,我们要与世界接轨!(笑声)论文的写法也是这样。论文最重要的是什么？是思想，是创见。但现在第一关是问写了多少字，若说是1万，那不行，少了5万不给学位。这个主要看重字数的说法本身就有很大问题。

出版社出书也是这样，我说这本书可以出版了，编辑说："不行，你最好把它扩张成30万字吧！"我说："这个思想就这么多，你为何非得把它扩张呢？"他说："你这才十来万字，不像一本书。"看来"书"这个字眼在现代社会中受到了很大的亵渎，决定它的价值的不是它的内容，而是它的厚度。这对于许多人来说，都不知不觉地形成了一种思维定式，好像思想是可以用刀子随便剪裁的东西一样。在为文章作注解方面也是这样，似乎一定要有七八十个注解才算注解，其实要作那么多注解又有何难哉？注解的多少并不重要，关键应该看思想。西方的很多论文注解就特别多，在学术包装方面做得很到位，但你若是把它们翻译过来，你会发现其中很多材料、很多思想是介绍别人的，是转手买卖，目的在于煞有介事地暗示你他知道的东西很多。有许多西方专著，后面列出的书目达到几千种，让你惊讶得气都透不过来。其实，装潢这些东西并不难，需要的主要是时间而已。记得拉萨尔写过一本关于赫拉克利特的书，炫耀其旁征博引。马克思不屑一顾，说，只要手边堆一些参考书，旁征博引谁都办得到。现在我们的很多博士生、硕士生写论文时，也很高兴故意使用这种虚张声势的做法，注解、书目一大堆，论述了半天，无非是别人怎么怎么说，基本上完全是用自己的话抄袭别人的，就像英语课上作paraphrase练习一样。论文写了若干万字，厚度已经上去了，只剩下一两万字就可以交差了，但还没有找到自己的独特的观点，怎么办呢？就装模作样地把别人的东西批判一下。（笑声）其实真正地搞真学问的人，是不计较文章本身的长度的。长有长的必要才长，能够短而精，再好不过。如果必要，就是一辈子只琢磨写一篇文章我认为都是可以的。老子《道德经》不就5000字吗？如果落到黑格尔手里去推演一下，少说也有100万字！（笑声）西方的语言结构就是这样的，很容易勾引西方人写出一连串的东西来。

历史形态的划分方面，西化的思想也很严重。一说到历史形态就是五个阶段：原始社会、奴隶社会、封建社会、资本主社会、社会主义社会。其中哪能每一个国家都这样呢？比如说中国有奴隶社会吗？你说有，有根据吗？与西方的奴隶社会相比，中国根本就不是那个形态。中国有某种程度的奴隶现象（任何一个国家、民族，任何一个历史时期都有某种程度的奴隶现象），但很难说存在占主流的奴隶制度和奴隶社会。因为苏联有一帮研究马克思主义的人硬说马克思有这个观点，所以中国人也附会着说，但其实根据很不充分。这是一个很大的题目，你们可以看一下相关文献。很多西方的理论研究成果是建构在西方的历史基础上的，对东方对中国并没有深入了解，也不一定适用。

另外再谈一下科举制度。科举考试到了西化风盛行的五四前也被完全废除了,许多中国人还兴高采烈。其实科举被完全废掉了就有好处吗?科举考试的意义是什么?皇帝觉得天下由他一个人做不好,希望广大知识分子来与他分享权力。开始若干王朝也采用过推荐选拔的方法,但其弊端太大,摸索了几千年终于找到一种方式——考!不管是谁,都要进行严格的考试,然后把有才能的知识分子提拔上来。这种考试方法传到伏尔泰那里,他真是佩服得五体投地,认为中国人这么早就能实行这种文官制度,实在不可思议,这在当时的西方根本不可能办到,因为这是完全靠人的理性来自己管理自己,而不是靠宗教等虚无的东西。科举考试在中国历史上起到了很大的作用,有这样一批优秀的知识分子来管理国家,才有盛唐等繁荣稳定的历史时期。例如从唐宪宗到唐懿宗共有宰相133位,其中有104位(约占85%)宰相是进士(相当于或约高于现在的博士水平)。但是到了"五四"时,科举制完全被废除了,却拿过来了西方的党派政治的一套东西。

下面可以再讲一下中医。到了1902年,中医界遭了大难。民国政府中的许多要人提出要废除中医。当时北大药学门这一科共有31门,中医在其中只有一门。可以想象,西化之风有多重!中医几乎完全被抛弃了。反对中医的人包括梁漱溟、郭沫若、梁启超、胡适、蒋介石等人,有人甚至发誓宁死也不去找中医,因此对中医的排斥是非常可怕的。

同时服饰方面也一样,现在清一色的服装都是不中不西的,大都是西方变种过来的服装。其实若女人都穿上盛唐时候的服装,也是很好看的。(笑声)原来总抨击说中国封建社会中女人裹脚,其实西方女人把鞋跟越弄越高,与裹脚走路的样子产生的是一样的效果。(笑声)

我们讲了这么多,说的就是在西化的前面1000年中,中国人学会了宽容;后面的100年中,却总是喜欢一言堂,总是抨击除了自己赞成的一种主张之外的所有的主张(包括自己传统中的东西),是不宽容。所以现在到了一个启蒙的时代,启什么蒙?五四时是为了解西方文化的长处,而现在启蒙是为了让我们了解中国文化的长处,这是需要一个更长的讲演来解决的,就当我是抛砖引玉吧,我的演讲完了,谢谢大家!(掌声)

外来术语翻译与中国学术问题

从一定的意义上来看，中国近百年来的学术常常是由翻译家及翻译作品牵着鼻子在走。只要看看书店书摊上稍有影响力的作品，就知道翻译是如何强有力地影响着中国文化及中国社会。严复所译的《天演论》，虽非西人著作中最伟大者，但已使毛泽东、鲁迅、郭沫若等一代人曾为之陶醉。至于古印度、古希腊、古罗马以及西方文艺复兴时期的大量经典文献和马克思、恩格斯的全部著作，则更是全赖翻译之功才得以为中国大众所知晓的。翻译的重要性已不待言。但由此也就生出些问题，例如术语翻译问题。术语翻译一方面固然可以丰富本族语，活泼学术风气，但如果处理不当，也可以玷污、破坏本族语，败坏学术风气。尤其是那些具有重大意义的关键性术语一旦进入中文，常常会产生连锁反应，引起中国学术用语的相应变化。若翻译不当，这些术语会破坏原有民族语言的规范性，甚而至于喧宾夺主，迫使汉语的某些术语改变自己的本意而屈从于外来术语强加的内涵与外延，并进而造成中国学术界一些奇怪的说法、或理论、或不良风气。下试举例言之。

1. 博弈论——何以当了冠军就必须去下棋

学术界一般公认博弈论(the game theory)主要是由匈牙利的数学家约翰·冯·纽曼(John von Neumann, 1903—1957)创立的。但其基本原理，我国战国时代的大军事家孙膑已经能加以运用。关于他如何运用此原理帮助齐国的将军田忌在赛马场上获胜的故事，《史记》里有非常精彩的描述。[①]田忌的马与诸公子的马大体为上、中、下三等马，本来势均力敌。但经过孙膑的安排，让田忌以上马敌对方的中马，以中马敌对方的下马，以下马敌对方的上马，结果田忌两胜一负，以三比二打败对手而获奖千金。这种在相同的条件下灵活使用错位选择之术是中国兵家惯技之一。西方所谓的"博弈论"研究的东西当然要更复杂系统一些，不过其基本原理则与此相类。如果此术语 the game theory 译成"竞赛策略论"或"竞争对策论"或"竞技方略"之类，则人人能懂；译成"博弈论"则只有一部分人懂。"博弈论"这个术语给门外汉以高深莫测的感觉，这就起到了一种学术包装的作用，可以把妄想走近学

---

① 见《史记》卷六十五，中华书局 1982 年《史记》第 7 册，第 2162—2163 页。

术殿堂的俗人吓走。其实这个术语的原意就是"游戏策略"、"赌博秘方"、"竞争对策"或"战争方略"的意思,译成"博弈论"并不准确。首先,何谓"博弈"?"子曰:'饱食终日,无所用心,难矣哉!不有博弈者乎?为之,犹贤乎已。'"[1]译成白话大意是:"孔子说:'整天吃饱了饭,什么都不用操心,这是难以办到的。不是有下棋之类的游戏么?就是玩游戏,也比什么都不做要好呀。'"《论语》中的所谓博弈,指的是"六博"和"围棋"。二者都是棋艺。六博指的是一种十二子棋,六白六黑,两人相搏("博"者,搏也,通假字),后来演变成为一种赌具,谓之"赌博"。总之,"博弈"说来说去,都和棋艺相关。而英文的 game 却并不只是棋艺,而是泛指所有的竞技性、竞争性、比赛性或赌博性游戏或战争。从概念上来说,game 与"博弈"相比,是个种概念,内涵大,完全包容了"博弈"义;而"博弈"却只是个属概念,远远无法涵盖 game 一词的全部内涵。因此,将 game 勉强译作"博弈",是不妥当的,是大词小译,或将广义词译作了窄义词。窄义词与其他词的搭配范围相对较小,因此在实际使用"博弈"这个译语的时候,便会发现它常常突兀、不自然,难以和上下文中的词义相协调。

那么最初的译者为什么要放弃简单而又较准确的"竞争策略论"、"竞赛对策论"、"游戏策略论"或"竞技方略"之类不用,反要使用狭义的有可能误导读者的"博弈论"呢?这可能要追溯到严复先生的"信达雅"翻译标准论。由于把"雅"字单立为标准,就诱使人不顾原作的风格,而尽量从"雅"字上下功夫。由于"博弈论"显然比上述几个参考译法雅致,于是最初的译者毅然舍弃较准确的通俗用语而采用了文邹邹的"博弈论"译法,结果造成以词害意。而我们甚至可以想象最初想到"博弈"对应译语的人有可能还因为这雅致的译法自鸣得意了一番,不知这种译法已经种下误导的根子。"博弈论"译法的这种误导效果在经济学理论中特别显眼。例如(美)保罗·萨缪尔森的《经济学》(中册)(商务印书馆,1988年,第168页)就沿用了博弈论这种译法。(美)保罗·萨缪尔森和威廉·诺德豪斯合著的《经济学》(华夏出版社,1999年)一书中的 the Pollution Game(污染竞争局面,或污染游戏)一语也相沿旧译法译成了"污染博弈"(见第164页)。无论如何,污染是不可能玩下棋的游戏的。污染和博弈搭配起来就使人感到做作或不可解。这就是片面追求"雅"的效果必然要引发出的文意不通的翻译术语。同样地,winner-take-all games 就被理所当然地译成了"胜者全得博弈"(见上书第165页),什么意思呢?胜利者全部都得去下棋么?当然不是。较正确的译法应该是"胜者获得全部奖品的竞争"或"胜者获得全部战利品的竞争"。报纸上流行的"胜者通吃"这一生动的用语,估计就源于 winner-take-all 这个复合词,宜加以利用。当然,上面提到的两书的译者并无大

---

[1] 《论语·阳货》。

错,是可以原谅的。因为他们不得不遵从所谓约定俗成的惯例在字面上保持"博弈论"这种旧译法,于是顾此失彼,管不得"博弈"这两个字是不是还和它们后面的汉语字词相搭配。即使不搭配也只好强行搭配,所以当了冠军的人便都莫名其妙地一律要去下棋了。

2. 蒲鲁东:哲学并不贫困,贫困的是人

刘师培在《〈共产党宣言〉》序中提到"马氏亦著《困贫之哲学》(*Philosophie de Misere*)",我想这里有误①。第一,《困贫之哲学》通译《贫困的哲学》,非马克思所著,而是蒲鲁东所著;第二,书名《困贫之哲学》由于采用文言,"之"字的使用虽可使人理解为白话的"的"字义,但也可以使人理解为"关于困贫的哲学",所以在文义上至少通了一半。但是后来的白话译本都译作"贫困的哲学",就产生了问题。因为白话的"的"字,使这个书名成了偏正结构,很容易使人理解为"哲学很贫困"。其实,**蒲鲁东这本书并不是讲哲学很贫困,它实际上是一本经济学著作,讲人的贫困问题**,实实在在地在探讨有关经济方面的贫困现象及其诊治办法。蒲鲁东那本书的法文原名是 *System des Contradictions Economiques ou Philosophie de la Misere (1846)*,中译本有:(法)蒲鲁东:《贫困的哲学》余叔通、王雪华译,商务印书馆,1998年版。余、王二先生只译了原书名的后半部分,显然是沿用旧译《困贫之哲学》书名。此外,中共中央马、恩、列、斯著作编译局翻译的马克思的《哲学的贫困》(*Misere de La Philosophie—Response a la Philosophie de la Misere de M. Proudhon*)一书中,亦将蒲鲁东的此书译作《贫困的哲学》。鄙意马克思的《哲学的贫困》不妨译作《可怜巴巴的哲学》、《贫乏的哲学》或《没有哲理的哲学》之类。中央编译局的翻译侧重模拟马克思的游戏笔墨,故译文从简,通过语序的颠倒表达一种谐虐讥讽的效果,就修辞风味的传达而言颇为成功。但我以为,此处就修辞效果与书名本意相较而言,本意的传达更重要,否则容易误导读者。要明白这一点,就需细读一下蒲鲁东所谓《贫困之哲学》一书的原文。其实该书书名的缘起在书的前言中就已经交代得十分清楚。试看该书第一卷,第28页:

"伦理与政治科学院提出了这样一个征文题目:试确定支配利润与工资的关系的各种一般因素,并且分别说明利润与工资波动的原因。几年以前,这个科学院曾经提出另一个问题:贫困的根源是什么?实际上,19世纪的世界,有一种思想,就是平等与改革,而思想是不可阻拦的到处传播的,所以,许多人就开始苦心思虑这个问题,可是始终没有人拿得出答案来。于是,现代的肠卜僧学院这回又重新提出

---

① 刘师培:《刘师培辛亥前文选》,钱钟书主编,三联书店,1998年。

这个问题,不过用的是更为明确的语句。……实际上,既然贫困的直接原因是收入太少,那么需要弄清楚,除了天灾和恶意行为之外,究竟是什么原因使得工人的收入太少。归根结底,这还是一个世纪以前闹得满城风雨的那个老问题,即财富分配不均的问题;只是由于某种奇怪的命运,这个问题才又不断地出现在科学会议的议事日程上,似乎成了现代社会一切问题的症结所在。科学院曾经提出这样的问题:如何最有效地运用私人自愿联合的原则来减轻贫困?"①

上述前言已经把"贫困"二字所指的实际含义说的清清楚楚,也昭示了书名的起因,此不用我赘言。总之,**这本书的确是在论述关于贫困现象的根源,而不是在讲哲学陷入了贫困**。哲学并不贫困。贫困的是人。兹据上述探讨,现就蒲鲁东的书名提出三种译名供参考:1)《论贫困》(缩译);2)《经济矛盾面面观或贫困原理探源》(直译);3)《关于贫困的哲学原理》。顺便说一句,文革时期我曾多次通读马克思的《哲学的贫困》,当时极想读读蒲鲁东的原著,以资比较。但也料定中国不会出版他的原著译本的。没想到1998年看到商务印书馆居然出了全二册的《贫困的哲学》,惊喜之情不言而喻。同时也向二位译者致谢。至于书名问题,也毕竟只是一个瑕不掩瑜的缺憾而已。

有趣的是,刚好过了111年,一位名叫波普尔(K. P. Popper,1902—1994)的英国哲学家又"有意套用"所谓马克思的《哲学的贫困》和蒲鲁东的《贫困的哲学》书名写了一本 *The Poverty of Historicism* (1957)②,一时名噪国际学术界。而同样有趣的是,中文版也套用从前的旧译而译作《历史主义贫困论》。不用说这也是犯了同一类误译,但这一误译的根子却是远在民国时期就已经种下,似无须深究今日的译者。《历史主义贫困论》这个书名也是一个偏正结构,中心词是"贫困论",如果顾名思义,好像是在说,本书是在用历史主义的方法讨论贫困问题。错了!实际上刚好相反,这本书是在狠批历史主义,确切点,是在狠批历史决定论。按波普尔的观点,历史没有任何规律可循,因此也无法对之进行预测。这跟贫困问题压根儿就没有关系。波普尔明确说:"我在《历史主义贫困论》中试图表明,历史主义是一种贫乏的方法——是一种不会结出果实来的方法。"③根据上述分析,我们不妨将这本书的书名译作《浅陋贫乏的历史决定论》,或《结不出果子的历史主义》,或《论肤浅无根的历史主义》,或《论贫乏的历史主义》,等等。这样一来,至少会对望文生义的中国读者少产生一些歧义吧。

---

① 〔法〕蒲鲁东:《贫困的哲学》,余叔通、王雪华译,商务印书馆1998年,第28—29页。
② 见卡·波普尔:《历史主义贫困论》,何林、赵平等译,中国社会科学出版社,1998年,第4页。
③ 同上书,第2页。

3. 悲剧:属于中国还是西方

中国学术界有很多人喜欢使用"悲剧"这个术语,表面上看来,这没有什么不妥之处。因为中国人本来也有自己的悲剧、喜剧、正剧之类。但这个术语的风行显然与西方悲剧理论、尤其是亚里士多德的悲剧理论的引进相关。在古希腊语中,它叫 τραγιχοτης,五四前被人翻译成"悲剧",一直沿用到现在,由于其含义与中文原有的悲剧含义有部分重合处、也有根本不同处,所以学术界人一直长期误用,习焉不察。其实此词的希腊语含义主要不是悲,而是恐怖,它要求观众看了所谓悲剧后产生恐惧和怜悯的情绪。恐惧什么?恐惧人所难以战胜的神、命运之类;怜悯什么?怜悯剧中人的悲惨结局和无能为力的处境。显然,这种意义上的剧在中文中找不到对应语,很难译。如果硬要译,至少要将其中的主要含义如"恐惧""怜悯"感之类包容进去。实在译不出,也不妨采用唐朝翻译佛经的办法干脆"不翻",而取音译法,通过注释和上下文,读者也就很快理解其真意了。如果图方便简单,随意译作"悲剧",虽然有了一个可供把握的译名,却也多了一个引人产生误解的渠道。中国人理所当然地按照自己的语文规范来理解它,望文生义,重点自然而然落在"悲"字上,如果理解成这是指的西方悲剧,则只是理解了西方悲剧的皮毛,因为一般人并不以为汉字"悲"里还有"恐惧"的含义。而事情有点滑稽的地方也正出在这里:若干中国学者(其中甚至包括一些著名学者)竟以西方"悲剧"为准绳,断言中国没有悲剧。其实,他们的真意是想说中国没有亚里士多德戏剧理论意义上的使观众产生怜悯和恐惧的剧,并不是说没有悲剧。难道《窦娥冤》、《赵氏孤儿》、《汉宫秋》之类不算货真价实的悲剧吗?顾名思义,悲剧就是令人悲哀、令人心酸的剧。何为悲哀?中心郁愤,可视为悲哀;泣下沾巾,当更应视为悲哀,此不待言。中国悲剧上演时,其悲剧效果最著者,可使"无一人不哭","观者万人,多泣下者",以此为准绳,我们会发现,中国的悲剧颇符合悲剧的标准,而西方的所谓悲剧其悲的成分却相对少得多,所以西方倒是有点缺乏悲剧,因为西方的悲剧多不能使人泪下,可使人诚惶诚恐,却难使人心酸。索福克勒斯的悲剧《俄底浦斯王》、莎士比亚的悲剧《哈姆雷特》、《麦克白》其情节令人惨不忍睹处甚多,观众可因之毛骨悚然,却不会"泣下沾巾",真是有负于那个"悲"字。这样一来,两种悲剧观,产生两种分析结果。问题出在哪里?出在术语翻译上。如果最初不把希腊语的 τραγιχοτης 翻译成"悲剧",而翻译成别的更能确切表达原意的东西,那么,五四其间,王国维、朱光潜等先生关于中国有无悲剧的论战也就毫无必要了。仔细考察希腊语 τραγιχοτης 或英语的 tragedy,我们不难看出,这是将它们硬译成了"悲剧",强行地霸占了汉语的"悲"字,强行赋予它原来没有的东西(例如,恐惧、怜悯、崇高感之类),然后,一些学者又再拿这被赋予了新意的"悲剧"概念反过来硬套在中国悲剧身上,并得出中国悲剧不是悲剧的结论。这就正如我把你的衣服强行改大或改小,然后让你穿,如果你穿着不合身,就可以说这不是你的衣服一样。这似乎有一点霸道。那么,这场争论有办法弥合吗?有的。问题是术语翻译造成,仍可借术语翻译加以弥补或矫正。例如我们可以提一个参考性的解决办法:(1)将上述中西两大类剧都称为广义上的"悲剧"(其实,大多数的人平时有意无意地正是这么称呼的);(2)将西方悲剧τραγιχοτης 译成"悲恐剧";(3)同时区别性地将中国悲剧称为"悲苦剧"。这样一来,既不会产生中国没有悲剧的荒唐说法,也不会产生西方没有悲剧的荒唐断言,可谓各得其所。也就是说,就大体言之,中西都有悲剧,只不过中国悲剧侧重在悲苦,西方悲剧侧重在悲恐罢了。当然,两种悲剧尚有若干别的区别,不在此赘言,至少刚才这种翻译和分类已足以使它们区别开来,不至混为一谈了。各种有关中国有无悲剧的争论也就可以休矣。即此一端,便可知术语翻译尤其是关键性术语翻译之重要,一名误立,可造成相当严重的学术后果。其他的类似例证尚多,限于篇幅,不赘。

4. 中国人何以失掉了人格

最近读了一本专论中国人国民素质的书。作者态度是认真的,收集的资料是翔实的,提出的若干建议也是颇有启发性的。但是有些提法却值得商榷。例如作者在论人格素质的一章中开首就提出一个惊世骇俗的论点:"中国人自古不讲人格。"作者也说这种论断使他的中国同胞感到不快,并遭到他们的反对。然而作者却解释说,他所谓的"人格",来源于外来词 personality 的译名,其根据是中国大百科全书出版社出版的《简明不列颠百科全书》中关于"人格"一词的解释:"每个人所特有的心理——生理性状(或特征)的有机结合,包括遗传的和后天获得的成分,人格使一个人区别于他人,并可通过他与环境和社会群体的关系表现出来。"[①]所以,作者进一步说,他所谓中国人自古不讲人格,并非指的是不讲个人的道德品质,而指的是不承认"个人",即不承认人的独立存在状态。如果"人格"这两个汉字真可以让人看出作者所说的含义,那当然不错。但是对于普通中国人来说,既然这个术语是以汉语形式出现在书中,当然首先要符合汉语本身的表意规范,中国人望文生义,把人格理解为人的品格,这当然没有错。所以,他们会理所当然地拒绝作者关于"中国人自古不讲人格"的论点。这样作者心中的"人格"概念和普通国人心中的"人格"概念是矛盾的。这一矛盾是如何造成的呢?我认为是由于术语翻译不当而

---

① 解思忠:《国民素质忧思录》,作家出版社,1997年,第12页。

造成。换句话说,作者是上了译者的当。personality在这种情况下,应该遵循原意译作"个体特有生存态"、"个性"、"个人心身存在态"或"个人特有存在态"之类。原文5个音节,也可以译为"个人生存态"5个字,在发音长度上正与原文铢两悉称。而译者图俭省,硬要缩译成"人格"两个字,挂一漏万,很容易让人理解成"人的品格"之类含义。有趣的是,作者眼睛看着汉字,心里想的却是《不列颠百科全书》中规定的定义,没有想到或不知道这个汉语词组在字面上与外国人的定义并不一致,拿了似是而非的翻译术语当标准用,遂得出中国人自古不讲人格的结论。显然,这是又一个不顾汉语本身的造词表意规律、将外来语含义强加于汉字之后又以之为准绳而不许中国老百姓望文生义的典型例证。当然,错误不应算在作者身上,而应算在译者身上(至于这个译文是谁第一次使用,我们无须去追究了)。译者之所以犯这一错误,原因是多方面的。其中一个原因可能是过分求表达简洁造成。若干中国译者总习惯于将英语的一个词译成汉语的一个字或一个双字词,而不大敢译成多字词组,可能是怕这样一来就违反了简洁的原则。其实,简洁与否,当以是否达意为准绳,而非以字的多寡为准绳。如果以为译得简短就是简洁,难免会鼓励一些译者削足适履,为求简洁而置文意不顾,结果虽产生了所谓简练的文字,却损伤了更为主要的东西——原文本意。而更大的损害却在于:这样产生的术语误译,其结果竟然可以严重到使我们整个国民失掉人格!

5. "元"、"玄"辨义——中西术语二"元"错位

当今学术界流行着一种带有"元"字前缀的术语,让许多读者感到困惑,例如我自己的研究生就曾专门问过我:这"元"字究竟是什么意思?翻开目前的许多学术书,你会频频碰上"元哲学"、"元语言学"、"元叙述"、"元伦理学"、"元文化学"、"元经济学"、"元理论"、"元科学"、"元话语"、"元标准"、"元批评"、"元证伪主义"、"元基础主义"、"元逻辑"、"元形而上学"、"元史学"、"元系谱学"、"元数学"、"元规范"、"元心理学"、"元规则"、"元定理"、"元学说"、"元变量"、"元系统"、"元程序"、"元方法论"之类冠以"元"字的重要概念和术语。这些术语一般都是经过翻译而来的术语。那么,这个"元"字究竟是什么意思呢?我们可从两方面来理解:其一,汉字"元"的本意;其二,术语原文的本意。既然这些术语是以汉语的形式出现在我们眼前的,它们当然首须服从汉语的规范意义系统。据《易·乾》:"元者,善之长也。"据《说文》:"元,始也。"据《春秋繁露·重政》:"元者,万物之本。"可见这个"元"字,应被理解为根本的、首要的、或大的意思。"元"字不论在古代汉语中还是在现代汉语中,都是一个常用字,其基本语义在下例的词组中保持着惊人的一致性:如"元凶"、"元古"、"元由"、"元本"、"元吉"、"元老"、"元年"、"元妃"、"元亨"、"元夜"、"元来"、

"元始"、"元春"、"元帅"、"元宵"、"元祖"、"元神"、"元配"、"元气"、"元从"、"元恶"、"元旦"、"元圣"、"元经"、"元精"、"元嫡"、"元德"、"元勋"、"元声"、"元藏"、"元元本本"、"元件"、"元素"、"元月"等等。

我们再来看原文术语中被译成了"元"字的那个成分 meta- 是什么意思。meta- 是一个古希腊语前缀（μετα-），意思有几种，可理解为"和……一起"、"在……之后"、"在……之外"、"在……之间"、"在……之中"、"超"、"玄"之类，但是没有"根"、"本"、"始"之类的意思。所以严复把亚里士多德的 μεταφυσιχη (Metaphysica，原意是"编排在物理学之后的著作")，译成"形而上学"，并没有译成"元物理学"，另外有人把英语的 metamyth 译成"超凡神话"，而没有译成"元神话"，把 metapolics 译成了"哲学政治学"或"理论政治学"，而没有译成"元政治学"，这都是比较好的译法。然而，大量的译者却不加区别，一律将 meta- 译成了"元"，于是产生前面提到的诸如"元哲学"、"元语言"、"元科学"之类的奇怪译法。若人们望文生义，以为"元语言"和"元语言学"就是本体语言和本体语言学之类的话，那他就大错而错了。因为这种翻译过来的术语如"元语言"实际上指的是：当我们谈论本体语言或者谓之对象语言的时候，我们为了解释清楚这种语言，不得不使用另一种语言，这种用来解释、谈论本体语言的语言就叫做 metalanguage，可译作"解释性语言"或"工具性语言"之类，不能译成"元语言"。由此可知，所谓"元语言学"所代表的正好不是本体语言学，而是"超越"(beyond)本体语言学的一种关于语言学的语言学理论。同理，"元伦理学"指的也不是传统意义上的本体伦理学，因为它只局限于分析道德语言中的逻辑，解释道德术语和道德判断的意义，而根本就避免谈实际生活中的善恶好坏这些被传统伦理学大谈特谈的问题，它拒绝谈论如何指导人们的道德生活，因此它根本就不是我们理解的普通伦理学本身，而是一种关于普通伦理学的抽象伦理学理论。其他几种译法的错误也同此。张申府先生有两句话可借用来理解所谓"元学"："科学是学。哲学是学之学。"这个"学之学"就是时下译文"元"的意思。所以，从一定的角度来看，这些流行用语可以说刚好把意思译反了。由此可见，这些术语翻译有悖于汉语"元"字本意，极易引起误解或造成误导的作用。现在大量具有"元"字本义的汉语固有词汇和带有误译前缀"元"字的大量外来术语并行于世，这样我们就有两套语用含义不同或刚好相反的术语流行在中国学术界，这势必造成一种汉语概念释义方面的混乱。对于青少年来说，这种中西含义杂糅、逻辑矛盾四伏的概念网络势必让他们无所适从，遑论自幼培养其科学性、精密性思维方式。为了学术研究本身的精密性和准确性，我们的首要的工作就是对所有的学术术语（尤其是经过翻译而来的术语）进行甄别、校正，否则，根本就谈不到在学术和理论建设上有什么贡献。基本术语是学术研究和理论建构的出发点，如果你的出发点就是错的，就很难指望你的研究的大方向是正确的。不幸的是，中国现在有成百上千的学者(包括不少著名学者)仍在习焉不察地使用这类前缀有"元"字的外来术语,可能到了有一天,就正如一些中国人要用外来术语"悲剧"的含义来否认中国有悲剧一样,另一些中国人大概也会用这个被赋予了古希腊语含义的"元"字来否认汉语的"元"的本意不是"始"、"本"、"大"之类,而是"后"、"超"、"外"之类的含义了。

6. 史诗未必真诗

今天很少有一位中国学人不知道"史诗"这个术语,在古希腊语中,它叫επιχος,其原意指的是"关于英雄们所作所为的连续性叙述",也就是一种诗体英雄故事或长篇叙事诗(有点类乎近代的诗体小说)。但自从被人译成"史诗"后,就把重点放在"诗"字上了,其实不如倒过来,译成"诗体史记"、或"韵体英雄传记"之类较为贴近原意。我们再来看亚里士多德的《诗学》,这本书谈的多半是悲剧、喜剧的情节、性格、语言之类,专门提到诗的地方不多;至于东方人特别关注的抒情诗(诗的核心),他连提都没提。所以我曾在一篇文章中讲,以中国人关于"诗主情"的理论来看亚里士多德的诗论,可以说写了《诗学》的亚里士多德其实并不怎么懂诗,顶多懂一点叙事诗。他虽在《诗学》中简略地提到荷马的《史诗》,但关注的主要是其情节、性格以及一般性语法修辞之类,他的理论与其说适合于阐释诗歌,不如说更适合于剖析戏剧和小说。所以亚里士多德的《诗学》打着诗学的招牌,关于诗本身,谈得比较肤浅,对中国人来说,未免有点挂羊头、卖狗肉的意味。所以我认为他那本《诗学》倒不妨译作《论戏剧和韵文体长篇故事》更符合实际一些。然而亚里士多德的这本《诗学》却始终作为西方诗学的正宗理论,雄霸西方文艺理论界两千多年,这是一个很有趣的现象。也可能正是由于这个原因,当代西方人在使用"诗学"这个术语时,相当宽泛,常常可以将之理解为广义上的文学艺术理论之类。同理,现在流行西方的术语 Cultural poetics 多半被译成了"文化诗学",我倒想建议把它译作"文化的艺术构成原理"之类或许更合原意。

7. 主客颠倒说异化

20世纪80年代的中国哲学理论界曾爆发过一场关于异化问题的争论。"异化"这个词听起来有点别扭,给人的印象无非是变化的意思。但是,这个词当然还不是这么简单。如果只是意味着"变化",干嘛当时的翻译家不译成"变化"或"转化"呢?显然,选择"异化"这个词是有某种原因的。异化这个词的德文原文是 entfremdung,它译自英文 alienation,alienation 则又源自拉丁文 alienatio。在神学和经院哲学中,拉丁文 alienatio 意为:(1)人在默默地祈祷中使精神脱离肉体,从而与上帝合一;(2)圣灵在肉体化时,由于顾全人性而使神性丧失以及罪人与上帝疏远。应该强调的是,在英语中,此词有"把财产权让渡给他人"的意思。据说荷兰法学家 H.格劳修斯(1583—1645)是使用 alienatio 来表达"权利转让"概念的第一个人。卢梭在《社会契约论》中已经使用类似的"异化"观念。但是使"异化"观念成为一种核心概念的人是黑格尔。黑格尔曾用这个概念来反复论证他的若干思想,例如他认为:基督教本来是人创建起来的,但它后来反而变成了一种僵化的倒过来压迫人自己的力量。马克思、恩格斯在《德意志意识形态》一开首就说:"人们按照自己关于神、关于模范人等等观念来建立自己的关系。这种从他们头脑中产生出来的东西反倒统治了他们。他们这些创造者反倒屈从于自己的创造物。"① 显然,马、恩的说法与黑格尔的说法一脉相承。但是,马克思在异化问题上的最著名的论述见于他的《1844年经济学哲学手稿》,在这部手稿中,马克思明确提出了"异化劳动"的观点,并以之得出这样的结论:异化揭示了资本主义制度下最一般的社会关系,它意味着人所创造的整个世界都变成了异己的、与人对立的东西。如果我们综合一下上述的观点,我们就会发现,所谓"异化"的最主要的含义,就是一种主客对立面的转化移位或反控关系:肉体转化为精神,并未精神所控制,或相反;人(主体)创造出来的东西(客体)却成为人的对立面并制约人。显而易见,所谓"异化"的观点就是一种主体和客体以某种方式发生了换位或谓之转化的观点。根据这些考察,我们在某些场合虽然仍可以使用"异化"这一术语,但在更多的场合不妨将 alienation 译作"主客易位现象"或"反客为主现象"之类的术语。使用这样的术语来置换现在的中译本《1844年经济学哲学手稿》中频频出的"异化"一词(当然,有时在语序和词性上要稍加变通),你会立刻感到书中原来有着大量有"异化"字样的段落其实是很容易理解的。这原因很简单,"主客易位现象"之类的术语在含义上一目了然,省掉了读者老是回头去找解释"异化"本意的具体段落。同时,这种术语较通俗,有了它也就不至于使读者产生在听到"异化"这个词时产生的那种感到别扭神秘、深不可测的感觉了。

8. 语言何曾转向?

在中国当代中青年人文学者中有一个人人皆知的术语"语言转向"或"语言学转向"(linguistic turn)。初初一看,此术语的译文和原文似乎十分贴切。但如果稍加思索,便会发现这一术语极易引起误解。人们会想,"语言转向"和"语言学转向"自然指的是语言或语言学研究自身转了方向。但实际上这个术语指的不是这么一

---

① 马克思、恩格斯:《德意志意识形态》,人民出版社,1987年,第5页。

回事。实际情况是:20世纪西方人文科学领域发生了一个重大的事件,这就是语言学(例如结构主义语言学)的若干认知模式和方法论导致了其他学科例如哲学、人类学、文学等学科的转向。在一定的意义上,可以说语言学成了20世纪西方人文科学的领先学科。由此可见,linguistic turn 不应拘泥于原文字面译成"语言学转向",而应在透彻了解其语境的情况下稍加变通译作"语言学导向",或"语言学性质的转向"之类。虽说只有一两个字的差别,但前后两种译文的含义是完全不同的,真能使人产生差之毫厘、谬以千里的感觉。由此可知重大术语翻译的难度非同小可,也就难怪严复先生要为之"旬月踟蹰"了。

9. 产品不等于"对象"

德语词 objkt 在德国哲学尤其是马克思主义文献中可谓随处可见,它的含义较多,可译成"对象、物体、东西、目标、客体"等,须根据具体情况具体处理,若一律译成"对象"或"客体",难免使译文的文意不清,甚或歪曲原意。例如下面就是学术界人常常引用的一段话:

> 艺术对象创造出懂得艺术和能够欣赏美的大众,——任何其他产品也都是这样。因此,生产不仅为主体生产对象,而且也为对象生产主体。

这一段话颇费解。费解的原因正是由于术语翻译造成。例如译文中多次把 objkt 这个词译成"对象",意思就恰好与原文意思相反了。正确的译法应该是"艺术客体"、"艺术品"或"艺术这种东西"之类。全文可译为:

> 艺术品这种东西——和其他任何别的产品一样——可以熏陶培养出一批懂艺术、能欣赏美的人。所以,生产过程不仅为主体生产出产品,而且也为产品生产出产品享用者。

其实,这一思想具有典型的马克思式的辨证思辩方式。马克思、恩格斯多处提到过同一类思想。例如在《德意志意识形态》里,马克思就曾说过:"人创造环境,同样环境也创造人。"②

10. 意识形态与思想潮流

上文提到《德意志意识形态》这本书,觉得这个书名也值得进一步推敲。例如

---

① 马克思:《〈政治经济学批判〉导言》,《马克思恩格斯选集》卷二,第95页。(文中重点号为笔者所加,下同。——笔者)

② 马克思、恩格思:《德意志意识形态》,人民出版社,1987年,第33页。

其中的 ideologie 这个德语词,本意是"思想"、"思想体系",或"意识"总体之类,但被煞费苦心地译成了"意识形态",结果就显得很有点学究气,令人捉摸不透。因为"意识"这个词在汉语中并不被人理解为等同于"思想"。如果要用它来表达思想,人们也常常说成"思想意识"。"思想"是某种具有明确概念系统的东西,而"意识"则显得散漫,其概念系统可以明确,也可以不明确。尤其是 80 年代以来,关于"意识"、"潜意识"、"无意识"之类介乎心理学和精神分析学的讨论相当流行,所以,"意识形态"这种用语也容易和它们发生混淆。其实二者是很不相同的。假如我们译得通俗些,比如译成"思想意识"、"思潮"或"思想体系"之类,那么就人人都能明白了。上面提到的马克思、恩格斯的重要著作《德意志意识形态》若译成《德意志思潮概论》或《德意志思想体系论》之类,可能更容易为读者所理解。如果我们仔细读读全书,就会发现马、恩在书中并未对德国所有的哲学和其他理论进行评论,而是明确地在书的扉页上写明此书只是"对费尔巴哈、布·鲍威尔和施蒂纳所代表的现代德国哲学以及各式各样先知所代表的德国社会主义的批判",因此,我们还可以根据书中的具体内容变通地翻译书名,例如翻译成《德意志现代思潮批判》之类,使之能更清楚地扣紧书的本旨。同理,我们常常说什么"意识形态领域内的斗争",如果说成"思想领域内的斗争"不是人人都能理解了么?为什么要故弄玄虚呢?

11. 再现表现与写实写情

中国的文艺理论书籍往往难以避开两个重要的理论概念:再现主义(Representationism)和表现主义(Expressionism)。这两个词就汉语意思来说,虽然看起来也有点区别,但区别不大,容易使人感到迷惑不解。文论家们之所以觉得它们之间的区别大,是由于撇开了译者给出的术语表面上的含义,心里知道它的背后还有一系列附加解释的缘故。实际上这本来是两个在含义上具有相当多的对立因素的概念。如果只从字面上看"再现主义"和"表现主义",我们很难看出他们之间的"对立"性质。从翻译方面来看,"再现主义"的译法还差强人意,但不如译为"写实主义"更明白些。而"表现主义"的译法就大大值得商榷了。作为一种艺术思潮,所谓"表现主义"(Expressionism)最初主要出现在德国(1910—1925),它意味着文学家和艺术家们在创作中侧重表现、抒写人的充满激情的内心世界,与传统的再现主义(Representationism)正好相反。因此我们不妨将它译为"写情主义"。"写实"与"写情"在含义上具有较明显的对立因素,它们之间的基本特征和区别一望而知,根本无须理论家们喋喋不休地反复阐述其原理。(当然,这一对词还可以翻译为"表实主义"和"表情主义"。)所以,术语翻译只要得当,可以省掉理论家们很多口舌。

12. 存在主义不等于人道主义

存在主义哲学家萨特用通俗的语言写过一篇解释存在主义思想的极负盛名的论文,有人根据该文的英译 *Existentialism Is A Humanism* 译为《存在主义是一种人道主义》(上海译文出版社,1988年)。此书第一版就发行了 75500 册,可见其影响之大。译文总的说来是很不错的,但可惜却把一个极引人注目的标题译错了。法语的 humanisme 和英语的 Humanism 意思相当,但是却并不和汉语的"人道主义"相当。Humanism 主要有三义:(1)指的是"主要或只与人的利益和价值相关的思想体系或行为系统";(2)指"对人性的研究",或欧洲文艺复兴时期的"人文主义"或"人本主义";(3)指"人性特点、特质"。所以,这里的 Humanism 应译为"人本主义"或"人性主义"之类,而不能译为"人道主义"。"人道主义"后来有一个专门的英文术语 Humanitarianism。因此,萨特的这篇文章译作《存在主义是一种人本主义》比较符合萨特的本意。书名是最引人瞩目的标语口号,有了"存在主义是一种人道主义"这种说法,就会曲解萨特的原意。同时把汉语的"人道主义"偷换成"人本主义"概念,渐渐使人们在使用这两个术语的时候,不分青红皂白地混为一谈。从而导致汉语术语本身的混乱。萨特的存在主义与基督教的存在主义、海德格尔的存在主义等有着较大的差别。我们这里只能简述一下萨特的存在主义的本意如下:萨特认为,存在先于本质。这是他的存在主义的一个核心概念。这个概念的推演结果,意味着并没有神在主宰人的命运。人是自由的。人之所以成为现在这种人或将来的某种人,是人自己的选择造成的,因此,人必须对自己的选择行为负责。萨特以人为理论研究的出发点,也可以说他的哲学是一种个人主义哲学。存在主义哲学之所以以人为本,是因为存在主义者认为:人就是自身的立法者。这种理论排除了神的干预,主张人通过人自身的行动、自主选择去介入和干预世界、改变世界,从而为自己争得真正的自由,达到最后解放自己、实现自己的目的。由此可见,萨特的存在主义确实是一种人本主义。应该指出的是,"人本主义"这个词在含义上当然也和人道主义有相关的地方、重合的地方,但绝不能等同。遗憾的是,有若干词典内也有这种误译,例如享有盛名的《英华大词典》(商务印书馆,1988年版)也将 Humanism 译作了"人道主义"。当然,我得补充说一句,《英华大词典》是一本极好的辞书,尤其是在短语的丰富与实用性方面,使许多词典逊色。此书在文化大革命中曾伴我度过不知多少个深夜,我在成为英语专业 77 级本科生之前,就曾靠它来硬记过至少 1 万 5000 多个常用英语单词。所以我对它的感情极深。也对该辞书的主编郑易里先生怀着由衷的感激。我想这并不妨碍我指出其不足,何况无论多么权威的词典都免不了会有错误。我最初就是从这本词典上得知 Humanism

的汉语意思的,而且有相当长的时间,一直把它等同于"人道主义",与"人文主义""人本主义"之类的术语混成一锅粥。直到后来读了萨特的上述原著之后,才引起警觉,查了若干国外辞书,发现这个词的译法是有问题的。如果我能早些知道它的本意,当然也就在理解国外理论学术著作方面少走一些弯路了。"人道主义"这个词现在用得很滥,在许多场合,人们已经不容易分清使用者指的是类似救死扶伤式的博爱意义或平等意义上的"人道主义"呢,还是指的以人为本近乎无政府主义或个人主义意义上的"人道主义"。我们随便翻开一些论存在主义的专著,都会发现"人道主义"这个术语被到处滥用,其意义则实际上指的是"人本主义"。例如中国社会科学出版社出版的《存在主义哲学》(1986年版)一书,虽然具有颇高的学术水准,但是书中到处出现"人道主义"一词,显然是在"人本主义"这个意义上来使用该术语的。《存在主义是一种人道主义》这本书的书名也在书中若干个地方出现过。由此可见,术语翻译的错误已经引起相当严重的后果,长此以往,必在中国学术界造成术语滥用尾大不掉的局面,绝不容小视。

13. 明白清楚须借条分缕析

读笛卡儿的《第一哲学沉思集》时,发现该书译者在"译后记"中所说关于术语翻译的几句话也和我的文章相关,于是抄录如下:"今年在全书排印之前,我又重新审查一遍,主要是确定几个术语的译法,例如 clair 和 distinct,这是笛卡儿认识真理的标准,原译'清楚、明白',读起来倒是很顺,但考虑到 distinct 有'与其他东西分别之意',因此这次改为'清楚、分明'。"[①]我以为,译者深知术语翻译的重要性,故而把审查的重点放在术语翻译的确立上,这的确是值得赞赏的。不过我还想就他提出的问题作进一步探讨。他的改译"分明"比之"明白"虽有进步,却似乎仍欠准确。因为对中国人来说,"清楚"和"分明"好像依然没有多大的区别,在很多场合均可交替使用。而实际上,笛卡儿使用的是两个泾渭分明的概念,他们在内涵上应该具有一定程度的排斥性,否则就没有什么作用。"清楚"和"分明"在逻辑内涵上并不排斥,而是重合的,所以显得含义重复。显然,这里就涉及到术语翻译问题。翻译得当,就可以使我们得到两个互相独立的概念。那么如何译呢?分析一下译者的心理动机,不难发现译者太受制于汉语的双字词使用习惯。我们翻译时不必过分追求使用音节鲜明且具有对仗效果的双字词。根据翻译标准多元互补论原理,翻译理论著作不同于翻译文学著作,尤其应以译意准确为主要标准。而意义没有必要总是以双字词的形式出现。只要我们打破双字词的枷锁,我们就感到了一种自由。

---

① 笛卡儿:《第一哲学沉思集》,庞景仁译,商务印书馆,1996年,第433页。

我们完全可以变通性地增加词汇,以便译得更准确。例如可以译为:"明白清楚,条分缕析。"只有条分缕析,才能真正地将所论的东西区分清楚。显然这两个概念是不能简单替换的。

以上仅对中国学术界流行的十分重要的外来术语从翻译的角度进行了抽样考察。十分明显,这些术语对中国学术的影响常常具有举足轻重的意义。而它们无一不经过翻译这个过程。重大术语翻译过程中的疏忽或轻率态度无疑会对中国学术研究产生难以估量的后果。从另一个角度来说,从事外国理论或中外理论比较研究的人,如果不重视翻译理论或对翻译理论毫无了解,将是一种重大的缺陷。至于近10年来学术界一些人讨论的所谓种种外来的主义(如后现代主义)之类,其在术语翻译上的混乱与错误就更其严重。翻开学术性报刊,你总能看见一些欧化味十足的所谓学术文章,用一大批故弄玄虚的外来术语欺骗不明真相的读者。似乎文章越是看不懂,就越有价值。实际上最有理论水平的人,恰恰是那些最能够极清晰地阐述自己的观点以便使读者能真正理解的人。而正确地使用术语正是这种人最关键的标志。

综上所述,有如此多的重要术语值得推敲、矫正,可见翻译界的任务之繁重,也可以见出翻译界在一定的程度上确实可以左右学术界,非一世,便一时。我们当然无须去推究是谁第一个译成了什么什么用语,但我们完全可以让自己的语言识别力变得更敏感些,而不至于人云亦云或完全盲目地接受变成了铅字的用语。有人常常托约定俗成的说法来为某些错误的术语译名辩护,其实译名常常并非约定俗成,而倒是独断独行的居多。试想一个译者翻译一本书,书中出现成百上千的新名词,他和谁去相约而定?往往是由他个人随心所欲地选择而定,他的(文化素养等)道行有多高,读者便只能被动地接受多高水平的的译名,根本不可能和他有约在先,或相约于后。总而言之,为了学术研究本身的精密性和准确性,我们的首要的工作就是对所有的学术术语(尤其是经过翻译而来的术语)进行甄别、校正,否则,根本就谈不到在学术和理论建设上有什么贡献。基本术语是学术研究和理论建构的出发点,如果你的出发点就是错的,就很难指望你的研究的大方向是正确的。鉴于术语翻译具有的重大意义,鉴于目前中国学术界外来术语泛滥已经成灾,因此有必要对这个问题进行专门研究。笔者这篇文章,挂一漏万,不可能对这个问题进行方方面面的广泛分析,如能达到抛砖引玉的作用,我就感到十分欣慰了。

汉语殖民化问题(学术洋包装与商品洋包装)

一个民族的命运常常和一个民族的语言的命运交织在一起。普法战争中,普鲁士军队占领法国领土时同时进行的文化侵略就是强迫法国人学习德语。日本侵略军占领满洲时的化侵略措施则是强迫东北人学习日语。因为侵略者明白,一个民族只要拥有自己的语言,虽可以暂时地被武力征服,却不可能被彻底、永远地征服。所以,维护一个民族的语言的纯洁性就是在建立确保本民族不致被别的文化势力吞灭的长城。

当然,指出维护汉语本身纯洁性的必要性,并不意味着我们必须排斥一切外来语。恰恰相反,充分地借鉴外来语,丰富一个民族的语言,是使该民族语言愈益发展壮大的十分必要的途径,例如魏晋南北朝时代、盛唐时代即如此。事实上,在当代中国的改革大潮中,中国的文化界和社会各界也一直在这么做。

但是,任何事情发展到极端,就必然产生相反的效果。如果我们不加限制地滥用外来语,就是在玷污民族语言、摧残民族文化,无异于向别的文化拱手称臣。从目前的倾向看,显然是滥用掩盖了借鉴。用一些海外学者的话来说,谓之汉语殖民化问题;用更具体、通俗的话来说,谓之学术和商品的洋包装问题。

学术洋包装表现为有的人费尽心机地使用大量外来术语、外来理论或外国名人来打扮包装自己和自己的文章,用大多数人都不懂(其实他们自己也只是一知半解)的洋概念去吓唬普通读者。明明可以用通俗易懂的汉语表示,他们偏要用一些洋概念来表达,故作高深。以为看不懂的文章就是水平高的文章。他们动不动就高谈外国的什么什么主义,攀龙附凤地注明,某某国际大师又和他"对过话"啦,等等。其实他们的文章除了生吞活剥地编译了一些外文资料之外,没有一点儿创见,一堆垃圾而已。有人在报纸上将此类学术掮客命名为食洋不化者,是颇为贴切的。

商品洋包装则表现为一批生产者将其产品精心地用洋文字打扮起来,例如将产品名和产品说明书一律用英文表达,让人一眼看去,以为是洋货,而不幸的是,只要你细心一点,总可以在某个常人难以注意到的角落,发现用英文写的"中国制造"的字样,终于使麒麟露出马脚来。有的厂家则用一些别扭的译名来标明其产品,向人暗示此物来头不小,借此诱惑趋洋若鹜的顾客。

学术洋包装是为了沽名钓誉;商品洋包装则是为了骗取钱财。不论哪一种包装,都表明一种病态的唯洋是从的心态。两种包装都主要是借助于践踏蹂躏祖宗的语言来实现,这是中华民族的耻辱。如果整个民族都这样的话,那么,要不了多久,中华民族将感受到兵不血刃的亡国之痛。一个民族既使失掉了国土,还可以在某一个时候卷土重来;但当一个民族失掉了自己的语言时,它就永远地失掉了一切。

电脑与人类文化

人类文化是受诸多因素制约、推动的。某些因素在适当的场合表现得极为活跃、极具革命性。例如跟人类的联系需要相关的媒介性载体就是如此。语言、文字等信息媒介以及与之紧密相关的载体如甲骨、泥版、竹片、帛、纸草、纸这样的媒介载体等曾在塑造人类文化方面起过的巨大作用无论怎么估价都不会过分。但是，所有这些因素和当今世界中愈益起决定作用的信息媒介载体电脑比起来都黯然失色了。美国前国务卿舒尔茨说过："信息革命可望像上个世纪工业革命那样决定性地改变我们星球的常规。"而这场革命的物质性载体不是别的，就是电脑。所以，舒尔茨的话等于是说，电脑革命可望像上个世纪工业革命那样决定性地改变我们星球的常规。

电脑的作用很像人脑。如果说前此的人类文化归根结底是人脑指挥下的结果的话，那么，当今人类面临的一个困惑就是：此后的人类文化是否会逐渐过渡到最终完全由电脑来指挥？是否电脑将最终代替人脑？是否电脑发达到极端状态时，人作为万物之灵的地位会被排斥掉，从而要么灭亡，要么成为电脑的奴隶，要么退化成为大自然中普通物种中的一员——姑谓之回归自然？

人类中的一部分人坚决逃避这些问题。这是可以理解的。虽然人都会死是一个必然律，却没有必要每天要人想像着坟墓中的凄凉。人先要活着，并且要自以为活得快乐。这样才不辜负了人对自己的期望。人类中的另一部分人则千方百计地想要回答这些问题。这也是可以理解的，因为预知事物的结局会给这部分人带来快乐，何况其中有的人还想要改变预料中的结局。我们暂且充当第二类人吧。

那么，电脑将最终代替人脑吗？是的，假如它按照目前的态势继续发展下去的话；而只要科学继续得到尊重，它也就会持续地发展下去。我一直认为，信息在电脑中按0，1（阴阳）排列的无穷的组合方式很可能也就是人脑中精神现象信息排列组合的方式！而电脑中的二进位制（0，1）组合方式则又是与周易中的阴爻与阳爻组合方式弦弦相应的，因此，要了解人脑中信息排列组合方式的规律，亦可以直接从研究《周易》原理入手。周易所显示的根本规律可看作是一种宇宙万物生成演变的最简公式，它与现代科学具有通约性，也与万物的演变具有全息对应关系，当然更与人脑中信息运作的方式具有全息对应关系。从一种大的趋势来看，以电脑信息科学为首的西方当代科学的发展正在向东方神秘文化靠拢。黑格尔所谓绝对精神通过人脑认识自身的理论显然得修改为绝对精神通过电脑来认识自身。人类一直在设法驱使人以外的一切来为自己服务,这样做的最终合乎逻辑的后果必然是:人最后把最复杂的思维能力乃至起码的思维工作也交给了非人(如电脑);所谓人的灭亡,如果有标志的话,即可指人丧失思维能力或思维能力大大退化。对于一部分人类来说,这种结局是不能忍受的。人类一直认为自己是万物乃至宇宙的主宰,其中一个关键的原因就是人自己认为自己的思维能力远远超过其他的物种。然而,思维能力的高低未必就是人类幸福程度的高低,一个没有文化教养的乞丐显然不会比大学者牛顿的思维能力强,但是,一个饥饿数日的乞丐突然得到一块面包时的快乐与牛顿发现万有引力时的快乐二者很难有什么程度上的高低之分。人类拼命试图攫取的东西往往并不一定是人类真正需要的东西。人类由于一种先天的权欲冲动,总想得到那些自己没有的东西,而并不真正理解那些东西对自己是不是有实际价值。控制和占有欲常常驱使人类盲目地行动。一旦听说自己的所谓地位受到威胁时,便会不由自主地对自己认定的威胁对手发起进攻。电脑、网络、以及更令人振奋的未来信息高速公路似乎就是这种具有威胁性的事物。实际上这些东西并不是我们所想象的那样可怕。说到底,"天地以万物为刍狗",人也只是宇宙过程中的一个插曲而已。顺其自然之法才是宇宙大法,没有什么值得大惊小怪的。如果电脑代替了人脑,岂不是减轻了人类的负担吗?人类第一次有可能重新安排自己的生活,不是按照如何征服自己的同类或征服整个自然界的野心,而是倾听自己的心声,想想自己究竟真正需要什么,以便和大千世界的千万种生物一起过一种真正的自然人的生活。回归自然是可能的,这就是把最烦琐的事物交给电脑去做。人呢,则可以在自己的本能的指导下生存,再不要挖空心思地去残害人自己的同类和自然界的同类了。因此,唯道主义者欢迎电脑及其带来的可能的变化。大道自然,让我们顺其自然地生存下去吧。

电脑信息与哲学问题

信息这个字眼从前并不使我们感到特别惊讶,但是,一旦它和信息高速公路发生了联系,它的含义就发生了重大的变化。在一定的意义上来看,它显然使传统的哲学概念受到了挑战。传统哲学主张存在决定意识,物质决定精神,同时也承认精神对物质的反作用。这种看法在相当大的意义上来说,仍是正确的。但是,如果我们仔细考察"精神""意识"这种基本概念的具体内涵和外延的时候,我们就会惊奇地发现它们和信息概念在很大的程度上是一脉相承的。在某些特定的场合,它们甚至是同一物。如果精神、意识也只是人脑中的某种信息存在方式的话,那么,说信息时代的来临,几乎就等于在说精神时代的来临;说信息控制现实世界,几乎就等于说精神在控制现实世界。从这个意义上讲,精神与物质之间的关系问题,面临着一个重大的理论突破。我在1985年曾经说过这样的话,物质是精神的特殊表现形式,精神(意识)是物质的特殊存在方式。二者只是同一物的不同形式的显现物而已。我在《万理万教相贯同源互补论》中亦发挥了这一思想。在我看来,正是由于心和物的贯通、交融、互构、互动、互生,心物才成为可以理解的现象。因此,只肯定物质与精神的某一方决定另一方的看法可能是具有片面性的。我们完全可以大胆假定,信息在电脑中按0,1(阴阳)排列的无穷的组合方式很可能也就是人脑中精神现象信息排列组合的方式!我们知道,电脑中的二进位制(0,1)组合方式是与周易中的阴爻与阳爻组合方式弦弦相应的,因此,要了解人脑中信息排列组合方式的规律,亦可以直接从研究《周易》原理入手。《周易》所显示的根本规律可看作是一种宇宙万物生成演变的最简公式,它与现代科学具有通约性,也与万物的演变具有全息对应关系,当然更与人脑中信息运作的方式具有全息对应关系。信息高速公路归根结底是人脑的创造物,所以它的构成方式无论多么复杂也不可能超越人脑中信息运作的基本方式。而既然信息运作的基本方式已经生动地体现在易理阴爻与阳爻的排列组合方式上,那么我们也可以说信息时代的信息运作方式无法超越《周易》中演示出的象数演化基本原理。显而易见,对信息概念的哲学探讨,将不可避免地导致对东方神秘主义文化(例如气功)现象价值的重新估评。从一种大的趋势来看,以电脑信息科学为首的西方当代科学的发展正在向东方神秘文化靠拢。在这种背景下,我们应该清醒地看到,中西文化或中西文化中的若干方面往往只有各自借助于对方的若干方面才能验证其存在的**合理性**。令人感到非常有趣的是,许多由东方文化提出的重大命题,往往最后都由西方科学加以证实(例如佛教、《周易》、《老子》中的若干命题就为西方科学所证实);同理,许多西方科学中的新发现,常常能在古老的东方文化得到印证;许多所谓西方新理论,也常常能在古老的东方文化中找到原型或曰不谋而合。其实,究竟是不是不谋而合,有时很难判断。因为东方思想近三百年来在很大的规模上被介绍到了西方。很难设想一位从事于人文科学的有学问的西方学者居然不知道老子、庄子或佛教的基本思想。以《老子》而论,其在西方的译本之多,据说仅次于《圣经》。有理由认为,现代西方的许多思想其实是抄袭东方思想的。例如西方曾吵嚷一时的后现代思潮,就其大体或其核心思想而言,在很多方面都是东方思想、尤其是老、庄思想的翻版。这一点,就连许多西方科学家也承认。大卫·格里芬说:关于这一问题的大量讨论主要(如果不是唯一的)集中在量子物理学上,认为它不仅摧毁了笛卡儿——牛顿世界观,而且还提出了一个全新的世界观——或许又回到了古老的世界观上,通常是神秘主义世界观,如道教或佛教。(格里芬·D. R.,《科学重新获得神秘性》,中央编译出版社,1995年,第16页。)大致上看来,虽然中西文化都各自兼有理性因素与非理性因素,但东方文化的非理性因素较显著,而西方文化的理性因素较显著。而今,随着电脑文化在中国的日新月异的发展,中国文化的理性因素自然会日益加强。东西文化阴阳二极,相反相成。从信息理论的角度来沟通二者,很可能是一种重要的途径。

网络与中西社会与文化[1]

北大信息管理系的陈教授让我讲一些有关网络与中西文化方面的内容。不过,在座的各位同学不要指望我对你们灌输多少专业的网络知识,因为我确实不是这方面的专家。我曾主持翻译过比尔·盖茨的《未来之路》,所以有若干个专家误认为我也是专家,其实不然。但我对这个问题也有一些兴趣和思考。今天我就从中西文化的角度来谈一下对网络的认识。

我觉得如果只是就网络来讲网络,就不能真正从本质上来认清它。网络问题也与其他所有问题一样,与人类的三个基本欲望紧密联系。我认为,人类历史上最伟大一次战斗是克服自己的欲望的战斗,这次战斗的旗帜就是社会主义。从大的范围来说,这次战斗好像已经失败了。为什么说从总的趋势来看人类在这场战斗中失败了呢?这是因为东欧社会主义阵营被人宣传为已经失败了,在其他国家如中国,也在背离传统社会主义的目标而走到另一条路上,即中国特色的社会主义,这种体制明显地有很多西方化的因素,只不过仍以社会主义为旗帜。实际上正如毛泽东所说,全世界信仰马克思主义的人只占少数,他还把共产党分划出左中右三派,且指出左派永远是少数。那么人类战胜什么东西最困难呢?最困难的不是战胜外部世界,而是战胜内部世界即自己的"小我"世界,具体而言即战胜自己的欲望。战胜自己的欲望不是要消除它,而是要将其容纳于自己的理性、理智的规范结构中,让欲望听从自己的调遣。而要做到这一点是非常困难的。下面我就讲讲网络如何与人类的三大基本欲望(食欲、权欲和性欲)相关。我先从网络和食欲结构(经济结构)相关的方面说起。首先谈谈网络与全球经济的宏观调控。全球经济的宏观调控在几百年前或者几十年前是不可想象的。1776年亚当·斯密写过一本书,严复将之译为《国富论》而传入中国,这本书的影响非常大。其基本观点即"看不见的手"的概念。这只"看不见的手"意味着不要国家宏观调控的市场经济,通过人们对各自利益的谋取和自私欲望的满足,可以逐步取得为整个人群服务的经济后果,资本主义经济可以借用这种方法来调节生产。人人自私自利,最后反倒可以达到一种"公",这看似一种谬论,但亚当·斯密认为是可行的。所以后来相当长的时间内这种市场经济模式获得了应用。其实这种思想在中国早已产生。老子的

---

[1] 本文载《在北大听讲座》第二辑,文池编,世界知识出版社,2000年。

"希言自然",顺其自然即是讲国家不要去干预人民的生活;《阴符经》中讲"天生天杀",该生则生该死则死,自然地就可以调节。《阴符经》还讲"天之至私,用之至公",最私的东西被运用得当之后反倒可以达到最公的效果,所谓"恩生于害,害生于恩"。"恩"即恩惠,好处,"害"即坏处,好处可以从坏处当中产生出来,坏处也可以产生于好处,两者相互依存。所以,亚当·斯密的从私里产生公或相反的辩证过程是中国的古代哲人早已明白的。

我觉得"看不见的手"实际上并不是真正地看不见,也并不仅是"一只"。其实,市场经济之所以能行得通,靠的不是一只手,而是千千万万只手,是全体人民群众之手。在市场经济社会里,一个人既是卖者,又是买者,人人都被纳入这种高度微妙组织化的社会生活和市场经济的动作过程中,在其中加入自己的行动、意见和价值判断。正是由于千千万万只手,才构成一种价格波动现象。亚当·斯密说不清这只手到底是什么,只不过这种手引导着人们看似为了自己的利益而实质最终走向为大家服务的实际结果。

应该说,这只手是看得见的,就在诸位身上。在商品经济社会中没有一个人不进行一定程度的买和卖,知识分子也在卖知识,这种买卖的规则、价值观古已有之。从孔子主张知识分子出售自己开始,知识经济便已经存在。当时一个门徒子贡问孔子说:"如果我有一块美玉,我是用漂亮的盒子把它收藏起来呢,还是等待好价钱,才把它卖掉。孔子说卖掉它,卖掉它,孔子又说自己是准备卖掉自己的人。而卖自己知识的价格便是一束干腊肉。如果有人给他一束干腊肉,他便会给那个人传授知识。虽然当时不是现代意义上的市场经济社会,但其中的原理是相通的。

在市场经济社会中,对"看不见的手"——千千万万之手进行控制是非常困难的,国家的干预似乎起不了多少作用。后来出现"凯恩斯主义",对亚当·斯密的理论和萨伊法则进行了批判。萨伊法则认为,供应创造需求,生产的越多人们买得就越多,即使本来某种东西不为人们必需。但一旦被创造出来便会激化人的需求,因此买卖总会达到一种平衡。这一"萨伊法则"也是以亚当·斯密原理为立论点入手的,此原理在相当长的时间内占据统治地位。但到1929—1933年整个世界的经济大危机爆发时,亚当·斯密的模式已不适用,"看不见的手"失灵,需要强化国家干预。凯恩斯主义主张采用财政货币政策,通过银行多发或少发货币来加强控制;如国家可以兴建大型公共工程,以解决就业问题达到充分就业;越是经济紧缩时期,国家越要尽量豁出大批钱,让资本家敢于投资,让人民觉得自己还是有钱。在一定时期内凯恩斯主义是很管用的,但到后来出现"滞胀"问题时凯恩斯主义被否定,原来"看不见的手"的原则又重新复兴,主张由市场经济来解决经济问题。这走了一个否定之否定的过程,顺其自然地"天生天杀"——实行控制——不加以控制。再后来又出现了市场经济与国家干预相结合的"混合经济"。全球经济要实行真正的宏观调控是非常困难的,因此这两大派经济学家一直在争吵。为什么没有妥善的办法进行经济的宏观调控呢？原来,其中有一个很关键的原因即信息收集问题。

比如说,社会主义要搞计划经济。理智地看,社会主义的计划经济非常美好,人类先判断自己需要什么,然后生产所需,再把各方面进行调节,使资源配置达至最佳状态。但为什么计划经济不能达到预期效果呢？有人说是因为生产者在生产时不能把自己的利益和生产行为挂钩,生产积极性不高。这的确是一个原因,这是与人的欲望相关的。但是除此之外,一个最关键的原因便是信息问题——国家根本无法准确地把国内各地的经济信息汇总起来。中国传统计划经济体制下采用的信息收集方法是很原始的,国家给各单位下达生产指标,配置一定的经费和生产人员,各单位每年每月都在忙于填制报表。问题在于,各单位为了不断地从上级主管部门获得资金拨款,往往趋向于按照上级主管部门下达的生产指标和要求来填写数字,实则产品的数量和质量都无法保证,中央得到的各单位上报数据在很大程度是虚假的,包含许多水分。因此,国家根本无法准确掌握各地生产各个环节的信息,计划经济难以实行。另外,信息的不准确性还在于是由单位集团进行计算的,各大小集团之间相互利用,联合虚报。

随着信息时代的即将降临,需要重新审视国家的宏观调控问题,现在经济上的宏观调控有了一种较妥当的信息收集手段——这就是网络。假定国内每个家庭都有一台电脑且都上网,则在合法地调查每个家庭的收支情况并进行统计时会有较高的准确率,何况还有各地的监督部门。因此,进行宏观调控的可能性会增大。如果一个国家能力办得到,全球经济的宏观调控也会办得到。世界已经在朝这个方向发展,银行金融资本家之所以敢兼并各银行,是因为其掌握的信息与情报很全面、精确,足以有信心管理好金融机构。依靠网络,这些银行金融机构与全世界各个生产部门之间的连通已达到非常紧密的程度。由此,全球经济的宏观调控确实有很大的可能性。而中国特色的社会主义则是中国经济发展的一条可行道路。既然原来的社会主义计划经济在原来的物质条件下不能实现,现在网络的发展提供了一种新的物质条件,就会至少激发起政府中的一些人使用网络。尝试某种新型的计划经济。

当然,若真要搞计划经济,不只是解决了网络问题即可,因为这还和人性相关。最难战胜的便是人性,无论多么完善的一种网络体系或者一种法律制度,如果网员或执法人员居心不良,则网络和法律立刻失效甚至变成坏的东西了,这是一个非常简单的道理。网络使全球的宏观调控有了可能性,具体而言,中国的宏观调控问题应该怎么解决,还没有必要着急,还有待观察。西方世界使用的那种宏观调控在中国用不灵,因为宏观调控在各国受压抑、开放或被利用的具体条件和程度是不一样的。

我要谈的第二点是网络对中国城乡二元结构的冲击。中国的一个大问题便是城乡问题。实际上,现在所讲的"现代化"时代只是一种表面上的假象。从北京出发,乘火车不出十或二十公里,你便会看到农民的茅草棚,再仔细看看农民的吃穿、脸色,你便会顿时心凉。中国的问题实际上就是一个农业经济问题。城市里热热闹闹、熙熙攘攘,城乡两头的发展从根本上是脱钩的。有一篇文章说要扩大内需,我觉得提的很好。实际上,经常说的"与世界接轨"就意味着中国是在大世界之外,不是一个世界或还未进入那个世界。我认为这种说法还可以商榷,中国本身就是一个世界,这个庞大的世界有众多的人口,有独立的地理环境,它的语言、文化很难与西方融到一起,中国和西方是两个不同的极,二者的文化在若干层面上是极性相反的。并不是中国要加入另一个世界,而是中国这个世界要把握自己的地位,取得与另一个世界对话的平等机遇。

诚然现在的中国在经济上是一个"小不点儿",但从更长远的观点来看,中国未必是"小不点儿"。因为西方文化模式发展到某个时期便会再次回到东方的路子上来。这与现在中国要借助西方的科学技术模式来发展一样。如果对国内农村问题加以重视的话,网络在这个方面要起到非常重要的作用,网络对城乡二元经济结构的冲击是很大的。以传统的农业经济方式,简单地去提高劳动产力、劳动积极性等已不必要,因为包产到户这种最简单的自由竞争方式已达到了其最佳的效果。建国以来,实行包产到户的每个时期农业经济水平都大幅度上升。但只让农民生产更多的粮食还远远不够,一个更为重大的问题便是教育。按照西方学者的观点,一个国家最大的职能便是解决人的教育问题。有的学者甚至将之作为国家唯一的职能。当然,这些学者的观点有些偏颇,但我确实觉得教育应该放在第一位。如果在有13亿人口的中国,其中10亿人口差不多全处于半文盲状态,那么要搞网络化、工业化基本上就是笑话。因此,要真正搞起来,一定要推向农村,要解决城乡二元结构、城乡差别的重大问题。

电脑网络在这方面带给中国一个最好的机遇,其他的任何一种方式都过多地依赖了物质本身,譬如要提高生产产量,就必须有大量农业机器,足量的化肥和先进的耕作技术设施,且农作物的再生不是转眼之间就能办得到的。但是,电脑网络的一大优势便是,软件一旦产生出来便可以无限地复制下去,在网络上获取信息,不像进口机器那么困难。这给中国人带来无穷的机遇。而且人们学会掌握电脑网络的原理也用不了多少年。即使是农民,要让他学会操作一台电脑,最简单的也不外是让他学会按几个键,虽然他们不能很快弄明白原理,但可以借此普遍地提高农民的技术应用水平。再加之随着电脑的工业品成本以几何级数递减,农民将会具备一定的购买能力。如果能在相当程度上实现中国农村的网络化,中国将成为真正的网络社会并进入一个信息时代。这个机遇虽然存在,但这只是我们的一种假定。问题是网络化工作能不能做及由谁来操作,这便归结到权欲问题上。对网络化工程的操作是很不容易的。其原因并不一定在于缺乏物质条件,很多时候是因为权欲结构内部不能把网络问题处理好。决策机构内部的人互相之间不一定能达成一致意见,因为每一项政策出台时,决策者互相之间要考虑一下自己在权力结构中所处的地位会有什么变化,即自己的权力会增强或是削弱。权欲结构中最关键的便是政治。政府机构中的层次非常复杂,各层次人物对现行制度各有其看法,并非完全一致,在历次政治运动中都表现得起伏不定。因此,政府官员在关于网络在中国是否能够通行这一问题上,很多人考虑的不一定是网络的经济效果、商业价值或教育价值,而是先考虑政治因素与意识形态问题。《人民日报》《光明日报》还只是两份报纸,在组织国民社会生活中的作用就已经很大,大家都可以在其舆论导向下步调一致;而网络则相当于是无数份报纸,人人只要运用得好都可以办一张主页,好像是自己办的一份报纸。所以政府在这存有忧虑也是正常的,无法让网络像在西方一样,一下子大开绿灯,因而必然主张中国的网络建设只能走一步看一步。意识形态问题是政府最担心的,而这方面已经出了不少情况,这样,中国网络建设的步伐就必定要走得慢一些。

另一方面,老百姓也有忧虑。如果自己想办个私营的网络公司,就会受到政府关卡的限制,国家希望依靠政府的电信局、网络部门来推行网络化,用计划经济的方式来进行统一管理。这种方法和我刚才提到的那种"看不见的手"的市场经济法则相抵触。中国经济几十年来发展速度缓慢不正是因为没有引入竞争机制吗?中国农业之所以能够提高到现在的发展水平不正是因为引入了自由竞争机制吗?如果网络化不用自由竞争机制,则显然会进展缓慢;如果在网络上缓慢了,中国将受到非常大的危害。因为人类的游牧经济可以用几万年时间来发展,但信息经济只用几十年。所以,如果现在中国耽误一两年,则在人类历史上就相当于比其他国家的发展延迟了几十年。政府也很真切地知道这一点,但要让它全面放手搞网络是不可能的。若这些与权欲相关的问题不解决的话,网络建设是不容易搞好的,可见网络建设与政治的关系很密切。

我认为,网络的完全放开不一定会导致中国的不稳定甚至政治动乱等非常恶劣的后果,对此应该辩证地加以分析。"恩生于害,害生于恩。"当要获得一种好东西的时候,千万不要忘记也会得到坏的东西。在很多情况下,根本不可能去粗取精、去坏取好,好坏往往是连为一体的。有时候坏就是好,在一种场合下的坏也可变成另一种场合下的好。网络有一些黄、网络犯罪等不好的东西,但它是否可能严重到把一个国家政权颠覆的程度呢?根本不可能。现在是高科技时代,是原子弹的时代,一切最先进的武器都是掌握在国家政权手里的,所以国家政权根本没有理由来担心什么地方会造反。文革时到处都有大字报,人们攻击这个、攻击那个,但国家政权也没有被推翻。因为军队、武器是由执政党掌握的。政府一旦消除了忧虑,就可以放心大胆地来搞网络了。从人类社会的整个发展过程来看,任何一样东西有好处就有坏处,且往往是前期好处多于坏处,后期则坏处多于好处,因为它发展到极端就必定会走向自己的反面。在网络发展的前期一定是好处大于坏处,中国现在就要加紧使用它。而中国一旦要使用网络,马上就有很多人出来说它的坏处和负面因素。这是中国人传统的思维方式,即如孔子所说,"执其两端"——既看到事物这一端的好处,也看到其另一端的坏处,而且往往看到的坏处多一些。所以,诚如鲁迅先生所说的"见事太明,遇事则暗",老把什么东西都看得很清楚,在行动时便会前怕狼,后怕虎,不敢勇往直前,办事不果断。看到事物的坏处是应该的,有必要的,但不应该影响了往前冲的勇气。

　　我们现在进行网络建设,倒不一定是因为中国社会本身发展到一定时候就非网络化不可。假定网络根本就没有被西方人创造出来,中国社会的发展也不会必须需要网络。正如萨伊法则所说,有时是供给创造需求,我们之所以需要是因为它的产生才刺激了我们对它的需求。全世界没有网络也无所谓,一旦有了,我们就无法回避,就要利用它。中国利用网络的最关键原因并不是说人类真真实实地非用它不可,而是因为存在一个在历史上曾经与中国对立的集团即整个西方文化、整个西方世界。如果西方只是把飞机大炮坚船做出来而不用来把中国的大门打开,中国还会按原来的方式存在下去。但西方做出来这些东西后,并没有安分守己,而是与中国对抗。西方做出了网络,就要用它来打开中国这个大市场;这样一来,中国也就被迫而非要搞西方的那套不可。我们不但要搞,还要加快步伐,尽量赶上西方,这是出于两种文化处于对峙状态中相互对抗的需要。从鸦片战争以来,中国整个文化内在的驱动力就是整个中华民族的屈辱感,中国不甘于遭受被侵略的厄运,所以要"师夷长技以制夷"。社会主义阵营与资本主义阵营的对抗也是这样。

　　以美国为首的西方资本主义阵营为什么会在较长的时期内没有衰落下去呢?相当大的程度上是因为存在一个与其对立的社会主义阵营尤其是苏联。没有这个社会主义阵营作为对立面,则其自身的缺陷是很难被克制的。正是由于社会主义思想体系的存在,强化了西方资本主义世界的自我调节。所以一旦发生经济危机,资本家也要做出某些适当的让步,如实行福利措施,保障国民的温饱,保证社会的安宁。西方的资本主义思想体系向马克思主义体系学到很多东西。而中国吃亏就亏在没有更多地去向西方学习,而是过多地紧紧抱住马克思主义中几条理想化的东西。当初中国加入联合国时,一开始中国还表示不进入这个"资本主义的论坛",后来第三世界国家把美国的反对标否定了,这些兄弟把中国"抬"进了联合国。而中国自己还有些不愿意,好像还有点"屈尊"的味道。这代表了当时中国人的心态,也代表了当时整个社会主义阵营的思想心态。就像毛泽东说的:"凡是敌人反对的我们就要拥护,凡是敌人拥护的我们就要反对。"这样一来,难道敌人吃饭,我们就不吃饭了吗？可见,当时的想法确实有些机械化。中国人向西方学得太少了,其实可以向他们学很多种千姿百态的招法,现在学招法的最好的途径便是网络。以前人类的精神财富都埋藏在不同的地方,只有到了一个地方才可以得到那里的精神财富。现在则从网络上转眼之间便可以调用全人类的精神财富。中国若按照以前的传统方式发展可能后来居上。这一方面是因为人性中的权欲在起作用——希望超过别人；另一方面,往往先到者容易懈怠,认为自己差不多了,后来者虽然底子薄一些,但却没有思想包袱,一股劲地往前冲。所以中国后来居上的可能性很大。

下面,我谈谈在网络世界里知识价值的二重性问题。知识价值的二重性即知识面临着双重的演变。知识可分为两大类:"量化的知识"和"质化的知识"。二者向相反的方向演进,前者要贬,后者要升。量化的知识即一般的科技知识(以事实为主的描述性的原理、公理等),是可用字典、词典和各种百科全书包容起来的。这种知识对现在的人而言仍是比较重要的,但到了网络时代它就相对不那么重要了,重要的是"质化的知识"。"质化的知识"包括一些高度哲理性的直观概念和判断尤以关于人的性格特征(即人性本身)的知识最为重要。一个人能否取得成功,有时不一定完全是看他掌握了多少知识,而是看他是怎样掌握知识及要求获得知识的欲望是否强烈。一个再蠢的人也可能成为一个天才,关键是看他掌握知识的欲望有多么强烈以及运用到什么程度。这个问题若不解决,一个人很难有学问。

在网络时代,如何用网络来提取知识非常重要。到了这个时代,知识会过剩、会太容易,因而其重要性会降低。20年前的一套《大英不列颠百科全书》在当时很吸引人,但现在的人们却不愿意去看,因为人们知道这本书中的知识很容易便可找到,所以这本书的价值大跌。人们所关心的是类似于 index（索引）之类的东西。"索引"是西方人发明的,以前中国的一家出版社装模作样地搞了一个索引,把书中关键的人名、地名、理论要点等选出,附写在书后的几页,但却未标明页码,相当于毫无用处。到一定时候你就会发现知识的构成非常奇特,一本书的 index 的价值甚至好像超过了书中内容的价值,因为最需要学会的不是哪一门知识具体是怎么一回事,而是究竟应该如何知道哪一门知识在什么地方可以找到,这种能力至关重要。"质化的知识",与人的性格、修养是相通的,即如何使自己清醒地把握自己究竟想要什么。整个世界的变化非常激烈,如果有人跟不上变化便会被淘汰。现在西方有很多人已被淘汰了,虽然他们仍然生活在这个世界中,但已不是完全意义上的人。他们迫切地想知道自己在这个世界上的地位如何、生活的意义是什么,为什么别人干什么自己就一定要去这样干,自己究竟应该怎样生存。他们一旦考虑这些问题,就会陷入困境,因为他们始终摆脱不了周围整个竞争的场。只有东方人在这方面还有些传统,还可以重新考虑这个问题,摆正自己的位置,以促进身心健全。

其次,网络世界还可以提高政治生活的民主程度。信息时代中的人们不再借助面对面的、触及人身的活动进行沟通,而可以在网上进行表达。借助这个通道人们的压抑情绪可以得到缓解。进入网络的中国人的年龄层次,大体上最多的是 25 至 33 岁;性别构成上男性网民占 67％,女性则占 30％几,有些网上女性只占 1％。这与人的压抑状态相关,25 岁至 33 岁的人受到的压抑最强,因为这一年龄的人精力最旺盛,受到的干扰也最强,且其理智地应对日常社会生活的能力不如 40 岁以上的人成熟。所以他们很有必要寻求一种网络上的发泄。在网上聊天的时候,大家会发现其实有些人谈的内容毫无意义,他们完全是在消磨时间。通过网络,人们把相当多的压抑情绪发泄出来,如果能加以正面利用,便会有利于提高社会的民主程度。因为人与人之间的矛盾在很大程度上不一定完全由经济利益、金钱等而造成,而是由于误解。信息高速公路可以提供一个保证争执双方心平气和地进行对话的最佳场所,人与人之间的直接摩擦大大减少,公开的暴力行为便可以被消解。同时,政府和人民之间的距离也可以由此缩短到最小的程度,相互理解和信任的程度可以得到相当的改善。政府可以把将要实行的政策主张公布在网络上,了解人民的看法,人民可以参与决策,不仅使彼此达到真正的谅解,而且可以大大提高社会的民主化程度。当然网络上有各式各样不好的东西,但既然一切形态的社会中都存在犯罪行为,就没有理由要求信息社会中毫无缺陷。中国的崛起在很大程度上确实依赖于信息高速公路和网络建设。

下面我谈谈有关网络和法律、技术侵权等问题。西方的网络建设进展很快,一个重要的原因是其法制比较健全。中国的法制不健全,所以难免会在网络建设方面出现这样那样的问题。问题之一便涉及到版权。我认为中国政府应该代表中国人民去与西方谈判,在版权问题上达成一种共识和彼此的谅解。利用西方的人权观念来为当代东方人获得西方的某些科技产品(如软件等)开最优惠的甚至免费的大门。何况西方的科学技术据一些西方学者的判断有一半以上来源于中国,如果中国把这个版权要回来,那么西方现在一整套的科学技术几乎会土崩瓦解,因为尽管最初的技术是比较简单的,但却是奠基性的、是最重要的。当然中国政府不可能会把这样的版权要回来,有的甚至嘲笑这种努力,但这个道理一定要讲,要让西方人感觉到他们有欠于中国。网络上有大量的知识信息,中国人应该理所当然地去使用它。中国人使用西方的软件等产品时,只要象征性地交一些费用即可。大家应该有一个心照不宣的协定,比如说 10 年或 20 年后等到中国的技术设施发展得差不多了,中国的市场搞好了,西方人再来赚取利润。而在此之前西方应该在技术上支持中国。在版权问题上中国不能完全遵从西方的游戏规则,中国首先要强调自己是一个世界,并不是西方世界的一部分。中国虽是一个贫穷的巨人,但还是个人,西方要跟中国打交道,不管他们多么有钱,也不能支配中国,中国和西方还是要平起平坐。

从长远的观点来说,网络确实伏着人类的危机。但中国如若与网络对峙就会吃大亏,因此网络在中国是非做不可。这也不妨碍我们考虑一下网络发展到最后的结局。人类社会有很被动或很糟糕的一面,这些都是值得探讨的,所以很多学者对网络的担忧也不无道理。这首先在于人类没有能力战胜自己的欲望尤其是不能战胜自己征服别人的权欲和比别人强的优越感。比如一个高级程序员编程时搞出一些毒,有时纯粹是为满足自己电脑程序的心理要求,并不一定是为了从中获得什么直接的实际利益。比方说,几个编程员凑到一起,其中有个人说某家银行的保安系统非常严密,其中某些人的权欲便会被激发起来,从而诱使他去破坏这个系统,这是人的一种天性。一场战争也有可能是因为一个人比如一个国家元首当时因为赌气而打起来的。这貌以偶然,实则必然,因为人难以战胜自己的天性。所以,网络犯罪是必然的,其程度和规模难以预测。美国一个叫米特尼克的人从13岁起便非常喜欢电脑,进行多次电脑犯罪。后来联邦调查局请出一个"黑客"去引诱他,结果他不仅从网上把黑客的密码全解开了,还同时解开了联邦调查局的逮捕令。所以他在逮捕令还没下达时便跑掉了,并破坏了加州的跟踪通讯系统,最后,美国一位最权威的反毒软件编制专家终于把他套住了,联邦调查局抓到了他。当他听到自己在设置病毒过程中破坏了一台电脑时,他马上就流泪了,因为他和电脑的感情太好了,其他一切坏的都没关系,要是电脑坏了他就会难过。所以人的本性有时表现得很奇怪。

我在加州大学时,看到美国一位科学家在报纸上发表了一篇约3万字的长文章。文章的主题是声讨工业文明的两大罪恶:电脑网络和生物遗传技术。他认为这两大罪恶破坏了整个世界,呼吁国内科学家们消灭这两大技术,并采取暗杀这些方面专家或轰炸楼房等极端的作法,后来他被捕了。持这种观点的人不只他一个,而是已经形成了一个相当的流派。工业文明和科学成就的负面影响确实应该引起我们的深思。但我们尽可能做到的只是尽量减少这种行为的负面效果而不是消灭这种行为本身,因为如果消灭了它,它的好的方面也将随之被压缩和消除。

再次,我讲一个关于网络的个案研究。前不久,《南方周末》登了一则很显眼的消息,说:"瀛海威重出江湖"。瀛海威曾是中国第一家规模最大、最有影响的私营性网络公司。1995年我译了比尔·盖茨的《未来之路》后,瀛海威公司请我去作顾问,我谈了关于网络建设的想法。我提议建网络大学,这是中国教育赶上西方的最好的一条路。我建议买下教育电视台若干小时的转播时间,将电视和网络结合起来,这样便可以构成一种非常妙的效应。北大的学生可以选择北大或全世界最好的教员来上课,上课的过程全世界都可以看到,北大的教育水平也能相应地辐射到全国,人们在家里也可以学习,不一定要到学校,可以使用最好的教员编的最好的教材。我的这个想法受到该公司总裁张树新的赞同。但是政府机构当时对这个设想则根本反应不过来,而且即使采纳,也还需要相当的一段时间。瀛海威作为一家私营公司,需要相关的政策立刻出台,才能正常运转。而这是不可能的,所以其进行的网络建设工作受到很大限制。中国目前的现状便是,各地互相牵制,中央即使想改进也很难推行。在市场经济体制未完全建立起来的中国,瀛海威的失败是必然的。网络建设上若引入自由竞争机制,则可以在比较短的时间内发展起来;网络要兴盛起来,就要让从事的人一定有利可图。但是政府从一开始就在私营网络问题上举棋不定,瀛海威根本无法施展,轰轰烈烈地投入的上千万的大批资本都泡汤了。我认为其失败的另一关键问题还在于忘记了农民,如果它把视线瞄在农民身上,便能解决融资问题。虽然中国农民不富裕,但十亿农民一人拿出一元钱,就是一个宏大的数目了。如果真真实实地想为农民办事,就一定有所回报。瀛海威是网络公司在现代中国命运的典型写照,后来类似的几家网络公司也是只赔不赚。在网络建设的前期,它们成为牺牲品;但对于将来中国网络建设的建成和完善,它们确实是有功之臣。我认为,政府可以先在短期内引入自由竞争机制,比较大胆地放开网络建设方面的工程,让私人来操作,到一定时候再采取缓冲措施,如公私合营,或国家控股等。

最后,网络的发展会导致人性的变化。因人的本性是在一定的时空条件下形成的,一旦时空条件发生了变化,就必会导致人的欲望、行为方式(工作方式、购物方式、娱乐方式、交际方式等)相应地发生变化,这种变化必然导致人心理的变化继而引起人生理上的变化。未来人体可能会萎缩,人脑将更加先进。电脑芯片若能被安置到大脑中或以另外某种比较微妙的方式与人的意识、无意识接通,则人就没有必要学习了。网络大学建成后,大学就没有必要建成现在这样的建筑群,因为人们在任何时间、任何地点都可以学到知识。城市本身也将无必要存在,全球连为一体,建筑物的形式、大小都将会改变。只要网络存在,各种变化就必会到来。因为网络的一处科学原则便是"最简化原理",即一切皆追求简单化,去掉复杂多变的东西。那时将进行大力的改建,城市向乡村的反向运行可能会发生。其时,城市存在的唯一用途便是作为一片废墟和遗迹让后人观看,让他们知道落后的前人曾在一个怎样的受到污染的环境中生存。由于下课的时间快到了,网络和性文化之间的关系,这个问题,就不讲了,谢谢大家。

全球网络通用语问题与中国文化的未来

全球性国际互连网络工程目前正以一种谁也无法遏制的速度迅猛地发展着,抛开其他的诸方面,本文只想谈谈网络通用语与中国文化的关系问题。信息这两个字,今天几乎意味着一切符号化的东西,但就其本质而言,"信"字拆开就是人言,人的语言文字。因此,可以说语言文字是人类最关键的信息载体。一切文化都主要靠它来传播、发扬。就中国文化而言,目前除了最大可能地通过国际互连网络借鉴利用它族文化以丰富自己的文化外,还面临着一个更重要的契机:抓住网络机遇宣传、发扬光大中华民族的文化,让它能切切实实地在世界文化之林中找到其应有的位置。但是,所有的网络工作者都不得不面对一个严峻的现实:通行全世界的互连网络基本上都将英语作为交际语言。在伟大的信息时代来临的时候,汉语的地位和出路安在?一个民族之为民族,实际上常常是以其使用的语言作为标志的。如果容忍某一种语言肆无忌惮地吞灭汉语,那就意味着汉语民族在相当大的程度上的消失。一个民族纵然失掉了国土,还可以有朝一日卷土重来,但是当一个民族失掉了自己的语言时,它就永远不能东山再起,就是永远的亡国奴,姑谓之语言亡国奴!

全球性战略家们深深地明白:一种语言标志着一种世界观及思维模式,谁能输出自己的语言,谁就能输出自己的文化,尤其是输出自己独特的价值观,从而谁就能使自己的看法通过潜移默化的方法让别的民族不知不觉地加以接受。以目前的情况来看,世界性通行语言英语正在给其母语是英语的国家和民族(如美国、英国、加拿大、澳大利亚等)带来文化的、经济的、科技的乃至政治的巨大利益,这是勿庸置疑的。从全球范围来看,法语、德语、意大利语、西班牙语、英语等以及俄语都属同一或同类语系,并具同类文化气质,他们的总体建构了西方文化大系统。当今世界唯一能与此文化大系统抗衡的是以汉语为代表的东方文化大系统。两个大系统在进行对话时,理应是平等的。因为谁都知道,对话的某一方如果被迫使用对方的语言,那么十有八九会占下风。生意胜券多半操在说母语的人手里。所以有人说,谈判语言操在谁手里,谁就不战而胜了一筹,这是有一定道理的。联合国的工作语言虽包括汉语,但实际上很少有人使用它,等于形同虚设。保存民族语言是保存民族文化的一种先决条件和万年大计。汉语无疑是世界上最优秀的语言之一,保存、发展和宣传它,不仅是在维护最优秀的世界文化成果之一,也是在增强我们自身的民族自豪感和自信心。让汉语文化汇入到信息高速公路的大潮中去的同时,又要它保有其鲜明的民族特点,这不仅是出于一种民族良知,也是人类文化整体发展赋予我们的伟大的历史使命。

从另一个角度来看,中国人在第21世纪的特殊地位必将导致汉语在世界上的特殊地位,事情如果从现在推广汉语(例如试图让汉语也成为全球信息网络通行语之一)做起,就会加速这种情况的到来。中国人大规模地学习了差不多一个世纪的外语,当然很乐意在21世纪看到外国人(例如美国人和英国人)都争先恐后地来学习汉语。这样的时候到来时,也就意味着中华文化复兴时代来临了! 一部份人或许会对这种想法持怀疑态度:中国文化那时有那样大的魅力吗? 回答是肯定的。这只要看看今天英语之受青睐的原因就可以明白这个道理了。中国人之所以需要大规模学习英语,有两个最主要的原因:(1)经济落后;(2)科技落后。这两个原因中,经济又更重要些。说得通俗些,一旦中国人的人均收入接近甚至超过发达国家的人均收入,中国人的民族自尊心就会相应增强,崇洋的思想就会相应不断弱化,出国潮就会转变为归国潮。在一定的时候,可指望来华留学的人数超过中国人出外留学的人数。其实,那时中国的科学和技术是否已经超过了西方或某些发达国家并不是最最重要的事情,因为中国虽然可以靠自己的科学和技术方面的成就来吸引外国人,但更主要的是,中国将要靠的是:(1)精神文化成就(主要是传统精神文化成就,也包括气功文化之类);(2)经济大市场。科学技术和自由竞争诚然给西方世界带来了前所未有的繁荣,并使西方人的基本物质生活要求得到了满足,物欲横流的同时导致了精神上的必然匮乏,医治这种精神空虚症的药方在东方,尤其在中国,因此西方世界对中国传统文化的兴趣必定日甚一日,有增无减,学习汉语将成为时髦。另一方面,中国人口最多,从现行的经济发展趋势来看,必将成为世界最大的经济市场,利用这个市场或想占据这个市场的愿望都会导致汉语学习热潮。

十分明显,汉语的崛起意味着要在未来世界与英语平分秋色,这当然会导致网络通行语孰优孰劣的问题。如果真像亨廷顿所说的那样,21世纪的冲突将主要是所谓文化冲突的话,那么我断言这场冲突将首先在人类交际语言的优劣与选择上展开。由此看来一场争夺信息符号载体的全球信息战势必在不久的将来爆发,而且它势必导致与此相关的全球性的语言信息争夺与较量。改变一个国家和民族的最彻底的手段是改变其语言;同理,保持一个国家和民族文化的最持久的因素是语言。因此,作为世界文明古国的中华有义务推广、宣传、普及自己的文化成就,壮大、丰富人类文化的宝库,这一切都应该首先从保住汉语、宣传、普及汉语开始。由此看来,全球信息网络上的通行语问题,事实上是一个关系到全球文化多向发展、和平共存的问题,也是中华文化如何崛起于世界文化之林的问题。其意义之重大不言而喻。

当然,主张加强汉语在全球信息网络上的作用并不意味着我们反对英语或反对一般意义上的外语学习。实际上外语学习永远都是必需的。然而外语学习应该是有的放矢,国家需要什么样的外语人才就专门培养什么样的人才,听说读写译,可根据需要专擅其中一门,当然也可让一些人五技全精,但是确实没有必要驱使整整一个民族或整整一个民族的知识界来学习运用某一门外语,这样做不仅其代价大如天文数字,而且势必得不偿失,甚至遗患于后!缓解或改进这种局面的语言战略办法是有的,其中最重要的一个就是尽快设计编制最好的翻译软件。如果能将国家和人民花费在外语学习上的精力与物力腾出哪怕1%来研制此类软件,那么其效果可能反倒会比直接硬学外语的办法在效果上强百倍!了解人类整体文化的需要无疑把翻译的重要性提高到前所未有的高度。十分明显,不能指望中国人个个精通英语,因此面对全球信息网络上铺天盖地而来的各国信息浪潮,翻译的工作变得至关重要。可以毫不夸张地说,如果没有翻译(例如机器翻译)方面的重大突破,国际互连网络或未来信息高速公路的作用将受到极大的限制。人们也许还记得毛泽东在延安说过这样的话,没有翻译就没有马克思主义,就没有中国共产党,就没有新中国。用一些西方学者的话来说,则是:没有翻译就没有整个现代西方文明。可见翻译在当代的作用是极大的。对于信息互连网络而言,如果翻译问题解决了,全世界的文化财富几乎立刻可以为我所有;如果没有解决,则绝大多数中国人仍然只有望洋兴叹。目前的翻译软件水平离真正实用的目标还相当远,如果有一天,每一个进入互连网络的人都可以在翻译软件的帮助下随心所欲地即时读到(或在极短的时间内读到)各种语言的汉译文本,那该是多么美好!我想各族人民之间的语言障碍不应通过学习掌握对方的语言这种极笨的往往是得不偿失的方法来解决,也不必寄希望于找一种世界通行语(或曰真正的世界语)来解决,理想的翻译软件应该能自动解决这些问题。

通过翻译软件来解决语言障碍问题可带来的另一个好处是可以保持世界语言的呈千姿百态的多元性。世界是美好的,不在于它的单调性,而在于它的多样化。在于它有千百种选择供我们尝试。试想全世界的人都说同一种语言,乃至做同一种工作,创造同一种文化,这将是多么无味和不幸。如果翻译的效率达到理想的要求,那么世界的一切现存语言和文化就都有可能得到保护而不致被某一种语言所吞没。

人类文化是多种多样的,全球信息网络或未来信息高速公路可以最大程度地显示出人类文化的多样性。而如果信息通行语问题也能得到合理的解决使世界各国的语言各安其位又不发生冲突的话,则这一显示将使人类受益无穷。人类从此几乎可以最方便地共享世界上各民族各个国家数千年来创造的无穷无尽的文化成果。作为中国人来说,想到在全球信息网络上有可能经由让汉语成为网络通行语之一从而为未来中国文化的复兴提供最佳的场地与机遇时,我们心里是十分高兴的。

1997 年 2 月 20 日初稿于北京大学中关园

信息高速公路与人类大文化发展新走向

——中国的未来之路研讨会发言提纲
（1996年4月19日于美国加州大学）

《未来之路》在中国的出版，不仅标志着人类发展史上一场新技术大革命冲击东方世界而发出的最洪亮的回声，也标志着当代人类文化的发展已经不可避免地具有了越来越明显的同步效应，地球西半球人的探索和思考几乎可以一夜之间就在东半球人的心房中搅起狂澜。因此，在讨论信息高速公路的时候，极有必要从人类大文化综合发展的角度探讨其新走向。

信息高速公路问题显然只有在有限的范围内才属于技术性问题，如果把对它的讨论局限在一批技术专家的圈子中进行，那将是令人感到遗憾的事情。从大文化发展角度来看，中国人，至少受到中等以上教育的中国人，都有义务参与进来，发表看法，对其可能产生的改朝换代般的影响与前景作出预测与估评。我此刻虽身处异国，但是，毫不感到与此时置身中国北京奥林匹克饭店二楼的参加本届《中国的未来之路》研讨会的诸位专家学者有疏远的感觉。人类共同关心的问题不仅大大缩短了我们之间的空间距离，更重要的是，也大大地缩短了我们之间的心理距离。缩短这两种距离的东西不是别的，正是信息。由于交换了信息，我们找到了款通心灵的途径，这些途径的雏形酷似未来的信息高速公路。飞机、大炮、原子能时代的辉煌已经不得不让位于信息时代。历史在新技术、新工具的强大推动下，无法不迈开新的步伐。

作为一个译者和文化研究者，我有我自己的思想。但我同时知道，由于我们生活在一个信息交流极为频繁的时代，我们有时很难不使自己的想法与某一位在座的先生的看法不谋而合。当然我并不因为这种疑虑就失去慷慨陈辞的勇气。偶然地作为《未来之路》译者的机遇使我有可能率先发表自己看法，这并不意味着我比别人高明，而只是意味着我或许比别人幸运。

由于要在 Internet 上发表看法,[①]我只能相当粗略地讨论信息高速公路与人类大文化发展相关的若干重大问题。某些问题我将略过不提,因为我假定已经有许多人正在讨论它们。

1. 信息高速公路与汉语文化发展问题

人类文化是多种多样的,唯有信息高速公路可以最大程度地显示出人类文化的多样性。这一显示使人类受益无穷,人类从此几乎可以共享世界上各民族各个国家数千年来创造的无穷无尽的文化成果。

就中国文化而言,除了能最大可能地通过此通道借鉴利用它族文化以丰富自己的文化外,还面临着一个更重要的契机:抓住机遇宣传、发扬光大中华民族的文化,让它能切切实实地在世界文化之林中找到其应有的位置。

这样一来,我们就不得不发现一个问题:通行全世界的 INTERNET,基本上都将英语作为交际语言。在伟大的信息时代来临的时候,汉语的地位和出路何在?一个民族的存在,实际上常常是以其使用的语言作为标志的。如果容忍某一种语言肆无忌惮地吞灭汉语,那就意味着汉语民族在相当大的程度上的消失。汉语无疑是世界上最优秀的语言之一,保存、发展和宣传它,不仅是在维护最优秀的世界文化成果之一,也是在增强我们自身的民族自豪感和自信心。

让汉语文化汇入到信息高速公路的大潮中去的同时,又要它保有其鲜明的民族特点,这不仅是出于一种民族良知,也是人类文化整体发展赋予我们的伟大的历史使命。忽略这个问题的中国人要不了多久就会感到深深的内疚的。这不是戏言。

2. 信息高速公路与翻译问题

信息高速公路与汉语文化发展问题引发出信息高速公路与翻译的问题。了解人类整体文化的需要无疑把翻译的重要性提高到前所未有的高度。十分明显,不能指望中国人个个精通英语,因此面对铺天盖地而来的各国信息浪潮,翻译的工作变得至关重要。可以毫不夸张地说,如果没有翻译(例如机器翻译)方面的重大突破,信息高速公路的作用将受到极大的限制。

---

① "中国的未来之路研讨会"由人民日报社、北京大学出版社、北京瀛海威公司等 5 家单位联合于 1996 年 4 月 20 日在北京奥林匹克饭店召开,我因为当时在美国参加第六届世界莎士比亚大会,无法按原定时间到场发言,瀛海威公司便慷慨将该公司的笔记本电脑借给我并通过该公司在美国的网络分公司将我的发言从 Internet 上在开会的当天发回北京的开会地点,仅此一点,便显示出 Internet 的妙用。附记。

人们也许还记得毛泽东在延安说过这样的话,没有翻译就没有马克思主义,就没有中国共产党,就没有新中国。用一些西方学者的话来说,则是:没有翻译就没有整个现代西方文明。可见翻译在当代的作用是极大的。对于信息高速公路而言,如果翻译问题解决了,全世界的文化财富立刻可以为我所有;如果没有解决,则绝大多数中国人仍然只有望洋兴叹。

另一方面,鉴于存在着民族语言和民族文化被电脑文化所吞没的可能性,因此,翻译成为人类保护人类文化多样性的迫切手段。

3. 信息高速公路与伦理问题

人类在举步跨进信息时代的门槛之前,免不了要瞻前顾后,疑虑再三。其中一个关键的考虑就是伦理问题。既然知道一旦跨进去,就永远不复有更改其选择的机会,那么,这种犹豫不决是完全可以理解的。人类永远在试图尽可能全面地权衡一切事物的利弊,确定弃取。然而,我们必须明白,在重大的历史关头,命运从来不曾赋予过人类以充分的机遇和时间来作出尽可能明智的选择。一切都往往是势不可免地迅速降临,经过短暂的迟疑,然后被迫作出选择。

社会是由千万种已知的、或未知的因素合力推动的整体,很少有人能准确地为某一种因素作出价值判断,说它是好,是坏,是善,是恶。

我们在为中国的未来之路作价值判断的时候,显然是在使用我们今天使用的价值判断标准。然而人类的价值判断标准总是在依不同的时间、地点等具体条件发生流变,我们无须过多考虑未来人的价值判断标准,因为未来世界的人类自有其自身的价值观。但是,这种考虑并不意味着我们对未来世界中可能影响人们价值观的若干现象作出某种必要的预测。例如,由于时空革命(时空距离最大限度缩小以致消失),人的本性可能发生转化:人的本性本来是在一定的时空条件下形成的,由于时空在相当大的程度上的消失,将导致人的欲望和行为方式产生相应的变化。人的欲望会被大规模地转移、疏导。人的欲望:食、情、权三欲均会改变。审美价值观会改变。例如:从前的工作方式,购物方式,居住方式,交际方式,娱乐方式,等均会产生很大的变化。这一切变化又反作用于人本身,促使人的本质发生变化。

了解这一切是重要的,因为有准备的心灵可以最大程度地利用客观世界赋予我们的一切,即是说能最大程度地享用其利的同时,又有足够的理智容忍其弊端。更何况弊并不总是弊,利也不总是利,时空条件往往会使他们发生转化。

4. 信息高速公路与经济问题

信息高速公路势所必然地加速全球经济一体化,全世界的经济生产、贸易、经营等都将在信息的层次上融会贯通起来;即使存在着意识形态方面的隔阂,这种融会贯通也是会必然产生的。关于此点,国内必有很多人发表了看法,此不赘述。

我这里只提一下市场的概念。市场的概念,就其本质而言,意味着商品信息的自由交换。在当代社会(尤其在商品贸易市场上),谁掌握了足够有效的商品信息,谁就能够立于不败之地。这样一来,传统的经济概念,诸如产权问题,投资问题、成本与效益问题等诸种概念,都被迫在某种程度上加以重新修正。如果不考虑信息本身的诸种因素,例如信息量、信息传播速度、信息准确率等,则上述的那些概念将会十分空洞。可以完全假定,一个拥有上千万资产的人由于信息控制方面的失误,转瞬变得倾家荡产。我这里并不是指有人会在信息高速公路上采取非法手段,例如利用电子货币运行机制的某种漏洞而坐收渔利。不!我指的是,仅仅由于无视或忽略信息的作用,一个百万富翁就会一夜之间变得一贫如洗。当全球经济一体化达到高度信息化的时候,一切经济实体实际上都不得不以抽象的电子信息符号进行交际。一个国家的经济状况竟然可以每小时甚至每分地显示在屏幕上,这是何等令人感到不可思议的事情!然而,借助于信息高速公路,这一切是完全可以成为现实的。

5. 高速公路与文学、美学问题

信息高速公路将使现行的文学样式和存在方式受到极大冲击。我们可以想象,诗歌、小说、戏剧的创造者们将很快拥有一块出版发表自己作品的园地。这在若干互联网络上就可以看到某种雏形。传统的文学创造家们所获得的崇高荣誉固然要归功于他们自身的创作努力,但是在另一方面,也得归功于某种特权与特殊媒介,诸如纸张、印刷、装订、发行、运输等诸种环节。应该特别提到审稿制度这一环节。被印刷、出版部门的某个或某些审稿人认为不够格或有害的作品,通常被排斥在出版发行之外,所以像《红楼梦》这样的伟大作品也曾一度只能以手抄本的形式流传。然而信息高速公路几乎会轻而易举地突破这些障碍,因此,就为每一个有文学创作才华的公民开辟了广阔的文艺创造天地。每一个人都可以随心所欲地创作出他(她)最乐意创造出的作品。文学艺术真正成了人民的公有财产。人们甚至在计划由成百上千的人在网络上共同创造一首诗、一部小说或一个剧本。信息高速公路提供的人机交互机会为亿万人欣赏、创作、批评文艺作品开辟了前所未有的美好前景。

可以预料,传统文学艺术的价值观念会受到很大的挑战。什么是美的、好的作品,将真正由成千上万的读者来直接作出判断,由千百万人来直接认可,而不是简单地取决于某一家或某几家报刊的宣传,或某一位或某几位权威的一锤定音。那种仰赖文艺庇护人或所谓文艺泰斗的一经品题、则身价百倍的现象很可能不再风行。

与文艺形式相关的种种娱乐活动在信息高速公路上将会得到最佳形式的发展,对此,比尔·盖茨的《未来之路》中已经有过较多的描述,这里就不再多谈了。

6. 信息高速公路与教育问题

信息高速公路为解决人类的教育问题提供了最好的场所和手段。比尔·盖茨在《未来之路》第九章《教育:最佳投资》中已经论述得相当详细了。我只想指出一点,随着信息高速公路的逐步推开,大学教育将普及,受教的方式将改变:无课堂的家庭大学将兴起;师生交流更有效率,无论远近;个体感和群体感均将相对增强;课本的设置也将大大不同于现在。我相信,在信息时代的高级阶段,传统意义上的知识储存与使用将会改变;文盲会产生;知识无须用10年、8年的时间去慢慢学,一个电脑芯片就永远取用不尽(植入大脑)。

对于要普及中等和高等教育的当代中国来说,信息高速公路提供了一不花钱、然而其效益可以和世界上任何名牌大学的教育效果媲美的教育场所。关于这方面的具体设想,我已经和瀛海威公司讨论了一段时间,我们将要创办一个未来之路网络大学,真正为中国人民,尤其是中国千百万未受高等教育的青年人办一点实事。至于具体文章,我将另文公布,此不赘。

谢谢在场的诸位专家学者。

(1996年4月19日(即北京时间20日)于美国加州大学)

从古希腊奥林匹克运动会起源看中西文化精神

2004 年 11 月 23 日晚上 7:00—9:00
地点:北京大学民主楼礼堂(根据录音整理稿订正)

这个题目我以前没讲过,但是我觉得现在有必要讲。原因有两个。第一,2008 年的奥运会将在中国举行,中国人对奥运应该进行及时的研究。第二,目前我承担了一个国家重点科研课题,准确点说,是外国古代神话史诗研究课题。对于神话史诗的研究,在国际学术界有日益强化的趋势,部分原因可能在于神话史诗研究、尤其是神话研究与人类文化本身的起源相关,因此意义重大,值得讲讲。

我今天的题目是"从古希腊奥林匹克运动会起源看中西文化精神",这个题目原来还有一个副标题,——"兼论武斗与文斗",这在研究后面会涉及到。

1. 文化现象或神话现象研究与文化精神总结之间的关系

文化现象的研究和文化整体精神之间具有一定的关联性。我们做学问,不能只做死学问,还要做活的学问。活的学问里面常常充满思考或思想。许多学者做文化研究的时候,往往很注重微观研究,对某一类文化现象,比方说对某一个神话的起源,考证得非常详尽,弄清了它的前因后果,提出了若干独到的见解。这样的研究当然是很必要和重要的,因为有了这些研究作为基础,我们在谈论的总体文化精神的时候,才有根有据;对于一种文化进行总体把握,理解其深刻含义和内在逻辑,才有实实在在的基础。但是仅仅囿于个案性研究,仅仅从微观上花大力气仍然是不够的,很容易犯见树不见林的错误。所以有的学者成了知识袋子,脑子装满了各类知识,却不能把这些知识横向上与若干文化现象贯通起来,结果那些知识就成了一潭潭死水,未能汇成江河或者与大海相连;虽有用,用处总是有限的。归根到底,就文化研究而言,具体性的研究最后最好走向一个大的方向,那就是把握住一种文化精神。我这个讲座正是要尝试从大家司空见惯的神话现象里,抽象归纳出某种文化精神。具体到中国文化和西方文化来说,就是要把握住一种中西文化精神。因此,我这个讲座目的和宗旨就是企图从一般的神话研究过渡到一种文化精神的概括性总结。

2. 21世纪中国学术研究的必要学术背景与归宿

——必要的学术背景:中西文化比较
——必要的归宿:中西文化精神比较与文化建设

另外想顺便提到的问题是,我觉得中国的学术研究在21世纪应该有一个非常必要的学术背景与归宿。为什么我单单提到中国的学术研究背景呢?在过分强调与国际接轨的今天,难道还有必要强调中国的学术背景和国际学术背景应该有区别吗?我的回答是肯定的。为什么?因为中国人的学术研究,从1840年以来,引进的成分太大了,远远大于西方学术界引进东方学术界的学术成果。西方学术界有意无意地轻视东方学术研究成果,甚至于在相当长的一段时间内,他们只是对于东方经典有一定的研究,而广泛意义上的东方文化研究,还是不那么令人满意。何况西方人研究东方文化,总是不可避免地戴着西方文化的习惯眼镜,其研究成果的片面性是不可避免的。当然近几十年来,西方学术界对东方学术研究成果也有所重视,但是远不如东方学术界对西方学术研究成果的重视程度。在中国学术界,这种颠倒现象或不正常状态尤其严重。中国自从鸦片战争以来,随着大量的西方文献涌进中国,中国学术界的思想理念架内装的差不多都是西方货。中国学者要说明一个学术观点的时候,总是不知不觉地要用西方的话语来表述。各高等院校的学报上的学术文章,有很大一部分是用洋腔洋调写成的,普通人不容易看懂。一部分学者误以为学问的高深就等于文字本身的晦涩难懂,所以喜欢故意把文章写得别别扭扭,文章里刻意点缀一些外语还在其次,更严重的是,使用一些翻译得诘屈聱牙的术语来包装论文,试图用文字的别扭来暗示其价值的非同寻常。这种情况是在近20多年来才特别严重的。五四时候引进西方学术的风气也很浓,但那时的知识分子写的文章还相当靠近本土文字风格。西化思想相当严重的知识分子如胡适、陈独秀、郭沫若等等,写的文章是很好懂的,不像今天的西化分子的文章花里胡哨。目前就连一部分反感西式学术话语的知识分子,也还不得不借助西方本身的学术话语来说出反对的话,这种失去自己的中国本土话语的现象是非常奇特的。如果找找其深层原因,我认为很大程度上就在于我们失掉了对中国文化本身的基本精神的认同;我们失掉了对中国文化本身的认同,则又在于我们把握不住中国文化的主体精神究竟是什么。而要真正把握住自己的文化的主体精神,靠什么方法?比较。有比较才有鉴别。和什么东西比较?和西方文化比较,因为据说它是20世纪以来国际上的强势文化。中国人文学者要做真正对中国文化有用的学问,首先要把中西文化的差别认识清楚,认识清楚了二者的本质差别,就认识到了自己的文化的主体精神。因此中西文化比较是一种非常必要的基础性研究。换句话说,中国人文学者应该在大的中西文化比较这个学术背景之下来展开学术研究,才会有真正的有实际性贡献的学术突破。我觉得所有的中国学者(至少人文学者)都应该有这样的一个视野,否则我们就只是为了研究西方文化而研究西方文化,没有考虑到自己所研究的这些成果,该怎样应用来理解自己的文化和建设自己的文化。对当代中国而言,我们的学术研究有一个十分必要的归宿,这就是在认清把握住中西文化主体精神的条件下使用我们的学术研究成果来建设中国文化。所谓为学术而学术这种提法,在有些时候也是可贵的,但是对于当代中国来说,更需要学术研究本身能够发生实际的效用。所谓效用,我指的是能够对于当代的学者群或者是普通的老百姓产生生理的、或者是心理的正面影响。而要完成这样一个归宿,就要求我们首先对中西文化、尤其是中西文化精神问题,有一个比较清楚的把握。要做到这一点,有很多途径。我今天只是选择从古希腊神话——确切点说,有关奥林匹克运动的神话——和中国的某些古代神话做一个简单比较来阐明我的观点。这是开场白。

我们现在回到古希腊奥林匹克运动会话题上来。奥林匹克运动会在全世界就其民众的广泛参与程度而言,是无与伦比的。哪个国家申请到奥运会都被人看作一种光荣。回想当时中国赢得奥运会主办权时许多中国人从内心深处感到快乐的情景,我觉得要对奥运说一些负面的话,是很难讨好国人的,因此这是一个挑战性的话题。

中国取得奥运主办权时,我快乐吗?我也快乐,但同时也不是很快乐。我快乐,是因为一场赌博赌赢了,中国人成了赢家,这件事情本身是值得庆贺的。我不快乐,是由于争来的东西即将带给我们的精神价值未必是严肃的中国人真正认可的。争,本身就是一种并不很光彩的行为。不争,窝窝囊囊的,更不行。于是我们像掉进了一个陷阱一样,不得不去争一样未必想得到的东西,这就是出自一种学者良知深处的矛盾。这个问题我留在后边再深入讨论。我想先简单介绍一下有关奥林匹克运动会的基础知识。

3. 古希腊奥林匹克运动会简介

奥林匹克运动会作为一种大规模的有组织性的运动活动,是尽人皆知的。关于它的介绍文字很多。网上一查,就可以查到上千条、上万条,因此我这儿就不必细讲,只想很简单地提几句。奥林匹克运动会最早起源于古希腊,举办的地点是奥林匹亚。公元前776年到公元394年,每逢4年举办一次,没有间断过。但是这个奥运会实际上有古希腊的奥运会和罗马式奥运会的区别。当然它们两者有共通点，但是差别很大。古希腊的奥运会还不是完全的纯粹的格斗，还有一种公平竞争的精神。古罗马的奥运会跟古希腊的奥运会相比，形式上可以说是倒退了，堕落了。公元前146年的时候，古罗马征服了希腊了以后，罗马人并不需要在和平的气氛中进行竞赛，他们把比赛的项目改为纯粹的格斗，残忍的格斗本身成为游戏，成为目的。我们都知道那时出现了罗马斗兽场这样的东西。为什么会产生这种现象呢？因为古罗马是典型的奴隶社会。公元前80年，罗马帝国的统治者苏拉（Sulla）把奥运会移到了罗马。大约公元393或394年，罗马帝国的统治者特奥多西斯一世（Theodosius I）认为奥运会是异教徒的异端，不许它存在，于是就把奥运会结束了。那时候的奥运会已经是一项接近1200年的运动传统了。1893年根据奥运会之父法国顾拜旦的倡议，在巴黎举行了复兴奥林匹克运动会的国际会议。1894年1月，草拟了一份关于奥运会具体的步骤和需要探讨的十个问题。当年6月16日，国际体育运动代表大会就在巴黎开幕，当场的代表79人，代表12个国家和49个体育组织，有两千多人参加了开幕式，通过了复兴奥运会运动会决议，在6月23号宣布成立国际奥林匹克委员会。这就标志着现代奥林匹克运动会的诞生。

这些材料大都是东拼西凑抄来的，没什么新意，我就不详述了。下面我正式探讨奥林匹克运动的起源，讲讲它是怎么产生的，为什么它会产生在希腊，它在古希腊是以一种什么形式产生的？奥林匹克运动会这个名称，在早些时候更多地叫奥林匹克竞技会。它和竞争技术、技能等直接相关。关于它最初的起源，说法各异。我这里只是简单的罗列一下有关的说法。

4. 古希腊奥林匹克竞技会的起源

有传说认为，奥林匹克竞技会起源于宙斯与克洛诺斯争夺王位。克洛诺斯实际上是宙斯的父亲，父与子之间产生了谁来当王这个矛盾，虽然都是都是神了，还是争权夺利。为了取得当王的优先权，父子双方约定进行摔跤比赛。摔跤的结果是宙斯赢了，于是宙斯成为摔跤冠军，晋升王位。这次比赛意味着着奥林匹克运动会的滥觞，故后来的很多运动会都离不了摔跤比赛。

第二种说法比较典型。说奥林匹克竞技会起源于珀罗普斯（Pelops）和俄诺马俄斯（Oinomaos）争夺王位、也是争夺新娘而举行的马车比赛。新娘的名字叫希波达弥亚（Hippodameia）。我简单的介绍一下这个故事。珀罗普斯也是神的后裔。而俄诺马俄斯呢和这个新娘是父女关系。可实际上，俄诺马俄斯已占有了他自己的女儿，他的女儿就是他的隐蔽形式的妻子。但是别的年轻人还可以来娶他，条件呢，就是要和俄诺马俄斯一起进行比赛，比赛驾驶马车赛跑。当时不是比赛用腿，而是在马车上,四匹马拉的马车,看谁跑得过谁。具体的比赛规则是这样的:珀罗普斯这个年轻人必须和他预备赢得的新娘一块儿坐在一个马车里面,在前面跑。新娘的父亲呢,则手持梭镖坐在后面的马车上追。如果追上了,新娘父亲就可以将手里的梭镖朝着年轻人后背掷过去。如果他把青年男子杀死了,青年男子的求婚就失败了,俄诺马俄斯就仍然占有着王位和自己的女儿。轮到珀罗普斯这次挑战试图获得这个新娘和王位时,俄诺马俄斯已经杀死了13个求婚者了!这在我们现代人看来是非常残忍的事情。但是对古希腊人来说,却是一件挺好玩儿的游戏。新娘希波达弥亚是不是甘心情愿地和她的父亲长期地以夫妻关系厮守下去呢,显然她不愿意,她愿意和别的男子结成新欢,可别的男人不争气,屡战屡败,这可怎么办呢?她再也等不下去了,决定作弊。她怎么作弊呢?原来她暗中说服了为他父亲驾马车的车夫,要他把马车车轮的销钉偷偷地拔掉。那个车夫和她结成同谋,果真拔掉了马车的车轮的销钉。后来发生的事情就可想而知了。珀罗普斯和希波达弥亚坐在前面的马车里飞奔。俄诺马俄斯则坐在后面的马车上拼命地追;追到半路,一个车轮因为没有销钉而脱落了,俄诺马俄斯被翻到在地。新郎和新娘便趁机回车杀回马枪,捡起地上的梭镖,把俄诺马俄斯杀死了。珀罗普斯大获全胜,赢了夫人又得王位。奥林匹克运动会的胎儿据称便由此呱呱坠地。

这里我想提醒诸位注意的是原始奥林匹克竞技的残酷性,这是一种很可怕的东西,绝对没有我们今天的奥林匹克竞技会所宣称的和平、友谊这类东西。当时的竞争者不是朋友,没有友谊可言,相互间只是敌人,不是你死就是我活。要注意古希腊差不多所有的这类竞技会,都贯穿了这么一种精神。

第三种和奥林匹克竞技会相关的说法也值得注意,有的学者认为它和第二种传说相关,至少是强化了上述的奥林匹克运动会起源论。据传有一个叫福尔巴斯的人,在通往德尔斐的大路上,总是去找那些朝圣者比赛摔跤或者是赛跑等。路人必须跟他比,打过他了,摔跤摔过他了,等于是付了买路钱,就可以通过这条路,去朝圣地点。不然就走不了路。比赛不过他,他就割下你的头颅,然后把你的头颅挂在路边的橡树上。那棵橡树上据说挂过许许多多的头颅。他这种通过残忍比赛来赢得桂冠一样的东西,被喻为橡树下的荣光。这个故事广为流传,因此也被学者看成是奥运会的起源之一。

第四种说法是处女竞技会(又称赫拉 Hera 节)。Hera 是宙斯的妻子。举办竞技会主要是纪念和歌颂 Hera,感谢 Hera。每4年一次。在这种竞技会上,一个由16个女人组成的群体给赫拉织一件裙子,与此同时举行竞技会。传说此会由希波达弥亚创立,纪念其马车赛胜利。希波达弥亚因为和珀罗普斯共谋杀死了自己的父亲,取得与珀罗普斯结婚的自由,因此对他对于女神赫拉心存感谢,她就组织了这个竞技会。竞技会中的主要比赛项目是赛跑。但那时规定赛跑的时候年龄小者可以先跑,赛跑的距离是500奥林匹克亚尺。胜利者带橄榄枝花冠,同时也获得一点奖金。奖金不是钱,而是一点母牛肉之类。据考证,这个比赛比前面提到的比赛还要古老,也是4年或者是8年一次。这个传说也被有关的学者看成是奥运会的起源之一。

第五种说法呢是枯瑞忒斯赛跑的故事。什么意思呢?原来地母瑞亚生出来的孩子,总是一出生来就被他的丈夫拿去吃了。轮到生下宙斯时,瑞亚寻思,这个孩子无论如何不能让他再次吞了,她得想法孩子保护起来。于是她将出生后的宙斯交克里特的伊得达克坦力(即枯瑞忒斯)看护。年长的枯瑞忒斯枯瑞忒斯当时为了保护宙斯,造成迷惑现象,就让其兄弟们跑来跑去,这是一种赛跑。赛跑者胜利了之后戴上橄榄枝。后来有学者考证说当时戴的不是橄榄枝,而是苹果枝,是后来才改成橄榄枝的。这是又一个有关奥运会起源的传说。

第六种说法涉及到克洛诺斯节,即农神节。有学者认为它也可能与奥林匹克竞技会起源相关,但是证据不是那么充分。其实证据看起来最充分的可能是我们上面说到的第二个传说,即珀罗普斯与俄诺马俄斯进行马车赛跑取胜同时娶他的女儿的故事。很多学者认为这个传说的可能性是最大的。除此之外,还有一些民间的传说值得一提。

比如说,第7说法说是宙斯的儿子大力神赫拉克雷斯战斗获胜,在奥林匹克举行一次体育比赛大会,用以祭祀宙斯,后来便成为奥林匹克竞技会的起源。

另外还第八种说法。据说赫拉克雷斯与其弟兄们发生争执,为求作个解决,决定在奥林匹克比武较量,这亦是古代奥运会的雏型。

第九种说法,是英雄克库洛希打败伊利斯王奥格亚史为了庆祝胜利,故举行体育大会,并由此演变为每4年一度的奥林匹克运动。

这么多传说好像都是奥林匹克运动会的起源。而人们总想证明只有其中一种是真正的起源,其他的都是假的。可是按照我的观点,我们完全可以颠倒一下思维习惯,何妨认为这些竞技会可能大都是真的、大都产生过呢?奥林匹克竞技会只是它们的集中的凝聚表现方式而已,它承袭的是一种精神,一种来源于所有这些传说的精神。什么精神?竞争精神。因为所有这些比赛无非是要比技能、比体力、比武艺,这种竞技行为是典型的古希腊文化发展的动力,也是古希腊文化精神的核心。古希腊人喜欢竞争,动不动就要跟你比,不是这个地方发生比赛行为,就是那个地方发生比赛行为。你把任何一个地方的比赛看成是奥运会的起源都是有道理的,因为从骨子里面他们就要竞争,因为竞争就是他的主流精神,非得争不可,不可能让你和平相处。

另外要注意这样一个事实,即竞技会最初是比较残酷的比赛项目,但是也有以赛跑为辅的不那么残酷的项目,但是慢慢地发展为伊索跑为主要项目了。

这些运动,所有的这些运动,它们的根本目的是什么呢?有的学者想美化它们,试图证明它们并不是那么残忍,而只是纪念一下英雄人物之类的葬礼活动行为,人人都来凑热闹,举行一些好玩的活动等等。但更多的学者研究后得出的结论是:**所有这些项目归根到底是争权夺利,尤其是争夺王位,是互相残杀**。这是西方学者的比较得到认同的结论。说到底,这类运动的根源就是残忍的侵占,互相的斗争。关于这一点,让我从古希腊神话中例举更多的旁证材料,并从中得出新的结论。

5. 古希腊先祖提坦神家族的自我相残、相吃史

古希腊神话中的种种传说印证了古希腊的先祖,或者说古希腊神的家族,有相互间自我残害的历史。举例来说,古希腊神话中最早的一辈天神如乌剌诺斯—克洛诺斯—宙斯—狄俄尼索斯、坦塔罗斯—珀罗普斯—阿特柔斯、提厄斯特斯。乌拉洛斯的后代是克洛诺斯,克洛诺斯的后代是宙斯。宙斯代表第三代神王,是所有家族当中最有名的一代。宙斯的后代很多,例如狄俄尼索斯、坦塔罗斯等等。这些后代总是在不断地互相残杀。

举一个例子。乌拉洛斯十分仇恨自己的孩子,他把自己亲生的孩子全都幽禁在很深很深的地下。为什么这样做?因为他怕他们和自己争夺王位。对中国读者来说,希腊神话的这些方面是很令人惊讶的,怎么可以这样对待自己的亲生骨肉,但是在古希腊,这是很自然的一件事,这是生存斗争,对权力本身的迫切需求远远超过对所谓亲情关系的需求。

克洛诺斯也是一样,不过他采取的办法不是把自己的孩子埋起来,而是干脆就把他们吃了,吞到肚子里。他吞了自己的很多子女,生一个,吃一个,生一个,吃一个。到了宙斯出生的时候,本来克洛诺斯也要吞掉他的,可是宙斯比较幸运,因为宙斯的妈妈,也就是克洛诺斯的妻子,发誓这次绝对不能让克洛诺斯把宙斯吞了。宙斯刚一生下来,她就把他转移了,同时在包裹宙斯的包裹里放了一个石头,冒充宙斯,克洛诺斯不分青红皂白,拿过来连包带石头地吞下肚子里去了,结果宙斯得以逃脱厄运。宙斯就在另外一个隐蔽的地方被抚养大,长大了他当然要报仇,他要推翻克洛诺斯,自己做王。最后他和他的母亲盖亚,还有他的兄弟姐妹,联手用盖亚事先准备好的弯刀把克洛诺斯杀死了。杀害的场面很惨、很残忍。宙斯等把他父亲克洛诺斯的生殖器割掉了,然后把他的肢体从天上扔下人间。这样的古希腊神话传说是很恐怖的;而这样的故事在西方世界几乎是家喻户晓,西方人从小就听说过这些故事,在这样的故事熏陶中长大。中国人听到了,觉得这样的故事怎么能在大众广庭中讲呢?即使要讲,也应该讲得隐晦一点。但是西方人却不厌其烦地

讲,并且在后来大书特书,产生了许多相关的经典作品。

宙斯自己的遭遇并没有使他改变骨肉相残的传统。他虽然没有吃掉自己的儿子狄俄尼索斯,但也试图毁灭他,还让他进入自己的男性子宫。何况他无情地消灭了他的父亲克洛诺斯。

另一个可以说明古希腊先祖提坦神家族的自我相残、相吃传统的典型神话传说是坦塔罗斯的盛宴。当时的神们也要请客,但客人们往往自带食品。一个西方人对你说:今天我邀请您,我们一块儿去吃饭。中国人以为这是对方花钱请他吃。回答说:好,我一定来。去了之后,点菜、吃饭。到了交钱的时候,请客者只付他自己的钱就走了,中国人感到困惑不解,你请我吃饭,你怎么不给我付钱呢?西方人有时就是这样的,他所谓请你,是请你和他一块儿吃,不是说花钱请你吃,所以最后还是需要个人付钱。从坦塔罗斯的盛宴可以看出,西方这个风俗习惯不是现在才有,古希腊的时候就有了。坦塔罗斯首先是在其他的神那儿吃,吃完以后觉得他也要答谢,也要回请。他琢磨怎样才能使别的的神吃得满意呢?他的做法是把他自己的儿子切成碎片,煮熟了请神们吃。他自己觉得这个招法奇特,这种食物神们肯定没有吃过,这可真是标新立异了。后来刚开始吃就有一个神觉得味道太怪。宙斯无所不晓,当然明白是怎么回事,知道这大锅里的东西是人肉。宙斯下命令,把所有的肉倒回到大锅里去,宙斯略施法术,已经变成肉片的开罗斯又复活了。宙斯对坦塔罗斯的做法很生气:你怎么能把你自己的孩子切给我们吃呢?宙斯用雷电毁灭了西庇洛斯山。把当时坦塔罗斯住的山整个给毁了。煮吃孩子这样的事情,后来的西方文学当中也经常有描写。例如莎士比亚的第一个剧本《泰特斯·安德洛尼克斯》里面就写到如何把孩子磨成面、做成饼让人吃。据说看那个剧的时候,有的女观众当场晕倒在地。莎士比亚本人想必是很高兴的:晕倒了?那就是艺术效果。西方人往往强调艺术效果就是让你感到惊讶,不一定是让你感到美。对他们来说,艺术这玩意儿,不一定是要让你感到心里面特别的舒坦,而是要让你感觉很怪诞,很惊奇,很恐怖,或很刺激。他们要的就是这样的效果。如果你吓得跳起来了,好,艺术家说,终于成功了!西方现代的艺术家也往往是这样的心态。就连他们的哲学家也是这样的心态,认为哲学起源于惊奇,如此等等。这里面传输的精神,跟中国的文化精神是很不一样的。中国人追求的是善,是美,他不追求纯粹的惊奇感、刺激感,而追求一种具有道德寓意的戏剧效果,通过艺术,让人的人格尽可能高尚——当然,那是不同时代的人们认同的高尚。煮吃自己的孩子的事情也发生在古希腊先祖阿特柔斯的身上。阿特柔斯把提尼斯特斯的儿子弄死了,也是切碎了,请阿特柔斯来吃自己的儿子,这样的事情多么残忍。

从这样的神话传说中,我们不得不得出一个结论:**希腊的先祖有自我相吃相残的历史**。古希腊神话有多起这样的记载。这种东西不可能是随便编造的,它们通常有实实在在发生的事情梗概作为原型，只不过说后来披上了神话的外衣而已。

6. 古希腊先祖提坦神家族的乱伦历史传统

除此之外，从古希腊神话中我们还可以看到古希腊文化的另外的负面的东西，这就是赤裸裸的**乱伦历史传统**。何谓乱伦？父女、母子之间发生性关系。这种现象在古希腊神话中相当常见。例如乌剌诺斯是盖亚的儿子，同时又是盖亚的丈夫，也就是说，盖亚是他的母亲，又是他的妻子。你只要翻开古希腊神话，就可以看到记载。瑞亚是克洛诺斯的妹妹，又是克洛诺斯的妻子。兄妹通婚。宙斯的妻子赫拉是宙斯的亲姐姐。最典型的是我们前面提到的**俄诺马俄斯**，他杀死了13个求婚者，目的无非是要长期霸占住他自己的女儿。

这样的例子是不是只是发生在古希腊呢？当然不是。如果你追踪每一个民族的远期，最原始那个阶段的话，其实每个民族都有这种现象。在原始社会里面，所有的男女不分父女母子，都可以随时结合，各个民族都有这样的历史。既然这样，那么我为什么单单强调古希腊文化中有这种乱伦历史的负面效应呢？请务必注意，这里有一个巨大的或者说关键的差别。这就是：对于人类本身来说，有的东西是只能做，不能说，尤其是不能够以文字的形式流传下来，长期影响后代的。而在古希腊的文献当中，以神话的形式，以传说的形式，以种种戏曲的形式或诗歌的形式，把这些乱伦现象固定下来，加以渲染，使之作为一种常识注入到西方文化当中。这个问题就严重了。在其他民族的神话当中，乱伦的情况也有，但总是用很隐晦的字眼表述，**并非像在希腊神话中这样得到强有力地鲜明系统地表现**。从赫西俄德的《神谱》，到荷马史诗、到古希腊悲喜剧，包括俄底浦斯杀父娶母这样的情节，可以说在西方世界，家喻户晓。它们没有被巧妙地遮盖起来，而是极其明确地成为西方人知识系统中的有机组成部分。这样就势所必然地产生巨大的文化后果。产生巨大的乱伦暗示效应。中国也有类似现象，但是中国人从小受的教育文献中不强调这些，让你不容易感觉到。它们**没有构成普通中国人的常识**。中国人把这类东西遮盖起来，隐隐约约，要用很隐晦的话来叙述类似现象，一般人看不太出来，因此大大淡化了它们的负面影响。许多首次听到西方神话中的这种现象的中国读者，往往目瞪口呆。中国人知道，有些知识是不必张扬的。最好用隐晦的语言。

显然，古希腊的神话既然不遮盖这些东西，它们就**必然**成为西方人知识系统当中的有机组成部分，并且**必然**产生巨大的文化后果，这是要特别注意的方面。客观性不一定总是好的，有时会有很坏的结果。古希腊神话的这种文化后果就产生了巨大的乱伦的暗示效应，暗示后面的人，如果前一辈的人可以这样，后一辈的人又何妨不能这样呢？所以乱伦在西方长期以来是一个很大的问题，包括当今西方社会的同性恋问题。其实同性恋在中国也是有的,但是没有成为普遍的现象,但是在西方现在成了非常难以解决的问题。就连现在克里想和布什竞选总统,人家用他女儿是同性恋者来攻击他,他虽然自己认为无所谓,但事实上对于他的竞选构成了很大的负面效应。在中国文化当中,这样的乱伦文化效应得到了有效的抑制,乱伦现象没有构成普通人的常识。这对于中国文化来说,非常重要。不是每一样真理都应该被追求,张扬出来的,有很多知识是应该被合理的掩盖起来,遮蔽起来的;除非人不是人,还是赤裸裸的野兽,衣服都可以不要了,完全回到原始社会状态,那么,就无所谓乱伦了。但既然人类已经有了遮羞布了,就要坚持到底,把那个遮羞布搞得更漂亮些。当了人就要有人的样子,不能还把以前不是人时的东西拿出来以炫耀真实性、客观性,那就不好了,就会造成巨大的心理矛盾,有些精神分裂症就是从这种状态里产生的。

7. 从奥林匹克竞技会起源的神话看西方文化的基本特征

讲到这里,我可以来总结一下,从奥林匹克运动会起源的神话,抽象概括古代出西方文化的某些基本的文化特征:**(1)竞技性;(2)竞争型;(3)尚武性;(4)残酷性;(5)乱伦性;(6)自私利己性**。

如果你觉得我这六点总结是对的,那你差不多就了解了西方的以古希腊罗马文化为基础的传统文化的主要精神架构就立于这个基础之上。当然,西方文化自身的发展是复杂的,也经历了一个自我协调、整合、改善的过程。西方文化也有许多正面的因素,例如提倡理性精神、崇尚智慧等等。这里只是就渊源于奥林匹克运动精神的特点作描述,并不是西方文化精神的全面描述。许多西方学者认为西方文化的主要来源是古希腊罗马文化。而古希腊神话中的因素是和古希腊哲学、文学、艺术、伦理等许多层面相贯通的,有助于构成一种西方文化主体精神。这个传统的基本轮廓甚至在今天看来都还有痕迹可察,因为西方文化难以摆脱自身的文化逻辑。

7.1 由古希腊神话谈到中国神话

就像我在讲座一开头就提到的,20—21世纪的中国人做学问,必须联系到中国文化本身才有更实在的意义。因此,当我们讲到古希腊神话的时候,是不是也应该看看中国神话呢?我认为非常必要。只有了解了中西神话,尤其是中西神话的本质区别之后,我们对神话本身,对文化本身的理解才可能比较准确。下面我简单地介绍一些中国神话。大多是大家都知道的。我们叙述它们,是为了做一个比较,因为只有经过比较之后才有鉴定,才能借此窥视中西两种文化的主要精神及其主要差别。

(1) 精卫填海。中国的神话很多,比方说《精卫填海》的故事,大家都知道。出处见《山海经·北山经》精卫填海:"又北二百里,曰发鸠之山,其上多柘木。有鸟焉,其状如乌;文首、白喙、赤足,名曰精卫,其名自叫。是炎帝之少女名曰女娃,女娃游于东海,溺而不返,故为精卫。常衔西山之木石,以堙于东海。"大意是说炎帝的女儿有一次到东海游玩,海上忽然起了风涛,她不幸被淹死在海里。死后她的灵魂化作了一只鸟,形状像乌鸦,头上有花纹,嘴白而脚红,名叫"精卫",住在北方的发鸠山上。她悲恨年轻的生命被无情的海涛吞没,因此常常口含西山的小石子、小树枝,投到东海里去,要想把大海填平。大家想想,这样的神话美不美?一个小小的鸟儿,居然想把大海填平!这样的神话代表了一种什么样的中国文化精神?顽强执着的精神,坚韧不拔的精神,对于生命本身尊重的精神。这是一种正面的价值观,而不是一种负面的东西。

(2) 夸父逐日。第二个故事是夸父追日。也是人所习知的一个故事。《山海经》对此有详尽描述:"夸父与日逐走,入日,渴欲得饮。饮于河、渭,河、渭不足;北饮大泽,未至,道渴而死。弃其杖,化为邓(桃)林。"大意是说,夸父追赶太阳,追至太阳身边,因炎热而口渴,喝干了江河仍嫌不足,于是,欲饮沼泽之水,未等喝到,不幸渴死。手杖弃于路边,竟然长成一片桃林。

这个神话的含义比较模糊,大家总是问:夸父为什么要追赶太阳?有的学者研究了,追赶太阳是因为他说要强调里边的日影的说法。另外一种说法,就是要追赶日影,追赶日影是为了测量时间。所以有的学者说夸父这是在做科学实验。另一位学者杨公骥先生则说,"只有重视时间和太阳竞走的人,才能走得快;越是走得快的人,才越感到腹中空虚,这样才能需要并接收更多的水(不妨将水当作知识的象征);也只有获得更多的水,才能和时间竞走,才能不致落后于时间"。杨先生这一观点被编入一本名叫《中国文学》的书,受到一些同志的赞同。还有一个学者叫萧兵,他提出来一个观点,认为夸父逐日是为了给人类采撷火种,使大地获得光明与温暖。夸父是"盗火英雄",是中国的普罗米修斯。这样的夸父当然是太伟大了。不过这些研究多少是一种预测,不能完全令人信服。但是,不管怎么预测,这个故事本身或这些预测本身没法让你想到负面的东西上去,它的价值指向暗示的还是正面的东西多于负面的东西。

(3) 女娲补天。第三个故事是女娲补天。《淮南子·览冥篇》:往古之时,四极废,九州裂,天不兼覆,地不周载;火爁焱而不灭,水浩洋而不息;猛兽食颛民,鸷鸟攫老弱。于是女娲炼五色石以补苍天,断鳌足以立四极,杀黑龙以济冀州,积芦灰以止淫水。苍天补,四极正;淫水涸,冀州平;狡虫死,颛民生;背方州,抱圆天。《淮南子·览冥篇》中还记载,女娲"炼五色石以补苍天"。这个故事在中国也是家喻户晓的,当然解释也是五花八门的。有的说补天石实际上陨石,陨石现象激发出女娲补天的故事。山西省社会科学院的孟繁仁研究员则认为"女娲补天"之"天"很可能指原始人类"穴居野处"所住山洞的"洞顶",而不仅仅指日、月、星辰罗列存在的宇宙空间。所以,"女娲补天"之"天",应该是指原始人类所栖息、居住山洞的"洞顶"。由于当时发生了空前规模巨大的地震,引起山崩地裂、洪水泛滥,人类所栖身的山洞"洞顶"崩裂、坍塌,才引发了"天柱折,地维裂"、"地陷东南,天倾西北"的巨大恐慌,才产生了女娲氏"炼五色石以补苍天"的伟大创举。当然,女娲氏在进行"补天"活动之前,很可能举行隆重的"祭天祈祷"仪式,让祈祷神秘的上苍保佑"补天"顺利成功,并祈求类似的灾难不要再次发生。只是后来,在没有任何文字记载的情况下,原始人类把"补洞"、"祭天"合二为一,才形成了"女娲补天"的神话传说。对女娲"断鳌足以立四极"之举,孟繁仁先生也有自己的解释。据《论衡·谈天》载:"鳌,古之大兽也"。又《一切经音义》十九载:"鳌,海中大龟也,力负蓬、瀛、方三山"。因为这种巨鳌长有四只巨足支撑身体,并且具有巨大的神力,所以古人就以为女娲氏是用砍断神鳌四只巨足的办法,立起四极,支撑天顶。其实这种"望文生义"的解释是错误的。实际它是说:女娲氏面对人类所赖以栖身的山间洞穴,遭受地震坍塌致使人类伤亡的灾难,从巨鳌以四足支撑身体的现象受到启发,创造了用树木立四柱,以搭建茅棚、遮避风雨的原始建筑方法,从而把人类从洞穴阴暗潮湿的居住环境中解放出来。从这一点看,女娲还是世界人类社会第一个伟大的建筑大师。孟先生的说法,很有意思。这方面我没有专门研究,不敢说他的考证一定有道理。但是,女娲补天这个神话故事本身让人感觉到一位天神的伟大的的雄心壮志,她为了人类,至少是为了中国人而表现出的无私的奉献精神,是我们不得不对她油然起敬。这点是没有疑问的,这故事就字面意思来说,不会让我们想到别的地方去。

关于女娲造人的故事也很有趣。人是用泥土造出来的,这跟基督教的造人神话有异曲同工之妙。女娲造人说衍生出了许许多多的研究成果。中国学者研究这个问题的时候,发现有若干因素和女娲相关。从词源学的角度入手,一些学者认为女娲这一形象和历史上的许多别的女性形象相关。大体可以如下溯源:嫦娥—常羲—女和—嫘母—女娲—西王母—女神—蟾蜍—癞蛤蟆、月亮、月神—蛙神—(产仔多—造人说)—s纹即神纹—▽(女阴)—可缩减为V—可变形为N—阴神—八卦—阴—阳之为道—太极图。这里涉及到同一个人物形象的各种变形。其中最奇怪的说法就是说女娲其实是蛙,青蛙的蛙,女娲实际上就是女的青蛙。学者们还从象形字里面、从一些陶器里面画的图里面找出了根据,原来娲就是蛙。青蛙的四条腿那么弯曲,四条腿一画出来,就是曲线,然后学者跟踪发现大量的陶器上都有大量的这种曲线。最初不知道这个曲线是干嘛的,后来终于考证出来了,说这个曲线就是青蛙腿的曲线,该曲线象征着神性的东西;只要是用神性的东西,在早期古老的器皿上、陶器上往往都有这种图案,这种▽形曲线。

为什么青蛙的蛙可以被当成神一样呢?为什么古人,或早期中国人对于蛙这么感兴趣?学者的解释是,这要联系到为什么中国人口众多这个事实。而青蛙的繁殖能力特别厉害,一大堆,一大堆的。中国人特别需要人丁兴旺,不孝有三,无后为大,没有后代就是你的耻辱了,你要使劲发展人口才对,那么,这就要向青蛙学习。青蛙就被崇拜成了蛙神。所以这也是一种变形的造人说,蛙神的产仔效率特别高(众笑)。

除了用曲线图形来表示青蛙之外,有学者说还有用倒三角形来表示的。一个倒立的三角形▽,上大下小的三角形,据说可以用来代表女性。这个图案在古陶器上被变形、减缩,即上面的一横改掉了,只剩下一个V形,据称这和蛙是一脉相承的,是它的变形。既然可以这样变,当然也可以进一步变形为曲线。最后变形成什么呢?据说是八卦图形,或者说八卦这种图案和它相关。有若干学者持有类似观点。古人也有这种类似观点。稍微靠近一点,例如现代学者郭沫若在探讨中国古史的研究过程中,发现八卦上的一阴一阳(阴爻和阳爻)代表着人体的某些部位,长的一横代表的是男性的生殖器,两短横则代表着女性生殖器,整个八卦都是由这样两种阴阳符号构成的。所以,你把中国传统社会简单地判定为禁欲的社会,是不妥当的。其实中国古代社会的智慧在一定的层面上建立在这个性影射基础之上,这叫"近取诸身",当然还有"远取诸物"。你观念打通吃透了,看老子《道德经》,自有独特的理解。所谓"玄之又玄,众妙之门",那个"道"不是一般的"道",是可以衍生万物的"道",从人体来说,类似于女性的阴道,具有生育能力,所以老子说"玄牝之门,是谓天地根。""玄牝"是什么?可以理解为女性生殖器。老子用比较曲折的言词来寓意。他用人体的关键部分来比拟某种玄秘的道理;他从两性之间的关系推导出天地万物生存、衍化规律。其实孔子也是这样的观点。儒家强调《易》基乾坤,诗《关雎》,……夫妇之际,人道之大伦也。"夫妇之际这种男女关系镜像出一种阴阳之大道,它是文明发展的根本。这与弗洛伊德的思想是相通的。只不过弗洛伊德在这方面落后了至少 2000 年。**人道造端乎夫妇,夫妻之间的关系被喻为事物发展的关键**。这类观念你一旦抓住了,中国文化很多的东西,你一下就一目了然了。但是古人不是说得那么露骨的,你要深入钻研才能体会到这种东西。

一阴一阳之为道的八卦、太极图都和这些东西相关。所有的这些传说,神话,对于整个中国文化来说,是经纬线,互相之间是交织在一块儿的。在河姆渡文化中的鸟图像就是一种性崇拜,后与中原仰韶文化接触而与蛙部落结缘,影响深远。阴性的、女的这一支和阳性的、男性的这一支往往有比较隐讳的比喻。"鸟"这个字代表的是阳性、阳具。蛙则代表阴性。蟾蜍(月亮)代表的是女性。后来这类形象又和中原的仰韶文化结合起来,于是鸟和蛙两个又有了新的结合,产生了女娲,女神。用神用一个音来表示,然后是鸟神,鸟神产生的就是比如说日神,太阳神,阳,阴阳这种理论,是可以从这里面把它演变出来的。这两条线索略如:

  蛙神——女娲——女神——月神——阴
  鸟神——伏羲——男神——日神——阳

  汉砖上的图案中有伏羲与女娲交尾图。交尾的尾是什么尾? 蛇的尾巴,蛇也是龙,于是龙凤配偶、龙凤成祥的传说衍变出来了。这些东西真正追溯起来非常有趣,都代表了中国文化的阴阳的理论,这是中国文化的一种精神。

  (4) 伏羲传说:传说伏羲是天上雷神的儿子。雷神则是一条威严的大龙,所伏羲也是人首蛇(龙)身的神。伏羲周游各地,教人们制造农具,开垦荒地,种植五谷。传说图河里出现了一只头似龙,身似马,满身鬃毛卷成无数个漩涡的妖怪,人们称之为龙马。伏羲降服了龙马,发现龙马身上鬃毛的漩涡十分奇怪,认为其中必有玄机,于是细心观察分析,终于研究出乾、坎、艮、震、巽、离、坤、兑这套八卦图,人称伏羲八卦。八卦互相配搭,又可变成六十四卦,正象征了伏羲用了六十四天研究八卦。关于伏羲的这个我们就不多说了。谈起《易经》话题,那就无穷无尽。

  (5) 后羿射日。我要说的最后一个神话是后羿射日,这也是大家知道的。传说后羿和嫦娥都是尧时代的人。那时,十个太阳同时出现在天空,酷热无比,怪禽猛兽,也都从干涸的江湖和火焰似的森林里跑出来,残害人民。天帝常俊命令善于射箭的后羿下到人间,协助尧除人民的苦难。后羿带着天帝所赐红弓白箭,顷刻间十个太阳被射去九个。甭管那时是不是真有十个太阳,但射日这个想法本身还是挺好的,射下来九个,是非常美丽的一个故事,一个神话。太阳本身很伟大,但是多了就不好了。所以射日是个正面故事,意义是正面的。这个故事在现代的学者眼光中怎么理解呢? 庞朴先生考证尧时实行的火历是十二个月。何新据此进而推论,认为后羿射日和立法改革相关。现在彝族的文化当中发现还有一种不同的历:一年不是12个月,而是10个月,每个月36天,则10个月共360天,还剩下来五天才才能凑成一年,那就是闰。季节不是四个季节,成了五个季节。后羿是帝喾之后,他所遵行的历法从前也是十个月,每月36天,余5天作闰,使用起来不方便。后羿后来进驻中原以后,发现尧这个部落使用的一年12个月这种历更先进,于是他就觉得应该把原先的10月历废除。这就是所谓的"上射十日"。这听起来好像有一点道理,但是还是有一点牵强,使这个故事显得不那么美。

7.2 从中国神话看其显示的基本的文化特征

我在上面只是提到了几个比较典型的有代表性的神话。从这里面我们想得到的是什么东西呢？这自然又要回到我们这个讲座的题目，我希望从这里边抽象出一种中国文化的基本特征出来。这是什么样的文化特征呢？我想至少有四点值得总结：(1)救世精神(女娲补天、造人)；(2)现实主义精神,实用精神(伏羲八卦、后羿射日)；(3)坚忍不拔的精神(夸父逐日、精卫填海)。(4)利他主义精神。

回过头来，我们得重温一下从古希腊神话里面归纳出来的6点,以资比较：(1)竞技性；(2)竞争型；(3)尚武性；(4)残酷性；(5)乱伦性；(6)自私利己性。比较之下,哪种东西更为人类所能接受,一目了然。

我还要补充说明一下,在古希腊文明当中并不是完全没有中国这样的神话,也有的,比如说普罗米修斯的神话,算是一个了。但是这样的神话并不是很多。你一翻开古希腊神话书,就会发现它们中的很多神都是很邪恶的。这在中国人来说,简直不可思议！中国人认为,神都是善良的,无所不能的。尤其是佛教传说当中的神(参见中阿含经),你要割他的肉吃,只要有必要,他都会毫不迟疑地割给你吃；您确有必要挖他的眼睛用,他马上就挖给你用。老百姓听到的神都是这样的形象。绝大多数传统中国人喜欢神、爱神,无条件地信神。而古希腊的神对古希腊人来说,却不是这样。古希腊人对于神怕得很,恐怖得很,知道神的神通大,凡夫惹不起,只好巴结、奉承、心里哆嗦、战战兢兢地奉上祭品。看古希腊的戏剧,例如悲剧,你有了这种深化背景知识,自然就看得懂了。古希腊的悲剧不是要你哭哭啼啼,而是要你认识到命运、认识到神的不可抗拒性,认识到人自身能力的渺小,从而使观众产生恐怖情绪,产生对剧中人物的悲惨结局的怜悯与同情情绪。这样的剧,是一种悲恐剧。有人简单地翻译成"悲剧",是不妥当的。古希腊的这种剧跟中国的真正的悲剧相比,差别较多。我们中国人所说的悲剧,至少从戏剧效果上看,是大家看了之后会很悲哀,会哭,会"泣下沾巾",如《窦娥冤》《汉宫秋》之类。古希腊的悲剧我们看了以后,根本就不会哭,哭不出来。为什么？一看剧里面都是些恐怖场面,杀、杀、杀,杀了多少条人命,你吓得心里直哆嗦,你哪里哭得出来！它不给你安排能让你动情到潸然泪下的场面。无论你的本性如何善良,横竖你要遭受不可避免的可怕的命运,让你感到恐怖；它就是要宣扬这么一种精神和效果。所以它跟中国的精神是两码事。悲剧作为一种文学样式,要名副其实,那么,我们不得不说,真正的悲剧是在中国,西方没有多少可以称得上悲剧的东西。但是有人说中国没有悲剧,那是以西方悲剧为标准来判断中国悲剧的结果。问题出现在哪儿？翻译。我们认定中西都有广义悲剧,如果把古希腊的这种剧名翻译成"悲恐剧",把中国的悲剧称作

"悲苦剧",不就各得其所,各显其义了?

　　普罗米修斯这样的舍身为人的神在西方实在是太少了。古希腊神话中的大量的神显得自私、奸诈或者脾气倔强、怪诞、反复无常。宙斯有赫拉作妻子,但他还喜欢偷情,包养了许多二奶,有很多的偏房。看见比较漂亮的姑娘,他就会不择手段地追求,不是变一只鸟,就是变一头牛之类的动物去接近她们,总之要把人家弄到手里才罢休。赫拉则是一个妒妇,老是坏宙斯的好事。一旦她发现了宙斯的隐私,不是把他的情人给弄死,就是采取什么办法使她变成什么别的动物。神与神之间都这样钩心斗角,尔虞我诈,真让人感觉到这个大千世界没有希望了。西方世界神的邪恶实际上是西方世界人的邪恶的反映。不过后来,西方人从东方借了一个神去统治西方世界,这就是上帝,就是耶稣基督,是从东方文化中传过去的。耶稣基督所代表的正义的、善的东西要比原有的古希腊神话中的神所代表的正义的、善的东西多一些。如果西方人能够借用佛陀这样的彻底的宽容、无私、慈悲、智慧的类似神一样的偶像去统治西方世界,其结果应该更好一些。这样一比较,我们可以看出,当代世界真正的希望在东方,尤其在中国传统文化中。不管是道家的,佛家的,还是儒家的教义,总是给你一种假定:人性是善的,或人性是可以变善的。这种假定极其重要。这是正面的劝善策略。劝善会促进善。而西方文化的主流往往假定人性是恶的,太多地宣传人性恶的方面,扬恶就会助长恶。让千千万万本来不太明白恶的年轻人反倒学会了作恶。这种情形尤其见于那些宣扬暴力的神话传说或大量小说、剧本、影视类文学作品。

　　除了普罗米修斯之外,古希腊还有没有别的比较好的半神半人呢?当然有的。例如克刻洛普斯(Kekrops)就是。克刻洛普斯是雅典的第一代国王。西方学者说他出生于埃及,并不是希腊人;他是一个移民,移民到雅典那个地方去的。时间是公元前1556年。古希腊人认为他是最开明的君王。他有许多文化改革。他倡导种橄榄树,禁止用活牲作祭品。在位50年,懂埃及语、希腊语。他是婚姻创始人,是古希腊一夫一妻制创始人。据说父权中心的婚姻制始于此。比较之下,大家觉得他还是一个很理想的君王,但他是一个东方人,并不是西方人。他是古希腊史上唯一值得骄傲的君王。我们看他的图像,越看越有点像伏羲,为什么呢?因为他也有一个尾巴,蛇尾巴。刚才我们提到伏羲和女娲交尾,那也是蛇(龙)的尾巴交织在一块儿。两个图拿来一比,很相似。克刻洛普斯有了这条尾巴,并不高兴,因为在古希腊,有这种尾巴是很不光彩的事情。尽管在中国,蛇尾就是龙尾,典型的中国文化,代表来头大,代表君王。克刻洛普斯有尾巴,伏羲有尾巴,女娲也有尾巴,这是很有趣的。当然我这并非暗示克刻洛普斯一定是中国人。史书传说他是埃及人。不过,有了这样的巧合,倒也不妨研究一下,也许某些千古不解之谜可以从神话研究里获得答案。

7.3 中西文化精神的主流区别：文斗还是武斗？

我们有关中西神话的比较、评论就到这里了。现在可以回到中西文化精神的主流区别这个主题上来。我们可以从古希腊有关奥林匹克竞技会起源的神话及中西神话的比较总结出一些有意义的结论。中西文化这种精神的主流区别是什么？文斗还是武斗？答案已经有了。奥林匹克这么一种运动会，竞技会，它的核心是什么？斗争、竞争。怎么斗？文斗还是武斗？动口还是动手？西方也有文斗，不单单是武斗。什么叫文斗呢？就是比文才，比写作技术。像古希腊的戏剧创作就有比赛，定期举行，一年或者是几年一次。大戏剧创作家们围绕着比赛项目拼命地创作，动不动就写出几十个、甚至上百个剧本，这是很值得赞扬的。可惜这种形式没有成为后来西方文化的主流，文斗性竞赛少了，武斗成为主流。现在诺贝尔文学奖也算一种文斗。但是它毕竟没有成为一个像奥林匹克运动会这样大规模的运动会，所以它实际上还是动手多于动口，趋向于武斗为主。尤其在古代，经过罗马时代之后，奥林匹克竞技会强化了武斗的竞技性质。

回过来看中国的文斗和武斗。中国也有武斗，但不以武斗为主，也有武状元、武举人，连孔子时代的六艺也包括射箭这些技能的训练、比赛。中国古人有所谓雅歌投壶。例如传说岳飞就和他的属下常常做这种比赛式游戏。具体游戏规则是：拿箭投到壶里面，投进去了，得分。我投进去了就罚你喝酒；你投进去了，就罚我喝。他们不是拿箭直接把人射死。不像罗马斗兽场那样让野兽和人做拼死搏斗。雅歌投壶这种竞技，有诗意，有很文雅的色彩在里面。不过除此外，中国文化中还有更重要的文斗。其中最典型的是科举考试这种文斗。这也是激烈的竞争，规模不小于奥林匹克运动会，全国的读书人都可以参与进去的。因为古代中国的绝大多数书生都想有一天金榜题名。所以**中国古代的这种竞争是文斗为主、武斗为辅**。而**西方的奥运会，则是以武斗为主、文斗为辅**。这两种文化精神是迥然有别的。

再说一下西方的这种竞技活动的目的是什么？简而言之，就是**增进人的技能完善意识，改进人的生存能力**。技能又是什么？技能就是力量。

中国的这种竞争不是武力竞争，而是仁德和文采方面的竞争，**是鼓励学而优则仕，让竞争者成为真正有益于社会的行政管理人才**。这种竞争主张仁德就是力量，知识就是力量。你有知识，会写文章，你的成功机率就大。当然这样的考试必定有某种弊端，——因为天下没有一种考试没有弊端。重要的是这种通过考试遴选官员的**形式**十分可贵。有的朝代把写诗也看作是考试的重要的项目，这受到一些学者的批判。不过中国的科举考试形式和内容也是丰富多彩的，并非只考做诗。总是考做诗当然也是弊端，但是从写诗的技能也可看出一个人的才华。因为人的聪明与否,有时候往往是表现在运用语言文字的能力上。如果你善于使用语言文字,表明你的思维能力强;因为你的思维结构就是语言结构。你只有想得清楚,你才能说得清楚。如果你说得清楚呢,证明你就是想得清楚。你如果能够写得清楚,说明你也能够想得清楚。你想想这中间是不是有一个逻辑联系?如果一个当官的人,说都说不清楚,就可以肯定他没有能力想清楚。因此,古代人琢磨了种种考试手段,找到了一些很简单的方法,其中之一就是写文章,看你的文理是不是非常通顺,看你的文字运用技能是不是上档次了,最起码你的文字应用功底要比较深才行。行政能力比较强的人,多半是能说会道、能写的人。毛泽东就算这样的人。他的文章确确实实写得很通顺、有层次、有道理的。一般说来他想得很清楚,逻辑条理清晰。古代的科举考试并不是只考写作这些东西,也是五花八门的,什么都考,比例可能有所变化。**因此科举考试这种形式是非常先进的**,到现在为止也是全世界所有的政体中遴选官员的最佳形式。从行政管理的角度来看,是最先进、最现代的。世界上现在哪个国家在行政管理方面通过考试的办法来选取自己的官员?没有,只有传统中国。所以我说从**隋唐以来**,至少是唐朝以来一千多年的社会,在行政管理方面实际上已经差不多是现代社会了,或者接近现代社会了,不应该笼统称为所谓的**封建社会**。中国古代有封建的残余是不错的,例如汉朝有些时代还有封建的回潮,但很短暂,之后大部分的朝代不是封建社会了。作出这一判断的指标是什么?指标有许多种。我认为关键的指标是上述文斗形式,它侧重用非常公正的办法考察官员的德行和智力,考察他们运用语言文字的技能等等。所选官员能够达到规定的水准,也可以说达到了现代社会的理想目标。在这种科举考试制度下,有能力你就去考,有能力你就去当官,不需要拉帮结派,所以它确实是先进的,不是说当时先进,现在都是最先进的,在这方面它确实是所谓现代化的先锋。从这一点来看,中国社会在不同的层面上有许多先进的东西,不能简单地把它贬称为封建社会。

7.4 中国近两千年来的主体社会是知识分子精英官僚社会

那么,你会问,它究竟是一个什么社会?这个问题不能笼统回答。中国社会经历了不同的朝代,有过不同的体制,有些体制在历史的前期中期或后期都出现过,因此,不能把数千年的整个社会历史阶段用一种社会性质来概括。如果硬要给秦朝以后直至解放前的社会给一个大范围的称呼,我认为它的主体可称之**为知识分子精英官僚社会**。我这样称呼,是因为在这个漫长的历史阶段,占主要倾向的政治体制的基础主要是由知识分子精英和皇帝联合起来,共同分享权利,共同治理国家,也就是说,它的执政集团主要是由知识分子精英官僚组成。主要由通过公正考试选出来的知识分子精英来管理社会,这在现代的西方社会还没有达到这样的程度。在西方社会,这曾是一种政治理想,是柏拉图提出来的理想。柏拉图提出要用哲学家来管理这个社会,他说的哲学家实际上是指大知识分子、大学问家,不是一个简单的哲学家。但是他的理想一直没能在西方实现,到现在为止,西方社会的政治体制还是党派制,靠你拉一派,我拉一派,看谁的能耐大,互相之间拉帮结派竞争上去的。

如果说就奥林匹克运动运动会可以看出西方人热衷于比体力、比技能,那么中国人却更热衷于比脑力、比德行。中国的社会上千年来就已经采用了非常公正的脑力和德行考核方式来遴选自己的官员,用非常理性的办法,或者说完全用人、而不是用上帝的办法,来管理社会,所以在这个层面上说确实是比较先进的。

综上所述,中西方的这两大类竞技活动哪个优、哪个劣,经过比较就容易看出来了。西方的奥林匹克运动会使西方人发狂,而中国推崇的科举考试也能使中国人发狂。过去的举人一旦上京考上状元了,衣锦还乡,全乡人放鞭炮,敲锣打鼓,夹道欢迎。连他走的路,都用红布来铺、来迎接。状元回来了,那个荣耀实在是难以言喻。你要是理解了这一点,就理解了为什么当今社会的官本位思想非常浓重。尽管现在的官不是像以前的官那样通过严格的考试当上的,但因为古代的官地位高,声望高,老百姓心服口服,所以中国社会积淀了官本位的传统意识。到现在不同一些人还不知不觉地沿用这种遗产,其实传统官本位和当代官本位思想是两种有明显区别的东西,我们要注意把握。

7.5 中西方神祇产生法则及中西对待强弱者的态度

再从另外一个方面比较一下。西方的神是怎么样产生出来的?英雄是怎么样产生出来的?互相残杀,甚至吃掉儿子,儿子推翻父亲,换句话说,**西方的神与英雄是在弱肉强食法则下产生的。中国的英雄、神,诸如刚才说的后羿、女娲这些神和英雄,则是利他主义精神驱励下产生的。**这两者完全是不一样的。

再有,西方的竞争过程奉行 Winner takes all,所以**西方社会是胜者通吃法则占上风**。胜者通吃的意思是,只要你打赢了,你当了冠军了,一切荣耀全都归你了,什么亚军,三名,四名,大家都不怎么理他了。其实,我们知道,第三名、第四名往往跟冠军相差很小很小,零点几,甚至没什么差距,但观众也不理他们,只偏向胜者。胜者为王这么一种法则,成为西方文化的至高原则。**而中国文化呢,它的抑强扶弱的均等精神占上风**,这个是不同于西方的,从神话里面我们可以感受到这种精神。

西方神话是西方的地理环境、气候、资源及与之相适应的整个文化链中的产物,按照西方人的观点,在西方文化中可以看作是非常伟大的文化遗产。我这里对它的负面的东西说得较多一点,这是通过比较的结果。其实,它也有其自身价值的因素。例如有一些学者往往从文学审美方面赞扬其艺术性、其题材的丰富多彩性。我还可以补充说,它有相对于中国神话的的更强的客观性和有助于学术研究的史料性等等。不赘。

7.6 奥林匹克运动会与经济发展因素及其悖论

我们还可以从经济方面来探讨一下这个问题,例如从市场经济模式方面来看待这个问题。市场经济模式极力推进奥林匹克竞技会精神。奥林匹克运动会现在在全世界这么红火,背后实际上有强大的经济因素作动力,有商业利益在驱动。哪一个国家举办奥运会,这个运动马上就可以作为一个很大的驱动力,把这个国家的经济催发起来,当然也可能有时候激励出的只是泡沫经济,但它肯定是一种不容忽视的驱动力,如果能够处理得当,也有很好的经济效果。当代中国在这方面研究得还不够,但是中国许多人现在乐于追求这种经济效应,也想学西方人那样利用市场经济的模式来激励、或者说利用奥林匹克竞技会的精神来推动自己的经济建设,这样对不对?从经济建设的角度来说当然是对的;但从文化建设方面来说,有可能是错的或不妥当的。怎么来处理这个巨大的矛盾?我们在这儿遇到了一个悖论:一方面我们追溯到奥林匹克竞技会的核心精神就是竞争精神,弱肉强食精神,是非常残忍、残酷的东西。是一种不断地鼓励人性当中让别人死,只要自己活的精神。可是我们同时知道,一旦我们好好利用这种运动会,对于我们自己的国家,至少是在一个短暂的时期内,是由有好处的。可我们同时又不想要它的坏处,于是关键问题便成了如何处理好这个矛盾,这也是本讲座的现实针对意义。

7.7 真正美好正确的体育运动目的及理念是什么?

要回答这个问题,我想先提到奥林匹克运动会的现代意义。现代人笼统认定奥林匹克运动会是一种体育运动,是和平、友谊的象征,与从前打打杀杀争夺王位好像不一样了。至少它打的旗号是提倡体育锻炼。好,很好,提倡体育锻炼,并进行体育竞赛,表面上看来没有问题。那么让我再问一个问题:体育锻炼的目的是什么?或者说,何谓健康的体育运动的理念呢?答案本来应该非常明白:强身健体,通过运动会相互交流增进身心健康的经验和技能。可是运动会是在实实在在提倡这个目的和理念吗?没有,它实实在在鼓励的东西首先是竞争精神,是纯粹的博取金牌、银牌的总数!是为了虚荣,个人的虚荣和民族的虚荣!其次它鼓励的是让相关方面博取商业利益!诸位想必都观看过体育运动比赛,我想问问诸位为什么这么陶醉于观看运动会?是因为看了它,就进行了体育锻炼了,就身心健康了?非也。实际情况可能刚好相反。因为观看奥运会而发生心理、生理障碍的观众比比皆是。说穿了,人们观看奥林匹克运动会,潜意识里只是去满足自己的争斗心、好胜心、虚荣心而已。很明显,健康的体育运动理念和目的不应该是这样的。如果说健康的体育运动目的和理念是强身健体,即通过运动会相互交流增进身心健康的经验和技能,那么**当代世界的绝大多数体育运动会往往恰好与这一理念背道而驰!这些号称促进健康的体育运动会实际上是在不健康的指导思想下进行的!**为什么这么说?因为一种体育运动如果是真正健康有益的,那么按照强身健体、相互交流强身健体经验的目标,运动的比赛项目就不会把重点放在猎取奖牌数目和博取商业利益上,而应该把比赛项目的重点放在**比赛强身健体的效果**上,放在强身健体的手段是否真正有益于身心健康上。**判断一个国家的体育运动完善到什么程度,要看通过其体育运动方式,人民强身强到什么程度了,健体健到什么程度了,身心整体改善到什么程度了。比赛,应该主要比赛这些方面,即体育运动的实际体育效果。**效果才是检验真理的标准。你声称你的体育运动开展得好,何以见得?不是看你如何比比划划做各种基本动作,不是看你把自己的身体练得变形(甚至用药物摧残)从而获得所谓奖牌的数目,而是看你如何把一个不怎么好的身体或普通的身体锻炼成了健康的身体或非常壮健的身体。比,应该比赛体育运动的结果;从生理上、心理上比赛由体育锻炼而产生的强身健体的实际效果。只有这样比赛,体育比赛才叫名副其实的**体育**比赛。只有这样的体育运动会才叫健康的体育运动会,才符合健康的体育运动理念,否则,体育运动比赛只不过是一种变相的赌博行为,一种现代伪装版的残忍的罗马斗兽场上的拼命搏斗!**健康的体育运动比赛应该比赛体育锻炼带来的生理或心理上的优势,而非某种纯粹的某种体育技能的片面发展——当代西方的奥林匹克精神实际上犯了本末倒置的错误。从许多运动员的实际身体状况来看,他们不是在锻炼身体,而是在残害身体。不是在升华心灵,而是在使心灵变得邪恶,变得不要命地满足好勇斗狠的称霸欲和虚荣贪婪的名利欲。**说到效果,有人会让我们看某些健美运动员的不合比例地隆起的丑陋肌肉,说这就是体育运动的效果。我的回答是,人类居然琢磨出了这样扭曲自己的身体而不是让自己的肢体协调美好地发展的歪门邪道,实在是一种悲剧!许许多多的体育运动员通过折磨自己的身体确实获得了一种特殊的体能,但那就是强健的身体吗?如果是真正强健的,就必然应该是长寿的。但是结果并不一定如此。根据调查,大多数的运动量太大的运动员,其寿命相对说来反倒是比较短的。光肌肉丰厚并不见得就是好事,重要的是要全体身心的和谐发展。通过适当的体育方式获得整体身心的和谐发展,这才是体育运动的真正目的。这才是对人类真正有益的美好的**体育运动理念!而不是为比赛而比赛。人们常常太执着于手段本身而忘记了利用手段要达到的目的。体育运动爱好者们、鼓吹者们常常忘记了体育比赛本身不是**

目的,体育要达到整体身心和谐发展才是目的这个最简单的道理。但是,并不是所有的国民都沉溺在这种以争强好胜、猎取虚名为目的的体育运动方式上,提倡体育锻炼要兼顾身心两个方面、提倡体育锻炼要达到使人健康、长寿、心态祥和这种目的的人古往今来是很多的,最典型的是传统中国体育思想家和实践家们,他们是中国的道家、儒家和佛家。因此,真正的体育锻炼理念要回到正确的轨道上来,就必须要回到中国传统的体育锻炼的方式上去。

7.8 回归正确的体育锻炼理念:中国传统的动静兼练和身心兼练

那么,中国传统的体育锻炼的方式是怎么样的呢?一句话:**动静兼练,身心兼练**。就拿中国的传统气功锻炼来看,动有动功,静有静功。不是只静不动,或只动不静。整个心神、意识和身体的协调要全面注意。而现当代的奥林匹克运动精神,**主要是动的东西,没有静的东西**。在它这一体育运动理念后面的理论支撑点是:生命在于运动。这是真理,但只是片面的真理。片面,即指它不全面,只强调动的方面,忘记了静的方面。在一定的场合,生命确实在于运动。运动确实可以帮助人们健身。但是什么事情都有一个度的问题,过犹不及,运动过头了就坏事了。运动过度了,能量消耗过度,就等于是在戕害生命,在自杀。许多运动员的平均寿命都低于普通人,就是这个道理。所以这样的运动后果等于是颠覆了体育运动的初始目标:强身健体。如果真正静动两方面都进行,就会相辅相成,相得益彰,身心均会受益。传统中国的体育运动是动静兼练的。即使是学武功的,按理说,应该只练动功了,其实不然。中国传统武功是两样都要练的,非常强调练内功。所谓内练精、气、神,外练筋、骨、皮。在高层次上,实际上是内练为主,外练为辅,动的成分反倒少了。这和西方主流的锻炼方式是反向的。

如果是从静这一方面来练的话,练到什么程度最好?如果你能够练到使你自己的细胞都不再分裂了,都静得快停止运动了(当然也不能绝对停止运动),实际上你的生命就延长了。西方有的有钱人得了不治之症,就高价让人把自己冰冻起来,希望将来科技发展到能够治疗自己的病时,再将自己解冻加以治疗。冰冻起来为了什么,就是让他的身体机能、细胞不再运动了,身体里的微小的细胞都停止下来了,也就等于其生命延续了。如果你能想办法,让你的细胞活动量尽量地减少,让你身体尽量地少消耗能量,不说达到长生不老,至少可以活得久一点。人的生命能量是有限的,不能过多地消耗能量。所以说中国体育运动对静的形式的重视是很有价值的。老子也说"重为轻根,静为躁君"。静在一定的时候统帅动。因此,人类,至少中国人,应该把这种动静并重的体育思想重新捡回来,不能只是提倡动的一方面,这样才是一种比较正确的运动理念。体育不能只走形式,要比体育的直接效果。

我们可以通过试验来解决动静两种体育形式的特殊效果。这也是一种体育比赛。例如可以观察一组完全按照西方的动的方式锻炼的运动员和另一组完全按照东方的动静兼练方式锻炼的运动员，监测、比较他们在不同时间段的身心状况，看哪个组效果更好。体育运动不只是练体能，它要同时练气质，练精神状态，要注重整个身心是否处于最佳状态。要使锻炼者的生理和心理状态总是和谐的。心理方面要特别强调通过静功去练、去规范它。这是一个很大的话题，这里不赘言了。总之，我认为，在体育方面，应该发扬传统中国动静兼练的理路，这才是我们正确的修心健身方式。在这一点上，世界各国体育界都应该反思反思，以促成21世纪的体育锻炼与体育竞赛模式有一个划时代的革新，而这个革新很可能是从回归传统中国的动静兼练、身心兼练的体育模式开始。

8. 中国国民对即将举办的奥林匹克运动会应持什么态度

我们回到对即将在我国举行的2008年奥林匹克竞技会应持什么态度这个问题上来。回答是：来而不往非礼也。我们应该尊重奥林匹克运动会的传统，大胆地和外国朋友交流。可以出于礼貌依从入乡随俗的原则，在特定的条件下，遵守相关的固有游戏规则。但是中国人自己应该有正确的体育比赛观念。所谓正确的体育比赛观念，正确的体育锻炼目的，一定要落实到促成人类生理和心理和谐健康这个理念上来。这方面是可以订出相应指标来的。同时，我们要设定相应的二元伦理标准。什么叫二元的伦理标准，即内外有别的伦理标准。中国人有自己的伦理标准，但同时在和外国人打交道的时候，能够变通地屈从他们的标准。来者是客，我们屈从其标准，并不意味着我们放弃了自己的标准，而只是意味着我们姑且迁就客人的标准。我们骨子里有更好的标准，心里明白不能按照他们的标准来衡量我们的标准。我们暂时迁就客人的标准的同时，尤其要防止弄假成真。**入乡随外俗，但是回乡莫忘己俗**。自己原来最宝贵的东西要继续下来，切忌久假而不归——刘皇叔和孙权的妹妹结婚，本来是出于政权上的利益因素，通过联姻，产生吴蜀联盟抗魏的统一战线，这是诸葛亮的深谋远虑。刘备本来也是明白这层道理的。可是他和孙权妹妹结婚之后，就耽于儿女之情，开始昏头昏脑地恋爱起来，弄假成真了，不想回老家去了，他忘了自己的宏图大业。中国的文化和西方的文化在五四前后打交道也是这样，借鉴西方本应该是在"中学为体，西学为用"的大原则下进行，可后来喧宾夺主，成了西学为主，西学为用，乃至全盘西化论甚嚣尘上，这就是典型的弄假成真,久假而不归现象。和奥林匹克运动会打交道也是这样的;一定要按照客方的游戏规则来玩,但是要心中有数,牢牢守定自己的正确的运动理念的底线,不要久假而不归,弄假成真了;不要为了巴结和讨好客人就拿自己的本来更美好的价值观作为牺牲,而完全认同了他人的较差的价值观。毫无疑问,我们必须要借鉴利用西方的文化,但是更应该利用自己的更优秀的文化;我们应该通晓西方的文化,我们更应该侧重如何建设自己的文化。这就是我的观点,也是我觉得应该特别警醒的一个重要教训。中国人应该当仁不让地以世界精神主人翁心态来看世界的变化,使动静均能够各得其宜。

西方奥林匹克的精神在西方万岁,东方科举这种文斗精神在中国万岁、万岁、万万岁!

我的讲话完了。谢谢大家!(长时间热烈鼓掌)

辜正坤老师访谈录:中学与西学之间

访谈人:刘昊(北京大学外国语学院博士生)
被访谈者:辜正坤(北京大学外国语学院教授、博士生导师)
时间:2002年6月8日

问:辜老师,听您讲课的同学都有一个突出感觉,就是辜老师读书多。您为什么能读那么多书,而且多而不乱?

答:问题挺有意思,这也就是怎样搞学问的问题。现在学习是有教师指导,列书单。我个人认为"博"和"专"两条道路可以殊途同归。一般人总是反对杂乱无章地学习。在通常情况下,杂乱无章的学习是不好的。但是如果你已经杂乱无章地学习了很久了,也不用着急,只要调理得当,杂乱无章的学习也可以有很好的效果。一般人先进行专门领域的学习,再跳到其他领域去,这当然不错。只不过是各自花费的时间不一样罢了。

我的早期学习主要是用第一种方法,没有选择地大量看书,这就是杂乱无章的学习。这样做背后的最大动力是兴趣。生活中有很多事可以给人快感,读书给人快感要方便一些。语言文字描述出来的是一个世界。只要有书在手,我们就进入一个崭新的境界了。虽说如此,还有很多其他因素的影响,比如具体时代的影响。在一个时代,如果在若干种可供选择的娱乐方式中,人选择书的可能性大于其他可能性,那么人就最有可能被逼到看书这条路上去。我个人就曾处于这样的时代,这就是文革时代。文革期间其他娱乐方式很少,只好看书。现在的青年看书的条件太好,兴趣反倒消减了。许多兴趣都靠逆反作用。越是禁止某事,这件事就越会强化。老子说:"将欲弱之,必固强之"。那时候的社会风气在总的趋势上是反对看书,很多书被认为是大毒草。看书像犯罪,偷偷摸摸的,这反倒产生动力和刺激性,跟吃禁果差不多。

既然只由兴趣推动,看书就漫无边际,没有中心。什么书能给人最大快感就看什么。看书本身成了一种享受,一种快乐,不是枯燥的任务。这样看书往往是最有效率的。带着饥渴查找某种自己追求的东西,注意力高度集中,如痴如醉。大学里有书单,成了苦差事,就不快乐了。那时候薄的书一个通宵整本抄下来。但是普希金的诗集、拜伦的《唐璜》,很厚,也是一晚上硬看完,因为还有别人等着看。这时注意力高度集中,慢慢地看书的技能也跟着提高了。高速看书的能力是逼出来的。苦练确实可以强行提高吸收信息的速度。后来我就养成了看书快的习惯,这样就能接受大量的信息。图书馆的书库里一站,往往能够把一本书飞快地浏览完,觉得收获不小。我看书还有点自己的习惯。欧阳修好像说过他看书有三上:枕上、厕上、桌上。我看书则多了一上:那就是路上。我不光待在家里看书。出了门照样看。路上一边走一边看,走多少里路都拿着书看,并且从不摔跟头。文革时的会多,简直成了我看书的天堂。你想你看书时还有那么多的人陪读,真是一种享受。这样看书印象还特别深。当然不是所有书都能快看,比如哲学书还是要细致地看才好。

最初漫无目的,显得杂乱,但是到了一定的程度就不会乱了。看书看到一定的量,必然发生一个融会贯通的过程。先是融会,再是贯通。要看得多才有融会,多了以后,知识系统自己就会产生一个像主线一样的东西把自己贯穿起来,让你突然之间开悟,看得什么知识都有相通的地方,这就叫触类旁通。当然,一下达到贯通的境界是不可能的,必须先广博,才能贯通。总结起来就是这么一句话:书要看得多,一方面必须有大量的精力、时间,但尤其必须有背后的强大动力——兴趣。只要有强烈的兴趣,开头杂乱无章亦无妨,到一定的时候自然会左右逢源,一通百通的。

读书接受大量的信息很容易还有个原因,就是很多东西是雷同的。比如历史,只要看了一套历史书,再看第二套就快多了。基本史料差不多,主要是史家的观察角度和议论不同。我就主要看独特的东西。到看第三本时更快。看书往往是第一本花时间多,以后越看越快。如果带着问题看书,不但看得快,而且印象会很深。苏东坡主张看书先作一意求之,一次解决一个问题,在书中找,很快找到答案,看完一遍,再带着第二个问题看一遍,这样连走几遍,全书的内容就熟了。我当时的看书方法是在看书看多了之后,逐渐产生的。

看书兴趣是要漂移、转换的。我提出过审美递增递减定律。这个原理可以解释看书问题。人不可能一直喜欢一样东西,兴趣到达一定的强度就要降低;低到一定程度,又会回头增加。青少年爱看小说,多看小说能磨练出对语言文字的美感,属于审美的积淀。对语言敏感了,于是就喜欢诗歌了,因为诗歌是语言美的最简洁的集合体。开头也许只对古诗感兴趣,到一定时候也会喜欢现代诗。审美的追求不断地变化。对一种东西的喜好到一定时候总会打住,会有另外一种东西满足你的欲望。诗歌看多了,就觉得还有更有趣的,要求思想的深度,于是就去看哲学。政治学、经济学、电子学、逻辑学,这些我都花过时间。没看过的东西总想知道它是什么。一看就着迷了,在里面折腾一番,玩得差不多了,又溜达出来,进入另一个领域,就这么走来走去。当时看书是杂乱无章,但这种兴趣会带着人至少在文科的各学科里溜一圈。例如喜欢小说、诗歌到一定程度,你肯定要看哲学;哲学里的很多东西,肯定会启发你对整个世界、对人的生存状态、对现实的关注。而对现实的关注往往使你把目光投向经济学。马克思的兴趣转移就是类似的道理。

因此,我们又可以说,学问和本人的气质紧密相关,总有一种学问最能打动人,和人的内在气质呼应。这种嗜好的构成,又和个人的生存条件密切相关。刚才提到的马克思本来是学哲学的,博士论文也做的是哲学,也曾嗜好过文学,写过许多诗歌,但后来却把主要关注放在经济学上。由于在哲学上的磨练,他在经济学上的眼光就和其他经济学家不一样。他很容易从伦理方面、情感方面研究经济学,透过经济学表象看到与人类本性相关的另一种本质的东西。他很善于归纳。面对千千万万的经济现象能看到其他经济学家看不到的东西。他的经济学至今有一种其他西方主流经济学没有的特殊魅力。

我个人当时对经济学很感兴趣,《资本论》我也反复看,写了大量的笔记。最打动我的是马克思的论证方式。辩证的原理,他从黑格尔那里学来,使用得非常灵活。他的论述像艺术品一样,充满辩证原理。我从看马克思又走上看其他经济学家的著作,我整本整本地抄写过他们的著作,包括有些很枯燥的作品。后来我又再度回到哲学、文化学上来。经由马克思认识了很多西方思想家,柏拉图、亚里士多德、康德、休谟、黑格尔……。这个路子就越来越宽。我当时对中国社会看得很清楚。文革中我就得出一些结论,如:中国非走上市场经济的道路不可。我当时的朋友对我的看法,有的赞同,有的反对。但我个人是坚信不疑的。70年代当全国的大学基本停办时,毛泽东说:大学还是要办的,我这里说的,主要是理工科大学还要办。我对朋友们说,大学不是要办不办的问题,而是肯定会大办特办,中国的大学办学规模将会超过历史上任何时期。我还对他们说:赶紧学习吧,中国很快会有一个很大的文艺复兴运动。听过我这些话的人有刘学儒、唐建新、刘学宁、章水生、辜巨成等许多人(都健在)。我这样说,并非是表明我未卜先知,而是说,知识帮助我提高了对社会的理解与把握。

问: 在您的《中西诗翻译与鉴赏》中收了一篇《翻译标准多元互补论》,很多同学都读过。请问这个理论是怎样产生的?

答: 这个理论第一次发表是在1987年第一届研究生翻译研讨会上。我是第一个发言的,后面的发言很多都表示赞同这篇文章的观点。有的与会者在其论点遭到攻击时便会引证说:"根据'翻译标准多元互补论',我这也算一'元'。"这篇论文在紧跟着召开的首届全国翻译理论研讨会上也引起了强烈反响。当然,负面的反响也存在。担心我把翻译界的思想搞乱了,说实践才是检验真理的唯一标准。可是请想想,如果翻译是一种艺术,艺术上我们国家还是主张百花齐放、百家争鸣的嘛,怎么只能允许一个标准呢?其他人后来讨论这个观点讨论得很热烈,我自己却没有参加,忙别的去了。胡壮麟教授当时比较敏感地看出了这篇文章的价值,说,"一篇文章就足以奠定你在翻译理论界的地位了。"

问:这个理论是不是有个酝酿期?

答:很长。这种思想早在文革中就形成了,叫"真理标准多元互补论",是我从老子、庄子、佛教里悟出来的、演绎出来的。真理标准都是多补的,何况翻译标准?

问:您谈其他问题时,也还会用这个思路?

答:还是这个思路。任何题材都可以用这种思路演绎。哲学上的高度概括、统一的原理一旦把握了,四面八方都可以出击。

　　本来很多学科都应该提出这个观点,但没有提。一旦彻底明白了这个道理,有的人可能又会认为这也没啥新鲜的,情况不本来就是这样吗?情况本来就这样,为什么人们上千年来不这么说、这么看呢?一个道理一旦明白了,就会觉得好简单啊。我当时只是很轻松地把自己的哲学理论在翻译上用了一下。讲的时候都没有讲稿。我有整套翻译理论,"翻译标准多元互补论"只是其中一节,在四川时,同名的题目也讲过。到南京开会,如果换了是个文学研讨会,我照样会提出这个论点的,叫"文学批评标准多元互补论"。哲学会议的话,就会是"真理标准多元互补论"。这是借用翻译现象作讨论对象的哲学理论。

问:您的博士论文《哈姆雷特延宕原因系统论》中也用了这个思路?

答:是的,我又把这个理论演示了一下,解释西方莎学家们解释不了的哈姆雷特延宕之谜。我发现这个谜的谜底是一原因系统。许多现象、许多事实都是多系统、多方向发展的。

问:您的博士阶段研究方向是莎士比亚与比较文学。想听您谈谈在文学研究方面的想法。比如您曾经提出文学研究中的元文学和泛文学的问题,这是一种怎样的理论?

答:80年代,我那时的导师杨周翰先生认为莎士比亚的作品是很雅的,我认为莎士比亚有雅的地方,但必有很俗的地方,这才能赢得一般民众的欢迎,在好多场合,实际上俗的东西多于雅的东西。我那时也赞扬过武侠小说,例如金庸的武侠小说,我认为这些东西也可以进入伟大的文学作品之列。为此我提出了一个理论,叫"元——泛文学论",还搞了一个研讨会,宣传了一番。1988年的《研究生学刊》上有当时的记载。

　　我所说的元文学指本体文学(不能把 meta 翻译成"元","元"应该是本体的意思。)提出元文学之前我建立了一个"元学",其理论框架就是理论本体学原理。所有的学问都有个本体的东西,从本体往非本体的方向衍化;跟其他学科交叉的时候,就即有跟本体相关的方面,又有一点距离本体的亚、次、准的东西;

渐渐地跟本体越来越离得远,远到都没法判断是不是它本身的时候,就泛化了,成为一种泛学。因此元和泛之间有若干个环节。每个学科都有个核心,就是"元",元者万物之本。泛学是与其他学科交叉产生的。比如心理学有本体的心理学核心理论,与其他学科接轨,与社会学结合就是社会心理学,与文学是文学心理学、伦理心理学、政治心理学。这些东西就不是元心理学了,是亚、次、泛心理学。当然,说到本体这个用语我们又得把它和哲学意义上的本体(诸如Being, Ontology, Reality)之类的东西区别开来。这就发挥得太远了点,暂且打住。

做学问先要把学问的大框架看清,然后才知道如何着手,哪个环节哪门学科发展到什么状态,可以增减多少,它们之间是怎么构建起来的。格士塔心理学告诉人们,人们认识事物的时候有自觉地从整体方面把握事物的趋势,把整体把握住了,部分才看得清楚。我之所以产生这个想法,是因为当时的学术界常常抓"泛"的一头,丢掉了本体。抓住了本体才谈得上泛的一头。好多研究看似文学研究,实际不是在搞文学,而是在搞其他东西,跟文学搭一点边,却以为自己是正宗的文学研究或比较文学研究。我认为这只能是相关的研究,并不是本体的文学研究。什么是本体的文学?研究审美方面,人物刻画、人物性格、特征的描写技巧、故事情节的编织技巧、修辞手法、风格技巧等东西。与此相关的当然也是文学研究,但多是"泛"的或介于"泛"和"元"之间的研究。这样定位好了以后才能说得上搞的是哪一种研究。比如用政治的观点解释文学,究竟是属于政治还是文学?介于两者之间。这样的东西我给它起个名字叫"泛"学。政治学也一样,也有一个核心,往其核心走,有本体的政治学,和其他学科交织起来,产生泛政治学。在我看来,所有学科都有这种情形,都会遇到这种格局,都是辐射状,向外分叉,交织成了一种网络状的状态。学科都在交叉,如果大家都只去关心交叉的部分,就会渐渐本末倒置,研究多了以后就忘掉了本,走到末一边去了。所以我们一边搞学问,一边总要不断反省从前的理论出发点,与之保持相当的照应关系。研究学问时,有人就会不知不觉地为知识所累。我在《玄翻译学》中提出这一点,叫"knowledge trap";知识系统本身会构成一个新的陷阱,让知识拥有者作茧自缚地把自己捆绑起来,使自己的目光囿于知识系统,成为知识的奴隶,不敢有所突破。知识网络构建起来后,人成为这个网络的猎物。建立"玄"、"元"、"泛"系统的目的,就是要让我们自己拥有一个据以关照自己的学术位置的参照体系,以便我们自己可以随时跳出来看看自己搞的一套在这个复杂的系统中可以放到哪一点,离核心有多远。当然我不是说只有核心才重要,泛的、跨学科的就不重要,我强调的是要清楚自己的研究在学术空间中处在什么位置上。有了基本定位之后,学问才能做得有根有底。现在很多学科都是乱的,最乱的就是比较文学学科。什么东西都拿来比比,不是乱了吗?必须要有相应的核心。个性和共性要划分出一个界限。划分的目的,是更好地把握住一个学科。这样才有利于推进、发展它。要发展一样东西,必须先知道它的位置。关于比较文学学科的定位和元—泛比较文学论问题,我写了一篇文章,发表在《北京大学学报》(2002年第6期)上,可参看。

我使用的"玄"观点,不同于道家的玄学,也是解决这类问题,目的在于不断提醒我们回到原点。像打人,总有一个据点,每出击一下再回来,要掌握住这个点、这个圆心。但也可以跳出这个圆心,到新的圆心,如哲学、政治学、经济学……但要有新的圆心,不能跳到中间地带,四顾茫然,无所归属。当代学术就混乱在这个地方。很多人混水摸鱼。

问:您强调对传统思想的理解和继承,对我们很有启发。能否请您谈一下对学术创新问题的看法?

答:创新总是必要的,在通常意义上,我不反对创新。但是,换一个场合,**反创新是同样的必要**。我们有时候特别需要创新,有时候却特别需要反创新。创新不一定总是对的,有时创新是坏的东西。学术界不敢说创新不对。但把价值观颠倒过来看,创新怎么能总是对的?事物发展到一定阶段,总有一段稳态发展,才能发展得更好;如果每时每刻都在创新的话,良好的状态就会遭到破坏。没有相应的稳定期是不好的。创新期是在一定的保守期之后到来的,有保守期存在,创新期才显得格外耀眼。不能一个创新接着一个创新。假定进化论是对的,猿也不是一下子就变成人了。举个最简单的例子,四川泡菜鱼这个菜谱里有二十多样佐料,达到了最佳味道。而你想要创新,改几样佐料,加几种你认为最贵重的佐料进去,这个菜其实就不存在了,也许就变得难吃了。改几样,创新了,不一定就是好的。

这个问题很值得深思。并非所有东西都是创新就好。人类世界的有些东西恰恰需要人类花最大力气保留住,维持住,不让它发生创新现象,因为它已发展到人类目前能力所及的最高峰了。以后只能走下坡路,不能再往上走了。因此能把它保持住就不错了。如果人们反倒不保持,想改革它,就会改坏了它。

举个例子,科举制,把它改革掉,就坏了。因为它是全世界民选官员的最理想办法。一时还找不到别的办法。在实施的过程中具体的东西当然应该改,但这个办法本身是经过严格的、全社会的、不分高低贵贱的考核的一种民选官员的最好办法。但是五四时代讲创新,把它改革掉,不要了。而他们说的创新实际是照搬,从西方搬了一个东西来彻底代替科举制,结果把好东西弄丢了,危害是巨大的。科举制可以根据时代加以改革,比如,考核的内容可相应变化;在古代科学技术方面的比例小,现在增多;过去总考四书五经,现在考些西方科学技术知识,加些其他东西就是了,这是容易办到的。但是不管内容加些什么,关键是形式不能变,形式还是基本照旧——考!考!严格的考核!考好之后可以做官。而不是通过拉帮结派,组成 party。谁的势力大,选票多,就可以当权。这哪有像科举那样全社会都有共同参与机会的好?科举制的废除在一定的意义上就是人们一味地追求创新造成的。

再比如说华佗、扁鹊这些医生,医术已经非常高了。他们的徒弟能有他们的水平就已经很好了。他们的徒弟要创新,如果没有那么高的才华、那么好的机遇,是不行的。能保持住前人的水平就不错了。事实上我们是常常在退步。创新是必须所有机遇、条件都具备才行。条件不具备时,人们不要让它后退就不得了了。这是非常重要的一个问题。

创新有的时候是非常有害的,扼杀真理。本来有人花了一辈子把一个观点想得非常透彻。后来的人没有花同样的功夫,没看那么多书,就没法达到同样的深度。但是后来的人想,只有打翻前人的理论,自己才能出人头地,于是不想继承前人的理论,而只是想找出点错误、漏洞,以偏概全地把它推翻。他注意看的不是前人已经发现的真理,而是其中的谬误。可能他真的把这个谬误找到了。他把这个"脓疮"放大,就不看这个"人"其他部位长得好不好了。于是这个理论就被彻底否定了。实际上,发现了其中的谬误,不等于这个理论中没有真理。这些理论流派一个一个倒台。后来人搞出一套一套的东西来代替。若是后来人有才华的话,他的一套当然也能自圆其说。于是由于他这个理论创立者还在,能够随时为自己的理论体系辩护,人们就接受他、理解他,进而情愿认为这个后来创新的人要更高明一点。这样的人和理论确实是有。但事实上,更清醒的学者可能会发现,这样的人中有些人其实只是把原来人的学说修补了一部分,把其中一部分放大成了真理而已。他的总体理论根本就比不上原来的那套理论。本来他的优点应该加在原来的理论上,使原来的理论更加发扬光大。但若是这样做,他自己的利益分成就少,就不容易得到创新之名,因为人们也许会认为他只不过继承了原来的东西,有所光大而已。现代社会中的以创新为最高追求的学者不愿意这样。尤其是西方学者,不愿附着在其他人之上,而情愿自己达到独创的高峰。这样的学者由于有了这样的理论创新目的,一门心思想的就是如何歪曲别人的真理。如何找出错误,把别人的真理攻击压制下去,找一个类似真理的东西,把自己的理论建构起来,抓住世人的注意力。于是真理的发现过程就往往是一个一个真理不断被发现,又不断被扑灭的过程。就像狗熊掰棒子,不断地扔,以为最后一个是最大的,其实未必。当然,我这里讲的主要是指人文社会科学领域。自然科学的情形与此有别。又当别论。

问:中国传统的学问方式不是这样?

答: 这个问题我以前在文章里写过,中国人搞学问的方式和西方人是不一样的。中国的学者是一种承继性的。如孔子提出一套观点,后来的学者就会附着于它,阐述它。如果发现了前人的漏洞,就会为他补充,但不说是漏洞,这叫为尊者讳,为贤者讳。后人替前人自圆其说,无形中完善了前人的理论。孔学就是在历代学者不断补充中变得越来越完善的。大家的智慧累积在上面,使得孔学有那么大的影响。它最初是没有那么系统、庞大的。中国式的学问倾向于把一种智力成果放在那里,点点滴滴地补充,使它越来越多。西方式的强调的是individualism,个体的生存、自我实现。因此看重发光的个人。每个个人是一个光点。中国不是这样,而是一个光点包裹另外一个,层层汇聚,其大无比。在国学领域,中国儒道两家仍然有最大的影响,其体系之精深博大,全世界所无,因为他们是许多学者智慧的累积结果。西方正好相反,总是把前面的学者打翻,以便自己成为单个的光点。柏拉图、亚里士多德的学说据称都给打死过好多次了。

但中国的这种方式,在当代就基本不存在了。这个链条在五四就被打断了。中国人搞学问开始使劲模仿西方式的搞法。不分青红皂白地强调所谓现代化、创新、革命,自然就走到西方的路上来了。学问、经济、建设,都往往难以摆脱西式的单向创新模式。

问: 您自己的多元互补理论好像受中国传统思想影响更多。

答: 对。受庄子的影响深。其实研究了佛理之后,也会走到这种理路上来。我后来了解了西方20世纪的法伊尔阿本德提出的方法多元论,觉得他仍然没有庄子深刻。而且他的多元论是单向地回不了头的多元论。他不知道多元到极端又会复归一元这个道理。后现代主义的多元论到现在为止,一点也没有在法伊尔阿本德的思想上前进一步。我在《翻译标准多元互补论》里把这个道理好好发挥了一通,即:翻译标准是抽象一元,具体多元。一元和多元在一定的条件下是统一的。西方学者要理解把握运用这一点往往有困难。他们有时也能够说出这个道理,然而一临到具体理论或具体现象的阐释时,就还是按某种固定的思维模式处理,生怕违反了排中律、同一律之类的形式逻辑定理。他们很难摆脱二元对立的思维框架。

问: 您谈自己的学习经历时,谈到的西学较多。而后来谈您做学问的思路时,更多的是中国传统思想的影响。那么您对传统文化的态度从年轻时到现在是否有过反复?

答: 当然。一个人的学问和他的年龄是相关的。年轻的时候精力旺盛,本能欲望强,外向型的东西多,试图自我显露。内敛式的少。这种心态就容易和西方的文化合拍。我那时候也自然逃脱不了这一点,精神上和西化思想相呼应。回到中国传统文化的观念上,经历了一个较长的时间,是到了80年代。多元互补论标志着我在根本上,在西化风最浓的时候,转向了中国文化。但由于当时的风气,我还不得不借用西式的话语来说中国式的想法。我是在文革的时候最西化,认为一切传统的东西都可以轻而易举地用科学技术解释透彻。

80年代我已经是研究生,把人文社会科学的主要学科都浏览了一遭,又有了生活经历,就回过头来了。最初也是文学的东西把这根弦拨动了。有个人用古体翻译了莎士比亚的十四行诗。先寄给杨周翰先生,杨先生转给许渊冲先生,许先生又给我看。我被触动了。此前我也用元散曲的形式做过翻译。看来对古典文学偏好的并不只我一个人。这说明古典的东西一定有些魅力,这从它的文字看特别明显。拿这个人的译文对照梁宗岱先生的、梁实秋先生或屠岸先生的译文,虽然他这个人的译文明显不忠实原作,错误甚多,形式明显太陈旧,但他的译文念起来就是更好。什么原因呢?就是文字本身的魅力。有些美的东西就是美,不是贴上"腐朽没落"的标签它就不存在了。

如果语言文字是这样,那么思想呢?显得陈旧,就真的陈旧吗?这就是我在哲学上的回头。我于是重新观照古代哲学。哲学如此,那么文化的其他层面呢?包括经济结构,社会结构,伦理道德观,沉下心仔细地看了。这样一发不可收。又把以前的很多东西拾起来,比如《老子》,是我十五岁的时候就倒背如流的。中国传统文化是几千年智慧的结晶。前人和现代人有同样的大脑,面临同样的生存问题,会生出一系列的思想、对策,在绝大多数的场合,都必然是符合其环境条件的。可以说,他们想出的对策是最适合所面对的问题的。怎么能设想万里之外的西方人为中国开出搞好经济、政治、文化的药方?只有处在这个环境中的人才知道这里有什么条件。一切文化现象都建立于环境条件和人与它们之间的互动之上。以往的体制必然是在这一环境中解决问题的最佳、最经济的方式。这就是用有机的观点看待文化现象。

问:您是说中国的文化和西方的文化各自有自己的环境,标准应该是多元的?

答:对。他们在他们的环境里发展得最好,我们在我们的环境里发展得最好。但这两个"好"之间不是一样的。如果非要比较的话,我还是认为中国文化是优于西方文化的,只不过不好这样说。我觉得,中国的文化比西方文化先进,西方的"武化"比中国的"武化"先进。武化,就是与"文"相对的。这是有理论根据的。罗素说,西方的科学技术是建立在军事上的。首先是军事扩张的需求使得军事工业特别发达,带动军事技术、民用工业。这成了他们文化的逻辑。美国打伊拉克、阿富汗,是非打不可的,否则这种文化就要萎缩了。这种文化总是保持警觉,把自己内在的潜力发展到最佳点。这种文化发展得比中国快。但它光是打强心针,很容易消耗自己的智力、心理等等资源。西方文化就像潮涨,涨得快,消得快。如果发展慢一点,相对稳定,就不容易消灭。中国文化是长寿的,几千年一条线下来,没有被中断过。我在《老子道德经》的前言里写,文化的发展不要求太快,要节制发展的步伐,这样就有健康的心态,就是中庸之道。中国文化最重要的就是中庸的思想。我们现在是学西方,一天等于20年,大跃进。中国有中国的文化环境,不能照搬西方经验。

中国文化和西方文化比较,优点就显现出来了。首先人类从良心上要变成善良的,这是最好的,不要设想让人类变成残忍的。但西方文化的逻辑就是,人变得残忍,效率才能提高。它依靠的是竞争,个人主义,人之间设立防范。这就假定人性是恶的。这样一假定,既使人性不是恶的,也变恶了。它总是个矛盾,人可以拥有千万的财产,但在他周围,他人即地狱。一切别人的存在对自己都构成了威胁,这样生存下去内心深处如何得到幸福?中国文化最深沉的东西是,先假定人性是善的,尽管人性可能不是善的。这个假定极端重要。因为只要有了确切不疑的能够自圆其说的假定,就会增大使假定的东西成为现实的可能性。如果大家都认同人性是善的,只不过后来变恶了,大家都往善的方面努力,每个人都感到大家共同相信人性是善的,这种心理状态一旦形成,就产生了和谐。中国文化讲"和为贵",这是核心的伦理观。这样人之间的关系达到了最大程度的协调,人才能考虑别人的利益。父母完全为了子女,子女也全心为父母幸福,自己的快乐是建立在使别人快乐这一基点上的。这是何等重要的伦理思维模式!这种关系推而广之,就不光是父母与子女,还有兄弟姐妹,进而亲戚朋友,以致整个宗族,一个人甚至希望所有中国人都为自己而骄傲。不知不觉地,自己的生存就是为了别人,后来扩大到整个人类,为天下。这种心理才能使人真正进化,成为高尚的人,为他人而生存。自己能为周围的人带来幸福,内心才是真正的幸福。

西方式的文化结构是火与剑——我强大,我的威力让你们匍匐在我之下。幸亏有基督教不断把负面的东西抵消。否则强者就会不断无情地打倒弱者以便获得尊敬。而中国人骨子里不主张尊重强者,尊重的是最善良、最高尚的人。颜回这样的人,做了什么惊天动地的事呢?但是他被尊为仅次于孔子的二等圣人,因为他的德性很高。

问: 这就是说要看文化塑造了什么样的人?

答: 对。辜鸿铭先生说得很到位,文化最伟大的地方不在于生产飞机大炮,高楼大厦,而在于这种文化塑造出了什么样的人,什么样的男人和女人,什么样的人性。这才是人类真正要追求的文化。中国文化的博大就归结到这里。它是要把人都变成真正的好人,我们心目中的善良的人。这个任务多么宏大,尽管中国人没有完全办到,但中国人已经变得比西方人善良。只有中国人才会修一个世界上最伟大的工程——长城。而长城不是用来攻击别人的,是为了防止别人来进攻。只有善良的人才会做出这种举动。整个民族已经完全成熟了的时候才有这样的举动。

中国文化的优越性、先进性首先体现在对人性的塑造上。人性的塑造是以千年、万年为单位,代代积淀的。短期内办不到。而飞机大炮、电脑,才几十年的功夫,看看发展成了什么样?物质的东西发展很快。文化的核心是行为模式和价值观。中国文化代表人类中的先进的文化。但由于中国的武化比较落后,于是一丑遮百美。

问: 您对北京大学的学生讲这些,他们表示感兴趣。您去年在美国讲这些,当地学生能接受吗?

答: 美国学生由于缺乏中国文化的基本常识,给他们讲课时举的例子他们吃不透,只能靠本能直觉理解。他们也频频点头,不断做笔记,还写了不少文章。他们对中国文化是认同的。我去的学校刚好对基督教感兴趣,教徒很多,所以接受起来比较容易。我将道家学说和基督教,处处做比较。比如讲到西方的有些思想在《老子》里就有了,老子是怎么说的,有什么不同,也举《圣经》里的例子做比较,这样容易拨动了他们心里的弦。最后他们懂了。讲的过程中我自己也觉得不错。

人类的追求是几个层次。最高层次是佛教、道教、耶教,第二个层次是儒家所追求的境界,然后第三个才是现实社会。到了最高的层次,就回到一种真正的无为的状态了。在那里就没有善与恶的区别了。什么东西使善与恶有区别呢?知识。所以老子讲去知、去欲,把知识能力去掉,把欲望也压抑,回到婴儿状态,返本归真。我和美国学生说,这就是你们的《圣经》里,亚当和夏娃在伊甸园里还没有吃禁果前的状态。亚当和夏娃吃了知识之果才有善与恶的观念。而老子呢要把这些观念去掉。在最高层次,知识被看成罪恶。老子的反文化的思想,耶教里也是。知识使人看清了世界,原来的神秘、没有痛苦的世界就消失了。禁果也是欲望。这最高层次的三种宗教,很多层面上是一样的。

问: 辜老师,非常感谢您接受我们的采访。

(本文为《北京大学研究生学刊》编辑部约稿。刊登于《北京大学研究生学刊》2002年第1期。